북한의 위기,
기회
그리고
선택

북한의 위기, 기회 그리고 선택

안성호 지음

CRISIS, CHANCE, AND CHOICE OF NORTH KOREA

한국학술정보㈜

머리글

지난 2009년 4월 5일 북한의 로켓(인공위성 또는 탄도미사일) 발사로 전 세계를 혼란스럽게 만들고 있다. 성공했다느니 실패했다느니, 인공위성이라느니 탄도미사일이라느니, 대외용이라느니 대내용이라느니, 전쟁준비라느니 협박용이라느니 등이 그것이다. 이것으로 오랫동안 논쟁을 하게 되면 바로 그것이 북한이 노리는 덫에 국제사회가 걸려드는 것이다. 물론 이것 하나로 전쟁이 일어나는 것은 아니지만 북한이 평화를 위해 국제사회의 일원으로 정상적인 국가로 등장하기 위해서는 우리의 끊임없는 노력이 필요하다. 그것은 어떻게 하면 전쟁보다는 평화와 관련된 보편적 인식을 북한 당국이 하도록 만드느냐에 달려 있다. 이렇게 하지 못하면 그것 자체가 북한의 위기가 될 수 있다. 북한은 스스로 그들이 위기를 자초하고 있는지도 모른다. 이를 알아차리도록 해 주는 것도 우리의 몫이다. 북한이 그들이 당면한 위기를 기회로 만들도록 도와주는 것도 우리의 과제이다. 물로 최후의 선택은 북한이 할 것이다. 북한의 위기(Crisis), 기회(Chance), 그리고 선택(Choice) 이것은 북한에도 중요한 것이지만 한국에도 매우 소중한 변수이다. 북한은 위기를 만들지 말아야 하고 만약에 위기를 만들었다면 이를 철회하거나 기회로 삼아야 하고 그리고 마지막으로 지혜로운 선택을 해야 한다. 예컨대 주체사상, 강성대국, 선군정치, 세습체제, 대양족 포기, 문호개방, 점진적 개혁, 신뢰 회복, 물적·인적 교류 활성화, 인권 개선, 핵무기포기, 군축협상, 평화협정 체결, 남북동질성 증대, 기능적 통합, 평화적 통일 달성 등이다.

우리가 북한을 잘 인도하려면 북한의 이중성을 이해하고 북한의 이중성을 타파해야 한다.

현재 김정일은 우리의 적이고 독재정권이다. 북한을 도와주는 것은 김정일을 도와주는 것이고 이는 독재정권을 옹호하는 것이다. 북한의 김정일 정권과 인민은 엄연히 구분되어야 한다. 미국이 중유 지원 대신 약품이나 식량 지원으로 대체하려는 것은 중유가 바로 무기가 되어 김정일 정권 선군정치의 중심 군부로 가기 때문이다. 이것은 바로 북한의 위기이기도 하다. 북한의 위기는 북한이 바로 김일성－김정일 세습체제, 김정일－김정일 아들의 3대째 세습체제모략, 북한인민의 굶주림, 선군정치, 핵개발, 독재정권, 주체사상 등 세계사의 흐름과는 거꾸로 가고 있음을 철저히 외면하고 있다는 점이다. 이를 김정일 핵심세력과 인민을 분리하여 체제유지를 위해 인민들에게 미국과 한국을 원수로 각인시키고 철저히 북한체제를 공포의 도가니로 몰고 가는 것 그 자체가 바로 북한의 위기인 것이다.

　그러나 이와는 달리 인도적으로 북한인민은 우리의 구제대상이다. 이를 선별적으로 상호적으로 연결하여 북한을 우리가 컨트롤할 수 있는 지렛대를 많이 만들어야 한다.

　한국 내 존재하는 친북좌파세력의 이적성에 대한 법치주의에 입각한 철저한 조치와 국가정체성을 재확립해야 한다. 남한 내 곳곳에 좌우대립의 쌈질 전선을 형성하고 한·미동맹을 이간질하고 전통적 우호관계에 대하여 치명적 손상을 가하는 좌파세력에 대한 준동을 논리적으로 비판하고 구체적 안보시민운동으로 이를 저지해야 한다.

　남북평화통일을 논의하려면 남한 내의 친북좌파와 우파의 이중성도 검토해야 하지만 우선 현재의 김정일 정권에 대한 이중적인 실체에 대하여 시시비비가 분명하여야 하고 한국 내 존재하는 친북좌파세력에 대한 설득과 조치가 이후 진행되어야 한다. 미사일발사실험과 핵개발실험까지 하는 김정일 정권을 중심으로 한 북한에 대하여 정상적인 국가처럼 상대해서는 통일논의가 풀리지 않는다고 본다. 그동안 국제사회 개입을 배제한 남북한 양측만의 가능성에 대한 논의만 다루었다. 그러나 북한의 이중성을 타파하기 위해서는 국제사회의 공조체제가 중요하다. 그리고 내부적으로는 안보연합결집을 위하여 환상적 통일논의의 정치적 악용을 근절하고 북한의 이중성을 재인식해야 한다.

　우리가 지금 북한에서 일어나고 있는 일에 대하여 정확하게 옳고 그름을 판단하지 못하고 이에 대하여 정확한 평가나 비판을 하지 못한다면 체제논의나 통일논의도 할 자격이 없는 것이다. 우리가 올바른 판단을 하는 것이 바로 북한이 위기에서 벗어날 수 있는 기회를 만들어주는 하나의 방편이 되는 것이다.

사회주의는 사실상 계급인데 오히려 남북한문제는 민족문제에 더 목말라한다. 이것은 바로 북한의 민족통일전선전략 때문에 그렇다. 민족보다 더한 가치가 없다고 말하는 것은 외교관계나 국가 간의 관계에서도 남북한 간의 관계가 제일 중하다는 인식을 만들어 주게 한다. 그래서 한미관계보다는 남북한관계, 한중관계보다는 남북한관계, 한미일관계보다는 남북한관계가 더욱 중요한 것으로 논리를 전개한다. 물론 부분적으로 맞는 말이다. 그러나 북한의 본심이 체제단속을 통해 기득권의 야욕을 채우고 한국과 미국을 외부의 적으로 몰아세워서 항상 호전적인 적대적 관계로 만드는 민족해방의 인민전선전략에 의한 것이라면 이는 국제공조를 통해서라도 차단해야 하는 것이다. 이것이 북한의 위기를 기회로 만들어 한반도평화, 동북아평화, 세계평화를 구축하는 발전적 방안인 것이다.

주권과 안보, 주권적 안보, 안보적 주권, 자주와 반미, 자주와 동맹 및 협력에 대하여 상호 존중과 중요함을 인식해야 한다. 이미 자주이면서 주권국가이면서 아닌 것처럼 위장하여 강조하는 전략을 경계해야 한다. 한미관계는 지속적으로 협력관계, 동맹관계로 가야 한다. 국제 자원외교에서도 실용주의가 적용되어야 한다.

탈냉전시대에도 이념과 체제의 상이성은 안보협력의 기본적 고려사항이 된다. 범세계적 차원의 냉전 종식에도 불구하고 한국이 위치하고 있는 동북아시아에는 사회주의 일당 지배 및 전제정치체제를 고수하는 중국과 북한이 있다. 따라서 잠정적인 협조관계의 지속에도 불구하고 이념과 체제의 차이로 인하여, 한·미와 중국·북한 간에는 넘을 수 없는 대결관계가 지속될 수밖에 없다. 따라서 한·미는 어떤 형태로든지 민주주의, 인권 그리고 안보협력체제를 유지해야 한다. 안보정책은 국가의 존립 자체에 영향을 주는 사안이므로 수시로 변하는 국내외적 여론과 이러한 여론에 민감한 정치로부터 어느 정도 격리된 안보정책 수립체제가 마련되어야 한다. 국제관계에 있어 책임 있는 정부의 일과 진보적 세력의 거리에서의 구호와는 일정 부분 책임성, 전문성, 세계화에 있어 차이가 있다고 본다. 이 점에 있어 국가의 역할과 기능에 있어 확연한 차이가 있음을 정치지도자는 인식해야 한다. 한·미동맹이 가지고 있는 문제점은 다원화된 가치를 고려한 한·미동맹이 공산주의 일당제를 최우선시하는 국가들과 경쟁적 관계에 있다는 점이다.

그리고 한국은 자유민주주의를 국가의 기본이념으로 한 채 미국의 안보지원을 계속적으로 확보, 유지하는 공조체제를 구축해야 한다. 그리고 중국, 러시아와 같은 강대국이 북한에 대한 지지만 보내는 것이 아니고 한국의 건전한 경제발전과 글로벌 평화의지를 인식하게 하여 이들 국가가 북한을 설득하는 데 기여하도록 겸손하게 외교적, 안보적, 경제적 지혜를 다 활용해야 한다. 이들 국가와 잠정적인 갈등대상으로 존재하는 한, 우리의 안전을 보장해 줄 수 있는 미국과의 안보협력은 불가피한 것도 사실이다. 핵문제라는 걸림돌이 아직 남아 있기는 하나 북한의 군사력이 한·미동맹의 대결상대로 간주되던 시대는 지나가고 있다. 따라서 한국의 대미 위상을 높일 수 있는 방향으로 양국간 안보협력체제를 부분적으로 조정할 필요가 있다. 다만 주한미군철수는 아직은 시기상조이다. 적어도 북한이 군축이나 남북 간의 신뢰가 확보된 뒤에야 점차적으로 가능할 것이다.

이제 안보문제가 국가나 정부만 주도하는 것이 아니라 시민 차원에서 함께 참여와 협력적 관계로 간다면 이는 안보시민운동이나 안보 거버넌스가 가능할 것이다. 시민사회에는 진보세력만 있는 것이 아니고 보수세력도 있다. 거버넌스라는 용어는 국정관리로 번역하기도 하고, 일본처럼 협치라고 일컫는 경우도 있으며, 거버넌스를 그대로 번역하지 않고 사용하는 경우도 있다. 보수와 진보를 떠나 안보거버넌스를 안보정책과 관련된 행정시책을 집행 및 결정하는 과정에서 중앙정부, 안보 관련 기관, 그리고 시민 및 안보시민단체, 기업 등과 같은 다양한 국가 내 이해당사자들이 참여하고 협력하여 국가안보위기 극복을 추진해 가는 네트워크 체제로 정리하였다. 그동안 남북한은 국제사회 개입을 배제한 남북한 양측만의 편협한 민족주의에 입각하여 그 가능성에 대한 논의만 다루었다. 그러나 이제는 시민참여를 통한 안보문제에 대하여 범시민운동을 전개해야 한다. 정부도 시민사회와 함께 안보문제의 네트워크를 형성하고 파트너십을 구축할 필요가 있다. 정부의 안보실책에 대하여 국민이 지적해야 한다. 안보와 국가가 중요하다. 이를 시민이 전국적인 안보네트워크화하여 지켜야 하고 정부가 파트너십으로 도와주어야 한다.

우리가 지금 북한에서 일어나고 있는 일에 대하여 정확하게 옳고 그름을 판단하지 못하고 이에 대하여 정확한 평가나 비판을 하지 못한다면 체제논의나 통일논의도 의미가 없는 것이다. 정부와 안보NGO의 공조관계, 즉 파트너십은 양측의 이해가 합치되고 사회적 필요성이 높아질 때 극대화될 수 있다. 안보파트너십은 참여하는 주체들이 독자적으로는 달성할 수 없거나 달성하기 어려운 일을 서로 자발적으로 정보와 자원 등의 교환을 통해 해결하기 위한 것이다. 상호 신뢰관계나 우호관계로서, 안보거버넌스를 성공적으로 수행하기 위해서는 국민과 정부지도자 간 상호간의 신뢰 및 믿음의 확보가 있어야 하고 실제적인 안보거버넌스가 작동되어 안보위기를 극복하는 데 기여할 수 있도록 해야 한다. 본 저서는 시민사회에서의 안보에 대한 관심을 증대시키고 안보거버넌스를 구축하여 북한실상을 바로 알고 올바른 안보관과 국가관을 갖도록 하기 위하여 시도된 연구서이다.

남남공조, 동북아공조, 국제공조가 남북공조와 병행하면 좋겠지만 북한의 계략으로 그렇게 되지 않는다면 적어도 평화세력으로라도 공조체제를 구축하여 북한이 부드럽게 국제사회로 나오도록 유도해야 할 것이다. 이것이 북한의 선택이 되어야 한다.

유럽과 북미지역은 국제사회에서 지역협력기구와 공동체를 조직화하면서 글로벌민주주의와 세계화 시대에 효율적으로 대응하고 있다. 그러나 동북아지역은 폐쇄적 민족주의, 자기합리화에 의한 민주주의 왜곡 적용, 국내와 국외에 대한 이중적 민주주의 적용 등 보편적 민주주의의 기본 원칙을 자의적으로 해석하여 범세계적인 글로벌민주주의의 실천이 미흡하다.

안보전략 역시도 더 이상 군사적인 변수에만 기초할 것이 아니라 모든 변수들을 고려한 종합적인 연계분석이 이루어져야 한다. 특히 남북한 및 동북아지역의 협력 등 종합적인 연구를 바탕으로 한ㆍ미동맹공조체제의 구축방향에 대한 구체적 대응방침을 마련해야 할 것이다. 국제사회가 글로벌민주주의를 통한 평화와 협력의 부분을 지속적으로 강조한다면 한ㆍ중ㆍ일은 동북아에서 글로벌민주주의를 실천하는 기반을 만들어야 할 것이다. 동북아민주공동체의 확립은 글로벌민주주의 수용과 실천에서 시작된다. 이제 국제사회에서 존중받는 동북아지역정체성이 있으려면 글로벌민주주의를 실천해야 한다. 동북아 한ㆍ중ㆍ일 3국은 동북아민주공동체 확립을 통하여 동북아글로벌민주주의 주도적 위치를 확립하고 국제사회에서의 존중과 인정받는 지역으로 발전해 가야 할 것이다.

개별국가 차원에서는 세계화 시대 나름대로의 국익을 위한 생존전략으로 국제사회에서 존중받고 인정받는 측면이 있으나 동북아 내에서의 한·중·일 간 상호 존중과 협력은 EU, NATO, NAFTA, ASEAN 등과 비교해 볼 때 초보적 단계수준조차도 형성되지 못하고 있다. 이는 과거사와 편협한 민족주의 등으로 초보적 단계수준조차도 형성하지 못하고 있는 것이다. 이들 4국은 과거와 연계된 민족주의적 감정과 내부적 체제의 취약성, 군사대국화의 패권적 전략 그리고 북한핵문제 등에 의해 민주적 협력적 관계를 만들어 내지 못하고 있다. 만약에 한국, 중국, 일본, 북한 등 동북아국가의 협력이 가시화된다면 그 에너지는 전 세계에서 가장 커다란 위력과 시너지효과를 보여줄 것이다. 동북아지역은 개별국가의 내적 민주주의를 실천하고 동시에 이웃국가와의 관계를 글로벌민주주의에 입각해서 적용하고 그리고 국제사회로부터 존중받고 인정받는 단계로 가야 할 것이다. 동북아정신이 세계정신이 되도록 노력해야 할 것이다. 국제사회에서 동북아정신이란 것이 있어야 한다. 그것은 아마도 동북아평화공동체의 확립으로 빛을 발할 것이다. 결국 동북아 한·중·일 3국은 동북아정체성 확립 → 동북아경제공동체 확립 → 동북아평화공동체 성립 → 동북아글로벌민주주의 모델 확립 → 동북아글로벌민주주의 주도 → 동북아정신 구축 → 국제사회에서의 존중과 인정받는 지역 등으로 발전해 가야 하는 과제를 안고 있는 것이다.

남북한관계는 사실상 신뢰로부터 출발한다. 남북통일은 남북한 간 신뢰가 없으면 절대로 불가능하다. 신뢰는 하루아침에 회복되기 어렵고 차근차근 점진적으로 쌓아 가야 한다.

구성주의 시각에서 남북통일을 한번 생각해 보자. 미국과 캐나다와 미국과 쿠바 간에 어디가 신뢰관계가 더 큰가. 신뢰, 통일도 미국과 캐나다의 관계처럼 그렇게 가야 한다. 상호 신뢰와 교류를 통해 동질성을 점점 확대하는 것이다. 점진적으로 신뢰를 구축하여 통일로 가는 것이 가장 바람직하다. 그런데 북한은 당국이 다르다. 남한정부 – 북한 당국, 남한민간 – 북한 당국이다. 그러니 민간교류의 자율성이 극히 제한된다. 정치나 비정치 분야도 당국의 한마디면 모든 것이 다 중단된다. 이런 식으로는 북한이 글로벌시대에 적응할 수 없다. 북한이 한국으로부터 잘 배워야 한다. 이것이 북한의 선택이 되어야 한다. 이것이 북한이 가야 할 바른 길이다. 겸손하게 배우는 자세가 없어서는 힘들다. 연락사무소, 통상사무실, 대표부, 영사관, 대사관 등 점진적으로 서울과 평양에 각각 진출해야 한다. 그러나 금강산이나 개성공단처럼 금단의 철조망하에서의 거래는 곤란하다. 미국과 캐나다 국민이 나이아가라폭포를 자유롭게 넘나드는 것처럼 좀 더 자연스런 접촉이 허용되어야 한다. 차라리 과감하게 북한에 특구를 조성하는 것이 좋을 것이다. 적어도 동서독통일처럼 갑작스럽게 오기보다는 중국 – 대만관계 정도라도 평화적·인도적 관계가 증대되면 좋을 것이다. 이러한 북한의 위기(Crisis)와 기회(Chance) 그리고 선택(Choice)이 바로 이 저서의 핵심 주제인 것이다.

필자는 1999년 학술진흥재단 남북한정치통합 프로젝트팀의 최종연구보고서 연구책임자로서 공동연구자로 참여한 도흥렬 전 충북대 교수, 충북대 장공자 교수, 국가정보대학원의 김계동 교수, 한양대학의 오일환 교수, 통일연구원의 최진욱 연구실장의 참여가 이책을 만드는 데 크게 도움이 되었음에 대하여 감사드린다. 그리고 연구보고서 내용의 상당 부분을 본서에서 활용하였음을 밝힌다. 이 책이 제대로 된 남북관계에 대한 교재로 활용되어 청소년과 대학생들이 올바른 북한이해와 통일가치관을 세우는 데 큰 도움을 줄 수 있기를 기대한다. 그리고 그동안 충북대 사회과학연구소와 서경대 통일문제연구소, 북한연구학회와 한국동북아학회 등에 게재했던 논문들을 정리 보완하여 편집하는 데 삽입하였다. 이러한 점에서 충북대 사회과학연구소와 한국정치학회, 국제정치하회, 한국동북아학회, 북한연구학회, 한국북방학회에도 감사드린다. 특히 한국동북아학회 회장인 오수열 교수와 서경대 통일연구소장인 전신욱 교수께 감사드린다. 또한 이해평 박사, 손진원, 유영준, 홍기백, 안치섭 박사과정 제자들에게도 감사한다. 항상 나의 일을 잘 이해해 주는 집사람 조선희 박사에게 고마움을 표한다. 아울러 출가한 진영과 진원, 진수 3남매에게도 아버지 일을 도와주어 고맙다는 말을 전한다. 끝으로 이 책을 출판해 준 한국학술정보(주)의 채종준 사장님과 출판사업부의 김남동 서샘님, 편집과 디자인관련 박미현, 곽유정 선생님에게 진심으로 감사드린다.

2009년 6월
청주 비하동에서
안성호 올림

차 례

1부

한반도 안보위기와 기회

제1장
안보위기 극복과 안보거버넌스

I 서 론

현재 한국에는 각종 시민단체들이 활발하게 활동하고 있다. 그러나 안보에 관한 시민단체나 시민사회에서의 활동은 거의 전무하다. 안보문제가 국가나 정부만 주도하는 것이 아니라 시민 차원에서 함께 참여와 협력적 관계로 간다면 이는 안보시민운동이나 안보거버넌스가 가능할 것이다. 시민사회에는 진보세력만 있는 것이 아니고 보수세력도 있다. 말없이 자기 일에 묵묵히 종사하는 많은 건전 보수세력의 여론을 모아 안보문제에서 시민참여가 성공하여 남한에 대한 은밀한 북한의 대남 선전선동정책에 대하여 경계를 해야한다. 한국 내에 존재하는 친북세력에 대한 이적성과 좌편향성에 대한 법치주의에 입각한 철저한 조치와 국가정체성을 확립해야 한다. 남한 내 곳곳에 좌우대립의 쌈질 전선을 형성하고, 북한카드를 대선에 이용하고, 한·미동맹을 이간질하고 전통적 우호관계에 대하여 치명적 손상을 가하는 친북좌파세력에 대하여 논리적으로 비판하고 구체적 시민운동으로 대응해야 한다. 심지어 대한민국 대선에 개입하여 특정정당을 불리하게 하는 북한에 대하여 미미한 지적을 하는 기존정권의 국가자존심을 약화시키는 종속적 저자세에 대하여 시민사회는 경고해야 한다. 거버넌스(Governance)라는 용어는 1990년대 중반 이후 우리나라 사회과학 전반에 걸쳐 풍미되고 있는 용어다. 이 용어가 갖는 다기성 때문에 아직 우리나라에서는 통일된 번역 용어가 없다. 다만 일부 학자들은 국정관리로 번역하기도 하고, 일본처럼 협치(協治)라고 일컫는 경우도 있으며, 거버넌스를 그대로 번역히지 않고 사용하는 경우도 있다. 국정관리라는 용어는 거버넌스 자체에 국가라는 단위를 상정하고 있다. 그러나 거버넌스가 내포하고 있는 핵심적인 요소 속에 국가라고 하는 단위가 함축되어 있는 것은 아니다. 본 글에서는 안보거버넌스를 안보정책과 관련된 행정시책을 집행 및 결정하는 과정에서 중앙정부, 안보 관련 기관, 그리고 시민 및 안보시민단체, 기업 등과 같은 다양한 국가 내 이해당사자들이 참여하고 협력하여 국가안보위기 극복을 추진해 가는 네트워크 체제로 정리하였다(〈표 1 - 1〉 참조). 2007년 12월 19일 대선을 앞두고 벌어진 집권당의 국가정체성 문제, 남북정상회담 등 열린우리당의 일회성 이벤트 정치 등에 대하여 건전, 안정, 평화, 양심 보수세력의 시민적 평가가 있어야 한다. 통일을 논의하려면 우선 현재의 김정일 정권에 대한 이중적인 실체에 대하여 한국 내 시시비비가 분명하여야 하고 한국 내 존재하는 친북좌파세력에 대한 국민적 평가와 조치가 동시에 진행되어야 한다. 미사일발사실험과 핵개발실험까지 하는 김정일 정권을 중심으로 한 북한에 대하여 정상적인 국가로 보고 상대해서는 통일논의가 풀리지 않는다. 북한은 이란, 이라크, 쿠바, 앙골라, 소말리아 등보다도 주변국가와 국제사회에 더 큰 영향을 미치고 있는 것이

표 1-1_ 거버넌스의 개념의 논의

학 자	거버넌스 개념
Kooiman(1994)	신거버넌스는 정부와 사회의 일방적이고 독단적인 관계에서 정부와 사회가 하나가 되어 상호 작용하는 관계로 변해 가는 것이며, 여기서는 역동성, 복합성 그리고 다양성이 중요한 개념이 된다.
Goodwin & Painter(1996)	거버넌스는 국가의 공식적인 조직만이 아니라 제도, 개인, 민간, 자원봉사 등 다양한 공간적 범주 내에서 정책집행에 영향력을 줄 수 있는 행위자 전체를 포함한다.
Stoker(1998)	거버넌스란 상호 의존성, 자원의 교환, 게임의 규칙과 국가로부터의 상당한 자율성을 특징으로 하는 자기조직적인 조직 간 네트워크이다.
Rhodes(1997)	거버넌스는 정부개입의 축소, 민간 부문의 관리개념을 공공 부문에 적용, 공공 부문에 이윤개념 내재화, 시장의 경쟁원리를 구현하는 새로운 공공관리를 통해 공정하고 효율적인 정부 구현, 민주주의를 지향하는 사회적 사이버네틱스 체계, 공공, 민간 및 자원봉사조직 간의 자기조직화 네트워크 등을 포함한다.
John(2001)	거버넌스는 개인들의 네트워크에 기초를 둔 공공의사결정의 유동적인 패턴이며, 공공의사결정은 계층적으로 조직화된 관료들에 의해 이루어지는 것이 아니라 다양한 지역 차원의 다양한 조직에 속해 있는 중요한 개체들 간의 장기적인 관계에 의해 이루어진다.
Goss(2001)	거버넌스는 단순히 공공기관 간뿐만 아니라 시민과 공공기관 간의 발전을 가져오는 지역 차원의 집단적 의사결정의 새로운 형태이다.
Leach & Janie Percy-Smith (2001)	로컬 거버넌스는 건강, 교육, 사회, 환경, 지방도로 및 공공 수송정책, 공공주택, 계획 및 토지이용규제, 공원 및 레저, 치안 등을 포함한다.

(자료) 최영출 외, 『지역경쟁력강화와 로컬거버넌스』(서울: 대영출판사, 2006), p.28.

사실이다. 그동안 남북한은 국제사회 개입을 배제한 남북한 양측만의 편협한 민족주의에 입각하여 그 가능성에 대한 논의만 다루었다. 그러나 이제는 시민참여를 통한 안보문제에 대하여 범시민운동을 전개해야 한다. 정부도 시민사회와 함께 안보문제의 네트워크를 형성하고 파트너십을 구축할 필요가 있다고 본다. 더 나아가 국제공조를 통한 국제적 안보거버넌스가 필요한 시점이다. 안보거버넌스는 기존의 정부역할과 활동범위에 대한 재고를 통해 국가와 사회체제 내의 주요 행위주체들이 자율성을 갖는 대등한 단위로서

관계를 형성하는 가운데 자율적 네트워크 형성을 통하여 스스로 조종, 조절해 나가는 국정운영을 의미한다고 할 수 있다. 안보연합 결집을 위한 논의에 있어 환상적 통일논의의 정치적 악용을 근절하고 북한의 이중성을 재인식해야 한다. 본 연구는 시민사회에서의 안보에 대한 관심을 증대시키고 안보거버넌스를 구축하여 북한실상을 바로 알고 올바른 안보관과 국가관을 갖도록 하기 위하여 연구서이다.

Ⅱ 안보위기의 배경

1. 문제제기

과거정부는 북한의 핵개발과 핵보유에 대해서도 어쩔 수 없다는 입장을 보이고 있다. 북한이 어렵고 약한 나라이고 체제위기가 있는데 이것이라도 가져야 미국에 대항할 수 있는 것 아니냐는 식의 동정론이다. 그러나 이것은 북한의 전략에 말려드는 것에 불과하다. 얼마 전까지도 북한의 미사일개발, 핵개발, 주한미군철수, 전작권 회복, 반미는 감히 한국 내에서는 말도 꺼낼 수 없는 북한의 대남 선전전략 구호였으나 지금은 아무렇지도 않고 그동안 북한이 주장한 것이 하나하나 남한에서 먹혀 들어가고 있는 실정이다. 그동안 남한이 주장한 개혁개방, 군축, 경제협력 등에 대해서는 그렇게 성과도 없는데 말이다. 물론 금강산개발, 개성공단, 517 남북철도시범운행 등을 들어 장족의 발전이라고 주장하지만 이는 결국 모기장식 개방인 것이다.[1] 언제라도 북한이 맘만 먹으면 중단될 수 있는 불안정한 개방인 것이다. 북한은 아무런 변화도 없는데 한국은 북한이 주장한 것을 다 들어주고 있는 것이다. 노전대통령이 북한에 다 갖다 주어도 남는 장사라고까지 한다. 게다가 그렇게 해도 아무런 문제가 없지 않으냐 남한의 국민들이 사재기도 안하고 오히려 안보에 있어 불감증이 아니라 북한은 위협의 대상으로 생각하지 않는다고 분석한다. 사실상 핵개발하는 데 드는 1조 5천억 원 정도를 1997년 이후부터 지속적으로 남한정부가 직간접적으로 지원했다는 논리가 가능하다. 핵개발이 하루 이틀 안에 그렇게 쉽게 될 수 없는 것은 다 안다. 북한은 그렇다면 2000년 6·15선언을 하면서도 금강산개발과 개성공단하면서도 평화의 가면을 쓰고 뒤에서는 핵개발을 하고 있었다는 말이 된다. 이것이 동족에게, 친구에게, 물적·인적 지원을 하는 한국에 이중적인 전술인가. 그렇다면 반대로 이것이 얼마나 순진하고 국제안보환경을 모르는 한국의 소아병적인 전략인가. 북한과 함께 국제사회에서 소외당할 수도 있다. 일본과 대만은 전략이 부재해서 핵개발을 안 하는 것은 아닌 것이다. 이를 한국정부가 진지하게 인식해야 할 것이다. 이러한 맥락에서 안보위기 극복을 위해서는 정부와 시민사회가 함께 안보시민운동과 안보시민교육을 전개해야 한다고 본다.

2. 국제안보환경변화

안보시민운동의 전개배경에는 국제안보환경변화가 크게 작용한다. 국제안보환경에 있어 패러다임의 변화로 글로벌화, 블록화, 무경계, 포괄안보 등이 전개되고 있다는 점이다. 90년대 이후 양극체

---

1) 《중앙일보》, 2007. 5. 18.

제 붕괴는 절대강자 미국 등장, 세계전략추구에 안보전략이 맞추어져야 한다. 그러나 각 국가는 국익우선 정책 추구로 경제, 지역 블록 단위로 동맹관계 구축을 강화하고 있다. EU가 27개국으로 확대되었고 NATO도 26개국으로 확대되었다.[2)]

무엇보다도 국력 원천의 힘은 국방, 외교 외에 경제, 문화, 인권, 환경 등 모두를 망라하고 있다. 즉 국가안보의 개념이 포괄 안보로 전이하고 있다는 점이다.

이는 민족, 종교, 테러, 마약, 핵 등이 갈등요인으로 대두하고 있기 때문이다. 그리고 동북아지역에도 새로운 강자로 중국이 등장하고 상대적으로 러·일의 영향력이 감소하고 있음도 인식해야 한다. 다만 동북아에서의 미국의 입장 변화로 일본, 호주와의 협력체계를 강화하고 있어 이에 대한 변화를 주목해야 한다. 그런 가운데 이란, 북한 등 테러 국가들의 핵 보유 노력은 지속되고 있다는 점이다. 결국 지금은 국제공조를 통한 안보딜레마 해소가 무엇보다도 필요한 시점이다. 이러한 국제안보환경변화에 능동적으로 대처하기 위해서는 무엇보다도 안보시민운동을 통한 진 국민의 안보에 대하 인식을 업그레이드시키는 것이 필요하다.

3. 북한위협 실재

사실상 평화정책, 햇볕정책과 포용정책에도 불구하고 북한이 미사일발사실험과 핵개발실험 등 북한위협이 실재하고 있다. 물론 BDA문제도 진정되고 있고 2·13합의에 대한 이행여부 가능성이 부정

---

2) 안성호, "EU가입전후의 루마니아와 불가리아의 정치경제학적 비교연구", 동구발칸학회국제학술대회(5. 26), pp.4 - 5.

적인 것만은 아니다.[3] 북한은 선군정치로 강성대국화를 선언하여 군이 정권을 장악하고 있다. 군수산업이 국가산업의 30% 정도를 차지하고 있다. 대남적화 전략전술도 불변하고 항시 로동신문을 통해서 한반도 적화 통일을 밝히고 있다. 특히 해안을 이용한 간조기, 만조기 때의 전술을 병행하고 있다. 그리고 북한의 3대 혁명 역량 강화는 북한과 남한 역량 달성, 국제적 역량 달성으로 그 노력을 지속하고 있다. 2009년 4월 5일 미사일발사실험을 강행하는 것도 바로 북한의 도발적 액션 때문에 유엔과 국제사회가 우려하는 것이다. 국제사회에서 신뢰로 존중받고 경제력으로 선진국이면서 미사일을 혹 개발한다면(그래도 안 되겠지만) 혹 모르겠지만 세계에서 가장 빈곤한 국가 중 하나이면서 자꾸 위험국가로 분류되고 있는 북한이 평화적인 국가로 인식되도록 생필품이나 식량을 조달하는 데 신경을 쓰고 이민을 구제하는 데 온 힘을 기울이지 않고 자꾸 핵과 미사일개발에 몰두하기 때문에 더욱더 국제사회가 위협을 강하게 느끼고 우려하는 것이다.

2·13합의에도 불구하고 여전히 핵 및 대량 살상무기를 구비하고 있고 체제 유지 및 내부 불만 해소에 효과적으로 활용하고 있다. 그동안에도 끊임없이 한반도 도발행위를 지속하였는데 대선개입, 미사일발사실험, NLL침범시도 등이 그것이다.

평화시와 전시를 교묘히 왔다 갔다 하면서 전략을 구사하는 북한의 이중성을 경계해야 한다. 겉으로는 평화자주민족을 표방하고 한반도기를 내세워 남쪽에 대하여 편 가르기를 하면서, 화전양면전술을 감행하고 있다. 여건이 성숙되면 도발할 수도 있음을 시민들은 인식해야 한다. 이에 대하여 전 국민의 안보의식이나 정보를 공

---

3) ≪한겨레신문≫, 2007. 6. 23.

유하고 공감대를 형성할 수 있는 시민운동이 전개되어야 한다.

4. 국내안보상황

국내안보상황은 보수단체들에 의하면 불안하다. 우선 국민의 안
보의식 불감증이 심각하다. 안보문제에 대하여 무감각하고 광복절,
현충일이나 한국전쟁보다도 5·18광주항쟁, 6·10항쟁, 6·15선
언, 10·4선언 등이 더욱더 중요한 기념일이 될 것 같다. 그동안
한미동맹관계도 균열되었고 겨우 회복하는 단계에 있는 것으로 보
인다.

표 1-2_ 대한민국 안보상황

항 목	북 한
정권: 김정일 독재정권: - 선군정치 - 주체사상	1. 핵무기개발 - 국제전략적 우위기도 2. 비윤리적 국제경제행위 - 마약거래/위폐발행 3. 김일성/김정일 신격화 - 군부 및 정치부 강화
인민: - 정치적 불공정, - 사회경제적 불평등, - 문화적 기회상실	1. 집단동원체제숙련 - 김정일 우상화 2. 극빈의 경제상황 - 탈북자문제국제화 3. 권력층과 인민 간 삶의 격차 - 위회감, 도덕윤리성 결핍

개인: 예) 일심회	한민족개념의 남용: - 북한정권의 정치행태 수용
	(한반도기남용) - 무조건적인 경제지원지지
	대미국관: - 자국이익을 위한 6·25참전
	           - 미군철수 작전통제권환수
	북한의 핵개발: - 궁극적으로 한민족소유
	           - 대미 대중 대일용 시각

사회: 사회주의 / 공산주의에 대한 인식 변화	1. 정치: 언론의 좌파, 진보, 전선 등의 용어사용 대권후보군들의 무차별 평양행 /김정일 눈도장 찍기 2. 문화: 소설/드라마 등에 등장하는 사회주의적 성향의 캐릭터 3. 경제: 공산주의/사회주의 국가와의 퍼주기식 교류

통일관:
안보의식소홀
	평화통일원칙: 1. 무조건적 대북지원, 2. 다양한 물적·지적 교류
	            지지
	            3. 정상회담에 대한 환상, 4. 군사도발행위에 대한
	            관용
	            5. 통일환상

항목	국 민

북한관:
국가관 및 국가정체성
혼란
	1. 한민족, 한반도: DMZ＝휴전－종전
	2. 대북GNP단순비교: ① 지원경협으로 인한 자만,
	                  ② 경제우위＝군사우위 착각,
	                  ③ 퍼주기식 지원＝통일비용미리 지불
	3. 남북교류: 금강산관광, 개성공단, 체육교류
	① 북한인민과의 잦은 접촉, 이산가족상봉 ② 북한정권실체 오해소지

특히 남한 내 친북좌파정권의 안보실상을 왜곡하여 남남갈등을
부채질하고 있다. 햇볕정책과 민족공조로 북한위협을 호도하고 오
히려 시민들의 역사인식을 무디게 하고 있다. 정치목적으로 평화,
통일 등 용어를 선점하거나 활용하여 대선에서조차도 이를 선전선
동으로 악용하고 있다. 과거사, 의문사 등으로 관련 기관을 무력화
하고 역사왜곡 등을 정치적으로 악용하고 있다. 국가전복세력이 실
재하고 있으나 단속기관은 불능화된 상태이다.

더욱이 국내경제나 정치는 양극화, 청년실업, 부동산 급등, 세금
폭탄 등으로 극단적으로 적과 동지상태로 균열되어 있다. 관광성
외유로 남미를 방문하면서 구청장그룹, 공공기관 감사팀의 혁신포
럼 등 여러 측면에서 고위층의 도덕적 해이도 급증하였다.[4]

대북문제를 정치적으로 이용하여 대선주자들이 북한방문을 통하
여 북한의 우호적 입장을 교류하는 등 친북세력의 발호로 정권창
출의 여러 시도들이 있다. GDP 세계 13위이고 10위의 무역대국은
**시도 때도 없는 거리에서의 집단적 폭력시위가 시민들을 불안하게
만든다. 다른 한편 여전히 공공연히 북한을 찬양하고 북한을 감싸
는 일부 세력들이 여기저기 도사리고 있다. 이에 대한 전 국민적
대처가 필요하며 안보시민운동 조직결성이 요망된다.** 이런 일들로

---

4) ≪중앙일보≫, 2007. 5. 22.

가장 기뻐할 세력은 김정일과 그의 측근들뿐이다.

Ⅲ 안보거버넌스 구축

1. 안보거버넌스 구축 배경

이리한 진보좌파정권하에서는 보수안보시민단체와의 권력의 공유(power sharing)가 불가능하고, 따라서 권력의 공유를 전제로 하는 파트너십은 형성되지 않는다. 이러한 체제와 문화 속에서의 정부와 NGO 간의 관계는 갈등의 관계뿐이며, 만약 파트너십이 있다면 이는 '동원된' 파트너십, '시혜적' 파트너십 또는 '모양새를 갖추기 위한 형식적' 파트너십에 그칠 수밖에 없다. 우리나라의 경우, 정책결정단계에서의 정부와 NGO 간 파트너십이 흔치 않은 중요한 이유 중의 하나는 정부조직의 권위주의적 사고가 정책결정에 있어서 NGO와이 권력공유를 더디게 하기 때문이라고 할 수 있다. 그리고 이와 관련된 요인으로서, 파트너십 형성이 일어나기 위해서는 정부와 NGO 간에 신뢰가 축적되는 것이 필요하다. 왜냐하면 파트너십이 형성되기 위해서는 파트너십이 서로에게 도움이 될 수 있다는 판단과 믿음이 전제되어야 가능한 것인데, 그 결과를 미리 예상하는 것은 그리 쉬운 일이 아닌 상황에서는 신뢰가 바탕이 될 수밖에 없을 것이기 때문이다. 우리나라의 경우 정부의 NGO의 능력에 대한 불신, 그리고 NGO의 정부의 의도에 대한 불신은 양자 간의 진정한 파트너십을 어렵게 만드는 중요한 요인의 하나라고 할 것이다. 서로 간의 잦은 접촉과 의사교환이 투명성과 함께 이루어져 신뢰가 축적한다면 이를 통한 파트너십의 형성도 늘어날 것이라고 기대할 수 있을 것이다.

탈냉전 이후 국제사회는 평화와 안전을 위해 많은 노력을 경주하여 왔다. 이러한 냉전의 종식은 세계적 규모의 전쟁 위협 감소, 자유민주주의와 시장경제의 확산, 그리고 국제협력의 기회 확대 등 인류의 평화와 번영에 긍정적으로 기여해 왔다. 그러나 세계 도처에는 냉전질서 속에 잠재되어 있던 민족, 인종, 종교, 영토, 자원 등의 요인에 의한 지역적 분규와 충돌이 발생하는 등 오히려 새로운 지역분쟁이 끊이질 않고 있다. 특히 동북아지역의 최대 불안 요인은 북한의 미사일발사와 핵실험으로 비롯된 한반도의 안보상황으로서 지역 내 불안정성을 고조시키고 있다. 이러한 가운데 과거 정권은 반미친북기조 아래 북한의 핵과 미사일이 남한을 향한 것이 아니라고 강변하는 한편, 안보를 염려하는 국민을 오히려 수구냉전 세력으로 몰아붙이는 등 우리 국민의 안보불감증을 외면하였다.

더욱이 세계는 지금 군사, 국방, 외교, 정치 분야의 안보개념에서 탈피하여 경제 영역까지 포함하는 포괄적 안보개념으로 바뀌어 명실 공히 국가 간의 무한경쟁 시대로 접어들고 있다.

그러나 현 정권은 무분별한 대북지원과 진실과 화해라는 미명하에 자기들만의 잣대로 과거사 파헤치기에 몰두하고 있다. 앞의 개념에서도 언급하였지만 거버넌스의 가장 중요한 특징은 중앙정부, 정치적/사회적 단체, NGO, 민간조직 등의 다양한 구성원들로 이루어진 네트워크를 강조한다는 사실이다.[5] 이러한 국내외적 상황에 직면하면서 보수적인 세력 내에서도 시민안보운동을 강조하기에 이르렀다.[6]

---

5) Kickert, 1997, Rhodes, 1997 참조.

첫째, 국가안보는 나라의 지상명제다. 탈냉전 이후에도 남북한의 분단 상황과 군사적 긴장 상태는 해소되지 않고 있다. 한반도에 있어서 150여만 명의 병력이 비무장지대를 연하여 군사적 대치 상태를 보이고 있어 국지전의 가능성이 상존하고 있다. 일부 학자들은 지금의 한반도 상황을 개화기 강대국들의 전쟁터, 그리고 급기야는 주권의 상실로 이어졌던 100여 년 전의 상황과 유사하다고 지적하기도 한다. 더욱이 북한은 핵무기와 미사일 등 전략무기를 개발하는 등 강성대국의 정책을 표방하여 군대를 혁명의 기둥으로 삼아 우리식 사회주의 필승불패를 부르짖는 선군정치를 강력하게 밀어붙이고 있다.

둘째, 한반도의 비핵화는 반드시 실현되어야 한다.

당면한 우리의 최대 위협인 북핵문제는 지난 2007년 2·13합의에 따른 절차가 반드시 지켜져야 하고 핵시설 동결이 60일 내에 이루어져야 한다. 그러나 아직은 지켜지고 있지 않다.[7] 따라서 ① 핵시설 동결(Freeze) ② 핵시설 폐쇄(Shut Down) ③ 핵시설 불능화(Disablement) ④ 핵물질 폐기 ⑤ 핵무기 해체 그리고 궁극적으로는 ⑥ 한반도 비핵화 실현으로 나아가야 할 것이다. 모든 것이 행동대 행동의 원칙에 따라 이행되어야 한다. 한 단계 한 단계 합의가 실현될 때마다 북한에 대한 지원이 이루어져야 한다. 그럼에도 현 정권이 추진하고 있는 정상회담이나 대북지원은 많은 문제점을 내포하고 있다. 결국 북한이 이중성을 포기하고 국제사회에서 얼마

---

6) 뉴라이트안보연합창립선언문(2007. 3. 17.) 국가의 안전과 국민의 안녕을 염려해 온 보수세력이 이러한 국가적 안보위기를 좌시할 수 없다는 일념으로 뉴라이트안보연합을 결성하였다고 주장한 바 있다. 뉴라이트안보연합은 북한의 김정일 정권과 야합한 친북좌파정권을 몰아내고 자유 민주체제 수호와 평화적 통일국가 달성을 위해 몇 가지 사항을 천명한 바 있다. 여기서 몇 가지 안보거버넌스의 입장을 볼 수 있다고 본다.

7) ≪조선일보≫, 2007. 5. 14.

만큼의 신뢰를 획득하느냐가 대북지원의 관건인 것이다. 한반도의 비핵화는 민족생존과 직결된 것이므로 반드시 이루어져야 한다.

셋째, 국가안보의 근간인 한미동맹을 지지한다는 점이다.

국가의 안보는 모든 국가가 자주적으로 추구해야 하는 것이 당위적인 목표다. 그러나 미국 같은 초강대국조차도 안보문제에 있어서는 동맹적 협력관계를 유지하고 있다.

그럼에도 불구하고 한·미 양국은 2012년 4월 17일 전시작전 통제권을 한국이 단독으로 행사하고 한미연합사를 해체하는 데 합의하였다. 많은 안보전문가나 안보단체의 반대에도 불구하고 노무현 정권은 주권을 내세워 전시작전권 단독행사와 관련한 논란에 종지부를 찍었다. 그러니 이제 대한민국은 스스로를 국민 자신이 지킬 수밖에 없게 되었다. 따라서 안보시민운동은 오늘의 안보상황을 타산지석으로 삼아 한미동맹을 새로운 방향에서 검토해야 하며 이를 적극 지지해야 할 것이다.

넷째, 국가안보의 최후 보루인 군을 옹호하고 지원한다.

지금 이 순간에도 국군은 155마일 휴전선을 비롯한 우리의 하늘과 바다를 지키고 있다. 국가가 풍전등화의 위기에 처했을 때도 국군은 국민의 안녕과 생명을 수호하였을 뿐만 아니라 경제발전의 주역이었으며, 유엔군의 일원으로 세계 도처에서 자유민의 평화와 안녕을 수호하고 있다. 군대는 국민의 격려와 사기를 통해 존재하는 집단이다. 국민은 어떠한 경우에도 군을 사랑하고 군에 대한 폄훼가 있어서는 안 될 것이다. 최첨단 무기로 무장한 군이라 할지라도 민군 간의 신뢰가 형성되지 않으면 국가의 안전은 보장할 수 없다. 안보연합은 국군 장병들이 투철한 국가관과 애국심으로 국가를 보위할 수 있도록 끝없는 신뢰와 성원을 보내야 할 것이다.

다섯째, 건전하고 양심적인 안보를 소중히 여기는 정권이 탄생하도록 안보시민운동을 전개한다. 북한은 금년도 공동사설을 통해 올해 대선에서 보수세력의 집권을 막아야 한다는 강력한 의지를 밝힌 데 이어 최근에도 대선과 관련된 직접적인 언급을 이어 오고 있다. 조국통일 범민족 연합은 "올해 남조선에서 애국하는 모든 남녘 겨레는 반보수 대연합을 실현해 6·15의 전취물을 빼앗고 이 땅에 전쟁의 참화를 몰아오려는 보수세력의 재집권 음모를 저지 파탄시켜야 한다."고 강조했다. 로동신문을 통해 "남조선 인민들은 한나라당이 집권하면 북남관계가 파탄되고 핵전쟁의 재난밖에 차려지지 않는다는 것을 똑똑히 알고 있다."며 "한나라당과 그의 대변자 노릇을 하는 자들에게 차려질 것은 파멸밖에 없다."고 주장한 바 있다.[8]

북한은 금년 대선에서 우파 정권이 들어설 경우 남쪽의 대북정책이 전면 재조정될 가능성이 높아 대북지원에 결정적 변화가 올 것으로 판단하고 있기 때문에 나오는 고도의 술책으로 본다는 것이다.[9] 이처럼 보수시민단체이 안보시민운동과 안보지킴이에 대한 강한 의지를 엿볼 수 있다.

2. 안보시민운동의 안보관

안보거버넌스 체제에서는 정치, 경제, 사회구성원 간 자율성이 높아지고 이들 간에는 상호 호혜적 의존관계를 기반으로 문제해결

---

8) ≪로동신문≫, 2007. 1. 12 - 5. 17.

9) 뉴라이트안보연합은 북한의 대남 협박과 기만 책동을 결코 좌시하지 않을 것이며 또 다시 대선개입을 하지 말 것을 엄중경고한다고 강조한 바 있다. 뉴라이트안보연합은 건전한 안정 보수정권의 탄생을 위해 끊임없이 시민운동을 전개해 나갈 것이라고 강조하였다.

이 진행된다. 안보서비스의 협력과 정보공유, 남북문제의 해결이 구성원과 공존의 형태로 진행되어야 한다. 자율성 높은 구성원 간 의존관계와 정부와 안보시민단체는 자연히 신뢰라는 요소에 크게 의존할 수밖에 없다. 이러한 차원에서 안보시민운동의 안보관은 다음과 같은 내용을 중심적으로 구축해야 한다.

우선 튼튼한 국가안보 바탕하에 강한 나라 대한민국 건설을 중심에 두어야 한다. 주적개념으로 김정일 정권과 추종세력, 안보저해세력 등을 시대 상황에 맞게 조정해야 하고 북한의 이중성에 대한 적극 대응을 하고, 남북교류의 주도권 확보 및 유지, 상호원칙 견지로 주도권 확보를 해야 하고, 자주보다는 국제공조 한미동맹 우선, 한일공조 및 중·러 교류 증대, 국제공조에 비중을 증대해야 하고, 단일민족보다는 다인종, 다민족을 중시하는 글로벌한 세계관, 민족보다는 국가를 중시하는 글로벌세계관에 부응해야 하고, 국방안보에서 포괄안보 개념으로 대처, 확대해야 한다.

무엇보다도 여성의 안보역할 증대가 필요하고, 스위스나 선진국처럼 안보 논리개발을 통한 국민의 안보의식을 고양해야 하며, 방관자나 제삼자 입장에서 탈피 주인정신을 갖고 자발적인 행동 참여를 촉구해야 한다. 이제 안보문제도 보수적인 노장층 중심에서 젊은 층을 중심으로 안보문제가 진지하게 논의되어야 하고, 국방, 외교, 통일 문제와 더불어 테러, 재난, 마약 등 국민 생활과 직결되는 주제로 접근해야 한다. 이는 안보네트워크를 형성하여 상호협조 및 자발적 행동참여가 필요한 것이다.

또한 대북관으로는 북한의 이중성에 대한 철저 대비, 김정일 정권과 북한주민과는 분리 대응이 있고, 통일관으로는 남한 주도의 자유민주주의 통일이 중심이 되어야 하며, 한미동맹관계복원, 주한미군철수, 전시작전권 문제 및 환수문제 재협상, 북핵처리에 대한 일치된 행동 및 공조강화 등이 필요하다.

한반도 주변국과의 관계에 있어서는 일본의 보통국가화 추진에 대한 견제, 북한문제에 대한 일본과의 협조된 노력, 독도문제, 위안부 문제, 동해표기 등에 대한 명확한 의지 표명이 있어야 한다. 중국의 군사대국화, 고려사 왜곡, 북한에 대한 내정 간섭 등에 대한 경고, 경제 분야 협력적 관계 지속 등이 논의되어야 한다. 러시아와의 경제 분야 협조, 북한 견제 등이 필요하다. 호주 등 동남아시아권과의 정치적, 경제적 유대 강화가 더욱 지속되어야 한다.

3. 안보거버넌스의 대북전략에 대한 다양한 지렛대 개발

안보 관련 정부관료들의 주요 역할은 시민 자산, 시민들의 문제해결 지식, 또는 거버넌스에 필요한 시민의 능력 등의 향상을 돕는 것이 된다(MaGregor, 1984). 정부 재창조를 통한 안보의식개혁은 시민들의 적극적인 참여, 또는 시민 재창조 없이는 성공하기 어렵다. 안보거버넌스하에서의 정부는 국민이 공감할 수 있는 다양한 지렛대를 개발해야 한다. 안보시민단체는 우선 남북 간의 차이를 국민이 인식하도록 해야 한다.

(1) 누가 더 인권을 존중하나. 북한의 인권상황은 최악이고 UN과 국제인권옹호위원회에서 수차례 결의안을 채택했을 정도이다. 국제적 평가에 의하면 대한민국이 북한보다는 훨씬 인권상황이 좋다고 평가되었다. 인권은 바로 평화세력이 하는 정책이다. 친북좌파세력은 북한인권상황에 대하여 외면하고 있다.

(2) 누가 더 군사적 도발을 많이 했는가. 군사적 도발은 크건 작

건 간에 전쟁과 유사한 것이다. 북한은 53년 휴전 이후 지속적으로 남한에 대하여 도발하여 왔다. 대한민국은 끊임없이 이를 방어하기 위하여 국가안보를 흔들림 없이 해 왔다. 최근에 와서 전시작전권 문제, 군임기감축 등 군의 폄훼는 북한도발자들에게는 매우 유리한 정책이다. 아군끼리 벌어지는 부대 내에서의 기강해이는 북한이 원하는 트로이목마현상이다.

(3) 누가 더 전쟁준비와 핵무기를 개발하는가. 국방비문제도 중요하지만 누가 더 노골적인 핵강화와 핵실험을 하느냐가 중요하다. 북한은 끊임없이 핵무기개발을 하고 있다. 적어도 지금까지의 북한의 행태는 전쟁세력임이 분명하다. 그래서 2·13합의도 나온 것 아닌가. 북한의 진의가 어떻든 간에 이를 저지하는 세력이 평화세력이다.

(4) 누가 더 병영체제이고 동원체제인가. 북한만큼 110만, 180만, 350만 등 김정일 국방위원장을 정점으로 통제와 획일적 명령체계를 갖고 있는 병영국가가 어디에 있는가. 때만 되면 가공할 군사퍼레이드와 100만 명 횃불시위, 집단집총시위 등은 섬뜩하다. 선군정치라는 어느 국가에도 볼 수 없는 국가정책을 기초로 일사불란한 인민과 군대동원 체제는 나치의 전쟁광과 흡사하고 스탈린의 붉은 군대의 지속이다. 이를 이웃하고 있는 대한민국이 같은 동족이란 것만으로 국방이나 국가안보를 절대로 소홀히 할 수 없을 것이다. 과연 북한과 이를 옹호하는 친북좌파는 전쟁세력 아닌가.

(5) 누가 더 자유나 시민보다 개인이나 이념을 선호하는가. 언론 자유, 집회결사자유, 양심의 자유, 종교의 자유가 거주이전자유 등 어디가 더 인간의 기본권이 더 잘 보장되고 있는가. 자유는 인간의 본질적 속성이다. 대한민국만큼 파업, 데모, 폭력시위 등 자유가 보

장되어 공권력마저 위태로울 만큼 자유로운 국가가 어디에 있는가. 자유는 평화세력이 추구하는 것이다.

(6) 누가 더 전체주의적인 속성을 갖고 있는가. 김일성 배지, 김일성 동상, 개인숭배, 영웅숭배, 국가지상주의, 선군정치, 나치즘의 게르만민족의 위대성, 반동분자 공개처형, 공산당이 하라면 한다, 공산당이념, 주체사상, 비밀경찰의 공포정치 등 누가 더 인민을 감시하고 탄압하는가. 전체주의 속성은 전쟁광과 통한다. 전체주의보다는 개인주의가 더 평화에 가까운 것이다.

(7) 안보시민운동은 세계사적인 보편주의 원리를 기초로 자유민주주의, 시장자본주의, 상호 호혜적인 평화통일, 법치주의, 인도주의와 인권존중, 경쟁과 협력을 통한 선진국진입을 존중하고 이를 내세운 합리적 건전 보수 시민운동단체인 것이다. 전체주의가 아니고 국가지상주의가 아니며 언제나 전쟁을 막고 평화를 위해서는 국가안보가 튼튼해야 함을 존중하며 전쟁보다는 평화를 도발보다는 협상을, 군비증강보다는 군축을 통해서 공격보다는 최선의 방어에 치중하는 평화세력이 되어야 할 것이다.

이제부터라도 정부는 채찍과 당근으로 적절하게 북한 길들이기를 해야 한다. 국민적 합의 - 교류 - 장기적 계획이 있어야 한다. 정권적 차원을 초월한 논리개발이 필요하다. 국제공조도 함께 해야 할 때는 주저 없이 해 주어야 한다. 국제공조와 남북공조가 일치하는 것이 바람직하다. 한미일공조, 남북공조에서 한국의 역할이 중요하다. 한미일 결속이 중요하다. 일본의 안보무장화가 오히려 우리에게는 위협이 되는 수도 있다. 미국과는 전통적인 협력관계를 유지하면서 중국과도 협력적 관계를 유지하는 연중결미가 요망된다. 물론 동북공정, 독도문제, 동해바다문제 등 모두가 슬기롭고 지혜롭게 풀어야 할 소중한 과제이다. 이는 최고지도자가 기분 나는 대로 대응할 과제가 아닌 것이다. 남북교류는 유연하게 지렛대로 활용해야 한다. 국제사회의 약속과 지원을 얻어내야 한다. 국제사회에서 계속 여론화, 압박을 가해야 한다. 물론 정부는 국제사회의 약속을 지켜야 하고 신뢰를 얻어야 하며 안보문제에 있어 UN, OECD, ASEM, APEC, EU 등의 국제기구나 협력체를 잘 활용해야 한다.

4. 안보거버넌스의 대북전략 실천과제

안보거버넌스는 다양한 안보시민단체의 네트워크로 구성된다. 다양한 참여자로 구성된 안보네트워크 상황은 참여자들이 상호 독립적이라는 것을 의미한다. 그러나 상호 독립적이라는 것이 모든 참여자가 동등하다는 것을 의미하는 것은 아니다. 비록 안보네트워크 상황에서 정부의 역할이 전통적인 정부처럼 우월한 것은 아니지만, 정부가 다른 사회적 참여자들과 동등한 것은 아니다. 정부는 안보네트워크 관리자의 역할을 담당해야 한다. 다양한 참여자로 구성된 안보네트워크는 계층제와 시장 모두와 구분된다. 한편 안보네트워크의 참여자는 계층제적 질서 속의 구성원보다 덜 종속적이며, 시장체제의 구성원보다는 더 종속적이다.

이러한 관점에서 안보거버넌스의 실천과제는 다음과 같다.

(1) 한국은 북한 길들이기를 해야 한다. 능력이 없으면 국제공조를 해야 한다.

(2) 북한이 국제사회에 정상적으로 등장하지 않으면 주변국 지원도 힘들다. 우리도 점점 힘들어진다.

(3) 북한이 문제다. 가다피적 대전환을 기대한다.

(4) 국제공조할 땐 화끈하게 해 주고 남북공조할 땐 유연하게 한다. 상호 호혜적인 다양한 전략과 시나리오, 아이디어를 개발해야 한다.

(5) 글로벌 선진국으로 가는 길이 북한을 이기는 길이다.

김정일 독재국가보다는 민주주의와 시장자본주의의 보편사적인 대한민국이 중심이 되는 평화적 통일을 이룩해야 한다. 통일의 발목을 잡고 있는 북한의 김일성 우상화, 김정일의 독재, 선군정치, 전쟁놀이, 주체사상, 인권유린, 굶주림과 빈곤, 광기 어린 100만 명 횃불시위, 상징조작의 집단적인 카드섹션, 마약 및 위조화폐, 미사일발사와 핵개발, 불쌍한 북한동포, 폐쇄의 철조망, 1950년의 사고로의 퇴행, 대남통일전선구축, 선전선동전략, 인민의 곡예단몰입, 어린이 영양실조 등 21세기 비극적인 언어와 개념들을 안보시민운동을 통해 극복해야 한다. 이것도 우리의 안보위기 중 하나이다.

국제사회에서 아무도 손 못 대고 있는 북한이 대한민국을 조롱하고 있다. 이럴수록 국제공조를 통한 지혜롭고 총체적이고 종합적인 압박을 가해야 할 것이다. 이것이 북한보다 한 수 우월한 우리의 국력이고 외교력이고 안보력이다. 미국, 중국, 일본, 러시아와 국제사회가 북한보다는 대한민국의 말을 더 신뢰할 때 북한이 어쩔 수 없는 것이다. 국제사회에서도 북한에 대한 구제는 대부분 대한민국의 몫이다. 그런데 최근 미국이 북한과 직접대화를 모색하고 있다.[10] 다만 북한이 핵강국으로 남한을 배제한 북미대화로 오는 한국의 소외는 결국 한미관계의 신뢰에 의해서만 보충받을 수 있다는 점을 알아야 한다.

국제사회의 이중성도 이해해야 한다. 겉으로 친한 것과 속까지

---

10) ≪한겨레신문≫, ≪조선일보≫, 2007. 6. 23.

친한 것을 구분해야 한다. 우리는 주변강대국들이 겉으로만 친하게 만들어 버리고 있다. 그러니 일단 유사시 진정으로 미국이나 일본이 대한민국을 위해 지원과 희생을 할지 의문이다. 불안과 의혹이 있으면 친구가 되기 어렵다. 주변강대국과의 관계에 있어 진정한 우리의 친구는 누구일까. 과연 그들이 우리를 친구로 생각할까. 우리는 여기저기서 결정적인 국면에 외교적·안보적 측면에서 소외당하지 않고 외톨이가 되지 않도록 지혜로운 리더십을 발휘해야 한다.

미국과 중국이 친하고 일본과 중국이 친해지고, 중국과 러시아가 친해지고 미국과 러시아가 긴밀한 관계를 갖고 있고 일본과 러시아가 협력하는 그런 국제정세다. 그래도 Top 10 안에 드는 국가들이 우리의 우방이 되면 더욱 좋지 않을까. 그것이 우리의 친구 사귀는 능력이 아닌가. 친구 사귀는 데서도 선진국적인 방법을 배우는 것이 좋지 않을까. 독재국가나 가난한 나라를 도와주는 것과 친구나라를 많이 사귀는 것과는 전혀 다른 것이다. 강대국이나 선진국 부자나라와 함께 친하면서 동시에 가난한 나라에 대해서도 지원하고 동정해야 하는 균형감각을 가져야 되는 것 아닌가. 마치 맹목적으로 북한은 같은 동족이니까 북한이 독재국가이고 비정상국가여도 상관없다는 식은 오히려 무책임한 폐쇄적·국수적인 편협한 민족주의 발상이 아닌가. 여기서 벗어나야 한다. 적어도 우리가 선진국이 되려면 우선 선진국들이 우리를 인정해야 한다. 그러면 자동적으로 후진국도 인정하고 우리의 해야 할 일이 무엇인지 간파가 되는 것이다. 이를 안보시민단체가 정부에 요구하고 아이디어를 제시하면서 파트너십을 형성해야 한다.

표 1-3_ 시민단체 중심의 안보거버넌스 모델

항 목	안보정책설계	안보정책집행	안보정책평가
안보정책 a	정보제공/자문/적극적 참여		
안보정책 b	대 학 연구기관 기업체 안보시민단체 기능별민간단체	입법부	노동자조직 농민조직 여성조직 청년조직 대학생조직 초중고생조직
안보정책 c			
안보정책 d		정 부	
. . 안보정책 n		군과 안보 관련 기관	
		정 당	

　　그러나 정부가 시민참여형 안보 관련 파트너십의 복잡성을 통제하기 어려운 위협요소로 받아들이는 경우 파트너십은 항시 정부가 주도권을 잡는 위탁의 형태로 변질될 가능성이 존재한다(Giddens, 1998). 현 정부는 북한지원에 대하여 너무 화끈하다. 뭐든지 다 준다. 그러나 끈질기지는 못하다. 오늘날 선국들이 그렇게 호락호락 이룩된 것이 아니다. 그들 나름의 노하우를 갖고 된 것이다. 과거 제국주의까지 하면서 부자가 된 아주 잘못된 역시도 있었지만 모든 선진국이 다 그런 것은 아니다. 진정으로 우리가 한반도에서 우물 안 개구리가 되지 않기 위해서는 마음을 열고 개방적으로 평화적으로 보편적인 세계사의 원리에 동참하는 것이다. 그것이 바로 글로벌민주주의이다. 가난한 나라도 자신의 탓을 먼저 하고 부자나라에 정중하게 지원을 요청해야 온당하다. 무조건 떼를 쓰듯이 부자나라를 비방하고 거부하고 대립하면 부자나라도 별수 없이 가난한 나라를 무시하고 거부할 것이다. 게다가 부자나라 국민들이 무슨 죄가 있는가. 대통령이나 지도층이 하기 나름이고 결국은 지도자들이 국가의 친구정책을 만드는 것이니까. 미국국민과 한국국민

이 원수가 될 이유가 있는가.

　물론 일본은 우리의 과거사에서 지워 버릴 수 없는 못된 국가이다. 그러나 그것만으로 일본과의 관계를 가져갈 수는 없다. 다각적으로 대처해야 하고 따질 것은 따지지만 별도로 배워야 할 것은 배우는 이중적인 친구 사귀는 지혜가 필요하다. 북한처럼 미국 때려잡고 일본 폭파시키고 해서 남는 것이 무엇일까. 일본 침몰, 중국 침몰 그리고 미국 침몰하면 전 세계가 다 침몰이다. 다 함께 공존하는 세계로 가야 한다. 북한이 혼자 독불장군처럼 언제까지 버틸 것인가. 그럴수록 더욱 이상한 괴물로 변해 버리는 거다. 아무도 구제할 수 없는 지경으로 가는 것이다. 결국 내부적인 빈곤, 굶주림, 폭동과 분열에 직면할 수도 있다. UN, EU, WTO, IAEA 등 국제기구나 국제사회의 인도와 지도를 받아야 하는 것 아닌가.

　우리도 세계로 마음을 열고 모든 국가와 친해져야 하고, 북한도 마음을 열고 세계와 동참하면서 다른 나라가 이해할 수 있는 상식선으로 북한이 국제사회에 동참해서 자신이 어떤 나라인지 그 정체성을 인정하고 동시에 반성하면서 진정으로 우호적으로 나서는 국제사회의 호의를 거부하지 않고 왜곡하지 않아야 하는 것이다.

　그저 핵무기나 만들고 그저 자력갱생, 자주, 남북은 하나다, 선군정치 등 구호로만 범벅이 되어서는 김정일이 독재정권을 연명하는 데는 도움이 될지 모르지만 그리고 북한 인민을 체제 동원하는 데는 성공할지 몰라도 결국은 국제사회의 다양성과 문화를 모르고 평생 김일성 - 김정일 독재체제만 바라보고 초근목피하면서 북한주민은 불쌍하게 죽어 가는 것뿐이다. 이들도 세계사회에 해외로 나와서 자유롭게 구경할 수 있는 권리가 있는 것 아닌가. 그래서 탈북자가 위대한 것이다. 자유를 찾아서 번영을 찾아서 죽음의 사선을 넘는 탈북자 국제적 난민이 소중한 것이다.

이러한 국제사회와 북한과의 관계개선을 위한 중간역할을 대한민국이 이해해야 하는 것이다. 그동안 이러한 중간역할을 못 한 것이다. 그저 평양 방문하는 것만이, 김정일과 악수하는 것만이 성공한 것으로 착각한 정치인들이 얼마나 많은가. 그것이 바로 김정일이 남한정부를 우습게 여기는 발로가 된다. 일회성으로 대통령이나, 장관이나 국회의원이나 자기의 임기 중, 재직 중 뭔가 한탕 하자는 식으로는 결코 국제사회에 북한을 데뷔시킬 수 없다. 정기적으로 지혜를 도모하고 남남공조가 이루어지고 국제사회와 북한과의 공통점과 합의를 하나라도 만들어 내면서 북한의 호전성이 축소되도록 하는 것이 우리의 지혜가 되어야 한다. 이것이 우리의 역량이 되어야 한다.

그런데 오히려 우리의 모습이 안으로 움츠러들고 있고 북한으로만 편향되고 있고 북한의 김정일 비위만 맞추려고 하니 정말 답답한 지경이다. 북한을 어떻게 하느냐는 사실상 국제사회에서 우리의 역량이 얼마나 되는가에 달려 있는 것이다 우리는 부단히 선진강소국으로 진입하도록 최선을 다해야 한다. 이것이 남북문제 국제공조 모두를 해결하는 열쇠라고 생각한다. 다시 한 번 세계주의와 민족주의의 조화를 이룩하는 건강한 국가가 되도록 안보시민단체에서 모델을 만들어야 한다.

1. 안보시민운동의 목표

안보시민운동의 목표는 북한의 김정일 정권 및 이를 추종하는 좌파세력에 의해 무너지지 않도록 자유민주주의와 시장경제체제를 수호하고 나아가 한반도의 평화적 통일국가 달성을 위한 튼튼한 국가안보의 초석을 지원하는 데 있다. 안보거버넌스의 목표는 국가와 국민이 함께하는 안보, 정부와 시민단체가 함께하는 안보, 시민 안보네트워크구축, 정부와 안보시민단체와의 파트너십 구축 등이 되어야 한다. 안보시민운동의 목적은 국민의 안보의식 고취, 정부의 올바른 안보정책 수립에 시민참여, 대한민국의 정통성과 남북분단의 평화적 통일을 동시에 달성하는 정책개발, 시민안보교육시스템(안보평생교육) 체계화 등이다. 대북정책실패와 북한핵미사일실험방지실패로 인해 방위 시스템과 한미 안보체제에 변화가 오고, 2·13 이후의 다양한 갈등 해결에 정부만으로는 한계에 봉착하게 되고, 또한 정치적으로는 대의민주주의의 한계를 극복하기 위한 참여민주주의로의 전환 등 급변하는 정치경제적 상황 속에서 정부의 역할 또한 변해 가고 정부 부문만으로는 모든 안보정책적 이슈에 대처할 수 없게 되면서 민간 부문이나 3섹터에서 새로운 대안을 모색하게 되었다. 따라서 안보국정운영의 새로운 패러다임으로서 안보거버넌스는 기존의 정부중심의 대축정책이나 통치방식에서 탈피하여 진보만 아우르는 것이 아니라 보수단체의 특성에 부합할 수 있는 자율성과 권한을 부여받아 국가발전을 추진하게 되고, 안보행정에 시민들의 참여가 두드러지면서 민간단체와 NGO의 활동도 활발하게 이루어져야 한다. 이제 안보민간단체는 이슈를 제기하는 차원에서 더 나아가 정책대안 제시자로서 활동을 하며, 북한인권, 민주화, 진보좌파정권의 대북저자세극복, 탈북자인권 등 안보거버넌스의 모든 정책결정과정과 평가에 중요한 파트너로서 역할을 해야 한다.

2. 안보시민운동의 활동중점

우선 김정일 정권과 이를 추종하는 좌파세력의 실상을 알려 국가근간을 와해하는 음모를 차단하고 국가정체성 회복운동을 전개하고, 국민의 생존권과 직결되어 있는 국가안보와 국군의 중요성을 일깨울 수 있는 대국민 안보의식 고양 운동을 전개하고, 안보의 핵심 역량인 국군에 대한 사랑, 국군보호운동을 전개하여 군이 강한 군대로 발전하도록 지원하며, 안보단체 간의 협의공간을 마련하는 등 네트워크 활성화를 추진하고, 미래 안보의 주도적 역할을 담당할 젊은 층과 대학생을 안보 지킴이로 육성, 이들의 자발적 활동에 대한 다각적 지원책을 강구하는 데 있다. 물론 중앙 및 지역, 부문별로 전국조직화하고, 안보정책 및 대안 마련을 위한 연구소 운영도 필요하다. 안보시민운동의 중점운동방향은 물론 국가정체성 회복운동, 국가관 확립운동, 국민안보의식고양운동, 국민에게 희망을 주는 운동, 국민에게 기쁨과 즐거움을 주는 운동, 국민과 더불어 하는 운동 등이 되어야 한다. 안보민간단체가 정부의 안보정책과정에 참여할 때 다양한 단계에서 참여가 가능하다. 물론 정부는 어느 단계까지를 원하는지 사전에 잘 파악해야 한다.

표 1-4_ 민간단체의 안보거버넌스를 위한 사회자본 측정지표

구 분		지표내용	비 고
1. 시민 관여	수평적	이웃과 상호 작용(양적정도 및 질적 수준)	국가충성심 나라사랑 법치주의 공동체
		시민사회 내에서 자발적 참여활동	
		시민사회에 바탕을 둔 조직에 참여	
		시민사회 시설이용	
	수직적	시민사회 밖에서의 비공식적 상호 작용	전국적 참여수준 정치적 영향력
		시민사회 밖에서의 자발적 활동	
		시민사회 밖에서의 조직활동 참여	
		시민사회 밖에서의 시설이용	
2. 사회적 네트워크 (안보시민단체의 활동범위)		네트워크 규모	참여 인원수
		네트워크 다양성	소득, 인종, 나이, 사회적 지위 등에서의 다양성
		네트워크 위치	네트워크 구성원들이 보수시민사회 내에 있는지 밖에 있는지
		유대관계의 친밀성	
		네트워크를 이용하는 목적	
3. 신 뢰		시민들에 대한 신뢰	안보시민단체의 활동평가
		시민사회조직에 대한 신뢰	
		비영리조직에 대한 신뢰	
		시민사회기관에 대한 신뢰	
4. 조직 인프라 (인적자원)		조직의 수, 형태, 규모	시민의 능력 배양, 준비된 시민, 시민의 힘, 안보의식 함양, 국가지킴이 국가권위 회복
		조직구성원의 규모	
		참여 비율	
		구성원 다양성	
		기관들에 대한 효과성	
		시민사회 밖 조직의 지위	

예컨대 ① 정책제안 및 자문단계, 민간단체가 추천한 사람들을 정부안보기관의 각종 위원회에서 위원으로 활동하게 하는 방법이 있다. ② 정부안보기관으로부터 특정 안보정책이나 전략에 대한 의견요청이 있을 때마다 안보시민단체가 공식의견을 제시하는 방법이 있다. ③ 안보시민단체에서 활동하고 있는 전문가들로 하여금

안보정책 자문을 제공하게 하는 방법이 있다. ④ 공직의 외부채용 방식으로 안보시민단체 활동가를 정부나 산하 안보 관련 기관에 계약직으로 채용하는 방법이 있다. 정부와 함께 정책결정단계 - 정부와 함께 정책집행단계 - 정책평가단계에 다양하게 참여할 수 있을 것이다. 만약에 안보시민단체가 정부의 정책과정에 참여한다면 참여범위는 구속력과 책임을 같이 갖는 수준이 되어야 할 것이다. 안보시민단체가 찬성 또는 반대함으로써 주도한 정부의 특정 정책이 실패하여 경제저, 사회적으로 큰 손실이 발생했을 경우에는 안보시민단체도 법적, 재정적 책임을 지게 하는 것도 고려해야 할 것이다. 정부의 역할을 보수와 진보를 가리지 않고 시민들이 안보문제에 적극적인 역할을 할 수 있는 권능을 부여하여 정부 내의 문제들을 시민이나 NGO들이 서로 협동하여 서비스를 공급하도록 유도하여야 한다. 특히 시민의 선택권 확보와 권력을 공유하고 더 나아가서는 적극적인 시민을 육성하고 이를 통해 안보민주주의를 실현해야 한다.[11] 이에 따라 정부의 조직과 운영에 있어서도 그 책임과 권한을 분사시키고 의사결정과정이 다양한 주체들의 협의에 의해 이루어질 수 있도록 상향식의사결정이 이루어져야 하며, 시민들의 요구를 정확하게 파악하여 이들이 필요로 하는 안보서비스를 다양한 방식에 의해 제공함으로써 시민들이 자신들의 의견을 제시할 수 있는 기회를 제공해야 할 것이다.

---

11) Lansley, Gross & Wolmar, 1989: 58 참조.

3. 안보시민운동 중심세력 및 조직

우선 전교조의 그릇된 6·25전쟁에 대한 왜곡된 교육, 대북관과 통일관에 대해 분노하는 시민세력들이 참여할 필요가 있다. 전투적 민주주의의 하나로 강성노조의 폭력시위에 대하여 거부하는 건전한 보수 세력의 참여가 필요하다. 공권력을 무력화시키고 법치주의를 파괴하는 폭력적 집단시위에 반대하는 보수건전세력의 참여이다. 전시작전권 단독행사 허상을 폭로할 세력이다. 북한핵개발과 미사일발사에 분노를 갖는 세력도 참여할 수 있다. 전시작전권과 주권연계를 반대하는 세력도 마찬가지이다. 안보가 중요하다고 보는 세력들의 건설적인 연대가 소중하다고 보는 세력이다. 물론 주한미군철수는 시기상조라고 보는 세력들이다. 한미동맹이 싸우지 않고 이기는 전쟁억지력이 중요하다고 보는 세력이다. 그래서 지나친 자주를 경계하는 세력이다. 안보효율-실리와 경제논리를 연계하는 세력이다. 그리고 북한핵개발로 인하여 한국이 처한 상황을 안보위기로 보는 세력이다. 그리고 노무현 정권의 일관성 없는 국제전략에 대해 우려하는 세력 등의 안보거버넌스를 구축해야 한다.

동조 및 주변세력의 범주의 예는 많을 수 있다. 예컨대 전교조에 대항하는 세력, 민노총과 강성노조에 반대하는 세력, 공권력을 무력화시키고 법치주의를 파괴하는 집단시위에 반대하는 세력, 전시작전권 단독행사허상을 폭로할 세력, 북한핵개발과 미사일발사에 분노를 갖는 세력, 전시작전권과 주권연계를 반대하는 세력, 안보연대가 소중하다는 세력, 주한미군철수는 시기상조라고 보는 세력, 한미동맹이 중요하다고 보는 세력, 안보효율-실리와 경제논리 연계하는 세력, 한국이 처한 상황을 안보위기로 보는 세력, 노무현 정권의 일관성 없는 정책에 대해 우려하는 세력, 한국이 처한 상황을 안보위기로 보는 세력, 좌파정권의 일관성 없는 정책에 대해 우려하는 세력 등이 그것이다.

표 1-5_ 정부와 안보거버넌스 민간단체 간의 파트너십의 결정요인

구 분	세부요소
자 원	1. 자금 2. 공간, 장비, 재화 3. 기술과 전문지식 4. 정보 5. 사람, 조직, 집단에 대한 연계 6. 소집능력(convening power)
파트너의 특징	1. 이질성(heterogeneity) 2. 관여수준(level of involvement)
파트너들 간의 신뢰관계	1. 신뢰 2. 존경 3. 갈등 4. 권한차별
파트너십의 특성	1. 정부리더십 2. 행정 및 관리 3. 운영체계 4. 효율성
외부환경	1. 시민사회 특성 2. 공공 및 조직 정책

4. 범국민적 안보거버넌스 실천의 필요성

육해공군을 통하여 이를 걱정하는 국민들이 나라를 사랑하는 하나 된 안보조직체계를 구축한다. 국가안보의 소중함을 인식한 예비역의 다양한 조직의 네트워크와 일원화된 조직체계 구축이다. 북한의 선동선전전술전략에 속지 않는 대국민의식 고취가 요망된다. 전문가집단과 연합체구성원 간의 각종 학술행사와 워크숍을 통한 진지한 안보논의가 지속적으로 되어야 한다. 그래서 국민들이 국가관, 분단관, 대북관계관, 북한학관, 군사안보관, 통일관, 국제전략, 안보거버넌스 등에 대한 논리적 토대를 어느 정도 구축해야 한다. 가정, 각급 학교, 사회단체, 공공단체, 국회, 행정, 사법부 등 각 단체와 연계한 국가안보중요성을 논의해야 한다. 심의민주주의의 활용이 요망된다. 자유민주주의, 시장자본주의를 근간으로 한 국가정

체성 확립이다. 국가경쟁력 강화와 법치주의의 확고한 토대를 구축이다. 전투적민주주의, 집단시위, 폭력시위, 가투, 빈번한 파업 등에 대한 국민적 저항조직화이다. 북한의 핵개발의 상황이 발생하는 등 노무현 전정권의 안보정책실패를 반면교사로 실추된 국가권위를 회복시키고 나라를 발전시키고 선진국으로 진입하기 위한 운동을 전개해야 한다. 전 세계에서도 볼 수 없는 집권당의 창당과 와해, 몰락, 붕괴에 대하여 한마디 비판도 못 하는 진보세력의 무책임함에 대한 시민사회의 고발이 너무 적다. 이들 세력에게 어떻게 안보문제를 신뢰하고 맡길 수 있는가 하는 점이다. 대선과 총선에서의 잔존 열린우리당 세력과 진보 대통합세력의 극렬한 선전선동에 대한 흔들림 없는 보수 안정 건전세력의 결집이 요망된다. 이러한 점에서 안보시민단체와 정부는 ① 상호 협력기능, ② 시민들의 관심과 참여를 유도하는 기능, ③ 투명성과 정보유용성의 제고, ④ 정부에 대한 신뢰 구축 등을 통하여 안보거버넌스의 기능이 잘 작동될 수 있도록 해야 한다.

5. 안보시민교육 및 봉사활동

안보시민단체는 시민과 함께 안보문제를 공유할 수 있도록 안보전문가를 통한 일반회원교육, 안보전사교육, 대학생 토론회(월 1회), 안보동아리 소집교육(반기 1회), 정책 세미나(반기 1회) 등을 실시한다. 또한 병영체험훈련(반기 1회), 땅굴 견학 및 부대 방문(분기 1회), 전적지 답사 및 참배(월 1회), 보훈대상 극빈자 위로 방문 및 봉사, 16개 참전국 장병과의 교류 및 서신 교환, 행사참여(3·1운동, 현충일, 한국전쟁, 광복절 등)도 병행하여 안보문제에 대한 논의의 장에 참여를 유도한다. 파트너십의 당사자들 간에 자원의존도가 높을수록 파트너십 형성의 가능성이 높을 것이며, 파트너십은 참여하는 주체들이 독자적으로는 달성할 수 없거나 달성하기 어려운 일을 서로 자발적으로 정보와 자원 등의 교환을 통해 해결하기 위해 네트워크를 구성한다는 것이다. 즉 둘 이상의 행위자 간의 상호적 필요성과 자원의 교환, 협력을 통한 이익의 인식에 의해 파트너십이 발생하는 것이다. Rhodes(1997)는 보다 많은 정보가 국민이 실제로 손쉽게 이용할 수 있는 형태로 국민에게 제공되어야 한다고 하였다. 정보는 민주주의의 통화이다. 그러나 아직도 대다수의 경우 정부가 정보를 독점하고 있어 국민들이 행정에 대한 정보 입수의 기회는 크게 제한되어 있는 실정이라고 한다. 적절한 정보 없이는 국민들이 주인으로서의 적극적인 역할을 적절히 수행할 수 없다. 따라서 다양한 행정부 내부 정보가 광범위하게 국민에게 제공되어야 한다.12)

V 결 론

정부의 안보실책에 대하여 국민이 지적해야 한다. 안보와 국가가 중요하다. 이를 시민이 전국적인 안보네트워크화하여 지켜야 하고 정부가 파트너십으로 도와주어야 한다. 강한 나라 대한민국을 구축해야 한다. 비전이 있어야 한다. 튼튼한 국가안보 바탕하에 초일류 국가 추구 등이다. 건전한 안보의식을 통하여 청소년층에게는 희망과 꿈을, 성년층에게는 성취와 희열을, 노년층과 유년층에게는 안

---

12) Bellone and Goerl, 1992 참조.

정을 주어야 한다. 안보교육을 통하여 엘리트 육성, 보통 교육과 구분한다. 경제에 있어서도 튼튼한 안보를 기초로 선 성장, 후 분배, 선진국진입정책을 수립해야 한다. 주력산업을 지정하여 블루오션전략을 통한 국가경쟁력을 증진시켜서 선진국진입을 도모해야 한다. 이는 일자리 창출, 청년실업해소에도 크게 기여한다. 기업하기 좋은 환경 마련은 물론 노사 화합도 도모해야 한다. 국방에서는 공세적 방어전력을 유지하고 여성의 안보단체참여의 기회를 확대해야 한다. 법치로서 보장되는 인권, 약자를 위한 인권을 유지하고 법치주의를 통한 헌법수호와 공권력유지가 가능하도록 한다.

우리가 지금 북한에서 일어나고 있는 일에 대하여 정확하게 옳고 그름을 판단하지 못하고 이에 대하여 정확한 평가나 비판을 하지 못한다면 체제논의나 통일논의도 할 자격이 없는 것이다. 왜냐하면 정권에 대한 논의보다는 체제에 대한 논의가 더 어렵고 체제에 대한 논의보다는 통일국가에 대한 논의가 더 어려운 것이기 때문이다. 그러나 초등학생도 정권보다는 통일에 대하여 더 쉽게 얘기한다. 이것은 통일논의에 대한 잘못된 인식과 환상에 사로잡히게 만든다. 그리고 정치적으로 통일이 항상 이용당하는 식으로 전개될 수밖에 없게 된다.

그래서 남한에서 통일에 대한 어려움을 얘기하거나 힘들다거나 통일에 따른 비용에 대한 언급을 하면 마치 수구세력이나 반통일세력으로 몰아붙이는 경우가 많다. 이것은 사실상 북한이 원하는 상황이다. 민족에 대한 배신자 민족에 대한 편견으로 몰아붙인다. 사회주의는 사실상 계급인데 오히려 남북한문제는 민족문제에 더 목말라한다. 이것은 바로 북한의 민족통일전선전략 때문에 그렇다. 민족보다 더한 가치가 없다고 말하는 것은 외교관계나 국가 간의 관계에서도 남북한 간의 관계가 제일 중하다는 인식을 만들어 주게 한다. 그래서 한미관계보다는 남북한관계 한중관계보다는 남북한관계 한미일관계보다는 남북한관계가 더욱 중요한 것으로 논리를 전개한다. 게다가 민족공조 앞에서는 북한의 어떠한 정책도 비판하거나 반대하기 힘들어지고 점점 더 북한의 전략에 말려들게 되는 것이다. 이렇게 되면 남한의 정권은 친북성향의 정권이 되는 것이고 남한에서의 대통령선거는 마치 북한이 뒤에서 조종하는 것처럼 보이게 되는 것이다. 그러나 실상은 그렇지 않은 것이다. 북한은 세계에서 가장 가난한 국가이고 가장 지독한 독재정권이며 인간이 신처럼 군림하는 전체주의적 개인숭배의 비정상국가인 것이다. 수백만 명이 굶어 죽어 가도 아랑곳하지 않고 이웃나라에 손을 벌리고 그것을 받아 가서는 김정일 개인의 치부와 향락에 퍼붓고 그것도 부족해서 마약밀매, 위조지폐, 무기 밀거래, 그리고 핵무기개발, 로켓발사(2009. 4. 5.) 등을 하는 것이다. 이는 정상적인 국가에서 가능한 일이 아니라고 본다. 더 이상 비정상적인 국가에서의 환상적인 통일논의에 남쪽이 밀려들어서는 안 되는 것이다. 통일을 논의하려면 북한정권을 더 먼저 논의하는 것이 훨씬 과학적이고 논리에 맞는 것이다. 정부와 안보NGO의 공조관계, 즉 파트너십은 양측의 이해가 합치되고 사회적 필요성이 높아질 때 극대화될 수 있다. 사회적 시너지라는 목표를 지향하는 전략적 접근이 곧 파트너십이라고 볼 수 있다. 안보시민단체와의 협력체제, 즉 파트너십개념은 참여하는 당사자들이 대등한 권력관계를 전제로 하는 상호 공조체제의 형성을 의미한다. 정부가 어떤 일을 하고자 할 때는 정부 단독으로 하지 말고 안보시민단체와 협력하여 일을 수행하여야 한다. 안보시민단체는 연대를 구성하거나 네트워크를 조직하여 안보문제에 대한 시민의 참여를 극대화해야 한다. 안보파트너십은 참여하는 주체들이 독자적으로는 달성할 수 없거나 달성하기 어려운 일을 서로 자발적으로 정보와 자원 등의 교환을 통해 해결하기 위한 것이다. 상호 신뢰관계나 우호관계로서, 안보거버넌스를 성공적으로 수행하기 위해서는 국민과 정부지도자 간 상호간의 신뢰 및 믿음의 확보가 있어야 하고 실제적인 안보거버넌스가 작동되어 안보위기를 극복하는 데 기여할 수 있도록 해야 한다.

제2장
북한이중성 이해와 극복방안

I 서 론

북한을 길들이려면 북한의 이중성을 이해하고 북한의 이중성을 타파해야 한다. 현재 김정일은 우리의 적이고 독재정권이다. 북한을 도와주는 것은 김정일을 도와주는 것이고 이는 독재정권을 옹호하는 것이다. 북한의 김정일 정권과 인민은 엄연히 구분되어야 한다. 미국이 중유지원 대신 약품이나 식량지원으로 대체하려는 것은 중유가 바로 무기가 되어 김정일 정권 선군정치의 중심 군부로 가기 때문이다.

그러나 이와는 달리 인도적으로 북한인민은 우리의 구제대상이다. 이를 선별적으로 상호적으로 연결하여 북한을 우리가 컨트롤할 수 있는 지렛대를 많이 만들어야 한다. 에너지지렛대, 비료지렛대, 식량지렛대, 달러지렛대, 외교지렛대 등이 그것이다.

한국에서 발생하는 남남갈등, 한미갈등, 한일갈등, 한중갈등 등 다양한 갈등은 실제로는 남북갈등에서 유발되는 것이다. 이것만으로도 김정일의 대남전략은 상당한 위력을 발휘하고 있다.

그렇기 때문에 지독한 독재자였고 반미주의 투쟁의 선봉장이었던 가다피의 '가다피적 평화적 발상의 대전환'이 북한에 적용되도록 국제사회는 노력해야 한다.

지난 2007년 12월 19일 대선을 앞두고 노무현 정권의 대북자세에 대해서는 여러 문제가 있다고 본다. 말없이 자기 일에 묵묵히 종사하는 많은 건전세력의 함성을 모아 대선에서 정권교체를 성공하였고 이제는 남한에 대한 은밀한 북한의 대남 선전선동정책에 대하여 철퇴를 가할 기회가 왔다.

한국 내 존재하는 친북좌파세력의 이적성에 대한 법치주의에 입각한 철저한 조치와 국가정체성을 재확립해야 한다. 남한 내 곳곳에 좌우대립의 쌈질 전선을 형성하고 한·미동맹을 이간질하고 전통적 우호관계에 대하여 치명적 손상을 가하는 좌파세력에 대한 준동을 논리적으로 비판하고 구체적 안보시민운동으로 이를 저지해야 한다.

2007년 2월 13일 미국과 북한이 30일 이내에 영변 핵시설의 가동을 중단, 폐쇄하고 IAEA 사찰요원의 입북을 허용하면 이에 상응하여 5만 톤의 중유가 제공되고 이어 60일 이내에 북한이 모든 핵시설을 신고하고 불능화 조치를 취하면 5개국이 중유 95만 톤 상당의 경제, 에너지 및 인도적 지원을 제공한다는 합의를 한 것은 북핵 폐기를 향한 장도의 첫걸음을 내딛었다는 점에서는 긍정적이다. 그러나 북핵의 불가역적 완전폐기라는 우리의 목표와 비교해볼 때 매우 불만족스러운 합의라 하지 않을 수 없다. 그럼에도 불구하고 한반도를 둘러싼 최근 정세가 마치 모든 것이 해결된 것처럼 돌아가고 있어 걱정하지 않을 수 없는 것이다.[13]

---

13) 선진화세력, "북핵폐기를 위한 대북압박은 계속되어야 한다. 한반도를 둘러싼 최근 정세에

남북평화통일을 논의하려면 남한 내의 친북좌파와 우파의 이중성도 검토해야 하지만 우선 현재의 김정일 정권에 대한 이중적인 실체에 대하여 시시비비가 분명하여야 하고 한국 내 존재하는 친북좌파세력에 대한 설득과 조치가 이후 진행되어야 한다. 미사일발사실험과 핵개발실험까지 하는 김정일 정권을 중심으로 한 북한에 대하여 정상적인 국가처럼 상대해서는 통일논의가 풀리지 않는다고 본다. 북한이 이란, 이라크, 쿠바, 앙골라, 소말리아 등보다도 주변국가와 국제사회에 더 큰 영향을 미치고 있는 것이 사실이다. 지난 2월 26일 뉴욕필이 동평양극장에서 성조기와 인공기를 걸고 북한애국가와 미국국가가 울려 퍼진 것을 전 세계가 보듯이 과연 북한은 평화외교로 전환하였는가. 이러한 북한의 음악외교가 북한체제가 진정으로 변하고 있는 것인지 북한의 이중성을 파악하지 않고는 알 수가 없다. 그러나 월드컵 남북평양경기를 앞두고는 한국의 태극기와 애국가를 거부하여 회의가 결렬되고 있는 것은 명백한 북한의 이중성을 보여준다.[14] 그동안 국제사회 개입을 배제한 남북한 양측만의 가능성에 대한 논의민 다루었다 그러나 북한의 이중성을 타파하기 위해서는 국제사회의 공조체제가 중요하다. 그리고 내부적으로는 안보연합결집을 위하여 환상적 통일논의의 정치적 악용을 근절하고 북한의 이중성을 재인식해야 한다.

대한 우리의 입장", 「성명서초안」(2007년 4월 2일)

14) ≪중앙일보≫, 2008. 2. 25 - 27.

Ⅱ 국내 안보세력에 대한 두 세력의 협공

안보가 위기이고 안보가 매우 중요하다고 강조하는 국민들은 여기저기서 비판을 받는데 그것을 결집해 보면 결국은 북한이거나 남한 내 진보진영으로부터 받는 무자비한 비판이다. 국가와 안보가 함께 가는 것인데 이를 별개로 구분하여 안보에 대하여는 한국에서 아무런 문제가 없는 것처럼 주장하는 것은 결국 국가의 존립과 권위마저도 위태롭게 만들 수 있다. 지난 김대중, 노무현 정권하에서 이를 걱정하고 불안하게 보는 보수진영이나 일부 애국적 인사들의 처지가 매우 좁아졌고 논의의 장도 협소해졌다.

1. 첫 번째 세력 북한 김정일 정권

(1) 남한에 대한 전략적 이중성

북한은 시도 때도 없이 남한의 친북편향의 인사나 시민단체 등에게 여러 다양한 전략으로 접근하고 공략하면서 남한 내 친북세력을 확대 구축하고 있다. 원론적 차원에서 볼 때 남북한 평화세력이라고 자처하는 부류, 한반도기 앞세우고 민족주의적 감성으로 남북한 간의 군사, 안보문제에 아무런 문제가 없는 양 인식하는 부류, 그리고 남한은 잘 사니까 인도적으로 동족인 북한을 도와주어야 한다는 것은 지극히 당연하다는 인도주의를 내세운 부류 등이다. 이들로 인하여 남북교류에 빈번히 합류하고 북한에 지원하고 이로써 점점 더 남한이 북한의 전략에 말려들고 있는데 이를 북한은 즐기고 있고 남한은 북한인민을 위할 뿐 마치 절대로 북한전략에 안 넘어간다는 식의 호기를 부리고 있는 것이다. 일시적으로 보면 남한 당국자들은 정권이 바뀌거나 그 직에서 떠나면 그뿐이지만 장기적으로 보면 북한 당국이 겉과 속이 다르게 이를 이중적 전략으로 이용하고 있기 때문에 진정으로 남북한 간의 본질적 문제해결에는 점점 더 나아지는 방향으로 거의 접근되고 있지 않다는 데 문제의 본질이 있다.

(2) 정치투쟁의 이중성

특히 지난 2007년 12월 19일 대선을 앞두고 북한은 서슴없이 한나라당을 비판하고 절대로 한나라당이 집권해서는 안 된다는 성명과 방송을 보내었다. 이것은 독립국가에 대한 기본적 예의도 아니고 내정간섭이고 그동안 노무현 정권이 해 온 친북편향적 특성을 고려하면 과거 열린우리당을 지지하는 선전선동전술전략이라 아니할 수 없다. 이에 대해 정부가 아무런 조치나 반응, 성명도 없는 것을 보면 북한이 우호적으로 친북좌파경향의 세력, 진보세력, 구 열린우리당과 노 정권 편에 서는 것을 반기는 것이 아닌가 우려된다. 결국 북한이 도와주는 정권이 만들어질 수 있고 이것을 북한은 자기네들이 마음대로 할 수 있는 꼭두각시정권을 남한 내에 심어 놓았다고, 자기네 전략이 먹혀 들어갔다고, 그리고 역사를 보는 시각과 정통성에서 북한이 우월적 입장에 서 있다고 김일성 수령과 김정일 지도자의 영도력에 의하여 북한이 주도권을 쥐고 있다고 북한주민과 남한에 선전 선동하는 것이다. 이는 절대적으로 김정일 체제 안정유지에 필요한 북한주민에게 자랑스럽게 내세울 명분인 것이다. 핵개발실험에 대한 것도 북한주민에게는 자랑스러운 자주적인 체제유지라는 김정일의 선물일 수 있는 것이다. 지난 2008년 이명박 정부 출범 이후 벌어지는 금강산관광객사살사건, 2009년 개성공단 남한근무자 고립이라든지, 2009년 4월 5일 미사일발사실험 강행이라든지, 이명박 대통령 비방 등은 그들 하라는 대로 말을 잘 듣지 않는 정부이기 때문에 억지로 굴복시키기 위한 협박과 공갈 등 매우 악랄하고 저질스런 전술을 구가하는 것이다. 더 이상 나락 으로 떨어질 것이 없는 북한으로서는 이명박 정부라도 붙들고 늘 어져 물귀신작전을 구사하고 있는 것이다. 이에 굴하지 않고 글로 벌외교와 남남공조를 통해서 이를 극복하는 것이 한국정부의 정도 일 것이다.

(3) 친북좌파의 실체와 보수의 진정성

세상에서 가장 극단적인 좌파 중 하나는 김정일 정권이다. 김정 일은 자기 체제를 꼭 껴안고 조금도 마음을 열지 않고 아주 폐쇄적 인 극좌파이다. 김정일 일파가 우리 민족에게 해악을 끼친 일에 대 하여 사과하거나 반성하는 것을 들어 본 적이 없다. 미국도 나쁜 나라, 일본도 나쁜 나라, 625참전국 16개국 모두가 나쁜 나라, 맥 아더도 죽일 놈, 북한 김일성 – 김정일 추종세력과 한국의 친북좌파 빼고는 모두 죽일 놈이라고 하는 것 외에는 들어 본 적이 없다. 이 를 옹호하는 남한 내 진보세력은 역사의 소명을 거꾸로 가는 무능 과 시대 뒤떨어진 골통좌파이다. 시대에 뒤떨어진 이념논쟁을 하지 말자고 하면서도 이념적으로 보수를 가장 신랄하게 공격하는 것이 바로 북한 김정일 정권이고 남한 내 친북좌파세력인 것이다. 이명 박 정부가 들어서면서 벌어진 소고기파동 촛불폭력시위도 어찌 보 면 일부 좌파세력들의 또 다른 우파정권 흔들기이다. 물론 자유민 주주의 국가에서 얼마든지 국가정책을 비난하고 비판할 수 있으나 거리에서 폭력을 휘두르며 많은 선량한 시민들에게 불안과 불편함을 주는 것은 민주적 태도는 아닌 것이다. 이렇게 해서 좋아할 세력은 친북세력과 김정일과 그 측근들뿐이다. 이들은 한국 내부가 극도의 혼란과 분열 그리고 폭력으로 자나 깨나 어렵기를 기다리고 보수세력의 흠을 잡고 약점을 캐고 그리고 보수세력이 부정부패가 만연하여 국민들로부터 격리시키려는 정말로 사악한 세력들이다. 그렇기 때문에 보수세력은 진정으로 정직하고 투명하고 청렴해야 하는 깃이다. 북한세력의 덫에 걸려서는 절대로 안 되는 것이다.

친북좌파는 겉으로는 평화, 양심, 개혁, 통일을 말하지만 말로만 포장하고 실천하지 않으며 오히려 이념의 폐쇄성에 갇혀 있다. 이제 남한 내 친북좌파세력은 진짜 정체를 밝혀야 한다. 그랬더니 슬그머니 중도를 내세운다. 기회주의처럼 중도의 그늘 집에 잠시 피신하려는 가 보다. 북한 김정일 정권이 변화해야 하고 비판받아야 할 당사자인지, 아니면 남한 내 건전·평화·양심의 보수세력이 매도당해야 하는지를 밝혀야 한다. 북한을 감싸면서도 남한 내 건선보수세력을 갖은 수단과 방법을 동원해서 힐난하는 것은 정치적인 권모술수이며 대권과 연계한 과욕 때문인 깃이다.

그동안 보수는 과거의 잘못된 것들을 반성하고 이를 다시는 하지 않겠다는 국민적 다짐을 하고 그리고 미래를 향하여 새로운 비전을 만들어 내야 한다. 그래야 국민이 50% 이상의 지지를 보내고 평가를 해 줄 것이다. 그러나 진보좌파는 절대로 자신들의 잘못이나 실패는 인정하지 않으며 반성하지 않는다. 오히려 과거 6·25 전쟁 때 남침에 대해서도 반성하기보다는 옹호하고 북침이라고 역사왜곡까지 저지르고 있다. 그것도 남한 내 친북좌파세력은 역사에 대한 그릇된 시각으로 북한 정권에서 주장하는 내용을 그대로 수용하기도 한다. 이를 초중고학생들에게 주입식으로 세뇌교육을 시키면 큰 문제이다.

정상적인 국민이라면 어떻게 진보좌파를 신뢰하고 믿으면서 지지를 보낼 수 있겠는가. 북한 김일성 - 김정일 정권이 6 · 25남침뿐 아니라 그동안의 수차례에 걸친 남한에 대한 도발행위, 인명살상, 북한주민 인권탄압, 수백만 북한주민 기아로 사망, 북한탈북자에 대한 인권유린, 납치문제, 마약밀매, 달러위조지폐제조, 생화학무기 제조판매, 핵개발에 이르기까지 단 한 차례라도 세계를 향하여 남한에 대하여 사과하고 반성하는 자세를 보이지 않았다. 그럼에도 남한 내 일부 진보좌파세력은 김일성을 위대한 지도자라 하고 김정일을 통 큰 지도자라 하니 남한의 친북좌파세력은 김정일 독재 자추종세력이 아닌가. 지난 노 정권하에서는 마음 놓고 김정일은 독재자라고 큰 소리도 한번 못 해 보지 않았는가.

이제는 건전한 미래지향적인 남한 내의 보수건전세력을 냉전 반통일 · 수구골통으로 몰아붙이지 말아야 할 것이다. 성실하고 묵묵히 생업에 종사하는 많은 보수적인 국민들을 선전선동하지 말아야 할 것이다. 시시때때로 있는 강성노조의 파업 등 국민을 혼란에 직면하게 하여 후진국으로 전락하여 나라를 망치는 도발적 행위를 이제는 중단해야 할 것이다.

2. 두 번째 세력은 남한 내 친북좌파세력

(1) 수구골통비판

남북한 긴장관계나 안보이야기를 하고 국가권위와 정통성을 주장하고 상호공존 호혜적 남북관계 운운 주장하면 수구골통으로 모는 세력들이 바로 진보좌파세력들이다. 이들은 반한나라당 전선을 구축하여 반미와 함께 한반도기를 앞세우고 소위 그들이 늘 주장하는 '남북한 평화양심세력'들이 모여서 통일의 길로 가자는 것이다. 과연 핵개발하는 것을 자랑하고 찬양하는 세력들이 그들이 말하는 평화양심세력이겠는가. 여전히 주적은 북한이라고 주장하면 아니라고 항변하고 주적은 변해야 하며 진짜 주적은 미국이나 일본쯤으로 주장하는 세력들이 좌파진보세력들이다.

우리는 북핵을 결코 용납할 수 없다. 북한이 핵이 있는 한 우리는 북을 향해 자유롭게 마음을 열 수 없다. 이것이 북한의 계략인 것이다. 따라서 핵 폐기 없이는 한반도의 평화도, 통일도, 공존도, 협력도 그 어느 것도 있을 수 없다. 또한 북핵은 선군정치의 유지 수단이다. 핵을 방치하고서는 어떤 남북관계나 한미관계도 용인될 수 없다. 평화세력과 위장 평화세력도 북핵에 대한 입장에 따라 구분된다. 입술로는 북핵을 반대하면서도 실제로는 북핵을 용인하는 세력은 위장평화세력이며 어떤 대가를 지불하더라도 북핵을 불용하는 세력은 한반도의 평화를 희구하는 세력이다. 북한의 모든 핵시설, 핵물질, 핵병기가 폐기되거나 완전폐기를 위한 구체적인 일정표가 나오지 않은 지금 상황에서는 대북압박을 해제할 조건이 충족되지 않았으며 남북정상회담을 추진할 상황은 아니다.[15)

(2) 선과 악의 이분법전선

지난 2007년 12월 19일 대선을 앞두고 청와대나 열린우리당(통합신당)은 아마도 남북정상회담에 대한 고민을 하였을 것이다. 왜냐하면 이것만으로도 북한의 안보위기가 없음을 한국국민에게 보여주고 이를 통하여 우리는 하나, 민족은 하나, 조국통일 앞당기자

---

15) 선진화세력, "북핵폐기를 위한 대북압박은 계속되어야 한다. 한반도를 둘러싼 최근 정세에 대한 우리의 입장", 「성명서초안」(2007년 4월 2일)

는 흥분되고 설레는 선동을 할 수 있기 때문이다. 열린우리당의 장영달 대표가 천명하듯이 노 정권은 평화세력이고 한나라당은 전쟁세력이라는 이분법적 전선을 구축하여 선거전략으로 몰아붙였다.[16]

선거 전 이해찬 의원이 평양을 방북한 것은 아마도 정상회담을 통하여 대선가도에서 노무현 대통령에게 측근이나 열린우리당 쪽에게 유리하게 작용할 국면을 조성하는 전략으로 이용할 논거도 내재되어 있었다. 이는 또 다른 대선에 대한 책략으로 이에 대한 구체적인 국민적 이해가 절대적으로 필요했다. 그리고 한국정부는 국내 친북좌파세력과 김정일 세력 간의 자기들끼리의 잔치를 허용해서는 안 된다. 북한세력과 친북좌파들끼리의 잔치는 남북관계의 발전은커녕 남북관계를 왜곡시키고 엄청난 후유증만 남기게 된다. 노무현 정부가 진심으로 남북대화를 원한다면 북한대표로 하여금 한국의 모든 세력들과 만나게 해야 했었다.[17] 그러나 결국 국민의 선택은 이명박 후보를 선택함으로써 북한의 이간질 책동을 일단 막을 수 있었다. 결국 북한은 이명박 정부 출범 이후 금강산관광객 사살, 개성공단 출입통제 등으로 내내 발목을 잡고 급기야 2009년 4월 5일 로켓(인공위성이든 탄도미사일발사실험이든)발사실험에 이른 것이다.

(3) 내재적 북한동정론

북한의 핵개발과 핵보유에 대해서도 어쩔 수 없다는 입장이다. 북한이 어렵고 약한 나라이고 체제위기가 있는데 이것이라도 가져야 미국에 대항할 수 있는 것 아니냐는 식의 정당한 동정론이다. 북한에 입장에 있어 봐라 지금 우리가 북한에 지원하는 것보다 더

---

16) 《조선일보》, 2007. 11. 11. - 12. 19.

17) 선진화세력, "북핵폐기를 위한 대북압박은 계속되어야 한다. 한반도를 둘러싼 최근 정세에 대한 우리의 입장", 「성명서초안」(2007년 4월 2일)

퍼다 주어야 한다는 식이다. 그러나 이것은 북한의 전략에 말려드는 부실한 전략에 불과하다. 얼마 전까지도 북한의 미사일개발, 핵개발, 주한미군철수, 전작권회복, 반미는 감히 한국 내에서 말도 꺼낼 수 없는 북한의 대남 선전전략 구호였으나 지금은 아무렇지도 않고 그동안 북한이 주장한 것이 하나하나 남한에서 먹혀 들어가고 있는 실정이다.

이에 반해 그동안 남한이 주장한 개혁개방, 군축, 경제협력 등에 대해서는 그렇게 성과도 없었다. 물론 금강산개발, 개성공단을 들어 장족의 발전이라고 주장하지만 이는 결국 모기장식 개방인 것이다. 언제라도 북한이 맘만 먹으면 중단될 수 있는 불안정한 개방인 것이다. 북한은 아무런 변화도 없는데 한국은 북한이 주장한 것을 다 들어주고 있는 것이다. 대통령이 북한에 다 갖다 주어도 남는 장사라고까지 한다. 게다가 그렇게 해도 아무런 문제가 없지 않으냐 남한의 국민들이 사재기도 안 하고 오히려 안보에 있어 불감증이 아니라 북한은 위협의 대상으로 생각하지 않는다고 분석한다. 과연 그런가. 그래서 북한이 정말 핵개발을 하는 것도 내버려 두었는가. 핵개발하는 데 드는 1조 5천억 원 정도를 1997년 이후부터 지속적으로 남한정부가 직간접적으로 지원했는가. 핵개발이 하루 이틀 안에 그렇게 쉽게 만들 수 없는 것은 천하가 다 안다. 북한은 그렇다면 2000년 6·15선언을 하면서도 금강산개발하면서도 개성공단하면서도 평화의 가면을 쓰고 뒤에서는 핵개발을 하고 있었다는 것이 아닌가. 이것이 얼마나 동족에게, 우방국에, 돈을 주는 지원국에 뒤통수를 치는 전법인가. 이는 참으로 순진하고 국제안보환경을 모르는 남한의 소아병적인 전략이 아닌지. 북한과 함께 국제사회에서 함께 외면당할 수도 있는 것이다. 일본과 대만은 무지해서 핵개발하지 않는 것은 아닌 것이다.

(4) 보수의 발전적 변화

이 세상에 변하지 않는 것이 없다고 한다. 보수도 변한다. 그런데 정말 안 변하면 이를 우리는 수구꼴통이라고 부른다. 진보는 모든 보수를 수구꼴통으로 부르고 싶어 한다. 왜냐하면 그래야 진보가 돋보이기 때문이다. 그래서 진보는 자기들은 평화, 양심, 개혁, 통일세력으로 부르고 보수는 전쟁광, 냉전세력, 반통일세력으로 매도하면서 찬반의 이분법적으로 전선을 구축하여 선량한 다수의 보수파를 흔들어 야금야금 진보좌파세력에 동조하도록 51 : 49가 되도록 세력을 규합한다.

표 2-1_ 세계 국민총소득(GNI) 상위 15개 국가 연도별 순위변동

항목	2003	2004	2005	2006	2007	2008예상(?)
1	미국	미국	미국	미국	미국	미국
2	일본	일본	일본	일본	일본	일본
3	독일	독일	독일	독일	독일	중국
4	영국	영국	영국	영국	중국	독일
5	프랑스	프랑스	프랑스	프랑스	영국	영국
6	이태리	이태리	중국	중국	프랑스	프랑스
7	캐나다	중국	이태리	이태리	이태리	이태리
8	중국	캐나다	캐나다	캐나다	스페인	스페인
9	스페인	스페인	스페인	스페인	캐나다	캐나다
10	한국	인도	인도	인도	브라질	브라질
11	인도	한국	한국	브라질	러시아	러시아
12	브라질	브라질	브라질	한국	인도	인도
13	멕시코	멕시코	멕시코	멕시코	한국	멕시코
14	러시아	러시아	러시아	러시아	멕시코	한국(?)
15	호주	호주	호주	호주	호주	호주

(자료) 안성호, 「북한위기에 따른 국가위기관리방안연구」, 한국정치학회, 국제정치학회, 한국동북아학회 공동주최학술세미나(2008. 8. 22), p.48. ≪중앙일보≫, 2008. 8. 2. 세계은행자료로 3년간 평균환율기준임.

과연 좌파와 우파, 진보와 보수의 변화의 방향이 무엇이냐이다. 진보는 그 변화가 평등, 배분 좌파 쪽으로 변하지만 보수우파는 자유와 경쟁 그리고 발전으로 변화를 추구하려는 것이다. 보수의 변화는 변화되어야 할 것은 변하지만 변하지 말아야 할 것은 변하지 않는 것이 바람직하다고 판단하여 선별적인 변화를 추구한다. 예컨대 인간의 자유는 계속 신장되어야 하고 자유의 가치의 소중함은 예나 지금이나 변해서는 안 된다고 본다. 인간의 생명, 인권 등은 동서고금을 통해서 소중한 가치로 그 가치가 손상받아서는 안 된다고 본다. 부모님의 자식에 대한 사랑, 자식의 부모님에 대한 효도도 변하지 말아야 할 것들이다. 이것은 모두 다 건전한 보수세력이 존중하는 일들이다. 그동안 산업화로 기업인들과 보수적 노동자들이 힘을 합해서 GDP 세계 13위, 무역수출입규모 11위, 삼성그룹, 현대차그룹 등이 세계적인 반열에 오르는 글로벌 기업이 되도록 피와 땀을 흘린 것 아니던가. 17~18세기 영국과 프랑스 중심으로 시민혁명과 산업혁명이 있어 영국과 프랑스는 세계초일류국가였지만 250여 년이 지나면서 영국과 프랑스는 GDP 규모로 5, 6위로 떨어졌다. 그러나 한국은 산업화로 들어선 지 50여 년 만에 세계 13위 규모가 되어 영국, 프랑스 등과 어깨를 함께하니 이것이 바로 한국의 기적인 것이다.

건전 보수진영의 목표는 자유민주주의 존중, 법치주의, 시장경제 존중, 한반도 평화통일, 선진한국진입, 삶의 질 향상, 국민소득 증대로 행복한 국민, 일자리창출, 상호 호혜적인 대북관계, 북한주민 인권개선, 김정일 독재정권에 대한 반독재운동, 한미동맹 강화, 평화적 국제사회참여, 북한의 개혁개방유도 등 실로 미래지향적인 발전적 변화를 추구하는 것이라 본다. 이는 수구골통과는 다른 것이다.

오히려 북한은 마약밀매, 핵무기개발, 생화학무기개발, 달러위조 지폐제작, 북한주민 인권탄압, 김정일 1인 철권독재정권 유지, 수구 좌파적인 민족해방전선전략, 대남선전선동전략 등으로 이웃을 못살 게 굴고, 남한이 잘되는 것을 매우 못마땅하게 생각하여 자꾸만 흠 집을 내고 있다. 이것이 올바른 민족관이며 올바른 양국관계인가. 김정일이 바로 민족의 반역인 것이 용기 있고 정의로운 평가라 본 다. 김정일이 보편적 세계사의 흐름에 동참하여 변화해야 한다고 말하는 것이 역사의 보편성이라고 본다. 이를 왜 친북좌파가 은폐 하고 김정일을 방어하고 보호하면서 정의로운 비판을 가로막고 있 는가. 일부 보수파들이 수구골통소리 들을까 봐 말을 삼가고 있지 만 친북좌파세력을 이적단체라 주장하는 이유가 된다.

안보도 마찬가지이다. 국가가 존재하는 한에는 안보는 가장 소중 한 가치 중 하나이다. 친북좌파는 편협한 이념의 족쇄와 과거의 발 목에 잡혀서 마음을 열지 않고 패거리들의 기득권을 유지하기 위 하여 이념공세를 취한다. 매번 진보좌파세력들은 철 지난 냉전적 이념논쟁을 하지 말자고 하면서도 보수세력을 비난할 때는 오로지 이념적인 공격만 일삼고 그동안의 공적과 실적은 외면하려 한다. 김정일 정권이 남한발전을 외면상 인정하려고 하지 않는 것처럼 말이다.

친북좌파야 북한이 핵무기를 갖든 안 갖든, 남한이 가난해지든 부자가 되든 북한하고 민족통일만 하면 대수라고 생각할지 모르지 만 이것은 건전보수세력이 말하는 발전적 변화가 아닌 것이다. 남 한 내 50% 이상의 지지를 받고 있는 보수세력을 중심으로 한 건 전·양심·평화세력에 대한 협박 아닌가. 전투적 방식으로 건전 보수세력을 흠집 내는 것은 대한민국 국민을 모독하는 것이고 이념적인 고문을 가하는 것이다. 이에 대한 역사적 평가는 전적으로 친북좌파세력이 부담으로 가져가야 할 것이다.

Ⅲ 북한의 이중성 분석

1. 북한식 사회주의 - 북한의 이중성

북한의 이중성은 가다피식 개방방식의 김정일 정권 적용 시 문제와 과제를 보면 좀 더 쉽게 이해가 된다.

표 2-2_ 한·중·일 3국의 국제사회 국력순위지표(1990년대 10년간 평균지표)

항 목	한 국	중 국	일 본	비 고
국력 (Most Powerful nations)	13위(46)	7위(83)	5위(108)	① 비판적 대중 (Critical Mass), ② 경제적 능력 (Economic capability), ③ 군사력 (Military capability), ④ 목적과 의지 (Purpose and will) 등 4개 지표기준. 북한 (30위: 21지표값)
군인 수 (Military personnel)	6위(67만 2천)	1위(284만)	자위대	북한(5위: 105만 5천 명)
국방비 (Military Expenditures)	10위(14,410)	3위(63,510)	4위(50,240)	북한(22위: 6000millions $)
예산 대비 국방비	48위(13.6)	28위(18.5)	125위(4.2)	북한(7위: 40.7%)
교육복지예산 대비 국방비	36위(60)	17위(114)	113위(12)	미국(47위: 46%)
GDP 대비 국방비	63위(3.3)	22위(5.7)	146위(1.0)	북한(1위: 27.2%), 미국(54위: 3.6%)
무기구입	1위(1957)	2위(1727)	생략	millions $
국민총생산(GNP)	11위(485,209)	7위(1,055,372)	2위(4,812,103)	millions $
국민소득 (GNP per capita)	53위(10,550)	150위(860)	3위(42,100)	북한(148위: 900$)

항 목	한 국	중 국	일 본	비 고
국토면적	9.8만㎢	959.6만㎢	37.7만㎢	북한 12만㎢
인구	4785만	12억 7685만	1억 2798만	북한 2237만 명
수출액	1400억$	4700억$	1976억$	북한 8억$
수입액	990억$	3400억$	1523억$	20억$

(자료) George Thomas Kurian(ed.), *op.cit.*, *pp.66 - 90*, Ray Cline, *World Power Assessment*(2001), http://www.oecd.org/statsportal(2005. 3. 26. 검색)

(1) 민족공조의 허구성이다. 북한에서 민족은 사실상 태양민족, 김일성민족으로 지칭되는 민족개념을 사용하여 체제를 적극 옹호하고 있다.[18] 우리끼리라든지, 조선은 하나라든지, 우리는 하나라는 것 등은 결국 김일성민족에 동조하거나 그 하수인이 되는 것에 불과하므로 경계해야 한다.

(2) 세습체제 + 주체사상기초. 선군정치, 집단적 군부엘리트의 강경노선이 겹겹이 김정일을 둘러싸고 있다.

(3) 지정학적 지형: 중국이 후원자로 버티고 있다. 그러나 리비아 가다피의 발상전환내용에 있어 리비아 주변에는 중국 같은 국가가 없었다.

(4) 북한정부의 역사성 차이가 존재한다. 즉 김일성의 남침으로 인한 동족상쟁으로 국제적인 남북한 전쟁이 있었다.

(5) 게다가 전 세계에 유일하게 동일한 반도 영토 내에 이념을 통한 분단국가가 존재하고 있고(한반도 특수성), 현재는 남한의 협력, 지원으로 북한이 버티고 있다는 점이다. 소위 말하는 햇볕정책이다.

---

18) 이수석, "대북정책과 남북관계", 민주평통, 『남북관계전문가초청 연찬회자료집』(2009. 3. 13), p.9.

표 2-3_ 동북아 4국의 세계화 및 글로벌민주주의 관련 현황

항 목	한 국	중 국	일 본	북 한
UN	가입국 (1991. 9. 17.)	안보이사국 (1945. 10. 24.)	가입국 (1956. 12. 18.) 안보이사국추진	가입국 (1991. 9. 17.)
G-7	-	G8+1	G7	-
OECD	가입1996	-	가입1964	-
APEC	가입국	가입국	가입국	-
ASEM	가입국	가입국	가입국	-
WTO(148개국)	1995. 1. 1.	134 (2001. 12. 11.)	1995. 1. 1.	-
ASEAN	ASEAN+3	ASEAN+3	ASEAN+3	-
TI부패지수(CPI)	42위/91(2001)	57위/91(2001)	21위/91(2001)	평가대상 못 됨
TI뇌물공여지수(BPI)	18위/19(1999)	19위/19(1999)	14위/19(1999)	평가대상 못 됨
FREEDOM HOUSE	2등급(Free)	6.5등급(Not free)	1.5등급(Free)	7등급(Not free)
IMD세계경쟁력	26위(1995) 27위(1996) 30위(1997) 35/50(1998) 38위/47(1999) 28위/60(2000) 35위/60(2004) 29/60(2005)	31위(1995) 26위(1996) 27위(1997) 24위/50(1998) 29위/47(1999) 31위/60(2000) 24위/60(2004) 31위/60(2005)	4위(1995) 4위(1996) 9위(1997) 18위/50(1998) 16위/47(1999) 17위/60(2000) 23위/60(2004) 21위/60(2005)	평가대상 못 됨
WEF글로벌경쟁력	22위/51(1999) 18위/52(2003) 29위/57(2004)	49위/51(1999) 44위/52(2003) 32위/57(2004)	14위/51(1999) 11위/52(2003) 9위/57(2004)	냉가내성 못 됨
WEF 글로벌 IT	24(0.81)2004년	41(0.17)2004년	8(1.35)2004년	싱가포르 1위(1.73)
유러머니 국가리스크	40위/180(1999)	50위/180(1999)	11위/180(1999)	180위/180
헤리티지 경제자유도	28위/161(1998)	124위/161(1999)	12위/161(1999)	160위/161
Olyimpic 대회유치	1988(서울)	2008(베이징)	1964(도쿄)	-
WorldCup 대회유치	2002공동개최	-	2002공동개최	-

(자료) CIA. *The WorldFactbook*(1999. 11), Department of Public Information. *UN2005.*
　　 IMD. World Competitiveness center – ranking2004(자료).
　　 IMD. *The World Competitiveness yearbook*(2000. 8. 27).
　　 http://www.wto.org. WTO홈페이지(2006. 4. 7. 조회)

(6) 핵개발에 대한 6자회담에서 2·13합의가 오히려 북한에 매우 유리하게 작용되고 있다. 이 또한 북한의 핵개발 전략의 성공이라고 볼 수 있다. 남한이 점점 북한전략에 말려드는 국면이다. 한나라당에 정권을 줄 수 없는 지난 12월 대선이 있었기 때문에 더욱 그렇다.

북한은 참으로 지구상에서 가장 불행하고 측은하고 불쌍한 국가이다. 세상이 다 개방되고 국경을 넘나들며 인간의 소중함을 존중받고 인권을 보장받으면서 삶의 질을 높이기 위해 여러 다양한 생필품이 오고가는데 북한만 고립되어 지구상에서 가장 빈곤한 나라로 남아 있으면서 신으로 추앙받는 독재자 김일성 - 김정일 가족과 측근을 섬기면서 지구상에서 가장 행복하고 발전된 나라로 알고 있으니 이 얼마나 비통하고 분통 터질 일인가. 주민이 굶어 죽어가도 아랑곳하지 않는 김정일, 남한과 국제기구에서 지원하는 그 많은 대북지원금을 독식하고 병에 걸려 드러누울지언정 굶어 죽어가는 인민들에게는 하루 800그램으로 두세 끼분의 죽을 먹을 정도의 식량을 배급하는 악랄한 독재자, 그런데도 3만 개가 넘는 김일성 동상을 만들어 북한주민을 시도 때도 없이 숭배케 하는 야만적인 나라, 2천3백만 명을 하나같이 기계처럼 획일화시켜 인간의 다양성이 말살된 국가, 그런데도 핵보유국, 병력 4대강국, 군사력 6대강국으로 전 세계에서 가장 전쟁광이 밀집된 위험한 국가, 김정일 교시와 김일성 유훈 그리고 노동당규약이 헌법 위에 놓여 국가를 마치 자기 개인재산처럼 마구잡이로 휘두르고 있는 붉은 왕족, 이집트의 람세스황제, 로마제국의 네로황제, 독일의 히틀러, 알바니아의 호자, 소련의 스탈린, 중국의 마오쩌둥, 루마니아의 차우세츠쿠, 이란의 호메이니 같은 세계적인 독재자나 전쟁광보다도 더 악랄한 김일성 - 김정일 부자가 존재해도 이를 모르고 오로지 추종하는 2천만 명의 북한주민들이 사는 동토의 공화국이 바로 북한이다. 자유민주주의와 시장자본주의를 발전시켜 세계 10대 경제대국으로 만든 동족인 대한민국이 바로 분단되어 옆에 있어도 이를 모르니 얼마나 북한주민이 불행한 것인가. 이것이 바로 북한이 처한 비참한 현실이고 이것이 바로 북한의 위기인 것이다. 북한의 위기는 바로 언제라도 외부세계의 진실을 알게 되는 순간 벌어질 끔찍한 붕괴와 폭동의 시나리오들 때문이다. 역사적으로 독재자나 탐욕스런 위선자와 신처럼 행사했던 전쟁광들은 다 말로가 비참하여 지옥에 떨어졌었다. 이를 위해 한국이 그토록 설득하고 이해하고 도와주고, 원조하고 포용하고 참아주고 퍼 주었는데도 은혜를 모르고 더 큰 소리 치는 김정일과 추종자들이 정말로 밉고 참으로 한심하다. 그런데도 한국의 일부 지도층과 국민은 오히려 북한을 두둔하고 북한을 감싸고 북한 편을 들고 남한을 이간질하고 하니 참으로 이러한 이상야릇한 노릇을 어찌할꼬. 그러다 보니 북한의 김정일은 한국의 일부 친북좌파가 자기편이라 믿고 오히려 한국사회를 더욱 분열시키고 이간질하고 혼란스럽게 하여 그들의 잘못을 은폐하고 문제의 본질을 호도하고 그들에 대한 비난을 한국사회의 건전보수세력에 돌려놓는 등 매우 사악한 전략, 전술을 구사하고 있다. 시도 때도 없이 한국지도자를 비방하고 미제국주의로 반미를 선동하고, 인민전술전략으로 한국사회를 금방 해방시킬 것처럼 헛소리하고, 북한주민의 충성심을 끌어내고 김일성 - 김정일 - 김정운(남) 3대 세습체제를 지속하기 위해 핵미사일이나 군사퍼레이드와 횃불시위를 통해 북한사회를 공포의 도가니로 몰아넣고, 아리랑 같은 전대미문의 혹독한 집단인간체조를 통해 체제선동하며, 남한사회를 마치 미제국주의 쇠사슬에 묶여 있는 종속국가로 묘사하고, 미국의 꼭두각시인 것처럼 악선전하니, 이것이 사실이 아닌 것으로 북한주민이 알게 되는 순간 북한은 위기의 국가로 전락하는 것이다. 이러한 사실들이 북한에 전파될까봐 이를 2중, 3중으로 차단하고 은폐시키고 막아내고 하는 일이 북한 지도자들과 추종자들이 밤을 새워 하는 일상적인 작업이라면 이 얼마나 부질없고 쓸데없는 허무맹랑한 짓인가 말이다. 이것이 바로 북한의 이중적인 총체적 위기인 것이다.

이를 깨우쳐 주고 이해시키고 설득시키는 것이 정의로운 친구이지 북한의 비리와 부정부패를 외면하고, 그대로 묻어 두고 그 거짓을 따라 주고, 미화하고, 이해하는 것처럼 동조하고, 그대로 받아 주는 것은 오히려 역사를 거역하고 김정일 독재체제를 유익하게 하는 반역과 이적행위인 것이다. 북한주민을 도와주는 것이 아니라 오히려 김정일을 비롯한 북한의 일부 못된 지도층의 비위나 맞추고 아부하는 것에 불과한 수작이나 작태인 것을 알아야 한다.

그동안 평양에 다녀오면 마치 한 건이나 한 것처럼 행세하고 김정일과 악수하고 오면 마치 영웅이나 된 것처럼 행동한 한국의 지도층이 있다면 이것이야말로 7천만 동족 앞에 죄를 지은 것임을 알아야 한다. 혹 고도의 전략으로 김정일 앞에서 머리를 조아렸다면 언제 그 보상과 대가가 올 것인지를 명백하게 한국국민 앞에 보여주어야 할 것이다. 정말 목불인견인 북한 김정일 추종세력의 사탄이나 악마와 같은 저주와 최후의 발악이 있다 하더라도 꿋꿋하게 정의롭게 옳은 것은 옳은 것이고 그릇된 것은 그릇된 것이라고 제때제때 대응하고 지적해 주는 것이야말로 자신에게도 떳떳하고 지혜로운 국가를 운영하는 것이며, 북한주민의 진정한 친구이고 통

일지도자일 것이다. 이를 한국의 이명박 정부는 꿋꿋하게 실천해야
한다. 북한의 몰매를 맞더라도 언론의 지탄을 받더라도, 친북좌파
의 선전선동을 받더라도, 흔들림 없이 미래를 위해 선량한 북한주
민을 위해 정의롭게 나가야 하는 것이 북한위기를 궁극적으로 막
아내는 정의의 방패가 되는 것이다. 아무리 햇볕정책과 퍼주기정책
을 해도 김정일과 추종세력만 좋으면 그것은 실패한 것이다. 핵미
사일 앞에서는 더 이상의 포용과 퍼주기가 의미가 없는 것 아닌가.

표 2-4_ 김대중, 노무현, 이명박 정부의 대북정책 상호 비교[1]

항 목	대북인식	정책목표/원칙	추진전략	기본특성
포용정책	① 북한은 실패한 체제지만 단 붕괴는 없을 것 ② 북한은 필연적으로 변화할 것 ③ 북한의 대남전략은 당분간 유지될 것	평화와 화해·협력을 통한 남북관계의 개선 ① 무력도발 불용 ② 흡수통일 배제 ③ 화해·협력 적극 추진	정경분리 원칙에 입각, 남북 교류·협력 점진적 확대, 튼튼한 안보태세 유지, 냉전 구조 해체 위한 노력 전개	'햇볕정책'의 우화적 속성으로 더 유명
평화번영 정책	① 한반도 냉전구조는 여전히 유지되고 있음 ② 북한은 실리위주 경제정책 유지 ③ 그동안의 남북관계는 점진적 진전	한반도 평화 증진, 남북 공동번영 및 동북아 공동번영, ① 대화 해결 ② 상호 신뢰, 호혜 주의 ③ 당사자 원칙 바탕으로 국제 협력 ④ 국민의견수렴	북핵문제 해결, 한반도 평화체제 구축, 동북아 경제 중심 추진	'퍼주기' 논란
상생공영 정책	① 남북관계 외형성장에 비해 질적 발전 미흡 ② 북한변화 미흡 ③ 북핵문제 소홀 ④ 대북정책에 대한 국민비판 증가⇒ 남북관계 이중성과 특수성 고려 필요	상생과 공영의 남북관계 발전, 한반도 평화통일의 실질적 토대 구축. ① 실용과 생산성 ② 원칙에 충실하되, 유연한 접근 ③ 국민적 합의 ④ 국제협력과 남북 협력 조화	진정성 있는 남북대화 운영. 한반도 평화 정착. 상생과 호혜의 남북 경협. 사회문화교류 활성화. 인도적 문제해결	

(자료) 이수석, 「대북정책과 남북관계분야」, 민주평통, 『남북관계전문가 초청연찬회: 대북정책과 남북관계』
(2009. 3. 13), p.13.

만약 햇볕정책과 퍼주기정책이 북한이 핵을 보유했는데도 지속한다면 이것은 곧바로 한국사회의 위기로 전환되는 것이다. 왜냐하면 북한핵을 만드는 대부분의 비용이 금강산관광, 개성관광, 북한에 대한 인도적 정부, 비정부지원 등 한국에서의 지원에 의존하는 것으로 볼 수밖에 없기 때문이다. 그래서 북한에는 절대로 달러($)라고 하는 현찰을 주어서는 안 되는 것이다. 북한이 정말로 이중구조로 잘못 가고 있다는 것을 지속적으로 북한 당국과 주민에게 여러 통로를 통해서 알려주고 북한의 허구와 이중성을 세계만방에 폭로하는 것이 진정으로 한국이 해야 할 투명하고도 명백한 행동인 것이다. 이것이 바로 상생공영정책의 핵심이 되어야 하는 것이다. 한국이 햇볕정책 등 일방적으로 지원하는 것은 북한에 대한 속셈을 간파하지 못한 수준에서 북한에 계속적으로 유리한 국면을 조성해 줄 수 있는 것이다. 핵개발 이전이나 이후에도 북한에 불리한 국면이 없이 오히려 국제사회로부터 더 많은 지원과 배려가 조성되고 있기 때문이다. 적어도 북한의 핵 폐기와 비핵화조치가 확실하게 진척되어 가는 것을 보면서 남북관계를 국제공조에 맞추어 진행하는 것이 바람직한 선택일 것이다.

2. 북한에 대한 이중성 인식과 전략개발

(1) 미래에 과거역사를 보면서 대북정책개발

남북관계에서 반성해야 할 일이 무엇인지 지금 시점에서 검토해야 한다. 독재정권지원이냐, 가난할 때 동족에게 뭐 했느냐의 이중성에 모두 답을 주는 지혜로운 전략이 있어야겠다. 이는 북한의 이중성 때문이다.

다행히도 남북공조와 국제공조가 일치된다면 한국의 역할은 성공적이다. 6자회담이 타결되었지만 북한의 핵무기에 대한 문제는 여전히 상존하고 있다. 북한을 핵보유국으로 대접할 것인지 아니면 궁극적으로 북한의 모든 핵을 폐기하는 것인지를 분명히 하지 못하고 있다.

그토록 20여 년간 북한에 일방적으로 물적·인적자원을 지원하고 정부 차원, 민간 차원에서 인도적으로 북한에 대하여 지원하였지만 남북한 외교관계 척도로 평양과 서울에 남북한 연락사무소, 통상대표부조차도 없다. 이산가족상봉도 1세대가 다 사망해 가는데도 산발적으로 적은 수에 한하여 실행되고 있다. 북한의 전략적 도구로 이산가족상봉이 악용되고 있다.

미사일 실험 발사를 해도 북한이 핵실험을 해도 북한은 남한이 북한을 도와줄 것으로 알고 있다. 남한이 북한을 길들이려고 했는데 오히려 북한이 남한을 길들이고 있다. 이미 북한 김정일의 영향력이 구열린우리당과 지난 노 정권 내에 침투되었고 김대중 정권 - 노 정권은 북한이 요구하는 대로 갔다고 볼 수 있다. 남북관계에서도 얻을 것은 얻어야 한다. 그런데 오히려 미사일발사실험, 핵개발실험이 터진 것이다. 군사신뢰나 이산가족상봉, 북한의 개방 등에 있어 보다 더 가시적인 성과가 있어야 한다. 북한 주도의 선별적인 교류나 인적 왕래는 남북한관계 개선에 별로 효과가 없다.

금강산식 개발은 의미가 약하다. 미국이나 국제사회가 인정하지 않는 개성공단 상품의 문제는 국제사회에서 아직도 남북한문제에 대한 공신력을 얻지 못하고 있다. 그래서 사실상 한국은 히든카드가 없다. 돈이나 물자를 주어야 한다. 그래야 겨우 무엇을 얻는다. 자꾸 남한이 북한을 만나자고 하는 것은 어쩌면 무엇인가 북한에 주고 싶어 안달이 나서 그런 것으로 볼 수 있다. 북한이 못 만날 이유가 없다. 자꾸 퍼주니까. 아무런 감사나 고마움 없이 자꾸 받아먹는 것이 습관이 되어 버렸다. 마치 북한이 체제유지하기 위하여 반미를 하듯이 남한의 김대중 정권이나 노 정권도 북한에 자꾸 주는 것을 대내적으로 인도주의자, 평화주의자로 보이기 위해서 그러는 것으로 평가되었다. 그래서 김대중 전 대통령은 노벨평화상 받는 것으로 일단 성공하였다. 그렇다면 북한 주장이 옳은 것이냐. 주한미군철수(전작권 인도), 민족공조강조, 올림픽단일팀, 보안법 폐지에 이르기까지 그동안 줄곧 북한이 주장한 것들은 한국에는 바람직한 것은 아니었다.

(2) 군사안보문제와 경제교류지원의 연계성

우리는 경제교류나 지원을 하면 군사안보적 신뢰가 두터워져서 연계되는 것으로 기능적 접근이나 평화번영정책, 햇볕정책, 퍼주기식 지원 등을 강조하나 북한은 경제교류지원과 군사안보문제를 별개로 보고 있다. 북한의 군사안보는 조금도 변화가 없다. 결국 우리는 북한에 따라가고 있다. 도와주면서도 좋은 소리도 못 듣는 손해 보는 전략을 구사하고 있다. 절대적으로 우리의 전략수정이 필요하다.

완전 교류하지 않는다가 아니라 교류와 지원의 수준과 정도를 우리가 유연성 있게 조절할 수 있어야 하고 남한이 주도권을 쥐고 있어야 한다.

2006년 미사일실험발사 때도 이틀 전 중국에는 통보했으나 우리에게는 사전 통보가 없었고 바로 며칠 전 조평통(대남 화해협력 뭐뭐하는) 단장인 안경호를 비롯한 북한 대표일행을 남한에 초청하여

광주에서 90여억 원을 들여서 멋진 대접을 했지만 아무런 사전 정보도 얻지 못했다. 바로 동해바다 민간여객기가 다니는 길목인데, 미사일발사실험시간대에도 아시아나 여객기가 260여 명을 싣고 인근지역에서 비행 중이었는데 사후에 알고 얼마나 남한 국민들과 전 세계인이 경악하였는지. 이게 남남공조란 말인가. 김대중 정부나 노 정권이 갖다 준 대가가 결국 대남 불바다발언이나, 남한 정권의 사활은 북에 달려 있다거나, 한나라당이 절대로 집권하지 못하도록 하겠다거나 하는 식의 도발적인 내정간섭을 시도 때도 없이 하는 것인가. 그런데도 노 정권은 뭐든지 다 갖다 줘도 손해 볼 것 없다고 하는 것은 이해할 수 없는 태도이다.

결국 항상 손해 보게 되어 있다. 경제로 우월해진 한국이 핵무기로 우월한 북한에 모든 것을 다 양보하는 형국이 되고 있다. 게다가 북한은 선군정치 – 김정일 체제로 똘똘 뭉쳐 있는 반면 한국은 모래알에 가깝다.

(3) 미국관계 친밀하고 활용해야 한다

친미하면서도 비판하고 용미한다. 반공하면서도 북한 인민 지원한다. 전작권은 자주문제가 아니다. 한미동맹파괴로 이득 보는 것은 결국 북한과 일본이다. 우리는 얻을 것을 잃어버리고(경제위기, 무역수출시장축소) 오히려 갖고 있는 것(기술, 자본)을 주어야 하는 판세이다. 동서독통일 이후에 서독인들이 얼마나 많은 세금으로 고통을 받고 있는가.

주변국가가 인정하는 통일과 남북한만이 인정하는 통일은 다르다. 미국도 문제지만 중국도 문제다. 국제적으로나 북한에 한국의 왕따 가능성이 있다. 미국 or 중국이 아니라 미국 and 중국이 되어야 한다. 우리에게 미국도 소중하고 중국도 소중하다. 군사, 안보, 외교, 무역 등에서 모두 소중하다. 어느 것 하나를 상실해도 한국의 발전은 절대로 기대할 수 없다. 그러니 미국과도 친하고 중국과도 친한 고수의 외교적 지혜가 필요하다. 이것을 잘하는 것이 훌륭한 지도자이고 지혜로운 국가인 것이다.

우리는 2·13 합의과정에서 보여준 부시 행정부의 태도변화를 보면서 미국이 북핵을 사실상 용인한 채로 핵확산만 막으면 된다고 생각하는 것이 아닌가하는 의문을 가지게 되었다. 이에 부시 행정부는 북핵 폐기에 대한 단호한 입장을 천명함으로써 한국국민을 안심시켜야 한다. 그리고 북한과의 평화협정 논의나 정상적인 외교관계 수립 논의는 북핵이 불가역적으로 완전폐기가 된 후에, 그리고 북한의 인권문제가 뚜렷하게 개선된 후에 이루어져야 한다. 또한 미국이 북한을 테러지원국 명단에서 삭제하는 문제도 납북자문제, 국군포로문제 등이 해결되기 전에는 이루어져서는 안 된다.[19]

(4) 북한이 적이냐 아니냐

한국의 군장병들 중 70%가 미국이 주적이라고 조사되고 육사입학생도들의 34%가 미국을 주적으로 생각하고 있는 것은 경악할 일이고 그동안의 친북좌파나 전교조의 교육효과가 크게 작용했다고 본다.[20] 이는 정말로 한국의 위기이고 군대에 주적이 두 개로 갈리면 자중지란으로 우리의 안보는 위기에 도달하여 국가위기로 갈 것이다. 우리의 안보의식도 정확하고 일관되고 투철하고 정직해

---

19) 선진화세력, "북핵폐기를 위한 대북압박은 계속되어야 한다. 한반도를 둘러싼 최근 정세에 대한 우리의 입장", 「성명서초안」(2007년 4월 2일)

20) 김구섭, "북한실태와 우리의 대북정책", 민주평통, 『남북관계전문가 초청 연찬회』(2009. 3. 13.) 강연내용.

야 한다. 그것이 바로 안보선진국인 스위스, 이스라엘, 미국 등과
이 부분에서 어깨를 나란히 할 수 있는 선진 국민이 되는 것이다.
젊은 군인들이 이러한 주적개념이 모호하고 혼란스럽다면 우리는
여전히 안보후진국인 것이다. 김정일 독재정권은 적이다. 김정일
독재정권을 비호하는 모든 세력은 다 한국의 적이다. 그러나 억지
로 강제로 김정일 정권의 억압 속에서 존재하는 북한 인민은 적이
아니고 해방의 대상이다. 그래서 가난과 사선을 넘어 탈출하는 탈
북자는 위대한 것이고 이를 유엔이나 국제사회가 평화적·인도적
으로 적극적으로 도와주어야 한다. 구제난민에 대한 진정한 애정을
보여주는 것이 국제평화에 기여하는 것이다.

월남보트피플, 보스니아난민, 쿠르드족난민, 코소보난민, 이라크
난민, 북한탈북자 등에 대하여 누가 더 보호하고 지원하였는가를
보면 평화주의자와 반평화주의자는 분명히 구별된다.[21] 말로만 평
화주의자가 되는 것은 아니다. 그래서 탈북자가 남한이나 미국으로
가려는 것을 억제하고 억압하는 북한정권과 중국 당국은 반평화주
의인 것이다. 이를 실행하는 사람들이 신정한 평화주의자인 것이
다. 김정일에게 갖다 바치고 김정일에게 아부하는 세력은 평화를
말할 자격이 없다. 북한의 이중성을 분명히 이해해야 한다.

3. 한국의 지렛대가 많이 다양하게 있어야 한다

(1) 채찍과 당근으로 적절하게 북한 길들이기를 해야 한다.

국민적 합의 - 교류 - 장기적 계획이 있어야 한다. 정권적 차원을
초월한 논리개발이 필요하다. 남북교류는 유연하게 지렛대로 활용

---

21) CIA. *The WorldFactbook*(2008. 2). 세르비아, 터키, 보스니아, 이라크 국가자료 참조.

해야 한다.

(2) 국제공조도 함께 해야 할 때는 주저 없이 해 주어야 한다. 국제공조와 남북공조가 일치하는 것이 바람직하다. 한·미·일 공조, 남·북 공조에서 한국의 역할이 중요하다. 한·미·일 결속이 중요하다. 일본의 안보무장화가 오히려 우리에게는 위협이 되는 수도 있다. 미국과 잘 협력해야 한다.

중국과는 협력적 관계를 잘 유지해야 한다. 동북공정, 독도문제, 동해바다문제 등 모두가 슬기롭게 지혜롭게 풀어야 할 소중한 과제이다. 최고지도자가 기분 나는 대로 대응할 과제가 아닌 것이다.

(3) 국제사회약속과 지원을 얻어내야 한다. 국제사회에서 계속여론화, 압박을 가해야 한다. 그리고 UN, OECD, ASEM, APEC, EU, IMD, WEF 등의 국제기구나 단체를 대북설득과 압박전략에 잘 활용해야 한다.[22] 핵 폐기에 대한 북한 당국의 의지가 국내외적으로 명명백백하게 확인되기 전에는 대북 인도적 지원은 아사를 막기 위한 최소한의 식량지원에 그쳐야 한다. 그리고 본격적인 대규모 지원은 북핵 폐기 일정표와 북한 인권개선 일정표와 연동되어야 한다. 또 식량지원도 김정일 체제를 강화시키는 방식이어서는 안되고 필요로 하는 주민에게 반드시 전달될 수 있도록 모니터링(분배확인)이 이루어져야 한다. 그리고 모니터링이 불가능하다면 차라리 WFP(세계식량계획)를 통해 보내어 UN직원이 모니터링을 하게 해야 한다. 그런데 실제로는 UN직원의 모니터링도 북한 당국의 속임수를 막아낼 수 없으므로 모니터링을 필요로 하지 않는 옥수수가루를 보내 주는 것이 가장 바람직하다.[23]

---

22) IMD, *The World Competitiveness yearbook*(2007)

23) 선진화세력, "북핵폐기를 위한 대북압박은 계속되어야 한다. 한반도를 둘러싼 최근 정세에

이중성 극복과 실천: 안보거버넌스 구축

1. 범국민적 안보연합 조직의 필요성

전교조의 그릇된 대북관과 통일관에 대해 분노하는 세력, 강성노조 폭력시위에 대하여 진저리치는 세력, 공권력을 무력화시키고 법치주의를 파괴하는 집단시위에 반대하는 세력, 전시작전권 단독행사허상을 폭로할 세력, 북한핵개발과 미사일발사에 분노를 갖는 세력, 전시작전권과 주권연계를 반대하는 세력, 안보연대가 소중하다는 세력, 주한미군철수는 시기상조라고 보는 세력, 한미동맹이 싸우지 않고 이기는 전쟁억지력이 중요하다고 보는 세력, 지나친 자주를 경계하는 세력, 안보효율-실리와 경제논리 연계하는 세력, 한국이 처한 상황을 안보위기로 보는 세력, 노무현 정권의 일관성 없는 국제전략에 대해 우려하는 세력들의 안보거버넌스연대를 구축해야 한다. 그리고 다음과 같은 내용들을 실천해야 한다.[24]

첫째, 육해공군을 통하여 이를 걱정하는 국민들이 나라를 사랑하는 하나 된 안보조직체계를 구축한다. 둘째, 국가안보의 소중함을 인식한 예비역의 다양한 조직의 네트워크와 일원화된 조직체계를 구축한다. 셋째, 북한의 선동선전전술전략에 속지 않는 대국민의식 고취가 필요하다. 넷째, 전문가집단과 연합체구성원 간의 각종 학술행사와 워크숍을 통한 진지한 안보논의를 한다. 다섯째, 국가관, 분단관, 대북관계관, 북한학관, 군사안보관, 통일관, 국제전략, 안보

대한 우리의 입장", 「성명서초안」(2007년 4월 2일)

24) 안성호, 이해평, "안보위기극복을 위한 안보거버넌스활용방안", 서경대, 「통일연구」, 제12권, 제1호, pp.43-48.

거버넌스 등에 대한 논리적 토대를 구축한다. 여섯째, 가정, 각급 학교, 사회단체, 공공단체, 국회, 행정, 사법부 등 각 단체와 연계한 국가안보 중요성을 논의한다. 일곱째, 자유민주주의, 시장자본주의를 근간으로 한 국가정체성 확립과 국가경쟁력 강화와 법치주의의 확고한 토대를 구축. 전투적 민주주의, 집단시위, 폭력시위, 가투, 빈번한 파업 등에 대한 국민적 저항 조직화다. 여덟째, 노무현 정권의 실정과 실패를 반면교사로 실추된 국가권위를 회복시키고 나라를 발전시키고 선진국으로 진입하기 위한 운동을 전개해야 한다. 대통령당과 집권당 세력의 실패를 은폐시키기 위한 정계개편에 대하여 속지 않도록 논리를 개발해야 한다.

지금의 한반도 정세는 매우 불안하다. 북핵도 문제이지만 북핵에 대한 과거정부의 잘못된 대처가 더 큰 문제이다. 따라서 우리들 나라를 걱정하는 애국인사들은 시민단체 내에 '북한인권과 한반도 평화를 위한 국민운동본부'를 결성하고 한국국민이 북핵 폐기 노력을 계속해야 한다.[25]

2. 실천과제

김정일 독재국가보다는 민주주의와 시장자본주의의 보편사적인 대한민국이 중심이 되는 평화적 통일을 이룩해야 한다. 통일의 발목을 잡고 있는 북한의 김일성 우상화, 김정일의 독재, 선군정치, 전쟁놀이, 주체사상, 인권유린, 굶주림과 빈곤, 광기 어린 100만 명 횃불시위, 상징조작의 집단적인 카드섹션, 마약 및 위조화폐, 미사

---

25) 선진화세력, "북핵폐기를 위한 대북압박은 계속되어야 한다. 한반도를 둘러싼 최근 정세에 대한 우리의 입장". 「성명서초안」(2007년 4월 2일)

일발사와 핵개발, 불쌍한 북한동포, 폐쇄의 철조망, 1950년의 사고로의 퇴행, 대남통일전선구축, 선전선동전략, 인민의 곡예단몰입, 어린이 영양실조 등 21세기 비극적인 언어와 개념들을 제거해야 한다.

북한체제가 괴물이다. 국제사회에서 아무도 손 못 대고 있는 북한이 대한민국을 조롱하고 있다. 이럴수록 국제공조를 통한 지혜롭고 총체적이고 종합적인 압박을 가해야 할 것이다. 이것이 북한보다 한 수 우월한 우리의 국력이고 외교력이고 안보력이다. 미국, 중국, 일본, 러시아와 국제사회가 북한보다는 대한민국의 말을 더 신뢰할 때 북한이 어쩔 수 없는 것이다. 10여 년 동안 대한민국의 말을 북한만 반기는 형국이었다. 그래서 국제사회에서도 북한에 대한 구제는 대부분 대한민국의 몫이다. 그런데 최근 미국이 북한과 직접대화를 모색하고 있다. 음악외교도 좋은 징조이다. 다만 북한이 핵강국으로 남한을 배제한 북미대화로 오는 한국의 역할 약화는 결국 한미관계의 신뢰에 의해서만 보충받을 수 있다는 점을 우리가 알아야 한다.

그래서 우리는 다음과 같은 내용을 실천과제로 삼아야 한다. ① 한국은 북한 길들이기를 해야 한다. 능력이 없으면 국제공조를 해야 한다. ② 북한이 국제사회에 정상적으로 등장하지 않으면 주변국 지원도 힘들다. 우리도 점점 힘들어진다. ③ 북한이 문제다. 가다피적 대전환을 기대한다. ④ 국제공조할 땐 화끈하게 하고 남북공조할 땐 중장기적 계획으로 유연하게 한다. 상호 호혜적인 다양한 전략과 시나리오, 아이디어를 개발해야 한다. ⑤ 글로벌 선진국으로 가는 길이 북한을 이기는 길이다.

이와 같은 논리하에서 보면 국제사회의 이중성도 이해해야 하는 것이다. 겉으로 친한 것과 속까지 친한 것을 구분해야 한다. 우리는 주변강대국들이 겉으로만 친하게 만드는 경향이 있다. 일단 유사시 진정으로 미국이나 일본이 대한민국을 위해 지원과 희생을 할지 의문이다. 불안과 의혹이 있으면 친구가 되기 어렵다. 주변강대국과의 관계에 있어 진정한 우리의 친구는 누구일까. 과연 그들이 우리를 친구로 생각할까. 우리는 여기저기서 결정적인 국면에 고립되지 않도록 지혜로운 리더십을 발휘해야 한다.[26] 요즘 젊은 친구들이 인도주의적 사고로 부자나라를 맹목적으로 거부하고 가난한 나라, 오지의 나라를 마치 선한 의지로 호감을 갖고 있다. 마땅히 그러해야 한다. 그러나 이 경우에도 강대국이나 선진국 부자나라와 함께 친하면서 동시에 가난한 나라에 대해서도 지원하고 동정해야 하는 균형감각을 가져야 되는 것 아닌가. 마치 맹목적으로 북한은 같은 동족이니까 북한이 독재국가이고 비정상국가여도 상관없다는 식은 오히려 무책임한 폐쇄적 국수적인 편협한 민족주의 발상이 아닌가. 여기서 벗어나야 한다. 적어도 우리가 선진국이 되려면 우선 선진국들이 우리를 인정해야 한다. 그러면 자동적으로 후진국도 인정하고 우리의 해야 할 일이 무엇인지 간파가 되는 것이다.

　우리는 때론 너무 화끈하다. 뭐든지 다 준다. 그러나 끈질기지는

---

26) 미국과 중국이 친하고 일본과 중국이 친해지고, 중국과 러시아가 친해지고 미국과 러시아가 긴밀한 관계를 갖고 있고 일본과 러시아가 협력하는 그런 국제정세다. 우리의 친구국가는 어느 나라일까. 미국인가. 중국인가. 일본인가. 러시아인가. 북한인가. 누가 친구로서 합당할까. 아니면 터키, 에티오피아, 방글라데시, 앙골라가 친구나라일까. 기왕이면 영국, 프랑스, 독일, 캐나다, 호주, 스위스 등이 우리의 친구나라가 되면 좋지 않을까. 북한의 친구는 주로 중국, 파키스탄, 아프가니스탄, 수단, 우간다, 앙골라, 이란, 이라크, 베네수엘라 등이더라. 그래도 Top 10 안에 드는 국가들이 우리의 우방이 되면 더욱 좋지 않을까. 그것이 우리의 친구 사귀는 능력이 아닌가. 친구 사귀는 데서도 선진국적인 방법을 배우는 것이 좋지 않을까. 독재국가나 가난한 나라를 도와주는 것과 친구나라를 많이 사귀는 것과는 전혀 다른 것이다.

못하다. 오늘날 선진국들이 그렇게 호락호락 이룩된 것이 아니다. 그들 나름의 노하우를 갖고 된 것이다. 과거 제국주의까지 하면서 부자가 된 아주 잘못된 역사도 있었지만 모든 선진국이 다 그런 것은 아니다. 진정으로 우리가 한반도에서 우물 안 개구리가 되지 않기 위해서는 마음을 열고 개방적으로 평화적으로 보편적인 세계사의 원리에 동참하는 것이다. 그것이 바로 글로벌민주주의이다. 가난한 나라도 자신의 탓을 먼저 하고 부자나라에 정중하게 지원을 요청해야 온당하다. 무조건 떼를 쓰듯이 부자나라를 비방하고 거부하고 대립하면 부자나라도 별수 없이 가난한 나라를 무시하고 거부할 것이다. 게다가 부자나라 국민들이 무슨 죄가 있는가. 대통령이나 지도층이 하기 나름이고 결국은 지도자들이 국가의 친구정책을 만드는 것이니까. 미국국민과 한국국민이 원수가 될 이유가 없는 것이다.

물론 일본은 우리의 과거사에서 지워 버릴 수 없는 못된 국가이다. 그러나 그것만으로 일본과의 관계를 가져갈 수는 없다. 다각적으로 대처해야 하고 따질 것은 따지지만 별도로 배워야 할 것은 배우는 이중적인 친구 사귀는 지혜가 필요하다. 북한처럼 미국 때려잡고 일본 폭파시키고 해서 남는 것이 무엇일까. 일본 침몰, 중국 침몰 그리고 미국 침몰하면 전 세계가 다 침몰이다. 다 함께 공존하는 세계로 가야 한다. 북한이 혼자 독불장군처럼 언제까지 버틸 것인가. 그럴수록 더욱 이상한 괴물로 변해 버리는 거다. 아무도 구제할 수 없는 지경으로 가는 것이다. 결국 내부적인 빈곤, 굶주림, 폭동과 분열에 직면할 수도 있다. UN, EU, WTO, IAEA 등 국제기구나 국제사회의 인도와 지도를 받아야 하는 것 아닌가.

우리도 세계로 마음을 열고 모든 국가와 친해져야 하고, 북한도 마음을 열고 세계와 동참하면서 다른 나라가 이해할 수 있는 상식선으로 북한이 국제사회에 동참해서 자신이 어떤 나라인지 그 정체성을 인정하고 동시에 반성하면서 진정으로 우호적으로 나서는 국제사회의 호의를 거부하지 않고 왜곡하지 않아야 하는 것이다.

이들도 세계사회로 나와서 자유롭게 구경할 수 있는 권리가 있는 것 아닌가. 그래서 탈북자가 위대한 것이다. 자유를 찾아서 번영을 찾아서 죽음의 사선을 넘는 탈북자, 국제적 난민이 소중한 것이다.27)

이러한 국제사회와 북한과의 관계개선을 위한 중간역할을 대한민국이 이행해야 하는 것이다. 그동안 이러한 중간역할을 못 한 것이다. 그저 평양 방문하는 것만이, 김정일과 악수하는 것만이 성공한 것으로 착각한 정치인들이 얼마나 많은가. 그것이 바로 김정일이 남한정부를 우습게 여기는 발로가 된 것이다. 결국 일회성으로 대통령이나, 장관이나, 국회의원이나 자기의 임기 중, 자기의 재직 중 뭔가 한탕 하자는 식으로는 결코 국제사회에 북한을 데뷔시킬 수 없다. 장기적으로 지혜를 도모하고 남남공조가 이루어지고 국제사회와 북한과의 공통점과 합의를 하나라도 만들어 내면서 북한의 호전성이 축소되도록 하는 것이 우리의 지혜가 되어야 한다. 이것이 우리의 역량이 되어야 한다.

그런데 오히려 우리의 모습이 안으로 움츠러들고 있고 북한으로만 편향되고 있고 북한의 김정일 비위만 맞추려고 하는 것은 문제가 있다. 북한을 어떻게 하느냐는 사실상 국제사회에서 우리의 역

---

27) 핵무기나 만들고, 자력갱생, 자주, 남북은 하나다, 선군정치 등 구호로만 범벅이 되어서는 김정일이 독재정권을 연명하는 데는 도움이 될지 모르지만 그리고 북한 인민을 체제동원하는 데는 성공할지 몰라도 결국은 국제사회의 다양성과 문화를 모르고 평생 김일성 – 김정일 독재체제만 바라보고 초근목피하면서 북한주민은 불쌍하게 죽어 가는 것뿐이다.

량이 얼마나 되는가에 달려 있는 것이다. 우리는 부단히 선진강소국으로 진입하도록 최선을 다해야 한다. 이것이 남북문제 국제공조 모두를 해결하는 열쇠라고 생각한다. 세계주의와 민족주의의 조화를 이룩하는 건강한 국가가 되도록 안보시민단체에서 모델을 만들어야 한다.

3. 안보거버넌스

(1) 안보시민단체에서의 민주시민교육의 문제점과 발전과제

민주시민교육의 정치적 종속성이나 교육의 정치적 도구화가 어느 정도인가. 남북한관계에 대하여는 예외적으로 행하여져야 전교조 주장에 대항할 수 있지 않을까. 그리고 민주시민교육과 안보교육에 관한 법제정이 필요하다. 가칭 전담기구인 시민안보연구소와 시민안보교육원(센터)을 합리적으로 설치하여 운영해야 한다. 낭비와 비효율을 방지하기 위해서 안보시민단체와 시민안보교육원(센터)을 구심점으로 히어 프로그램 시행 주체들 간의 긴밀한 네트워크 구축이 필요하다. 그리고 시민단체협의회, 민주시민교육네트워크, 민주시민교육연구기획단 등에서 보수와 진보의 대결 양상은 없는지 진지한 연구가 요망된다.

(2) 각급 학교 안보교육에서의 시민교육에 초점을 맞추어 볼 때, 국가주의와 덕목주의 경향이 농후한 국민정신교육의 성격을 지니고 있다. 교사와 학교문화의 이중성(또는 이중도덕)을 관찰할 수 있다. 민주적 규범과 비민주적 행동(또는 권위주의적 교사, 학급·학교풍토, 사회 전체 구조) 사이의 불일치가 존재한다. 예컨대 맥아더 동상 철거문제, 남침이냐 북침이냐, 부자세습의 김일성 – 김정일 우

상화의 평가, 주적개념, 보안법문제 등에 대하여 어떤 논란이 수업 시간에 가능한지 검토되어야 한다.

(3) 시민단체에서 행하는 사회교육에서 공론장에서 자신의 입장과 견해를 주장할 수 있거나 미디어의 이용을 위한 실제적인 능력을 길러야 한다. 미디어능력 개발을 위한 실천방안에서 인쇄매체와 영상매체에 대하여 비평할 수 있는 능력을 신장시킨다. 텔레비전이 사회·정치현상을 전달하는 중요한 미디어로 자리를 잡았다. 컴퓨터에서의 동영상도 문제다. 인터넷에서 말과 글, 언어와 문자가 북한과 안보문제를 다룸에 있어 영향력 있는 매체가 되고 있다.

(4) 시민단체에서의 민주시민안보교육에 비추어 통일교육의 필요성은 우선 우리나라가 아직도 분단 상황에 처해 있으며, 규범적인 요청사항으로서 통일의 과제가 존재한다. 과연 통일보다는 평화적 교류가 더 의미가 있다. 북한의 민주화와 인권에 대한 개선도 필요하다. 그러면 저절로 통일도 될 텐데. 통일의 장애는 북한의 반민주적 제도와 인권탄압에 있는 것 아닌가. 민족도 중요하지만 민주도 중요하다. 편협적 민족주의보다는 글로벌민주주가가 더 시대적 요구다.

(5) 안보연구에서는 의식과 인식의 지평을 확대하기 위하여 세계화·정보화·다원화 사회, 지구촌학습과 문화교류 학습, 안보와 통일교육의 목표 및 과제 설정을 시도함에 있어 안보와 통일 주제와 관련한 교수·학습 방법과 기법이 필요하다. 안보와 통일 주제를 다루는 데 적합하면서 동시에 비교적 쉽게 활용할 수 있는 방법과 기법개발이 필요하다. 예컨대 안보토론회, 워크숍, 학술세미나, 남북관계 시나리오작성, 분단통일 연표작성, 안보사진포스터전시, 안보만평여행, 안보관련 인터넷댓글, 특강 및 질의응답 등이 그것이다.

(6) 안보단체에서의 통일, 안보교육의 모형에서 세계위험사회, 세계시민사회, 지속가능한 개발, 그리고 네트워크 세계의 측면에서 남북관계 및 통일문제 연구 – 핵무기개발과 군비문제, 인권문제, 빈곤문제, 난민과 이주문제, 환경문제 등에서 위험사회의 특징을 확인해야 한다. 북한의 실체 – 북한은 세계화에 편승해야 한다. 그런데 북한체제가 오히려 더욱 공고화되고 있는 것은 아닌지 연구되어야 한다.

(7) 앞으로 예상되는 남북한 주민의 보다 많은 교류, 자매학교 결연, 수학여행과 관광, 직업연수 등을 위해서는 간문화적 관점이 효과적인 교수방안을 제공할 수 있다고 하는데, 여기서 필요한 전제조건은 목표의 공동설정과 협동적인 활동, 그리고 개인적인 체험을 가능케 하고 사람을 사귈 수 있도록 하는 공간과 시간이라고 하는데, 북한의 청소년과 노인들의 통일열기와 북한 미녀 여대생들의 응원이 과연 북한의 실체일까. 예컨대 우리의 작금의 영상매체에서 보듯이 〈JSA〉, 〈실미도〉, 〈태극기휘날리며〉, 〈웰컴투 동막골〉, 〈괴물〉 등에서 과연 우리의 주적은 누구인가 젊은 학생과의 진지한 안보논의가 요망된다.

V 결 론

우리가 지금 북한에서 일어나고 있는 일에 대하여 정확하게 옳고 그름을 판단하지 못하고 이에 대하여 정확한 평가나 비판을 하지 못한다면 체제논의나 통일논의도 할 자격이 없는 것이다. 왜냐하면 정권에 대한 논의보다는 체제에 대한 논의가 더 어렵고 체제에 대한 논의보다는 통일국가에 대한 논의가 더 어려운 것이기 때문이다. 그러나 초등학생도 정권보다는 통일에 대하여 더 쉽게 얘기한다. 이것은 통일논의에 대한 잘못된 인식과 환상에 사로잡히게 만든다. 그리고 정치적으로 통일이 항상 이용당하는 식으로 전개될 수밖에 없게 된다.

그래서 남한에서 통일에 대한 어려움을 얘기하거나 힘들다거나 통일에 따른 비용에 대한 언급을 하면 마치 수구세력이나 반통일세력으로 몰아붙이는 경우가 많다. 이것은 사실상 북한이 원하는 상황이다. 민족에 대한 배신자, 민족에 대한 편견으로 몰아붙인다. 사회주의는 사실상 계급인데 오히려 남북한문제는 민족문제에 더 목말라한다. 이것은 바로 북한의 민족통일전선전략 때문에 그렇다. 민족보다 더한 가치가 없다고 말하는 것은 외교관계나 국가 간의 관계에서도 남북한 간의 관계가 제일 중하다는 인식을 만들어 주게 한다. 그래서 한미관계보다는 남북한관계, 한중관계보다는 남북한관계, 한미일관계보다는 남북한관계가 더욱 중요한 것으로 논리를 전개한다. 게다가 민족공조 앞에서는 북한의 어떠한 정책도 비판하거나 반대하기 힘들어지고 점점 더 북한의 전략에 말려들게 되는 것이다. 이렇게 되면 남한의 정권은 친북성향의 정권이 되는 것이다. 따라서 첫째, 국제공조가 남한 때문에 깨진다고 국제사회가 지적하는 것에 주의를 해야 한다. 둘째, 남북공조가 미국 때문에 깨진다고 북한은 선전선동한다. 셋째, 북한은 중국, 러시아, 베트남 등과 사회주의 공조를 더욱 강화한다. 넷째, 북한식 사회주의 특수성 – 이중구조가 계속 간다. 다섯째, 북한의 벼랑 끝 전술이 계속 간다. 이제는 핵무기와 로켓(인공위성 또는 탄도미사일)이 북한의 큰 지렛대가 되었다. 여섯째, 진보적 보수가 필요하다. 이제 주권과 안보, 주권적 안보, 안보적 주권, 자주와 반미, 자주와 동맹 및 협력에 대하여 상호 존중과 중요함을 인식해야 한다. 이미 자주 이면서 주권국가이면서 아닌 것처럼 위장하여 강조하는 전략을 경계해야 한다. 한미관계는 지속적으로 협력관계, 동맹관계로 가야 한다. 물론 중국과의 우호적 관계도 지속해야 한다. 국제 자원외교 에서도 실용주의가 적용되어야 한다.

　북한은 세계에서 가장 가난한 국가이고 가장 지독한 독재정권이 며 인간이 신처럼 군림하는 전체주의적 개인숭배의 비정상국가인 것이다. 더 이상 비정상적인 국가에서의 환상적인 통일논의에 말려 들어서는 안 된다. 통일을 논의하려면 북한정권의 이중성을 더 먼 저 논의하는 것이 훨씬 과학적이고 논리에 맞는 것이다.

제3장

북한의 위기와 핵문제

Ⅰ 서 론

　21세기 국제환경에서는 국가 간 관계는 포괄적 관계로 변화하고 있는 추세이다. 국내의 정치요소에 의해 군사협력체제 양식과 범위가 영향받는가 하면, 경제적 이해관계가 외교관계를 결정하기도 하고, 문화적·이념적 관계가 동맹 선택의 기준이 되기도 한다. 한·미관계도 정치·경제·문화·이념 등이 복합적으로 작용하여 설정된다. 구소련의 붕괴로 미·소 간의 체제경쟁은 일단 미국의 승리로 종결되었고, 한국과 일본은 정치적 민주화와 경제발전을 통해 양극체제로부터 다원화된 자유민주질서 쪽으로 사회의 성격이 변화되었다. G－7, UN의 안보리의 존재와 동시에 그동안 주목을 받지 않았던 아시아적 가치, 동양적 가치, 이슬람의 존재, BRICs, ICK, G－20, 에머징 스테이트, 이란과 북한 등 새로운 국가와 지역의 가치들의 중요성이 부각되고 국제관계의 형성에 있어 또 다른 변수로 등장하게 되었다. 한·미동맹관계가 다원화된 가치가 작용하는 복합중층적인 구조를 형성하기 시작한 반면, 북한·중국 관계는 아직도 국가의 안전보장을 중심으로 일당체제가 국가의 중대한 목표이다. 구소련의 붕괴로 사회주의권 국가들이 체제경쟁에서 패하게 되자, 이들 국가들은 사회주의 이념의 대체물로서 서구적 가치를 수용하면서 서구유럽 체제로의 편입을 시도하고 있다.

하지만 아시아의 사회주의 국가인 중국과 북한은 사회주의의 붕괴 이후 독자적인 생존방안을 모색해 왔으며, 이것이 바로 중국과 북한의 대외정책이라고 할 수 있다. 구동유럽 국가들의 사회주의 몰락 이후의 대응은 민주화와 경제발전을 동시에 추구하면서도 서구편입에 초점을 맞추고 있는 반면, 중국과 북한의 경우는 경제발전을 추구하면서도 정치체제고수의 형태를 띠고 있다. 통치권 내의 집단적 합의에 의한 점진적 권력 이양과 세대교체를 단행하고 있는 중국보다는 김정일 독재체제의 고수에 집착하고 있는 북한의 경우가 정치체제의 변화에 대한 거부가 강하다.

따라서 북한에는 사회의 다원화에 대한 내·외부로부터의 압력을 거부하기 위한 거부능력이 중요시되며, 강력한 통치체제로서 독재적 성격의 정치질서 유지와 군사력 증강 및 현대화가 필요한 것이다. 한·미동맹이 가지고 있는 문제점은 다원화된 가치를 고려한 한·미동맹이 공산주의 일당제를 최우선시하는 국가들과 경쟁적 관계에 있다는 점이다.

그러므로 21세기 한·미관계의 형성은 한·미 간의 다원화된 가치 대 북한, 중국의 획일적 가치의 대립과 관련하여 고찰되어야 하며, 21세기 한국이 추구해야 할 전략은 냉전시대의 종식과 더불어 발생하고 있는 글로벌 가치의 다원화 현상과 연계되어 다루어져야 할 것이다. 단순히 386세대, 강성노조, 젊은 세대에 의한 반미시위에 정부가 방조하거나 동조하는 듯한 모습을 보이는 것은 대외관계에 있어 많은 손실을 입을 수도 있는 것이다. 북한핵문제 해결이나 안보전략 역시도 더 이상 군사적인 변수에만 기초할 것이 아니라 모든 변수들을 고려한 종합적인 연계분석이 이루어져야 한다. 특히 남북한 및 동북아지역의 협력 등 종합적인 연구를 바탕으로 북한핵문제 해결에 대한 한·미동맹공조체제의 구축방향에 대한 구체적 대응방침을 마련해야 할 것이다.

Ⅱ 한반도 주변 정세의 논리

1. 탈냉전논리

과거 10여 년간 포용정책이 남북관계를 대결구도에서 협력구도로 전환하는 데 기여한 부분이 있지만 2006년 10월 13일 핵개발실험, 2008년 금강산관광객피살, 2009년 개성공단 출입통제, 2009년 4월 5일 로켓발사실험 등 남북관계의 기본적인 성격이 변했다고 하기에는 거리가 멀다. 냉전이 종식되었음에도 불구하고 동아시아의 냉전적 구도를 언급하게 되는 것은 북한핵문제가 동북아는 물론 국제사회에 많은 영향을 미치고 있기 때문이다. 이러한 현상은 남북관계에 있어서도 마찬가지이다. 북한이 근본적으로 변화하지 않는 한, 가치·이념·체제의 이질성은 존재할 수밖에 없으며 상호 대결이 전제될 수밖에 없는 관계인 것이다. 우선 특정기간 내에 한반도를 둘러싼 국제질서에 있어 다음과 같이 몇 가지 변하기 어려운 것이 존재한다고 본다.

첫째는 남북한 통일은 미완의 단계에 머물러 있을 것이라는 것이다.

둘째는 한국·미국·일본은 자유민주주의 체제를 유지할 것이라는 것이다.

셋째는 중국은 어떤 형태로든 시장사회주의 체제를 유지할 것이다.

넷째는 북한은 어떤 식으로든 핵과 미사일로 김정일 체제의 승부수를 둘 것이라는 점이다.

이렇게 본다면 향후 20여 년 동안은 이러한 잠재적 충돌에 대해 대비해야 하는 상황인 것이다. 그리고 가치·이념·체제의 이질성은 동아시아 정세에 있어 대결의 잠재적 요인으로 작용하게 될 것이다. 이질성이라는 것이 적의 개념을 구성하는 결정적 요인이 아님에도 불구하고 인류의 역사적 경험에 비출 때 적과 동지의 구분이 가장 단순한 모습이다. 국가 간 이질성의 간극이 큰 경우, 이는 첨예한 대립으로 나타나게 될 가능성이 크며 본질적인 차이의 극복은 그만큼 힘들어진다. 왜냐하면 가치·이념·체제에 대한 문제는 국가의 사활과 관련된 것이므로 이에 대한 합의 도출이 어렵기 때문이다.

결국, 이러한 이질성의 문제는 가치·이념·체제의 대결 양상으로 나타나게 되는데, 이는 어느 일방의 승리 혹은 패배로 종식될 가능성이 크다. 동서 간 체제 대결에서도 우리는 이질적인 가치·이념의 대결이 어떠한 방식으로 해결되는지 목격하였다. 일시적으로는 협력의 양상을 보일 수도 있으나 근본적인 요소에 이질성이 존재하기 때문에 대결이 잠재되어 있는 상황인 것이다.

이렇게 본다면 동아시아 정세 속에서 한·미·일 안보관계의 유지는 필연적일 수밖에 없다. 현재로서 한국이 취할 길은 한·미·일 안보공조의 형성을 불변적인 요소로 설정하는 것이며, 이를 바탕으로 변화하는 가변요소에 대응하여 상황을 개선하는 것이라 할

수 있겠다.[28]

　과거 김대중 정권과 노무현 정권 10년에 걸쳐 경험하였듯이 남북한 간에 근본적인 관계가 대결구도로 전제되어 있는 상태에서의 무모한 협력관계의 도출은 실패를 예고하는 것이며, 국력의 낭비일 수 있다. 이와 같이 한반도정세의 불변적 요소는 가치·체제·이념의 이질성이며, 이에 의한 대결의 잠재성이라 하겠다.

2. 글로벌 경제교류

　과거 남북한의 교역은 1988년 '7·7선언'과 그 후속조치인 '대북한 경제개방조치'에 따라 시작되었다. 교역이 시작된 초기에는 2천만 달러에도 미치지 못하였던 교역규모가 1990년 8월 '남북교류협력에 관한 법률'의 제정 등 관련 법제가 마련되면서 교역량이 1억 달러를 넘어서기 시작하였다. 이후 북한의 1993년 핵비확산조약(NPT) 탈퇴 선언 등 핵문제로 인해 남북관계가 일시 경색되기도 하였으나 1994년의 '남북경협활성화조치' 등에 힘입어 1995년부터는 남북 교역규모가 2억 달러 수준을 넘어서기 시작하였다. 1997년에는 북한산 철강금속류의 반입 증가, 위탁가공 교역의 확대, 경수로 건설사업의 시작에 따른 공사물자의 반출 증가 등으로 남북 교역 규모가 3억 달러를 돌파하였다. 1998년에는 외환위기로 인한 대내외 경제여건의 악화로 남북교역도 위축되어 교역량이 전년보

---

28) 한·미·일 3자 안보관계의 견고성은 한·미 간 관계의 긴밀도에 의해 좌우된다. 미일동맹은 꾸준히 강화되고 있는 반면, 한·미동맹은 현상 유지 아니면 오히려 위축될 가능성이 많기 때문이다. 특히 북한 위협이 현저히 감퇴하거나 사라지고 나면 한·미동맹의 지속에 대한 회의론이 더욱 고개를 들지 모른다. 북한 위협의 소멸 후 한·미동맹 폐기론은 다음을 참조. CATO Institute, The Cato Handbook for Congress: 104th Congress-(1995). 그럼에도 불구하고 한·미동맹의 유지와 발전은 통일 후 한국의 안보외교에서 있어서 여전한 불변적 상수요인으로 남아 있어야 한다.

다 28% 감소한 2억 2,194만 달러에 그치기도 하였다. 1999년에는 국내 경기회복에 따라 위탁가공 교역이 확대되고 금강산관광사업 및 경수로 건설사업 등 경협사업이 진전됨에 따라 교역량이 다시 3억 달러를 넘어섰다. 2000년에는 농수산물의 반입증가, 전기·전자 제품 등 위탁가공 교역의 확대, 대북 비료지원, 경수로 본공사 착수 등에 따라 남북교역이 사상 처음으로 4억 달러를 넘어섰고, 2001년에는 국내경기 침체, 남북한의 운송여건 등으로 2000년에 비해서 교역량이 소폭 감소하였으나 2년 연속 4억 달러대를 계속 유지하였다. 2002년에는 거래성 교역의 꾸준한 증가세와 함께 비거래성 교역인 대북 식량차관, 철도·도로연결공사 관련 자재·장비 지원 등에 따라 남북교역 사상 처음으로 6억 달러를 넘어서게 되었다.[29]

특히 2003년도에는 평화항공여행사의 평양·백두산관광사업, 한국광업진흥공사에 대한 510만 달러 상당의 정촌 흑연광산 개발사업 등 2건의 경제협력사업 승인이 이루어지기도 했다. 개성공단 개발사업과 관련하여 중소기업협동조합중앙회(중기협) 기업인 및 건교위 국회의원 현지 방문 등 사업협의를 위한 방북, 철도·도로 연결사업과 관련한 자재·장비 지원, 평화자동차의 자동차 조립생산사업, 국제옥수수재단의 농업기술협력사업 등 바야흐로 본격적 경협과 관련한 사업출장성 방북이 이어지고 있다. 또한 성신산업의 철도화차 제작기술지원, 제일모직 등 의류임가공사업 및 물자교역 등 남북경협과 관련한 방북이 꾸준히 이루어짐으로써 남북 교역액은 총 724,217천 달러였다. 이는 2002년도 남북 교역액 641,730천 달러 대비 12.9% 증가한 것으로서 세부적으로 살펴보면 반입액은

---

29) 통일부, 「통일백서」 2003. pp.195 - 196.

289,252천 달러로 전년 271,575천 달러 대비 6.5% 증가했고, 반출액은 434,965천 달러로 전년 370,155천 달러 대비 17.5% 증가한 것으로 나타났다.

이러한 남북교역이 2002년 대비 12.9% 증가한 이유로는 상업적 거래와 위탁가공교역 등 거래성 교역이 꾸준한 증가추세(2002년 대비 19.2% 증가)를 보이고 있고, 비거래성 교역 중 인도적 물자지원과 식량차관 제공이 이루어지는 데 따른 것으로 볼 수 있다. 이를 종합해 볼 때 2008년에도 남북한 교역은 거래성 교역을 중심으로 계속하여 증가할 것으로 전망되기도 하였다. 2008년 이전까지 사회 전반의 반미기류와 함께 과거 열린우리당에도 친중정서가 확산돼 온 게 그동안의 사정이었다. 그러나 고구려사 왜곡파문과 동북공정 등 중국패권주의를 경계해야 한다.[30] 중국은 지난 2001년부터 1/3 수준을 상회하였고 2007년도에는 67.1% 수준의 점유율을 보여주었다.[31] 중국 상인들이 북한시장을 공략하면서 저장(浙江)성 원저우(溫州) 출신의 선양중쉬(瀋陽中旭) 그룹의 쩡창뱌오가 평양 제일 백화점 인수를 하는 등 투자열기가 높아지고 있다. 2004년 7월 10일 원저우에서는 중국 내 첫 번째인 북한투자설명회가 열렸다. 원저우의 중소기업 및 대기업 사장 200여 명이 몰렸다.[32]

지난 2002년 한국의 대중국 수출 비중은 대일 수출(9.5%)을 추월하여 미국(20.7%)에 뒤이어 14.6%로 제2위의 시장으로 부상하였다. 그러나 홍콩을 대중국 무역관계에 포함 시 무역의 총규모가 미국을 추월하게 되어 우리의 최대 수출시장으로 자리하게 된다.

---

30) ≪중앙일보≫, 2004. 8. 9.
31) 김규륜, "북한 개방과 국제협력", 통일연구원, 『이명박 정부 대북정책: 비전 및 추진방향』 (2008. 8), p.171.
32) ≪중앙일보≫, 2004. 7. 31.

2007년 남북한 교역은 37.9%까지 기록하여 중국과 한국이 주심이 되어 대북한 경제교류를 수행하였다고 볼 수 있다. 특히 2008년은 대중국 수출 비중(21.2%)이 대미국(18.7%)을 초과하여 명실상부한 1위 수출시장으로 부상했다.[33] 특히 중국은 북한이 필요로 하는 원유와 곡물류를 공급하고 있는데 약 50만 톤 내외의 원유와 10~30만 톤 내외의 곡물을 북한에 수출하고 있는 것으로 집계되고 있다. 중국은 북한의 전략적 중요성을 인식하고 있어 지난 2006년 김정일 위원장의 방중 시 정부인도, 기업참여, 시장운용이라는 원치에 합의했다.[34] 러시아도 2007년 80억 달러에 달하는 채무액을 탕감하는 계획을 발표하였고 철도연결사업은 2008년에 러시아 국영철도회사와 북한 철도성 사이에 핫산 - 나진 간 철도를 개보수한다는 합의가 이루어져 실질적으로 진전되고 있다.[35]

III 남북협력의 위기

1. 남북관계 및 경제협력

(1) 남북경제협력의 기본 논리

지난 1992년 중국과 국교를 체결한 이후 한국정부의 대중국 무역관계는 경제적 차원을 넘어 정치적 중요성으로 평가할 수 있는 급성장을 보여 왔다. 한반도지역은 각 국가들이 무역, 투자, 자본이동의 확대로 국가 간 상호 의존이 심화되고 있다. 정보화 및 지식

---

33) 대한무역투자진흥공사(KOTRA), http://www.kotra.or.kr(2009년 1월 6일)
34) 김규륜, 전게논문, p.172.
35) 상게논문, pp.173 - 174.

기반 사회로의 이행에 따른 경제발전의 패러다임이 변화되고 있다. 경쟁력의 원천이 노동·자본에서 기술·지식 우위로, 하드웨어(hardware)에서 소프트웨어(software) 우위로 전환 추세에 있다. 한국의 대외무역에 있어 다자주의와 지역주의 병행이 확산되고 있는 것이다. 한국은 글로벌 경제에 있어 FTA를 중심으로 한 지역주의 급속 확산 추세여서 칠레 이후, 싱가포르, 일본 그리고 아세안과 공동연구 추진 중이다. 또한 EFTA, 멕시코, 캐나다, 인도 등과 공동연구를 하고 있고 WTO/DDA 협상과 FTA 확산 등으로 우리의 시장개방 및 산업구조 조정이 불가피하다. 게다가 에머징스테이트 중 BRICs 경제의 부상이 있다. 앞으로 2050년 중국, 인도, 브라질, 러시아 세계 6대 경제대국화를 기대하고 있다.

표 3-1_ 이명박 대통령의 남북대화 제의

일 자	내 용
08. 2. 25.	남북 정상 간에 언제든지 만나서 가슴을 열고 이야기하자는 대화 촉구(대통령 취임사)
08. 4. 17.	남북상설연락기구 설치 제의(미국방문 기자회견)
08. 7. 11.	남북합의 이행을 위한 대화 제의(국회 개원연설)
08. 8. 15.	상생공영의 남북관계 발전 의지 천명(8·15 경축사)
08. 9. 22.	모든 남북 간 합의 정신 존중 및 상생공영의 남북관계를 위한 대화 촉구(민주평통 지역회의 개회사)
09. 1. 2.	언제라도 북한과 대화하고 동반자로서 협력가능 천명(신년 국정연설)
09. 3. 1.	빠른 시일 내에 조건 없는 대화 제의(3·1절 기념사)

(자료) 이수석, 「대북정책과 남북관계분야」, 민주평통, 『남북관계전문가 초청연찬회: 대북정책과 남북관계』 (2009. 3. 13), p.19.

우리에게 새로운 경제협력과 통상환경을 제공하고 있고 대중국 의존도 심화 문제도 동반되고 있다. 다른 한편 2008년 글로벌 경제위기 이후 보호주의 확산조짐과 통상마찰 증대가 심화되고 있고, 자국의 경제적 이익 중시에 따른 수입규제 조치 발동이 확대되고 있다. 예컨대 반덤핑관세, 상계관세, 세이프가드 조치 등이 그것이다. 그러나 대외의존도가 높은 한국은 미국, 중국, 일본 등과 지속적인 우호관계를 유지하는 것이 국익을 최대화하는 방안인 것이다. 한국의 북방외교는 세계사적인 냉전종식의 기류에 편승한 적극적인 자유시장경제외교로 평가할 수 있으며, 그 결과 역시 한국의 경제활동을 다양화하고 궁극적으로 북한에 대한 적극적인 접근 및 지원을 통한 북한의 체제변화 시도라는 특징을 보이며 그 결과 역시 한국정부에 큰 확신을 제기하고 있다.[36] 다른 한편 지난 10여 년간 남북관계의 상호 협력이 정책화되어 추진되고 있으며, 민간차원의 경제활동으로 이어져 북방외교의 결실이 국내정치의 돌파구로 작용하는 듯하였다. 예컨대 해로를 통한 금강산관광사업은 이제 육로를 통한 협력사업으로 발전하고 있으며, 개성공단사업에 대한 한국 측 민간기업들이 대거 분양을 신청하고 현재 가동 중에 있는 상태이다.[37] 아울러 경의선과 동해선의 남북 간 연결도로가 2004년 10월 말 개통되고 철도 시범운행도 같은 시기에 이루어지는 것으로 합의되었다.[38] 2004년 6월 4일에는 분단 이후 처음으로 북한의 사천강 모래를 한국의 민간업자가 상업목적으로 반입하였다. 그러나 2008년 이명박 정부 출범과 함께 북한 당국은 지속적으로 협력과 대화를 거부하면서 2009년 3월 개성공단 출입을 쥐락펴락 통제하면서 신뢰를 깨고 있다.[39]

---

36) http://www.hani.co.kr, http://www.yonhapnews.co.kr(2009년 2월 7일).
37) 2004년 6월 4일 평양 양각도호텔에서 열린 제9차 남북경제협력추진위원회는 2004년 안에 개성공단 시범단지(2만 8천 평 규모)에서 상품을 생산하기 위해 9월 말 남측의 전력이 한국전력 주도로 전신주를 이용한 배전방식으로 공급을 시작한다고 발표하였다.
38) 연합뉴스, http://www.yonhapnews.co.kr(2004년 9월 5일)
39) ≪중앙일보≫, 2009. 3. 17.

최근 북한청년들의 의식을 보면 한반도 평화와 번영을 위해서는 아직도 북한이 변해야 할 과제가 산적해 있다. 이들은 기본적으로 인생에 대하여 고민할 이유가 없다고 한다. 단지 국가와 민족에 충실하면 된다고 주장한다. 그들은 학교를 빨리 졸업하고 군복무를 통하여 국가에 충성하는 것이 제일 보람된 일이며 자랑스러운 일이라고 주장한다. 개인적 어려움과 고민은 공동체 생활 속에서 모두 해결된다는 것이다. 서구 자본주의 사회에서처럼 개인 각자가 자신의 운명을 개척하기 위하여 몸부림칠 이유가 없다는 것이다. 국가를 위하여 공동체를 위하여 봉사하고 충성하면 국가가 모든 것을 보상해 주기 때문이라는 것이다. 그렇기 때문에 젊은 대학생들 사이에서는 남쪽에서처럼 소위 선호직업이라는 것이 없다고 한다. 국가사업에 필요한 대로 복무하는 것이다. 예를 들면 지도부에서 '큰배사업'의 일꾼이 부족하여 '청년들은 바다로!'라는 구호를 전하면 모든 청년들이 그해는 어민처럼 바다로 가서 일을 하는 것이 최고의 가치가 된다. 또 다른 해에 자연개조사업을 위하여 지도부에서 '청년들은 간척지 전투장으로!'라는 구호를 전하면 모든 청년들은 간척지로 향하여 열심히 일하는 것이다. 남북교류가 증대된 때에도 북한은 뒤로는 선군정치를 중심으로 군사력을 강화하였다. 지난 2000년대 들어 선군시대가 강조되는 시기에는 '청년들은 군대로!'라는 기치 아래 군복무를 최고의 영예로 여긴다. 즉 공동체가 필요로 하는 방향으로 인생관의 가치가 정해지는 것에 아주 익숙한 문화권인 것을 인식할 필요가 있다. 그들은 인간의 참다운 삶과 인권이란 공동체를 떠나서는 존재할 수 없다고 강력하게 주장하고 있다. 이와 같은 정치권력의 견제와 내부적 개혁 없이 낭만적인 민족주의에 사로잡혀 조선식만을 강조하는 것은 고립적 공동체주의

문화, 과거 봉건시대의 전체주의의 문화로 전락할 위험성이 많은 것이다. 한반도 평화를 위해서는 과거의 낡은 사고에서 북한이 빨리 벗어나야 한다.

(2) 최근 남북경협의 위기

한국은 최근 정치 - 외교적 접근으로 시작되어, 외교 - 사회 - 문화 - 경제적 교류를 통해 활성화 및 심화되고 있으며 남북 간 상호 신뢰성 증진과 인적 및 물적 교류를 통해 한반도 평화 정착으로 발전되고 있다. 이는 남북 간 물류교류 증진을 통해 생산비 증가로 후발개발도상국의 추격을 받고 있는 한국의 경제구조 한계를 극복하고 생산성 및 경제성을 강화하는 구조적 문제의 치유라는 효과를 줄 것이다. 특별히, 국제정치의 국내정치화는 민간교류 및 경제 활성화로 이어져 남북 지역 간 - 지방 간 통상증대 요인 및 지방경제 활성화로 발전할 수 있는 개연성을 보여주고 있다. 그동안 남·북 경협 및 교역 관계의 지속적 증대로 지난 2005년에는 반출 6.3억 달러, 반입 3.2억 달러이고 현재 활동 중인 개성공단이 남·북 경제관계 활성화에 많은 기여를 할 것으로 예상했으나 2009년 들어 매우 심각한 상태로 되어 북한의 정상적이고 일관된 남북협력 관계를 유지하도록 촉구하고 있다.

지난 참여정부는 남북한의 평화 및 공동 번영을 기조로 평화번영정책이라는 대북정책을 추진했으나 결국 북한의 핵개발과 미사일발사실험으로 그 한계를 보여주었다. 이러한 평화번영정책의 기반은 김대중 정부의 대북포용정책 또는 햇볕정책을 계승하는 명칭에서도 알 수 있다. 당시에는 한반도의 시대적이고 현실적 상황을 정책 기조에 반영했고 정책의 실체에 있어서도 남북한이 화해협력

단계를 심화시켜 한반도에 평화체제를 구축하여 공동 번영하자는 미래지향적이라고 하였으나 북한은 뒤로는 핵개발을 준비하여 결국 핵 앞에서는 그 한계를 노출하였다. 결국 평화번영정책은 한반도에 평화를 증진시키고 남북한 공동번영을 추구함으로써 평화통일의 기반을 조성하고 동북아에서 한국이 경제중심 국가로 발전할 토대를 마련하는 것을 내용으로 하는 장대한 전략적 구상이었지만 김정일 세습체제 수호와 북한 당국의 이중성에 철저히 속고 말았다. 김대중 정권과 노무현 정권하인 2000년대에 들어 남북협력은 농수산물의 반입증가, 전기·전자제품 등 위탁가공 교역의 확대, 대북 비료지원, 경수로 본공사 착수 등에 따라 남북교역이 사상 처음으로 4억 달러를 넘어섰고, 2001년에는 국내경기 침체에도 불구하고 남북한의 운송여건 등으로 2년 연속 4억 달러대를 계속 유지하였다. 지난 2005년에는 거래성 교역의 꾸준한 증가세와 함께 비거래성 교역인 대북 식량차관, 철도·도로연결공사 관련 자재·장비 지원 등에 따라 남북교역 사상 처음으로 8억 달러를 넘어서게 되었다.[40]

사실상 향후 개성공단 전체 면적인 800만 평을 완공할 경우 국내인력 1만 명과 북한 인력 22만 명(최대)이 고용될 것으로 전망된다. 토공과 현대아산은 2009년까지 92억 달러를 투입하여 3단계에 걸쳐 산업단지를 조성할 예정이다. 전체 개발이 완료되는 2009년에는 총 1,200여 업체가 입주, 연간 약 145억 달러를 생산하여 한반도 최대 공단이 될 것으로 전망된다. 남한의 입장에서 개성공단의 3단계 건설이 완료되면 파생적인 생산유발효과는 총 189억 달러, 부가가치 유발효과는 총 78억 달러에 이를 것으로 예상된다.

그러나 이러한 계획도 김정일 말 한마디면 하루아침에 물거품이

---

40) 통일부, 「통일백서」(2005), pp.190 - 196.

될 수 있다. 다시 말하면 북한이 평화적이고 일관성 있고 원칙적인 태도를 보일 때만 가능하다는 점이다. 글로벌 경제는 미국의 금융위기의 돌풍에도 불구하고 정보화 및 지식기반 사회로의 이행에 따른 경제발전의 패러다임이 변화되고 있다. 경쟁력의 원천이 노동·자본에서 기술과 지식 우위로, IT·BT·NT 우위로의 전환 추세에 있다. 북한 에너지·인프라 개선사업, 경제특구사업 등 남북경협의 심화 확대를 통한 공동번영을 추구하며 궁극적으로 남북경제공동체 형성을 이루어 나갈 것임을 지난 정부의 목표로 제시한 바 있다.41) 이를 성공적으로 달성하기 위해서는 주변국가의 협력이 절대적으로 필요하다. 이러한 맥락에서 한반도 평화와 북한인권을 위하여 이명박 정부는 미국과의 공동보조의 대북정책을 수행하는 것이 바람직하다.

북한과 김정일은 국제사회의 일반적인 관행을 존중하고 따라야 한다. 그래야 성숙한 국가로서 국제사회에서 활동할 수 있을 것이다. 핵개발하는 데 서로 도움 주는 이란이나 몇몇 나라하고만 비밀리에 거래하는 것은 한반도문제 해결에 절대로 도움이 안 된다

예컨대 2009년 3월 14일의 개성공단 727명의 한국 측 근무자들의 고립은 이미 예상된 일 아니던가.42) 북한 당국이 잘못하고도 한국정부가 그들이 원하는 대로 안 해 주면 언제라도 북한은 한국인에 대한 인질이든 억류든 약속이나 협정을 얼마든지 어기고 어깃장을 놓고 원칙 없이 공갈, 협박 등 무법의 작태를 하기 때문이다. 여기에는 예의도 없고 관행도 없고 상식도 없고 신뢰도 없고 민족도 없고 한마디로 김정일식대로 한다. 비핵개방 3000이나 상생공영

---

41) 통일부, 「참여정부의 평화번영정책」(2003. 12), p.21.
42) ≪중앙일보≫, 2009. 3. 16.

정책을 제시해도 북한은 마음에 맞지 않는 정부라고 외면하고 있다. 2008년 새 정부가 들어서면서 이명박 대통령에 대한 맹비난, 개성공단 출입통제, 미사일발사선포 등 뭐 하나 파트너로서 약속을 지키는 것이 하나도 없다. 지구상 이런 막가파식의 국가가 없는 것이다. 사실상 개성공단만으로는 3,000달러를 10여 년이 지나도 달성하기 어려울 것이다. 그러니 북한이 개방하고 비핵화에 협조만 한다면 삼성, 현대차, LG, SK 등 대기업들이 적극적으로 북한으로 진출하여 이를 달성하는 데 한국정부가 협력하여 북한의 GDP 증대와 북한주민소득 증대에 크게 기여할 것이다. 문제는 북한이 개혁개방에 임해야 하고 6자회담 등 비핵화일정이나 실천에 적극적인 협력을 해야 하는 것이다.

북한 조국평화통일위원회(조평통) 서기국은 2009년 3월 14일 이명박 정부가 "진짜 남북대화에 관심이 있다면 반공화국(반북) 대결책동으로 북남관계를 파탄시키고 전쟁접경까지 몰아간 범죄행위에 대해 온 민족 앞에 사죄해야 한다."고 주장했다.[43]

남측 당국이 대화를 하려면 '사죄'와 함께 '불순한 반공화국 대결정책을 철회하고 우리를 적대시하는 행위들을 일체 중지해야 할 것'이라고 요구했다. 서기국은 최근 이명박 대통령과 현인택 통일부장관 등이 남북합의들에 대한 '존중'과 '솔직하고 허심탄회한 대화재개' 의사를 밝힌 사실을 언급, '북남합의들을 무시하고 동족을 적으로 여기는' 이명박 정부와는 '그 어떤 대화도 무의미하며 오직 무자비한 징벌로 결산해야 한다는 것이 우리의 확고한 입장'이라면서 이같이 주장했다. '북남 사이에 대화와 협력이 단절된 것'은 이명박 대통령이 '집권 후 지금까지 북남선언들을 부정하고 반공화국

---

43) http://www.media.daum.net/politics(2009. 3. 14.)

대결책동에 매달렸기 때문'이라며 남측 당국자들의 대화 관련 발언은 남북관계 파탄과 군사적 충돌위기에 대한 '책임을 모면해 보려는 기만술책 외에 다른 아무것도 아니다.'라고 평가 절하했다. 서기국은 또 이명박 정부가 북한 체제를 비난하고 인권문제를 이슈화한데다 특히 '우리 공화국의 정당한 인공위성 발사 준비를 제일 못되게 걸고들고 있다.'면서 키 리졸브 한미 합동군사 연습같이 '미국의 침략무력을 끌어들여 이 땅에 전쟁의 불 구름을 몰아오고 있는' 이명박 정부가 '감히 대화를 운운하는 것 자체가 언어도단'이라고 맹비난했다.44) 이는 바로 북한 당국이 자신의 체제에 약점이 많은 것임을 스스로 인정하는 것이다. 유연하지 못하고 욱하고 삐지고 토라지는 것은 유치원생이나 하는 짓이지 한 국가가 할 짓은 아닌 것이다. 그동안 알게 모르게 발생한 우리 내부에 이적 행위가 있어 더욱 북한은 기고만장한다. 10여 년간 북한에 비위를 맞춘 정부의 책임이 크다. 이명박 정부는 잘못한 것 하나 없이도 과거정권이 잘못한 것을 바로잡으려고 한다는 것 하나로 북한의 비방과 공갈협박에 직면한 것이다. 이명박 정부는 북한 핵문제나 북한의 인권이나 북한의 경제지원 등 매우 정상적인 정책과 상호상생공영정책을 내세웠는데도 북한이 적반하장으로 나오는 것은 바로 햇볕정책과 퍼주기정책의 실패를 의미한다. 여기서 이명박 정부가 꺾이면 북한은 한국을 김정일의 수종으로 여기고 영영 한국정부를 자기 맘에 맞도록 컨트롤할 것이다.

---

44) http://www.media.daum.net/politics(2009. 3. 14.)

북핵문제의 평화적 해결

1. 북한의 군사전략

북한의 군사정책이나 전략은 전 국토의 요새화, 전 인민의 무장화, 전군의 간부화, 전군의 현대화로 압축된다. 이른바 4대 노선으로 전 세계에서 최고의 병영국가이다. 그래서 북한체제는 항시 계엄령의 상태이고 최고지도자인 김정일을 국방위원장이라고 부르고 있다.

지난 2003년엔 군사정책을 위해서는 국방력 강화보다 더한 것도 한다고 하고, 2005년에는 핵보유선언을 하고, 2006년에는 핵실험을 하고 2009년에는 미사일발사실험을 재개한다고 선포하였다. 언제든지 서울불바다는 가능하다고 공갈과 협박을 자행한다. 인구와 고층아파트주거시설이나 주유소, 가스 저장소 등 위험물질이 집중되어 있는 수도권에 야포, 방사포, 장사정포의 전진배치 등으로 얼마든지 가능하다는 것이다.

북한이 그토록 빈곤한 국가임에도 북한군사비는 총예산에 무려 34%인 60억 달러를 차지하고 있다. 여기서 단 몇%만 축소하면 100톤 이상의 식량을 구입해서 인민에게 공급할 수 있으나 김정일 체제 유지를 근거로 이를 실행하지 않고 있다. 이명박 정부가 비핵개방 3000을 강조하는 것도 군사적 대립이나 군비강화에 대하여 포기하면 얼마든지 체제보장하고 한국기업이 북한에 진출하여 3000달러에 달성하도록 지원하겠다는 것이다.

88년도 한국이 국민소득 3000달러를 달성하고 20년 후 2008년 2만 달러에 도달했다. 바로 3000달러면 경제성장과 국제사회에 경쟁력을 갖추고 제대로 된 국가정책을 수행할 수 있다는 근거에서 이다. 북한은 이러한 한국정부의 지원과 협력적 제의를 수용해서 한반도 평화를 이룩해야 한다. 강성대국이나 선군정치는 오로지 김정일과 소수의 당간부들에게만 이로운 체제유지전략이며 북한주민 2천만은 가난과 불행의 나락으로 떨어지는 해악한 정책인 것이다. 강성대국이나 선군정치는 전 세계 어느 나라도 볼 수 없는 호전적이고 전쟁광적인 군사정책이다. 북한이 상대하는 미국은 비록 2008년 10월 글로벌금융위기의 제공자이지만 경제, 문화, 사회, 복지 등에서도 선진국이면서 군사적으로도 선진국인 데 반하여 북한은 오로지 핵을 중심으로 한 군사측면만 강조하고 있어 인민을 방패 삼아 소수의 김정일 측근세력만 인간답게 사는 기형적이고 불균형적이고 비정상적인 국가여서 이것이 궁극적으로는 북한이 위기로 가서 결국 붕괴될 수 있는 원인이 될 것으로 본다. 북한의 1400여 명의 장성 중 1200여 명이 김정일의 심복인 것이다. 지금도 북한은 비상계엄체제 상시화와 제도화로 군부는 없고 오로지 김정일 사적인 군대만 존재하고 있어 우리가 북한을 우려하는 것은 언제라도 김정일이 맘만 먹으면 전쟁도발을 통해서 너 죽고 나 죽자는 식으로 자살특공대나 자살테러를 일삼는 무모한 살육전쟁을 시도하지 않을까 해서이다. 북한이 마치 외부의 적인 미국이나 한국, 일본이 북한을 공략할 것이라는 가상시나리오를 북한주민에게 주입시켜 체제유지를 위한 자구책으로 핵개발을 하고 미사일발사 실험을 한다는 바로 그 자체가 북한을 위기로 몰고 가는 것이다. 김정일과 측근들은 비정상적인 국가상태에서 정상적으로 복귀하여 평화의 마음으로 이웃을 대하고 협력하는 자세를 갖는 것이 더 이상의 위기확산을 방지하는 것임을 인식해야 한다. 적어도 북한이 중국이나

베트남 식으로라도 글로벌시대에 편승하기를 바라는 것이다. 만약
에 북한이 전쟁광으로 군사도발을 한다면 미국이나 일본은 물론
중국이나 러시아도 이를 막거나 제재할 것으로 본다. 지금 누구도
동북아에서 국지전이나 전면전쟁을 바라는 국가가 없기 때문이다.
이를 적어도 가장 가까운 동맹국가인 중국이 앞장서서 설득해야
할 것이다. 군비통제를 통하여 평화체제 준비기, 평화체제 구축기,
평화체제 정착기 등으로 단계별로 남북한 간의 협력적 관계로 나
가야 할 것이다. 이렇게 하기 위해서는 김정일은 리비아의 가다피
같은 발상의 대전환이 있어야 할 것이다.

2. 계속 반복되는 북핵문제

북핵문제는 2001년 미국에서 발생한 9·11 테러사건 이후 미국
의 아프가니스탄 침공 그리고 이라크 점령과 더불어 국제사회의
가장 중요한 현안으로 대두되고 있다. 이는 부시(G. Bush) 공화당
정권의 국제 신질서 구축에 대한 전략적 측면을 보여줌과 동시에
미국의 한반도 비핵화에 대한 강력한 의지의 실천 그리고 긴장된
북ー미관계의 지속을 통한 동북아시아 군사구조의 재편을 위한 외
교수단의 강화로 보인다. 북핵문제가 국제정치에서뿐 아니라 한국
국내정치 전반에 큰 영향을 미치고 있다. 특히 IMF 경제위기 이후
경제 활성화 정책에 주력하고 있는 현 정부에 있어서 북핵문제는
남북관계 및 통상증대정책에 큰 걸림돌로 작용하고 있다. 북핵문제
에 대한 연구는 역사적 접근을 근간으로 국제정치 현안들과 연계
하여 통시적으로 분석한 자료, 한·미관계를 중심으로 미국의 현실
주의적 패권전략 가운데 북핵문제의 현주소를 분석한 자료, 그리고

주로 기술적 접근을 통해 북핵개발의 가능성, 여파 및 한·미 외교를 다룬 자료 등이 있으나 북핵문제는 한 국가만의 문제로 일반화될 수 있는 문제는 아니다.[45] 북한의 원자력 개발정책은 공산주의 국가 간 기술협력 및 지원정책에 기반을 두고 있으며 소련의 지원에 근간을 두고 있다. 북한의 원자력에 대한 접근은 1950년대 중반 소련과 원자력의 평화적 사용에 관한 협정을 체결하면서부터 본격화되었다.[46] 북한의 핵개발 과정의 핵심목표는 여러 모양과 외교에도 불구하고 한국전쟁 휴전 이후 체제보존에 초점이 맞추어져 있다.

북한의 원자력에 대한 평화적 이용이 상대적으로 늦고 군사적 개발 의혹 가운데 핵문제를 야기하게 된 것은 에너지정책의 실패에 연유한다. 이는 1954년 이후 1970년도 중반까지 보인 경제발전 속도 대비 전력시설의 성장 속도는 1/3 수준에 머물렀기 때문이다. 과거 1980년대 초반 북한은 원자력 개발정책에 역점을 두고 국가적 노력을 기울였지만, 소련의 내부정치위기와 체제위기 가운데 외부지원을 받을 수 없는 요인 및 공산주의 체제 전반에 나타난 경제위기로 인하여 성공을 거둘 수 없었으며, 자연우라늄을 이용한 흑연감속로 방식의 원자로운용은 국제사회에 핵개발 의혹 및 핵문제를 야기하였다.[47] 과거에도 북한은 1989년 남한정권의 국내적 생존문제와 미국의 핵억제전략을 연계하여 비난하고, 팀스피리트(Team Spirit) 훈련을 북한에 대한 핵선제공격 목적용 전쟁연습으로

45) Michael J. Mazarr, North Korea and The Bomb(Scranton: Macmillian, 1995), Selig S. Harrison, Korean Endgame: A strategy for reunification and U.S. disengagement, 이홍동 외 역, 『코리안 엔드게임』(서울: 삼인, 2003), 한국원자력연구소(KAERI, TCNC), 『북한 핵 문제와 경수로 사업』, 북핵기술총서 I (1999), II (2000), III (2002) KAERI/AR-552/99. David Albright and Kevin O'Neill(Editors), Solving the North Korean Nuclear Puzzle, 박긍식 외 역, 『북한의 핵 수수께끼 풀기』(서울: 동양문화, 2003).

46) 북핵 개발단계에 관하여, 한국원자력연구소(KAERI, TCNC, 1999), ibid., pp.13-32 참조.

47) Michael J. Mazarr(1995), ibid., p.17.

몰아세웠다.[48] 북한은 1990년 7월 IAEA의 북한 핵 관련 시설 현장 사찰 수락 전제조건으로 먼저 한국에서의 미 핵무기의 철수 및 미국과의 직접대화를 제안하였다.[49] 북한은 지난 1991년부터 적극적인 원자력외교를 펼쳐 그해 6월 7일 IAEA에 안전조치협정 서명의사를 공식 통보하였다. 북한은 상호 사찰 주장을 내세웠는데 북한의 핵시설과 남한 내 미군의 핵무기 상황에 대해 동시적이고 국제적인 사찰을 주장하였다. 미국 행정부는 북한의 핵무기 개발을 중지시키기 위해 주한미군의 핵 철수를 검토하고 있다는 뜻을 한국 및 일본정부에 전달하였다.

북한이 직면한 위기는 식량부족, 인권탄압 등 글로벌 경쟁에서 실패한 국가임에도 불구하고 미국이나 세계를 상대로 공갈과 협박으로 여전히 핵개발, 미사일개발에 혈안이 되어 있다는 점이다. 이는 너 죽고 나 죽자 식의 자폭수준의 발상을 하는 것이 아닌지 심히 우려된다.

표 3-2_ 실패국가지표순위

2008년 순위	지표총계	국 명	2007년 순위	비 고
1	114.2	소말리아	3	
2	113.0	수단	1	
3	112.5	짐바브웨	4	
4	110.9	차드	5	
5	110.6	이라크	2	
6	106.7	콩고	7	
7	105.4	아프가니스탄	8	
8	104.6	코트드브와르	?	
9	103.8	파키스탄	12	

48) 피터 헤이즈(Peter J. Hayes), 『핵딜레마: 한반도 핵정책의 뿌리와 전개과정』, 고대승 외 역(서울: 한울, 1993), p.208.
49) ≪동아일보≫, 1990년 7월 22일자.

2008년 순위	지표총계	국 명	2007년 순위	비 고
10	103.7	중앙아프리카	10	
11	101.8	기니아	9	
12	100.3	뱅글라데쉬	16	
12	100.3	버마	14	
14	99.3	하이티	11	
15	97.7	북한	13	14(2006)
16	96.1	우간다	15	

(자료) http://www.Foreignpolicy.com/story(2008. 7. 29.)

북한은 1991년 12월 26일 판문점에서 열린 남북한 간 첫 핵협상에서 핵연료재처리시설과 농축시설폐기를 포함하는 '남북한 비핵공동선언문'을 작성하여, 1992년 2월 18일 제6차 평양고위급회담에서 서명발표하자고 제의하고 원자력안전협정서명 및 핵사찰에 관한 수용의사를 밝혔다.[50] 마침내 1991년 12월 31일 판문점 통일각에서 열린 제3차 핵협상에서 남북한은 '한반도의 비핵화에 관한 공동선언'의 문안에 완전 합의하고 이를 다음 해인 1992년 2월 18일 평양에서 열리는 제6차 고위급회담에서 발효시키기로 하였다.[51] 합의된 '남북한 비핵공동선언문'의 주 내용은 서문 외에 6개 항으로 구성되었는데 첫째, 핵무기의 시험, 생산, 접수, 보유, 저장, 배비, 사용 금지, 둘째, 핵에너지의 평화적 이용, 셋째, 핵재처리시설 및 우라늄 농축시설의 보유 금지, 넷째, 핵통제공동위원회의 구성, 다섯째, 비핵화검증을 위한 상호 사찰, 여섯째, 효력 발생 등이다.[52]

---

50) ≪동아일보≫, 1991년 12월 26일자.

51) ≪동아일보≫, 1992년 1월 3일자. 합의된 「남북한 비핵공동선언문」의 주 내용은 서문 외에 6개 항으로 구성되었다. 첫째, 핵무기의 시험, 생산, 접수, 보유, 저장, 배비, 사용금지, 둘째, 핵에너지의 평화적 이용, 셋째, 핵재처리시설 및 우라늄 농축시설의 보유금지, 넷째, 핵통제공동위원회의 구성, 다섯째, 비핵화검증을 위한 상호 사찰, 여섯째, 효력발생 등 기타.

52) ≪동아일보≫, 1992년 1월 3일.

1997년부터 10여 년간의 햇볕정책으로 많은 달러와 물자가 북한으로 유입되어 있고 이것이 김정일 체제하에서 핵개발이나 미사일발사실험에 크게 도움이 되었다고 본다.

2009년 지금도 여전히 북한은 전쟁 대비 키리졸브 한미군사합동훈련을 핑계로 하여 미사일발사실험 개성공단 출입통제 등 국내외적으로 반복되는 불상사를 만들고 있다.[53]

2000년대 이후 북핵문제는 국제정치 및 남북관계와 관련하여 다음의 성격을 지닌다.

첫째, 북핵문제는 세계사적 관점에서 종식된 공산주의 체제를 유지하고 공산주의 체제 위에서 국제정치에 군사적 영향을 미치려는 평화적 글로벌시대에 역행하는 것이다.

둘째, 북핵문제는 북한사회의 체제유지를 위한 체제변화의 추구라는 모순적 외교목표를 지니고 있다. 김정일의 두 번에 걸친 중국방문은 실용주의적 정책변화의 일면을 보여주고 있으나 시장사회주의, 주식시장개설 등 그렇게 실천하지 않고 있다.

오히려 북한은 은밀히 그리고 대범하게 미사일이나 핵무기개발실험을 주기적으로 해 왔고 주로 3~4년마다 이를 과시하듯이 전세계를 향하여 대규모 쇼를 하였다.

표 3-3_ 주기적(3~4년)인 북한의 미사일과 핵실험 도발

연 도	북한의 이벤트	비고 1	비고 2
1993년 3월 12일	핵확산금지조약(NPT: Non proliferation Treaty) 탈퇴선언 - 보류(6월)	노동1호 시험발사	
1994년	1300km 노동미사일 본격생산		김일성 사망(7월 8일)
1998년 8월 31일	대포동1호 시험발사 (2단식 로켓)	인공위성(광명성 1호) 1550km	미사일로는 성공했지만 인공위성은 실패

---

53) ≪중앙일보≫, 2009년 3월 11일~4월 12일

연 도	북한의 이벤트	비고 1	비고 2
2000년 6월 15일	6 · 15 공동선언	김대중, 김정일 평양회담	
2002년	북한농축우라늄핵개발계획시인	2003년 4월 23~25일, 미중북3자회담(북경)	북한핵문제 유엔안보리로 넘김(2003년 2월 12일)
2003년 1월	NPT 탈퇴선언		
2006년 7월 5일	대포동2호 발사실험 실패	스커드미사일, 노동미사일 6발 함께	노무현, 김정일 2007년 10월 4일 공동선언
2006년 10월 9일	북한핵실험	북한핵위기(Ⅱ)	
2009년 4월 5일	대포동2호(3단 로켓)발사	은하2호(발사체), 광명성2호(인공지구위성)라고 주장	미사일로는 성공, 인공위성은 실패 김정일 체제 3기 출범
2012년 4월 15일 전후(예상)	강성대국목표 김일성 탄생 100주년	한국 전작권 환수	한국의 대통령 선거

셋째, 북핵문제는 미국이 주도하는 NPT 및 MTCR체제에 정면으로 도전한다. 넷째, 미국은 북핵문제를 미국의 신질서 구축에 걸림돌로 작용하는 것으로 받아들이고 있으며, 북한을 이라크 및 이란과 더불어 미국의 이익에 치명적인 해를 끼친다고 생각하고 있다. 다섯째, 2006년과 2009년 북핵문제와 로켓발사 등은 남북관계의 발전을 저해하고 한·미농맹관계를 위협하고 세계평화를 불안하게 만들고 위협하는 요인으로 작용하고 있다. 여섯째, 북핵문제 해결을 위해서는 북한은 6자회담에 복귀해야 하고 될 수 있으면 우크라이나 모델이나 리비아모델을 수용하는 것이 바람직하다.[54] 북핵문제는 1990년대 후반부터 시작된 한국정부의 북방외교의 강화 이후 한국의 북한에 대한 상호주의와 햇볕정책으로 표현되는 포용정책 사이에서 중요한 변수로 자리하고 있다. 비록 한국정부의 두 정책기류 사이에 분명한 차이는 존재하지만 한국정부의 지속적인 북

---

54) 북핵문제와 관련된 한-미 관계의 변화 및 의미 그리고 전망에 대하여, 최관규, "북핵문제와 한-미 관계", 『한국북방학회논집』 한국북방학회, 제11호(2004년), pp.35-53.

한지원 및 접근정책은 미국의 세계전략 차원에서 나타나는 북한에 대한 고립 및 포위전략과 분명히 상충되며 많은 정치−외교적 긴장감을 낳고 있다. 이명박 정부하에서의 상생공영정책이 성과를 거두기를 바라고 일관된 대북정책을 통해 한국의 대통령이 북한의 김정일 위원장에게 질질 끌려 다니는 처절한 대북관계는 보이지 말아야 할 것이다. 마지막으로 북핵문제는 한국의 북방외교가 지정학적으로 시베리아 및 몽골 그리고 중앙아시아로 극대화될 수 있는 가능성을 막고 있어 시급히 이 문제가 6자회담에서 해결되도록 한국정부는 모든 지혜를 다 활용해야 할 것이다.

V 결 론

북핵문제는 90년대 이후 2009년 현재까지도 미국의 세계전략에 대한 도전으로 받아들여지고 있으며, 한−미동맹관계에 긴장을 조성하고 있는 핵심적인 이슈이다. 제도적으로는 98년 9월 제10기 1차 최고인민회의의 사회주의 헌법 개정으로 그 첫발을 떼었다. 사유재산 개념을 부분적으로 반영한 신헌법을 채택한 이후 새로 제정하거나 개정한 경제법률은 14건에 이른다. 특히 개인소유 · 대외무역 · 외자유치 분야의 법적 변화는 획기적인 조치로 평가됐다.[55] 지난 2002년 이후 노무현 대통령은 한반도 평화를 위한 동북아 시대를 주장하고 지역평화를 위한 제일 조건으로 북핵문제의 해결을 평화적으로 해결해야 한다고 제안했다. 한반도 평화기반 조성 후 지정학적 의미의 북방지역 및 동북아의 중심지역으로 자리하기 위

---

55) 연합뉴스: http://www.yonhapnews.co.kr(2004년 8월 22일)

해 지속적인 경제개발을 주장하고 있다.

북한은 지난 2004년 제2차 6자회담에서 동시일괄타결안을 주장하였으며, 미국의 대북 적대시 정책 포기 시 핵무기 계획을 포기할 준비가 되어 있다는 입장을 표명하였다. 미국의 대북 적대시 정책 포기 여부의 판단기준으로는 북한에 대한 불가침 확약, 미 - 북 외교관계 수립, 북한과 주변국과의 경제협력관계를 방해하지 않는 것으로 설명될 수 있다.[56]

북핵문제의 해결을 위해 북한은 단계적이지만 동시행동을 주장하고 있다. 즉 미국이 북한에 대한 적대시 정책의 포기 선언을 하면 북한 역시 군사적 의미의 핵계획을 폐기할 수 있다는 선언 차원의 조치를 취하고 구체적인 단계에서 북한은 흑연감속로에 의한 핵활동을 동결하는 대신 미국 측은 테러지원국 명단 해제, 정치 - 경제 - 군사적인 제재와 봉쇄의 철회, 중유 - 전력 등 에너지 지원 같은 대응조치를 취해야 한다는 것이다. 마지막 단계로 북한은 개발된 핵무기를 폐기하고 핵시설을 해체한다는 주장을 펴고 있다.

과거 미국은 완전하고 검증가능하며 돌이킬 수 없는 핵 폐기(CVID; Complete, Verifiable and Irreversible Dismantlement)라는 북한 핵프로그램의 완전한 폐기를 전제조건으로 내세웠다. 미국과 일본은 CVID 실현을 위한 첫 단계 조치로서 핵동결 대 에너지 지원을 추진하는 우리의 제안에 이해와 지지를 표명하였으며, 중국과 러시아는 일정한 조건하에 핵동결이 이루어지는 경우 6자회담 틀 내에서 대북 에너지 지원에 참여하는 것을 긍정적으로 표명하여 참여하고 있다. 지난 2004년 5월 중순 중국에서 개최된 6자회담 실무그룹회의에서 미국은 농축우라늄 프로그램에 대한 북한의 해명을 촉구하

---

56) 외교통상부, "제2차 6자회담 결과"(2004. 3. 2), http://www.mofat.go.kr(2004년 9월 8일)

였으나, 북한은 농축우라늄 프로그램의 존재 자체를 부인하였다.[57] 제3차 6자회담을 앞둔 상황에서 미 행정부는 미국과 일본의 경우 한국의 북한문제 해결을 위한 제안 중 동결부분을 매우 일시적인 것으로 만들어야 한다고 받아들이고 있으며, 한국 제안이 북핵문제 해결과정의 좋은 시동 걸기라고 평가하고 있다고 하였다.[58] 2004년 6월 미 행정부의 한·미관계 배경설명을 보면 미국 대통령은 한국의 북핵 3단계 해결방안을 승인했다고 밝혔었다.[59] 한국의 제안은 북한이 가장 중시하는 안전보장을 중심으로 상호성과 핵프로그램 폐기를 주장했다는 점에서 국제정치적 형평성과 점진적 해결 모색이라는 특징을 지니고 있다. 북핵문제는 무엇보다도 북한이 6자회담에 복귀하는 데서 출발해야 할 것이다. 물론 북핵문제의 평화적 해결은 무엇보다도 북-미 양측의 신뢰 구축 노력이 선행되어야 하며, 이러한 기반 위에서 한국이 제안한 3단계 조치를 통해 한반도의 평화 구축과 동아시아지역협력체제의 구축이라는 큰 틀에서 재조정되어야 한다.

지난 2006년 10월 9일 핵실험으로 유엔에서 1718결의안을 채택하면서 북한에 대한 엄중한 국제사회의 경고가 있었지만 북한은 2012년 강성대국을 목표로 2009년 4월 5일 로켓발사실험 등 강력한 군사적 위협을 자행하고 있다.[60] 이것은 북한의 위기로 되돌아갈 것이다. 평화나 식량보다는 핵과 미사일을 선택한다면 씹어 먹을 수 없는 핵과 미사일을 김정일과 그 측근들이 먹어야 할 것이다. 2009년 민주당 오바마 미국대통령의 등장으로 북한이 한미관계

57) 외교통상부, "6자회담 실무그룹 회의결과", http://www.mofat.go.kr(2004년 6월 7일)
58) http://www.chosun.com(2004년 6월 5일)
59) http://www.yonhapnews.co.kr(2004년 6월 7일)
60) ≪중앙일보≫, 2009. 4. 7.

를 이간질하고 더 많은 것을 얻기 위한 하나의 카드로 미사일발사 실험 등을 준비하고 한국정부와의 대화의 단절을 통해서 극도의 공포분위기와 혼란을 야기하는 것은 오히려 북한이 좀 더 빨리 국제사회로 등장하는 시기를 늦출 뿐임을 알아야 한다. 이것이 바로 북한 자체 내의 위기의 실체인 것이다.

제4장

한반도위기의 해법: 평화선택

Ⅰ 서 론

아프가니스탄, 이라크, 북한 등에 대한 미국의 국제전략은 전쟁 지향적 방향성을 보이고 있다. 모든 것을 다 갖고 최고의 강대국이 세계평화와 대량살상무기(WMD) 근절이라는 명분으로 약소국가와 전쟁을 하는 모습은 미국의 승리에도 불구하고 미국의 세계평화적 이미지에는 적잖은 손상을 주고 있다. 이라크전쟁이 부시의 승리로 끝나더라도 그 후유증으로 볼 때 미국은 패배한 것이고 미국외교 정책은 실패했다는 지적도 있다. 오바마 대통령은 내년까지 이라크 미군의 철수를 선언하였다.[61] 미국이 평화의 전도사가 되었다면 세계는 지금 더 많이 미국을 존경하고 미국을 사랑했을 것이라고 본다. 미국은 더 많이 세계를 위한 일들에 앞장서고 있을 것이다.

지난 2004년 11월 2일 미대통령선거에서 또다시 승리한 부시 정권은 도대체 국력, 군사력, 경제력, 문화력, 언어력에서 비교도 안될 만큼 북한을 압도하고 세계 최강의 국가인데 전쟁 지향적이라

---

61) http://news.chosun.com(2009. 4. 12.)

는 오명을 남기고 있는가. 그래서 2008년 대통령선거와 의회선거에서도 심판을 받았다. 1989년 소련이 붕괴했을 때 이제는 냉전체제가 해체되고 세계는 자유민주주의 국가인 미국을 중심으로 평화가 오는 줄 알았다. 그러나 이 좋은 시기에 팩스아메리카나는 테러아메리카나로 바뀌었다. 초국가가 된 미국은 끊임없이 곳곳에서 전쟁을 수행하고 있다. 부시 정권 이후 이라크 공습, 9·11 테러와 아프가니스탄전쟁, 이라크공격준비완료, 북한핵위기, 미국의 핵미사일 선제공격 등 2년 반 동안 전쟁과 관련한 외교정책만 서듭하였디.

'이제 미국의 세계다.'라는 말이 나오고 있다. 힘의 논리로 국제질서를 재편하고 있는 것이다.[62] 그러나 아프가니스탄, 이라크전에 승리가 미국의 전쟁논리를 모두 다 미화시킬 수는 없다. 그렇게 생각하는 나라나 세계인들도 점점 증가하고 있다. 당장 한국도 한·미 혈맹관계와 공조관계를 유지해야 하지만 이를 견제하는 반미소리도 늘어나고 있다. 힘의 논리가 계속 강조되는 한 세계는 항상 불안하다. 이미 유엔의 기능이 상실되고 있어 더욱더 세계질서는 불안해지고 있다. 이는 한반도에도 커다란 영향을 주고 북핵위기 등 한반도위기 증대와도 무관하지 않다. 과연 지금보다도 세계가 더 최악인 사태가 근래에 있었는가. 매일같이 전쟁뉴스가 터져 나온다. 전 세계적으로 경제가 침체되고 불안감이 증대되고 있으며 전쟁 그 자체에 대한 스트레스로 경제가 괴로운 적은 없었다. 밤새 인터넷소식을 보면서, 아침마다 전쟁뉴스를 들으면서 북한보다도 미국이 한반도전쟁의 주역이라고 생각하는 한국인이 점점 늘어나고 있음을 인식해야 한다. 아프가니스탄, 이라크 등에 대한 미국의 공격이 이를 입증해 준다. 그러나 북한과 이라크는 다르다.[63] 미국

---

62) 《동아일보》, 2003. 4. 11.

이 한 발 양보하고, 한국의 입장을 존중하고, 평화의 선택을 통해서 한반도에서 핵위기를 극복하고 북미협상이 가능해진다면 한미간의 관계도 한층 더 공고해질 것이고 동북아질서도 정상적으로 회복되어 세계평화에 기여할 것이라고 인식한다. 이러한 맥락에서 본 장에서는 전쟁보다는 평화의 선택으로 한반도 핵위기의 해법을 찾을 수 있다는 생각을 중심으로 정리하였다.

Ⅱ 한반도위기

1. 전쟁의 최종선택인 핵카드

북한은 한반도 정세를 조선민족과 미국의 대결로 규정하고 민족공조의지를 밝힘으로써 남북관계를 꾸준히 이어 가겠다는 의지를 피력했다. 핵문제로 한반도 주변정세가 어려운 상황임에도 6·15공동선언에 입각한 남북한 화해 협력의 분위기를 이어감으로써 상황이 악화일로로 치닫는 것을 막겠다는 것이다.[64] 그동안 북한이 전쟁광이고 호전적으로 믿고 있었는데 이라크전쟁으로 이제는 한국에서도 미국이 호전적이고 전쟁광이라는 인식이 늘었다. 그동안 회자되었던 6·15공동선언, 햇볕정책, 남북경제협력교류, 적십자회담, 이산가족상봉, 금강산관광사업, 월드컵상암구장에서의 남북축구, 부산아시안게임 북한 참가와 미녀응원단방문, 남북여성교류대회, 남북청년대회, 경의선, 동해선 복원공사, 개성공단특구, 금강산

---

63) 제임스 켈리 미국무부 동아시아태평양 담당 차관보는 4월 9일 북한핵문제는 이라크문제와 다르며 계속 외교적 평화적 해결 방법을 추구하겠다는 기존입장을 밝혔다.

64) 통일부, 「북한이해」(서울: 통일교육원, 2003), p.96.

관광특구, 신의주행정특구 10 · 4선언 등 모든 남북공조가 핵논쟁으로 사라져 버렸다. 이것이 북한이 하는 본질인 것이다.

북한이 미국을 상대로 벼랑끝외교(brinkmanship policy)를 취한 것은 1993년 핵무기개발 의혹으로 미국의 대북한 압력이 강화될 때부터 구체적으로 나타났다. 북한은 미국과 국제원자력기구(IAEA)의 핵사찰 압력에 대항해 1993년 3월 12일 핵확산금지조약(NPT) 탈퇴를 선언하며 미국과 극한적인 대결국면으로 갔다. 결국 미국이 북한에 대한 폭격을 검토하는 단계에까지 이르렀으나 1994년 10월 21일 미북 제네바 기본합의서를 채택하였다. 1998년 대포동1호 발사 금창리문제에 대한 미국의 대북 압박이나 미사일문제와 관련하여 대미접촉 등에서도 미국으로부터 경제지원을 포함한 일련의 양보를 이끌어 냈다. 그러나 현재의 핵위기문제는 1993년 이후처럼 북한에 유리한 방향으로 전개되기는 기대하기 어려운 상황이다.[65]

미국은 ① 2003년까지 북한에 경수로 제공에 있어서 주도적 역할 수행, ② 경수로 1기 완공까지 매년 중유 50만 톤 제공, ③ 북한에 대한 핵무기 사용 및 사용위협을 하지 않겠다는 소극적 안전보장공식보장, ④ 정치적, 경제적 관계정상화 등을 약속했으나 중유 제공을 제외하고는 성실히 이행되어 온 것이 없다고 비판한다.[66] 그러나 2006년 핵실험으로 또다시 벼랑끝외교를 자행하였다. 유엔을 통해 1718결의안도 채택되었고 6자회담을 통해 북한핵문제를 국제사회가 해결하려고 모여들었다. 사실상 한반도위기는 북한에서 만드는 것이다. 그리고 그것이 북한 스스로의 위기도 되는 것이다. 이를 전 세계가 막아 보려고 노력하는 것이고 그 와중에 적

---

65) 상게서, p.75.
66) 정욱식, "북한핵파문과 2003년 한반도위기", 충북연대, 「통일아카데미」(2003), pp.20 - 21.

과 동지의 지형이 형성되고 있는 것이다. 사실상 북한은 핵카드의 다양한 건수를 갖고 장시간 버틸 수 있다. 핵무기 발사 직전까지의 핵과 관련해서는 뭐든지 핵카드가 될 수 있기 때문이다. 2009년 4월 5일 로켓발사도 그것이다. 인공위성인지 탄도미사일인지, 로켓인지 헷갈리게 만들면서 자기들이 계략을 꾸민 것은 하고야 마는 것이다. 이것이 바로 북한의 무댓보의 무모한 협상카드인 것이다. 따라서 시간을 소모하지 말고 미국은 빨리빨리 북한과의 대화에 돌입해야 한다. 대화를 통해서 혼내 줄 것은 혼내 주고 들어줄 것은 들어주어 가급적 빨리 미국정부가 평양에 안착해서 김정일 체제가 돌아가는 것을 현장에서 더 많이 파악할 수 있어야 할 것이다.

2. 한국인의 반미감정과 미국인의 반한감정

김대중 정부나 노무현 정부 때 미국인들은 한국인들이 근래 와서 북한의 위협을 별로 심각하게 받아들이지 않고, 오히려 미국의 압력에 반감을 느낀다는 데 당혹해하는 것 같다. 남쪽에선 비주류 노무현의 대통령 당선이, 북쪽에선 핵 개발을 향해 다시 시한폭탄이 연일 세계 언론의 머리를 장식하고 있다. 미국 안에도 이번 미 대선 결과를 평가하고 대북 협상을 촉구하는 목소리가 없는 것은 아니다.67) 노 정부는 부시 행정부의 팽팽한 강경기류에 맞서 한반도문제를 해결할 북·미 대화의 물꼬를 터야 한다. 핵 개발로 배수진을 치고 미국에 불가침 보장과 평화협정을 요구하는 북한과, 무기 버리고 두 손 들고 나와야 협상할 수 있다는 미국, 양쪽을 다 설득해야 한다. 한국의 역량을 총동원해, 중국·러시아·일본 등

---

67) ≪중앙일보≫, 2004. 11. 5.

이웃의 도움을 합쳐서라도 해내야만 한다. 한국에 이라크전쟁은 남의 일이 아니다. 이라크전쟁은 한국의 안보문제와 직결되는 매우 민감한 현안이기도 하다. 이라크 다음 북한 차례라고 하는 상황에서 미국의 이라크 처리방식이 미국의 북핵문제 접근법과 북한의 대미자세에 영향을 미칠 가능성이 높다.[68]

노 정권 당시 남한 내의 반미분위기는 미국정부의 보수적 논조에서 보듯이 한국민이 원치 않는다면 주한미군을 철수하자는 데까지 이른 것이다. 한·미공조가 위험해지는 순간이었다. 그러나 주한미군철수는 일본의 핵무장 가능성, 중국의 군비확장, 북의 핵 개발 촉진 등을 야기하기 때문에 미국으로서는 적절하지 못한 동북아전략이다. 결국 주한미군철수문제는 2006년 이후로 연기되긴 하였지만 더 이상 돌아올 수 없는 루비콘 강을 건너 미국이 원하는 대로 주한미군과 관련된 한미연합작전과 부대, 단계적 철수 계획과 일정 등은 노 정권하에서 확정되고 만 것이다. 이를 일부분이라도 한미동맹 강화 차원에서 되돌리려고 하는 데 드는 외교 안보적 비용은 이명박 정부가 다 뒤집어쓰게 된 것이나.

3. 북한에 대한 전쟁 유도 - 긴장고조와 오판

지난 2004년 한·미·일은 북한의 핵무기 개발은 ① 제네바 기본합의, ② NPT, ③ IAEA 협정, ④ 한반도비핵화 공동선언 등 국제적 합의의 중대한 위반으로, 북한이 국제적 합의준수 및 검증가능한 방법으로 핵프로그램을 조속히 폐기해야 한다는 데 입장을 같이하고 평화적인 방법으로 해결해야 한다는 원칙을 밝혔다.[69]

---

68) ≪경향신문≫, 2003. 3. 19.

IAEA 특별이사회는 북한의 핵동결 원상복구 및 핵개발 계획 폐기를 요구하는 결의안을 2003년 1월 6일 만장일치로 채택하였다. 북한은 2003년 1월 10일 NPT 탈퇴를 선언하였으나 핵무기를 만들 의사는 없으며 현 단계에서의 핵활동은 전력생산을 비롯한 평화적 목적에 국한될 것이라고 주장했다.[70] 2003년 1월 25일 북한은 핵문제는 북미 간에 해결해야 하며 북한 핵문제의 국제화에 반대한다는 입장을 밝혔다.[71]

결국 한반도에너지개발기구(KEDO)가 대북 중유공급을 중단하는 조치가 발생하고 그에 반발해 북한이 핵동결 해제조치를 취하는 등 한반도 긴장이 고조되어 일체의 대화가 단절된 가운데 북미관계는 극도로 경색되었다. 북한의 핵포기 우선을 요구하는 미국의 입장과 체제의 안정보장을 요구하는 북한의 입장이 서로 평행선을 달리고 있기 때문에 당분간 긴장국면을 벗어나기 어렵다.[72]

지난 2003년 미국이 B-1, B-52 폭격기 24대를 괌에 배치한데 이어 칼빈슨 항공모함의 동해 파견 등 한반도 주변 전력을 대폭 강화한 데 따른 맞대응 시위라는 분석도 있다. 군 관계자는 한반도의 긴장을 고조시킨 뒤 한미 양국의 반응을 떠보려는 의도가 담겨있다며 이 같은 맥락에서 이라크전 개전을 전후해 추가적인 군사적 행동을 감행할 가능성이 높다고 우려했다.[73] 북한이 이날 발사

----

69) ≪조선일보≫, 2004. 10. 28.

70) ≪동아일보≫, 2003. 4. 10. 조약당사국이 NPT를 탈퇴하기 위해서는 3개월 전에 유엔안 보리와 당사국에 통고해야 한다는 NPT규정 10조에 비춰 볼 때 4월 10일이 북한의 NPT 탈퇴가 실질적으로 이루어진다는 것이 국제사회의 일반적인 시각이다.

71) 통일부, 「통일백서」(2003) p.329.

72) 통일부, 「통일문제」(서울: 통일교육원, 2003), p.30.

73) ≪동아일보인터넷판≫(2003. 3. 10.) 북한의 미사일 재발사 직후 국방부는 목표물이 동해 상 110㎞ 지점에 떠 있었다고 밝혔다. 이는 한미 군 당국이 북한의 미사일 재발사 과정을 면밀히 추적해 왔다는 사실을 입증한다. 한미 정보 당국은 1차 발사 이후 미 태평양사령부

한 지대함 미사일은 중국제 실크웜(Silkwarm)의 개량형으로 추정된다. 1978년 실전 배치된 실크웜은 중국이 구소련의 스틱스(Styx) 지대함 미사일을 개량해 해안 방어용으로 제작한 것으로 북한을 비롯해 이집트, 파키스탄, 이란, 이라크 등에서 사용 중이고 유효 사거리는 95～100km이며 탄두 중량은 450kg이다. 개량형의 최대 사거리는 160km로 알려졌다.[74] 코피아난 유엔 사무총장의 특별보좌관인 모리스 스트롱 유엔특사는 북한의 핵 의혹을 둘러싸고 미국과 북한이 전쟁으로 치닫는 것은 전적으로 가능한 것이라고 밝혔다.[75] 당시 로동신문에 따르면 현재 교착상태에 빠져 있는 북핵 사태를 해결할 희망이 거의 없는 것으로 보인다. 이는 이라크전 후 선제공격 대상은 북한이 될 것이라고 평양 당국이 경고한 데 이어 나온 것이어서 주목되었다.[76]

이러한 상황에서 한국정부는 국익 차원에서 미국의 대이라크전

소속 한국의 오산, 일본 오키나와의 가데나, 괌의 앤더슨 공군기지에 배치된 U2기, WC－135W EP－3 능 ㅗㅗ도 및 장거리 전찰기 등 대북 정보자산을 총동원해 24시간 감시 활동을 펼친 것으로 알려졌다. 특히 U2기가 고성능 카메라로 촬영하는 영상은 진자 신호로 바뀌어 오산기지 전구항공통제본부(HTACC)를 거쳐 한미연합사 지하벙커(CC SEOUL)의 스크린에 실시간으로 나타나고 이는 곧바로 한국 합참지휘통제실로 보내진다. 또 한반도 상공 700～800km에선 미 첩보위성들이 북한지역을 초정밀 디지털 카메라로 촬영하거나 유무선 전화, 팩스, 무선 교신 등 모든 종류의 전파를 포착해 미사일발사 관련 정보를 수집한다.

74) 이헌경, "남북연합형성과정에서 미국의 역할과 대미전략", 한국통일전략학회, 「통일전략」, 제2권 제1호(2002. 7), p.160. 현재 북한은 Scud－B(340km), Scud－C(500km), 노동1호(1300km) 등 중장거리 미사일 5～600기 정도를 실전 배치하고 있고, 대포동1호(1500 ～2200km)를 시험발사용으로 몇 기 보유하고 있는 것으로 알려져 있다. 미국가정보위원회(NIC)는 북한이 대포동1호 위성발사체(SLV: Space Launch Vehicle)를 대륙간탄도탄으로 개조할 경우 미국의 대도시를 공격할 정도로 정확하지는 않더라도 생화학 기제를 운반할 수 있는 소량의 유도탄 탄두를 운반할 수 있을 것으로 본다. 대포동2호(4000～6000 km)를 대륙간탄도탄으로 개조할 가능성이 크다고 본다. 이것이 실현화될 경우 수백kg급의 유도탄탄두를 미 본토까지 운반할 수 있을 것이다.

75) ≪동아일보≫, 2003. 4. 5.

76) ≪로동신문≫, 2003. 3. 26～28. 로동신문이 때때로 대외 선전용 외침으로 간주되지만 외국은 이를 평양당국의 사고를 읽을 수 있는 좋은 자료가 될 수 있다.

쟁 계획에 대한 지지의사를 표명하고 적절한 방식과 규모의 지원을 하겠다고 밝혔다. 이러한 정부의 의사표명 뒤에는 한반도 핵위기의 평화적 해결을 미국으로부터 보장받겠다는 계산이 깔려 있다. 한국은 국제평화의 유지에 노력하고 침략적 전쟁을 부인한다는 헌법정신은 국익을 계산하는 전략적 사고에 의해 파괴되고 말았다. 헌법정신을 지키려는 힘든 노력 없이 국익만을 계산하는 태도는 어떤 명분으로도 결코 옹호될 수 없다는 비판도 있다.[77] 그러나 한반도 전쟁방지를 위해서는 무엇보다도 한미공조가 최우선이 되어야 한다. 통일부, 외교부, 국방부 고위당국자가 참석한 가운데 열린 북핵특위 3차 회의에서 정부 측 참석자들은 북한이 재처리시설을 가동할 가능성이 많지만 미국이 북한을 공격할 것으로는 보지 않는다는 견해를 밝혔다. 정부는 북한이 핵물질을 제조하기까지는 아직 5개월 이상의 여유가 있기 때문에 6월 남북장관급회담 등을 통해 북한을 적극 설득할 방침이라는 것이다.[78] 다만 미국이 전쟁을 설사 안 한다고 하더라도 미국이 신경질 나면 세계가 위축되고 긴장하고 몸살을 앓는다는 것을 알아야 한다. 부시 대통령의 악의 축 발언으로 김정일 위원장이 얼마나 강경노선으로 돌변했는가. 미국의 뉴스와 반응에 한반도와 전 세계가 일희일비하고 있음을 알아야 한다. 그만큼 의지만 있다면 당장 세계를 평화의 지구촌으로 바꿀 수 있는 영향력이 있는 나라임을 재선한 부시 대통령은 깨달았어야 했다. 그렇다고 미국 탓만 할 수 없다. 부시도 잘못했지만 후세인과 김정일은 더 잘못하고 있었으니 말이다. 공격과 방어 중 그래도 방어가 더 평화적인 것 아닌가. 오바마 대통령이 보다 슬기롭

77) 박순성, "시론: 이라크전쟁 지지 안된다", ≪경향신문≫, 2003. 3. 19.
78) 「YTN인터넷판뉴스」(2003. 3. 11.)

게 북미관계를 잘 풀어 가기를 희망한다. 전쟁지속과 전쟁중단 중 같은 전쟁이라도 중단하기 위한 자세가 더 평화적인 것 아닌가. 이 점에서 끊임없이 호전성을 보이는 북한은 어떤 식으로라도 국제사회에서 평화의 제스처와 실천의 약속을 보여주어야 할 과제를 갖고 있는 나라이다.

Ⅲ 미국의 평화선택과 북한의 양보를 통한 윈윈전략

1. 과거정권에 대한 반성과 극복

(1) 이라크전 지지 및 파병 결정

과거 노무현 대통령도 3월 20일 대국민담화를 통해 미국의 입장을 지지한다고 발표하였다.[79] 정부는 미국의 이라크 파병 요청을 거부하라는 반대여론이 있으나 정부는 대대 정도의 공병부대를 파견하기로 하였다. 가급적이면 한미공조도 유지하면서 반전시위의 국제적 분위기도 부응하는 고민스런 결정이 아닌가 한다.

표 4-1_ 미래 한미동맹 정책구상 공동협의 1차 회의(2003. 4. 9.)

한 국	의 제	미 국
새로운 안보환경과 민주국가로서의 한국 위상을 반영.	새로운 한미동맹	한국의 위상과 한반도를 포함한 지역 안정에도 기여하도록 개선.
군사능력 향상에 맞춰 주한미군의 특정 임무를 인수할 수 있다.	한국군 역할증대	한국의 경제적 위상에 걸맞은 한국군의 역할 증대 기대.
미2사단의 현 위치 주둔 희망. 최소 북핵 해결 때까지 재배치 논의 연기해야.	주한미군 재배치	미2사단 등 한강 이북의 부대 한강 이남으로 이전하겠다.

---

79) ≪한겨레신문≫, 2003. 3. 20.

한 국	의 제	미 국
최대한 조속히 이전 추진하겠다.	용산기지 이전	최대한 조속히 이전 추진하겠다.
중장기적 차원에서 별도의 위원회를 구성해 신중히 협의해야 한다.	전시작전권 환수	현 지휘체계 매우 만족하나 장래를 위해 한미 간 검토가 필요하다.

(자료) ≪동아일보≫. 2003. 4. 10.

사실 북한 핵문제의 평화적 해결은 우리 정부가 발상의 전환을 통해 북한과 미국을 설득할 수 있는 좀 더 적극적인 방안을 개발하고, 그러한 방안을 국민적 지지를 바탕으로 추진해 나갈 때 가능할 것이다.[80] 6·25전쟁 이후 반세기 동안 유지되어 온 미2사단의 인계철선(trip wire) 역할이 대폭 축소될 수 있다는 우려와 주한미군기지 통폐합을 위해 현재 양측 합의로 추진 중인 한미연합토지관리계획(LPP)을 용산기지 이전과 연계, 일부 수정할 수 있다고 밝혀 양국협의가 이어져야 한다.[81] 그런데 한국정부는 파병 결정을 내렸다. 한국은 앞으로 공고해질 한·미관계를 북·미관계에 적용시켜 부시 행정부의 대북 태도를 북한 핵위기의 해법에 연결하여 활용해야 한다.

(2) 한국의 주도적 역할

한국에서는 지난 2002년 12월 19일 대통령 선거가 있었고, 북한이 승리했다고 월스트리트저널 사설은 지적했다. 접전을 보인 대통령 선거에서 한국은 북한 달래기식의 실패한 햇볕정책에 다시 기회를 걸겠다고 공약한 인권운동가 노무현 씨를 선택했다. 이러한 견해가 북한의 핵프로그램 중단을 원하는 미국·일본·중국 세 나라 정부에는 잘 통하지 않을 것이다. 이러한 유권자들은 젊은 층으

---

80) 박순성, "시론: 이라크전쟁 지지 안된다", ≪경향신문≫. 2003. 3. 19.

81) ≪동아일보≫. 2003. 4. 10.

로서 3만 3천여 명의 미국인들이 목숨을 바쳐 한국을 가혹한 식민지 상황에서 지켜 준 한국전을 기억하지 못한다. 부시 대통령은 축하 전화에서 미군은 원치 않는 곳에 머무르지 않을 것임을 노무현 대통령에게 알렸다.[82] 한반도위기 해결은 무엇보다도 한미동맹, 한미공조가 가장 우선순위이다. 핵위기 극복, 중유공급, 평화체제 구축, 경제지원문제, 외교적 고립탈피, 북일수교 등에서 미국의 지원과 역할이 매우 중요하다. 21세기 한국 외교정책의 첫 번째 과제는 평화·통일외교라는 큰 틀 속에서 한·미동맹을 다시 자리매김하는 일이다. 그런데 지금 우리는 이라크전쟁이라는 비극 앞에서 한·미동맹이라는 과거의 유산이 평화·통일외교의 발목을 붙잡는 현실에 직면하고 말았다. 이 도전을 원칙에 바탕을 두고 헤쳐 나가지 못한다면 한반도 질서는 다시 20세기로 되돌아가게 될 것이다.[83]

무엇보다도 전력 증강에서는 북한·불특정 위협 및 비군사적 위협에 대하여 동시대비하는 전력을 우선 보강해야 하고, 정보·정밀타격 분야가 긴요하며 이에 대한 전력을 중점 확보해야 한다. 그리고 연구개발의 투자 확대를 통하여 무기체계의 독자적인 개발능력을 확충해야 할 것이다. 이를 위해서는 한·미동맹관계의 미래 지향적 발전을 추구해야 한다. 미래 한·미동맹 및 주한미군의 역할에 대한 공동 협의, 한반도 안보상황 변화 및 평화체제 구축과 연계, 발전적 조정, 한미 간 충분한 협의를 통해 확고한 공감대 형성을 추진해야 한다.

분명한 것은 한미동맹이 한반도 평화를 위한 첫 번째 조건이라는 데 이의가 없다. 미국과 친한 것에 대한 일체의 의혹이나 의심

---

82) *Wall Street Journal*, December 20, 2002, 한겨레인터넷판(2003. 3. 18.)
83) 박순성, "시론: 이라크전쟁 지지 안된다", ≪경향신문≫, 2003. 3. 19.

을 갖지 말아야 한다. 이것이 모든 한반도의 불안을 만들어 낸다. 한미동맹이 강화되면 한국은 미국에 한반도전쟁 방지에 대해서도 더욱 힘 있게 강조할 수 있게 된다. 이 순간 남북민족공조보다는 한미공조가 우선되어야 하고 이것은 어디까지나 북핵문제를 평화적으로 해결한다는 전제에서 출발해야 한다. 한반도위기문제를 해결하기 위해서는 시민사회도 반전시위는 가능해도 반미시위는 불가능하다는 점을 인식해야 한다. 노무현 정부도 흔들려서는 안 된다. 절대로 이 시점에 미국과의 공조가 무엇보다도 중요함을 인식해야 한다. 다만 미국도, 북한도 한국의 위치를 알고 있기 때문에 자기편으로 더 가까이 있기를 위해 다방면으로 노력할 것이다. 이를 이용하여 양쪽에 평화를 위한 의지를 더욱 강하게 보여주어야 한다. 북한에는 핵포기를 미국에는 전쟁포기를 전달해야 한다.

이는 4,700만 우리의 문제이기 때문이다. 이라크 다음은 북한이라는 우려를 불식시켜야 한다. 주한미군의 문제도 지금은 철수의 문제를 고려할 때가 아니라는 점을 한국과 미국 모두가 인식해야 한다. 이는 노 정부의 의지가 중요하다. 운동권적 시각에 노 정부가 흔들려서는 안 된다. 운동 차원과 국가전략 차원은 엄연히 다른 것이다. 부수적 문제가 주둔자체를 위협해서는 안 된다.[84] 노무현 대통령의 미국방문을 전후해 북핵문제 해결의 결정적인 돌파구를 마련한다는 방침 아래 한미 고위당국 간 접촉도 수시로 가져야 할 것이다. 북한과 미국이 대화하도록 한국이 종용해야 한다. 상호 신뢰 회복이 중요하다. 장기적으로 인내심을 갖고 평화적으로 해결해야 한다는 의지를 지속해야 한다. 지나친 반미는 곤란하다. 한국인은 9·11 이후 미국이 대량살상무기에 대한 중요성을 강조하는 것

---

84) 한태준, "안보는 공공재: 객관적 가치평가 불가능", 『통일한국』(2003. 4), pp.20 – 22.

을 인식해야 하고, 미국인은 민주화, 인터넷 확산 등 한국사회의 변화를 인식해야 한다. 5월 노무현 대통령의 방미에서도 한미공조 강화, 한미관계의 불안감 해소, 북한에 대한 공동입장을 정리하는 계기가 되어야 한다.

(3) 친미와 반미의 2분법 극복

이제 미국은 45년이나 53년의 한국이 아님을 알아야 한다. 지금 한국은 세계 12수준의 경제강국이다. 30개의 선진국들의 모임인 OECD가입국가이다. 미국이 현명하다면 이제 한국과 한국인의 자존심을 이해하고 존중할 줄 알아야 한다. 만약에 미국이 북한을 공격한다면 그것은 우리를 위한 것이 아니고 전적으로 미국의 자존심과 자국의 만족을 위하여 공격하는 것이 될 것이다. 미국의 전쟁 수행은 결국은 50여 년의 혈맹관계에도 불구하고 4,700만 명의 한국국민은 안중에도 없음을 노출하는 것이다.

미국이 평화로 돌아서지 않으면 아마도 4,700만 한국인도 점점 반미로 돌아설지 모를 것이다. 미국이 그 막강한 국력으로 세계에서 그토록 가난한 북한하고 전쟁하여 얻을 것이 무엇이겠는가. 기독교대국으로서의 용서와 사랑도 모르는가. 북한과의 불가침협상을 먼저 한다고 미국이 손해 볼 것은 절대 없다. 그래 봤자 북한의 요구를 들어주는 자존심 손상 외에는 아무것도 없다. 만약에 북한과의 불가침협정과 남북한의 평화협정이 맺어진다면 전 세계인들은 환호를 울리고 박수를 칠 것이다. 오히려 부시는 2년 후 재선에 성공할지도 모른다. 우리는 한반도 질서가 급변하는 상황에서 살아가고 있다. 변화는 외부로부터도 오지만 동시에 우리 내부로부터도 나타난다. 지난 5년 동안 한반도 냉전체제를 해체하기 위해 우리는 대북 포용정책을 추진해 왔다. 대북 포용정책의 기저에는 한반도의 평화와 통일을 우리의 노력으로 달성하겠다는 철학과 의지가 놓여 있다. 그러나 대북포용정책은 실패했다. 지금은 반핵반김 자유통일이 민족공조 자주통일보다 우선해야 한다. 이러한 남한 내부의 논쟁과 갈등은 결코 한반도위기 해결에 도움이 못 된다. 지금까지의 전통적인 방법을 그대로 유지하되 북한의 변화를 유도하는 개방적 전략을 구사해야 한다. 우리가 북한에 잘 대해 주는 만큼 북한도 그만큼의 변화가 있어야 한반도문제가 해결될 수 있다는 포괄적 상호주의를 노 정권은 북한에 강력하게 전달했어야 했다. 지금의 북한핵이 나중에 우리 것이 된다는 환상에서 깨어나야 하고 이를 좌시해서는 안 되며 이러한 입장에서 미국의 의사에 동조하는 것이 바람직하다. 2030세대의 낭만적 핵문제를 미국이나 북한이 낭만적으로 보고 있지 않다는 것을 알아차려야 한다. 노무현 정부는 자주적 방위역량의 조기 확충을 위하여 한국적 여건에 맞는 21세기형 첨단 정보·기술군 육성을 추진하기 위하여 군의 구조를 개선하겠다고 한다. 이는 미래전 수행에 적합한 기술집약형 군구조로 발전하는 동시에 통합전력 발휘를 위한 3군 균형 발전을 도모하겠다는 전략이다. 그러나 이는 한미공조의 굳건한 틀 아래서 가능할 것이다.

지난 2003년은 한·미동맹 50돌이 되는 해였다. 그러나 사실상 친미와 반미의 이분법적인 논리는 모두를 불행하게 한다. 그리고 외교적 융통성도 없게 되고 이는 단절·분단·냉전적 사고이다. 이제는 폭넓게 다양한 계층과 여론을 반영하는 용어와 개념이 더 많이 사용되어야 한다. 동반자관계, 친구 사이, 우정 어린 반미, 비판적인 친미, 비판적 협력관계, 사안에 따른 한·미공조 등이 활용되어야 한다. 한미 두 장관은 최근 한미 양국에서 각각 불거진 반

미감정과 반한감정을 치유하고 한미동맹관계를 더욱 공고히 해야
한다는데도 의견을 모았다.

표 4-2_ NATO, EU 및 OECD 회원국(2005)

NATO	EU	OECD	비 고
1. 벨지움	프랑스	캐나다(1961.4.10.)	
2. 캐나다	서독(50.5.9.)	미국(1961.4.12.)	
3. 덴마크	벨지움	영국(1961.5.2.)	
4. 프랑스	이태리	덴마크(1961.5.30.)	
5. 아이슬란드	룩셈부르크	아이슬란드(1961.6.5.)	
6. 이태리	네덜란드 ESCS(1952.8)	노르웨이(1961.7.4.)	EC(1907)
7. 룩셈부르크	덴마크	터키(1961.8.2.)	
8. 네덜란드	영국	스페인	
9. 노르웨이	아일랜드(1973)	포르투갈(1961.8.4.)	
10. 포르투갈	그리스(1981)	프랑스(1961.8.7.)	
11. 영국	스페인	아일랜드(1961.8.17.)	
12. 미국(1949.4.4.)	포르투갈(1986)	벨지움(1961.9.13.)	EU(1992)
13. 그리스	오스트리아	서독	
14. 터키(1952)	스웨덴	그리스(1961.9.27.)	
15. 서독(1955) / 독일(1990)	핀란드(1995)	스웨덴	EU(15)
16. 스페인(1982):	사이프러스	스위스(1961.9.28.)	NATO(16)
17. 헝가리	헝가리	오스트리아(1961.9.29.)	
18. 폴란드	폴란드	네덜란드(1961.11.13.)	
19. 체코(1999)	체코	룩셈부르크(1961.12.7.)	NATO 3개국 추가
20. 에스토니아	에스토니아	이태리(1962.3.29.)	
21. 리투아니아	리투아니아	일본(1964.4.28.)	
22. 라트비아	라트비아	핀란드(1969.1.28.)	
23. 슬로바키아	슬로바키아	호주(1971.6.7.)	
24. 슬로베니아	슬로베니아	뉴질랜드(1973.5.29.)	OECD(24)
25. 루마니아	몰타(2004.5.1.)	멕시코(1994.5.18.)	EU 10개국 추가
26. 불가리아(2004.3.29.)		체코(1995.12.21.)	NATO 7개국 추가
27.		헝가리(1996.5.7.)	
28.		폴란드(1996.11.22.)	
29.		한국(1996.12.12.)	
30.		슬로바키아(2000.12.14.)	OECD 6개국 추가
가입회원국 수 26개국	25개국	30개국	

(자료)http://www.oecd.org(2004. 9. 10. 검색), http://www.nato.org(2004. 9. 10. 검색),
http://www.eu.org(2004. 9. 10. 검색), Desmond Dinan, *Europe Recast*(London: Lynne Rienner Publishers,
2004), pp.329-332. Ahn Sungho, "A Study on Rthnicity in the Baltics after EU membership", 한국동유럽
발칸학회, 『동유럽발칸학』, 제6권 2호(2004), p.433. Richard Woodward, *op.cit.*, p.115.

반미감정과 반한감정이 한미동맹을 위태롭게 한 것은 물론이고 북핵 문제해결과정에서도 양측 간의 불필요한 오해를 불러일으켰다는 판단에 따른 것이다.[85] 〈표 4 - 2〉에서 보듯이 지역주의나 글로벌 기구로의 참여가 국가경쟁력을 향상시키고 글로벌 협력체제를 이끌어 가는 데 매우 중요하다. 북한도 정상국가로 이러한 국제사회의 일원으로 참여하는 것을 국가의 첫 번째 목표로 삼고 가성대국이나 선군정치 등 호전적인 목표를 버리고 한국과 협력해야 한다.

사실상 북한연구에 있어서도 보수·온건과 개혁진보, 수구·반동과 혁명적 진보, 냉전 - 탈냉전 강경파와 온건파 등의 이분법적인 시각이 조화를 이루어야 한다. 남북관계에도 때로는 우정 어린 충고, 상호주의, 주고받기식 외교 등이 필요하다. 사회 곳곳에 완충지대가 없다. 2030 대 5060도 그렇다. 모든 것이 제로 - 섬 게임과 같은 극한대립이다. 단절이다. 한·미관계에도 완충지대가 없다. 남·북관계에도 완충지대가 없다. 이제 모든 것을 윈 - 윈게임으로 전환하는 지혜를 도출해야 한다. 북한도 미국의 태도 변화로 대화의 물꼬가 터지려는 시점에 강경자세를 취함으로써, 국제사회로부터 고립을 자초할 수 있음을 알아야 한다.

(4) 북한의 경제개혁개방지원

미국이 불가침협정을 통하여 북한의 핵개발을 중단시킨다면 한반도문제는 평화적으로 해결될 수 있다. 무엇보다도 미국의 경제지원은 북한개방과 개혁에 큰 기여를 할 것이다. 문제는 누가 먼저 양보할 것이냐의 문제이다. 이 점에 있어 초강대국인 미국이 한발 양보한다면 동북아지역의 평화와 번영에 미국이 크게 기여하며 매

---

85) ≪동아일보≫, 2003. 3. 31.

우 존경을 받을 수 있을 것이다.

항상 강조하는 것이지만 지금 남북한이 경제공동체로서 협력관계로 간다면 남한의 기술, 자본과 북한의 자원, 노동의 결합구조로 경제발전의 상승 작용을 발휘할 수 있으리라 본다.

이는 군사적 긴장관계도 완화시키는 효과를 가져올 수 있다. 지속적인 북한의 관광사업도 남북한 간의 긴장을 완화시키는 데 크게 기여하리라 본다. 금강산관광특구개발에 이어 묘향산, 백두산, 칠보산도 점차 개방한다면 북한의 경제에도 크게 도움이 되리라 본다.

2. 북한의 다자간 대화 참여

최진수 중국주재 북한대사는 지난 2003년 1월 11일 미국이 북·미 간의 모든 합의를 파기했기 때문에 북한이 미사일 시험발사 유예 조처를 취소할 수도 있음을 시사했다. 미사일을 개발·시험·대비·수출하는 것은 전적으로 우리의 자주권에 속하는 문제며, 미국의 적대시 정책 중단과 관계 정상화 조처에 대한 기대에서 미사일 시험발사 임시중지 조처를 취해 왔으나 미국에 의해 북·미 사이의 합의가 모두 무효화한 조건에서 이것도 예외로 되지 않는다고 밝혔다. 북한은 핵확산금지조약(NPT) 탈퇴 선언에 이어 미사일 시험발사 중지 취소를 시사함으로써, 한반도를 둘러싼 긴장의 강도를 한 단계 더 높였다. 이어 평양에서 100만 군중대회를 여는 등 내부 단속에도 박차를 가했다. 이로써 지난 93년 북핵위기 이후 미국과 북한 사이에 이루어졌던 합의와 접근은 모두 백지로 돌아갔다.

북한은 미국과의 핵미사일 교섭의 성공과 미북관계 개선 등을 통하여 김정일 국방위원장의 정통성과 영도력을 과시하려는 것이라고 할 수 있다. 반면에 미국은 북한의 핵무기 및 미사일 개발을 저지하려는 것이 북한과의 관계발전을 추진하는 동기와 목표라고 할 것이다. 또한 북한과의 관계개선을 통하여 한반도에서의 영향력을 강화하고 경제이익을 확보하려는 것이라고 할 것이다.[86]

로슈코프 러시아외무차관이 2003년 초 특사자격으로 북한을 방문했을 때 북한지도자들은 북한이 핵무기개발의도가 없다고 밝혔다며, 북한은 그와 같은 계획이 추진되지 않고 있다며 이를 공개할 준비가 돼 있다고 전했다.[87]

이라크전 발발 전이기는 하지만 부시도 북핵문제에 과감한 접근을 시도했다.

과거 노무현 정부는 ① 북한 핵문제의 평화적 해결 추진, ② 북한의 핵, 미사일 포기 등 대량살상무기(WMD) 문제의 포괄적이고 완전한 해결 등을 추진하려는 것은 매우 적절한 선택이라고 본다.[88] 북한 핵문제가 남북 간 신뢰 증진과 한반도 평화체제 수립에 기여하는 방향으로 해결될 수 있도록 유도, 우리의 주도적 역할과 함께, 한·미·일 공조 중·러·EU의 협조 확보 등 국제사회와의 공조를 강화해야 한다. 한반도 평화 증진을 위한 환경 조성과 남북관계 증진과 긴장 완화를 통해 실질적 평화를 구현하고, 이를 제도화할 수 있는 국제환경을 조성한다. 노무현 정부는 한미관계 재정립, 북·미, 북·일관계 정상화 등을 지원하겠다는 것이다. 남북이 당사자로서 평화협정을 체결하고, 유관 국가가 이를 보장하는 제도

---

86) 상게서, p.81.

87) ≪조선일보≫, 2003. 4. 7.

88) 통일부, 「참여정부의 평화번영정책」(2003), p.12. 북한핵문제 해결의 3대 원칙은 ① 북한의 핵불용, ② 대화를 통한 평화적 해결, ③ 한국의 적극적 역할 등이다.

적 장치 마련, 정전협정을 대체한다는 것이다. 이라크전에서 보듯이 힘의 논리로 밀어붙이는 미국을 보면서 북한은 태도변화를 보이고 있다. 양자논의든 다자논의든 형식에 구애받지 않겠다는 것이다.[89] 우리가 직접회담을 주장하는 것은 미국이 대조선(북) 적대시 압살정책을 포기할 정치적 의지를 가지고 있는가 하는 것을 확인하기 위해서라며 미국이 성근(성실)하게 대화에 나오면 문제는 해결될 수 있다고 말했다. 북한 외무성은 핵무기전파방지조약(핵확산금지조약, NPT) 체약국이 아닌 만큼 핵문제를 국제화할 아무런 근거도 없으며 또 국제화해서는 이 문제를 풀 수 없다면서 지난 4월 9일에 열렸던 유엔안전보장이사회회의 결과는 핵문제가 조(북) - 미 사이의 문제라는 것을 명백히 보여줬다고 지적했다.[90]

아프가니스탄전쟁, 이라크전쟁을 보면서 북한은 미국에 대하여 군사력 측면과 과감한 공격에 대한 이해를 했다고 본다. 2006년 핵실험 이후 3년 만에 2009년 4월 5일 로켓발사실험은 오바마 미국 대통령이 등장하자마자 또다시 벼랑끝외교로 오바마를 테스트한 것으로 북한의 전형적인 협박공갈외교의 선형인 것이다. 북한으로서는 체제선전과 대외적 협상용 등 다목적용으로 양수겸장의 계략을 끊임없이 추구할 것이다. 그러나 북한은 이제 벼랑끝외교가 오히려 북미관계를 더욱 악화시키고 국제사회가 매우 우려하고 있음을 인식하고 6자회담 등 다자간의 대화를 위한 협력의 장으로 나와야 할 것이다. UN은 더 이상 북한을 자기 멋대로 전쟁실험을 하

---

89) 2003년 4월 12일(연합뉴스인터넷판). 북한 외무성 대변인은 미국이 대북 적대시 정책을 포기한다면 형식에 구애받지 않고 미국과의 대화에 나설 뜻을 밝혔다. 외무성 대변인은 조선중앙통신사 기자 질문에 답하는 형식을 빌려 한반도 핵문제를 평화적으로 해결하기 위해서는 그 당사자인 북한과 미국 사이에 직접회담이 열려야 한다고 강조하였다.

90) 상게논문.

도록 내버려 두지 말고 일관되고 보다 단합되고 일치된 평화적 능력을 보여주어야 할 것이다. 중국과 러시아도 더 이상 비정상적인 북한을 이용하기보다는 진정한 용기를 갖고 북한을 설득하고 국제사회의 지도자국가로서의 책임과 사명을 다해야 할 것이다.

3. 북한의 핵개발 중단과 북·미 불가침협정

앞에서도 본 바와 같이 한미의 외교적 해결 노력이 성공하려면 북한의 호응이 절대적으로 필요하다. 북한이 평화적 해결을 원한다면 성의를 보여야 한다. 한미가 한목소리로 외교적 해결을 강조하고 있는데도 미국의 대북 군사적 선제공격이 임박했다며 주민을 선동하는 것은 진실을 왜곡하는 것이다. 북한은 이 기회를 한반도 평화와 북한의 체제보장 및 경제발전의 기회로 삼는 지혜를 보여야 할 것이다. 그러나 미국은 때에 따라 북한에 대한 전쟁과 평화의 발언을 교묘하게 교차적으로 던지고 있다. 이것도 북한처럼 고도의 이중적 전략이라고 할 것이다. 몇 주 내 플루토늄을 생산하는 재처리시설에 돌입할 것으로 언급하며 북한이 핵개발을 중단하지 않으면 직접 북미협상을 거부하겠다는 의사를 곤돌리사 라이스 안보보좌관은 밝혔다. 아미티지 국무부 부찬관도 플루토늄을 테러단체나 불량국가에 팔 수 있다고 경고한다.[91] 또한 딕체니 부통령은 2003년 4월 10일 북한이 핵개발 계획을 포기할 경우에만 미국을 비롯한 다른 국가들과 정상적 관계가 이루어질 것이라고 밝혔다.[92] 그러나 미국은 리스크에 대한 다각도의 평가가 필요하며 한국 같

---

91) *The New York Times*, March 1, 2003.

92) ≪동아일보≫, 2003. 4. 12.

은 우방이든 중국 같은 라이벌이든 다른 나라의 시각으로 세계를 보는 능력도 필요하다.[93] 북한이 핵 폐기에 합의한 후 포괄적 동결을 시작하고 국제사찰이 시작되면 일부 국가들이 일시적으로 에너지 지원을 할 수가 있고 미국은 잠정적으로 안전보장을 제공한다는 내용이었다.[94]

지난 2004년 5월 중순 중국에서 개최된 6자회담 실무그룹회의에서 미국은 농축우라늄 프로그램에 대한 북한의 해명을 촉구하였으나, 북한은 농축우라늄 프로그램의 존재 자체를 부인하였디.[95] 한국의 제안은 북한이 가장 중시하는 안전보장을 중심으로 상호성과 핵프로그램 폐기를 주장했다는 점에서 국제정치적 형평성과 점진적 해결모색이었다. 북핵문제는 북한 외무성이 지난 2002년 12월 12일 핵동결 해제를 선언하고 일련의 NPT 체제 거부행위를 진행시킨 이전 단계로 복귀하고, IAEA 핵통제체제의 준수 및 미국의 중유공급 재개로 복귀 후 재조정되었다. 북핵문제의 평화적 해결은 무엇보다도 북·미 양측의 신뢰 구축 노력이 선행되어야 하며, 한국이 제안한 3단계 조치를 통해 한반도의 평화 구축괴 동아시아지역협력체제의 구축이라는 큰 틀에서 재조정되어야 한다. 사실상 과거 남북협력도 본질적으로는 북한 에너지·인프라 개선사업, 경제특구사업 등 남북경협의 심화 확대를 통한 공동번영을 추구하며 궁극적으로 남북경제공동체 형성을 이루어야 했었다.[96] 그러나 이

---

93) *Newsweek* 한국판(2003. 1. 15), p.23.

94) 즉 1단계는 북한이 핵포기를 선언하고 참가국이 대북 안전보장 의사를 표명하는 것이며, 2단계는 북한의 핵폐기(동결 포함) 및 검증에 따라 관련국이 상응조치를 취하는 단계이며, 마지막으로 북한의 핵폐기 완료 후 참가국들이 북한과 포괄적인 관계 개선을 하는 것이다. 대북 안전보장 1단계는 안전보장 의사 표명, 2단계는 핵동결에 들어간 뒤 잠정적인 안전보장 제공, 3단계는 핵폐기를 완료한 뒤 항구적인 안전보장이다.

95) 외교통상부, "6자회담 실무그룹 회의결과"(2004. 5. 21), http://www.mofat.go.kr(검색일: 2004년 6월 7일)

는 북한에서의 이중성과 한국정부의 퍼주기정책으로 실패하고 말았다.

절대로 한반도에서는 전쟁이 일어나서도 안 되고 일어나지도 않는다고 본다. 단 미국이 전쟁을 하지 않는다면 말이다. 미국의 공격조짐으로 북한이 자위 차원에서 실수로 먼저 공격하도록 유도한다면 몰라도 북한이 지금 전쟁할 이유가 없다고 본다. 북한은 내부체제 단속이 더욱 시급하고 체제유지를 하기도 벅찬 상태이다. 연간 수백만 명이 굶어서 죽어 가는 빈곤 가운데 전쟁은 백전백패이다. 더더욱 한반도전쟁은 북한은 물론 남한도 공멸할 것이 명백하다. 현재 미국과 북한은 상호 불신에 사로잡혀, 협상에 들어가기 전에 협상을 통해 얻어야 할 것을 미리 보장받으려고 하고 있다. 긴장 해소를 위한 돌파구가 마련되지 않고 있는 상태에서 미국은 무력행사라는 수단을 배제하지 않고 있다고 밝혔으며, 반대로 북한도 어떠한 형태의 제재도 일종의 선전포고로 간주하겠다고 천명하고 있다. 이처럼 현재 한반도전쟁과 평화의 주도권은 결국 미국에 있는 것이다.

4. 2009년 미국 오바마 신정부 출범과 김정일 지도체제 3기 출범

2009년 지금이라도 당장 미국이 북한과 불가침협정을 맺는다고 한다면 위기는 상당 부분 사라질 것이다. 북한은 과거 미국이 불가침협정을 맺겠다고 하면 절대로 핵개발하지 않겠다는 의사를 보인 바 있다. 사실상 북한은 선불가침협상 후 핵개발 중단, 미국은 선핵개발 중단 후 불가침협상으로 선후가 바뀐 것뿐 결과는 마찬가

96) 통일부, 「참여정부의 평화번영정책」, 2003. 12. pp.20 - 21.

지라고 본다. 미국은 다자적 접근을 제시하고 현 단계에서 대화는 하되 협상은 없다며 북한에 선핵포기를 요구하는 반면 북한은 일관되게 양자협상에 의한 포괄적 일괄타결을 촉구하고 있다.[97]

지금의 한반도위기 상황은 북한보다는 미국의 의지에 달려 있다고 본다. 미국의 불가침조약은 북한의 체제보장을 가능케 한다. 이라크 다음 북한이라는 입장이었다. 사실상 이라크와 북한은 매우 다르다. 북한 핵문제와 관련한 북미 간의 입장은 미국은 대화를 하겠다는 입장을 밝히면서도 그 전제조건으로 북한의 신핵포기를 분명히 하고 있고, 북한은 이 같은 미국의 입장이 겉으로는 대화를 하겠다고 하면서 속으로는 대화를 거부한 채 국제사회의 고조되는 대화론을 피하기 위한 명분 쌓기로 보고 있어 미국과 북한은 대화의 명분을 놓고 당분간 대립하는 양상을 보일 것으로 보인다.[98] 부시 정권하에서 이라크에 대한 미국의 실제 관심사는 대량살상무기 비확산보다는 석유자원 확보와 친미정권 수립이라고 할 수 있다.

사실상 북한엔 석유도 이스라엘도 없다. 확실히 이라크와 달리 매력 없는 나라인 셈이다. 더욱이 미국은 동북아에서 일본, 한국과 확고한 동맹관계를 맺고 있다.[99] 한반도는 베트남, 보스니아, 코소보, 아프가니스탄 그리고 이라크전쟁과는 다르다. 그것은 50년의 동족상쟁으로 너무나 비극적인 고통과 아픔의 치욕적이고도 부끄러운 경험을 갖고 있기 때문이다. 지금도 천만의 이산가족의 아픔을 눈물로 보고 있지 않은가. 다시는 이 땅에 무모하고도 미련한 전쟁은 없어야 할 것이다.

---

97) 「한겨레21」(2003. 4. 10), p.15.
98) 통일부, 「북한이해」(서울: 통일교육원, 2003), p.80.
99) 「한겨레21」(2003. 4. 10), p.15.

미국무부는 지난 2001년 ① 한·미·일정책공조, ② 한반도 긴장 완화 지지, ③ 북한 정권에 대한 정확한 현실 인식, ④ 대북정책전반검토, ⑤ 대북협상 검증 및 점검, ⑥ 북한의 대량살상무기(WMD) 확산 우려 등 대북정책 6대 원칙을 발표하였다.[100] 오바마 대통령 출범 이후에도 이는 일관되게 지켜져야 할 것이다.

협상을 통해 북한을 개혁과 개방으로 유도하는 것이 전쟁보다 낫다는 것이 다수 온건론자들의 지적이다. 이제 한국·미국·북한은 핵사태와 로켓발사실험사태 해결의 접점을 찾는 데 총력을 기울여야 할 것이다. 핵무장 의사가 정말로 없다면 북한은 한미의 선의를 받아들여 대화에 나서기를 결심해야 할 때다. 상호 양보하면서 다시는 핵카드와 탄도미사일카드가 사용되지 않도록 하는 보다 진전된 북·미협상을 조속히 재개하고 새로운 한반도를 위한 제2의 제네바협정이 만들어지도록 미국과 북한은 대화의 광장으로 나와야 한다.

결국 지난 2006년 10월 13일 핵실험, 2009년 4월 5일 로켓발사 등 북한이 여전히 미국과의 직접협상이나 대립의 각을 세우기 위해 장거리로켓 발사도 강행한 것이다. 그리고 무엇보다도 북한의 이러한 실험들이 점점 더 정교하고 장거리로 날아가고 기술력이 증대하고 있다는 점이다. 이러한 북한의 대량살상무기체계의 발전은 사실상 김대중 정권과 노무현 정권하에서의 햇볕정책이나 포용정책으로 북한에 들어간 상당한 현찰과 무관하지 않다. 이제는 더 이상 한국이 북한 대량살상무기 확산에 지원세력이 되어서는 안 될 것이다. 게다가 북한은 2009년 4월 9일 열린 최고인민회의 제12기

---

100) Richard Boucher, *US State Department Noon Briefing*,
   http://www.usinfo.state.gov(March 9, 2001.)

1차 회의에서 국방위원회와 최고인민회의 상임위원회, 내각, 사법부 등 각 기관의 인사를 단행했지만 김정일 중심의 북한의 독재정권을 더욱 강화하면서 주민의 빈곤이나 고통과는 아랑곳없이 군사대국화와 기득권 유지를 위한 것 외에 다른 의미가 없었다.[101] 이것이 바로 언젠가 다가올 북한위기의 핵심적인 원인인 것이다. 북한이 김정일 위원장을 국방위원장으로 재추대했다. 2008년 8월 이후 거강이상설이 돌던 김정일 위원장의 동영상도 공개됐다. 수척해진 모습의 김정일 위원장이 회의장으로 걸어 늘어왔다. 2008년 8월 뇌혈관계 질환으로 마비가 온 것으로 알려진 왼쪽 다리가 불편했다. 그렇지만 양팔로 손뼉을 치는 모습은 자연스럽다. 1998년과 2003년에 이어 김정일 3기 체제가 공식 출범했다. 2009년 4월 9일 열린 북한 최고인민회의 제12기 1차 회의를 통해 북한의 최고권력기구인 특히 국방위원회에 장성택 노동당 행정부장, 우동측 국가안전보위부 수석 부부장, 김정각 총정치국 제1부국장, 주상성 인민보안상, 주규창 당 군수공업부 제1부부장이 새로 진입했다는 점이다.[102] 그래서 장성택 행정부장의 지휘를 받는 최측근인 우동측 국

---

101) 연합뉴스, 2009. 4. 9. 김영남 최고인민회의 상임위원장과의 인터뷰내용. 위대한 김정일 동지를 조선민주주의인민공화국 국방위원회 위원장으로 높이 추대할 데 대한…… 또 김정일 위원장의 매제이자 2인자로 알려진 장성택 노동당 행정부장은 국방위원에 처음으로 선임됐다. 장거리로켓 발사의 주역인 주규창 당 군수공업부 제1부부장과 주상성 인민보안상, 김정각 총정치국 제1부국장 역시 국방위원에 선출돼 4명의 국방위원은 8명으로 늘었다. 국방위원회 인원이 대폭 보강된 점으로 미뤄 볼 때 앞으로 국방위원회의 역할과 기능이 한층 강화될 것이다.

102) 연합뉴스, 2009. 4. 9. 장성택 행정부장은 함경북도 청진 출생에 만경대혁명학원 출신으로 알려졌으며, 1972년 김정일 위원장의 동생인 경희와 결혼한 뒤 김 위원장의 후계구도 구축에 일등 공신으로 참여한 인물이다. 그는 김 위원장이 발기한 3대혁명소조의 부장을 맡기도 했으며 김일성 주석 사후인 1995년 노동당 조직지도부 제1부부장으로 있으면서 최고의 권세를 누리다가 2004년 초 '권력욕에 의한 분파행위'를 한 이유 등으로 2년간 제1부부장이라는 직책은 유지한 채 업무정지 처벌을 받았다. 그는 2005년 12월 말 처벌 조치가 해제됐으나 당내에서 비중이 떨어지는 근로단체 및 수도건설부 제1부부장으로 기용돼 권력 중심에서 한발 밀려나 있다가 2007년 10월 초 사법 및 검찰, 인민보안성, 국

가안전보위부 부부장의 국방위원 선출도 눈길을 끈다. 우 위원은 국가안전보위부 해외정보국장을 거쳐 2000년께부터 부장 및 제1부부 장이 공석인 보위부에서 사실상 부장 역할을 하면서 부부장으로선 이례적으로 2003년 8월 제11기 최고인민회의 대의원으로 선출된 데 이어 12기 대의원으로 재선됐다.

표 4-3_ 최고인민회의 제12기 1차 회의 인사결과(2009. 4. 9.)

국방위원회	최고인민회의상임위원회	내 각	기 타
위원장: 김정일 (유임)	위원장: 김영남(유임)	총리: 김영일(유임)	
제1부위원장: 조명록 부위원장: 김영춘, 리용무, 오극렬 (2월 임명) 위원: 전병호, 김일철, 백세봉 장성택(신임), 주상성(신임), 우동측(신임), 주규창(신임), 김정각(신임)	부위원장: 양형섭, 김영대, 명예부위원장: 김영주 서기장: 최영림 위원: 류미영, 강영섭, 심상진(신임), 홍석형, 김양건(신임), 리용철, 김병팔(신임), 강창욱(신임), 로성실(신임), 변영립, 태형철	부총리: 곽범기, 태종수, 로두철, 오수용(신임) 외무상: 박의춘, 인민보안상: 주상성 국가계획위원장: 로두철(신임) 전력공업상: 허택, 석탄공업상: 김형식, 채취공업상: 강민철, 원유공업상: 김희영 금속공업상: 김태봉, 기계공업상: 조병주 전자공업상: 한광복, 건설건재공업상: 동정호 철도상: 전길수, 육해운상: 라동희 농업상: 김창식, 화학공업상: 리무영, 경공업상: 리주오, 무역상: 리용남 임업상: 김광영, 수산상: 박태원	• 중앙검찰소장: 리길송 • 중앙재판소장: 김병률 • 최고인민회의 의장: 최태복 부의장: 김완수 (신임), 홍선옥(신임) • 자격심사위원회 위원장: 김국태(신임) 위원: 김원홍(신임), 지영춘(신임), 박도춘(신임), 김시학, 김영호(신임), 우두태 • 법제위원회 위원장: 주상성(신임) 위원: 리길송, 김병 률, 김평해, 성자립 (신임), 박관오, 김영

가안전보위부를 관장하는 당 행정부장으로 승진했다. 그는 2008년 8월 김 위원장이 뇌혈관계 질환으로 쓰러진 뒤에는 사실상 대리 통치를 한 것으로 알려지고 있으며 올해 1월에는 김 위원장에게 김 위원장의 셋째 아들인 김정운을 후계자로 낙점할 것을 건의, 승인받았다. 이후 그는 국방위원회와 북한 군부 요직에 자신과 친분이 두터운 인물들을 기용하도록 하며 포스트 김정일 체제 구축작업의 구심으로 활동하고 있다.

국방위원회	최고인민회의상임위원회	내 각	기 타
		도시경영상: 황학원(신임) 국토환경보호상: 박송남 국가건설감독상: 배달준, 상업상: 김봉철 수매양정상: 문응조(신임) 교육상: 김용진, 체신상: 류영섭 문화상: 강능수, 재정상: 김완수 노동상: 정영수, 보건상: 최창식 국가검열상: 김의순, 국가과학원장: 변영립 체육지도위원장: 박학선, 중앙은행 총재: 리광곤, 중앙통계국장: 김창수, 내각사무국장: 김영호 수도건설부장: 김응관(신설, 신임)	일(신임) • 예산위원회 위원장: 박남기 위원: 리철봉(신임), 홍서헌, 계영삼(신임), 문명학, 김명환(신임), 조혜숙

(자료) 연합뉴스. 2009. 4. 9.

결국 2012년 강성대국을 목표로 국방위 위원들이 군과 군수공업, 공안 기구의 부장 및 제1부부장으로 구성됐다는 점에서 그는 보위 부장이나 제1부부장으로 승진했을 가능성이 크다.

2009년 4월 5일 로켓발사 시 중심인물이었던 주규창 당 군수공 업부 제1부부장은 북한 군수공업, 특히 미시일 개발의 일등 공신으로 알려졌다. 그의 국방위원 선출엔 북한이 '성공적 발사'라고 주 장하는 이번 장거리로켓 발사도 작용한 것으로 추측된다.[103]

김정각 총정치국 제1부국장은 조명록 총정치국장이 건강이 좋지 않아 일상 업무를 볼 수 없는 점을 감안, 2007년 새로 만들어진 제 1부국장에 올라 사실상 총정치국 업무를 총괄하고 있다.[104] 건강이

---

103) 연합뉴스. 2009. 4. 9. 그는 김책공업종합대학을 졸업한 이후 정무원(현 내각) 기계공업부
   와 당 기계공업부(현 군수공업부)에서 부부장으로 근무했으며 70년대 중반 정무원 기계공
   업부가 군수공업을 전담하는 제2경제위원회로 독립되자 부위원장으로 자리를 옮겨 91년
   까지 일했다. 83년께는 잠시 당 기계공업부 부부장을 다시 맡기도 했다. 그는 특히 91~
   98년 국방과학연구기지인 제2자연과학원 원장으로 근무하면서 미사일 개발을 본격 추진
   했고, 2001년부터 현직에서 일하면서 김 위원장의 각별한 신임을 받고 있다.

좋지 않아 이번 회의에도 모습을 드러나지 않은 조명록 제1부위원장과 김영춘, 리용무 부위원장은 유임됐다. 오극렬 부위원장은 이미 지난 2월 국방위원회 부위원장에 임명돼 이번에 추인됐고, 전병호 당 군수공업부장 겸 비서, 김일철 인민무력부 제1부부장, 백세봉 제2경 제위원회(군수공업부문) 위원장은 유임됐다. 최고인민회의 상임위원회에선 김영남 위원장과 양형섭, 김영대 부위원장, 최영림 서기장은 유임됐고 명예부위원장은 박성철의 사망으로 인해 김정일 위원장의 삼촌인 김영주 1명으로 줄었다. 상임위원은 류미영 천도교천우당 위원장 등 현직 우당 및 근로단체, 과학원 책임자들로 구성됐고 리용철 당 조직지도부 제1부부장이 2기에 이어 재임됐으며 대남 사업을 총괄하는 김양건 당 통일전선부장이 새로 포함됐다. 최고인민회의 부의장엔 '조선 일본군 위안부 및 강제연행피해자 보상대책위원장'을 겸임한 홍선옥 대외문화연락위원회 부위원장과 김완수 재정상이 기존 멤버의 교체 멤버로 올랐다. 내각에선 김영일 총리가 유임되고 4명의 부총리 가운데 곽범기, 로두철, 태종수도 유임됐으나 2003년 9월 임명된 전승훈 대신 전자공업상을 지낸 오수용이 새로 기용됐다. 또 비리혐의로 좌천된 정운업이 위원장을 맡았던 민족경제협력위원회가 내각에서 퇴출되고 평양 도시건설 전반을 지휘통제하는 수도건설부가 새로 구성돼 평양시 건설지도국 국장인 김응관이 부장을 맡았다. 이로써 북한의 내각 기관은 2위원회, 30성, 1부, 1원, 1은행, 2국 등 총 37개로 구성됐다. 이

---

104) 연합뉴스, 2009. 4. 9. 그는 김일성군사종합대학 출신으로 92년부터 15년간 인민무력부 부부장으로 활동하기도 했다. 치안을 담당하는 주상성 인민보안상은 인민무력부 장성 출신으로 90년대 최전방인 강원도 평강군에 주둔하는 5군단장으로 일했고 92년 4월 상장, 97년 2월 대장으로 승진을 거듭했으며, 2004년 7월 해임된 최룡수 후임으로 인민보안상에 올랐다.

가운데 신설된 수도건설부를 제외하고 이번 회의를 통해 책임자가 교체된 기관은 부총리가 겸직한 국가계획위원회와 오 부총리의 뒤를 이어 전자공업상에 오른 한광복뿐이다. 내각 기관장의 교체율이 낮은 것은 지난해와 올해 이미 많은 기관의 장들이 교체됐기 때문이다.[105) 북한은 강성대국과 선진군정치를 주축으로 2012년 미래비전을 제시하면 김정일-김정운 부자세습이나 측근정치에 의한 체제옹호와 기득권 유지에 혈안이 되어 있어 외부와의 고립은 더욱 심화되고 기득권의 철권정치로 북한주민의 굶주림과 고통은 더욱 증가되어 이것이 북한의 위기의 실체로 드러나고 있는 것이다. 특히 김정일 위원장의 셋째 아들 김정운이 국방위원회에서 후계자 수업을 받는 것으로 알려져 국방위원회를 중심으로 후계 구도가 만들어지는 것이라는 전망도 나오고 있다.

이번 회의에서 김영일 총리는 유임됐지만 4명의 부총리 가운데 전승훈 부총리는 해임됐다. 또 1998년 이후 11년 만에 사회주의 헌법이 개정됐지만, 아직 개정 내용은 공개되지 않고 있다. 국제사회에 등장하고 세계사의 흐름에 농소하여 평화로운 이웃과이 관계를 만드는 것이 북한의 위기 극복의 중요한 과제인 것이다.

5. 남북한 신뢰 회복과 상생공영

한국의 북방외교는 세계사적인 냉전종식의 기류에 편승한 적극적인 자유시장경제외교로 평가할 수 있으며, 그 결과 역시 한국의 경제활동을 다양화하고 궁극적으로 북한에 대한 적극적인 접근 및 지원을 통한 북한의 체제변화 시도라는 특징을 보이며 그 결과 역

---

105) 「연합뉴스」, 2009. 4. 9, ≪동아일보≫, 2009. 4. 11.

시 한국정부에 큰 확신을 제기하고 있다.[106]

지난 정권하 10여 년 동안 전에는 상상할 수 없었던 남북관계의 상호 협력이 구체적으로 정책화되어 추진되었으며, 민간 차원의 경제활동이 증가되었고 이것이 곧바로 이어져 북방외교의 결실이 국내정치의 돌파구로 작용했다고 평가하고 있는 것이 부분적으로는 사실이다. 또한 해로를 통한 금강산관광사업은 이제 육로를 통한 협력사업으로 발전하고 있으며, 개성공단사업에 대한 한국 측 민간기업들이 대거 분양을 신청한 상태이다. 2004년 6월 4일 평양 양각도호텔에서 열린 제9차 남북경제협력추진위원회는 2004년 안에 개성공단 시범단지(2만 8천 평 규모)에서 상품을 생산하기 위해 9월 말 남측의 전력이 한국전력 주도로 전신주를 이용한 배전방식으로 공급을 시작한다고 발표하였다. 그러나 이는 북한이 핵실험과 미사일발사실험을 위한 현찰이 북으로 유입되었기 때문에 가능한 것이 아니었나 생각된다.

경의선과 동해선의 남북 간 연결도로가 2004년 10월 말 개통되고 철도 시범운행도 같은 시기에 이루어지는 것으로 합의된 것도 마찬가지이다.[107] 2004년 6월 4일에는 분단 이후 처음으로 북한의 사천강 모래를 한국의 민간업자가 상업목적으로 반입하였다. 이는 한국의 건설시장에서 모래 부족이라는 어려움을 해결하고 양질의 모래 확보를 통해 건설공정 및 건설단가의 안정화를 기할 수 있을 것으로 보인다. 그러나 지금은 아무런 지속적인 연계가 이루어지고

---

106) 노무현 대통령 당선자는 프랑스 르몽드(Le Monde) 신문과의 인터뷰에서 남북관계에서 "햇볕정책 외엔 대안이 없다."고 강조함. http://www.hani.co.kr(검색일: 2002년 12월 24일). 정세현 통일부장관은 '햇볕정책'을 '평화번영정책'으로 받아들이고 정책화하며 적극적인 남북화해협력정책을 강조: 연합뉴스, http://www.yonhapnews.co.kr(검색일: 2003년 3월 6일).

107) 연합뉴스, http://www.yonhapnews.co.kr(검색일: 2004년 6월 5일)

있지 않다. 왜냐하면 한국에 북한이 맘에 드는 정권이 들어서지 못했기 때문이다. 북한 당국에 한마디면 정부 간이든 민간 부문이든 다 중단된다. 이래서는 남북관계가 신뢰를 기초로 일관된 협력은 어려워지는 것이다. 북한 내부에 변화해야 할 것이 너무 많다. 한국 정권이 바뀌면 그에 맞는 자세를 갖고 겸손하고 진지하게 남북대화를 이어야 하는데 급변/돌변하여 경색국면을 만들고 한국정부에 대한 비방으로 일관하고 있다. 최근 북한청년들의 의식을 보면 한반도 평화와 번영을 위해서는 아직도 북한이 변해야 할 과제가 산적해 있다. 이들은 기본적으로 인생에 대하여 고민할 이유가 없다고 한다. 단지 국가와 민족에 충실하면 된다고 주장한다. 그들은 학교를 빨리 졸업하고 군복무를 통하여 국가에 충성하는 것이 제일 보람된 일이며 자랑스러운 일이라고 주장한다. 개인적 어려움과 고민은 공동체 생활 속에서 모두 해결된다는 것이다. 서구 자본주의 사회에서처럼 개인 각자가 자신의 운명을 개척하기 위하여 몸부림칠 이유가 없다는 것이다. 국가를 위하여 공동체를 위하여 봉사하고 충성하면 국가가 모든 것을 보상해 주기 때문이라는 것이다. 그렇기 때문에 젊은 대학생들 사이에서는 남쪽에서처럼 소위 '선호직업'이라는 것이 없다고 한다. 국가사업에 필요한 대로 복무하는 것이다. 예를 들면 지도부에서 '큰배사업'의 일꾼이 부족하여 '청년들은 바다로!'라는 구호를 전하면 모든 청년들이 그해는 어민처럼 바다로 가서 일을 하는 것이 최고의 가치가 된다. 또 다른 해에 자연개조사업을 위하여 지도부에서 '청년들은 간척지 전투장으로!'라는 구호를 전하면 모든 청년들은 간척지로 향하여 열심히 일하는 것이다. 선군시대가 강조되는 시기에는 '청년들은 군대로!'라는 기치 아래 군복무를 최고의 영예로 여긴다. 즉 공동체가 필요로 하는 방향으로 인생관의 가치가 정해지는 것에 아주 익숙한 문화권인 것을 인식할 필요가 있다. 그들은 인간의 참다운 삶과 인권이란 공동체를 떠나서는 존재할 수 없다고 강력하게 주장하고 있다. 개인의 자아실현이란 바로 공동체와 국가의 자주성과 존엄성 속에서 비로소 완성될 수 있다고 주장한다. 그들이 주장하는 사회정치 생명체가 수령중심이 아닌 철저히 민중중심으로 전환되어야만 한다는 것이다.[108] 그러나 여전히 북에서는 수령중심의 주체사회를 강조하고 있지만 수령중심의 정치체제는 중앙집권적 권력체제를 유지하게 됨으로써 궁극적으로 민중의 해방을 가져올 수 없는 것이다. 한반도 평화를 위해서는 과거의 낡은 사고에서 북한이 빨리 벗어나야 한다. 북한이 변하지 않는 것이 바로 북한의 위기의 핵심인 것이다.

이명박 정부 출범 이후에도 한국정부는 한결같이 한반도에 평화체제를 구축하여 공동 번영하자는 미래지향적인 남북한 상생(win - win)과 공영의 개념을 담고 있다고 할 수 있다. 다만 과거 정부와는 달리 상호주의의 관점을 추가하여 북한의 문제에 대하여 모든 것이 다 좋다는 식보다는 잘한 것은 평가하고 못한 것은 지적하는 합리적인 자세로 대하는 것이 북한에 위기 극복의 기회를 주는 것이라고 본다.

결국 상생공영정책은 한반도에 평화를 증진시키고 남북한 공동 번영을 추구함으로써 평화통일의 기반을 조성하고 동북아에서 한국이 경제중심 국가로 발전할 토대를 마련하는 것을 내용으로 하는 상호주의적 전략적 국가발전 구상이나 북한이 자꾸 이를 악용하여 핵과 미사일 개발도 하는 이중성을 보이는 한계에 직면하고 있는 것이다. 이를 극복하기 위해서는 단계적 전략이 요망된다.

---

108) 신은희, "북한에 대한 이해", 한국북방학회 하계학술대회(2004), pp.69 - 70.

우선 북한 핵문제를 평화적으로 해결하고, 이를 기반으로 현행 정전체제를 평화체제로 전환하여 남북한 평화공존을 달성하고 경제공동체와 동북아평화협력체를 실현하는 것이다. 또한 경제적으로 동북아 역내 물류, 관광, 무역, 산업 등의 중심적 위치를 차지하는 등의 단계적 발전전략을 제시해야 한다. 재벌기업도 북한에 참여하도록 하는 계기를 마련해야 한다. 금강산관광객사살이나 개성공단 볼모로 출입을 북한이 일방적으로 통제하는 등 한반도에서 우발적인 무력충돌로 인한 남북한의 비극적인 사태 발생을 막기 위해 남북한 현안문제들을 반드시 대화를 통해 평화적으로 해결한다는 점과 상호 신뢰우선의 원칙에 입각하여 지역의 평화와 협력을 추진하고 상호 협력을 통한 호혜주의를 추구해야 할 것이다.

또한 한반도 평화체제 구축 및 남북경제공동체 형성 등은 한반도문제의 당사자인 남북한이 협의하여 추진함과 동시에 6자회담 등 국제사회가 같이 노력하는 투 트랙시스템으로 가야 한다. 한반도의 평화번영과 상생공영을 위해 당사자 원칙을 기초로 국제사회와 유기적으로 협력하고 동북아시역의 평화와 번영에도 기여하도록 추진원칙을 설정해야 한다. 또한 국민들의 참여와 합의를 바탕으로 정책의 투명성을 제고하여 법과 제도에 따라 추진해 나감으로써 상생공영의 정책이 국론분열과 남남갈등의 원인이 되지 않도록 하는 확고한 원칙을 가져야 한다.

무엇보다도 한반도의 상생공영의 평화체제 구축이 시급하다. 한반도 평화체제 구축이란 지난 50여 년간 한반도 질서를 규정해 온 정전상태가 평화상태로 전환되고, 안보·남북관계·대외관계에서 이를 보장하는 제도적 발전이 이루어진 상태를 의미한다. 불안정한 정전상태 종식을 통해 남북신뢰 회복과 남북교류와 한반도 평화를 실현하고, 이를 통해 동북아 번영의 중심토대를 마련하고, 탈냉전의 세계사적 흐름과 평화통일을 지향하는 민족적 요구에 부응하며, 안보위협 해소와 전쟁방지를 통한 항구적 평화 실현, 평화 정착을 토대로 민족공동체 형성의 기반을 마련해야 한다. 이것이 북한의 위기를 극복하는 북한의 기회인 것이다.

이러한 맥락에서 이명박 정부의 대량살상무기 관련 향후 방향은 ① 북한이 핵, 미사일문제를 평화적으로 해결하면, 문제해결 단계에 맞추어 대규모 대북 경제협력조치 단행, ② 한반도에서 군사적 긴장을 고조시키는 어떠한 행위에도 반대하며 이에 가담하지 않고, ③ 북한의 대량살상무기 문제로 인한 안보위기가 경제에 미치는 부정적 영향이나 남북경협이 평화 증진에 미치는 영향들을 종합적으로 고려하는 포괄안보를 지향하고, ④ 대량살상무기확산방지구상(PSI: Proliferation Security Initiative)에 참여하는 것 등을 반영해야 할 것이다. 사실상 로켓발사 하나로 전쟁이 일어나는 것은 아니지만 이것이 대량무기 수출입에 활용되고 계속적인 테러단체에서 악용하고 급기야 곳곳에서 분쟁의 소용돌이에 원인을 제공할 수 있기 때문에 PSI에 참여해야 한다.[109)]

북한의 로켓(인공위성 또는 탄도미사일발사실험) 등으로 국제사회의 우려가 고조되고 있는 가운데 UN 1718결의안에 의거한 제재 합의가 이루어져야 할 것이다. 이명박 정부는 ① 북핵 불인정, ② 북핵 사태의 6자회담을 통한 평화적 해결, ③ 남북관계에서 주도적 역할, ④ 한미공조와 글로벌외교와 국제공조 등을 지속적으로 실천해야 할 것이다.

이러한 원칙들은 보다 구체적으로 남북 당사자 해결원칙과 국제

---

109) ≪중앙일보≫, 2009. 4. 8~10.

사회의 협력 확보, 남북 간 상생공영과 실용주의 외교 병행, 평화체제에 대한 실질적 보장과 제도적 보장 병행 추진, 정예강군 육성을 통해 평화체제의 군사적 보장 확보, 평화 증진에 따라 한미관계의 미래지향적 발전 추구, 국민적 합의와 지지 등을 토대로 추진해야 한다.

이명박 정부는 과거를 토대로 반성할 것은 반성하고 새롭게 대북관계를 모색해야 한다. 남북상생공영과 북핵문제의 해결과 평화증진 가속화, 비핵 3000, 북한 핵문제의 평화적 해결을 위한 우선적인 남북대화의 전기 마련이 있어야 한다. 그리고 남북화해협력 지속 및 남북군사회담 정례화, 남북정상회담 등을 통한 평화 정착의 토대 마련, 글로벌외교역량 강화를 토대로 동북아평화협력의 분위기 조성, 북한 핵, 미사일 문제의 해결 합의 등이다.[110] 또한 북한 정상국가화와 북한의 개방개혁을 추진한다. 국제사회에 정상적으로 등장하기 위해서는 우선 북한이 개혁개방을 해야 하고 남북대화와 신뢰와 평화관계가 구축되어야 한다. 북한의 인권문제에도 과감하게 대처해야 한다. 물론 남북평화협정 체결 및 국제적 보장 확보, 평화체제 전환에 따른 제반 조치사항 추진, 남북경제공동체 본격 추진 및 운용적 군비통제의 단계적 추진, 동북아평화협력체 구축 실현 등도 함께 병행해서 추진해야 한다.[111]

실천방안으로 정부는 6자회담 지속과 한미동맹 강화, 언제라도 만날 수 있도록 남북대화의 정례화, 남북정상회담 등 각종 남북회담의 정례화·제도화 추진을 하고 있다. 남북정상회담 - 장관급회담 - 분야별 실무회담 등을 축으로, 남북 간 모든 현안을 대화로 해

---

110) 통일연구원, 「이명박 정부 대북정책」(2008), p.12.
111) 상게서, p.15.

결, 평화와 협력관계를 발전하고, 상호 신뢰우선의 원칙에 따라 남북 간에 합의된 사항은 반드시 이행, 실천되는 관행을 정착하여 남북 간 신뢰를 증진해야 한다.[112]

또한 금강산관광객 피격과 같은 북한의 군사적 테러행위가 근절될 수 있도록 먼저 사과하고 방지책을 내어놓도록 종용해야 한다. 물론 개성공단과 같이 남북 교류협력 심화·발전 부문에서는 북한이 한국정부의 정책에 협조한다면 대기업도 적극적으로 참여하도록 할 수 있을 것이다. 남북 경협사업의 확대·발전을 통해 경제공동체 토대 마련, 민간·정부 간 상호 보완적 역할 분담하에 추진하고, 남북관계에 대한 국민적 합의를 형성해야 한다.

앞으로 남북한 간 점진적·단계적으로 군사적 신뢰 구축을 추진한다는 계획으로 이행이 용이한 조치부터 우선 합의·추진하고 남북관계 진전 정도에 따라 군사교류를 점차 확대하는 정책을 세워야 한다. 언제나 한반도문제에 있어 핵과 군사문제는 매우 중요한 사안으로 평화협정을 위한 중요한 변수가 될 것이다. 미국도 북한과의 교섭을 통하여 북한 핵문제가 해결되고 남북관계가 개선되는 경우 한반도에서 전쟁 위험의 해소와 북한체제의 돌발적인 붕괴방지 및 북한의 개방과 개혁 등을 기대할 수 있고 종국적으로 평화통일도 가능할 것으로 본다.[113]

이명박 정부의 대북정책 및 한반도 평화체제 구축에 대한 국민들의 올바른 인식 형성, 참여 확대, 그리고 주요 사안에 대한 국회 사전 협의 등 정치권과의 초당적 협력 추진이 요망된다. 더 많은 북한에 대한 실상을 남북한 국민에게 알려야 하고 한국의 브랜드

---

112) 상게서, pp.20 - 22.
113) 통일부, 「북한이해」(서울: 통일교육원, 2008), pp.116 - 120.

를 더 많이 알리는 홍보전략도 강화해야 한다. 남남공조를 강화하고 한미동맹을 기조로 여타 분야의 남북관계 개선과 병행하여, 군사적 긴장 완화 및 신뢰 구축 조치를 단계적으로 추진하고 남북협력 심화로 한반도 평화가 실질적으로 보장된 이후에 다양한 제도적 장치를 마련해야 할 것이다.

Ⅳ 동북아 주변국가의 협력

1. 중국 – 한반도문제 적극 수용

지난 1992년 중국과 국교를 체결한 이후 한국정부의 대중국 무역관계는 경제적 차원을 넘어 정치적 중요성으로 평가할 수 있는 급성장을 보여 왔다. 2002년 한국의 대중국 수출 비중은 대일 수출(9.5%)을 추월하여 미국(20.7%)에 뒤이어 14.6%로 제2위의 시장으로 부상하였다. 그러나 홍콩을 대중국 무역관계에 포함 시 무역의 총규모가 미국을 추월하게 되어 우리의 최대 수출시장으로 자리하게 된다. 특히 2003년은 1~10월 기준 대중국 수출 비중(17.9%)이 대미국(17.7%)을 초과하여 명실상부한 1위 수출시장으로 부상했다.[114] 〈표 4-4〉에서 보듯이 2008년에는 중국이 한국의 수출수입에서 압도적인 크기로 1위로 부상한다. 한미공조와 함께 연중결미하는 지혜가 요청된다.

---

114) 대한무역투자진흥공사(KOTRA), http://www.kotra.or.kr(검색일: 2004년 6월 5일)

표 4-4_ 한국의 대외수출입현황(2008년)

Export		Import	
China	22.1%	China	17.7%
USA	12.4%	Japan	15.8%
Japan	7.1%	USA	10.5%
Hongkong	5%	SaudiArabia	5.9%
Semiconductor, Wireless telecommunication Equipment, motor vehicles, computers, steel, ships, petrochemicals		machinery, electronics, electronic equpment, oil, steel, transport equipment, organic chemicals, plastics	

(Sources) CIA - The World factbook - korea, south(2009. 4. 9. 미국 야후 인터넷 조사)

한·미, 한·미·일 간 공조를 강화하는 동시에 중국의 역할이 특히 중요하므로 중국과도 긴밀히 협의해 나간다는 것이다.115) 동북아평화·안보문제의 포괄적 협의를 위해 남·북한, 미·일·중·러가 참여하는 다자협의체 구성을 추진한다면 이는 미국의 한반도 정책과 일맥상통한다고 본다. 이것이 역내 정치·안보 환경을 개선하여 한반도 평화 정착 및 동북아 경제 중심국가 건설에 기여

표 4-5_ 동북아지역 이웃국가 간의 이슈 및 갈등관계

	한 국	중 국	일 본	북 한	러시아
① 한국	-	간도문제, 연변조선족협력관계	반일감정, 안보리진출 반대	남북 당국 관계개선 촉구	고려인소수 민족문제
② 중국	동북공정, 고구려사 왜곡, 탈북자인권문제	-	반일시위, 남중국해섬 분쟁, 안보리진출 반대	6자회담참여압력	-
③ 일본	과거사 왜곡, 독도영유권	남중국해섬 분쟁, 과거사 왜곡	-	과거사 왜곡, 독도영유권	북방 4개 섬 영유권
④ 북한	폐쇄적 관계 북한인권문제	북·중동맹 유지문제	핵무기 개발, 일본인송환문제	-	북·러관계 유지문제
⑤ 러시아	고려인인권문제 소극적	-	북방 4개 섬 반환문제	6자회담참여압력	-

---

115) 《조선일보》, 2003. 4. 13.

하리라 본다. 중국은 한반도문제에 있어 자주적이고 평화적인 해결 방안을 지속적으로 강조하고 지원해야 할 것이다. 중국의 경제성장과 동북아 안정은 아주 밀접한 관계를 갖고 있기 때문이다. 그러나 여전히 동북아지역에는 이웃국가 간의 갈등이 존재하고 있어 이를 극복하는 지혜와 협력이 중요하다.

2. 일본 - 북일수교 재개노력

북한의 탄도미사일이 일본을 직접 겨냥하지 않는다면 이로 인해 평양선언이 자동적으로 폐기되지는 않을 것이라면서 후쿠다 야스오 관방장관은 지난 2월 북한이 두 차례 단거리 미사일을 발사한 것과 관련해 아직까지는 선을 넘지 않았다고 말했다. 그러나 후쿠다 장관은 북한이 일본을 직접 겨냥한 탄도미사일을 발사한다면 평양선언을 파기할 수밖에 없다는 것이다.[116] 2003년 일본의 방위예산은 전년도보다 0.1% 늘어난 4조 9530억 엔(약 314억 달러)에 달하는 등 계속 늘어나고 있다. 지난 9·11 테러 사건 이후 테러대책 특별조치법(2001. 10.)의 제정 등을 통해 해외파병 실현 및 PKO에의 기여 등 자위대의 활동범위를 대폭확대하는 데 초점을 두고 있다.[117] 일본은 한반도문제에 대한 발언권을 확보하기 위해 남북한과 미중이 참가하는 4자회담과는 별도로 일본과 러시아도 참가하는 6자회담을 주장하기도 했다. 일본인 납치문제와 북한의 우라늄농축프로그램문제로 북일관계는 또다시 교착상태에 빠졌다. 일본 측이 일시 귀국한 피랍일본인의 송환을 거부하여 북한은 2002년 10월 재개된

---

116) ≪조선일보≫, 2003. 3. 19.
117) 통일부, 「통일문제」(서울: 통일교육원, 2003), pp.32-33.

수교협상도 중단시켰다. 일본의 대북정책은 미북관계 개선과 연계되어 있어 별도의 북일수교협상을 서두르지 않았으며 북한핵문제가 해결된 후 북일수교협상이 본격화되었다.[118]

일본도 한반도의 비핵화를 강조하고 한국의 평화적 노력을 지지하고 있으며 남·북한, 미·일·중·러가 참여하는 다자협의체 구성을 긍정적으로 보고 있어 미국의 한반도 정책과 일맥상통한다고 본다. 게다가 2009년 4월 5일 북한의 로켓발사로 북일관계는 더욱더 경색국면을 맞을 것이다.[119] 독자적으로 북한에 대한 제재수단을 강화함으로써 동북아지역의 긴장이 더욱 고조될 것으로 보인다. 일본과 북한 그리고 중국과 일본 사이에서 이명박 정부의 역할은 매우 중요하다.

3. 러시아 – 남북한 동시협력

러시아는 국내 정치안정과 경제발전을 도모하기 위한 평화로운 주변환경 조성을 위해 한반도의 평화와 안정유지를 지원하고 있다. 러시아는 남북한 균형적인 접근을 통해 한반도 평화의 중재자로서 역할을 수행하고자 하고 있다. 러시아는 대한반도 영향력을 확대하기 위해 기존의 4자회담을 6자회담으로 확대하여 한반도 평화문제 논의 과정에도 일정 부분 참여하였다.[120] 로슈코프 러시아 외무차관은 러시아도 한반도에서의 핵무기 존재에 반대한다.[121] 러시아도 한반도의 긴장 완화와 평화 정착에 많은 관심을 갖고 있으며 시베

---

118) 상게서, p.35.
119) ≪중앙일보≫, 2009. 4. 8~9.
120) 통일부, 「통일문제」(서울: 통일교육원, 2003), pp.42 – 43.
121) ≪조선일보≫, 2003. 4. 7.

리아횡단철도와 경원선의 연결은 물류이동과 경제협력관계에 있어 매우 긍정적인 반응을 보이고 있다. 이를 위해서는 무엇보다도 북한과의 관계가 협력적이어야 하고 러시아는 북한의 개방을 설득하는 정책을 구사해야 할 것이다.

러시아는 북한과의 이념적 노선이 상이하고 경제이익을 비롯한 국익의 관점에서 북한보다는 한국과의 우호협력관계의 발전에 우선적인 관심을 가질 수밖에 없다고 본다. 이 점에 있어 한국과 러시아는 일치된 입장을 보이고 있다. 한반도 군사직 충돌에 대해서 미·일·중·러·남북한 아무도 얻을 게 없다. 모든 관련국들이 군사적 충돌을 반대하고 북한이 계속 대화를 주장한 만큼 이 두 가지를 잘 접속하면 해결될 것으로 본다고 로슈코프 러시아 외무차관은 밝혔다.[122] 최근 미국이 한반도문제와 관련하여 한반도를 둘러싼 이해당사국과의 다자간의 대화협력체계를 바라고 있어 러시아의 역할은 중요해진다. 지난 2008년 이명박 대통령이 러시아를 방문하여 여러 분야에서 상호 협력적 관계를 강화한 것은 동북아 평화와 안정, 그리고 서탄소 뉴딜 녹색성장과 에너지확보문제에 있어 큰 힘을 얻었다고 할 것이다.[123]

한국은 북한에는 절대로 핵개발해서는 안 되고 북핵문제에 대한 군사적 해결은 절대 안 된다는 메시지를 수시로 분명히 전달해야 한다. 이러한 당사적인 자주적 입장을 취하지 못하고 있을 때 한반도위기는 더욱 고조될 수 있다. 이것이 우리의 능력이 되어야 한다. 정상적이고 원칙적인 입장을 고수하고 우유부단하게 북한에 대해서도 미국에 대해서도 할 말을 제대로 하지 못할 때 북미 간의 관

122) ≪조선일보≫, 2003. 4. 7.
123) 외교안보연구원, 2009 국제정세전망(2008. 12), part 3.

계는 더욱 악화될 수 있다. 김대중, 노무현 정권하에서 너무 잘해 주었는데 이명박 정부하에서 그동안 얼마나 북한이 잘 대해 주었는가. 그럼에도 불구하고 형님국가로서 이제는 한국이 북한을 적극적으로 설득해야 하고 이를 수용할 수 있는 다양한 역량과 지렛대를 구축해야 한다.

Ⅴ 결 론

이러한 맥락에서 앞으로 북한의 위기 극복방안과 한반도의 평화선택의 해법의 시나리오는 다음과 같은 과정을 추진하는 데서 모색할 수 있을 것이다.

첫째, 한미공조하에 한반도에서의 전쟁불가론과 북미관계 개선을 미국에 주문하고, 둘째, 북한이핵개발계획을 중단하고 북핵을 해결하기 위한 6자회담과 미국의 다자간 회의에 참여하고, 셋째, 미국은 불가침협정을 수용하여 북미 간의 대화를 시작하고, 넷째, 남북한 간의 평화협정을 맺고(남북공조), 다섯째, 중·러·일이 한반도 평화체제를 인정하고, 여섯째, 남북한+미·중·러·일의 한반도 평화를 위한 다자체제를 구축하고, 일곱째, 남북한 간의 경제공동체를 구축하고, 미국이 북한에 대한 경제적 지원을 약속한다면 모두가 만족한 결과를 도출할 것으로 보인다. 무엇보다도 한반도 평화의 선택은 지금은 미국과 북한에 달려 있다고 본다. 이러한 관점에서 한국정부의 대미외교의 노력과 한미공조가 중요하다. 노무현 정권하에서는 운동권시각이 그대로 국정에 반영되는 시대였었다. 그들대로라면 북한과 친하고 미국과는 적대적인 민족공조가 한미공조보다 앞서는 것으로 봐야 한다. 한·미관계, 남·북관계에서 중간은 설 수가 없게 된다. 이것 아니면 저것이라는 이분법적 논리로는 국정운영의 한계가 노출되기 때문이다. 전쟁 아니면 평화, 좌 아니면 우, 친미 아니면 반미, 용공 아니면 반공 등 너무나 논리적으로 단순화해 버리면 민주주의적 다양성은 어디서 찾을 것인가. 북한이 요구하는 것들을 안 들어준다고 행패를 부리는 것은 이미 국가의 자존심을 포기한 상태이다. 그래서 이판사판 한번 붙어 보자는 극한적 대립을 만드는 것이라고 본다. 그런데 바로 여기에 북한의 습관적이고도 나쁜 이중적 모습이 존재한다. 친구 사이라면 한 방 먹이고 정신 차리게 할 수 있는데 국가 간에는 전면전이 될 것이고 그러면 남한까지 그 불똥이 튈 것이기 때문에 남한을 볼모로 북한은 더욱 큰 소리를 치는 형국이다. 생각 같아서는 말 안 듣고 못된 습성을 보여주는 북한을 혼 좀 내 주고 싶다. 그런데 이를 좋다고 하는 세력이 한국 내부에 존재한다면 북한은 더욱더 기고만장할 것이다. 다른 한편국민들의 대다수와 국제사회가 북한이 자꾸 저러는 것을 지겨워한다는 것도 알아야 한다. 이것은 북한주민이 굶주려서 인도적 지원을 해야 한다는 생각과는 별개의 문제이다. 우리 내부에도 2030과 5060 사이에도 완충지대를 만들고 중간 협상자와 중재자를 많이 만들어 남남공조가 잘되어야 한다. 양쪽을 다 만족시킬 수 있는 중간이 많아야 한다. 사회의 건강성과 성숙함이 다양한 의견의 충돌과 갈등으로 약화되어서는 안 될 것이다. 반대로 다양한 갈등과 충돌이 더욱 건강하게 상승 작용하여 상호간의 합의를 도출하는 성숙하고 신뢰 있는 국가로 만들어야 한다. 이러한 튼튼한 중간을 통하여 이명박 정부는 글로벌외교를 강화하고 미국과의 공조를 더욱 굳건히 하고 남북상생을 위해서는 신뢰 있는 정부를 만들어야 한다. 글로벌외교는 남북관계를 위한 선투자인 셈이다. 신뢰를 기초로 미국을 설득하고 한반도의 절대 전쟁이 불가함을 지속적으로 강조해야 한다. 국제사회가 한국을 신뢰하면 북한의 위기 시 한국의 역할이 중요해지고 증대된다. 현재로는 우리의 평화선택은 한미공조의 강화이다. 그리고 남북공조를 추진하자. 이때 한국은 미국이나 북한이 북미대화 – 협상 – 공조를 갖도록 적극적 중재역할을 해야 한다. 미국도 북한도 한국을 신뢰한다면 흔들림 없는 한국중심의 평화적 해결을 이끌어 갈 수 있다. 국제사회와 미국이 한국국민, 정부, 대통령을 믿을 수 있도록 해야 한다. 그렇게 하기 위해서는 대통령, 국회, 정부, 시민사회도 미국에 대한 우방으로서 동맹관계를 돈독히 하고 동북아에 있어 지정학적으로 중국과 일본과의 관계가 긴밀해지는 것이 미국에도 유익하고 중요하다는 점을 잘 전달하는 것이 중요하다.

2부

글로벌 기회

제5장

한·미관계

I 한·미동맹관계배경

　한국의 안보환경은 냉전 종식 이후 크게 변하였다. 냉전시대에 한국을 위협하던 제1차적 세력은 공산종주국인 소련과 또 하나의 공산대국 중국의 지원을 받는 북한이었다. 소련제 무기로 중무장한 세계 제3위의 지상군을 가진 북한은 언제라도 전면적인 무장 침공을 할 태세를 갖추고 있었다. 이에 따라 한국도 북한의 전쟁 의도를 억지하는 것을 국가정책의 최우선으로 설정하고 모든 국가정책을 이에 맞추었다.

　한국은 자주국방역량 강화, 경제건설에 총력을 기울이면서 미국과의 동맹을 공고히 하는 데 외교적 역량을 집중해 왔다. 미국의 아시아 정책의 핵심이 공산주의 팽창의 억지였으므로 한국과 미국은 공통된 국가이익을 바탕으로 한·미 연합사령부 체제를 구축할 수 있었다. 그리고 이러한 한국의 안보전략은 성공적이어서 한국은 북한의 전쟁 기도를 효과적으로 억지하면서 소련 및 중국의 위협 앞에서도 국가 자주권을 수호할 수 있었다.

1989년 소련제국의 붕괴로 냉전이 종식되면서 한국의 안보환경은 크게 바뀌었다. 소련의 지원을 잃은 북한의 전쟁 위협은 크게 약화되었고 또한 미국의 한국 지원 열의도 상대적으로 줄어들었다. 그리고 한국국민여론도 바뀌기 시작하였다. 주요한 변화를 요약하면 다음과 같다.

첫째로, 북한의 전쟁능력이 급격히 감소하였다는 것이다. 이에 따라 북한은 군사력 중심의 남반부 해방전략을 서서히 정치전 중심으로 전환하기 시작하였다. 북한은 평화공세를 강화하면서 한편으로는 대량살상무기 개발에 노력을 집중하였다. 상대적으로 강해진 한·미동맹을 견제하기 위한 조치였다.

둘째로, 미국의 대한반도정책이 변화하기 시작했다는 것을 지적할 수 있다. 소련제국의 붕괴로 냉전이 종식된 후 세계 유일의 군사대국으로 등장한 미국은 미국 주도의 범세계적 단일 민주공동체 구축이라는 야심찬 탈냉전 정책을 추진하기 시작하였다.

어떠한 무력 도전도 없는 자유로운 상황에서 미국은 북한을 포함한 비민주국가의 민주화를 유도하는 새로운 비무력직 개입정책을 펴기 시작하였다. 이에 따라 미국은 한국의 방위력 증강보다는 북한의 개혁·개방 유도에 더 큰 비중을 두는 정책을 펴기 시작했고, 결과적으로 한·미동맹의 중요성을 저평가하는 방향으로 정책 조정했었다.

셋째로, 냉전 종식은 한국 국내정치 환경에도 큰 변화를 가져왔다. 전쟁 위협 속에서 단결된 방위체제를 구축하기 위해 권위적 통제를 정당화해 왔던 정부의 지도력이 위협을 받기 시작했다. 전쟁 위협에서 벗어난 국민들은 권위주의를 거부하고 정치 민주화를 요구하기 시작했고, 1990년대 초에 드디어 정치 민주화를 달성하였다.

이제 냉전시대와는 달리 민주화된 한국에서는 다양한 국민들의 여론이 방위정책에 직접 영향을 미치게 되었다. 국민들 간에는 안보 불감증이 급속히 확산되었으며, 그 결과로 대북 인식과 한·미동맹에 대해서도 급격한 태도변화가 나타났다. 한국국민들에게 있어서 한·미동맹의 필요성이 현저히 약화된 것이다. 이상과 같은 내외 안보환경의 변화는 향후 안보정책 수립의 기본 틀을 재조정하지 않을 수 없게 만들었다. 달라진 환경이 안보정책의 기본 틀 정립에 변화를 강요했던 몇 가지 사항을 정리하면 다음과 같다.

첫째로, 군사 위주의 안보정책을 이념·문화·국민여론·경제 등 다양한 영역의 요소들과 통합하여 다루지 않을 수 없게 만들고 있다. 군사 위협이 상존할 때에는 다른 요소들의 영향은 무시할 수 있었지만 이제는 그럴 수 없게 되었다.

둘째로, 국민의 여론을 반영하지 않은 방위정책은 유지할 수 없게 되었다. 민주정부에서는 국민의 여론을 무시하고는 아무리 국가대계일지라도 이를 추진하기 어렵다. 특히 국력신장에 따른 국민의 자존의식을 고려하지 않으면 어떠한 정책도 세울 수 없게 되었다.

한·미 간의 파트너십은 대체로 긴밀하며, 한·미동맹체제는 북한의 군사공격에 대한 효과적인 억지장치로서 기능하기 위해 지속되어 왔다. 그러나 동시에 한국 측에서는 보다 더 평등한 상호안보조약에 대한 욕구와 바람이 증가되어 왔다. 즉 그것은 통합된 위계적 협조구조로부터 동등한 자문구조로 양국간의 동맹을 변화시키자는 것이다. 점차 북한의 위협이 감소하고, 다양하고 포괄적 안보위협이 증가하면 할수록 한·미동맹 기능의 변화와 주한미군의 재배치 요구는 증대할 것이다.

한·미 양국은 북한의 핵무기 프로그램과 대량살상무기(WMD)

그리고 재래식무기 문제의 해결에 공통된 관심을 두고 있다. 하지만 한·미 양국의 행정부는 북한체제의 개방·개혁 추진을 위해 북한을 설득하도록 협조적인 노력을 기울여야 한다는 점에 대해서는 견해를 공유하고 있으나, 어떻게 북한에 개입해야 하는가의 문제에서는 의견의 불일치를 보이고 있다.

미국정부는 북한이 군사정책에서 중대한 변화를 보일 때까지는 북한과의 관계개선을 보류해야 한다고 믿고 있다. 이에 반해 한국정부의 핵심적인 북한정책 결정자들은 정지적 이슈로부디 사회·경제적 이슈를 가급적 분리시키려 한다. 지난 몇 년간 꾸준히 진행해 온 남북 간 교류와 경제협력사업이 남북한관계에 점진적 변화를 가져왔다는 믿음하에 북한에 대한 시혜정책을 계속하고자 한다.

이러한 미국과 한국의 정책결정자들 간의 대북 인식 차이에 더하여, 한국사회 내에서 반미감정이 증폭되고 있다는 것은 한·미동맹관계의 미래에 대한 또 다른 우려사항이다. 양국정부는 보다 긴밀한 대북정책 공조를 도모하는 한편, 중장기적인 안목에서 동북아 지역에서 점증적으로 대두할 환경, 난민, 대리, 국제범죄 등 다양한 위협요인들에 효과적으로 대응할 수 있는 협조체제를 구축하는 데 노력을 기울여야 할 것이다.

그러나 현재로서는 북한의 안보위협이 여전히 한·미 간 안보협조를 필요로 하는 가장 절박한 문제이며, 한·미 양국은 WMD와 미사일 그리고 재래식무기를 포함하는 여러 영역에서 공조를 취해 왔다. 그러나 1994년 이후 북한의 핵동결 체제 관리를 담당하는 한반도에너지개발기구(KEDO)의 운영은 지금까지 재정적으로나 기술적으로 만족스럽지 못하게 진행되어 왔다. 경수로 건설을 위한 재정적 부담분은 진전되지 못하고 있으며, 건설 스케줄은 계속 지연되고 있다.

한·미 간 이슈별 역할 분담은 물론, 북한에 대해 각 이슈별로 변화를 유도하는 수단의 강구에 있어서도 양국간 긴밀한 공조가 요구된다. 그러나 무엇보다도 북한의 향후 행동이 한국과 미국의 대북정책을 결정하게 하는 가장 중대한 변수가 될 것이다. 만일 김정일 정권이 핵과 미사일 이슈에 대해 중요한 변화를 보인다면, 미국은 한국의 대북 개입정책을 후원할 것이며, 미·북 관계를 정상화하기 위한 회담을 추진하고자 할 것이다.

현재 남북한 간의 군사적 균형 상황과 북한이 남한에 대한 무력공격을 행사하는 데 있어 필요한 대외적 지원, 특히 중국의 정치적 지원을 확보하기 어려운 북한의 입장을 고려한다면 남북한 간의 전면전 가능성은 크지 않다. 대신 북한의 대남위협은 더욱 다양화될 가능성이 크다. 따라서 한·미 양국간의 협조는 국지침투, 제한적인 군사대립 및 WMD 사용과 같은 북한으로부터의 다양한 위협들에 대비하는 쪽으로 조정되어야 할 것이다. 9·11 사태가 증명하고 있듯이 게릴라 형태의 테러 및 침략행위가 자신의 정치적 메시지를 극대화시키는 데 있어 효과를 거두리라고 북한이 믿는 한, 북한이 앞으로 그와 같은 행동을 취하지 않으리라는 보장이 없다.[1] 미국으로서도 9·11 사태 이후 미사일 방어에 대한 설득논리가 탄력을 얻어 왔는데, 그 이유는 장거리 탄도미사일 위협에 추가해서 정체불명의 행위자들로부터의 다양한 공격 위협이 기존의 위협목록에 추가되기 때문이다. 앞으로 미사일 방어계획은 미국 외교정책

---

1) 1960년대 초 이후 북한은 대남 테러행위를 지속적으로 감행해 왔을 뿐 아니라, 라틴아메리카, 유럽, 중동, 아프리카, 중앙 및 서남아시아 등지에서 지하 테러조직들과 상호 긴밀한 협조를 유지해 오고 있다. 자세한 사례와 내용소개로는 다음을 참고할 것. Joseph S. Bermudez Jr., Terrorism: The North Korean Connections(New York: Crane Russak, 1990).

의 주요 사안으로 다루어지게 될 것으로 보이며, 북한의 장거리 미사일과 핵무기 개발 계획의 사태 추이에 따라 북한 변수가 미사일 방어계획의 추진내용에 영향을 미치게 될 것이다.

II 한미동맹관계의 논리

한국의 안보환경은 냉전 종식 이후 크게 변하였다. 냉전시대에 한국을 위협하던 제1차적 세력은 공산종주국인 소련과 또 하나의 공산대국 중국의 지원을 받는 북한이었다. 소련제 무기로 중무장한 세계 제3위의 지상군을 가진 북한은 언제라도 전면적인 무장 침공을 할 태세를 갖추고 있었다. 이에 따라 한국도 북한의 전쟁 의도를 억지하는 것을 국가정책의 최우선으로 설정하고 모든 국가정책을 이에 맞추었다.

한국은 자주국방역량 강화, 경제건설에 총력을 기울이면서 미국과의 동맹을 공고히 하는 데 외교적 역량을 집중해 왔다. 미국의 아시아 정책의 핵심이 공산주의 팽창의 억지였으므로 한국과 미국은 공통된 국가이익을 바탕으로 한·미 연합사령부 체제를 구축할 수 있었다. 그리고 이러한 한국의 안보전략은 성공적이어서 한국은 북한의 전쟁 기도를 효과적으로 억지하면서 소련 및 중국의 위협 앞에서도 국가 자주권을 수호할 수 있었다.

1989년 소련제국의 붕괴로 냉전이 종식되면서 한국의 안보환경은 크게 바뀌었다. 소련의 지원을 잃은 북한의 전쟁 위협은 크게 약화되었고 또한 미국의 한국 지원 열의도 상대적으로 줄어들었다. 그리고 한국국민여론도 바뀌기 시작하였다. 주요한 변화를 요약하면 다음과 같다.

첫째로, 북한의 전쟁능력이 급격히 감소하였다는 것이다. 이에 따라 북한은 군사력 중심의 남반부 해방전략을 서서히 정치전(political warfare) 중심으로 전환하기 시작하였다. 북한은 평화공세를 강화하면서 한편으로는 대량살상무기 개발에 노력을 집중하였다. 상대적으로 강해진 한·미동맹을 견제하기 위한 조치였다.

둘째로, 미국의 대한반도정책이 변화하기 시작했다는 것을 지적할 수 있다. 소련제국의 붕괴로 냉전이 종식된 후 세계 유일의 군사대국으로 등장한 미국은 미국 주도의 범세계적 단일 민주공동체 구축이라는 야심찬 탈냉전 정책을 추진하기 시작하였다.

어떠한 무력 도전도 없는 자유로운 상황에서 미국은 북한을 포함한 비민주국가의 민주화를 유도하는 새로운 비무력적 개입정책을 펴기 시작하였다. 이에 따라 미국은 한국의 방위력 증강보다는 북한의 개혁·개방 유도에 더 큰 비중을 두는 정책을 펴기 시작했고, 결과적으로 한·미동맹의 중요성을 저평가하는 방향으로 정책조정을 해 왔다.

셋째로, 냉전 종식은 한국 국내정치 환경에도 큰 변화를 가져왔다. 전쟁 위협 속에서 단결된 방위체제를 구축하기 위해 권위적 통제를 정당화해 왔던 정부의 지도력이 위협을 받기 시작했다. 전쟁위협에서 벗어난 국민들은 권위주의를 거부하고 정치 민주화를 요구하기 시작했고, 1990년대 초에 드디어 정치 민주화를 달성하였다.

이제 냉전시대와는 달리 민주화된 한국에서는 다양한 국민들의 여론이 방위정책에 직접 영향을 미치게 되었다. 국민들 간에는 안보 불감증이 급속히 확산되었으며, 그 결과로 대북 인식과 한·미동맹에 대해서도 급격한 태도변화가 나타났다. 한국국민들에게 있어서 한·미동맹의 필요성이 현저히 약화된 것이다. 이상과 같은 내외 안보환경의 변화는 향후 안보정책 수립의 기본 틀을 재조정하지 않을 수 없게 만들었다. 달라진 환경이 안보정책의 기본 틀 정립에 변화를 강요하는 몇 가지 사항을 정리하면 다음과 같다.

첫째로, 군사 위주의 안보정책을 이념·문화·국민여론·경제 등 다양한 영역의 요소들과 통합하여 다루지 않을 수 없게 만들고 있다. 군사 위협이 상존할 때에는 다른 요소들의 영향은 무시할 수 있었지만 이제는 그럴 수 없게 되었다.

둘째로, 국민의 여론을 반영하지 않은 방위정책은 유지할 수 없게 되었다. 민주정부에서는 국민의 여론을 무시하고는 아무리 국가대계일지라도 이를 추진하기 어렵다. 특히 국력신장에 따른 국민의 자존의식을 고려하지 않으면 어떠한 정책도 세울 수 없게 되었다.

한·미 간의 파트너십은 대체로 긴밀하며, 한·미동맹체제는 북한의 군사공격에 대한 효과적인 억지장치로서 기능하기 위해 지속되어 왔다. 그러나 동시에 한국 측에서는 보다 더 평등한 상호안보조약에 대한 욕구와 바람이 증가되어 왔다. 즉 그것은 통합된 위계적 협조구조로부터 동등한 자문구조로 양국간의 동맹을 변화시키자는 것이다. 점차 북한의 위협이 감소하고, 다양하고 포괄적 안보위협이 증가하면 할수록 한·미동맹 기능의 변화와 주한미군의 재배치 요구는 증대할 것이다.

한·미 양국은 북한의 핵무기 프로그램과 대량살상무기(WMD) 그리고 재래식무기 문제의 해결에 공통된 관심을 두고 있다. 하지만 한·미 양국의 행정부는 북한체제의 개방·개혁 추진을 위해 북한을 설득하도록 협조적인 노력을 기울여야 한다는 점에 대해서는 견해를 공유하고 있으나, 어떻게 북한에 개입해야 하는가의 문제에서는 의견의 불일치를 보이고 있다.

　미국정부는 북한이 군사정책에서 중대한 변화를 보일 때까지는 북한과의 관계개선을 보류해야 한다고 믿고 있다. 이에 반해 한국 정부의 핵심적인 북한정책 결정자들은 정치적 이슈로부터 사회·경제적 이슈를 가급적 분리시키려 한다. 지난 몇 년간 꾸준히 진행해 온 남북 간 교류와 경제협력사업이 남북한관계에 점진적 변화를 가져왔다는 믿음하에 북한에 대한 시혜정책을 계속하고자 한다.

　이러한 미국과 한국의 정책결정자들 간의 대북 인식 차이에 더하여, 한국사회 내에서 반미감정이 증폭되고 있다는 것은 한·미동맹관계의 미래에 대한 또 다른 우려사항이다. 양국정부는 보다 긴밀한 대북정책 공조를 도모하는 한편, 중장기적인 안목에서 동북아 지역에서 점증적으로 대두할 환경, 난민, 테러, 국제범죄 등 다양한 위협요인들에 효과적으로 대응할 수 있는 협조체제를 구축하는 데 노력을 기울여야 할 것이다.

　그러나 현재로서는 북한의 안보위협이 여전히 한·미 간 안보협조를 필요로 하는 가장 절박한 문제이며, 한·미 양국은 WMD와 미사일 그리고 재래식무기를 포함하는 여러 영역에서 공조를 취해 왔다. 그러나 1994년 이후 북한의 핵동결 체제 관리를 담당하는 한반도에너지개발기구(KEDO)의 운영은 재정적으로나 기술적으로 만족스럽지 못하게 진행되었다. 경수로 건설을 위한 재정적 부담분은 진전되지 못했으며, 건설은 결국 중단되었다.

　한·미 간 이슈별 역할 분담은 물론, 북한에 대해 각 이슈별로 변화를 유도하는 수단의 강구에 있어서도 양국간 긴밀한 공조가 요구된다. 그러나 무엇보다도 북한의 향후 행동이 한국과 미국의 대북정책을 결정하게 하는 가장 중대한 변수가 될 것이다. 만일 김정일 정권이 핵과 미사일 이슈에 대해 중요한 변화를 보인다면, 미국은 한국의 대북 개입정책을 후원할 것이며, 미·북 관계를 정상화하기 위한 회담을 추진하고자 할 것이다.

현재 남북한 간의 군사적 균형 상황과 북한이 남한에 대한 무력 공격을 행사하는 데 있어 필요한 대외적 지원, 특히 중국의 정치적 지원을 확보하기 어려운 북한의 입장을 고려한다면 남북한 간의 전면전 가능성은 크지 않다. 대신 북한의 대남위협은 더욱 다양화될 가능성이 크다. 따라서 한·미 양국간의 협조는 국지침투, 제한적인 군사대립 및 WMD 사용과 같은 북한으로부터의 다양한 위협들에 대비하는 쪽으로 조정되어야 할 것이다. 9·11 사태가 증명하고 있듯이 게릴라 형태의 테러 및 침략행위가 자신의 정치적 메시지를 극대화시키는 데 있어 효과를 거두리라고 북한이 믿는 한, 북한이 앞으로 그와 같은 행동을 취하지 않으리라는 보장이 없다.[2] 미국으로서도 9·11 사태 이후 미사일 방어에 대한 설득논리가 탄력을 얻어 왔는데, 그 이유는 장거리 탄도미사일 위협에 추가해서 정체불명의 행위자들로부터의 다양한 공격 위협이 기존의 위협목록에 추가되기 때문이다. 앞으로 미사일 방어계획은 미국 외교정책의 주요 사안으로 다루어지게 될 것으로 보이며, 북한의 장거리 미사일과 핵무기 개발 계획의 사태 추이에 따라 북한 변수가 미사일 방어계획의 추진내용에 영향을 미치게 될 것이다.

---

2) 1960년대 초 이후 북한은 대남 테러행위를 지속적으로 감행해 왔을 뿐 아니라, 라틴아메리카, 유럽, 중동, 아프리카, 중앙 및 서남아시아 등지에서 지하 테러조직들과 상호 긴밀한 협조를 유지해 오고 있다. 자세한 사례와 내용소개로는 다음을 참고할 것. Joseph S. Bermudez Jr., Terrorism: The North Korean Connections(New York: Crane Russak, 1990).

Ⅲ 한·미공조의 유지와 필요성

1. 한·미경제협력

미국은 우리나라의 최대 교역상대국이며 우리나라는 미국의 7대 교역상대국으로서 상호 중요한 교역 파트너이다. 지난 2005년도 한·미 간 교역규모는 690.5억 달러로서 미국은 아직도 우리의 제1 교역상대국이다(홍콩을 제외한 중국과의 교역액은 659.4억 달러). 다만 중국의 급격한 경제성장에 따른 대중 수출 급증으로 인해 중국이 마침내 2005년에 처음으로 우리의 제1위의 수출시장으로 부상하였다(대미수출 412억 달러, 대중수출 437억 달러). 90년 초·중반의 대미 무역적자는 97년 경제위기를 계기로 대미수입 수요 감소, 원화평가절하로 인한 수출증가 등으로 인해 98년부터 흑자로 반전된 이후 동 추세가 지속되고 있다(2005년 무역흑자: 104억 달러). 미국은 우리나라에 대한 제1위 해외투자국(EU 제외 시)으로서 미국의 1962~2005년간 대한국 투자액은 296.5억 달러(신고기준, 총 외국인 투자액의 27% 차지)이다. 90년대 초반 이후 미국의 대한

표 5-1_ 한·미 교역현황(단위: 억 달러, %)

구 분		94년	95년	96년	97년	98년	99년	2000년	2001년	2002년	2003년	2004년
교역	수출	205.5	241.3	216.7	216.2	228.0 (5.5)	294.8 (29.2)	376.3 (27.6)	312.1 (-17.0)	327.8 (5.0)	342.0 (4.3)	128.3 (21.6)
	수입	215.8	304.0	333.1	301.2	204.0 (-32.3)	249.2 (22.1)	292.4 (17.3)	223.8 (-23.5)	230.1 (2.8)	248.5 (8.0)	88.2 (5.0)
	총교역액	421.3	545.3	549.8	517.4	432.0	544.0	668.7	535.9	557.9	590.5	216.5
무역수지		-10.2	-62.7	-116.4	-84.9	24.0	45.6	83.9	88.4	97.7	93.5	40.1
전체교역 대비 비중		21.2	21.0	19.6	18.4	19.2	20.7	20.1	18.4	17.7	15.8	14.2

*( )는 전년 동기 대비 증가율, * 우리 관세청 통계

직접투자는 저조하였으나, 97년 이후 금융 등 서비스업을 중심으로 현저히 증가하다가, 2005년에는 15.3억 달러로 급감하고 있다. 한·미 통상관계의 의미는 첫째, 미국시장이 세계시장 진출을 위한 시험장이며, 신기술 도입의 주요 창구 역할이고, 둘째, 우리의 동북아 중심 추진과정에서도 미국과의 연계 강화가 필요하고, 셋째, 무엇보다 양국 통상관계의 원만한 관리는 전반적 동맹관계의 강화에 기여한다. 이러한 맥락에서 한미공조관계는 한반도 평화번영을 위해서 그리고 국민소득 2만 달러 달성을 위해서도 매우 소중하다.

표 5-2_ 한·미 투자현황(단위: 백만 달러, %)

	'96	'97	'98	'99	2000	2001	2002	2003	2004. 1-3	누계 ('62-2004.3)
대한국투자 (신고기준)	876	3,190 (264.1)	2,973 (-6.7)	3,739 (25.6)	2,916 (-22.0)	3,890 (33.1)	4,500 (15.7)	1,240 (-72.4)	2,130 (498.3)	29,668
대미투자 (신고기준)	1,568	736 (-53.1)	884 (20.1)	1,809 (104.6)	1,300 (-28.1)	1,837 (41.3)	1,475 (-19.7)	665 (-49.1)	233 (3.1)	15,663

※ ( ) 전년 동기 대비 증가율

"세계적 경제위기 속에서도 국제사회에서 한국의 기회는 더욱 커지고 있습니다. 한동안 소원했던 미국과의 관계는 비자 면제 협정과 한-미 스와프협정 체결에서 보듯이 그 어느 때보다도 굳건한 신뢰를 바탕으로 한 전략 동맹 관계로 거듭나고 있습니다."[3]

한미 FTA가 체결되면 농수산물을 중심으로 한 교역량이 더욱더 늘어날 것으로 예상되며, WEST(Work English Study Travel) 및 VWP(Visa Waiver 포기 Program: 90일)으로 미국을 찾는 한인이 증가될 것이다.

글로벌금융위기가 미국에서 왔다고 미국만 비난하면 안 된다. 진

---

3) 이명박, "이명박 대통령 2009년도 신정국정연설"(2009)

정 어려울 때 도와주는 것이 친구요 혈맹 아닌가. 글로벌 금융위기
를 극복하기 위해 상호 협력하고 도와주는 것이 무엇보다도 중요
하다. VWP와 한미 swap협정은 양국의 혈맹관계를 더욱 강화하는
하나의 실천이라고 본다.

표 5-3_ 한국의 대외수출입현황(2008년)

Export		Import	
China	22.1%	China	17.7%
USA	12.4%	Japan	15.8%
Japan	7.1%	USA	10.5%
Hongkong	5%	SaudiArabia	5.9%
Semiconductor, Wireless telecommunication Equipment, motor vehicles, computers, steel, ships, petrochemicals		machinery, electronics, electronic equpment, oil, steel, transport equipment, organic chemicals, plastics	

(Sources) CIA - The World factbook - korea, south(2009. 4. 9. 미국 야후 인터넷 조사)

우리나라가 미국과 통화스와프하는 의미는, 원화를 미국에 맡기
고, 달러를 들여오게 되고, 일정 기간 뒤 다시 맞바꾸는 방식으로
이루어지는 의미이다. 즉 한-미 간의 통화스와프 거래는 한국과
미국이 현재시점의 계약된 환율에 따라 자국 통화를 상대방의 통
화와 교환하고, 일정 기간이 지나고 나서 최초 계약 때 정한 환율
에 따라 원금을 재교환하는 거래다.

지금은 전 세계적으로 모든 국가가 달러가 부족하여, IMF에 '돈
좀 빌려 달라'며, 구제금융을 요청하는 등의 심각한 상태이다. 우리
나라는 달러가 부족해질 경우에는 미국의 달러를 들여와, 시장에
공급함으로써, 외환위기를 넘길 수 있으며 환율 안정도 꾀할 수 있
게 된다. 달러는 세계적인 기축통화(가장 널리 사용되고, 중심이 되
는). 그리고 미국과의 통화스와프계약은 IMF와 같은 통제와 간섭이

나 요구 없이 유동성을 확보(IMF에서 돈을 빌릴 경우에는 해당 국가는 그 나라의 경제주권을 빼앗기고, 통제를 받게 된다. 외환위기 국가 오명).

현재 미국이 통화스와프 협정을 맺고 있는 나라 중 신흥국과의 통화스와프 협정 체결은 우리나라가 처음이었다. 그만큼 미국이 우리나라의 경제 펀더멘털을 인정했다는 점이고, 외국투자자들에게 심리적이 안정감. 통화스와프 상대방으로 우리나라를 선택한 점은 적어도 자신들의 돈을 떼이지는 않을 것이라고 판단했기 때문이다(미국이 무너질지도 모를 나라를 상대로 통화스와프를 하지는 않을 것이다). 이러한 한-미 스와프계약 체결을 통해 우리나라는 외환보유액 부족 극복. 국가부도 위기나 대외신인도 상승까지도 노려볼 수 있다.

2009년 4월 런던에서의 G-20 글로벌 경제위기 극복에서도 의장국으로서 여러 사항에 걸쳐 미국과의 협력과 지혜로운 제의 등 이명박 대통령의 역할은 매우 중요했고 오바마 미국대통령과의 한미정상회담도 성공적이었다.[4]

2. 한 · 미 안보협력의 필요성

주한미군은 한반도와 동북아의 균형자역할을 한다. 한미동맹바탕 위에 남북관계 개선이 필요하다. 감성보다는 이성으로 한미동맹관계를 봐야 한다. 통일 전까지 주한미군주둔은 필수적인 것이다. 결국 핵과 주한미군문제가 남북관계의 최대변수이다.

동북아에는 가치·이념·체제 등의 차이가 있는 국가들이 존재

---

4) ≪중앙일보≫, 2009. 4. 3.

하고 있으며, 이들 국가 간에 추구 가치들의 충돌이 잠재되어 있는 상황이다. 또한 동북아 국가들 간의 국력 차이는 다른 지역에 비해 현격하게 높아, 지역 내 국가들의 관계가 파국을 맞을 경우, 큰 재앙을 가져올 확률이 높다.

한국은 주변국들과의 국력 비교에서 상대적으로 낮은 국력서열을 유지하고 있으므로, 자주권을 유지하기 위해서는 한국의 현명한 전략방안 마련이 요구된다. 이를 위해, 한국의 전략환경에서 불변적인 요소와 가변적인 요소의 구분이 필요하며 이에 따른 전략목표의 우선순위 확립이 필요하다. 마찬가지로 한·미 안보관계에 있어서도 안보환경의 불변요소와 가변요소의 차별화에 근거한 한국의 전략적 접근방안이 나와야 한다.

그렇다면 한국이 고려해야 할 가변적인 요소로는 다음의 것들이 있다.

첫째, 동아시아 각국 간의 국력 격차이다. 상대적 서열순위는 당분간 불변할지 모르지만 국가 간 국력 차이의 절대치는 변화할 가능성이 있다. 한·미·일 안보관계의 경우 이러한 국력 격차에 대한 변화 상황에 맞게 각국의 역할 분담 및 지위에 관한 문제를 조정해야 한다.

또한 중국의 국력 부상을 주시해야 한다. 중국의 국력 부상이 한·미·일 3국의 힘의 크기에 도전할 수 있을 정도로 크게 부상하고 나아가 중·북·러 간의 새로운 북방 협력관계가 조성될 가능성을 고려해야 한다.

둘째, 한국·미국·일본 국민 간의 정서의 차이이다. 386세대의 이후와 이전 세대에서는 상대적으로 반미정서가 보편적이지 않다. 주목해야 할 것은 이러한 반미정서가 반미주의로 바뀔 개연성이다.

반미정서가 반미주의로 발전할 경우, 이는 가변적 요소에서 점차 불변적 요소의 성격을 띠게 되는 것을 의미하며, 한·미 안보협력을 유지해 온 근본적인 공통요소가 상실되는 결과를 초래할 것이다. 한국의 독자적 역량이 자주적 생존을 유지하기에 충분할 만큼 성장하였다면 이의 문제가 심각하지 않을지도 모르나, 아직은 그러한 역량이 부족한 상태이기 때문에 이러한 반미정서의 강도 변화는 주시해야 하며, 이의 불필요한 확산을 막기 위해 노력해야 한다. 또한 역으로 일본과 미국 내의 한국에 대한 정서가 어떠한 방향으로 흘러가는지도 예의 주시해야 한다.

셋째, 위의 논의의 연장선상에서 국가의 대외정책에 미치는 여론의 영향력 변화 추세이다. 과거 권위주의 정권 시에는 국가의 거시적 목표를 압도적 우위에 두는 것이 용이했기 때문에 여론을 무시할 수 있었지만, 이제는 여론에 의해 정책이 좌우될 정도로 여론은 국가정책의 형성에 중요한 변수로 작용하게 되었다.

국가 간 국민들의 상호 호감도 문제와 마찬가지로 여론도 불변적인 요소의 성격을 띠게 되는 것을 막아야 한다. 또한 여론이 한국의 최우선적 전략목표를 좌우하게 되는 상황을 지양해야 한다. 지난 정권하에서 한국은 차세대 전투기사업 관련 수입 전투기 기종 선정문제와 미군 장갑차에 의한 여중생 사망사건 등과 관련하여 국민여론이 국가의 최우선적 전략목표 추진에 심대한 지장을 초래할 수도 있다는 사실을 경험하고 있다. 군사문제는 원칙이 확립되어 있는 한, 여론과의 타협이 이루어질 수 없으며 군사·외교 문제가 지나치게 여론에 좌우될 경우, 확고한 국가전략의 부재를 초래할 수 있다.

국력이 약한 국가가 동맹을 형성할 때에는 자주성의 제약을 많이 받게 된다. 하지만 약한 국가에도 자주성의 제약을 상대적으로 덜 받는 동맹 형성방안은 존재한다. 바로 추구가치·이념·체제의 호환성이 높은 국가와 동맹을 맺는 방법이다. 이 경우, 자주성의 제약을 상대적으로 덜 희생시키면서 생존을 확보할 수 있으며 자신이 맺은 동맹세력의 역량이 전 세계를 압도할 정도로 강력하다면 이보다 이상적인 것은 없다고 할 수 있다. 한국에는 이러한 동맹국이 존재한다. 바로 미국이다. 한국에 있어서의 민주주의는 이념으로서뿐만이 아니라 생존을 위한 동맹의 도구임을 인식해야 한다. 이러한 논리는 통일 이후의 한국의 대미 안보관계에서도 그대로 적용되며, 그러므로 민주주의에 바탕을 둔 통일이 필수적인 것이다.

따라서 한·미동맹의 지역동맹화 작업은 역내 국가들의 이해관계를 조율하는 다자적 안보대화 노력과 병행하여 추진할 필요가 있다. 만일 이러한 노력이 결실을 거두어 미래의 한·미동맹이 지역동맹의 역할을 담당하는 동시에 보다 긴밀하고 수평적인 협력구조로 발전한다는 전제하에서 다음과 같은 점들을 고려해야 한다. 즉 ① 한·미의 실질적 안보파트너 구축, ② 한·미 안보동맹은 동아시아지역에서 불확실성과 불안정성 대비, ③ 한국은 자국의 전략개념과 군사력 구조의 개발, ④ 한·미동맹의 지속에 대한 부정적인 양국 내의 여론무마 등이 될 것이다.

3. 한미동맹의 협력방안

한・미동맹의 역기능에 노출될 가능성도 고려해야 한다. ① 양국의 명령권과 통제권의 분리는 통합 시스템에 비해 각종 사태에 대한 대응태세를 약화시킬 수도 있다. ② 한국과 미국의 독립적인 군사작전은 유사시에 합동작전을 어렵게 할 수도 있다. ③ 한국의 유권자들이 비록 한・미 안보동맹의 지속에 대해서는 동의할지라도 주한미군의 주둔에 대해서는 비판을 제기할지도 모른다. 이러한 역기능적 파장을 고려하여, 한・미 안보동맹이 미래지향적인 동맹으로 전환해 가는 과정에서 양국은 다음과 같은 정책대안을 마련해야 한다.[5]

첫째, 한국과 미국은 변화하는 지역 안보환경과 관련 국가들의 정치적 조건에 부응하는 점진적인 변화방법을 모색해야 한다. 한반도 방어와 지역 안보역할을 충족하기 위해서는 한국의 군사력 전개, 한반도의 안보환경, 주한미군의 재구성 등과 같은 다양한 군사인프라가 적절하게 계획되어야 한다.

둘째, 향후 한・미동맹은 동북아지역의 다자 안보포럼들과 상호보완 차원의 연계를 구축할 필요가 있다. 이러한 작업은 지역동맹으로서의 한・미동맹이 유발할지 모를 역내 긴장요인과 미・중 간의 경쟁관계에서 야기될지 모를 중국과의 긴장을 방지하는 효과를 창출하는 것이어야 한다.

셋째, 한반도 안보환경과 동북아 국제환경에 부응하는 한・미 간의 적절한 군사활동 업무분담이 이루어져야 한다. 즉 한반도 유사

---

5) Kang Choi and Tae-hyo Kim, "Future ROK-U.S. Security Cooperation: Comprehensive Security Alliance", New Asia, Vol.7, No.1(Spring 2000), pp.25-54.

상황의 경우 한국이 주도적인 역할을 담당하고 미군이 이를 지원하는 형태로, 그리고 동북아 유사상황의 경우에는 미국의 주된 역할을 한국군이 지원하는 형태로 협력관계가 이루어져야 한다.

즉 한반도 유사시에 한국은 지상군의 주된 부분을 제공해야 하고 미국은 정보와 해군·공군을 지원하는 한편, 동북아지역 유사시에는 미국이 작전과 군사활동의 주된 역할을 담당하고 한국이 이에 대한 병참과 후방지원을 맡는 방안이 바람직하다.

결국, 한국과 미국은 평시나 전시 모두 자국의 군사력에 대해 각자 분리된 명령과 통제권을 행사해야 한다. 연합권한 위임사항(CODA: Combined Delegated Authority)은 한국으로 점차적으로 반환되어야 한다. 대신 한·미동맹은 한국 합동참모본부와 주한미군을 서로 연결하기 위한 방편으로 연합독트린과 연합군사계획을 전개하기 위한 협조적 시스템을 가져야 한다. 전시작전통제권은 점진적인 방법으로 한국으로 반환되어야 한다. 한·미 간 연례안보협의회의(SCM)와 군사위원회회의(MCM)는 양국간 계획 중인 정책과 수행 중인 군사작전 이슈에 관해 상호 협조하고 조정하기 위해 유지되어야 한다. 그리고 주한미군기지평택이전과 관련하여 일부 시민단체의 공권력에 대한 과도한 저항과 FTA와 관련한 일부 시민단체의 미국현지에서의 시위와 관련하여 원칙과 국제적 관행에 입각하여 단호한 대처를 해야 할 것이다.

특히 한·미관계에서 도외시할 수 없는 부분이 바로 북한, 북핵 이슈이다. 북미 간의 갈등을 우리 정부가 의연하고 유연하게 풀어갈 수 있도록 중재하는 것도 필요하다. 북한 문제 해결을 위한 한미 간 협력에 대해서는 대화와 협상을 주장해 온 오바마 행정부의 대북정책은 외면적·형식적으로는 유연하나, 내면적·내용적으로는 꼼꼼함과 치밀함을 보일 것이다. 한미 양국간에는 북핵문제를 넘어선 포괄적이고 장기적인 차원에서 북한이 제기하는 다양한 도전을 어떠한 순서와 형식으로 처리할 것인지 긴밀한 협의와 조율·조정이 있어야 한다.

4. 한 · 미 안보관계의 방향

미전문가들은 '강인하고 직접적인 외교'를 통한 북핵문제 해결을 추구한다고도 본다. 민주당 정부는 부시 정부와는 달리 인내의 한계점(red line)과 함께 협상이 통하지 않으면 강력한 압력을 가하는 행동계획(plan B)도 고려할 수 있다. 오바마 정부의 대북정책은 진지한 직접협상을 전개할 강력한 의지를 갖지만 비핵화의 원칙에 대해서는 매우 엄격할 것이다.[6]

어떤 면에서는 오바마 정부는 기존의 대북 핵정책이 제재와 유인의 반복, 북한 핵무기 개발 등의 악순환으로 보고, 기존 6자회담을 통한 대북 압박 정책을 강화할 수도 있다. 물론 북한핵 상황이 악화되더라도 군사적 수단의 사용이 현실적으로 용이한 것이 아니므로, 중국의 역할을 통한 문제 해결을 시도할 것이다. 다만 오바마 정부의 대북정책방향은 6자회담 틀 내에서 직접협상을 전개했던 2기 부시 정부의 외교팀 틀과 유사할 것이다. 미북관계 개선 과정을 통해 핵문제 해결을 유도해 갈 것으로 본다.

---

6) 관련된 인터넷 영문 참고자료. 《〈Plan B〉》to follow another failed round with a get-tough policy of sanctions and economic pressure······ You move to what is being called a Plan B, not a hot war but isolating them as best we can, calling them a violator at the UN and in the [International Atomic Energy Agency]. The question is whether the Bush administration has a reasonable and balanced 《〈Plan A〉》, says Robert Einhorn of the Center for Strategic and International Studies (CSIS)in Washington.

핵 폐기에 대한 북한 당국의 의지가 국내외적으로 명명백백하게 확인실천되기 전에는 대북인도적 지원은 아사를 막기 위한 최소한의 식량지원에 그쳐야 한다. 그리고 본격적인 대규모지원은 북핵 폐기 일정표와 북한 이권개선 일정표와 연동되어야 한다. 식량지원도 김정일 체제를 강화시키는 방식이 아니라 필요로 하는 북한주민에게 반드시 전달될 수 있도록 모니터링(분배확인)이 이루어져야 한다. 모니터링이 불가능하다면 WFP(세계식량계획)를 통해 보내고 UN직원이 모니터링하게 해야 한다. 만약에 UN모니터링도 북한 당국의 속임수를 막아낼 수 없다면 모니터링을 필요로 하지 않는 옥수수가루를 보내 주는 것도 한 방법이다. 2007년 2·13합의 ▶ 핵시설동결(Freeze) ▶ 핵시설폐쇄(Shut down) ▶ 핵시설불능화(Disablement) ▶ 핵물질폐기 ▶ 핵무기해체 ▶ 한반도비핵화로 진행되어야 할 것이다

2009년 1월 1일 발표된 북한의 신년 공동사설에서 '조선반도의 비핵화'를 언급한 것은 북한이 미국과의 대화에 관심을 표명한 것이며, 미국의 대북 적대시 정책의 철폐를 요구하는 보다 적극적인 외교 공세다. 북·미 적대관계의 책임이 미국에 있음을 암시한다(주한미군 연합훈련언급 자제). 이를 대미 협상에서 활용하려는 의도로 보인다.

북한은 오바마 정부 출범을 계기로 남북관계의 악화와 이명박 정부의 비타협적 강경노선에 있다는 식으로 몰아가 남남갈등을 부추겨 이명박 정부의 국내적 입지를 약화시킬 것이다. 소위 '우리 민족끼리' 전략이다.[7] 꼼수에 상투적인 수법이다. 사실상 김정일은

---

7) 북한이 남북대화를 단절시킨 이유는 지난 10년간의 각종 교류협력사업 등으로 흐트러진 북한 사회의 이념무장을 재강화하고, 한국사회 내의 남남갈등을 부추기면서 북한이 원하는 방향으로 이 정부의 대북정책을 조종하며, 미국 오바마 차기 정부와의 협상에 대비해 북한의 입장을 강화하려는 전략 등으로 판단된다.

한미관계를 이간시키면서 미국에 접근하고 남남갈등을 부추기는 비열하게 반민족적 남북대결이나 통미봉남전략을 구사할 수 있다. 북한은 단계적으로 개성과 금강산카드로 대남압박조치들을 강화시켜 갈 것이다. 이명박 정부는 이러한 시나리오를 오바마 정부에 사전에 잘 전달하고 전략적으로 한미공조체제로 협력적 관계로 나가도록 해야 할 것이다. 그러나 오히려 김정일이 이를 중단하고, 핵을 포기하고 교류협력하여 남북이 win-win할 수 있는 '상생공영'의 길을 택하는 것이 보다 현명한 대안이라고 본다. 우리 정부도 지속적으로 이러한 입장을 표명하면서 대화를 촉구해야 할 것이다.

변하지 않는 것은 한국의 최우선 전략목표인 선진국 진입, 국가경쟁력 강화와 첨단 군사력 확보이며, 이를 보장하여 줄 수단으로서의 한·미 안보관계가 중요한 방안이다. 또한 한·미동맹은 북한의 군사위협 억지 기능과 동북아시아지역에서의 평화안보 유지 기능을 동시에 수행해야 한다. 미래의 한·미동맹의 발전 방향을 놓고 다음과 같은 질문이 제기될 수 있다.

표 5-4_ 남북한 군사력 비교(2008년 12월)

구 분			한 국	북 한
병력(평시)	계		67만 4천여 명	117만여 명
	육 군		54만 1천여 명	100만여 명
	해 군		6만 8천여 명	6만여 명
	공 군		6만 5천여 명	11만여 명
육 군	부 대	군단(급)	12(특전사포함)	19(포병군단, 미사일지도국, 경보교도지도국 포함)
		사 단	50	75
		기동여단	19	69(교도 10여 개 미포함)

구 분			한 국	북 한
주요전력	육군	장비		
		전 차	2300여 대	3900여 대
		장갑차	2400여 대	2100여 대
		야 포	5200여 문	8500여 문
		다련장/방사포	300여 문	5100여 문
		지대지유도무기	20여 기(발사대)	80여 기(발사대)
	해군	수상함정		
		전투함정	120여 척	420여 척
		상륙함정	10여 척	260여 척
		기뢰전함정	10여 척	30여 척
		지원함정	20여 척	30여 척
		잠수함정	10여 척	70여 척
	공군	전투기	490여 대	840여 대
		특수기	80여 대 (해군 항공기 포함)	30여 대
		지원기	190여 대	510여 대
		헬 기	680여 대 (육해공군 헬기 통합)	310여 대
예비전력(병력)			304만여 명	770만여 상륙함정명(교도대, 노농적위대, 붉은청년근위대 포함)

* 한국의 군사력에 제시된 해군병력은 해병대 25,000여 명을 포함. 지상군 부대(사단, 여단) 및 장비는 해병대 전력을 합산한 것이다.
* 북한군 야포문수는 보병 연대급 화포인 76.2㎜를 제외.
* 질적 평가 표현은 제한되므로 공개할 수 있는 양적 수준으로만 비교.

(자료) 김민석, "남북한무기비교", 《중앙일보》, 2009. 3. 30. 국방부.
『2008국방백서』(2009), 통일부, 『북한이해2008』(통일교육원), p.111 참조.

첫째, 한국은 자력으로 북한의 군사적 위협을 억지할 수 있는가.

둘째, 한·미동맹의 명령과 통제체제가 균형 있게 배분되어 있는가.

셋째, 향후에 한·미동맹이 동북아지역에서 안전보장 역할을 떠맡을 수 있는가.

이러한 한·미동맹의 미래지향적 요구사항을 추구하는 데 있어, 미일동맹은 좋은 연구지침이 될 수 있다. 미래의 한·미동맹은 한반도와 지역적 우발 가능성 모두에 대응하기 위한 능력을 갖추어야 한다. 북한의 군사위협은 시간이 갈수록 약화되는 추세이다. 따

라서 북한의 군사위협을 억지하는 데에 초점을 맞추어 온 현재의
한·미동맹은 동아시아지역에서의 평화와 안보유지로 그 책임영역
을 넓혀야 한다. 다시 말해 향후의 한·미동맹은 지역적 역할을 추
가적으로 수행해야 한다. 다만 남북한 간의 군사적 대치상황이 존
속하는 한 한·미동맹의 최우선적 목표는 어디까지나 북한의 위협
억지에 있어야 함은 두말할 나위가 없다.

증가하는 지역 안보역할을 수행하기 위해 한·미 안보동맹은 동
아시아지역의 다른 국가에 주둔하고 있는 미군과도 협조를 확대할
필요가 있다. 한·미동맹이 지역안보역할을 확대해 나갈 때 다른
역내 국가들의 이익과 갈등을 야기할 수도 있을 것이다.

표 5-5_ 남북한 미사일 비교

한 국		북 한	
현무	사거리 180~250km	KN-02	사거리 110km
	정확도 90m 이내		정확도 170m
	보유량 약 200기		보유량 -
에이타킴스	사거리 300km	스커드 B와 C	사거리 340-550km
	정확도 150m		정확도 900m
	보유량 200여 기		보유량 600기
현무Ⅲ(천룡)	사거리 1500km	노동1호	사거리 1300km
	정확도 수m		정확도 2km
	보유량 -		보유량 200기
-	-	중거리탄도미사일(노동2호)	사거리 2500~4000km
-	-		정확도 3km(추정)
-	-		보유량 50기 이상
-	-	대포동1호(시험발사)	사거리 2200km(개발 중)
-	-	대포동2호(개발 중)	사거리 6400~1만 5000km

(자료) 김민석. "남북한무기비교", ≪중앙일보≫, 2009. 3. 30. 국방부, 『2008국방백서』(2009).

따라서 한·미동맹의 지역동맹화 작업은 역내 국가들의 이해관계를 조율하는 다자적 안보대화 노력과 병행하여 추진할 필요가 있다. 만일 이러한 노력이 결실을 거두어 미래의 한·미동맹이 지역동맹의 역할을 담당하는 동시에 보다 긴밀하고 수평적인 협력구조로 발전한다면, ① 한·미는 명실 공히 실질적 안보파트너가 될 것이며, ② 한·미 안보동맹은 한반도는 물론 동아시아지역에서 불확실성과 불안정성에 대비할 수 있게 될 것이고, ③ 한국은 자국의 전략개념과 군사력 구조를 개발해 나갈 수 있을 것이며, ④ 한·미동맹의 지속에 대한 부정적인 양국 내의 여론을 무마시킬 수 있을 것이다.

5. 한미동맹의 과제와 전망

그러나 한·미동맹체제의 수평적 개선을 꾀한다 할지라도 다음과 같은 역기능에 노출될 가능성을 고려해야 한다. ① 양국의 명령권과 통제권의 분리는 통합 시스템에 비해 각종 사태에 대한 대응태세를 약화시킬 수도 있다. ② 한국과 미국의 독립적인 군사작전은 유사시에 합동작전을 어렵게 할 수도 있다. ③ 한국의 유권자들이 비록 한·미 안보동맹의 지속에 대해서는 동의할지라도 주한미군의 주둔에 대해서는 비판을 제기할지도 모른다.

이러한 역기능적 파장을 고려하여, 한·미 안보동맹이 미래지향적인 동맹으로 전환해 가는 과정에서 양국은 새로운 로드맵에 입각해 정책대안을 마련해야 한다.[8]

---

8) 한·미동맹의 미래비전과 관련 분야별 정책추진 방향에 대해서는 다음 논문을 참조할 것. Kang Choi and Tae-hyo Kim, "Future ROK-U.S. Security Cooperation: Comprehensive Security Alliance", New Asia, Vol.7, No.1(Spring 2000), pp.25-54.

2009년 2월 오바마 신행정부 출범 이후 한미동맹 역시 전략 동맹관계로 거듭나고 있다. 13%의 마이너리티 흑인이 미국에서 대통령에 선출되었다는 것은 아무리 글로벌 경제위기로 엉망진창이라고 하지만 역시 미국의 선진국 저력과 민주적 전통을 보여주는 증거라 본다. 한미동맹과 관련하여 2009년은 '21세기 전략동맹 구현의 원년'으로서 ① 한미동맹의 발전과 격상, ② 북한 핵과 북한 문제, ③ 경제 및 통상문제라는 3가지 이슈에 초점이 맞추어지고, 각각의 분야에서 긴밀한 협의와 협력이 어느 때보다 십중될 것이다.

표 5-6_ 남북한 주요 무기 비교

한 국		북 한	
자주포 (K-9)	구경: 155mm 최대사거리: 60km 분당 최대발사량: 6발	자주포 (곡산포)	구경: 170mm 최대사거리: 60km 분당 최대발사량: 2발
전차 (K2)	무게: 55t 주포구경: 120mm 엔진: 1500마력	전차 (폭풍호)	무게: 44t 주포구경: 125mm 엔진: 1100마력
구축함 (세종대왕함)	톤수: 7600t 크기: 길이-165m, 폭-21.4m 주포: 127mm 구경 1문 함대함미사일 해성 16기 함대지미사일 천룡, 함대공미사일 SM-2 등 총 128발	구축함 (나진급)	톤수: 1500t 크기: 길이-102m 폭-10m 주포: 100mm 구경 1문 함대함미사일 스틱스 2기 어뢰와 기뢰 등
잠수함 (214급 손원일급)	톤수: 1860t 크기: 길이-65m, 폭-6.3m 수중속도: 20노트(시속 37km) 최대잠항기간: 13일(4노트)	잠수함 (로미오급)	톤수: 1830t 크기: 길이-76m, 폭-6.7m 수중속도: 13노트(시속 24km) 최대잠항기간: 1일 이내
전투기 (F-15K)	크기: 길이-19.45m, 　　　날개폭-13.5m 최대무장량: 13.2t 전투반경: 1270km 공대공미사일암람 (사거리 75km) 공대지미사일슬램-ER (사거리 280km)	전투기 (Mig-29)	크기: 길이-17.3m, 　　　날개폭-11.4m 최대무장량: 10t 최대속도: 마하 2.3 전투반경: 700km 공대공미사일 AA-10알라모 (사거리 80km)

(자료) 김민석, "남북한무기비교", ≪중앙일보≫, 2009. 3. 30. 국방부, 『2008국방백서』(2009).

동맹의 단계가 있다면 일본이나 중국처럼 첫 단계에 속하는 관계로 가야 하겠다. 2009년 1월 9일 소식을 보니 조셉 나이가 주일 미대사로 내정된 것은 일본과의 밀착외교를 예고한다. 중국 최고전문가인 브르킹스 연구소 중국센터소장인 제프리 베이더가 NSC의 아시아담당선임보좌관 예정이다. 대한민국에 외국군대가 주둔하는 것은 전 세계에서 미국밖에 없다.[9] 이것만 봐도 우리에게 미국은 첫 번째 동맹국가이다. 미국도 가급적이면 한국이 첫 번째 동맹국가가 되도록 우리의 외교역량을 결집해야 한다. 상호 신뢰가 있어 세계전략에 코드가 맞는다면 비용도 적게 들고 더 많은 유익한 정보를 공유할 수 있을 것이다. 한미관계를 정상으로 회복해야 한다. 파트너십과 네트워킹을 강화해야 한다. 사실 글로벌 경제위기로 미국은 물론 전 세계가 다 어렵다. 한반도도 마찬가지이다. 한국과 북한의 국가 비교는 격차가 심하여(쨉도 안 되니까) 우리가 두려워할 일은 하나도 없다. 핵무기는 있지만 빈약하고 가난한 북한이 결국 갈 길은 미국이 주는 지원과 설득으로 국제사회에 평화적으로 나서지 않을 수 없을 것이다. 이것이 오바마의 저력인 것이다. 우리는 오바마를 신뢰하고 상호 믿으면서 동맹관계를 사안에 따라 정상적으로 대하면서 우리가 오히려 주도할 것은 주도하면서 미국의 정보나 도움을 얻으면 되는 것이다(글로벌 경제위기는 우리에게는 좋은 기회이다).

　한미관계가 노 정권하에서 매우 이상하게 꼬여 버렸지만 초등학생의 우정도 이러지는 않을 것이다. 중국 or 미국이 아니라 미국 and 중국이 되어야 한다. 연중결미해야 한다. 옛 친구에게도 잘하고 새로운 친구도 잘 사귀는 외교적 지혜가 필요하다. 이것이 유연

---

9) 《중앙일보》, 2009. 1. 9.

한 선진국적인 외교 전략 아니겠는가. 이를 십분 활용해서 국제사회에서 개도국의 모델국가로 한국의 자랑스러운 발전상과 민주화와 산업화를 개발도상국가에 전수시켜야 할 것이다.

Ⅳ 결 론

탈냉전시대에도 이념과 체제의 상이성은 안보협력의 기본적 고려사항이 된다. 범세계적 차원의 냉전 종식에도 불구하고 한국이 위치하고 있는 동북아시아에는 사회주의 일당 지배 및 전제정치체제를 고수하는 중국과 북한이 있다. 따라서 잠정적인 협조관계의 지속에도 불구하고 이념과 체제의 차이로 인하여, 한·미와 중국·북한 간에는 넘을 수 없는 대결관계가 지속될 수밖에 없다. 따라서 한·미는 어떤 형태로든지 민주주의, 인권 그리고 안보협력체제를 유지해야 한다.

그리고 한국은 자유민수주의를 국가의 기본이념으로 한 채 미구의 안보지원을 계속적으로 확보, 유지해야 한다. 중국, 러시아와 같은 강대한 잠정 갈등대상이 존재하는 한, 우리의 안전을 보장해 줄 수 있는 유일의 국가인 미국과의 안보협력은 불가피하다. 그럼에도 불구하고 우리의 국내외적 안보환경 변화를 감안할 때 현재의 한·미동맹체제를 그대로 유지할 수는 없다. 현 한·미 연합군 사령부(CFC: Combined Forces Command) 체제는 냉전 시 북한의 대남도발 억지와 전쟁 효율성 제고를 중점적으로 고려하여 미국이 주도적으로 전쟁을 수행할 수 있도록 마련된 것이다. 핵문제라는 걸림돌이 아직 남아 있기는 하나 북한의 군사력이 한·미동맹의 대결상대로 간주되던 시대는 지나가고 있다. 또 국력의 성장으로 인해 민족자존의식이 강화된 한국국민이 기존의 불평등한 한미관계를 수용하려 하지 않고 있다. 따라서 한국의 대미 위상을 높일 수 있는 방향으로 양국간 안보협력체제를 부분적으로 조정할 필요가 있다. 다만 주한미군철수는 아직은 시기상조이다. 적어도 북한이 군축이나 남북 간의 신뢰가 확보된 뒤에야 점차적으로 가능할 것이다.

그러나 중장기적 관점에서는 그동안 한국국민의 여론을 자극해온 주둔군 지위협정(SOFA)의 개선 문제나 주한미군의 규모와 위치의 조정 문제에 대해 양국간 긴밀하게 협의해 가야 할 것이다. 특히 주한미군 조정과 관련해서는 그러한 변화를 흡수하고 보완할 양국간의 대체적 협력체제가 마련되어야 한다. 새로운 협력내용을 규정하는 양국간 방위협력지침은 미·일 간의 지침 수준으로 구체적이고 명확하게 설정해야 할 것이다.

한국의 글로벌민주주의와 안보환경은 급변하고 있다. 이렇게 급변하는 주변환경에 능동적으로 대응하면서 필요한 정책 수정을 사전에 해 나갈 수 있으려면 초정치적이며 탄력적인 안보정책 수립기구가 마련되어야 한다. 민주주의 이념·문화·경제·국제정치·국내정치 등 다양한 영역의 변화를 분석하여 안보정책에 반영할 수 있는 기구를 창설하여 운영해야 한다. 특히 국내 정치변동에 영향받지 않는 운영이 가능하도록 제도적으로 배려해야 한다.

안보정책은 국가의 존립 자체에 영향을 주는 사안이므로 수시로 변하는 국내외적 여론과 이러한 여론에 민감한 정치로부터 어느 정도 격리된 안보정책 수립체제가 마련되어야 한다. 국제관계에 있어 책임 있는 정부의 일과 진보적 세력의 거리에서의 구호와는 일정 부분 책임성, 전문성, 세계화에 있어 차이가 있다고 본다. 이 점에 있어 국가의 역할과 기능에 있어 확연한 차이가 있음을 정치지도자는 인식해야 한다. 좌와 우, 보수와 진보, 영남과 호남, 강북과 강남지역을 한데 어우르고, 한미공조와 남북공조를 병행하여 슬기롭게 한반도문제를 풀어 가야 하는 것이 이 시대가 요청하는 새로운 리더십이 되어야 한다. 이것이 바로 남북관계 개선과 협력을 통하여 남북통일로 이르는 지름길이 될 것이다.

제6장

동북아정체성과 글로벌민주주의

서 론

   21세기는 민주화의 시기이고 단일국가의 민주화를 넘어 국가 간의 관계로 확산되어 글로벌민주주의(Global Democracy)가 실천되는 시대이다. 서유럽이나 북미지역국가들은 유럽연맹(EU), 북미자유무역협정(NAFTA), 북대서양조약기구(NATO), 경제협력개발기구(OECD) 등을 통하여 지역협력기구와 글로벌민주공동체를 조직화하면서 글로벌민주주의에 대하여 효율적으로 대응하고 있다. 그러나 동북아지역은 폐쇄적 민족주의, 자기합리화된 민주주의에 대한 왜곡 적용, 국내와 국외에 대한 이중적 민주주의 적용 등 자유, 정의, 평화, 평등, 인권 등 보편적 민주주의의 기본 원칙을 자의적으로 해석하여 글로벌민주주의가 진실하게 적용되고 있지 않다. 즉 글로벌민주주의 개념은 국가 간의 관계에 있어 민주주의의 보편적인 가치인 평화, 자유, 인권, 정의, 신뢰 등을 기초로 상호 협력적 관계가 형성되고 있다는 것으로 볼 때 개별국가 차원에서나 국가 간의 관계인 국제정치 차원에서도 민주주의의 상호존중정신이 반영되어야 함을 의미하는 것이다. 한·중·일 간 민주공동체로서의 상호 존중과 협력적 체계는 EU, NATO, NAFTA, 동남아시아국가연합(ASEAN) 등과 비교해 볼 때 과거사와 편협한 민족주의 등으로 초보적 단계수준조차도 형성되지 못하고 있다. 물론 아시아태평양경제협력(APEC), 아시아유럽정상회담(ASEM), ASEAN+3 등이 있으나 이는 동북아지역공동체를 넘어 광범위한 지역에 걸쳐 형성되어 있어 동북아지역의 특성을 고려한 보다 적극적이고 구체적인 동북아공동체의 대안으로 보기에는 미흡한 면이 있지 않다. 만약에 한국, 중국, 일본, 북한 등 동북아국가의 민주적 평화적 협력이 가시화된다면 전 세계에서 가장 커다란 민주공동체로서의 위력과 시너지효과를 보여줄 것으로 전망된다. 그러나 이들 4국은 과거와 연계된 민족주의적 감정과 내부적 체제의 취약성, 군사대국화의 패권적 전략 그리고 북한핵문제 등에 의해 민주적 협력적 관계를 만들어내지 못하고 있다. 오히려 상호간 마음을 아프게 하고, 분노를 키우고, 국민들 사이에 적대적 관계가 노골적으로 표출되는 등 글로벌민수수의 시대에는 전혀 길맞지 않은 후진적 모습을 노출하고 있다. 더욱이 남북한은 분단을 극복하지 못하고 남북관계에 있어 냉온탕을 반복적으로 왔다 갔다 하는 불안한 갈등을 보여주고 있다. 국제정치의 전략적 측면에서도 한·일관계, 한·중관계, 일·중관계, 일·러관계가 과거사문제나 영토와 국경문제로 분쟁과 갈등을 지속적으로 반복해서 노출하고 있다.

한·중·일로 압축되는 동북아지역에서 한·중·일 간의 협력과 이해를 통해 동북아의 민주적 정체성을 확립하고 국제사회를 주도하면서 진정한 의미의 글로벌민주주의를 실천하고 확산시킬 수 있는 동북아민주공동체의 형성은 불가능한 것인가.[10] 동북아가 국제

평화를 솔선수범하고 모범을 보일 수는 없는 것일까. 만약 국제질
서가 힘의 논리로만 간다면 항상 국제사회는 토마스 홉스(Thomas
Hobbes)가 지적하듯이 만인의 만인에 대한 투쟁상태가 지속될 것
이다. 그러나 다른 한편 국제사회가 글로벌민주주의를 통한 평화와
협력을 지속적으로 강조한다면 한·중·일은 동북아에서 글로벌민
주주의를 실천하는 기반을 만드는 일에 협력해야 할 것이다. 이것
이 중요한 일임을 증명하는 것이 국제연합(UN), 세계무역기구
(WTO), 유엔난민고등판무관(UNHCR: UN High Commissioner for
Refugees) 같은 글로벌민주주의를 실천하는 국제기구인 것이다. 본
연구는 동북아지역의 민주공동체 형성이 무엇보다도 동북아지역의
평화와 번영을 가져온다는 점에서 그 가능성과 과제를 정리하였다.

Ⅱ 동북아지역의 글로벌민주주의와 갈등

1. 글로벌민주주의의 실상

앞장에서 보듯이 동북아지역의 4개국은 여러 국제사회의 지표에
서 나타나는 글로벌민주주의 순위의 격차가 매우 크다. 특히 일본
의 글로벌 스탠다드(Global Standard) 순위가 높지만 이것이 이웃국
가와의 관계나 민주적 협력과 일치하는 것 같지는 않다. 다른 한편
래이 클라인(Ray Cline)은 국력의 지표로서 ① 비판적 대중, ② 경
제능력, ③ 군사력, ④ 전략과 목표, ⑤ 국민의 의지 등으로 지표
를 만들어 국가별 순위를 만들어 보았다.[11] 중국과 같은 지표상의

---

10) Larry Diamond, *Developing Democracy: Toward Consolidation*(baltimore: The
Johns hopkins Univ. press, 1999), pp.14 – 15.

강대국이 반드시 선진국이거나 민주주주의 국가는 아닌 것을 볼 수 있다.

　오히려 스웨덴, 핀란드, 아일랜드, 아이슬란드, 스위스, 룩셈부르크 등과 같이 유럽의 강소국이나 강중국이 글로벌민주주의 순위나 국가경쟁력이 상위권이면서 선진국인 국가가 많이 있다. 더욱이 오늘날 동북아지역은 분단갈등과 분쟁, 역사왜곡과 거짓, 과거 침략과 수탈에 대한 은폐 등 국가 간 비민주적인 관계가 현실로 나타나고 있다. 이는 글로벌민주주의적 요소에 반하는 것이나. 예긴대 지난 2005년 3월 25일 아이치 만국박람회를 이용하여 UN상임이사국 진출을 위해 121개국 참가국 중 60개국의 아프리카, 중남미국가들의 정상들을 초청하는 일본의 전략이라든지, 2000년 10월 고이즈미 총리의 야스쿠니 참배로 중일관계가 끊긴 것을 원자바오 중국 총리의 방일을 이끌어 내려고 총력을 다한 것 등이 이에 속할 것이다.12) 이것은 분명히 과거사에 대한 반성과 사죄 없이 일본이 UN 상임이사국을 목표로 하는 것이지 중·일 간의 진정한 우정과 협력을 목적으로 한 것은 아닌 것이다.

　다른 한편 지난 2005년 3월 15일 이스라엘 예루살렘에서는 코피 아난 유엔사무총장과 40여 개국 정상과 외무장관 등이 참석하여 인류가 저지른 범죄에 대한 반성의 시간을 가졌다. 홀로코스트(유대인대학살)역사박물관을 개관하면서 독일의 요슈카 피셔(Joschka Fisher) 외무장관은 다시 한 번 도의적 책임을 통감한다고 하였다. 이는 동북아시아에서 벌어지는 일제침략사를 왜곡하는 일본교과서,

---

11) Ray Cline, *World Power Assessment*(2001), George Thomas Kurian(ed.), *The Illustrated Book of World Rankings*(N.Y.: M.E. Sharpe, 2001), pp.66－67 재인용.

12) 이는 일본이 중국이 2010년 상하이 엑스포개최국이라 이번 엑스포열기를 측면 지원해야 하는 것을 최대한 이용하려 했기 때문이다.

이를 두둔하는 일본정치인의 망언 등 일본의 이중적 플레이와는 대조적이다.[13)

물론 그동안 일본과 독일이 2차 대전 이후 지금까지 국제사회에서 빈곤국가나 제3세계권 국가에 투자한 지원액은 〈표 6-1〉에서 보듯이 최상위를 달리고 있다. 독일처럼 인도네시아, 싱가포르, 필리핀, 말레이시아, 태국, 중국, 케냐, 가나 등 아시아권과 아프리카권에 대한 일본의 제3세계권 공적개발원조(ODA: Official Development Assistance)가 전체 지원액의 60% 이상을 차지하고 있다. 남아시아에는 일본의 원조를 받는 주요 수혜국으로 인도, 파키스탄, 스리랑카, 방글라데시 등이 포함된다.[14) 국제사회에서 일본의 지원금이나 원조를 안 받는 국가가 거의 없을 정도이다. UN분담금납부 비율 순위도 미국(22%) 다음으로 일본(19.5%)과 독일이다.[15) UN분담금도 미국(1), 일본(2), 독일(3), 프랑스(4), 영국(5), 이태리(6) 순위로 일본이 2위이다.[16)

표 6-1_ 국제사회에 대한 지원국가 순위(단위: Millions $)

순 위	1989년		1995년		2002년	
1	일 본	8,965	일 본	14,489	미 국	12,900
2	미 국	7,677	프랑스	8,443	일 본	9,220
3	프랑스	5,802	독 일	7,524	독 일	5,359
4	독 일	4,948	미 국	7,367	프랑스	5,182

13) ≪중앙일보≫, 2005. 3. 17.

14) Saori N. Katada, Hanns W. Maull, Takashi Inoguchi(ed.), *Global Governance: Germany and Japan in the international System*(Hants, UK: ashgate Publishing Limited, 2004), 182-183.

15) ≪중앙일보≫, 2005. 3. 23.

16) http://www.org/aboutun(2005. 4. 9. 조회)

순 위	1989년		1995년		2002년	
5	이태리	3,613	네덜란드	3,226	영 국	4,749
6	영 국	2,587	영 국	3,202	네덜란드	3,377
7	캐나다	2,320	캐나다	2,067	이태리	2,313
8	네덜란드	2,094	스웨덴	1,704	캐나다	2,013
9	스웨덴	1,799	덴마크	1,623	스웨덴	1,754
10	호 주	1,020	이태리	1,623	노르웨이	1,746
	총 DAC	45,735	총 DAC	58,926	총 DAC	56,911

(자료) OECD/DAC(Development Assistance Committee)*Development Report*, various issues.
Saori N. Katada, Hanns W. Maull, Takashi Inoguchi(ed.), *op.cit.*, *pp.182-183*.

또한 〈표 6-2〉에서 보듯이 일본의 OECD에서의 역할도 대단하다. OECD조차도 미국과 일본 등 G7국가에 의하여 운영되고 있는 것이다.[17]

표 6-2_ 각 국가들의 OECD기금 분담률(1975~2000)

국 가	1975	1980	1985	1990	1995	2000
캐나다	5.04	4.50	4.73	3.85	3.21	2.72
프랑스	9.80	9.16	8.63	7.84	7.41	6.84
이태리	5.79	5.19	5.78	7.08	6.75	5.61
영 국	7.40	5.93	7.48	6.19	5.80	6.19
독 일	12.82	12.38	10.74	10.23	11.41	10.86
일 본	15.67	18.20	19.04	23.51	22.55	22.27
미 국	25.00	25.00	25.00	25.00	25.00	25.00
G7의 총 분담률	81.52	80.34	81.40	83.70	82.17	79.49
기 타	18.48	19.66	18.60	16.30	17.83	20.51

(자료) Richard Woodward, *op.cit.*, p.123.

그러나 이웃하고 있는 한국과 중국에 대해서는 그만큼의 글로벌한 민주적 배려가 없는 것이다. 지난 2004년 12월 26일 28만 명의 사망실종자를 만든 동·서남아시아 지진해일(쓰나미) 경우 국제사회에서 각 국가가 마치 경쟁하듯이 지원액을 올리는 진풍경을 우

---

17) Richard Woodward, "the Organisation for Economic Cooperation and Development", in *New Political Economy*, Vol.9, No.1, March 2004, p.123.

리는 보았다. 여기서도 일본은 예외가 아니었다. 돈으로 따지자면 한국은 일본을 쫓아갈 수 없다고 본다. 그러나 한국의 경우 절대액 수보다는 상대액수를 통하여 국력에 비례하는 수준으로 빈국에 대한 지원율을 성실하게 높이고, 양심적이고 신뢰를 기초로 하여 일본의 비양심적인 사실을 국제사회에 알리면서 진실한 친구국가를 만들어 간다면 장기적으로 일본의 이중적 전략을 극복하는 것이 그렇게 어려운 것만은 아니다. 또한 경제나 스포츠는 선진국형이 될 수 있어도 정치나 외교는 이웃국가와의 팽팽한 경쟁과 긴장관계 속에서 다르게 전개될 수도 있다고 본다. 일본이나 중국에서 보이는 법의 통치거부, 인권침해, 이웃국가에 대한 민족차별 등은 시민권리와 정치적 권리에 결함이 있음을 의미한다.[18] 특히 역사왜곡은 진실과 신뢰라는 측면에서 이웃국가에 커다란 아픔을 주는 것으로 글로벌민주주의와는 어울리지 않는 부분이다.

그러나 국가 간에는 적어도 정치나 외교에 있어서도 신뢰와 신의가 있어야 할 것이다. 외형적 수치로만 일본이 독일만큼 글로벌 민주주의를 잘 실천하고 있다고 볼 수 없는 것이다. 이는 강대국이며 선진국인 미국의 경우도 예외가 아님을 여러 정보를 통해 알 수 있다. 예컨대 한국을 포함해서 국제사회에서 끊임없이 미국의 국제전략과 정책에 대한 비판이 있고 국제비정부기구(INGO)의 반세계화(Anti – Globalization) 운동을 통해 미국의 초국가적인 정책의 문제점을 지적하고 있는 것 등에서 볼 수 있다.[19] 다만 미국은 언론

---

18) Aili, Piano, and Arch Puddington(ed.), *freedom in the world 2004: the Annual Survey of Political Rights & Civil Liberties*(N.Y.: Freedom House, 2004), pp.6 – 7.

19) Brantly Womack, "The United States, Human Rights, and Moral Autonomy the Post – Cold War World", in Robert Fatton Jr. & R. K. Ramazani(ed.), *The Future of Liberal Democracy*(N.Y.: Palgrave macmillan, 2004), pp.264 – 265.

이나 국제사회의 여론 때문에라도 자신의 과오를 책임지거나 반성한다는 점이 일본과는 다르다고 본다. 미국이 일본의 고이즈미나 극우정치인들처럼 무모하지는 않은 것이다. 이러한 논리에서 일본 내 보편적 세계사적 논리에 입각하여 건전한 정신을 갖고 있는 대학조직, 양심적인 지식인 집단, 여성운동단체 등 시민사회를 동북아글로벌민주주의 실천을 위하여 적극적으로 활용해야 할 것이다.

표 6-3_ 한·미·일 국민의 국가자부심순위

	스포츠	역 사	예 술	과 학	군사력	민주주의	경 제	공평성	정치적 영향력	사회보장제도
한 국	14	24	32	27	26	25	19	31	33	29
일 본	10	27	3	6	19	19	17	17	20(29.1%)	21
미 국	14	8	6	2	2	1	2	11	1(74.4%)	18

(자료) ≪중앙일보≫, 2005. 3. 15. 김재온. "2003년도 세계34개국 국민정체성비교연구"(2005)

〈표 6-3〉에서 보듯이 한국종합사회조사(KGSS)와 국제사회조사(ISSP: International Social Survey Programme)조사에 의한 2003년도 세계 34개국 국민정체성 비교연구의 역사 분야와 국민자부심조사에서 한국은 24위, 일본은 27위로 하위에 속해 있다.[20] 일본국민들 스스로가 자기 역사에 대하여 자부심을 한국보다 낮게 느낀다는 것은 일본정부보다는 일본국민이 양심적이라는 것을 의미하며 이를 교훈으로 일본정부가 겸허하게 과거사에 대한 진솔한 입장을 가져야 한다고 보는 것이다. 본질적으로 글로벌민주주의는 국가 간에 자유, 개방, 개혁과 혁신, 투명성, 정치적 자유, 정치적 책임 등을 더욱더 보장하고 적용하는 세계화 시대의 정신인 것이다.[21] 게

---

20) ≪중앙일보≫, 2005. 3. 15. ISSP는 1984년 설립된 사회조사협력조직이고 2004년 현재 한국, 일본, 독일, 미국, 영국 등 39개국의 회원단체가 가입했다. 중국은 ISSP회원이 아니라 조사에서 빠졌다. 한국인 조사는 ISSP의 한국회원단체인 성균관대 동아시아학술원 서베이 리서치센터가 한국종합사회조사(KGSS)의 일환으로 진행했다.

다가 자국민에게 자긍심을 주기 위하여 과거역사를 날조하고 왜곡하고 은폐하려는 것이 더욱 문제인 것이다. 과거 제국주의침략을 겸손하게 사죄하고 새롭게 출발하려는 자세가 있어야 동북아의 글로벌민주주의가 가능할 것이다. 물론 과거의 식민지배를 평가하려면 정치적 독립성, 민족의 정체성, 언어의 독창성, 문화전통 등 수량화할 수 없는 문제도 고려해야 한다. EU가 단일국가로 통합하려는 모델을 제시하면서 한계에 봉착하고 있으나 그것까지는 아니더라도 민주주의의 질이 근사한 국가들이 이루어 낸 EU가 추구하는 글로벌민주주의 정신을 동북아에 벤치마킹하면서 이를 실천할 필요가 있는 것이다.

2. 동북아지역의 갈등과 분쟁

(1) 일본의 역사왜곡, 독도영유권 주장

한국은 명백한 글로벌민주주의 원칙에 어긋나는 일본의 실책을 국제사회에서 비판받도록 하는 합리적이고 이성적 대응이 필요하다. 가장 가까이 있는 이웃국가에 역사에 대한 거짓과 왜곡으로 괴로움과 아픔을 주는 국가는 외교강국이나 경제대국이 될 수는 있어도 글로벌민주주의 시대에 지도자국가, 존경받는 국가는 될 수 없다고 본다. 독일처럼 과거 제국주의침략에 대한 사죄와 반성을 하고 스스로 교과서를 통해 사실적인 역사를 널리 알리는 것이 보편적 민주주의 원리에 입각한 선진국의 자세일 것이다.

---

21) Larry Diamond, *op.cit.*, pp.22 - 23.

표 6-4_ 한·중·일 3국의 글로벌시대 대학순위(500대 대학)

세계순위	대학기관(국가)	아시아 태평양순위	세계순위	대학기관(국가)	아시아 태평양순위
14	도쿄대학(일)	1	302-403	니혼대학(일)	38-66
21	교토대학(일)	2	302-403	니이가타대학(일)	38-66
54	오사카대학(일)	4	302-403	포항공대(한)	38-66
69	도호쿠대학(일)	5	302-403	성균관대학(한)	38-66
97	나고야대학(일)	8	302-403	도쿄Med&Dent(일)	38-66
101-152	홋카이도대학(일)	9-17	302-403	도쿄Metropolitan(일)	38-66
101-152	큐슈대학(일)	9-17	302-403	도쿄UNiv Agr&Tech(일)	38-66
101-152	두쿄Inst Tech(일)	9-17	302-403	Univ Sci&Tech China(중)	38-66
101-152	츠쿠바대학(일)	9-17	302-403	와세다대학(일)	38-66
153-201	서울대학(한)	18-21	302-403	야마구치(일)	38-66
202-301	Chinese Univ HK	22-37	302-403	Zhejiang Univ(중)	38-66
202-301	게이오대학(일)	22-37	404-500	에이메대학(일)	67-89
202-301	고베대학(일)	22-37	404-500	한양대학(한)	67-89
202-301	오카야마(일)	22-37	404-500	히메지Inst Tech(일)	67-89
202-301	베이징대학(중)	22-37	404-500	Jichi Med sch(일)	67-89
202-301	칭화대학(중)	22-37	404-500	길림대학(중)	67-89
202-301	Univ HK	22-37	404-500	준텐도대학(일)	67-89
202-301	연세대학(한)	22-37	404-500	가고시마대학(일)	67-89
302-403	치바대학(일)	38-66	404-500	고려대학(한)	67-89
302-403	City Univ HK	38-66	404-500	구마모도대학(일)	67-89
302-403	쭈난내학(쭝)	38-66	404-500	경북대학(한)	67-89
302-403	기푸대학(일)	38-66	404-500	나라Inst Sci&Tech(일)	67-89
302-403	군마대학(일)	38-66	404-500	오사카시립대학(일)	67-89
302-403	HK Polytech Univ	38-66	404-500	상해교통대학(중)	67-89
302-403	가나자와대학(일)	38-66	404-500	신슈대학(일)	67-89
302-403	KAIST(한)	38-66	404-500	Univ OsakaPrefecture(일)	67-89
302-403	나가사키(일)	38-66	한국(8), 일본(34), 중국(12)		
302-403	난징대학(중)	38-66			

(자료) http://ed.sjtu.edu.cn/rank/2004 Academic Ranking of world Universities 2004
(2005년 2월 18일 검색)

지난 2005년 6월 20일 한일정상회담에서 이러한 문제에 구체적인 합의를 못 본 것은 안타까운 점이다.[22] 이웃나라의 신뢰도 얻지 못하면서 국제사회에서의 지도적 위치에 대한 추구는 미완성의 불안한 지도자국가가 될 가능성이 높다. 중국과는 동중국해 가스전과 조어도를 놓고 분쟁을 벌이고 있고, 중국은 일본의 상임이사국 진출에 명백한 반대의사를 밝혀 왔다.[23] 북한과의 관계도 납치문제로 진전을 보지 못하고 있다. 독일이 상임이사국 가입에 대하여 프랑스가 나서서 밀어주는 상황하에서 자유민주주의와 시장자본주의라는 가치를 공유한 이웃나라인 일본이 UN의 상임이사국이 되는 데 왜 한국이 반대해야 하는가. 이 점을 일본이 곰곰이 생각해야 한다. 이웃국가의 신뢰조차 얻지 못하는 나라가 어떻게 국제사회의 신뢰를 주는 지도국가가 될 수 있을까. 여기서 우리는 국제사회에서 순수한 대학과 양심적인 지식인들의 역할이 중요하다는 점을 인식해야 한다고 본다.

〈표 6-4〉의 500대 세계대학 순위에서 보면 한·중·일의 지식의 격차를 알 수 있다. 세계화된 대학의 수에서 일본이 단연 압도적이다.[24] 그러나 문제는 국제사회에서 대학순위의 문제가 만능은 아니라는 점이다. 대학의 수준이 높으면 높을수록 국가도 국제사회에서 지도자국가로서의 자질을 향상시켜야 할 책임이 더 커지는 것이라고 본다. 글로벌한 대학수준으로 왜곡된 역사를 국제사회에 전파한다면 주변국은 물론 미래의 국제사회는 불행해질 것이다.

수준 높은 글로벌한 교육과 거기서 교육받은 건전한 국제적 시민으로서의 현재의 대학생들이 따로 존재해서는 안 될 것이다. 세

---

22) ≪한겨레신문≫, 2005. 6. 21.

23) ≪동아일보≫, 2005. 3. 23.

24) http://ed.sjtu.edu.ccn/rank/2004(2005. 2. 18. 검색). 이는 ① 동문업적, ② 교수업적, ③ 21개 분야 인용빈도, ④ Nature & Science 논문 수, ⑤ SCI 빈도수 등을 기준으로 세계 500대 대학순위를 만든 것이다.

계화된 대학과 교육이 일본에 있다면 양식 있는 지식인이 일본에
도 많다는 것은 자연스러운 이치일 것이다. 이를 동북아평화와 민
주주의를 위해 활용해야 한다. 지난 2001년 3월 28일 도쿄대 졸업
식에서 하스미 시게히코(蓮實重彦) 총장은 역사는 잊혀도 지워 버
릴 수 없다고 일제의 한국인 인권유린이 결코 정당화될 수 없다고
지성의 외침을 하였다. 와타하루키(和田春樹) 동경대 명예교수, 이
라이 신이치(일본전쟁책임센터대표), 운노후쿠주(메이지대 교수) 등
16명은 역사왜곡 반대성명을 발표한 바 있다. 역사교육학자 889명
은 새로운 역사교과서 만드는 모임, 산케이신문, 후소사출판사 등
을 공정거래법위반으로 고발하겠다고 했었다.[25]

　1972년 시작한 일본대학 외국인교수차별 철폐운동을 한 전 모모
야마대(桃山大) 서용달 교수로 인하여 아시아를 얕보던 일본대학들
이 이제는 반성하고 있다는 것이다.[26] 대구와 히로시마의 한·일
역사 교사들이 4년여에 걸쳐 만든 한일공통역사부교재로 『조선통
신사』를 발간한 것은 양국 상호 불신을 극복하는 좋은 씨앗이 될
수 있다.[27] 이처럼 일본의 양심적이고 합리적인 시민사회시회와의
네트워크(network) 강화와 연계투쟁을 통하여 일본의 극우세력들을
압박해야 할 것이다. 한국은 민족과 국가를 초월하여 국제사회의
양심적인 지식인 네트워크를 형성해야 한다. 약자를 이용하거나 짓
밟는 것이 아니고 함께 공존·공영하는 보편사적인 인류애를 구현
할 수 있는 동북아민주공동체 구축을 위해 국제사회에서 대학과

---

25) ≪중앙일보≫. 2001. 3. 29.
26) ≪동아일보≫, 2003. 8. 12. 82년 외국인교원임용법을 제정하였고 2002년 7월 일본 국
　　공립대에는 한국인 및 재일동포 교원 41명, 조교수 90명, 전임강사 43명 등 174명이고
　　조교까지 포함하면 300명에 이른다. 탈아입구(脫亞入歐)에서 탈구입아(脫歐入亞)로 변하
　　고 있다.
27) ≪중앙일보≫. 2005. 4. 20.

지식인의 역할이 무엇보다도 중요하다.

(2) 중국의 동북공정과 고구려사 왜곡

지난 2002년 2월 동북공정프로젝트의 고구려사 왜곡은 한·중 양국관계를 악화시켰다. 중국은 고구려를 지방의 소수민족정권으로 규정하면서 자국사에 편입시켰다. 그리고 이러한 내용을 외교부 홈페이지에 반영하였고 관영언론인 신화통신과 인민일보에도 보도하였다. 중국도 일본과 마찬가지이다. 중국이 가장 가까이에 있는 이웃국가에 거짓과 왜곡으로 괴로움과 아픔을 준다면 경제대국이나 스포츠강국은 될 수는 있어도 글로벌민주주의 시대에 지도자국가로 존경받는 국가는 될 수 없다. 중국이 동북공정과 고구려사 왜곡을 강행하자 일부 한국의 지식인은 간도는 우리 땅을 주장하게 되었다. 중국이 겸허하게 정상적인 역사를 받아들이면 이 문제는 해결될 수 있을 것이다. 중국도 스스로 교과서를 통해 사실적인 역사를 전 세계에 널리 알려야 할 것이다. 다른 한편 중국은 지난 2005년 3월 14일 전국인민대표대회에서 반분열국가법안을 제정하였다. 대만이 어떤 방식으로든 독립하려 하거나, 대만분열을 야기할 수 있는 사변이 발생할 경우, 대만에 대한 평화통일 가능성이 사라질 경우 군사행동을 하겠다는 것을 명문화한 것은 중국의 패권적 민족주의의 단면을 보여준다. 게다가 중국은 내부적으로도 민주화와 인권문제가 심각하다. 이에 대해 미국은 자유의 확산을 핵심외교정책으로 내세우고 있다. 그러나 중국은 이를 내정간섭으로 보고 있다.[28] 지난 1979년 실용주의 노선 채택과 문호개방 이후 중국은 89년 민주화 시위를 무력으로 진압한 천안문사태, 2000년 파룬공 유

---

28) 《중앙일보》, 2005. 3. 16.

사종교집단에 대한 탄압, 그리고 2003년 홍콩의 민주주의를 위한
대규모시위가 있는 등 아직도 글로벌민주주의 실천은 미흡한 실정
이다.[29] 중국이 글로벌민주주의에 편승하도록 국제사회는 지혜롭고
다각적인 압박을 가해야 할 것이다.

표 6-5_ 1979년 대비 2004년 중국변화의 실상

1979년	내 용	2004년
9억 7천5백만 명	인 구	12억 7685만
덩샤오핑	지도자	후진타오
0	자가용 수	3백만 대
장칭(Jiang Qing)	패션 상징	공리(Gong Li)
0	석유수입	2백만 배럴(1일)
22억 달러	연간 중미교역	1770억 달러
미국 11억 달러 흑자	중미무역수지	중국 1230억 달러 흑자
불환지폐	통화	태환지폐(1달러: 8.28위안
없 음	증권거래소	상해, 선전
홍콩, 마카오, 대만, 중고국경지역, 남중국해 섬들	미해결영토분쟁	대만, 남중국해 섬들

(자료)*The Wall Street Journal*, January 30, 2004, A8.

지난번 라이스 국무장관은 반국가분열법과 관련하여 중국 관리
들이 이 법의 문제점을 수정하겠다고 했다고 밝힌 바 있다. 그들은
법이 해외에 미친 부정적 파장을 알고 있었다고 말했다. 반노예상
태의 노동자인 바오선궁(包身工)도 심각한 문제다. 그리고 헤이룽
장, 충칭, 상하이 등에서 동물보다 못한 노동자인권 유린과 학대에
대한 광범위한 확산도 글로벌민주주의와는 역행하는 큰 문제이
다.[30] 북한탈북자에 대한 인권유린이나 무책임한 태도에 대해서도

---

29) *The Wall Street Journal*, January 30, 2004, A8.
30) ≪중앙일보≫, 2005. 3. 23~28.

중국은 반성하고 국제적 관례에 따른 협력을 해야 한다. 중국이 강대국인 것은 분명하지만 선진국이거나 국제사회에서 지도자국가인지는 여전히 의문이 간다. 이를 중국이 점진적으로 극복해 나가는 의지를 보일 때 동북아민주공동체 구축의 가능성이 보일 것이다.

(3) 북한의 인권문제, 핵무기개발 및 무기매매

북한은 마약밀매밀수국가, 부자세습체제국가, 300만 명이 굶어 죽는 나라로 알려졌다. 그리고 미국은 불량국가, 악의 축 국가, 폭정의 전초기지라고 부르기도 하였다. 그러나 곤돌리사 라이스(Condoleezza Rice) 미 국무장관은 지난 2005년 3월 20일 방한 중에 북한은 주권국가이며 미국은 북한을 공격할 의사가 없으며 북한은 전략적 선택을 통해 안전보장을 얻어야 한다고 지적했다. 북한이 핵 폐기라는 전략적 결정을 내린다면 안전보장을 문서화할 수 있는 부분도 있을 것이라고 밝혔다. 이는 조지 W. 부시(George W. Bush) 대통령 2기 취임식에서 자유의 비전(A vision of Freedom)을 강조하여 결국 민주주의와 자유를 통하여 북한을 압박하고 있는 것과 맥을 같이한다.[31] 일본교과서 왜곡과 독도망언 등에 대해 보다 남북공조에 입각하여 효과적인 평화적 대응이 되려면 하루속히 북한이 불량국가, 악의 축 국가, 폭정의 전초기지 등의 불명예를 떼어 버리고 국제사회에 당당하게 등장해야 한다. 다른 한편 민주주의증진법(Advance Democracy Act of 2005)을 미하원 본회의에 상정한 것도 북한의 민주화를 촉구하는 의미를 보여준다.[32] 지난 2002년 11월 서울 민주주의공동체회의도 북한이 핵·미사일 등의

---

31) *Chicago Tribunne, January* 21, 2005, p.1 & 5.
32) ≪중앙일보≫, 2005. 6. 23.

대량살상무기(WMD)를 포기하고 국제사회에 동참하도록 하는 데 압력을 행사하였다.

표 6-6_ 1998~2003년 동북아 국가별 부패지수(CPI)

	한 국	중 국	일 본	비고(91개국)
CPI 점수	4.2	3.5	7.1	핀란드 9.9
사용된 자료 수	11개	10개	11개	3~12개
표준편차	0.7	0.4	0.9	핀란드(0.6)
최고-최저범위	3.4-5.6	2.7-3.9	5.6-8.4	핀란드(9.2-10.6)
국가순위(99개국)	50(2003) 40(2002) 42(2001) *48(2000) *50(1999) *43(1998)	66(2003) 60(2002) 57(2001) *63(2000) *58(1999) *52(1998)	21(2003) 22(2002) 21(2001) *23(2000) *25(1999) *25(1998)	핀란드 1위 핀란드 1위 핀란드 1위 핀란드 1위 덴마크 1위 덴마크 1위

(자료) *Transparency International Annual Report2003.*
http://www.transparency.org/activities(2005년 3월 23일 검색)

북한이 국제사회에서 핵카드를 중심으로 비상식적인 국가행태를 보이면 보일수록 일본은 극우세력 득세와 군비확장을 가속할 것이고, 중국은 북한에 대하여 지속적으로 관대할 수만은 없을 것이나. 반대로 중·일관계가 악화되면 될수록 이 틈 사이에서 북한은 더 핵카드에 집착할 것이다. 그렇게 되면 한국정부도 마냥 북한 편만을 들 수 없음을 북한이 인식해야 한다. 이것은 동북아민주공동체를 형성하는 데 결정적인 저해요인이라고 본다. 적어도 북한이 가야 할 길은 글로벌민주주의의 세계사적인 조류를 조속히 편승하는 것이 국익은 물론 동북아의 평화와 번영에도 바람직하다는 점이다. 체제안전과 안정을 도모하면서 얼마든지 개혁과 개방을 할 수 있는 방안은 많이 있다고 본다. 여기에는 북한의 한국과 주변국가에 대한 신뢰가 무엇보다도 중요하다. 단순히 남북한 고위급 인사의 일회성적이고 작위적인 깜짝스런 만남으로는 국제사회에서 북한의 입장을 이해시키고 수용하기에는 미흡하다.[33] 다행히 남북장관급회 담에서 많은 합의가 나왔다. 이를 실천하고 지속적으로 존속하는 것이 무엇보다도 중요하다.[34] 그리고 국제사회는 국제공조를 통하여 북한에 대한 민주화와 인권문제에 대하여 적어도 북한 당국에 인식시키고 점진적으로 개선하도록 촉구하고 지속적으로 감시해야 한다고 본다. 상당기간 북한이 이러한 글로벌민주주의에 편승하기가 어렵다면 적어도 한·중·일만이라도 공조를 통해 동북아민주 공동체의 기초를 만들어야 할 것이다. 이것이 오히려 북한에 진지한 태도변화를 도출하는 데 도움을 줄 수 있다고 본다.

(4) 한국의 부정부패와 다기화된 갈등

한국은 여전히 글로벌 경제를 해야 할 부분이 많이 있으나 IMF 체제를 경험하면서 기업의 구조조정, 단기자금유입, M&A 경험, 국제적 금융서비스 유입, 증시의 글로벌유동성 강화 등 이미 경제 부문에 있어서는 경제의 국제화 등 글로벌화의 경험을 성공적으로 하였다. 정치적 측면에서 글로벌민주주의를 소홀히 한 점이 많이 있으나 강한 민족주의적 감성이 금융시장의 위기를 극복하는 데 도움을 주었고 한국과 태국은 민주적 제도를 잘 도입한 국가로 평가받고 있다.[35] 물론 한국전쟁과 군부독재라는 우여곡절을 겪으면서 단기간에 민주주의 국가로 거듭났고 경제도 발전하여 민주주의를 지향하는 국가에 시사하는 바가 크다.

---

33) ≪동아일보≫, 2005. 6. 18.

34) http://www.hani.co.kr ≪한겨레신문≫(2005. 6. 24. 검색)

35) Hirst, Paul, "What is Globalization?" in Fredrik Engelstad and Øyvind Østerud(ed.), *Power and Democracy: Critical Interventions*(Hants, U.K.: Ashgate publishing, 2004), pp.161 - 162.

표 6-7_ 국제사회 반부정부패 글로벌스탠더드 수립을 위한 각 조직의 노력

국제조직	설립연도	내 용
국제연합(UN)	1996	부패방지를 위한 형법 및 비형법적 조치
국제투명성기구(TI)	1993	각 국가의 부패현황을 순위로 조사공개
미주국가조직(OAS: Organization of American State)	1996	부패방지를 위한 형법 및 비형법적 조치
유럽연합(EU)	1997	유럽연합 공무원에 대한 뇌물공여를 범죄로 규정
경제협력개발기구(OECD)	1997	국가공무원에 대한 뇌물공여 등을 범죄로 규정
유럽의회(EP: European parliament)	1998	국내외 부패를 범죄로 규정
유럽연합반부패국가연대(GRECO)	1998	오픈시크리트(OPEN SECRET)운동전개
미국 커먼코즈(Common Cause)	1970	오픈시크리드운동전개
싱가포르 탐오조사국(CPIB: Corrupt practices Investigation Bureau)	1952	비리공직자조사 및 청렴한 싱가포르파수꾼

(자료) http://www.commoncause.org(2005. 4. 8. 검색), http://www.cpib.gov.sg(2005. 4. 8. 검색), http://www.europarl.eu.int(2005. 4. 8. 검색)

그러나 부정부패는 만연되었고 분단갈등, 이념갈등, 노사갈등, 과거사갈등, 친일갈등, 지역갈등, 도농갈등, 빈부갈등, 세대갈등, 양성갈등 등 갈등이 다기화되어 심각한 이념대립과 패거리주의가 확산되고 있다. 모든 갈등이 다 사회적 역기능을 보이는 것은 아니지만 이것이 오히려 국가의 민주적 잠재력과 경쟁력을 약화시킬 수 있음을 경계해야 한다. 다행히 지난 2005년 3월 9일 대통령, 정부, 정치, 경제, 시민사회 4대 부문 대표들이 반부패·투명사회협약 체결식이 있었는데 정치 부문의 투명화, 공공 부문의 부패방지시스템 개선, 국회의원의 윤리의식 고취, 기업의 윤리경영강화, 시민사회의 책임성강조 등을 지속적으로 실천해야 할 것이다.

표 6-8_ 2005 OECD 30개국 회원국 중 한국의 통계연보자료

항 목	실적내용	순 위
실업률	3.6%(2003년)	최 저
인구 대비 PC보유	77.9%(2002년)	1위
근로자 1인당 세부담	14.1%(노동비용 대비, 2003년)	최 저
국제학력평가 읽기, 수학	평균점수 534, 542	2위
국제학력평가 과학	538	3위
비만율(15세 이상 인구 대비)	3.2%(2003년)	최 저
자동차사고(백만 대당)	612.7건(2002년)	1위
1인당 근로시간(연간)	2,390시간(2003년)	1위
사교육비비중(GDP 대비)	3.4%(2001년)	1위
재활용에너지 비중	1.8%	28위
대학교육지출액	6,618달러	26위
GDP(2002년 기준)	17,016달러	24위
경제세계화 서비스수지	76억 적자	26위
고용률	63%	21위
1인당 폐기물 배출량	380kg	24위
연간 이산화탄소 배출량	4억 5천200만 톤	6위

(자료) http://www.oecd.org/statsportal, 「2005 OECD통계연보」(2005. 3. 26. 검색)

이는 글로벌민주주의 실천기구인 TI의 투명성 연례 발표순위를 높이는 데 기여할 것이다. 아무리 일본이나 중국이 세계기준에 부합되는 글로벌민주주의 실천이 미약하다고 해도 한국 내부의 부정부패가 근절되지 않으면 그만큼 글로벌민주주의에 대한 주장이 약화될 수 있다. 스페인의 민주화 과정에서 있었던 스스로 알아서 하는 내적인 민주주의의 실행과 공고화가 더욱 요망되는 것이다.[36] 그리고 북한의 인권과 민주화를 외면하면 이를 약점으로 일본과 중국은 우리의 문제점을 파고들면서 지속적으로 괴롭힐 것이다. 동

---

36) Barry R. Weingast, "Constructing Self-Enforcing Democracy in Spain", in Joe A. Oppenheimer, Karol Edward Soltan(ed.), *Politics from Anarchy to democracy: rational Choice in Political Science*(Stanford Univ. press, 2004), pp.165-166.

시에 한국은 북한을 도와주면서 동시에 핵문제나 인권문제 등 지적할 것은 지적해야 하고 할 말은 해야 하는 당당한 글로벌민주주의 실천을 해야 할 것이다. 우리 내부의 글로벌 스탠다드에 부합하는 민주주의적 건강성이 담보되어야 글로벌민주주의 시대에 국제사회로부터 존경과 함께 한국의 소리를 귀담아들을 것이다. 우리의 주장과 요구를 국제사회가 존중하고 들어준다는 것 자체가 바로 국력이고 경쟁력이고 글로벌민주주의를 잘 실천하고 있다는 증거인 것이다. 한국이라는 국가브랜드가 국제적 공인을 받는 것이다. 〈표 6-11〉에서 보듯이 한국국민의 삶의 질이 30개 OECD 회원국 가운데 하위권 수준에 머무르고 있다. 이렇게 되면 글로벌민주주의 실천의 결여로 한국에 대한 국제사회의 공조와 신뢰가 그만큼 약화되는 것이다.[37] 우리가 일본에 무엇이든지 자신감을 갖고 의연하게 대처하기 위해서는 내적인 민주주의 공고화를 추구해야 한다. 그것이 글로벌민주주의 시대의 우리의 첫 번째 대응전략이 되어야 한다. 글로벌민주공동체가 형성되기 위해서는 우리 내부의 철저한 민주화와 민주주의 공고화가 자리 잡아야 할 것이다.[38]

---

37) 「OECD 통계연보」(2005). 2005년 3월 15일 OECD가 30개 회원국의 경제, 사회, 환경 분야의 100여 개 지표를 수평 비교가 가능하도록 정리해 발표한 자료에 따르면 한국은 1 인당 연간 근로시간 분야에서 1위를 기록했고 자동차 100만 대당 사고율이 가장 높은 것으로 나타나는 등 전반적으로 다른 회원국들에 비해 삶의 질이 낮다. 1인당 보건비 지출과 평균수명 분야에서도 각각 26위와 24위를 기록하며 삶의 질이 바닥이고 하위권에 머물렀다. 경제 분야는 노동생산성과 상품수지 등은 상위권에, 서비스수지와 고용률은 하위권에 머무르는 등 분야별로 희비가 엇갈렸고, 과학 분야는 PC 보유 비중과 지식투자 비중 등에서 좋은 성적을 얻는 등 대체로 상위권에 있었다.

38) Larry Diamond, *op.cit.*, pp.87-88.

표 6-9_ 신한·일 독트린(2005. 3. 17.)

한·일관계 4대 기조	정부대응 5대 원칙
인류상식에 기초한 한일관계, 세계사의 보편적 방식에 입각한 과거사문제 해결	독도영유권 확고히 수호하기 위한 조치
일본 일각의 독도 및 과거사 관련 행태 단호 대처	국제사회 및 일본의 양심세력과 연대해 역사왜곡 시정
우리의 대의와 정당성을 국제사회에 당당히 전파	일제 피해자 문제 정당하게 해결 노력
합의된 일본과의 정치외교적 교류는 변함없이 증진	일본의 움직임 주시하고 적절히 대응
-	일본이 동북아 평화안정의 동반자라는 희망 포기 안 해

(자료) ≪조선일보≫. 2005. 3. 18.

한국정부는 2005년 3월 17일 독도사태와 교과서 왜곡으로 악화
된 한일관계의 향후 기조 4개 항과 대응방향 5개 항을 담은 성명
을 발표한 바 있다. 이는 바로 국제연대로 일본을 압박한다는 구상
이다. 이것도 동북아민주주의의 정체성과 정신의 차원에서 접근해
야 한다.

일본국민 대다수는 평화와 선린을 지향한다고 본다. 그러나 과거
에도 국수주의 세력과 이를 방관하는 정치권이 군구주의 세력과
결탁해 일본과 아시아를 전쟁의 참화로 몰고 갔었다. 한일관계도
동북아의 지역정신, 질서, 정체성과 전략적 협력이란 인식이 필요
하다. 2005년 4월 5일 일본 후소사 역사교과서에 대한 문부성의
검정결과를 볼 때 여전히 일본 정부의 오만한 태도와 역사왜곡 시
정에는 변화가 없는 것 같다. 향후 동북아민주공동체는 정부의 노
력도 중요하지만 한·중·일 각국의 글로벌민주주의 의식을 가진
시민사회와의 네트워크를 통하여 우선적인 실천이 요망된다.[39)]

---

39) David Chandler, "Constructing global civil society", in Gideon Baker and David
    Chandler(ed.), op.cit., pp.149-150.

1. 중국의 민주적 실천과 신뢰 구축

중국은 인권문제 개선과 과거사 왜곡 근절로 지도자국 대우를 받아야 할 것이다. 미국과 국제사회는 중국의 이중적 태도를 지적하고 시정하도록 요구해야 한다. 중국이 대국이라고 하지만 적어도 글로벌한 시대에 다른 나라가 존중하고 인정하는 선진국이 되려면 바로 이웃하고 있는 상대방 나라의 마음을 아프게 해서는 안 될 것이다. 패권도전국으로서의 전략이 과도하여 이웃국가를 외면하면 안 될 것이다.[40) 문제는 미·중 갈등 시 한국에 대하여 위협할 수 있는 카드를 하나 더 중국은 갖게 되었다는 점이다. 이제는 국제사회에서 중국의 고구려사 왜곡문제에 대한 관심과 지지를 얻어야 할 것이다. UN에서의 지속적인 우리의 글로벌민주주의 실천이 중요하다. 다른 한편 주한미군의 역할이 동북아지역으로 확대되는 것에 대해 중국이 우려하고 있기 때문에 미국은 글로벌민주주의에 입각해서 매우 신중한 정책을 전개해야 한다. 2008년 베이징올림픽을 계기로 중국에도 민주주의에 대한 글로벌한 접근이 만들어지기를 기대한다. 그것이 동북아민주공동체 형성에 중요한 기초가 될 것이다. 그것이 중국을 국제사회에서 민주주의를 통하여 한 단계 선진국으로 업그레이드시키는 계기가 될 수도 있는 것이다.

---

40) 배기찬, 『코리아: 다시 생존의 기로에 서다』(서울: 위즈덤하우스, 2005), pp.395 - 396.

2. 국제사회의 교훈을 통한 일본의 반성

현재 동북아지역에서는 국제사회에서의 여러 측면의 순위에서 볼 때 일본이 선진국가 기준에 부합하는 글로벌민주주의 실천에 가장 가까이 접근하고 있다. 그러나 바로 이웃하고 있는 국가와의 불화가 평화적, 민주적으로 해결되고 있지 않다면 일본도 결코 지도자국가는 될 수 없을 것이다. 이미 국제사회에서 선진국가로 인정받고 있으나 한·일관계, 일·중관계가 원만하지 않으면 그 의미는 약하다고 본다. 러시아 북방 4개 섬은 2차 대전 때 미국과 영국이 러시아와 거래한 결과이고 중국과 일본 사이에 분쟁을 빚고 있는 댜오위 섬(센카쿠열도)은 미군이 일본땅에 주둔하기 위해 일본과 거래한 결과이다.[41] 이는 글로벌민주주의의 준수와 기준이 중요함을 보여주는 것이다.

그러나 일본은 가장 이웃하고 있는 한국에 대하여 과거에 대한 거짓된 교육, 증언과 발언으로 마음 아프게 하고 분노하게 하고 가깝고도 먼 나라로 인식하게 한다. 세계화 시대에 천하가 다 알고 있는데 분단국가인 이웃국가를 교묘히 이용하면서 동북아의 불안을 조성한다면 이는 지도자국가로서의 자세가 아닐 것이다. 즉 일본은 글로벌한 민주주의를 실천하지 못하는 기형적인 선진국인 것이다.[42] 다른 한편 미국이 2005년 4월 8일 안보리개편안에 대하여 거부 뜻을 보였고 중국은 처음으로 2005년 4월 9일 베이징에서 대규모 반

---

41) 중국은 "섬분쟁에 드리운 미국의 그림자, 세 나라 관계의 미묘한 변화"란 제목의 논평에서 미국이 중앙정보국인터넷 세계각국연감에서 독도를 국제분쟁지역으로 표기하는 등 이 문제에서 일본 쪽으로 기울고 있다고 지적했다. 논평은 한·중·러 동북아 3개국과 일본이 벌이고 있는 섬분쟁에는 미국군사전략의 그림자가 드리워 있다고 지적했다. 中國共産靑年團, 「中國靑年報」, 2005년 3월 17일, ≪한겨레신문≫, 2005. 3. 19. 재인용.

42) Roger King & Gavin Kendall, *The State, Democracy and Globalization*(N.Y.: Palgrave Macmillan, 2004), pp.84 - 86.

일규탄시위가 있어 일본이 국제사회에서 정도로 가기 전에는 지도 자국가로서 대접받기가 쉽지 않다.[43] 그러나 일본은 글로벌데모크라시 실천을 조건으로 안보리 상임이사국 승인을 받으려 한다면 체코의 교훈을 본받아야 한다. 93년 슬로바키아분리 때 분리에 반대하던 하벨 대통령이 기민하게 대처하지 못했다며 대통령을 사임한 바 있다. 그러나 체코국민은 분리된 체코의 초대대통령으로 뽑아 사실상 분리를 추인했다. 분리절차는 우아한 이혼(Velvet Divorce)이라고 불릴 정도로 평화적으로 이루어졌다. 그리고 UN이 양 국가를 승인하였다. 이웃의 유고슬라비아가 분리문제로 전쟁에 휩싸인 것과 대조된다.[44] 다카하시 데츠야 도쿄대 교수는 현재 일본에서 역사왜곡을 주도하는 이들은 과거의 침략전쟁과 식민지지배를 부정하는 것은 물론 1945년 이후 진행된 민주주의까지도 하찮게 여기는 사람들이다. 자유, 평등, 평화와 같은 민주주의 가치를 공유하지 않는 이들과 침략식민지지배에 관한 역사인식을 공유하기는 불가능하다고 지적했다.[45] 이 점에 있어 일본지도자의 겸손함, 아량, 관용, 양보의 민주적 정신이 요구된다.

3. 국제사회공조를 통한 북한에 대한 압박

국제사회에서 글로벌민주주의의 예외가 있다면 그것은 투쟁과

---

43) 《중앙일보》, 2005. 4. 2.
   안보리개편에 대하여 일본은 G4(일본, 독일, 브라질, 인도)를 중심으로 상임이사국 6개국과 비상임이사국 3개국 증설안으로, 한국은 커피클럽(한국, 이탈리아, 캐나다, 파키스탄, 멕시코, 아르헨티나, 스페인, 터키, 알제리, 케냐)을 중심으로 4년 임기 선출직 이사국 8개국과 비상임이사국 1개국 증설안으로 국제사회에서 대립한 바 있다.

44) *The New York Times*, January 4 2003.

45) 《중앙일보》, 2005. 4. 1.

분쟁의 원인을 제공하는 일이라 본다. 한국은 지속적으로 북한을 글로벌민주주의 조건에 부합하도록 유도해야 한다. 일본뿐 아니라 북한에도 할 말은 해야 한다. 글로벌민주주의의 기준에 의하면 북한은 매우 변해야 한다. 개혁개방, 민주화, 인권확대, 자유확대, 다원주의 사회 구축, 시민사회 형성 등 할 일이 많다. 인권문제 개선을 전제로 국제사회 원조도 고려해야 한다. 미국, 중국, 일본, 한국 그리고 국제사회는 북한이 정상적 국가로 발전하도록 촉구하고 지적하고 지도하고 도와주어야 한다. 북한도 과거사를 왜곡하고 6·25전쟁이 북침이라는 주장을 하는 것은 대다수 한국국민을 분노케 한다. 북한이 국제사회로부터 지원만 받고 베풀지 못하면 글로벌시대에 적응할 수 없다. 예컨대 아시아재단(Asia Foundation)은 한국, 일본, 홍콩, 대만 같은 아시아지역 내 선진국들과 협력해 역내 개도국을 위해 할 수 있는 공동프로그램을 찾고 있다. 북한의 인민대학습당과 김일성대학 김책공대에 영어로 된 도서를 매년 수만 권씩 보내 주고 있으며 북한학자나 전문가들의 미국방문이나 연수프로그램을 지원하고 있다.[46] 이는 미국적 가치가 민주주의, 인권, 다원주위 등 인류 보편적 가치를 실천하고 있음을 시사하는 것이다. 부시 행정부에 대한 부정적 인식과 미국의 글로벌민주주의 가치는 구별되어야 한다.

---

46) http://www.asiafoundation.org, 「아시아재단홈페이지」(2005. 6. 18. 검색) 미국 민간단체 아시아재단은 아시아 태평양 지역 국가들의 경제 사회발전과 민주화를 비정부 차원에서 지원하는 미국의 비영리민간단체이다. 한국전 종전직후인 1954년 창설됐다. 샌프란시스코에 본부가 있고 아시아 17개국에 사무소를 두고 있다.

표 6-10_ 2004년도 동북아 각국의 자유수준상태(Freedom House)

항 목	정치적 권리(PR)	시민자유(CL)	평균치(PR+CL)	국가지위	비 고
한 국	2	2	2	free	17개국(2점)
중 국	7	6	6.5	not free	7개국(6.5점)
일 본	1	2	1.5	free	22개국(1.5점)
북 한	7	7	7	not free	8개국(7점)

(자료) Aili Piano & Arch Puddington. op.cit. pp.720-723.

1995~1996년 기근설이 있었던 북한에 세계식량기획(WFP: World Food Project)과 식량농업기구(FAO: Food and Agriculture organization) 같은 국제기구는 인도적 차원에서 식량을 지원하였고 지원활동은 지금도 계속되고 있다.[47] 핵문제가 있어도 북한은 국제사회로부터 많은 지원과 사랑을 받고 있는 것이다. 북한은 무엇인가 국제사회에 보답을 해야 할 때이다. 지난 2004년 7월 21일 미국의회에서 통과한 북한인권법에 대하여 비판만 하지 말고 북한은 이를 진지하게 고민해야 한다.

표 6-11_ 한·중·일 3국의 국가경쟁력(1999년 IMD평가순위)

항 목	국내경제	국제화	정부행정	금융환경	사회간접자본	기업경영	과학기술	인적자원	종합순위
한 국	43	40	37	41	30	42	28	31	38
중 국	6	18	16	36	42	36	25	27	29
일 본	29	21	23	25	20	26	2	13	16

(자료) IMD. The World Competitiveness yearbook(1999. 4. 21.)

국제사회에서 북한핵은 잘못된 것으로 인식하고 있는 만큼 여기서 북한이 핵 폐기를 스스로 결정하고 남북대화를 지속해야 한다.

---

47) http://www.fao.org/UNFAO, http://www.wfp.org, 「FAO홈페이지」, 「WFP홈페이지」 (2005. 6. 18. 검색)

북한의 핵무장을 푸는 것이 동북아의 안전을 보장하는 일이다. 서울서 프리덤하우스(Freedom House)의 북한인권문제 대규모대회가 실시될 예정이다. 글로벌시대에 북한이 더 늦지 않게 편승하는 것이 동북아의 위상과 정신을 높이는 데 기여할 것이다. 미국은 2005년 3월 19일 발표한 국방전략보고서(NDS)에서 북한을 21세기 미국 안보를 위협하는 대표적인 위협국가로 규정한 바 있다. 미국안보에 대한 도전을 전통적, 비정규적, 재난적, 파괴적 위협 등으로 세분하고 있다. 북한은 전통적, 비정규적, 재난적 위협으로 규정됐다.[48] 이렇게 미국과의 대립이 지속되는 한에 있어서는 동북아는 미국으로부터 자유롭지 못하고 동북아의 정체성 확립은 더욱 늦어질 것이다. 또한 EU는 2005년 4월 2일 국제사회가 북한의 태도변화를 촉구해야 한다고 하며 UN산하기관도 동참하라고 권고하였다. 이제는 한 개별국가의 문제를 국제사회가 나서서 해결하는 글로벌민주주의가 보편화되어 가고 있음을 보여준다. 부시 대통령의 자유의 확산과 폭정의 종식을 주제로 한 취임사에 대한 위선논란도 미국이 보다 더 글로벌민주주의를 실천하라는 압력인 것이다.[49] 물론 국제사회의 시각에서 미국이나 부시 대통령도 완벽하지 않다. 그래서 비판이 가능한 것이다. 이 비판을 겸허하게 받아들이는 자세가 바로 글로벌민주주의의 자세라고 본다. 올란도 패터슨 하버드대 교수도 부시는 자유가 시민들에 의해 선택되고 지켜야 한다고 하지만 실제로는 이라크에서 총구로 민주주의를 강요하고 있다며 세계 대부분의 나라에서 취임사는 위선으로 받아들여질 것이라고 주장한 바 있다.[50] 미국이 자국의 이해 때문에 인권과 민주주의에 눈감

---

48) http://www.defenselink.mil/news, 「미국방부홈페이지」(2005. 3. 22. 검색)
49) *Washington Post,* January 21, 2004.

은 예로 파키스탄, 사우디아라비아, 러시아, 중국 등을 들 수 있다. 미 행정부는 파키스탄이나 중국 같은 억압적 정부와 더 가까워지고 있는 게 현실이라고 비판했다. 다행히 한미정상회담에서 한미동맹의 굳건함을 보였고 북핵문제에 대한 평화적 해결을 재확인하였다는 점과 지난 6월 17일 김정일이 6자회담에 복귀한다는 발언은 동북아 평화와 번영에 의미 있는 진전이라고 할 것이다.[51] 한 걸음 더 나아가 한·중·일 3국은 북한이 글로벌민주주의의 세계사적인 흐름에 참여하고 개혁개방의 길로 가는 전략적 선택을 추신하도록 구체적인 공조를 구축해야 할 것이다.

≪조선신보≫는 2005년 1월 23일 부시가 북한을 종식되어야 할 폭정의 전초기지 중 하나로 지목한 것은 새로운 주적개념이라고 비난했다.[52] 쿠바, 벨로루시, 짐바브웨, 이란의 반발도 거세다. 루카셴코(Alexander Lukashenko) 벨로루시 대통령은 "피 흘리고 석유냄새 나는 자유는 필요 없다."고 하였고, 쿠바공산당 후벤투드 레벨데 청녀기관지는 "부시는 황제이고 최악의 대통령이다."라고 지적하였다. 그리고 짐바브웨 무타사(Mutasha) 반부패상관은 "파시스드의 말이라 무시하겠다."고 하였고, 이란의 카말 카라지(Kamal Karagi) 외무장관은 "미국의 어떤 위협에도 대응할 것"이라고 한 바 있다.[53] 이처럼 국제사회에서 미국도 다른 국가와 마찬가지로 비판받을 일이 있으면 비판받고 시정해야 할 일이 있으면 시정해야 하는 것이다. 이것이 글로벌민주주의의 정신인 것이다. 마찬가지로 반미 국가들도 시정할 것은 시정해야 한다. 상호 존중의 정신

50) *New York Times*, January 22, 2004.
51) ≪한겨레신문≫, 2005. 6. 11. 2005. 6. 18.
52) ≪조선신보≫, 2005. 1. 23.
53) ≪조선일보≫, 2005. 1. 24.

으로 심도 있고 객관적이고 구체적인 접근이 필요한 것이다. 그것이 바로 글로벌민주주의의 원칙인 것이다.

4. 한국의 과제

우선 한국인은 ① 일본인들이 한국인들을 좋아하지 않는다. ② 일본인들이 한국을 깔보는 경향이 있다. ③ 일본인들이 한국인들에게 오만하게 대한다. ④ 일본인들이 한국인보다는 미국이나 EU국가 사람들과 더욱 친하려고 한다. ⑤ 일본인들이 아직도 한국이 일본에 신세를 지고 있다는 등의 열등의식에서 벗어나야 한다. 반대로 한국인들은 ① 일본경제가 확실히 한국보다는 발전해 있다. ② 일본이 도시환경이 좋거나 청결성 그리고 수준 높은 거리질서 등 여러 면에서 한국을 앞서고 있다. ③ 일본이 한국보다는 합리적이고 대국이다. ④ 일본의 시스템이 한국의 시스템보다 훨씬 견고하다는 것 등을 인정해야 한다. 전후 일본은 일본국 헌법이 정한 국민주권, 평화주의, 기본적 인권의 존중이라는 민주주의 원칙을 구체화하고 발전시킴으로써 오늘의 지위를 쌓았다는 것이다.[54]

표 6-12_ 아시아·태평양지역 국가에 대한 세계 CEO의 인식도

인식도	국 가	비 고
성장을 이끌 국가	중국: 매출증가를 위한 시장	위험요소 항상 존재
	인도: 성장잠재력 크다	국내수요, IT, 소프트웨어, 의약품 등 해외수출 증가
허브 국가	홍콩, 싱가포르	아시아지역 허브
선진 국가	일본, 호주, 뉴질랜드	성숙한 경제기반
신흥개발 국가	인도네시아	사업기회증가
*지켜봐야 할 국가	한국	동북아허브이미지 전달 미흡

(자료) IBM, *Institute of Business Value*, 「조사자료」(2005. 4. 6. 발표)

---

54) 아시오 나오히로 엮음: 이계황 외 역, 『새로쓴 일본사』(서울: 창비, 2003), pp.583-584.

한국의 경우도 보면 세계 각국 기업대표들의 뇌리에 한국은 시장의 성숙도에선 주요 선진국에 미치지 못하고 역동성은 신흥국가보다 떨어지는 것으로 비치고 있는 것이다.[55] 한국도 마찬가지이다. 여러 면에서 내적 민주주의 공고화가 더욱 요구된다.[56] 부정부패근절로 투자활성화가 필요하다. 99년도에 래리 디아몬드(Larry Diamond)는 민주주의 연구에서 정부와 기업에 부패가 만연되어 있다고 지적했는데 여전한 것 같다.[57] 국가경쟁력과 신뢰도의 순위를 높이는 전략을 전개해야 한다. 이제 국제사회에서 글로벌민주주의로 무장하여 존중받으려면 외교의 양도 중요하지만 질도 높여야 한다. 유연성, 다양성, 탈이념화, 그리고 동북아에서 겸손함 등이 보여야 한다. 국제사회에서 북한과 동등한 취급을 받는 것은 민족공조라는 측면에서는 위로가 될 수 있겠지만 우리의 그동안 민주화와 국민의 경제발전노력에 대한 모욕임을 알아야 한다. 한·미 양국이 한·미공조와 한·미동맹을 기저로 장기적으로 한반도와 동북아 번영을 위하여 6자회담의 틀 안에서 북핵문제를 해결하려는 것은 동북아민주공동체 형성에도 좋은 영향을 줄 것이다.[58] 한국은 국제사회에서 한국의 입장을 이해하는 친구국가가 필요하다. 그것도 선진국들의 지지와 지원이 필요하다. 같은 기준의 글로벌민주주의의 정신이 구축되어야 한다. 양심적인 국제사회의 시민단체

---

55) IBM, *Institute of Business Value* 조사자료(2005. 4. 6. 발표). 이 조사는 IBM과 사업관계를 맺고 있고 연매출 5억 달러가 넘는 세계 CEO 456명과 일대일 면접방식으로 이루어졌다.

56) 강원택, 『한국의 정치개혁과 민주주의』(서울: 인간사랑, 2005), p.177, 송호근, 『한국 무슨일이 일어나고 있나』(서울: 삼성경제연구소, 2003), pp.108-115, 최장집, 『민주화이후의 민주주의』(서울: 휴마니타스, 2002), p.129.

57) Larry Diamond, *op.cit.*, p.92.

58) 배기찬, 『코리아: 다시 생존의 기로에 서다』(서울: 위즈덤하우스, 2005), pp.395-396, 박태우, 『진정한 동북아의 균형자란』(서울: 연인, 2005), pp.120-121.

와의 국제적 공조가 필요하다. 민주적 가치, 문화, 정치적 감각, 사회적 동원을 반영하는 국내에서의 시민사회가 INGO를 통하여 전 세계적인 민주적 사회에서 세계화를 관리하는 더 나은 거버넌스(Governance)를 위한 기회를 제공해 줄 수 있기 때문이다.[59] 문제는 한국이 일본수준만큼 외교력과 경제력이 있어야 하고 내부적 민주화가 구축되어야 하고 그리고 일본보다 도덕적으로나 양심적으로 더 깨끗해야 할 것이다. 핀란드나 덴마크수준의 투명성과 민주주의 경쟁력이 확보되어야 한다. 이 점이 우리의 과제인 것이다. 미국은 아시아에서 한국과 일본이라는 동맹국을 모두 중시하고 있고 9·11 테러 이후 변화한 국제환경에서 외교정책을 전개함에 있어 일본의 주도적 기여를 더 많이 요구하고 있다. 그렇게 되면 국제사회에서 일본이 한국보다 더 글로벌한 민주주의에 가까운 것으로 인정받는 꼴이 되는 것이다. 이를 미국이 객관적으로 평가할 수 있도록 우리의 글로벌민주주의 실천의 의지와 노력이 필요한 것이다.

한·미공조 - 한·미·일공조 - 한·미·일·중공조 - 한·미·일·중·러공조 등으로 공조의 크기가 확산될 때 북한에 대한 설득력이 강해질 수 있다고 본다. 예컨대 공조의 고리가 한국 때문에 깨져 버리면 북한에 대한 국제사회 편승유도는 그만큼 어려워진다. 미국은 북한을 공격 또는 침공하지 않을 것이며 북핵문제를 외교적으로 할 수 있다는 신념이 있다는 조지 워커 부시 대통령의 언급은 의미 있는 진전이다.[60] 이를 적극적으로 실천하고 한·미동맹을 굳건히 하고 미국수준 정도라도 글로벌민주주의를 실천하려는 자

---

59) Jagdish Bhagwati, *In defense of Globalization*(Oxford University press, 2004), pp.223 - 224.
60) ≪한겨레신문≫, 2005. 6. 11.

세가 요망된다.

5. 동북아민주공동체 확립을 위한 전망

글로벌민주주의를 한다면 하는 만큼의 가치와 장점이 있어야 한다. 그것은 글로벌민주주의의 개념에서 보듯이 바로 국가 간의 관계를 자유롭고 평화롭고, 그리고 신뢰와 정직으로 행한다는 점일 것이다.[61] 일본이 아무리 글로벌민주주의에 충실하더라도 바로 이웃국가에 신뢰를 주지 못하고 자꾸 거짓으로 역사를 왜곡한다면 결과적으로는 글로벌민주주의를 잘하고 있다고 평가할 수 없고 존중받을 수도 없을 것이다. 북한을 빙자해서 극우적인 군국주의 부활을 꿈꾼다면 그것은 이중적인 거짓의 패권과 전쟁지향적인 전략인 것이다. 오히려 글로벌민주주의 기준에서 순위가 처져 있는 중국이나 별반 다를 것이 없는 것이다.

동북아지역에서 글로벌민주주의 확산보다는 군사적 패권주의의 확산이 증대되는 한에는 동북아의 정체성은 국제사회에서 존중받지 못할 것이다. 국가 간의 갈등을 군사적이나 패권적으로 해결하려는 자세는 바람직하지 않다. 이런 점에서 최근의 중국과 러시아의 미·일 동맹에 대한 견제라고 하지만 서해안에서의 군사합동훈련은 동북아문제를 점점 군사대결장으로 몰고 가는 단초가 될 것이다.

자주공조나 민족공조가 좋지만 북한에 대한 비판적 지적을 하는 것은 그것이 글로벌민주주의가 지향하는 것과 거리가 있는 전략이 되어서는 안 되기 때문이다. 북한의 민주화, 인권문제, 1인 독재체

---

61) Gideon Baker and David Chandler(ed.), *Global civil Society: Contested Futures*-(London: Rouledge, 2005), pp.41-52.

제 등을 외면하면 그것이 바로 독재국가를 도와주는 결과가 되는 것이고 먼 훗날 역사의 심판의 대상이 될 수 있기 때문이다. 국제 문제나 외교문제에 있어 현실론을 부정할 수는 없지만 1, 2차 대전 때와는 시대가 많이 바뀌었다. 즉 새로운 시대 민주적 평화가 점차 확대되어 가고 경제적으로 글로벌화가 가속화 되고 있는 때에 무력대결이나 테러리즘은 국제평화와 글로벌민주주의를 깨는 반인도주의적 전략인 것이다. 이 점에 있어 우리는 북한을 비판해야 하고 국제사회는 이를 시정하도록 글로벌민주주의에 입각해서 압력을 행사해야 한다고 본다. 지금처럼 한·중·일이 제각각 국제사회에서 글로벌민주주의를 실천한다면 동북아정체성의 구축은 힘들 것이다. 그것은 타 지역의 힘을 빌려 동북아에서 패권적 경쟁을 하게 될 것이고 동북아는 항상 패권적 전략하에서 협력과 평화적 발전을 보장받지 못하게 될 것이다. 협력적 다원주의가 아니라 경쟁을 강조하는 신다원주위로의 전환과 같은 논리는 사실상 동북아지역에서도 우려된다.[62] 네오콘의 무한경쟁과 같은 논리는 국제시민단체(INGO)들에 의해서도 저항을 받고 있는 것이 사실이다. 이것이 오히려 동북아민주공동체 형성에 저해요인이 될 수도 있다. EU처럼 슬기롭게 이를 조절하고 적응하는 것은 전적으로 한·중·일 3국의 동북아민주공동체 구축을 위한 전략적 선택에 달려 있다.

이러한 맥락에서 6자회담은 하나의 동북아정체성을 구체화할 수 있는 좋은 사례가 될 수도 있는 것이다. 이를 NATO나 유럽안보협력기구(OSCE)로 확대할 수도 있는 것이다. 따라서 북한의 6자회담 참여가 중요하게 되는 것이며 핵개발 포기가 북한의 글로벌민주주

---

62) Andrew S. McFarland, *Neopluralism: The Evolution of Political Process theory*- (Univ. Press of Kansas, 2004), p.173.

의로 들어서는 기회를 제공할 것이다. 현실적으로 미국의 패권주의를 핵무기나 대량살상무기 등 군사적으로 맞대응하는 전략이 동북아에서 계속되는 한에서는 글로벌민주주의에 입각한 동북아정체성의 구축은 힘들어질 것이다. 이러한 맥락에서 한국은 전통적 신뢰와 우정으로 맺어진 한·미동맹관계를 유지하면서 할 말은 하는 것이 글로벌민주주의를 저해하지 않는 선택이라고 본다. 이는 일본의 독도문제, 과거사 왜곡문제, 중국의 고구려사 왜곡문제, 북한의 핵개발문제 등 동북아 제반 갈등을 모두 민주적으로 해결해 가는데 있어 기본이 되는 중요한 선택이기 때문이다. 이러한 관점에서 민주주의 공동체 2002년 제2차 서울대회에서의 중요 핵심 실천 아젠다는 의미가 있다.[63]

Ⅳ 결 론

동북아민주공동체의 확립은 글로벌민주주의 수용과 실천에서 시작된다. 개별국가의 내적 민주주의를 실천하고 동시에 이웃국가와의 관계를 글로벌민주주의에 입각해서 해결하고 그리고 국제사회로부터 인정받는 단계로 가야 할 것이다.

동북아의 글로벌민주주의 실천을 위해서는 향후 한·중·일은

---

63) ≪중앙일보≫, 2002. 11. 11. 첫째, 참가국들은 민주주의가 아시아를 비롯한 각 지역 안정과 협력을 강화하며, 지역 내 국제기구 등을 통해 민주주의를 발전시킨다는 데 인식을 같이한다. 둘째, 민주주의위협에 대한 대처로 테러리즘과 폭력 및 헌정파괴 문제가 다루어져야 한다. 테러리즘을 조장하는 국가와의 외교관계단절방안도 논의된다. 셋째, 권리와 의무의식이 몸에 밴 시민이야말로 민주주의의 발전, 유지와 경제성장의 초석이기 때문에 교육을 강화해야 한다. 넷째, 참가국들은 법치주의를 확립하고 기본적인 민주주의 가치와 인권이 강화되도록 필요한 장치를 만들어야 한다. 다섯째, 사회구성원들의 국경을 넘나드는 자원봉사가 시민사회를 강화하고 민주주의를 증대시킨다.

EU, NATO, NAFTA 수준에 버금가는 동북아민주공동체를 구축해야 한다. 이러한 공동체가 잘 운영된다면 이는 동북아지역에 글로벌민주주의가 정착되고 있음을 반증하는 것이 될 것이다. 한·중·일이 상호 협력적 관계로 지역문제나 세계문제를 한목소리로 조화를 이룰 때 동북아정체성은 글로벌민주주의를 실천하는 동북아민주공동체로 국제사회에 각인될 것이다. 이제는 어느 개별국가가 이웃국가에 자유, 인권, 민주주의, 평화, 양보, 관용 등 글로벌민주주의를 얼마나 더 실천하느냐가 국제사회에서 존경받을 선진국 평가기준이 되어야 한다. 이 점에 있어서 한국, 중국, 일본, 북한은 편협한 민족주의에서 벗어나 글로벌민주주의의 보편적 세계사의 흐름을 수용해야 한다. 그리고 이것이 국제사회에서 보편적 글로벌민주주의를 주도적으로 실천하는 동북아정체성으로 자리 잡게 될 것이다. 그리고 동북아정신이 세계정신이 되도록 노력해야 한다. 국제사회에서 존중받는 동북아정신이 있으려면 글로벌민주주의를 실천해야 한다.

첫째, 일본 – 한국 – 중국 – 북한의 순으로 내적 민주주의 심화의 실천이 더욱 요구되고,

둘째, 한국 – 중국 – 일본 – 북한의 순으로 이웃국가와의 적대적 관계를 민주적 평화와 글로벌민주주의에 입각하여 더욱 해결하도록 노력해야 하고,

셋째, 일본 – 한국 – 중국 – 북한의 순으로 국제사회에서 글로벌민주주의에 입각한 협력과 공존을 더욱 모색해야 할 것이다.

물론 글로벌민주주의의 내용인 자유, 인권, 신뢰, 민주주의 확산을 전제로 실천해야 할 것이다. 이러한 점에서 동북아글로벌민주주의 실천을 위해서는 동북아국가의 새로운 자세가 요망된다.

첫째, 앞에서 본 바와 같이 일본이 경제력과 국가경쟁력은 선진국수준이다. 그러나 이웃국가의 문제를 왜곡하고 거짓으로 일관한다면 국제사회에서 지도자국가가 되기 힘들다. 1등 국가, 선진국가, 지도자국가가 되기 위해서는 국내외적으로 일치되는 민주주의가 실천되어야 하고, 자유와 인권이 최우선시 되어야 하고, 이웃국가와 협력하는 국가가 되어야 한다. 성숙한 모습으로 정상적인 국가관계를 가지려면 지속적으로 과거에 대한 사죄가 필요하다. 일본이 진정으로 마음에서 우러나오는 국제관계를 갖기 원한다면 한국과 중국에 대하여 정직, 과거사 반성과 사죄, 타협과 양보를 보여주고 동북아민주공동체 구축에 앞장서야 한다.

둘째, 중국도 예외가 아니다. 경제나 스포츠에서 강대국이 되더라도 국제사회의 지도자국가가 된다는 것은 고구려사를 왜곡하고 북한을 전략적으로 넘보는 현재로서는 부적절한 일이다. 특히 중국은 미국과의 패권적 대결을 지양하고 협력적 관계로 전환해야 하며 최근의 폭력적 반일시위는 심각하다. 한·중·일이 있는 동북아에서 신패권주의적 팽창야욕을 중지해야 할 것이다.

셋째, 미국이 일본과도 친하고 중국과도 적대적 관계를 갖지 않는다면 한국은 한·미관계를 더욱 돈독히 해야 한다. 왜냐하면 친구의 친구는 친구이기 때문이다. 패권적 중·일관계 때문에 한·미 우호관계가 소홀히 된다면 오히려 한국은 친구 없이 홀로서기로 국제사회에서 힘겹게 생존할 수밖에 없다. 미국과의 동맹관계도 악화되고 중국이나 일본과도 우호적으로 관계를 갖지 못하면 글로벌 스탠더드에서 벗어나 중심이 아닌 주변으로 국제사회에서 2등 국가로 지속될 수도 있다. 적어도 한국은 중국과 일본에 비해 대국도 아니면서 오랫동안 역사를 평화적으로 이끌어 왔다고 본다. 그리고 북한에 비해 보다 더 개방적이고 다양성이 있는 국가라고 본다. 이 점에 있어 오히려 일본보다도 글로벌민주주의를 실천하는 데 중심이 될 수 있다. 일본과 중국의 양심 있는 시민사회, 지식인과 대학의 연계를 통하여 글로벌민주주의를 확산시켜야 한다.

넷째, 북한은 핵개발을 포기하고, 미국과의 평화적 대화를 시도해야 한다. 북한은 동북아정신을 구축하는 최대의 장애요인이라는 점에서 하루속히 개방개혁 추진, 인권신장, 민주화 추진 등 국제사회의 보편적 논리를 점진적으로 수용하고 겸손한 자세로 임해야 할 것이다.

이중적, 호전적, 이기적, 폐쇄적, 국수적인 국가로는 선진국가와 지도자국가, 민주주의 모범국가가 될 수 없다. 다른 지역에서는 잘하지만 한·중·일 간에 서로 협력하거나 정직하지 못하면 지도자국가가 될 수 없다. 과연 동북아가 세계의 중심축이 된다고 할 때 동북아민주공동체 확립과 한·중·일의 협력 및 상호 존중 없이 이것이 가능하겠는가.

이제 동북아정체성이 세계정신이 되도록 노력해야 한다. 국제사회에서 존중받는 동북아정체성이 있으려면 글로벌민주주의를 실천해야 한다. 대학 간 협력체계 구축, 교과서 개발, 역사정리, 문화교류, 시민단체네트워크 등을 통해서 3국 간 활발한 협력연구가 필요하다. 동북아 한·중·일 3국은 동북아민주공동체 확립→동북아글로벌민주주의 모델 확립→동북아글로벌민주주의 주도적 위치 확립 → 국제사회에서의 존중과 인정받는 지역 등으로 발전해 가야 할 것이다. 한·중·일은 국가 밖으로 시각을 돌려 EU나 NAFTA 같은 동북아에서 무엇인가 긴밀하고도 밀도 있는 협력적 공동체관계를 모색해야 할 것이다.

제7장
동북아 평화번영정책의 전망과 과제

I 서론

21세기 국제환경에서는 국가 간 관계는 포괄적 관계로 변화하고 있는 추세이다. 국내의 정치요소에 의해 군사협력체제 양식과 범위가 영향받는가 하면, 경제적 이해관계가 외교관계를 결정하기도 하고, 문화저·이념적 관계가 동맹 선택의 기준이 되기도 한다. 한·미관계도 정치·경제·문화·이념 등이 복합적으로 작용하여 설정된다. 냉전 시기에 있어 국가의 중대한 사안은 부국강병이었다. 국부와 군사력을 주요하게 여겼던 시대에서는 국가체제의 관심은 생존과 물적 토대의 구축으로서의 경제발전이었다. 이 시기 한·미관계는 생존을 보장하기 위한 군사협력과 물적 토대의 구축을 위한 경제적 시혜, 즉 수혜관계를 중심으로 형성되었다. 그러나 최근에는 이러한 관계에 변화가 발생하기 시작하였다.

구소련의 붕괴로 미·소 간의 체제경쟁은 미국의 승리로 종결되었고, 한국과 일본은 정치적 민주화와 경제발전을 통해 경제력과 군사력으로부터 다원화된 자유민주질서 쪽으로 사회의 성격이 변화하면서 그동안 주목을 받지 않았던 가치들의 중요성이 부각되고 국제관계의 형성에 있어 중요한 변수로 등장하게 되었다. 한·미동맹관계가 다원화된 가치가 작용하는 복합중층적인 구조를 형성하기 시작한 반면, 북한·중국관계는 아직도 국가의 안전보장을 중심으로 한 국부와 군사력이 국가의 중대한 목표이다. 구소련의 붕괴로 사회주의권 국가들이 체제경쟁에서 패하게 되자, 이들 국가들은 사회주의 이념의 대체물로서 서구적 가치를 수용하면서 서구유럽 체제로의 편입을 시도하고 있다.

하지만 아시아의 사회주의 국가인 중국과 북한은 사회주의의 붕괴 이후 독자적인 생존방안을 모색해 왔으며 이는 평화와 글로벌 민주주주의 세계사흐름에 역행하는 것이라고 볼 수 있다. 구동유럽 국가들의 사회주의 몰락 이후의 대응은 민주화와 경제력을 동시에 추구하면서도 군사력보다는 국부에 초점을 맞추고 있는 반면, 중국과 북한의 경우는 경제발전을 추구하면서도 정치체제의 변화를 거부하는 형태를 띠고 있다. 통치권 내의 집단적 합의에 의한 점진적 권력 이양과 세대교체를 단행하고 있는 중국보다는 김정일 독재체제의 고수에 집착하고 있는 북한의 경우가 정치체제의 변화에 대한 거부가 보다 강하다고 할 것이다.

따라서 북한에는 사회의 다원화에 대한 내·외부로부터의 압력을 거부하기 위한 거부능력이 중요시되며, 강력한 통치체제로서 독재적 성격의 정치질서 유지와 군사력 증강 및 현대화가 필요한 것이다. 한·미동맹이 가지고 있는 문제점은 다원화된 가치를 고려한 한·미동맹이 군사력의 가치를 최우선시하는 국가들과 경쟁적 관계에 있다는 점이다. 또한 한·미 양국은 자유민주주의와 시장경제 질서에 대한 공감대를 가지고 있지만, 문화적 측면에서는 서구적 가치와 아시아적 가치문제에 있어 갈등요소를 내포하고 있다.

그러므로 21세기 한·미관계의 형성은 한·미 간의 다원화된 가치 대 북한, 중국의 부국강병적 가치의 대립과 관련하여 고찰되어야 하며, 21세기 한국이 추구해야 할 전략은 부국강병 시대의 종식과 더불어 발생하고 있는 가치의 다원화 현상과 연계되어 다루어져야 할 것이다. 단순히 젊은 세대에 의한 반미시위에 정부가 방조하거나 동조하는 듯한 모습을 보이는 것은 대외관계에 있어 많은 손실을 입을 수도 있는 것이다. 안보전략 역시도 더 이상 군사석인 변수에만 기초할 것이 아니라 모든 변수들을 고려한 종합적인 연계분석이 이루어져야 한다. 이러한 종합적인 연구를 바탕으로 한·미동맹의 적응 및 조정 방향에 대한 구체적 대응방침을 마련해야 할 것이다.

II 한국의 동북아 평화 번영 추진

21세기 들어 동북아지역은 세계경제의 새로운 성장 동력으로 부상하는 가운데 비즈니스 허브지역으로 활용하기 위한 주변국가 간 경쟁이 가속화되고 있다. 전 세계 대비 동북아지역의 총생산 비중은 2000년 21%에서 2020년 30%로 증가할 전망이다. 동북아지역의 생활수준이 향상됨에 따라 미국과 유럽의 최종시장에 대한 의존도가 감소하고 역내·외 다국적기업을 중심으로 한 교류·협력이 확대될 예정이다. 이에 따라 동북아 국가들 간 잠재적 갈등요인을 해소하고 역동적인 경제성장을 지속하기 위한 개방적 지역협력의 필요성이 제기되고 있다.[64] 한반도 지역이 21세기 새로운 경제성장의 중심지역으로 부상하기 위해서는 여건 조성이 필요하다. 우선 역내 국가들이 동북아지역에서 상호간 교류·협력을 통해서 상호 국가이득을 증대시키는 한편 역외 국가들의 동북아에 대한 경제적 투자를 유도하여 동북아가 과거 냉전시대의 긴장상태를 탈피하여 역동적인 세계경제의 주역으로 부상시키는 과제를 해결해야 한다.

세계경제는 급속하게 3대 발전 축으로 재조정되고 있다. 유럽의 EU, 미국의 북미자유무역지대(NAFTA) 및 동아시아의 권역 등이다. 각 지역은 세계경제의 블록화 현상에 대응하여 자연적인 수준 이상으로 연대를 강화하고 있고 중장기적으로 역내 경제통합이 세계 경제통합의 토대로 활용될 것으로 기대하면서 개방성을 유지하고 있다. 그러나 동북아는 유럽의 EU나 미국의 NAFTA와 비교하여 서로의 역사 및 문화적 인식의 차이로 인하여 권역화가 느슨하고 진행속도도 상당히 더디다. 특히 최근 동북아에 세계화와 권역화가 동시에 일어나면서 동북아 국가 간 이해가 상당히 복잡하게 진행되고 있다. 급속한 경제성장으로 대두된 중국의 위협론과 일본의 우경화 우려론 등이 그것이다. 이러한 중국의 위협론과 일본경제론이 동북아에 힘의 논리를 전파시켜 동북아 위기론이 확산된다면 이는 지역적인 불행과 세계적인 불안요인으로 작용할 것이다. 예를 들어 만약 일본 경제가 계속 우경화의 신군국주의를 지향하고, 중국이 중화경제권으로 동아시아 역내 헤게모니를 장악하려는 중화주의를 부활시킬 때 동북아 위기론은 점증할 것이다. 통일 한반도가 대륙이나 해양세력 어느 편에 근접할 것인가에 관한 논의

---

64) 동북아 경제중심추진위원회, 정책안내, 동북아경제중심의 의의, http://www.nabh.go.kr(검색일: 2004. 1. 21.)

가 일본 등지에서 논의되고 있는 것도 이러한 흐름과 무관하지 않을 것이다. 이러한 한반도 주변국가들 간의 잠재적 갈등요인을 해소하고 역동적인 경제성장을 지속하기 위한 개방적 지역협력이 필요하다. 그리고 이 과정에서 한국이 역사적으로 대륙세력과 해양세력의 격돌을 중재할 능력이 부족하면 경제통합 운동은 커다란 난관에 부딪히게 될 것이라는 주장도 대두되고 있는 만큼 한국의 대응 노력이 중요하다.[65]

한편 한반도의 경제협력과 관련 다른 중요한 변수는 북한이다. 북한은 사회주의 경제체제를 고수하며 폐쇄정책을 고수하고 있다. 특히 최근에는 핵무기 개발을 본격화하면서 북미대립 관계를 형성하는 동시에 동북아에 심각한 안보불안 요인으로 대두되고 있다. 북한의 불안은 스탈린적 독재 정치체제와 이에 따른 경직적인 사회주의 경제체제에 기인하고 있으며 이러한 불안정성은 미국의 대북경제와 핵무기 개발이라는 국내외 변수로 인하여 악화되고 있다. 북한은 체제를 보전하고 경제적 어려움을 극복하는 방안으로 핵무기 개발에 나서고 있으나 주변국들이 이를 승인할 가능성은 그지 않다. 미국은 동북아의 핵도미노 현상을 막기 위하여 경제적 제재를 넘어서 무력선제 공격[66]까지 거론하고 있는 만큼 북한의 선택은 리비아의 가다피 대통령 방식으로 농축우라늄의 존재를 스스로 입증하고 이를 포기하는 방안이 현실적인 대안이 될 수 있다. 북한은 주변국들과의 평화적인 공조를 통해 정상적인 동북아의 일원이 되느냐, 동북아의 섬이라는 고립된 위치를 고수할 것인가를 선택하

---

65) 안충영, 『현대 한국·동아시아 경제론』(서울: 박영사, 2001) 참조.
66) David Frum and Richard Perle, *An End to Evil: How to Win the War on Terror*(2002)

여야 할 때가 임박했다. 이에 따라 북핵위기가 해결되어 북한이 당당한 동북아의 일원으로 활동할 때 북한에 외국자본의 투입이 가능하게 될 것이다. 이러한 여건을 형성시키기 위해서는 한국정부의 세밀하고 치밀한 외교 전략과 경제발전 전략 구상이 마련되어야 한다. 이러한 성공적인 전략 수행은 한반도를 동북아의 중심지역으로 자리매김할 것이다. 따라서 남북한 경제공동체 구상은 동북아 경제중심국가 구상에서 매우 중요한 단초를 제공할 것이다.

특히 참여정부의 '동북아 번영'을 현실화시키는 데 있어 북한의 배제는 동북아 불안정의 원인이 되는 만큼 북한의 참여는 필수적이다. 21세기 한국의 '동북아 번영론'을 구체화하는 과정에서 북한의 참여를 유도하여 북한이 동북아의 정상적인 일원으로 활동하도록 도와주는 것은 중요한 정책적 과제이다. 북한의 참여를 통해 한국의 주도적인 동북아 경제공동체 구축론이 경쟁력을 구비할 것으로 예상되는 만큼 북한의 동참을 유도하는 방안 마련도 시급하다.

한반도 주변국가들 가운데 한국, 중국, 일본 3국은 모두 수출 주도형 공업화 전략의 성공적 수행으로 단기간 내에 괄목할 만한 경제성장을 이루어 냈다는 공통점을 가지고 있다. 또한 이들 국가의 경제발전 과정에서 원조, 외채, 외국인 직접투자(FDI) 등 다양한 형태의 외국자본 유입이 중요한 역할을 수행해 왔다는 공통점이 있다. 그러나 전 세계적으로 WTO 체제의 도하라운드에 맞서 지역 간 경제협력을 더욱 긴밀히 하여 상호 이익을 극대화하고 있는 가운데 동북아지역은 냉전체제 지속에 따른 이데올로기적인 차이와 공업화 단계의 상이 등으로 인해 자유무역협정(FTA)을 비롯한 구체적인 경제협력 방안에 대한 구체적인 논의를 진행하지 못하고 있다.

이를 극복하기 위해서는 역내 국가 간 높은 무역관계가 상호 보완적 분업관계로 연계되어 역내시장을 기능적으로 통합하는 통합 메커니즘으로 작용해야 한다. 동북아시아 내에서 선진공업국과 후발공업국을 연결하는 통합 메커니즘이 작동할 수 있게 되는 것은 대만, 한국, 홍콩 등 신흥공업국(NEIS)이 존재하고 있었기 때문이다. 이들 국가들은 일본과 아세안(ASEAN) 및 중국을 연결하는 보완적 연결고리 역할을 할 뿐 아니라 중개기능을 효율적으로 수행함으로써 역내 결속은 상당히 빠른 속도로 진행되고 있다.[67]

이처럼 한반도 주변정세는 정치·외교적 개념과 경제적 개념이 복합적으로 작용하고 있는 곳이다. 이를 극복하기 위해서는 한·중·일 3국 간의 갈등 회복, 한반도의 평화, 번영 도모, 그리고 한·중·일 3국의 경제적 공동번영에 있어 우리의 역할 증대가 필요하다. 또한 한반도의 지정학적 환경을 활용해야 한다. 한국은 3국 간 지리적 중심이고, 중·일 경쟁 속에서 가교 역할이 가능하다. 동북아 경제중심의 과제로는 무엇보다도 평화촉진을 위한 동북아 사회간접자본(SOC) 건설이다. 남·북경협 거점 개발 및 확신이 필요하다. 개성공단, 금강산개발이 그것이다. 또한 남·북한 철도연결 및 동북아 철도망 연계가 중요하다(TKR – TSR, TKR – TCR 연계). 이를 통해 에너지, 수송 네트워크(석유, 가스 파이프라인)를 위하여 TKR – TSR 연결이 요망된다. 우리의 정보통신(IT), 과학기술 협력을 통하여 시너지효과를 높여야 한다. 역내 개발 재원조달 문

---

67) 2002년 현재 동북아시아의 무역구조는 2조 5,5498억 달러에 이르러 세계 무역액 12조 4,486억 달러의 20.5%를 차지하고 있다. 이 중에서 수출은 1조 3,611억 달러로 세계 총수출 6조 1,208억 달러의 22.2%를 점유하고 있으며 수입규모도 세계 총수입 6조 3,278억 달러 중 1조 1,887억 달러를 기록하여 18.8%를 차지하고 있다. 한국산업은행, 『동북아 2003: 동북아 경제중심 건설을 위한 국가별 편람』(2003), pp.693 – 697.

제는 북한핵문제, 남북관계에서 문제해결의 실마리를 풀 것이다. 한국이 물류 허브기능의 강화를 통하여 한반도 주변국들을 이용해야 하고 동북아 금융허브를 추진하여 적어도 2020년까지 아시아 3대 금융허브로 발전할 필요가 있다. 이러한 것들이 한반도문제를 평화적으로 해결하는 데 주요한 과제들인 것이다.

한국은 일본이라는 첨단 기술국가와 중국이라는 역동적인 거대 신흥공업국의 중간에 위치해 있다. 경제공동체를 이루기 위해서는 상호간에 역사문제와 과거사문제에 대해선 어떤 매듭이 필요하고 여러 저이적인 제스처도 이루어져야 한다. 한국의 경우는 북한의 위치가 한 가지 더 추가된다. 북한은 우리가 짊어지고 가는 동반자이기 때문이다.[68]

전략적 협력 및 견제가 복합적으로 내재된 한반도를 둘러싼 동북아 4강의 역학관계를 고려할 때 편향된 남북중심의 상황인식에 근거한 한반도문제 해결방식에 대한 집착은 한국의 국익을 침해할 수 있고 주변국들로부터 견제를 초래할 수 있다.

Ⅲ 동북아평화와 번영

1992년 중국과 국교를 체결한 이후 한국정부의 대중국 무역관계는 경제적 차원을 넘어 정치적 중요성으로 평가할 수 있는 급성장을 보여 왔다. 2002년 한국의 대중국 수출 비중은 대일 수출(9.5%)을 추월하여 미국(20.7%)에 뒤이어 14.6%로 제2위의 시장으로 부상하였다. 그러나 홍콩을 대중국 무역관계에 포함 시 무역의 총규

---

68) 평화연구소, 『통일한국』(2004. 8), p.24.

모가 미국을 추월하게 되어 우리의 최대 수출시장으로 자리하게 된다. 특히 2003년은 1~10월 기준 대중국 수출 비중(17.9%)이 대미국(17.7%)을 초과하여 명실상부한 1위 수출시장으로 부상했다.[69]

한국의 북방외교는 세계사적인 냉전종식의 기류에 편승한 적극적인 자유시장경제외교로 평가할 수 있으며, 그 결과 역시 한국의 경제활동을 다양화하고 궁극적으로 북한에 대한 적극적인 접근 및 지원을 통한 북한의 체제변화 시도라는 특징을 보이며 그 결과 역시 한국정부에 큰 확신을 제기하고 있다.[70]

다른 한편 당시 10년 전에는 상상할 수 없었던 남북관계의 상호협력이 구체적으로 정책화되어 추진되고 있으며, 이는 민간 차원의 경제활동으로 곧바로 이어져 북방외교의 결실이 국내정치의 돌파구로 작용하고 있다. 해로를 통한 금강산관광사업은 육로를 통한 협력사업으로 발전하고 있으며, 개성공단사업에 대한 한국 측 민간기업들이 대거 분양을 신청한 상태였다. 2004년 6월 4일 평양 양각도호텔에서 열린 제9차 남북경제협력추진위원회는 2004년 안에 개성공단 시범단지(2만 8천 평 규모)에서 상품을 생산하기 위해 9월 말 남측의 전력이 한국전력 주도로 전신주를 이용한 배전방식으로 공급을 시작한다고 발표하였다.

아울러 경의선과 동해선의 남북 간 연결도로가 2004년 10월 말 개통되고 철도 시범운행도 같은 시기에 이루어지는 것으로 합의되었다.[71] 2004년 6월 4일에는 분단 이후 처음으로 북한의 사천강

---

69) 대한무역투자진흥공사(KOTRA), http://www.kotra.or.kr(검색일: 2004년 6월 5일)

70) 노무현 대통령 당선자는 프랑스 르몽드(Le Monde) 신문과의 인터뷰에서 남북관계에서 "햇볕정책 외엔 대안이 없다."고 강조함. http://www.hani.co.kr(검색일: 2002년 12월 24일). 정세현 통일부장관은 '햇볕정책'을 '평화번영정책'으로 받아들이고 정책화하며 적극적인 남북화해협력정책을 강조: 연합뉴스, http://www.yonhapnews.co.kr(검색일: 2003년 3월 6일)

모래를 한국의 민간업자가 상업목적으로 반입하였다. 이는 한국의 건설시장에서 모래 부족이라는 어려움을 해결하고 양질의 모래 확보를 통해 건설공정 및 건설단가의 안정화를 기할 수 있을 것으로 보인다. 그러나 최근 북한청년들의 의식을 보면 한반도 평화와 번영을 위해서는 아직도 북한이 변해야 할 과제가 산적해 있다. 이들은 기본적으로 인생에 대하여 고민할 이유가 없다고 한다. 단지 국가와 민족에 충실하면 된다고 주장한다. 그들은 학교를 빨리 졸업하고 군복무를 통하여 국가에 충성하는 것이 제일 보람된 일이며 자랑스러운 일이라고 주장한다. 개인적 어려움과 고민은 공동체 생활 속에서 모두 해결된다는 것이다. 서구 자본주의 사회에서처럼 개인 각자가 자신의 운명을 개척하기 위하여 몸부림칠 이유가 없다는 것이다. 국가를 위하여 공동체를 위하여 봉사하고 충성하면 국가가 모든 것을 보상해 주기 때문이라는 것이다. 그렇기 때문에 젊은 대학생들 사이에서는 남쪽에서처럼 소위 '선호직업'이라는 것이 없다고 한다. 국가사업에 필요한 대로 복무하는 것이다. 예를 들면 지도부에서 '큰 배 사업'의 일꾼이 부족하여 '청년들은 바다로!'라는 구호를 전하면 모든 청년들이 그해는 어민처럼 바다로 가서 일을 하는 것이 최고의 가치가 된다. 또 다른 해에 자연개조사업을 위하여 지도부에서 '청년들은 간척지 전투장으로!'라는 구호를 전하면 모든 청년들은 간척지로 향하여 열심히 일하는 것이다. 요즘 같은 선군시대가 강조되는 시기에는 '청년들은 군대로!'라는 기치 아래 군복무를 최고의 영예로 여긴다. 즉 공동체가 필요로 하는 방향으로 인생관의 가치가 정해지는 것에 아주 익숙한 문화권인 것을 인식할 필요가 있다. 그들은 인간의 참다운 삶과 인권이란

71) 연합뉴스, http://www.yonhapnews.co.kr(검색일: 2004년 6월 5일)

공동체를 떠나서는 존재할 수 없다고 강력하게 주장하고 있다. 개인의 자아실현이란 바로 공동체와 국가의 자주성과 존엄성 속에서 비로소 완성될 수 있다고 주장한다. 그들이 주장하는 사회정치 생명체가 수령중심이 아닌 철저히 민중중심으로 전환되어야만 한다는 것이다.[72] 그러나 여전히 북에서는 수령중심의 주체사회를 강조하고 있지만 수령중심의 정치체제는 중앙집권적 권력체제를 유지하게 됨으로써 궁극적으로 민중의 해방을 가져올 수 없는 것이다. 민중이 진정으로 역사의 주인으로 살아 움직이려면 민중이 수령을 추대할 권리와 탄핵할 권리 또한 가져야만 하는 것이기 때문이다. 이와 같은 정치권력의 견제와 내부적 개혁 없이 낭만적인 민족주의에 사로잡혀 조선식만을 강조하는 것은 고립적 공동체주의 문화 과거 봉건시대의 전체주의의 문화로 전락할 위험성 또한 많은 것이다. 한반도 평화를 위해서는 과거의 낡은 사고에서 북한이 빨리 벗어나야 한다.

한국은 '서울 올림픽'이라는 국제사회의 행사를 계기로 정치 - 외교적 접근으로 시작되어, 외교 - 사회 - 문화 - 경제석 교류를 통해 활성화 및 심화되고 있으며 남북 간 상호 신뢰성 증진과 인적 및 물적 교류를 통해 한반도 평화 정착으로 발전되었다. 이는 남북 간 물류교류 증진을 통해 생산비 증가로 후발 경제개발도상국의 추격을 받고 있는 한국의 경제구조 한계를 극복하고 생산성 및 경제성을 강화하는 구조적 문제의 치유라는 효과를 줄 것으로 기대되었다. 특별히, 국제정치의 국내정치화는 민간교류 및 경제 활성화로 이어져 남북 지역 간 - 지방 간 통상증대 요인 및 지방경제 활성화로 발전할 수 있는 개연성이 있었다. 그동안 남·북 경협 및 교역

---

72) 신은희, "북한에 대한 이해", 한국북방학회 하계학술대회(2004), pp.69 - 70.

관계의 지속적 증대로 2003년에는 반출 4.3억 달러, 반입 2.9억 달러고 현재 추진 중인 개성공단 건설사업 등이 구체화될 경우, 남·북 경제관계의 활성화가 예상된다. 한반도 평화와 번영의 동시 달성을 위한 안보와 경제·통상정책의 통합의 고려가 중요하다.

2003년 출범한 노무현 대통령의 참여정부는 남북한의 평화 및 공동 번영을 기조로 '평화번영정책'이라는 대북정책을 추진해 오고 있다. 이러한 '평화번영정책'의 기반은 김대중 정부의 '대북포용정책' 또는 '햇볕정책'을 계승하되 명칭에서도 알 수 있듯이 한반도의 시대적이고 현실적 상황을 정책 기조에 반영했을 뿐 아니라, 정책의 실체에 있어서도 남북한이 화해협력 단계를 심화시켜 한반도에 평화체제를 구축하여 공동 번영하자는 미래지향적인 남북한 상생(win - win)의 개념을 담았다고 주장했었다. 결국 '평화번영정책'은 한반도에 평화를 증진시키고 남북한 공동번영을 추구함으로써 평화통일의 기반을 조성하고 동북아에서 한국이 경제중심 국가로 발전할 토대를 마련하는 것을 내용으로 하는 전략적 국가발전 구상이라고 주장했다. 이를 달성하기 위한 단계적 전략으로는 우선, 북한 핵문제를 평화적으로 해결하고, 이를 기반으로 현행 정전체제를 평화체제로 전환하여 남북한 평화공존을 달성하고 경제공동체와 동북아평화협력체를 실현하겠다고 했다. 또한 경제적으로 동북아 역내 물류, 관광, 무역, 산업 등의 중심적 위치를 차지하는 등의 단계적 발전전략을 제시하기도 했다. 특히 한반도에서 우발적인 무력충돌로 인한 남북한의 비극적인 사태 발생을 막기 위해 남북한 현안문제들을 반드시 대화를 통해 평화적으로 해결한다는 점과 상호 신뢰우선의 원칙에 입각하여 지역의 평화와 협력을 추진하고 상호 협력을 통한 호혜주의를 추구한다는 것이었다. 또한 한반도 평화체제 구축 및 남북경제공동체 형성 등은 한반도문제의 당사자인 남북한이 협의하여 추진하며, 한반도의 평화번영을 위해 당사자원칙을 기초로 국제사회와 유기적으로 협력하고 동북아지역의 평화와 번영에도 기여하도록 추진원칙을 설정하였다. 또한 국민들의 참여와 합의를 바탕으로 정책의 투명성을 제고하여 법과 제도에 따라 추진해 나감으로써 '평화번영정책'이 국론분열과 남남갈등의 원인이 되지 않도록 하는 확고한 원칙을 가졌어야 했었다.

Ⅳ 한미 안보공조와 동북아공동체

1. 동북아 평화 번영 추진

21세기에 들어 동북아지역은 세계경제의 새로운 성장 동력으로 부상하는 가운데 비즈니스 허브지역으로 활용하기 위한 주변국가 간 경쟁이 가속화되고 있다. 전 세계 대비 동북아지역의 총생산 비중은 2000년 21%에서 2020년 30%로 증가할 전망이다. 동북아지역의 생활수준이 향상됨에 따라 미국과 유럽의 최종시장에 대한 의존도가 감소하고 역내·외 다국적기업을 중심으로 한 교류·협력이 확대될 예정이다. 이에 따라 동북아 국가들 간 잠재적 갈등요인을 해소하고 역동적인 경제성장을 지속하기 위한 개방적 지역협력의 필요성이 제기되고 있다.[73] 한반도 지역이 21세기 새로운 경제성장의 중심지역으로 부상하기 위해서는 여건 조성이 필요하다. 우선 역내 국가들이 동북아지역에서 상호간 교류·협력을 통해서

---

73) 동북아 경제중심추진위원회, 정책안내, 동북아경제중심의 의의, http://www.nabh.go.kr(검색일: 2004. 1. 21.)

상호 국가이득을 증대시키는 한편 역외 국가들의 동북아에 대한 경제적 투자를 유도하여 동북아가 과거 냉전시대의 긴장상태를 탈피하여 역동적인 세계경제의 주역으로 부상시키는 과제를 해결해야 한다.

EU, 미국, 동아시아 지역은 세계경제의 블록화 현상에 대응하여 자연적인 수준 이상으로 연대를 강화하고 있고 중장기적으로 역내 경제통합이 세계 경제통합의 토대로 활용될 것으로 기대하면서 개방성을 유지하고 있다. 그러나 동북아는 유럽의 EU나 미국의 NAFTA와 비교하여 서로의 역사 및 문화적 인식의 차이로 인하여 권역화가 느슨하고 진행속도도 상당히 더디다. 특히 최근 동북아에 세계화와 권역화가 동시에 일어나면서 동북아 국가 간 이해가 상당히 복잡하게 진행되고 있다.[74] 급속한 경제성장으로 대두된 중국의 위협론과 일본의 우경화 우려론 등이 그것이다. 이러한 중국의 위협론과 일본경제론이 동북아에 힘의 논리를 전파시켜 동북아 위기론이 확산된다면 이는 지역적인 불행과 세계적인 불안요인으로 작용할 것이다. 예를 들어 만약 일본 경제가 계속 우경화의 신군국주의를 지향하고, 중국이 중화경제권으로 동아시아 역내 헤게모니를 장악하려는 중화주의를 부활시킬 때 동북아 위기론은 점증할 것이다. 통일 한반도가 대륙이나 해양세력 어느 편에 근접할 것인가에 관한 논의가 일본 등지에서 논의되고 있는 것도 이러한 흐름과 무관하지 않을 것이다. 이러한 한반도 주변국가들 간의 잠재적 갈등요인을 해소하고 역동적인 경제성장을 지속하기 위한 개방적 지역협력이 필요하다. 그리고 이 과정에서 한국이 역사적으로 대륙

---

74) 안성호, "한중일협력과 동북아평화공동체확립방안", 충북대사회과학연구, 제22권 1호(2005. 6). "동북아민주공동체형성의 과제와 전망", 북한연구학회, 『북한연구학회보』, 제9권 1호 (2005).

세력과 해양세력의 격돌을 중재할 능력이 부족하면 경제통합 운동은 커다란 난관에 부딪히게 될 것이라는 주장도 대두되고 있는 만큼 한국의 대응 노력이 중요하다.[75]

한편 한반도의 경제협력과 관련 다른 중요한 변수는 북한이다. 북한은 사회주의 경제체제를 고수하며 폐쇄정책을 고수하고 있다. 특히 최근에는 핵무기 개발을 본격화하면서 북미대립 관계를 형성하는 동시에 동북아에 심각한 안보불안 요인으로 대두되고 있다. 북한의 불안은 스탈린적 독재 정치체제와 이에 따른 경직적인 사회주의 경제체제에 기인하고 있으며 이러한 불안정성은 미국의 대북경제와 핵무기 개발이라는 국내외 변수로 인하여 악화되고 있다. 북한은 체제를 보전하고 경제적 어려움을 극복하는 방안으로 핵무기 개발에 나서고 있으나 주변국들이 이를 승인할 가능성은 크지 않다. 미국은 동북아의 핵문제를 막기 위하여 경제적 제재를 넘어서 무력선제 공격까지 거론하고 있는 만큼 북한의 선택은 리비아의 가다피 대통령 방식으로 농축우라늄의 존재를 스스로 입증하고 이를 포기하는 방안이 현실적인 대안이 될 수 있나.[76] 북한은 주변국들과의 평화적인 공조를 통해 정상적인 동북아의 일원이 되느냐, 동북아의 섬이라는 고립된 위치를 고수할 것인가를 선택하여야 할 때가 임박했다. 이에 따라 북핵위기가 해결되어 북한이 당당한 동북아의 일원으로 활동할 때 북한에 외국자본의 투입이 가능하게 될 것이다. 이러한 여건을 형성시키기 위해서는 한국정부의 세밀하고 치밀한 외교 전략과 경제발전 전략 구상이 마련되어야 한다. 이

---

75) 안충영, 『현대 한국·동아시아 경제론』(서울: 박영사, 2001) 참조.
76) David Frum and Richard Perle, *An End to Evil: How to Win the War on Terror*(2002)

러한 성공적인 전략 수행은 한반도를 동북아의 중심지역으로 자리 매김할 것이다. 따라서 남북한 경제공동체 구상은 동북아 경제중심 국가 구상에서 매우 중요한 단초를 제공할 것이다.

2. 동북아 안보공조정책

탈냉전시대에도 이념과 체제의 상이성은 안보협력의 기본적 고려사항이 된다. 범세계적 차원의 냉전 종식에도 불구하고 한국이 위치하고 있는 동북아시아에는 사회주의 일당 지배 및 전제정치체제를 고수하는 중국과 북한이 있다. 따라서 잠정적인 협조관계의 지속에도 불구하고 이념과 체제의 차이로 인하여, 한·미와 중국·북한 간에는 넘을 수 없는 대결관계가 지속될 수밖에 없다. 따라서 한·미는 어떤 형태로든지 안보협력체제를 유지해야 한다.

한국은 자유민주주의를 국가의 기본이념으로 한 채 미국의 안보지원을 계속적으로 확보, 유지해야 한다. 중국, 러시아와 같은 막강한 잠정 갈등대상이 존재하는 한, 우리의 안전을 보장해 줄 수 있는 유일의 국가인 미국과의 안보협력은 불가피하다. 그럼에도 불구하고 우리의 국내외적 안보환경 변화를 감안할 때 현재의 한·미 동맹체제를 그대로 유지할 수는 없다. 현 한·미 연합군 사령부 (ROK-U.S. Combined Forces Command) 체제는 냉전 시 북한의 대남도발 억지와 전쟁 효율성 제고를 중점적으로 고려하여 미국이 주도적으로 전쟁을 수행할 수 있도록 마련된 것이다. 핵문제라는 걸림돌이 아직 남아 있기는 하나 북한의 군사력이 한·미동맹의 대결상대로 간주되던 시대는 지나가고 있다. 또 국력의 성장으로 인해 민족자존의식이 강화된 한국국민이 기존의 불평등한 한미관계를 수용하려 하지 않고 있다. 따라서 한국의 대미 위상을 높일 수 있는 방향으로 양국간 안보협력체제를 점진적으로 재조정해야 한다.

한·미동맹의 근간을 유지하면서 국민적 요구를 반영하기 위해서는 한·미동맹군을 현재의 CFC체제에서 합동군체제로 전환해야 한다. 미·일 안보협력체제가 하나의 참고모델이 될 것이다. 즉 한국군과 주한미군을 완전 분리하고 유사시 군사작전을 협력적으로 수행하는 체제로 전환해야 한다. CFC는 해체하더라도 이에 따라 전시 작전지휘권도 분리하는 대신 긴밀한 협력을 할 수 있는 여러 수준의 기능적 협력기구를 만들어야 할 것이다.

중장기적 관점에서는 그동안 한국국민의 여론을 자극해 온 '주둔군 지위협정'(SOFA)의 개선 문제나 주한미군의 규모와 위치의 조정 문제에 대해 양국간 긴밀하게 협의해 가야 할 것이다. 특히 주한미군 조정과 관련해서는 그러한 변화를 흡수하고 보완할 양국간의 대체적 협력체제가 마련되어야 한다. 그러한 새로운 협력내용을 규정하는 양국간 방위협력지침은 미·일 간의 지침 수준으로 구체적이고 명확하게 설정해야 할 것이다. 한국의 안보환경은 급변하고 있다. 이렇게 급변하는 환경에 능동적으로 대응하면서 필요한 정책 수정을 사전에 해 나갈 수 있으려면 초정치적이며 탄력적인 안보정책 수립 기구가 마련되어야 한다. 이념·문화·경제·국제정치·국내정치 등 다양한 영역의 변화를 분석하여 안보정책에 반영할 수 있는 기구를 창설하여 운영해야 한다. 특히 국내 정치변동에 크게 영향받지 않는 운영이 가능하도록 제도적으로 배려해야 한다.

안보정책은 국가의 존립 자체에 영향을 주는 사안이므로 수시로 변하는 여론과 이러한 여론에 민감한 정치로부터 어느 정도 격리된 안보정책 수립체제가 마련되어야 한다. 국제관계에 있어 책임 있는 정부의 일과 진보적 세력의 거리에서의 구호와는 일정 부분 책임성, 전문성, 그리고 역할과 기능에 있어 확연한 차이가 있음을 국가지도자는 인식해야 한다. 한미공조와 남남공조를 병행하여 슬기롭게 한반도문제를 풀어 가야 하는 것이 이 시대가 요청하는 새로운 리더십이 되어야 한다. 이것이 바로 남북관계 개선과 협력을 통하여 남북통일로 이르는 지름길이 될 것이다.

3. 동북아의 미래지향적 협력과제

지난 참여정부의 동북아 번영을 현실화시키는 데 있어 북한의 배제는 동북아 불안정의 원인이 되는 만큼 북한의 참여는 필수적이다. 21세기 한국의 '동북아 번영론'을 구체화하는 과정에서 북한의 참여를 유도하여 북한이 동북아의 정상적인 일원으로 활동하도록 도와주는 것은 중요한 정책적 과제이다. 북한의 참여를 통해 한국의 주도적인 동북아 경제공동체 구축론이 경쟁력을 구비할 것으로 예상되는 만큼 북한의 동참을 유도하는 방안 마련도 시급하다.

한반도 주변국가들 가운데 한국, 중국, 일본 3국은 모두 수출 주도형 공업화 전략의 성공적 수행으로 단기간 내에 괄목할 만한 경제성장을 이루어 냈다는 공통점을 가지고 있다. 또한 이들 국가의 경제발전 과정에서 원조, 외채, 외국인 직접투자(FDI) 등 다양한 형태의 외국자본 유입이 중요한 역할을 수행해 왔다는 공통점이 있다. 그러나 전 세계적으로 WTO 체제의 도하라운드에 맞서 지역 간 경제협력을 더욱 긴밀히 하여 상호 이익을 극대화하고 있는 가운데 동북아지역은 냉전체제 지속에 따른 이데올로기적인 차이와 공업화 단계의 상이 등으로 인해 자유무역협정(FTA)을 비롯한 구체적인 경제협력 방안에 대한 구체적인 논의를 진행하지 못하고 있다.

이를 극복하기 위해서는 역내 국가 간 높은 무역관계가 상호 보완적 분업관계로 연계되어 역내시장을 기능적으로 통합하는 통합 메커니즘으로 작용해야 한다. 동북아시아 내에서 선진공업국과 후발공업국을 연결하는 통합 메커니즘이 작동할 수 있게 되는 것은 대만, 한국, 홍콩 등 신흥공업국(NEIS)이 존재하고 있었기 때문이다. 이들 국가들은 일본과 아세안(ASEAN) 및 중국을 연결하는 보완적 연결고리 역할을 할 뿐 아니라 중개기능을 효율적으로 수행함으로써 역내 결속은 상당히 빠른 속도로 진행되고 있다.[77]

이처럼 한반도 주변정세는 정치·외교적 개념과 경제적 개념이 복합적으로 작용하고 있는 곳이다. 이를 극복하기 위해서는 한·중·일 3국 간의 갈등 회복, 한반도의 평화, 번영 도모, 그리고 한·중·일 3국의 경제적 공동번영에 있어 우리의 역할 증대가 필요하다. 또한 한반도의 지정학적 환경을 활용해야 한다. 한국은 3국 간 지리적 중심이고, 중·일 경쟁 속에서 가교 역할이 가능하다. 동북아 경제중심의 과제로는 무엇보다도 평화촉진을 위한 동북아 사회간접자본 건설이다. 남·북경협 거점 개발 및 확산이 필요하다. 개성공단, 금강산개발이 그것이다. 또한 남·북한 철도연결 및 동북아 철도망 연계가 중요하다(TKR – TSR, TKR – TCR 연계).

---

77) 2002년 현재 동북아시아의 무역구조는 2조 5,5498억 달러에 이르러 세계 무역액 12조 4,486억 달러의 20.5%를 차지하고 있다. 이 중에서 수출은 1조 3,611억 달러로 세계 총수출 6조 1,208억 달러의 22.2%를 점유하고 있으며 수입규모도 세계 총수입 6조 3,278억 달러 중 1조 1,887억 달러를 기록하여 18.8%를 차지하고 있다. 한국산업은행, 『동북아 2003: 동북아 경제중심 건설을 위한 국가별 편람』(2003), pp.693 – 697.

이를 통해 최근 자원민족주의 심화에 대비하면서 에너지, 수송 네트워크, 석유, 가스 파이프라인을 위하여 TKR-TSR 연결이 요망된다. 우리의 정보통신, 과학기술 협력을 통하여 시너지효과를 높여야 한다. 역내 개발 재원조달 문제는 북한핵문제, 남북관계에서 문제해결의 실마리를 풀 것이다. 한국이 물류 허브기능의 강화를 통하여 한반도 주변국들을 이용해야 하고 동북아 금융허브를 추진하여 아시아 3대 금융허브로 발전할 필요가 있다. 또한 한반도와 동북아가 UN, OECD, TI(Transparency International), EU 등과 보조를 맞추어 글로벌민주주의에 편입하는 노력도 계속해야 할 것이다. 이러한 것들이 한반도문제와 동북아문제를 동시에 평화적으로 해결하는 데 주요한 과제들인 것이다.

Ⅴ 한반도와 동북아민주평화공동체

글로벌 경제화로 외국인과 외국상품이 국경과 국적을 초월하여 왕래하고 인터넷을 통한 사이버공간에서는 더욱더 빠른 속도로 교류가 확산되고 있는 세계화 시대에 국제정치와 정신세계도 글로벌하게 전환되는 것은 당연한 이치일 것이다. 과연 글로벌한 시대에 동북아정체성은 있는가. 동북아정체성은 단일국가가 만들어 내는 것은 아니다. 북미자유무역협정(NAFTA: North America Free trade Agreement), 유럽연합(EU: Europe Union)이나 동남아시아국가연합(ASEAN: Association of South East Asian Nations)처럼 그리고 경제협력개발기구(OECD: Organisation for Economic Co-operation and development)처럼 여러 국가들이 서로 협력하면서 응집하여 만들어

내는 어떤 범세계적 특성인 것이다. 동북아정체성을 넘어 동북아정신도 만들어진다면 이는 한·중·일이 주도하여 만들어 낸 그 무엇일 것이다. 그리고 그것은 적어도 글로벌한 기준에서 국제적으로 인정받고 존중받는 정신이 되어야 할 것이다. 21세기는 민주화의 시기이고 단일국가의 민주화를 넘어 글로벌민주주의가 실천되는 시대이다. 세계화 시대에 서유럽이나 북미지역에서 지역협력기구와 공동체를 조직화하면서 글로벌민주주의에 대하여 효율적으로 대응하고 있다. 그러나 동북아지역은 폐쇄적 민족주의, 자기합리화된 민주주의에 대한 왜곡 적용, 국내와 국외에 대한 이중적 민주주의 적용 등 보편적 민주주의의 기본 원칙을 자의적으로 해석하여 글로벌민주주의가 진실하게 적용되고 있지 않다. 개별국가 차원에서는 세계화 시대 나름대로의 국익을 위한 생존전략으로 국제사회에서 존중받고 인정받는 측면이 있으나 동북아 내에서의 한·중·일 간 상호 존중과 협력은 EU, NATO, NAFTA, ASEAN 등과 비교해 볼 때 과거사와 편협한 민족주의 등으로 초보적 단계수준조차도 형성하지 못하고 있다. 물론 APEC, ASEM, ASEAN+3 등이 있으나 이는 동북아지역공동체를 넘어 광범위한 지역에 걸쳐 형성되어 있어 동북아지역의 특성을 고려한 보다 적극적이고 구체적인 동북아공동체의 대안으로 보기에는 부적절한 면이 없지 않다. 국제적으로 타 국가에 모범이 되고 선진국이 되고 지도자국가가 되려면 글로벌민주주의에 적합한 보편적 정신을 만들고 실천해야 한다. 민주주의를 만든 시민혁명이 서구에서 발생하여 국제사회에서의 EU국가나 미국의 민주주의 발전과 전개 그리고 글로벌민주주의 선도를 부정할 수는 없다.[78] 남유럽, 남미, 아시아권, 동유럽, 아프리카 그

---

78) Roger King & Gavin Kendall, *The State, Democracy and Globalization*(N.Y.:

리고 구소련국가 등이 민주화의 도미노현상을 지속적으로 보여주고 있다.[79] 진정한 민주적 세기가 도래하고 있는 것이다. 헌팅톤이 지적한 전 세계적인 민주화 확산인 제3의 물결에 이르기까지 2차대전 이후 물결의 시대적 단계구분도 글로벌민주주의의 영향을 보여주고 있다.[80] 게다가 글로벌민주주의 시대에는 한 국가의 문제가 더 이상 그 나라만의 문제가 아니다. 글로벌민주주의는 한 국가나 한 민족에 국한한 문제가 아니고 인류사회와 국제사회가 함께 해결해야 할 전 지구적 공동책무이다. 유럽에서는 이미 각 민족국가는 세계화 시대에 적응하기 위하여 국경, 외교, 국제법, 경제, 환경, 사회정책의 새로운 전환을 모색하였다.[81] 인류 보편적 가치와 상식에 기초한 한·일관계, 한·중관계, 중·일관계, 남·북한관계, 세계사의 보편적 방식에 입각한 과거사문제 해결, 독도문제 해결 등을 글로벌민주주의의 정신과 기준에 부합해서 해결할 방안은 없는지 생각하여 보았다. 적어도 글로벌 거버넌스와 국제사회에서 민주주의, 인권 그리고 평화는 중요한 가치이고 지향해야 할 소중한 가치이기 때문이다.[82]

Palgrave Macmillan, 2004), pp.85 – 87.

79) Semour Martin Lipset, *The Democratic century*(Oklahoma: the University of Oklahoma press, 2004), p.4.

80) S. Huntington, *The Third wave: Democratization in the Late Twentieth century*‐ (University of Oklahoma press, 1991), pp.26 – 27. Larry Diamond, *Developing Democracy: Toward Consolidation*(Baltimore: The Johns Hopkins Univ. Press, 1999), pp.28 – 29.

81) Montserrat Guibernau, *Nations without States: Political Communities in a Global Age*(Cambridge: Polity Press, 1999), pp.175 – 176. Klaus Armingeon & Michelle Beyeler(ed.), *The OECD and European Welfare States*(Cheltenham: 2004), p.2.

82) Saori N. Katada, Hanns W. Maull, Takashi Inoguchi(ed.), Global Governance: Germany and Japan in the International System(hants, U.K.: Ashgate Publishing Limited, 2004), pp.236 – 237.

표 7-1_ 에·티·케르네이/포린폴리스 지 2005 세계화 지수

순위 / 연도	2001	2002	2003	2004	2005
1	싱가포르	아일랜드	아일랜드	아일랜드	싱가포르
2	네덜란드	스위스	스위스	싱가포르	아일랜드
3	스웨덴	싱가포르	스웨덴	스위스	스위스
4	스위스	네덜란드	싱가포르	네덜란드	미국
5	핀란드	스웨덴	네덜란드	핀란드	네덜란드
6	아일랜드	핀란드	덴마크	캐나다	캐나다
7	오스트리아	캐나다	캐나다	미국	덴마크
8	영국	덴마크	오스트리아	뉴질랜드	스웨덴
9	노르웨이	오스트리아	영국	오스트리아	오스트리아
10	캐나다	영국	핀란드	덴마크	핀란드
	12 미국	12 미국	11 미국	11 스웨덴	12 영국
	14 독일	14 독일	17 독일	18 독일	21 독일
	29 일본	31 한국	28 한국	29 일본	28 일본
	31 한국	38 일본	35 일본	32 한국	30 한국
	45 러시아	39 러시아	45 러시아	44 러시아	52 러시아
	48 중국	54 중국	52 중국	57 중국	54 중국

(자료) A. T. Kearney/Foreign Policy magazine Globalization Index 2005(May - June), pp.52 - 61.

만약에 한국, 중국, 일본, 북한 등 동북아국가의 협력이 가시화된다면 그 에너지는 전 세계에서 가장 커다란 공동체로서 그 위력과 시너지효과는 대단할 것으로 전망된다. 그러나 이들 4국은 과거와 연계된 민족주의적 감정과 내부적 체제의 취약성, 군사대국화의 패권적 전략 그리고 북한핵문제 등에 의해 민주적 협력적 관계를 만들어 내지 못하고 있다. 오히려 상호간 마음을 아프게 하고, 분노를 키우고, 국민들 사이에 적대적 관계가 노골적으로 표출되는 등 글로벌민주주의 시대에는 전혀 걸맞지 않은 후진적 모습을 노출하고 있다. 중국은 국제사회에서 패권적 전략으로 여전히 인민민주주의로 자본주의권과의 대립과 경쟁을 강화하고 있고, 일본은 독도영유권 문제, 역사왜곡, 그리고 군사대국화 및 우경화로, 한국은 여전

히 내부적 민주화 개혁이 필요한 영역이 많이 남아 있는 국가로, 그리고 북한은 핵개발과 폐쇄적 전체주의, 폐쇄적 부자세습체제로 글로벌민주주의에 부응하지 못하고 있다. 더욱이 남북한은 분단을 극복하지 못하고 남북관계에 있어 냉온탕을 반복적으로 왔다 갔다 하는 불안한 갈등을 보여주고 있다. 국제정치의 전략적 측면에서 한·일관계, 한·중관계, 일·중관계, 일·러관계가 과거사문제나 영토와 국경문제로 분쟁과 갈등을 지속적으로 반복해서 노출하고 있다. 한·중·일로 압축되는 동북아지역에서 한·중·일 간의 협력과 이해를 통해 동북아의 정체성을 확립하고 동북아정신이 국제사회를 주도하면서 과연 진정한 의미의 글로벌민주주의를 실천하고 확산시킬 수 있는 동북아민주공동체의 형성은 불가능한 것인가.[83]

과연 동북아지역의 평화를 위협하고 국제사회에서 갈등을 유발하는 국가는 어느 나라인가. 동북아가 국제평화를 솔선수범하고 모범을 보일 수는 없는 것일까. 만약 국제질서가 힘의 논리로만 간다면 항상 국제사회는 토마스 홉스가 지적하듯이 만인의 만인에 대한 투쟁상태가 지속될 것이다. 그러나 다른 한편 국제사회가 글로벌민주주의를 통한 평화와 협력의 부분을 지속적으로 강조한다면 한·중·일은 동북아에서 글로벌민주주의를 실천하는 기반을 만들어야 할 것이다. 이것이 중요한 일임을 증명하는 것이 UN, WTO, UNHCR(UN High Commissioner for Refugees) 같은 글로벌민주주의를 실천하는 국제기구인 것이다.

과연 동북아지역이 글로벌민주주의를 잘 실천하고 있는지, 그리고 동북아지역과 국제사회에서의 3국의 이중적 모습은 어떤지를

---

83) Larry Diamond, *Developing Democracy: Toward Consolidation*(baltimore: The Johns hopkins Univ. press, 1999), pp.14 - 15.

보면서 동북아지역의 정체성을 확인할 수 있다고 본다. 여기서 3국의 글로벌민주주의와의 관계를 보고 어떻게 글로벌민주주의를 동북아정체성으로 확립해야 하는지를 연구하려는 것이 본 연구의 핵심이다. 그리고 동북아지역의 민주공동체 형성이 무엇보다도 동북아지역의 평화와 번영을 가져온다는 점에서 그 가능성과 과제를 정리하여 보았다.

Ⅵ 결 론

한·중·일이 중심국가로 있는 동북아지역도 글로벌민주주의 적용에 있어 예외지역은 아니라고 본다. 앞에서도 본 바와 같이 본 글은 국제정치의 현실적인 전략적 측면에서 접근하기보다는 이상적인 미래지향적 측면에서 접근하였다. 이제 한·중·일 3국은 선진국의 글로벌한 민주주의 시각을 통해 동북아의 취약점을 파악하고 보완해야 한다. 각 분야에서 글로벌한 경생력을 높이고 순위와 지수를 높이는 것도 해야 하며 동시에 이웃 국가와의 분쟁을 최소화하고 협력관계를 효율적으로 증대해야 하는 것이다.

EU국가들도 역사적 분쟁이 많이 있었다. 그러나 이들은 과거를 반성하고 양보하고 타협하면서 오늘날의 글로벌민주주의의 모범을 보여준다. 덴마크 - 스웨덴 - 노르웨이관계, 오스트리아 - 독일 - 프랑스관계, 독일 - 체코 - 슬로바키아관계, 독일 - 폴란드 - 러시아관계 등에서 많은 갈등과 분쟁이 있었다. 그럼에도 불구하고 이들은 국제사회에서 과감하게 협력하고 반성하고 양보하면서 민주적 평화를 통해 글로벌민주주의의 선진 주도국이며 모범적인 지역이

되고 있다. 그러나 선진국만 민주주의가 잘된다고 국제사회가 좋아
지는 것은 아니다. 그래서 INGO를 통한 안티글로벌운동이 전개되
는 것이다. 한지역의 재앙이 지구촌 재앙으로 전화하는 전 세계 국
가는 글로벌시대에 존재하고 있다. 따라서 민주주의를 통해서 선진
국(경제적 부국)은 글로벌민주주의의 모범을 보이면서 후진국(경제
적 빈국)에 민주주의, 인권, 자유를 전파해야 한다. 2차 대전 이후
UN과 NATO 등은 세계평화국제질서의 중요성을 강조하였고 이를
통해 EU국가는 발전하여 왔다. 그리고 90년대 이후 국가와 비정부
기구 간의 다양한 상호 작용, 국가를 넘어서는 비정부기구의 초국
가적인 네트워크를 통하여 글로벌민주주의와 글로벌 시민사회가
확산되고 있는 것이 국제사회의 현실이다.[84]

이를 기초로 하여 우리는 어느 국가가 민주주의를 수호하고 반
민주적인지를 구별할 수 있고 아무리 강대국이라도 이에 어긋나면
국제적 비난에서 자유롭지 못하다는 것을 교훈으로 배우고 있다.
이를 동북아에서도 예외 없이 보여주고 있는 것이다. 여기서 교훈
을 얻지 못한다면 동북아의 정체성은 계속해서 부정적 모습으로
확대될 것이고 경제가 성장해도 항상 서구정신에 밀리는 2등 국가
로 존재할지도 모른다. 국제정치 현실에서는 제3세계권 후진국들이
정치적, 외교적, 전략적으로 강대국에 이용당하고 있는 것도 사실
이다. 그러나 궁극적인 목표와 그 과정에 대한 기준과 원칙은 엄연
히 존재하고 있다. 평화, 자유, 인권, 투명성, 신뢰 등이 보다 더 글
로벌민주주의 가치에 부합하고 이를 거부하면 일시적으로는 힘으
로 버틸 수는 있지만 궁극적으로 패망하는 것을 역사의 교훈에서

---

84) David Chandler, "Constructing global civil society", in Gideon Baker and David
Chandler(ed.), op.cit., p.149.

볼 수 있다. 동북아분쟁의 궁극적 해결은 국제사회의 이중적 구조를 비판하고 국제사회의 글로벌민주주의 실천을 강조하는 데서 출발해야 한다. 그렇기 때문에 한·미·일은 기본이고 북한을 제외하고라도 우선 국제사회에서 활발하게 활동하는 한·중·일만이라도 함께 공통된 의견을 공유할 수 있는 공존하는 동북아정체성이 절실하게 요망된다.

물론 강대국이 선진국인 경우는 바람직하지만 강대국이라고 반드시 선진국은 아닌 것이다. 오히려 핀란드, 아일랜드, 덴마크 등 강소국이 글로벌민주주의를 주도하고 있다는 점에서 글로벌민주주의가 미국적인 시각이라고 볼 수는 없는 것이다. 문제는 국제사회에서의 이러한 글로벌 스탠더드의 순위를 높이는 것과 동시에 여기에 개별국가 내의 민주주의 공고화의 진행 정도와 이웃국가에 존중받는 정도 등이 추가되어야 한다는 것이 본 장의 핵심인 것이다.

3부

남북한 통합: 선택

제8장
남북한 통합방법론

I 서 론

이제는 북한의 선택만 남았다. 위기를 기회로 그리고 평화적 통합의 선택이 북한이 생존하는 최선의 방안이라 본다. 정치는 국민적 통합을 엮어 내는 기술이라고 볼 수 있다. 그러나 남북통일 이후 국민통합을 이루는 일이란 결코 쉽지 않은 일이다. 왜냐하면 반세기가 넘는 세월을 서로 전혀 다른 정치문화 속에서 살아왔기 때문이다. 특히 북한주민들은 유일사상에 세뇌되고, 유일당의 전일적인 지배에 의해 극도의 폐쇄공간, 즉 전체주의 체제 속에서 살아왔기 때문에 통일 이후 민주시민의식을 가지는 데 오랜 시간을 요할 것이라는 데 큰 문제가 있다. 일순간 통일의 순간이 왔을 때 남북한이 당황하지 않고 평화롭고 질서 있게 통일국가체계를 확립하는 것이 남북한 정치통합논의에서 다루어야 할 중요 내용이 되어야할 것이다.

통일한국을 맞이하기 위한 대비책으로 통일정치체계를 수립하여야 함은 너무나 당연한 일이다. 이를 위한 정치통합의 제도적 체계의 확립은 물론 그 내용을 미리 준비해 놓을 때라야 우리는 통일을 보다 순조로이 맞이함은 물론 그 후유증을 최소화할 수 있을 것이다.

본 장은 남과 북의 정치통합연구를 ① 이질성 감소와 동질성 증대를 위한 중간적 단계로 이어져야 한다고 보았고, ② 정치통합을 위한 제도와 절차의 개발, ③ 민주적, 경쟁적, 다원적 정치체제로의 이행에 대한 연구, ④ 체제전환 이후의 제반 갈등 극복에 대한 연구, 통합 이후에는 제반 갈등을 해결하는 기준과 원칙을 만드는 작업과 연구가 있어야 하고, ⑤ 남과 북의 시민사회의 균형적 발전, 민주시민사회의 활성화가 남북한 공히 균형 있게 형성되기 위한 방안도 연구되어야 할 것으로 보았다. ⑥ 이미 분단국가에서 통합을 실현한 독일, 베트남, 예멘 등 3국의 정치통합사례연구에서 우리의 통합에 대비한 교훈과 경험을 얻을 수 있다고 보았다.

중요한 것은 정치통합의 내용을 개발하는 일인데, 무엇보다도 전체주의적 사고를 극복할 수 있는 역사적 진실에 대한 중요성과, 자본주의적 경쟁원리를 기본으로 만들어져야 한다고 본다. 남북통합에 대한 통합이론은 남북통일에 있어 갈등, 투쟁, 내선과 진쟁을 반대하는 협상, 합의, 대화 그리고 기능적 교류, 유도를 통한 남한 체제로의 합의적 합류를 통한 평화적 통일을 전제해야 한다. 통합은 흡수든 합류든 합의든 통일하자고 한순간 이후부터 갖게 되는 과정에서의 분석이다.[1] 갈등론적 접근방법도 적절한 분석일수 있으나 우리가 원하는 통합방법은 가급적 갈등, 폭력, 쿠데타, 내전, 전쟁 등을 최소화하거나 피하는 데 궁극적인 목적이 있기 때문에 통합론적 접근방법을 원용하였다. 통합론적 접근방법은 평화, 대화,

---

1) 홍익표, 진시원, 「남북한통합의 새로운 이해」(서울: 오름, 2004), 김혁, "한반도통일에 대한 이론적 접근: 기능주의적 통합론에 대한 비판과 그 대안의 모색", 한국정치학회 연례학술대회(1996), pp.4 – 7.

협상, 자유롭고 다양한 경쟁 등 민주적 방식의 통합에 근거하고 있으며 주로 유도, 합의, 합류를 통하여 북한의 체제 붕괴나 스스로의 체제 포기를 통하여 평화적으로 남북통일과정에서의 갈등극복의 방법을 강조한다. 즉 다소 통합의 시간이 지체되기는 하나 극단적인 상황으로 희생을 동반한 통합이 바람직하지 않다고 인식하기때문에 통합론적 접근방법에 기초해야 한다.[2] 성공적인 남북통합을위해서는 북한학, 통일학, 분단학, 교류학을 포괄적으로 볼 수 있는남북통합을 언급해야 한다.

Ⅱ 남북통합 연구방법

1. 남북통합에 대한 다양한 접근

통합론에는 기능주의, 신기능주의, 연방주의, 제휴주의 등이 있다.[3] 기능주의는 사회 내의 모든 요소들은 사회가 하나의 시스템으

---

2) 유호열, "통일학 연구의 현황과 과제", 한국정치학회년례학술대회(1996), pp.11 - 15.

3) 남북체제통합 남북체제 남북체제통합방안 통일방안 통일정책/Baylis, John, 하영선 역, 2 『세계정치론』(서울: 을유출판사, 2003), 박재영, 『국제정치 패러다임』(서울: 법문사, 2002), 윤인진, 2001, "남북한 사회 통합 모델의 새로운 모색", 아세아문제연구소(2001), 정해구, "남북한 정치 통합 연구 -남북한 통일정책 및 통일방안의 정치통합 구상을 중심으로 -", 아세아문제연구소(2002), 신형욱, "남북통일정책 비교, 분석과 통일민주국가의 전망", 경기대 대학원(2001), 이영제, "북한의 사회상과 남북한 사회통합 방안 연구", 경희대 대학원(2003), 김수미, "통합이론이 남북관계에 주는 교훈", 경성대 대학원(2004), 김용우, "통합이론으로서 기능주의와 신기능주의의 국제적 적용상황에 대한 비교연구: 대북통합정책에 주는 정책적 함의", 『한국정책과학회보』 제8권 제3호, 서울: 한국정책과학회(2003), 박성철, "남북한 통일방안 조율 가능성에 관한 연구", 연세대 대학원(2002), 기능주의: Morton A. Kaplan, *System and Process in International Politics*(N.Y.: Robert E. Krieger Publishing Co., 1975), David Mitrany, *A Working Peace System*(Chicago: Quadrangle Books, 1966), Patrick Sewell, *Functionalism and World Politics*(Princeton Univ. Press, 1966), Karl Deutsch, *Nationalism and Social Communication*(Cambridge, Mass.: Harvard Univ. Press, 1966), 신기능주의: Philip E., Jacob and James V. Toscano(eds.), The

로 유지될 수 있게 하는 기능을 갖고 있다. 기능하는 모든 사회구
조는 구성원 간의 가치에 대한 합치된 견해에 기초하고 있다. 이는
탈코트파슨스의 체계이론에서 비롯된다.[4] 남한은 기능주의 이론에
입각하여 상호 교류와 대화를 통해 성취된 동질성을 기반으로 남
북한 자유총선을 통한 통일된 국가를 건설하려는 것이다.

통합을 과정으로 정의하거나 조건으로 정의하는 두 가지 정의방
법에서 볼 수 있듯이 통합이론의 주된 관심은 나뉘어 있거나 흩어
져 있는 인간집단이 하나의 공동체가 된 후 그것을 유지하는 방법
에 있다.[5] 정치적 통합은 최소한 어떤 초보적인 기구를 갖추고 있
고, 정책 형성에서 상호 의존적이며, 서로가 동일체의식과 공동의

Integration of Political Communities(Philadelphia: lippincott, 1964), Leon N. Lindberg, and Stuart A. Scheingold(eds.), *Regional Integration: Theory and Research*(Harvard Univ. Press, 1971), Ernst B. Hass, *The Uniting of Europe: Political, Social, and Economic Forces 1950-1957*(Stanford Univ. Press, 1968), Joseph S. Nye, *Peace in Parts: Integration and Conflict in Regional Organization*(Boston: Little Brown & Co., 1971), 연방주의: Amitai, Etzioni, *Political Unification: A Comparative Study of Leaders and Forces*(N.Y.: Robert E. Krieger Publishing Co., 1974), W. H. Bennett, *American Theories of Federalism*(Univ. of Alabama Press, 1964), Carl J. Friedrich, *Europe: An Emergent Nation*(N.Y.: Row Publishers, 1969), 체휴주의: Kim Ki-Dae, "A Suggestion for Unification: An Application of a Consociational Government Model", 한국정치학회, 『민족공동체와 국가발전』(1989), 심익섭, "통일국가의 정부체계 구축방안", 민주평화통일자문회의, 『정책연구』(1996), pp.178-220, Jurg Steiner, "The Consociationalism and Beyond", Comparative Politics, vol.13(April 1981), Hans Daalder, "The Consociational Democracy Theme", World Politics, vol.16(1974), Brian Barry, "Political Accomodation and Consociational Democracy", British Journal of Political Science, vol.5(1975), Arend Lijphart, Democracies: Patterns of Majoritatian and Consensus Government in Twenty-One Countries(Yale Univ. Press, 1984), pp.20-34, Arend Lijphart, Democracy in Plural Societies(Yale Univ. Press, 1977).

4) Talcott parsons, Social System(Glencoe. Ⅲ.: The Free Press, 1951), *Structure and Process in Modern Societies*(Glencoe, Ⅲ.: The Free Press, 1960), *Politics and Social Structure*(N.Y.: The Free Press, 1969), *The System of Modern Societies*(N.J., Prentice-Hall, 1971).

5) Philip E., Jacob and James V. Toscano(eds.), The Integration of Political Communities(Philadelphia: lippincott, 1964).

의무감을 느낄 것 등이다.

정치통합은 한마디로 말해 두 개 이상의 정치단위가 하나의 정치단위로 합쳐지는 것을 말한다. 기관통합, 정책통합, 태도통합, 안전공동체 등을 종합한다. 이러한 증가현상이 최고에 달하여 국가단위의 사회 내에서의 커뮤니케이션 및 상호 왕래 수준까지 오르게 되면 그때는 범국가적 사회가 형성된다.[6] 둘 또는 그 이상의 행위 주체자가 하나의 새로운 행위 주체자를 형성하는 과정이라고 정의하고 이 과정이 끝났을 때 통합되었다고 하면서 통합을 가치통합, 행위자통합, 부분과 전체의 통합으로 구분하면서 여러 모델을 제시한다.[7]

충성심을 기초한 부분과 전체의 통합, 주기형을 기초한 부분과 전체의 통합이 있다. 영토적 통합, 기관적 통합, 결합적 통합 등이 있다.[8] 혹자는 사회적 통합, 문화적 통합(규범적 통합, 기능적 통합, 의사소통적 통합), 경제적 통합, 정치적 통합으로 구분한다.[9]

높은 수준의 정책통합을 성취시키고 아울러 중간 수준의 기구통합을 이룩하면 그 결과로 더 높은 역할통합과 과거보다 더 높아진 기구통합이 이루어지고 높은 공동체의식이 생길 수도 있다.

또한 신기능주의는 첫째, 기능주의와는 달리 정치적으로 아주 중요한 분야를 고의로 택한다. 둘째, 신기능주의는 통합을 촉진하는

---

6) Joseph S. Nye, *Peace in Parts: Integration and Conflict in Regional Organi-zation*(Boston: Little Brown & Co., 1971). 경제적 통합은 다른 국가에 속하는 경제단위 간의 차별을 없애는 것이라면, 사회적 통합은 국경을 넘는 커뮤니케이션과 상호 왕래의 증가와 관계된다.

7) Johan Galtung, "A Structural Theory of Integration", *Journal of Peace Research*, Vol.5, No.4(1968), pp.375 - 378.

8) 김국신, 「남북연합형성 및 운영방안연구」(민족통일연구원, 1994), pp.6 - 17. 다양한 통합이론 참조.

9) 이용필 외, 『남북한통합론』(서울: 인간사랑, 1992), pp.20 - 31.

기구의 창설을 의식적으로 시도한다. 신기능주의의 주장은 기구 창설은 부분통합의 확장논리에 따라 다른 분야에서의 통합을 유발하는 데 근거하고 있다. 80년대에 제시된 남한의 통일정책은 기능주의적 접근의 틀을 벗어나지는 않았다.

1989년 한민족공동체통일방안은 과도적 통일체로서의 남북연합(Korea Commonwealth)을 제시하고 있다.[10] 통일헌법이 마련되면 헌법에 따라 총선거를 실시하며 통일국회와 통일정부를 구성하고 통일국회는 지역대표성에 입각한 상원과 국민내표싱에 입각한 하원으로 구성되는 양원제로 한다는 것이다. 남북연합은 국가연합(Confederation)이나 연방(Federation)과는 달리 통일을 지향하는 과도기적이고 특수한 법적 유대관계를 가지게 된다.[11] 한 집단의 사람들이 일정 영역 내에서 이들 내의 문제들에 대하여 평화적인 변경이 가능하도록 믿을만 한 기대를 오랫동안 확신하기에 충분할 만한 공동체의식과 구조 및 실행을 갖게 되는 상태라 보고 있다.[12]

하나의 정치공동체가 폭력수단의 사용에 대한 효과적인 통제권을 갖고 있으면 통합된 것이라 본나. 이러한 공동체는 공동체 전체에 대하여 지원과 보상을 규정하며 정치적 자각을 가진 대다수 시민들의 정치적 일체성의 초점을 형성하는 의사 작성 중심을 갖고 있다.[13]

---

10) 이용필 외, 『남북한통합론』(서울: 인간사랑, 1993), pp.69-71, 김국신, 「남북연합형성 및 운영방안연구」(민족통일연구원, 1994), pp.7-18.

11) 이용필 외, 『남북한통합론』(서울: 인간사랑, 1996), pp.70-71.

12) Karl Deutsch, *Nationalism and Social Communication*(Cambridge, Mass.: Harvard Univ. Press, 1966), The Analysis of International Relation(N.J.: Prentice-Hall, 1968).

13) Amitai, Etzioni, *Political Unification: A Comparative Study of Leaders and Forces*-(N.Y.: Robert E. Krieger Publishing Co., 1974), pp.35-55.
통일과정을 ① 통일이전상태, ② 통일과정(통합하려는 힘), ③ 통일과정(통합된 영역), ④ 통일완료상태로 구분하고 있다.

몇 개의 서로 다른 국가의 정치행위자들이 그들의 충성심과 기대 정치적 활동을 기존의 관계되는 국민국가들에 대한 관할권을 가지고 있거나 요구하는 새로운 중심으로 옮기도록 설득하는 과정이다.[14] 국가들이 각각 독자적으로 그들의 외교정책이나 기타 중요 정책을 행하려는 의욕과 능력을 배제하고 그 대신 합동으로 정책을 수립하려 하거나 새로운 중심구조에 의사 작성 과정을 의탁하려 하게 되는 과정이다. 그리고 서로 다른 몇몇의 무대에서 활동하는 정치행위자들이 그들의 기대와 정치적 활동을 새로운 중심으로 옮기도록 설득하는 과정이다.[15]

통합론에는 또한 연방주의가 있다. 1960년 북한에 의해 제시된 남북연방제는 연방이라기보다는 국가연합(Confederation)에 더 가까우며 내용도 연방주의적이라기보다는 기능주의적 성격이 더 강했다.1973년 6월 23일 김일성의 조국통일 5대강령 속에 포함된 고려연방제제의로 공식정책화된다.[16] 북한의 연방제는 1980년 10월 1민족 2체제 국가로서의 통일국가형식을 갖춘 고려민주연방공화국 창설방안으로 완결된다. 이는 독자적인 연방군의 조직과 남북 쌍방의 외교권을 통일적으로 조정할 수 있는 분명한 연방국가의 창설을 제시하고 있다. 군사외교권을 가지는 연방정부는 지역자치정부의 존재에도 불구하고 국가로서의 통일성을 유지해 줄 수 있다.[17]

---

14) Ernst B. Hass, *The Uniting of Europe: Political, Social, and Economic Forces 1950-1957*(Stanford Univ. Press, 1968).

15) Leon N. Lindberg, and Stuart A. Scheingold(eds.), *Regional Integration: Theory and Research*(Harvard Univ. Press, 1971).

16) 이용필 외, 『남북한통합론』(서울: 인간사랑, 1993), p.63.
    5대강령 중 "단일국호에 의한 남북연방제를 실시하며 연방국호는 고려연방국이라 한다(남북연방제)." 참조.

17) 이용필 외, 전게서, p.71.

그러나 이는 북한의 이중적 전략과 인민전선전략 차원에서 볼 때 체제가 단일화가 되지 않으면 혼란에 직면할 수 있다.

협의주의(Consociationalism) 모델도 통합론에 근거하고 있다. 협의주의는 모델은 벨지움, 오스트리아, 스위스 등의 서구 선진국에서의 여러 정파와 지역갈등을 최소화하기 위해 설득력 있게 활용되어 왔는데 남북통합에도 이를 적용할 수 있다고 제시하였다.[18) 협의주의 모델은 대연합정부(Grand Coalition Government) 구성, 상호 비토(mutual veto), 비례성(proportionality), 부분적 자율성(segmental autonomy)을 기초로 한다.

장기화된 갈등에 의해 사회의 분열구조가 고착화된 경우 민주주의의 기본원리인 경쟁을 의도적으로 제한하고 경쟁의 결과에 상관없이 최소한의 권력분점의 보장을 제도화함으로써 상호 대결을 피하고 공존의 길을 모색하려는 것이다.[19)

그러나 이는 고도의 정치력과 심각한 내전경험이 없는 경우에 경험만 상존하므로 그 적용의 효과에 대해서는 단언하기 어렵다.

다만 상세석 사회이론, 갈등이론 등 통합이론에 대한 반대견해와 비판이론도 만만치 않다.

즉 모든 사회는 모든 점에서 변화의 과정을 따르게 되고 사회적 변화는 어디에서나 일어난다는 것이고, 모든 사회는 모든 점에서 견해의 차이나 갈등을 나타낸다는 것이다. 따라서 사회적 갈등은 어디에서나 일어난다는 점을 강조한다. 그래서 사회의 모든 구성요소는 사회의 분해와 변화에 공헌한다. 모든 사회는 구성원의 일부에 의한 다른 자에 대한 강제에 기초하여 성립된다는 것이다. 그러

---

18) 심익섭, 전게논문, pp.178 - 220, Arend Lijphart, op.cit., pp.20 - 34.
19) 이용필 외, 전게서, pp.83 - 88.

나 전쟁을 통한 통합방식은 갈등을 넘어서 민족적 피해가 심각하기 때문에 기본적으로는 무력, 강제, 억압, 내전, 착취 등을 탈피하여 통합이론적 방식으로 남북통일을 접근해야 한다.

2. 왜 남북통합인가

민족적 통일과 통합에 있어 한 치의 오차도 없이 조그만 갈등과 혼란도 없이 진행될 수 있는 최선의 정치통합방안을 연구하는 것이 목적이다. 물론 그렇다 해도 학술적 논의에서 이상적으로 논의해도 현실적용에는 시행착오가 있기 때문에 보다 완벽한 방안 강구에 노력을 해야 한다.

사회주의 정권의 와해 중에도 폴란드, 헝가리, 체코 등에서 구공산당 간부가 새로운 엘리트로 등장하는 경우가 얼마든지 있다. 러시아에서는 불법으로 된 공산당마저도 새로운 지지를 받고 있는 실정이며 오히려 구공산당 간부가 자본주의적 졸부로 변신하여 새로운 체제하에서 과거와 같은 특권층으로 변신한 경우가 허다하다. 베트남의 호치민 시에도 구베트남 인사들이 재기를 하고 삶을 영위하고 있다. 하물며 북한도 예외는 아니다.

북한이 와해되었다고 해서 북한의 엘리트나 지도자가 완전히 없어졌다는 말은 아니다.[20] 구노동당 간부가 개혁적으로 변신할 수도 있고 조용히 숨 쉬고 있던 숨은 엘리트가 나타날 수도 있는 것이다. 이들은 새로운 통일국가에서 얼마든지 북한지역을 이끌어 갈 지도자가 되는 것이다.

---

20) 김용현, "김정일후계체제와 북한의 지도인맥", 한국정치연구회 심포지엄(1995. 12), pp.10 ~ 18.

더욱이 북한 사회주의 체제가 붕괴되었다는 말은 이러한 붕괴에 직간접으로 영향을 준 인물이나 집단 또는 요인이 반드시 있을 것인데 이것이 바로 새로운 통합논의의 주요한 상대자나 추진세력이 되는 것이다. 북한이 붕괴되었다고 남한이 이를 일방적으로 무시할 경우에는 극우에서 극좌까지 극단적 정파들이 등장하고 있는 러시아나 예멘, 소말리아, 보스니아와 같은 혼란에 직면할 수도 있는 것이다.[21] 우리가 일방적으로 북한에 개혁정권을 세운다는 것은 무모한 것이고 장기적으로 볼 때 통일국가에 갈등의 씨앗을 심이 놓기 쉬운 것이다. 따라서 남한은 북한을 흡수할 때에도 북한주민과 북한엘리트의 마음을 헤아리면서 흡수해야 할 것이다. 결코 흥분과 감정으로 처리해서는 안 될 것이다. 남한 내에서도 과연 의사가 합의될지도 의문이다. 남한 국민과 정치세력의 의사를 무시하는 일방적 통합방식은 배제되어야 할 것이다. 이러한 통합 이후의 갈등과 관련된 처리의 예는 우리의 현대사에서도 좋은 예를 얼마든지 찾을 수 있다.

해방정국 3년의 좌와 우, 한국전쟁 3년의 좌와 우, 80년 서울의 봄과 광주민주항쟁 이후, 6·10민주항쟁 이후 민주와 반민주 사이의 타협과 흥정 등에서 우리 민족의 성격을 볼 수 있다.

그리고 영·호남 간의 지역대립에서도 우리가 남북한 간의 통합논의가 그렇게 오만하게 처리되어서는 안 된다는 교훈을 보여준다. 북한이 붕괴되었으니까 우리 마음대로 할 수 있다고 해도 북한지역의 정서와 여론을 일방적으로 무시해서는 곤란하다. 특히 가난함, 배고픔, 순진함 등을 명분으로 그들을 윽박지르고 자본주의 타락성에 물들게 해서는 곤란하다. 일단은 그들이 그들을 추스를 수

---

21) 민족통일연구원, 「러시아대선결과분석」(1996), p.11.

있도록 시간적 여유와 동포애적인 지원을 병행해야 한다. 일본이 교묘하게 수작을 부리면서 강제무력 병합하는 경우에도 을사조약으로 나라를 팔아먹는 매국노의 지도층이 있는가 하면 그 당시 바보라 하더라도 수많은 애국적 지도자, 의병, 자결하는 사람 등이 나타나지 않았는가.

북한의 사회주의 체제가 붕괴되었다는 것은 결코 북한에 사회주의 논의가 완전히 사라졌다는 것을 의미하는 것은 아닌 것이다. 동구권처럼 개혁사회주의, 민족사회주의, 사민주의 등으로 변화하면서 적을 할 수 있는 세력이 있을 수 있는 것이다. 그러나 통일국가가 자유민주주의 체제를 근간으로 하는 이념을 기초로 한다면 이러한 세력들도 자유롭게 포용해야 할 것이다. 그것이 우리가 바라는 통일국가의 모습인 것이다. 이제는 절대로 인간이 이념에 노예가 되지 않고 인간이 이념을 만들고 선택할 수 있는 인간중심의 진정으로 자유로운 사람이 사람답게 살만 한 나라로 만들어야 할 것이다. 통일국가에서는 현재의 북한을 의식한 반공법, 보안법 등은 프랑스, 영국, 독일, 오스트리아, 덴마크, 스웨덴, 네덜란드 등 서구 선진국처럼 반드시 변해야 하는 것이다. 정치적 통합을 위해서는 그동안 남과 북이 전혀 다른 체제에서 국가를 운영하여 왔기 때문에 많은 갈등이 예상된다는 전제하에서 우선 체제전환에 따른 중간단계에서의 문제점을 연구하여야 한다고 인식하였다.

3. 기존 통일방안의 극복

여기서 남북통합연구논의는 기존의 한민족공동체통일방안과 북한의 연방제통일방안을 대승적으로 극복할 수 있는 것이어야 한다는 전제에서 출발하였다.

한민족공동체방안이나 북한의 고려연방제방안도 아닌 방법으로 통합논의가 강구될 수밖에 없다고 본다. 그것은 본 연구가 남북한 통합은 북한사회주의 체제의 붕괴로부터 유도 - 합의 - 흡수통일을 전제로 출발하기 때문이다. 이러한 원리를 기존에 둔다 하더라도 우리가 갖게 되는 남북한통합에서의 본격적 적용은 어려울 것 같 다. 민족화합 - 민족통일방안은 국가연합을 전제로 하고 있고 구체 성이 없기 때문에 현실성이 결여되어 있다고 본다.

우리가 바라는 남북한통합은 기존의 어느 한쪽으로 통합되는 다 시 말하면 흡수통합에 가깝지 않을까 생각된다. 흡수통합이 매우 부적절하고 거부적인 개념이라면 자유민주주의 체제에 의한 통합 이라고 할 수 있을 것이다. 즉 자유, 평등, 인권, 복지 등의 가치를 제도적으로 보장하고, 보통선거제도, 삼권분립, 시민사회 형성, 참 여적 민주주의 등 보편적 민주주의 원리, 국제주의적 민주주의 원 리에 입각한 민주주의 이념에 의한 통합을 말하는 것이다. 더 구체 적으로 말하면 결국은 남한의 정치이념에 따르는 통합이라고 할 수 있는 것이다.

이러한 방식에 의한 통합이 가능하더라도 일정 부분 갈등과 혼 란이 야기될 수 있음을 부정할 수는 없다. 따라서 본 연구는 이러 한 기본입장을 배경에 두고 있게 될 정치통합과정에서의 무질서, 혼란, 폭력, 갈등, 내전 등의 민족적 에너지소모를 극소화하는 방안 을 모색하려는 것이다.

구체적으로 통합의 성격을 말할 때 남북통합은 기본적으로 병합 (amalgamation), 연합(union), 연방(federation) 등의 형태를 생각할 수 있겠다. 편의상 병합 또는 합병형 통합은 셋가 합해지는 비율이 주류와 비주류 간 예컨대 최소한 6 : 4를 이루는 통합을 의미한다. 연합형 통합은 평등한 5 : 5의 합을 의미하는 반면 연방형 통합은 둘의 합이 제3의 세를 형성하는 합을 의미한다.[22] 연방제가 국가통합에서 볼 수 있는 것과 같이 연방통합은 연방을 형성하는 기본 정치단위가 존속하면서 단위국가로부터 이양된 세의 합이 제3의 중앙정부(연방정부)를 형성하게 된다. 대표적인 예가 50개 주정부의 미국 워싱턴 D.C.에 있는 연방정부를 생각할 수 있다. 이렇게 구분하는 통합 정부형태를 생각할 때 현재 우리가 말하고 있는 남북통합은 합병(병합)이 아니면 연합일 수밖에 없을 것이다. 흡수통일은 병합에 가까우며 남북연합은 통상적인 연합정부론에 입각한 듯하다. 물론 남북연합단계 다음에 올 민족공동체 통합론은 미완성의 연방이론에 해당된다.[23]

통일은 협력과 교류, 남북연합, 그리고 공동체 통일을 최종단계로 하면서도 점진적이나 예상 밖의 급작스러운 통일계기를 예외로 하는 대비책을 밝혔다. 우리는 기본적으로 교류와 협력을 통한 남북연합으로 점진적 접근을 하면서도 경우에 따라서 북한의 이변에 대비해야 한다는 뜻이다.[24]

남북연합이란 기본적으로 국가연합 이론에 기초한 평등한 종합이어야 할 것이다. 그렇다면 남북연합의 골격은 결국 용어에 구애됨이 없이 둘의 합이 되어야 할 것이며 현실적으로 북한정권의 존재를 전제로 하는 이익 사회적 계약이 되어야 한다. 북한이 하루아침에 예측 불허한 가운데 파산되지 않는 한 남북통일은 연합과정

---

22) 김유남, 『두개의 한국과 주변국들』(서울: 훈민정음,1996), pp.106 – 107.

23) 상게서, p.107.

24) 상게서, pp.127 – 28.

을 거쳐 인식론적으로 사실근거에 의한 분단의 인식부터 새롭게 이해되어야 하고 이에 기초하여 이익사회로의 남북한 간 계약이 이루어져야 할 것이다.[25]

국가연합의 형태 또는 그보다 느슨한 형태로서 외교기능만이 통합된 정치형태 등을 제시함으로써 북한의 동의를 끌어내고 부분적인 결합을 통해 보다 결속된 형태의 단계로 점진적인 진전을 추구하자는데 이것도 실효성은 적다.[26]

표 8-1_ 한국의 연합제와 북한의 연방제 비교

구 분	한국의 연합제	북한의 연방제	
		낮은 단계	높은 단계
통일원칙	자주, 평화, 민주	자주, 평화, 민족대단결	자주, 평화, 민족대단결
통일이념	자유민주주의	주체사상	주체사상
성격	과도단계: 1민족, 1연합, 2국가, 2체제, 2정부	잠정적 점차적 단계: 1민족 1국가 2제도 2정부	완성단계: 1민족 1연방국가, 2지역자치정부, 2제도
기구	남북연합정상회의 남북연합평의회 남북연합사무국 남북연합각료회의	연방통일기구	최고민족연방회의 연방상설위원회
통일국가 형태	1민족, 1국가, 1체제, 1중앙정부		1민족, 1연방국가, 2지역정부
공통점	평화공존, 통일로의 단계적 진행과정 지역정부의 실질권한 행사		

(자료) 이수석, 「대북정책과 남북관계분야」, 민주평통, 『남북관계전문가 초청연찬회: 대북정책과 남북관계』(2009. 3. 13), p.30.

큰 문제점 중 하나는 남북연합이 장기화, 고착화될 위험성에 대한 대책이 거의 없다. 통일실현을 위한 중간단계인 남북연합기구들의 결정에 오른 문제들을 맡겨 놓고 있는데 남북연합기구의 쌍방

<hr>

25) 상게서, pp.128-29.
26) 김혁, 전게논문, pp.19-20.

당사자 중에서 어느 한쪽이라도 동의하지 않을 경우 아무것도 이룰 수 없다.

남북연합기구의 운영에 있어서 어떤 확실한 보장장치가 없는 한 파행적인 남북대화의 분단체제의 지속, 장기화가 이루어질 뿐 통일을 향한 실질적인 진전을 기대하기 어렵다.

현실적으로 존재하는 두 체제, 두 지역 정부를 하나의 국가, 하나의 민족으로 통일하자는 입장이 아니라 우선 사회, 문화, 경제적 교류와 협력을 통한 남북 간의 사회통합을 통한 단일체제론의 통일국가를 이룩하겠다는 흡수식 통일방안인 데 문제가 있다.

남북한 사이의 관계가 정상회담을 통해서만 가능하도록 규정되어 있다는 점이다. 이는 정부가 통일을 독점한다는 창구단일화의 의도로 이어져 민간통일운동을 인정하지 않고 탄압하고 배제하겠다는 의도가 있다.

민족공동체의 회복을 위한 방안으로 남북 간의 교류와 협력을 내세우고 있을 뿐 남북한에 존재하는 정치적 대결상태, 군사적 상태, 전쟁 위협의 제거를 위한 어떠한 실제적 조치도 제시하지 않고 있다. 남북한의 군사적 대치상태가 심각하다는 점을 고려한다면 군사적 대치상태를 그대로 둔 상태에서는 남북관계의 진전이 불가능하다는 점을 인정한다면 군사문제의 해결을 위한 조치는 가장 우선적인 과제로 제시되어야 한다. 한국의 국가연합은 통일국가 실현의 중간과정으로 공종공영의 토대 위에서 남과 북이 연합하여 한 민족의 구성원으로서 동질성을 회복하고 민족공동생활권을 형성하여 궁극적으로 단일민족국가, 즉 통일민주공화국 형성을 위한 민족공동체통일방안에 접근하고 있다. 예컨대 ① 남한의 통일방안이 기본적으로 단계적, 점진적 과정을 거쳐 통일국가를 실현해야 한다는 점을 강조한다. ② 남한의 통일방안의 제시가 국가안보의 문제와 연계되어 나타남으로써 경우에 따라서는 적극성을 띠지 못하고 일방적인 입장에서는 경향을 보이고 있다. ③ 남한의 통일방안은 언제나 정부 주도하에서 제기되고 논의되어 왔다는 점 등이 그것이다. 정치통합은 어느 날 갑자기 통일하게 된 상황에서 남북 간의 갈등을 최소화하는 사전준비작업이 되어 있어야 가능하다고 본다.

반면에 연방제안은 하나의 국가가 보편적으로 구비해야 할 연방정부의 입법, 사법, 행정기구마저 제대로 갖추지 않은 상태이고 연방정부와 지역정부 간의 권한상의 구분도 정리되어 있지 않다. 국가연합인지 연방제인지 구별하기 어려울 정도로 혼선을 빚고 있다.

조국의 자주적 평화통일을 이룩하기 위해서 ① 남조선에서 군사파쇼통치를 청산하고 사회민주화 실현, ② 미군철수, 휴전협정의 평화협정으로의 대치 등을 통해 긴장상태를 와해시켜 전쟁위험을 제거하고, ③ 자주, 평화, 민족대단결의 원칙하에서 남북의 사상, 제도를 인정하여 연방국가를 형성하자는 것이다. 그러나 문제점을 보면 ① 북한에서는 문민정부가 늘어선 남한을 어진히 군사파쇼로 보고 있다. ② 북한의 사회민주화는 거론하지 않는다. 김일성 주체사상의 이념적 편향성이 극복되지 않고 있다. ③ 사회주의 헌법과 노동당규약에는 남북통일은 공산주의 사회 건설을 위한 남조선해방이라는 성격을 띠고 있다. 민족통합, 즉 남북한 공동체의 형성은 곧 공산주의 공동체의 형성을 지향하는 전 단계적 작업에 해당한다.

이렇게 볼 때 양쪽 모두 배타적인 통일논리의 경향을 가졌고 체제이념에 종속되었으며 창조적 대안을 얻는 데 실패하였고, 정부 차원뿐 아니라 남한의 야당, 재야세력, 종교단체, 학생운동권 등 통일에 대한 시각은 기본은 비슷하지만 각 세력마다의 논리로 전혀 다른 전개양상을 띠고 있다. 따라서 한국은 통일 이후 남한 주도로 정치적 통합을 순조롭게 진행시키기 위해서는 남한의 정치적 통합과 단합을 지속적으로 모색하고 서독과 같은 건강한 자유민주적 제도를 굳건하게 다지는 것이 무엇보다도 필요하다고 본다.

Ⅲ 남북 통합과정 논의

1. 단계별 분석

통합과 통일관계를 보면 한마디로 통일은 짧고 통합은 길다고 할 수 있다. 남북정치통합론은 북한연구, 통일논의, 안보론, 통일준비론 등과는 다르다. 여기서는 통일 이후 반드시 해야 할 정치통합에 대한 구체적 내용을 수립하는 것인 데 반해 그 밖의 연구는 이러한 통합의 이전 단계에 대한 논의라 할 수 있다.

시간대별로 통합과정을 논의한다면 다음과 같다.

1단계: 통일준비, 2단계: 협상, 통일진행, 3단계: 통일 – 통일하자 – 과도기, 4단계: 통일 이후 – 과도기, 5단계: 통합준비 – 통합을 위한 과도기 – 북한에서의 적응력 등이다. 그리고 통합논의대상이 북한일 수도 있고 남한 내의 상존하는 정치세력들일 수도 있다. 통합정체, 국가성격, 권력구조결정, 정당결성, 선거방법 – 선거법, 선거운동 기준, 선거구조정, 지방자치 등이 논의되어야 한다. 6단계: 통합합의 – 통합하자, 7단계: 합의이행 및 실천(예: 자유총선 실시), 8단계: 통합 이후 – 통일국가 등으로 이어질 것이다. 즉 어떤 식이든 남북한이 '통일하자!'고 한 순간부터 '통합과정', '통합논의과정'으로 봐야 한다. 바로 이 과정에서의 갈등최소화가 무엇보다도 중요하다.

예컨대 어떤 식이든 통일하게 될 때에 대하여 몇 가지 시나리오 유형을 보면 대략 다음과 같다. 첫째, 합의, 합류, 흡수, 갈등,[27] 둘째, 도발형, 유도형, 자멸형, 충돌형이 있고,[28] 셋째, 바람직한 통일 형태에는 ① 평화통일 - 합의형 - 유도형 - 자멸형 - 충돌형, ② 경제 논리 - 합의형 - 유도형 - 자멸형 - 충돌형, ③ 조기통일 - 충돌형 - 자멸형 - 유도형 - 합의형, ④ 한국 주도 - 충돌형 - 자멸형 - 유도형 - 합의형 등이 있다.[29] 넷째, 유도, 합의, 합류, 흡수, 갈등, 무력 등이 있을 수 있다.[30] 그리고 남북통일은 결국 우리 주도의 유도, 합의 흡수통일을 해야 한다고 보며 이 전제로 정치통합과정에서의 문제점을 최소화하는 것이 중요하다. 이 경우 북한도 문제이지만 정치적 분열, 지역감정 등 통합절차 순위 등에서의 갈등 등 남한 내부도 문제가 될 수 있음을 인식해야 된다는 점이다. 다른 학자도 남북한의 완전한 통일이 이루어지는 전 단계는 통합이라고 정의하며 이상적인 한국통합의 모델은 도이치 교수가 상정한 다원적 안전공동체(Pluralistic Security Community)로 보고 있다.[31] 기본적으

---

27) 전문가초빙 간담회에서의 민족통일연구원의 유호열 박사의 지적이다.

28) 구종서 외, 전게서, pp.20 - 22.

29) 상게서, p.73.

30) 본 연구팀의 공통된 견해.

31) 조정원, 『남북한통합론』(서울: 희성출판사, 1989), pp.152 - 171. Karl W. Deutsch et al., Political Community and the North Atlantic Area: International Organization in the Light of Historical Experience(Princeton N.J.: Princeton Univ. Press, 1957). 도이치의 통합의 달성으로 간주되는 다원적 안전공동체와 융합적 안전공동체를 위한 14개 조건들. 1. 주요 가치의 일치, 2. 상호 수용, 3. 독특한 생활방식, 4. 중심지역과 그 역량, 5. 고도의 경제성장, 6. 합동경제의 이득에 대한 기대감, 7. 상호 거래범위의 다양화, 8. 엘리트층의 확대, 9. 지속적인 사회적 커뮤니케이션의 연계, 10. 주민들의 동원, 11. 동족상잔의 전쟁도발에 대한 혐오, 12. 외부로부터 군사적 위협, 13. 강력한 경제적 누대, 14. 인종 및 언어의 동화 등이다.

로 평화적으로 합의가 강한 흡수 통일의 입장에서 통합논의를 해야 한다. 이러한 통일에 대한 합의('통일하자!') 다음에 통합과정이 있다. 그리고 통합과정에서의 갈등 최소화 방안이 뭐냐가 강구되어야 한다. 예를 들면 정당난립, 노동당처리문제, 선거구조정문제, 선거감시문제, 국제감시단, 대통령제, 대통령단, 집단권력구조 등이다. 어떤 식이든 '통일하자!'까지의 기간도 부분적으로는 통합에 영향을 줄 수 있다. 주로 중간단계란 '통일하자!'에서 '통합논의 완성'까지의 기간을 말한다. 정치통합 논의 때 다루어야 할 문제들은 예를 들면 중간단계관리, 권력구조, 지방자치, 정당, 선거, 시민사회, 군대 등이 된다. 따라서 '통합과정'은 일단 '통일하자!'에서 '통합논의의 결과에 따른 실천의 완결'까지의 기간을 말한다. 즉 다당제 – 자유총선 – 권력구조결정 – 일관된 행정조직하에서의 통치 시작 – 그리고 가칭 '통일한국' 출범까지를 말한다.

표 8-2_ 남북정치통합의 시간적인 진행상의 위상

북한정권 변화	북한붕괴(체제)	통합과정(광의)	북한붕괴(국가)	통일한국	통일 후 통합갈등 문제 최소화 과정
	통합과정(협의)				
	중간단계				
통일논의	통합준비(분석내용)	구체적 실천		통일국가 완성	
	통일하자!	통합준비 완결	통합실천종결	통일한국	
	통합실현 과정				
	통합과 통일한국의 문제점 최소화 과정				

2. 북한의 사회주의 체제 붕괴로 우리 측 입장에선
일방적 통합논리(유도＋합의＋흡수)

기존 통일의 방식에는 흡수통일 방식, 점진적 통일 방식, 내전을 통한 방식, 연방주의적 방식, 신기능주의적 방식 등이 있는데 한국은 독일의 흡수통일방식을 발전적으로 합의유도에 중점을 두면서 우리 주도로 통합을 이루는 방식을 전제로 해서 분석해야 한다.

(1) 독일식 통일 – 자유선택통일방안 – 평화적 흡수통일이다.

독일국민의 자유의사에 의해 선택되었다. 동독주민들이 서독으로의 흡수통합을 투표를 통해 스스로 선택하였다.

(2) 월남식 통일 – 공산화통일방안 – 군사적 무력통일 – 군사적 흡수통일 – 전쟁이다.

베트남국민의 자유의사와는 상관없이 공산당의 폭력혁명 전략전술에 의해 일방적으로 강행되었다.

(3) 예멘식 통일 – 비례대표통일방안 – 대등한 협상에 의한 통일방식 – 합의 및 내전이다.

두 개의 정부가 서로 국력의 비례에 따라 통합정부의 권력을 배분하는 형태를 취했다. 양측 국력의 지분을 통일정부의 권력구성에 반영시킨 비례대표통일유형이다.[32) 권력구조배분은 두 정부 지도자들이 양측의 전반적인 국력을 바탕으로 비례 배분한 것으로 보인다. 북예멘이 통일정부를 주도하되 남예멘도 무시 못 할 견제세력의 직위를 보장받았다. 정치와 경제체제에 있어서는 북예멘의 자유민주주의가 공산주의를 흡수통합했다는 특색을 보였다.

(4) 중립화통일방안 – 오스트리아 경우다.

민족 내부의 갈등이나 대결 없이 평화적인 협상을 통해 통합을 성취했다. 내부적으로 민족지도자들이 단합되어 있었고 내적 갈등에는 신경을 쓰지 않았다. 다만 점령한 강대국들(미국, 영국, 프랑스, 소련)로부터 통일의 승인을 받아내는 데만 힘을 집중시켰다. 4

---

32) 민족통일연구원, 「예멘통일의 문제점」(1994. 5), pp.59 – 81.

강과의 끈질긴 협상 끝에 1955년 5월 독립적이고 민주적인 오스트리아의 재건을 위한 조약을 체결하였고 영세중립국으로 통일정부의 지위를 부여받았다.

(5) 새로운 한국식 통일 – 북한의 체제 및 정권 유지 포기로 우리측 입장에선 일방적 통합논리(유도 + 합의 + 흡수)이다. 통합의 기본원리는 자유민주주의 가치 존중, 자유, 평등, 복지, 인권 등의 가치 존중에 둔다. 그리고 보통선거제도, 복수정당제도, 시민사회 활성화, 시장경제원리, 지방자치제도, 삼권분립, 다수결원리 등 보편적 민주주의 원칙에 입각한 통합을 해야 한다.[33]

다만 북한의 경제개혁을 장기적으로 유도하는 쪽으로 정책을 추진하여 체제 우월성을 입증해야 한다.[34] 북한의 경제가 자본주의의 연습을 위해 서방국가들과의 경제관계가 많은 것이 좋다.[35] 형식적, 기본적으로는 합의와 합류에 의한 통일이고, 실질적 내용상으로는 흡수에 의한 통일이다. 이는 결국 우월한 체제로의 합류를 말하는 것이다. 우리 쪽의 판단대로 통합준비하나 북한의 주민과 대표단의 의사를 최대한 반영한다. 북쪽에서의 정당창립, 자유총선, 지방자치 실시를 최대한 지원한다. 물론 본 연구 밖의 주제이나 자본주의 적응 교육내용 개편, 배급제도 개선, 생산활동지원, 소비제품지원 등은 정치적 지원과 함께 병행한다. 한국전, 월남전, 예멘내전, 보스니아내전 등을 볼 때 우리의 평화적 통일은 정신적·물질적으로 확고한 한쪽의 우월체제로의 통합의 기저에서 될 수밖에 없다고 본다.

---

33) 황병덕, 「통일한국의 정치이념」(민족통일연구원, 1994. 12), pp.44 – 77.

34) 오승열, 북한 경제개혁의 최적방향연구(민족통일연구원, 1996. 10), pp.122 – 131.

35) 민족통일연구원, 「북한경제제도의 문제점과 개혁전망」(1996. 10), pp.158 – 165.

남쪽의 우월성과 발전을 기초로 북쪽에서 먼저 포기, 투항, 항복의 전제로 통일한다. 그때까지는 통합준비(정치적 통합, 군사적 통합, 경제적 통합, 사회적 통합, 문화적 통합, 교육적 통합)를 완벽하게 하고 내적 성숙을 도모하고 기다리는 자세로 일관해야 한다. 이 경우를 대비하는 전제하에서 한국식 통합과정모델을 제시해야 할 것이다.

3. 통합순비

통합과 관련된 변수에는 일반적으로 ① 동질성, ② 인접성, ③ 상호 작용, ④ 기능적 이익, ⑤ 상호간의 지식, ⑥ 사회적 특성, ⑦ 주권-종속지위, ⑧ 정부기능의 능률성, ⑨ 통합경험, ⑩ 구조적 틀 등이 고려되어야 한다. 그러나 여기서는 이를 개론적으로 설명하지 않고 보다 남북한에 놓인 구체적 문제로 뛰어들어야 한다.[36]

---

36) (1) 사회, 문화, 민족, 언어적 동질성은 정치적 통합의 가능성에 강력한 공헌을 한다. 복수의 사회 간의 동질성이 높을수록 통합지향적인 관계를 형성하려는 시도는 보다 성공하기 쉽다.
   (2) 통합하려는 두 단위 간의 지리적 인접성이 통합을 촉진하는 요인이 된다는 것은 자명하다.
   (3) 개인 간 또는 집단 간의 응집정도는 그들 간의 상호 관계 또는 거래의 정도로 측정할 수 있다.
   (4) 사회공동체 간의 통합하려는 각 공동체가 느끼는 지배적인 기능적 이익이 서로 일치하는 정도에 영향을 받는다.
   (5) 개인 간 및 집단 간에 있어서 상호간의 지식 또는 이해는 그들이 하나의 정치적 공동사회를 이루어 효과적으로 기능하는 데 있어 필요불가결하다.
   (6) 한 공동체사회가 경제적 기업에 강한 영향을 줄 집단적 동기의 패턴을 갖게 되면 그 결과는 그 집단 내의 응집력 또는 통합력을 강화하든가 아니면 사회 내에는 무정부대응을 야기하면서 대외적으로는 호전적 태도를 갖게 된다.
   (7) 한 국가가 주권을 더 가질수록 다른 나라와의 협동을 덜 하려 하며 특히 그 국가의 자주성을 침해할 정치적 움직임엔 더욱 강력하게 반대한다.
   (8) 정부기능의 능률성은 그 공동체의 구성원의 충성심을 유지하는 데 필요하다. 그리고 이러한 충성심은 그 공동체의 내적 통합을 유도하는 데 필요하다.
   (9) 양 국가가 과거에 통합했던 경험이 있으면 통합은 훨씬 더 쉽게 이루어진다. 과거의 경험이 좋은 자극을 주었을 때 한한다. 과거의 경험에서 불이익을 느꼈을 때에는 오히려

통합과정 촉진을 위한 변수에도 다음과 같은 내용이 거론된다.

① 엘리트단위가 적을수록 통합은 성공하기 쉽다. ② 통합의 사회집단 내의 힘의 배분에 있어서 힘의 담당체가 적을수록 통합의 성공률은 높다. ③ 통합하려는 단위 간의 힘의 배분에 있어서 어느 한쪽이 지배적인 엘리티즘이 적용되는 경우보다 한 단위 간의 힘이 고른 형평을 이루고 있는 경우 통합에 대하여 덜 가감하지만 컴미트먼트를 하는 능력은 더욱 커진다. ④ 통합추진체가 더 많은 동화력, 강제적, 공리적 힘을 활용하면 할수록 통합의 성공도는 높아진다. ⑤ 초국가적인 관료기관의 창설이 구체적인 통합행위를 시작시키는 데 도움을 준다. ⑥ 통합과정을 어느 분야에서 시작하느냐에 따라 스필오버효과는 달라지며 다라서 통합의 성공도 여기에 영향을 받는다. ⑦ 연합체의 안정성은 구성원의 정치적 대표권이 막히면 곧 와해되거나 발전이 중지되게 된다. ⑧ 연합체와 구성단위 간의 상향 및 하향커뮤니케이션통로가 능률적으로 작동하고 권력엘리트가 접수하는 커뮤니케이션내용에 민감하게 대처할 때 통합노력은 더 성공적으로 진행된다.

이를 기초로 통일이라는 새로운 민족적 돌출구가 나왔을 때 우리는 어떻게 대처할 것이냐 하는 방안을 만들어야 할 것이다.통일국가모형은 서유럽국가수준의 자유민주주의 체제로 가야 할 것이다.

먼저 정치통합을 위한 내적인 준비를 하고, 국가 대 국가의 정치통합 유형 – 민족통합의 경우에 대비하고, 북쪽과 남쪽의 패러다임의 변화에 대응하는 방안을 만들고, 통합과정 시간대별 준비를 완벽하게 만들어야 할 것이다. 따라서 통일은 언제인가의 시기는 논

경험이 새로운 통합노력에 저해요인으로 작용한다.

(10) 의사의 일치 또는 명시된 의사는 건전하고 통일된 정치적 사회공동체를 이루는 데 없어서는 안 될 요소이다.

외의 주제이며 언급할 필요는 없다. 요는 통합실천을 위해 무엇을 준비하나를 연구해야 하며, 통일은 유도 합의흡수에 의해서 남한이 북한을 흡수하는 식으로 온다는 것이고, 통일의 혼란과 후유증을 최소화하는 방법으로 해야 하며, 통일과정의 진행방법을 준비해야 한다는 점이다. 즉 남북한이 진행하되 남한이 주도해서 진행할 것이다. 이는 국제기구나 강대국 등 제삼자가 진행하지 않도록 남한은 슬기롭게 만만의 통합준비를 해야 함을 의미한다. 따라서 본격적인 당사자 간 통일논의가 진행될 때 어떤 분야를 논할까를 구체화해야 한다. 이러한 내용을 갈등해결구조, 권력구조, 정당제, 선거, 시민사회, 군대문제 등으로 나누어 검토해야 한다.

IV 남북통합 분야별 검토내용

1. 이질성 감소와 동질성 증대를 위한 중간적 단계

통일국가에서의 사상노선(실사구시), 공동번영, 경제공동체, 자기 역사 – 문화의 창달 등을 고려하는 초석을 다루게 되는 것이다.[37) 정치문화의 통합에 가장 큰 저해 요인이 되고 있는 남북한의 이질성 극복은 제도보다도 의식의 면에서 더 많은 노력과 시간이 필요하다. 물론 형식적인 차원에서의 제도의 구비도 필요한 것이겠지만, 궁극적으로 정치의식의 동질화가 수반될 때라야 제도적인 통합이 그 효과를 발휘할 수 있다는 것은 두말할 나위가 없다. 바로 이 점에서 정치문화의 통합을 염두에 두고 지리적 통합 이후의 남북

---

37) 황병석, 「통일한국의 정치이념」(민족통일연구원, 1994. 12), pp.25 – 42.

한주민들의 재사회화를 위한 차원에서 정치교육을 중시해야 한다. 왜냐하면 정치의식의 변화는 중간단계에서의 제반 문제의 극복에 크게 영향을 받기 때문이다. 따라서 ① 중간적 단계의 성격 및 발생할 수 있는 문제점, ② 주체사상 폐기의 정당성 논의, ③ 남북한 정치문화적 이질성에 대한 극복방안 등이 분석될 것이다.[38]

그리고 체제전환과정에서 제반 문제를 다룰 ④ 임시통합기구와 위원회구성 및 조직, ⑤ 도덕적이고 양심적인 권위 있는 책임자 선발기준, ⑥ 중간적 단계를 위한 재원조달방안 등이 분석될 것이다. 경제통합 부문에서 본격적으로 다루어지기 때문에 여기서는 정치통합과 관련하여 통일비용문제도 부분적으로 언급될 것이다.[39] 그리고 ⑦ 새 체제를 위한 갈등 해소방안, ⑧ 지역적 대립 극복을 위한 정책대안, ⑨ 이질성 감소를 위한 남북한 여성의 역할 등을 다루게 된다. 즉 새 통합체제를 위한 갈등 해소방안 혹 발생할 수 있는 지역적 대립 극복을 위한 정책대안, 이질성 감소를 위한 남북한 여성의 역할 등이 분석될 것이다. 또한 탈북자관리문제, 북한관리를 위한 통일요원 양성, 사상적 통합내용, 인권문제, 재산권문제도 언급된다. 우리가 통합과정에서 무엇을 정리해야 하는지를 밝힐 것이다. 따라서 ① 과도기단계, ② 통합논의단계, ③ 통합논의 실천단계, ④ 통합 이후 이질성 최소화 방안 등이 분석될 것이다.

2. 정치통합을 위한 제반 제도와 절차의 개발

여기서는 남북한권력구조의 장단점, 정부형태, 지방자치조직, 통

---

38) 김국신, 「남북연합형성 및 운영방안연구」(민족통일연구원, 1994. 11), pp.73 - 84.
39) 金鶯允, 「통일한국의 경제체제」(민족통일연구원, 1994. 12), pp.136 - 160.

합과 관련된 제도와 법, 통합체제구성원리 등을 다루게 된다. 통일 한국의 체제, 국가, 정부, 권력구조에 대한 준비는 통일의 방법과 시기에 많은 영향을 받을 것이다. 즉 통일이 2∼3년 내에 되느냐 혹은 20∼30년 후에 되느냐에 따라서, 통일의 방식이 흡수통일이 냐 혹은 합의에 의한 통일이냐에 따라서, 흡수통일 중에서도 평화 적인 흡수통일이냐 혹은 무력에 의한 흡수통일이냐에 따라서 통일 이후의 권력구조는 달라질 수 있을 것이다.[40]

그러나 통일의 방법과 시기가 반드시 국가권력구조의 질대적 기 준이 되는 것은 아니다. 즉 합의에 의한 통일과 남한 주도의 통일 이 반드시 이분법적으로 두 개의 다른 권력구조를 의미하는 것은 아니다. 합의에 의한 통일이라 하더라도 통일한국의 국가권력구조 를 창출함에 있어서 자유민주주의 이념이나 이에 바탕을 둔 국가 권력구조라는 큰 틀은 우리가 결코 양보할 수 없는 부분인 것이다. 한편 남한 주도의 통일이라 하더라도 통일 이후의 갈등구조를 해 소할 수 있는 화합적 정치체제를 만들기 위해서 우리는 북한에 대 한 지역적 배려를 결코 소홀히 할 수 없으며, 효율적인 정치체제가 되기 위해서는 북한 출신 인사에 대한 무조건적인 배제도 어려운 것이다. 통일 이후 남북한의 국가권력구조 재편과정에서 발생할 것 으로 예견되는 갈등요인과 통일한국이 당면하게 될 문제를 분석하 여, 통일 이후의 정치적 상황에 가장 적합한 권력구조에 대한 구체 적인 방안을 제시하고 이에 대비한 우리의 개선방안을 준비하는 것은 현시점에서 매우 중요한 과제이다. 따라서 ① 통합국가의 성 격, ② 통합체제의 성격, ③ 통합이념의 특성이 논의되고 ④ 권력 구조의 기본적 성격과 ⑤ 정부구성방안 등이 논의되어야 한다.[41]

---

40) 최진욱, 「통일한국의 권력구조」(민족통일연구원, 1994. 12), pp.97 – 102.

특히 이를 위해서는 과도기적 기구로서 ⑥ 정치협상회의 구성이 무엇보다 중요하다고 본다. 그리고 ⑦ 국가연합구성문제, ⑧ 연방제의 문제점과 ⑨ 행정구역설정 기본방안 등이 논의되어야 한다.

3. 민주적, 경쟁적, 다원적 정치체제로의 이행

여기서는 ① 통합을 위한 선거법정당법논의문제, ② 자유총선도입과 선거관리조직, ③ 통일한국의 선거제도의 기본 원칙, ④ 경쟁적 다당제 도입 관련 문제, ⑤ 남과 북의 통합정당조직 결성, ⑥ 국민투표 실시, ⑦ 의회구성의 기본 원칙, ⑧ 지방자치와 중앙정치의 관계 등을 분석한다. 우리 체제와 일치시켜야 하며 정당도 이러한 차원에서 설립되어야 할 것이다. 국가보안법을 수정할 필요가 있을 것이다.

민주적, 경쟁적, 다원적 정치체제로 이행하기 위해서는 먼저 다당제도를 도입해야 한다. 그것은 민주주의하의 모든 주권자는 각각 자유로운 이념과 정당을 선택할 수 있는 자유가 주어져 있기 때문이다. 따라서 다양성과 경쟁성을 기초로 각 정파가 자유롭게 이념을 선택하여 정당을 조직하여 활동할 수 있도록 해야 할 것이다.[42]

물론 여기에는 공산당에 대해서도 예외가 될 수는 없을 것이다. 그것은 국민의 지지에 의하여 결정될 것이기 때문이다. 따라서 남과 북은 상호 통합정당조직 결성도 가능할 것이다. 이를 위해서는 먼저 통합정당제도 및 정당법이 마련되어야 할 것이다.

북한은 50여 년 동안 노동당을 중심으로 하는 일당체제와 당국

---

41) 유영옥, "남북 지방 행정체제의 비교연구와 통합방안", 북한연구소, 「북한학보」, 제119집 (1995), pp.138－145.
42) 김도태, 「통일과정에서의 정당역할연구」(민족통일연구원, 1996. 12), pp.65－81.

가체제를 경험해 왔기 때문에 자유민주주의 체제하에서의 경쟁적 다당제와 복수정당제에 전혀 익숙하지 않다.

다음으로는 자유총선도입에 따른 통합선거법, 통합선거제도가 만들어져야 한다. 그리고 이에 따른 선거관리조직과 기구가 만들어져야 할 것이다. 선거구조정문제, 선거구 수, 지역구와 비례대표제의 배분 정도가 결정되어야 할 것이다.[43] 또한 대의제 도입과 이에 따른 원구성방법도 논의되어야 할 것이다. 즉 양원제냐 단원제냐, 의원정수의 문제, 입법부의 역할과 조직 등 의회구성의 기본 원칙 등이 언급된다.

다음으로는 지방자치와 중앙정치의 관계가 분석되어야 한다. 민주주의 체제하에서 당연히 존재하는 주민자치제가 남북한에도 공히 공통된 방식으로 도입되어야 할 것이다. 이는 현재 실시되고 있는 남한의 지방자치법에 준할 것이지만 이런 통합과정에서의 다양한 변수에 따라 지방자치에 대한 논의가 본격적으로 분석되어야 한다. 끝으로 모든 국가적 문제의 결정은 국민투표제로 결정되어야 할 것이며 이에 따른 구체적 실시방안이 분석될 것이다.

북한은 집권당인 노동당을 제외하고 조선사회민주당, 천도교청우당 등이 있는데 이들의 지위와 권력은 매우 취약하다. 이들 정당들은 사회주의 혁명에 동조하는 한에서만 존재할 수 있고 주체사상과 배치되지 않는 범위에서만 정당활동을 수행하고 있다. 노동당은 통일을 전후해서 세력이 급속도로 축소될 것이다. 현재의 노동당이 가지고 있는 이념과 정책은 북한 자체를 유지하는 데도 한계를 보이고 있다. 통일 후 노동당은 힘없는 야당이 될 것이다. 만약에 이처럼 되지 않기 위해서는 노동당은 개방과 개혁이 필요하다. 노동

---

43) 박종철, 통일한국의 정당제도와 선거제도(민족통일연구원, 1994. 11), pp.55 - 84.

당이 통일과정에서 다당제나 의회민주주의를 받아들이고 경제개혁을 하면 통일 이후에도 정치세력으로 남북한 정당 간의 연합 통합이 가능하다. 통일시대에 총선에 효과적으로 대비하는 방법은 남북한의 여러 정당이 서로의 정치적 영향력과 정치의 나아갈 길을 고려하여 연합하는 것이라 본다. 이는 전국적인 영향력을 가질 수 있고 총선에도 효과적으로 대비할 수 있다.

4. 체제전환 이후의 제반 갈등 극복

여기서는 ① 정전체제와 평화체제문제, ② 외교안보의 중요성, ③ 남북한 군부의 과도기 관리체제, ④ 군사적 통합의 기본 원칙, ⑤ 핵문제의 합리적 해결, ⑥ 주한미군의 위상문제, ⑦ 안보에 대한 새로운 시각, ⑧ 통일한국과 4강과의 관계, ⑨ 동북아지역의 집단안보체제 구축 등이 분석될 것이다.[44] 평화조약 체결 이후 제기되는 문제는 북한의 국제법상지위, 국제연합군사령부의 해체, 작전지휘권의 회수 등이다.[45] 과거 전범의 처리문제 등도 갈등을 예상케 한다.

남북 간의 적대관계를 해소하여 통일의 기반을 조성하기 위하여 평화조약의 체결이 요구된다. 현재 대한민국과 북한은 국제법상 전시상태에 있으며 따라서 쌍방은 상호적이다. 적과의 사이에 통일을 위한 대화는 진전을 볼 수 없는 것이 당연하다. 따라서 먼저 적대관계를 해소하여 민족화합을 이룩하고 통일을 실현하기 위해 평화

---

44) 정규섭, 김정일 정권의 대외정책변화전망(민족통일연구원, 1995. 12), pp.75 - 84. 배진수, "통일한구시대 세계안보환경 및 동북아 군사환경: 2010년을 가상", 민족통일연구원, 『통일연구논총』, 제15권 2호(1996), pp.258 - 261.

45) 김명기, 한반도평화조약의 체결(서울: 국제법출판사, 김명기, 1994), pp.129 - 138.

조약이 체결되어야 한다.[46] 남북평화조약, 남북평화협정, 남북평화선언 등 어느 것으로 해도 평화조약의 명칭은 무방하며 평화조약의 관행이 조약이라는 명칭을 사용하므로 남북평화조약이 적합한 용어로 본다.[47]

먼저 체제전환과정에서 발생할 수 있는 제반 문제로 헌법 및 사법적 차이점과 통합과정문제, 군사적 갈등문제, 각종 폭력사태 등이 예견될 수 있다. 따라서 무엇보다도 이와 관련된 헌법제정문제, 민법 및 형법제정과 적용상의 문제점 등이 논의되어야 한다. 남북통합군대조직과 규모, 통합군대조직의 직급조정, 지휘관문제, 병역문제 등이 매우 중요하게 언급되어야 한다. 특히 주한미군의 위상문제가 재검토될 것이다. 이 문제는 이미 상당히 논의되었고 2012년을 중심으로 전시작전권 이양이 확정된 상태에 있다.[48]

따라서 군사적 충돌과 갈등을 사전에 방지하고 평화적이고 순리적으로 남북한 군사문제가 통합될 수 있도록 군사적 통합의 기본원칙과 남북 통합군대조직의 원칙이 연구되어야 할 것이다.[49] 그리고 군사적 통합의 기본 원칙이 마련되어야 할 것이나. 이는 전환기에 발생할 수 있는 각종 집단시위, 폭력, 무력도발 등에 대한 사회안전방지책과 보안문제 등이 논의될 것이다. 그리고 통일 이후 변화: 정치외교부분, 통일 이후 국력과 안보문제, 통일 이후 4강 대국과의 관계 등도 논의될 것이다.[50] 통일 이후 국방문제, 전략개념의

---

46) 김명기, 전게서, p.110.

47) 상게서, p.124.

48) http://www.cbs.co.kr/Nocut/Show(2009. 4. 18), 유병태, "21세기를 대비한 적정국방비수준과 국방비책정에 관한 연구", 국방대학원, 안보문제연구소, 『안보학술논집』, 제6집, 제2호(1995), pp.291 - 296.

49) Bjorn Moller, "Non-Offensive Defence and the Korean Peninsula", *The Korean Journal of International Studies*, vol.26, No.1(Summer, 1995), pp.57 - 70.

변화, 최소한의 국력이 얼마나 되어야 하는가, 통일과 현상유지에 대한 주변국의 선택 등이 중요하다. 통일에 있어 미국의 역할과 세계전략, 그리고 중국과의 관계 등이 분석되어야 한다.[51]

5. 남과 북의 시민사회의 균형적 발전

진정한 정치통합의 성패는 형식적인 정치제도의 통합에서보다는 그 국민이 가지고 있는 고유한 정치문화적 요인에 달려 있다. 여기서는 주로 제도적인 면보다는 시민사회 형성과 정치문화, 정치사회화, 정치교육 등을 중심으로 통일 이후의 정치통합에 관하여 논하고자 한다. 이를 위해서는 먼저, ① 남과 북의 이산가족협의회 구성, ② 동향인끼리 먼저 공통된 관심사를 중심으로 이질성을 최소화하기 위한 고향공동체구성방안이 논의되고, ③ 해외지역 한민족까지 참여를 확대하는 민족공동체 형성방안이 분석한다.

그리고 ① 새 통합체제를 위한 사회교육의 활성화, ② 민주시민교육이 강조되고 민주시민교육이 활성화되어야 하며, 지성인 집단인 대학역할이 중요하며, ③ 시민사회를 위한 정치사회화의 다양하고도 활기찬 역할에 대해서 논의한다.

---

50) 폴 브래큰, "미국: 남북한의 위험성과 장래성", 백천통일논총, 통권1호(1996), pp.51 - 64, 오코노기 마사오, 일본: 한반도의 통일전망과 일본의 역할, 상게서, pp.65 - 80, 하오 빈, "중국: 남북한의 긴장완화요인", 상게서, pp.81 - 85, 미하일 티타렌코, "러시아: 한반도와 러시아 국가이익", 상게서, pp.86 - 96, 이창재 편, 『한반도 주변 4국의 대북한정책』(대외 경제정책연구원, 1996), pp.46 - 48, 78 - 80, 108 - 111, 137 - 141.

51) Alexander Zhebin, "Russian and North Korea: An Emerging, Uneasy Partnership", Asian Survey, Vol. x x x v, No.8(August, 1995), pp.57 - 70, 조명현, "21세기에 있어서 한국의 외교정책의 방향과 진로", 한국동북아 학회 창립학술세미나(1996. 2), pp.18 - 21, 민족통일연구원자료로 『한반도평화체제구축방안』(1995. 9), pp.148 - 188, 『동북아 평화체제 조성방안』(1996. 10), pp.177 - 194, 『북한정세변화와 주변 4국의 대한반도정책』(1996. 5), pp.92 - 101.

끝으로 통합 이전에 존재했던 여러 사회조직과 단체 등의 해체와 전환에 대해 논의하고 특히 남북한 공히 ① 새 체제하에서의 노동조합의 결성과 노동조직문제와 위상 등에 대해 분석한다. ② 농민조합의 문제도 조직, 규모, 성격 등에서 분석하며,③ 시민단체의 참여방안도 분석하며, 각종 이익집단조직문제에 있어 발생할 수 있는 문제점을 분석한다.[52] 이를 위해서는 남과 북의 시민사회의 균형적 발전을 위하여 새 체제를 위한 사회교육이 강화되어야 할 것이며 민주시민교육이 활성화되어야 하며, 지성인 집단인 대학역할이 강조되어야 한다. 예컨대 ① 북한주민에 대한 시민교육 — 지역별, 직업별교육, ② 자유민주주의 강의, ③ 자본주의 학습, ④ 시민단체를 통한 시민교육, ⑤ 북한지역에서 기업설립 및 투자방법, ⑥ 이익집단활성화, ⑦ 남한주민 북한으로 이주사업, ⑧ 남북한 환경단체활동 등이 고려된다.[53] 진정한 정치통합의 성패는 형식적인 정치제도의 통합에서보다는 그 국민이 가지고 있는 고유한 정치문화적 요인에 달려 있다. 여기서는 주로 제도적인 면보다는 시민사회 형성과 정치문화, 정치사회화, 정치교육 등을 분석하여야 할 것이다.

6. 분단국의 정치통합 사례연구

우선 독일, 베트남, 예멘의 정당과 의회통합 비교연구 중 특히 독일을 중심으로 분석하는데 ① 분단 전후의 차이점, ② 정당과 의회통합배경, ③ 정당과 의회통합 문제점, ④ 남북한 정당과 의회통

---

52) 조민, 「통일과정에서 민간단체의 역할」(민족통일연구원, 1996. 10), pp.64 – 92.
53) 손기웅, 「남·북한 환경분야 교류협력방안: 다자적양자적 접근」(민족통일연구원, 1996. 9), pp.122 – 126.

합에 주는 교훈 등을 다룬다.[54] 그리고 독일을 중심으로 권력구조와 군부통합 비교연구에서는 ① 통합 전후의 차이점, ② 권력구조 및 군부통합의 과정, ③ 통합 후의 문제점, ④ 남북한 권력 및 군부통합에 주는 교훈 등을 분석하고, 끝으로 독일의 정치교육과 시민사회 통합 비교연구에서는 ① 분단 전후 정치교육의 차이, ② 통합시민사회 발생배경, ③ 재통일 전후 시민사회 문제점, ④ 남북한 통합정치교육과 시민사회통합에 주는 교훈 등을 분석한다.

통일 이후의 정치통합의 제도와 내용에 대하여는 다행히도 독일 통일의 사례에서 많은 교훈을 얻을 수 있을 것이다. 따라서 독일, 베트남, 예멘의 사례를 참고로 삼아 통일한국에서의 정치교육의 제도와 내용을 검토해야 할 것이다.

물론 이는 보편적 차원에서의 참고를 의미하는 것이지 남북한 간에 특이한 부분은 독창적인 분석이 가해질 것이다 그래서 독일의 정치통합사례연구에서는 ① 독일분단과정, ② 독일통합의 역사적 배경, ③ 독일통합 전후의 문제점을 통하여 독일통일이 우리에게 주는 교훈을 면밀히 분석할 것이다.[55]

흡수통일을 한 독일통일의 사례가 시사하는 바는 분단체제의 발전격차가 크면 클수록 통일의 정치경제 사회적 후유증은 심각하게 대두되는 반면 한 체제의 높은 발전 정도는 통일후유증을 최소화시킬 수 있다는 점이다. 서독은 급격한 흡수통일을 했음에도 불구하고 민주적 정치문화의 토대 위에서 정치사회적 갈등을 수렴해

---

54) 박종철, 「통일한국의 정당제도와 선거제도」(민족통일연구원, 1994. 11), pp.38－54.

55) 김학성, 「동·서독 인적 교류실태연구」(민족통일연구원, 1996), pp.115－123, 황병덕, 「독일의 정치교육연구」(민족통일연구원, 1995), pp.88－111, 황병덕, 「동·서독간정치통합연구」(민족통일연구원, 1996. 10), pp.98－117, 하인리히 A. 빙클러, "독일통일이후 민족의 재건", 「백천통일논총」, 통권1호(1996), pp.97－118.

나갈 수 있는 제도적 장치를 갖추었으며 경제적으로 사회적 시장
경제의 틀 아래서 동독지역경제를 재건할 수 있는 고도로 발달된
생산력을 갖추었다.[56]

마찬가지로 베트남의 정치통합사례연구에서는 사회주의 체제로
의 정치통합의 문제점을 분석하여 남북한통합에서 자유민주주의
체제로의 전환이 필연적임을 강조할 수 있다.[57] 그리고 예멘의 정
치통합사례연구에서는 남북통합 전후에 발생할 수 있는 문제점에
타산지석이 되도록 분석할 것이다.[58] 끝으로 독일은 흡수통일로 베
트남은 내전을 통하여 그리고 예멘은 협상과 내전을 통한 통일을
하는 등 각기 상이한 통합방식을 취하였는데 이러한 통합방식의
장단점과 이에 대한 남북한 통합에의 적에 대한 가능성과 그 문제
점을 비교 검토해야 한다.

V 결 론

북한의 최종의 선택은 기능적인 평화통일이어야 할 것이다. 정치
는 국민적 통합을 엮어내는 기술이라고 볼 수 있다. 그러나 남북통
일 이후 국민통합을 이루는 일이란 결코 쉽지 않은 일이다. 왜냐하
면 반세기가 넘는 세월을 서로 전혀 다른 정치문화 속에서 살아왔

---

56) 황병덕, 「동서독간 정치통합연구」(민족통일연구원, 1996. 10), pp.98 - 117.

57) 김도태, 「베트남 통합사례연구」(민족통일연구원, 1993. 11), pp.145 - 163, 다니엘 굳카인
    드, "베트남통일이후 남녀불평등문제", 「백천통일논총」, 통권1호(1996), pp.119 - 142.

58) 민족통일연구원, 「예멘통일의 문제점」(1994), p.56, 김국신, 「예멘통합사례연구」(민족통일
    연구원, 1993), pp.113 - 129, 찰스 던바, 예멘통일의 과정과 전망, 「백천통일논총」, 통권
    제1호(1996), pp.164 - 171, 이우영, 통일과정에서 매스미디어의 역할(민족통일연구원,
    1996. 10), pp.103 - 112. 통독과정에서 동서독의 언론 관련 주요 협정, 법규 선언 참조.

기 때문이다. 특히 북한주민들은 유일사상에 세뇌되고, 유일당의 전일적인 지배에 의해 극도의 폐쇄공간, 즉 전체주의 체제 속에서 살아왔기 때문에 통일 이후 민주시민의식을 가지는 데 오랜 시간을 요할 것이라는 데 큰 문제가 있다. 본 책은 무엇보다도 통일 이후 있을 정치통합과정에서의 ① 갈등방지/내전방지/전쟁방지 ② 통일과정에서의 희생을 최소화, ③ 이질성 축소와 동질성 확대, ④ 급격한 변화보다는 점진적 통일방식, ⑤ 안정적・평화적 방법의 통일, ⑥ 긴장을 완화 내지 감소시키며 통합, ⑦ 민주복지국가자유, 인간존엄성, 평화적・국제적 민주주의 확산을 위한 정책에 기여하기 위하여 수행되고 있다.

즉 본 저서는 전적으로 낙관적 평화적 미래지향적 통합철학을 만드는 것이다. 미래에 올 통일국가의 상황을 머릿속에 계속 그려 보면서 무엇이 남북한 간의 이질성을 극소화하고 단합된 모습으로 세계에 우뚝 서는 통일국가가 될까를 위하여 연구되는 것이다.

다만 한민족으로서 베푸는 마음으로 회유와 강경의 방법을 교차로 구사하고 북한이 너무 고립되어 한 방향으로 가는 것을 막아야 한다. 북한은 자립적 체제유지에 노력을 기울여 왔기 때문에 소련 및 동구권의 와해에도 불구하고 체제를 유지하고 있다. 북한주민은 외부세계와 차단되고, 엄격한 정치적・사회적 통제를 받고 있기 때문에 북한체제가 동독과 같지는 않을 것이다.

남북이 하나의 헌법 밑에 하나의 주권을 갖는 정치체제로 되기 위해서는 남북 간의 대화와 교류 협력을 통해 경제, 사회적으로 민족공동체를 형성하고 서로 동질화를 먼저 이룩해야 한다. 따라서 남북한 통일은 점진적이고 평화적인 통합방식이 되어야 한다.

통일을 준비하고 촉진시키기 위해서는 우리 민족이 추구하는 통일국가의 미래상에 대해서 남과 북이 서로 합의를 이루는 것이 중요한 일이다. 우리의 통일은 단순히 남과 북이 분단 이전의 상태로 되돌아가려는 것이 아니라 온 겨레가 하나가 되어 보다 새로운 미래를 열어 가는 하나의 위대한 역사창조의 과정이기 때문이다.

우리가 통일을 하려는 것은 통일조국의 모습이 어떠해야 하는지는 스스로 자명해진다.

우선 민족의 자존을 지키고 생존과 번영을 위해 통일하려는 것이라면 우리가 이루고자 하는 통일국가는 마땅히 한민족의 선통과 문화에 뿌리를 두면서 인류의 보편적 가치를 추구하는 단일민족국가인 7천만 민족구성원 모두가 주인이 되고 자유와 복지, 인간의 존엄성이 보장되는 민족공동체인 선진민주국가가 되어야 한다.

남북으로 갈라져 있는 민족구성원 모두가 하나의 공동체를 이루어 다 함께 자유롭고 풍요로운 가운데 인간다운 삶을 영위해 나갈 수 있는 터전을 건설해야 한다는 민족사적 대의명분 때문이다. 통일은 시급하고 절실한 과제라 하더라도 민족구성원 전체에게 보다 나은 삶을 가져다주지 못하고 특정한 계급이니 계층에게 이로우며 다른 민족구성원에게 희생을 강요하면 곤란하다. 전체를 위한다는 명분으로 인간이 인간답게 살 수 있는 기본적 권리와 자유가 유린되고 개인적 복지가 희생되는 어떤 정치이념이나 제도도 통일국가의 미래상으로는 받아들일 수 없다. 이질감을 극소화시키는 통일교육, 경제지원이 병행되어야 하고, 통합조기실시, 북한주민구제, 갈등과 혼란최소화 방안이 본 저서에서 최대한 강구되어야 한다.

통일국가의 궁극적 형태는 남과 북 모두가 하나의 한민족공동체라는 울타리 속에서 함께 공존, 공영해 나갈 수 있도록 기조는 1민족 1국가 1체제 1정부의 주권국가 틀을 유지하는 것이 바람직하다고 본다. 아무리 다문화 시대라고 해도 다수의 한민족이 중심이 되어 민주주의 원칙하에 타민족을 포용하고 존중하면 될 것이기 때문이다.

우리 민족은 유구한 역사를 통해 많은 외침 속에서도 찬란한 전통문화를 가졌고 민족적 단일성을 유지해 왔다. 통일조국의 비전은 민족주의, 자유민주주의, 복지주의를 정치이념으로 하는 단일주권 국가가 되어야 할 것이다. 남과 북에 각각 두 개의 정부가 병존하는 연방제나 서로 이념과 제도가 다른 두 개의 국가를 최종적으로 공존시키는 국가연합방식은 우리 민족의 통일로는 충분하지 않은 것이다. 역사적 전통과 뿌리가 같은 민족은 하나로 통합된 이념과 제도하에서 함께 살아갈 때 역동적인 발전을 도모하고 민족의 자존과 복지를 드높여 나갈 수 있으며 인류공영에도 기여할 수 있는 것이다. 통일조국은 7천만 단일민족국가로서 정치적으로나 경제 사회적으로 이상적인 규모의 민족공동체적 통일국가가 되는 것이다. 통일된 조국은 유구한 역사와 문화전통을 계승 발전시킨 선진문화 대국이 될 수 있고 민족의 자질과 능력을 창의적으로 계발하여 과학기술 선진국이 될 수도 있다. 한민족의 역사성과 경향을 볼 때 통일조국은 전 세계 국가와 선린우호 협력관계를 발전시켜 동북아는 물론 세계의 평화와 인류의 복리 증진에 이바지하고 이를 선도하는 데 중심적 역할을 하는 당당한 민족국가가 될 것이다.

한반도의 지정학적 위치는 우리가 힘이 없을 때는 강대국들이 넘보고 힘에 의한 국제정치의 객체에 불과하나 우리가 힘이 있을 때는 우리가 주변국가들의 이해관계를 조정하는 중심적 역할을 하는 한민족이 평화애호적이고 인류의 복리 증진에 이바지할 통일조국의 청사진에 남북한 당사자끼리 합의되기를 원하는 이유와 통일

조국의 미래상을 설정 제시하는 이유는 밖으로는 주변강대국들의 협력 등 바람직한 국제적 통일환경을 조성하기 위해서이며 안으로는 민족역량을 결집하여 자주적인 통일의 목표를 실천하기 위해서이다.

우리가 학문적으로 통합논의를 연구하면서 경계할 수밖에 없는 것은 앞에서 본 것처럼 북한의 가변성이 약간의 통합논의에 영향을 줄 수 있고 더욱 중요한 것은 남한의 자체역량이 통합과정에서 영향을 줄 수 있나는 점이나. 즉 남한의 정치세력의 능력, 경세력, 성숙한 국민의식, 대외외교력 등이다. 그러나 이것도 우리가 흔히 다루고 있는 통일논의에서 많이 지적된 것이고 이를 다 고려하면서 통일하자고 선언한 이후의 통합논의를 다루고 통합준비를 다룰 수 는 없기 때문에 부득이 생략하였다. 통일한국을 맞이하기 위한 대비책으로 통일정치체계를 수립하여야 함은 너무나 당연한 일이다. 이를 위한 정치통합의 제도적 체계의 확립은 물론 그 내용을 미리 준비해 놓을 때라야 우리는 통일을 보다 순조로이 맞이함은 물론 그 후유증을 최소화힐 수 있을 깃이다. 중요한 깃은 징치통합의 내용을 개발하는 일인데, 무엇보다도 전체주의적 사고를 극복할 수 있는 역사적 진실에 대한 중요성과, 시장자본주의적 경쟁원리와 이를 보완한 복지와 분배를 소중하게 다루는 것이 기본이 되어야 할 것이다.

제9장

북한의 변화와 남북통일

Ⅰ 서 론

　남북통일은 지금이나 앞으로 우리 후손에게 매우 중요한 목표며 또한 정치적 갈등의 한 요인이다. 더욱이 이명박 정부하에서의 통일문제와 남북관계는 상생공영의 정책으로 실용적인 접근을 두고 있어 기능적 통일과 연계된다. 남북한 통일문제는 남북예멘, 동서독통일, 베트남통일에서 보듯이 통일결과는 결국 세계사적 흐름의 방향으로 가야 한다고 본다. 그것은 시장자유화, 복지화 그리고 민주화이다. 아무리 혼란스럽게 통일 이후 문제를 논해도 결국 현재까지 입증된 인간의 본연의 모습과 일치되는 이념은 자유로운 선택과 인간의 존엄성이 보장된 민주주의 제도화에서 발전된 모습을 발견할 수 있다. 그것은 1민족(다문화 가정포함) – 1국가 – 1정부 – 1체제 외에는 선택의 여지가 없다. 1체제가 되기 전에는 사실상의 진정한 통일이라고 할 수 없다. 연방제이든 연합이든 연맹조차도 1체제로 될 때 가능한 것이다. 남북연합이 2체제라면 그것은 실질적인 통일이 아닌 것이다. 북한이 현재 남한보다 부족한 것이 결국

경제 아닌가. 전 세계 선진국 중 어디에서도 시장자본주의를 부정하거나 거부하는 시스템이 없는 것이다. 그러려면 반드시 통일의 전제는 1체제가 되어야 하는 것이다. 중간단계에서도 2체제가 존재하는 한 그것은 통일이라고 할 수 없는 것이고 단순히 왕래와 교류가 증대하고 있다고 봐야 하는 것이다.

엄밀히 말해서 햇볕정책이 일부에서는 성공했다고 하나 20여 년이나 거래를 했어도 평양에 통상대표부 하나 설치하지 못하고 있다. 정말 북한이 좋은 나라이고 정상적인 나라라면 세계사의 흐름에 거역하는 논리를 점차 포기하고 수정해야만 한다. 핵개발이나 미사일발사실험 등 호전적인 자세에서 벗어나 빈곤을 극복하는 평화적이고 인도적인 방법을 선택해야 한다. 이는 구소련이 망한 이유를 알아야 하고 모택동체제보다 등소평체제가 더 중국을 발전으로 이끌었던 점에서 그 논리를 찾아야 할 것이다. 이럴 때 통일에 대한 진정한 논의를 할 수 있는 것이다. 북한의 폐쇄성, 고립성, 낙후성, 무지성, 폭력성, 군중심의 병영체제, 김일성 – 김정일 세습 일인지배체제 등에 대한 자각과 이에 대한 시적과 객관직 평가가 디루어지지 않는 한에는 연맹이고, 연합이고, 연방이고 아무 의미가 없는 것이다. 북한이 국제사회에 등장하기 위한 제반 기본조건은 이러한 점에서는 북한에 대한 입장을 고려하는 차원이 아니며, 양보의 차원도 아니고 오로지 스스로 만드는 신뢰 구축뿐이다. 민주정치의 기초인 신용, 믿음, 약속, 일관성, 상대방에 대한 존중, 사랑, 동포애, 북한주민에 대한 존중, 북한의 인권 회복, 북한의 민주화, 개방화, 개혁화, 언론의 자유 보장, 김정일의 겸손함 등이 점진적으로 보이지 않으면 통일은 정말로 무의미한 것이다.

1. 현재의 남북관계

과거에 아무리 미녀응원단이 한국에 와서 한국인의 순수한 시민들을 울려도 본질적으로 북한사회 전체가 이러한 분위기에 편승하지 않고는 허구와 위선과 거짓의 이중적 전략일 뿐이다. 북한의 갑작스런 붕괴가 있어도 북한이 철저하게 자기 체제를 고집하면 그것은 그것대로 지속할 것이다. 남북협상이 좋아질지 악화될지는 모르지만 그것 때문에 곧바로 통일이 되기는 쉽지 않다. 그렇게 통일을 해서도 안 된다. 혹자는 그것을 통일의 기회로 인식하나 그것은 더 많은 무질서와 혼돈을 주는 국가로 전락하고 말 것이다. 통일은 할 수 있으나 통일 이후 7천만의 후유증이 최소화되는 통일을 해야 진정한 통일이 되는 것이다. 자꾸 국민들이 남북한 현실을 기초로 혼동하는데 통일헌법도 20여 년 후 북한의 체제가 우리 수준을 이해하고 동참할 수 있는 상태가 될 때 통일을 전제해야 하기 때문에 당연히 헌법은 기존의 민주주의헌법에 준하면 된다. 단순히 북한이 이를 거부하기 때문에 적절히 혼합된 헌법을 만들면 차라리 통일을 안 하는 것이 났다. 교류하면서 더 기다려야 한다. 북한이 세계의 흐름을 깨달을 때까지 말이다.

지금의 남북관계보다 더 악화되지 않으면 남북한관계는 발전인 것이다. 북한이 자꾸만 세계사 흐름 쪽으로 다가서면 자연스럽게 우리의 체제와 동질성이 증대되는 것은 자연의 이치인 것이다. 그렇기 때문에 그동안 북한지원이니 남북교류와 협력이니, 햇볕정책이니, 포용정책이니 등을 한 것이다. 북한이 변하도록 말이다. 그러나 오히려 북한은 이를 악용하였다. 그래서 10여 년간 한국이 북한에 질질 끌려 다녔다. 절대로 신속한 통일전략을 해서는 안 된다. 점진적 통일전략을 구사해야 한다. 자꾸 현실을 보고서 통일 이후 문제를 논하기 때문에 국민으로 하여금 혼란을 준다. 현재의 상황을 통일 이후의 상황으로 인식하면 통일정부가 해야 할 일이 너무 많아 통일국가가 혼란에 빠질 수 있다.

필자는 평소 절대로 통일국가에서 정치, 군사, 경제, 사회, 문화 등의 통합을 위한 농질성 승대를 위한 부남을 낳이 주어서는 안 된다는 지론을 갖고 통일문제를 접근하고 있다.

예컨대 이라크 파병문제도 심각했다. 학생들과 토론하면서 균형감각이 필요함을 절실하게 느낀다. 부시도 밉지만 후세인도 잘못된 것 아닌가. 부시도 문제지만 김정일도 문제가 있는 것 아닌가. 이렇게 하면 기회주의 회색분자, 양비론으로 비난한다. 그러나 우리 사회의 지식인들이 중간적이면서도 깊이 있는 통찰력을 제시하지 않고 이것 아니면 저것의 양극단적인 논리에 휩쓸려 본의 아니게 국력낭비를 보여주고 있다고 본다. 우리 사회 심각한 보수와 진보의 갈등이 엄연히 존재하고 있다. 그러나 만약에 북한과의 갈등이 있을 때 보수는 반북이고 진보는 친북할 것인지. 미국과 북한이 전쟁을 하면 친미 · 보수는 미국편이고 반미 · 진보는 북한 편을 들 것인지. 오늘의 한국사회의 보혁갈등은 매우 심각한 지경에까지 이른 것이 사실이다. 이를 정상적으로 잡아야 한다. 인공기와 성조기가 찢겨 나가는 것이 동일시로 보는 정도였다. 사실 진보의 반미 · 반전과 보수의 반핵 · 반김이 싸우는데 엄밀히 말해서 대한민국국민이라면 반핵 · 반전 · 반김이어야 할 것 아닌가. 만약에 군대에서 젊은 우리의 아들딸들이 보수와 진보로 갈린다면 일단 유사시 북한과의 갈등이 유발될 때 보수는 북한과 싸우고 진보는 북한과 한 편이 되어 오히려 남한의 보수를 향하여 싸울 것인지. 그러면 안보와 애국은 무엇이고 60만 군대는 왜 존재하는 것인지 정말 심각한 혼란이 아닐 수 없다. 현역군인 다수가 육사입학생도 일부가 주적이 북한이라고 한다면 어떻게 안보가 가능하겠는가. 어떻게 국민이 정부를 신뢰할 수 있겠는가. 과연 이런 상황에서 젊은이들이 나라를 위하여 애국하고 봉사하는 희생정신과 애민정신이 만들어질 수 있겠는가. 2천3백만 북한동포도 소중하지만 그렇다고 2천3백만 명을 위하여 우리의 5천만 명 대한민국 동포를 포기해서는 안 되는 것이다. 북한의 군대가 남한의 5천만 명을 위하여 존재하는가. 그들은 그들대로 2천3백만 명을 지키기 위한 명분으로 존재할 것이다. 우리가 북한에 지원한 식량 배분을 감시하러 가 보았더니 민간인 복장을 한 군인들이 갖고 간다는 사실을 진지하게 고민해야 한다.

2. 향후 남북한관계

2009년 4월 현재 시점에서 북한은 로켓발사로 체제 내의 선전선동을 통하여 축제를 벌이고 김정일 3기 출범에 힘을 실어 주고 있다.[59] 북한 김정일 정권은 고마운 줄도 모르고 자꾸 우리 것을 강탈해 가고, 남한의 재벌을 망하게 하고 남남갈등을 유발시키고 남한 내부를 이간질하는 그런 믿지 못할 나쁜 친구인 것이다. 그런 것을 그들이 잘하고 있는 통일전략이라고 인식하면서 뒤돌아서서 우리를 비웃고 있는지도 모른다. 그것을 마치 남한 내에 친북세력을 구축하는 낡은 인민전선전략이라고 생각하고 있을지도 모른다.

---

59) http://news.naver.com/tv/read(2009. 4. 18.)

가령 남한 내에서도 못사는 사람이 있는 것이다. 노사갈등, 빈부갈등, 지역갈등, 세대갈등, 도농갈등, 남녀갈등, 여야갈등 등 남남갈등이 거의 제대로 해결되고 있지 않은 상태에서 통일은 북한과의 복잡한 갈등으로 인해 통일국가 내의 갈등을 더욱 증폭시키게 된다. 시골에 사는 시집식구들이 서울에 사는 아들집 15평 아파트에 와서 몇 년이고 잘 지내도록 보살펴 주는 며느리들이 존재할 때 통일을 해야 한다. 과거 매미와 같은 태풍피해가 최소한으로 발생하는 위기대처능력이 있을 때 통일을 생각해야 한다. 용산사태처럼 뉴타운사업, 도심재개발 등에서의 고통, 산동네달동네의 아픔이 누그러질 때 통일해도 늦지 않다. 노동자분신자살이 종식될 때 통일되어도 늦지 않다. 그렇지 않고는 뜨거운 가슴이 차가운 머리를 짓눌러 자칫 잘못하면 남북한 모두가 혼란에 빠져 버리게 된다. 그런 상태에서 통일하면 북한주민은 거의 전부 남한에 예속되는 실업자, 백수건달, 뜨내기, 부랑배, 식모살이, 일일잡용직 노동자 등 인간노예로 전락할 가능성이 높다. 아마 자살하는 자들도 부지기수로 늘어날 것이나.

통일을 하려면 지금처럼 남북이 분단된 상태에서 실타래를 하나씩 풀어 가야 하고 동질성이 증대되고 분야별로 기능적으로 이를 북한이 충분히 이해하고 남한을 신뢰하여 잘 받아들이는 모습이 보여야 하는 것이다. 이러한 방법으로 북한을 어느 정도 살려 놓은 다음에 통일을 해도 결단코 늦지 않는 것이다. 오히려 지금부터라도 이 점을 북한에 주지시키는 전략을 개발해야 할 것이다. 그리고 북한은 자신들의 위기를 기회로 삼아 생존하려면 한국이 제시하는 여러 상생공영정책들을 겸손하게 선택해야 한다.

예기치 않은 상황을 대비해야 하지만 예기치 않는 상황에서 통일을 추진해서는 안 된다는 점을 명심해야 한다. 어떠한 경우에도 돌발적 상황, 예기치 않은 상황 등을 상정해야 하지만 그 상황을 이용해서 통일을 하려는 전략은 포기해야 한다. 그것이 아마도 절호의 찬스라고 생각할지 모르나 그것은 필리핀, 인도네시아, 아프가니스탄, 아르헨티나 등의 대내적 게릴라전을 상습화하는 4등 국가로 전락될 수 있는 큰 부담을 갖고 있음을 인식해야 한다. 지극히 남북한의 정상적인 통일은 북한이 전 세계의 보편사적인 인식과 흐름에 동참하는 깨달음과 스스로의 변화의 몸짓이 있어야 하고 우리의 도움을 정말로 순수하게 반가워하며 받아들이는 상황이 오랫동안 지속된 후에 통일을 논의해야 할 것이다. 그런 때의 통일국가에 대한 헌법, 정치체제, 경제체제, 사회체제, 문화체제문제를 논하게 되면 매우 쉽게 북한은 우리의 이야기를 잘 이해할 것이다. 당연히 우리의 앞서가는 민주적 건강성과 경제적 선진성이 동시에 존재해야 하고 이를 기초로 모든 것은 인구비례에 의하여 민주적으로 결정해야 함을 북한이 인식할 때 통일해야 할 것이다. 우리가 자꾸 퍼준 것을 관대하게 용인한 것은 북한이 좀 우리 체제를 이해하고 존중하는 쪽으로 변할 것이라고 기대했기 때문이다.

결국은 통일국가시대 우리 후손이 분단 시에 저지른 잘못된 방향으로 통일을 이루었다고 조상들을 탓하지 않도록 하는 슬기로운 통일국가전략을 만드는 것이 중요하다. 그것은 누누이 말하지만 절대로 서두르지 않는 통일정책을 만들어야 한다는 점이다. 절대로 북한이 믿을 수 있는 이웃 친구국가로 변하지 않으면 어떠한 경우에도 그대로 분단상태로 있는 것이 좋다는 말이다. 가장 위험부담이 적은 슬기로운 통일은 우리가 스위스, 호주, 일본, 프랑스, 네덜란드 등을 자유롭게 왕래하고 교류하고 방문하고 싶은 친구국가로서 지내듯이 남한과 북한이 그러한 관계가 된 후에 가시적인 통일 논의를 해야 한다는 점을 강조하고 싶다. 잘못된 통일국가보다는 좋은 친구관계와 이웃관계로 존재하는 분단상태가 좋다는 것을 모두가 인식해야 한다. 이는 반통일과는 전혀 다른 것이다. 그렇게 하는 것이 바로 통일국가로 가는 진정한 의미의 점진적인 평화적 길이기 때문이다. 그것이 바로 7천만 모두가 승리하는 통일의 길이기 때문이다. 우리 세대에 통일을 보지 못하는 한이 있어도 후손에게 북한 비자를 받고 자유롭게 평양과 백두산을 수학여행을 갈 수 있으면 북한은 정말로 성큼 우리 앞에 좋은 한민족·한식구·한동포·한친구의 착한 정상적 국가로 존재하게 되는 것이고 이것이 통일국가의 밑거름이 될 것이기 때문이다. 중소기업 중심의 개성공단뿐 아니라 한국의 대기업들이 북한에 투자하고 평양과 원산 등에 지사와 공장을 만들고 남북한 신뢰를 쌓으면 이것이 결국 통일로 이르게 만드는 것이다. 남북한의 당연히 상충되는 통일방식이 존재한다. 그러나 이를 허무는 방법은 분단상태에서 북한이 좋은 국가로 거듭나는 것 외에는 아무런 방법이 없음을 남북한 모두가 인식할 필요가 있다.

Ⅲ 통일국가의 준비

1. 분단과 통일의 비용 대비

한국은 북한 개혁개방에 대하여 통일정책, 대외정책 등에 대하여 보다 일관되고 다각적인 방안과 대응논리를 만들어야 하며, 보다

융통성 있는 관계를 통하여 일단 유사시보다 적극적인 협력을 도모할 수 있는 통찰력 있는 협력관계가 요망된다. 북한과의 교류에서는 국민적 지지와 야당의 협력 등 남남공조가 무엇보다 중요하다. 한국은 여러 면에서의 우월한 국력을 바탕으로 때때로 불순한 북한의 동태에 장단기적으로 대처할 수 있는 유연성과 융통성을 보여주어야 하며, 이러한 상황을 정치적으로 활용하지 않는 순수성과 정직성을 보여주어 국민이 혼돈하지 않도록 하는 것이 국가안보에도 유익하다. 지난 1992년 2월 남북 사이의 화해와 불가침 및 교류협력에 관한 합의서는 통일문제에 대한 국제적 환경을 획기적으로 전환하고 한반도의 평화 정착과 남북화해협력을 위한 기본 틀을 마련하였으나 늘 북한의 이중전략에 이끌려 가는 모습을 보였다.

남북의 어느 한편이 이기고 지는 일방적 통일이 아니라 남과 북의 온 민족이 함께 사는 win – win 전략의 상생공영의 통일이 필요하며 이는 바로 우리의 과제이다. 국토도 하나, 정치체제도 하나, 경제체제도 하나, 민족사회도 하나가 되는 국토통일 – 정치적 통일 – 경제체제통일 – 민족통일을 완수해야 한다. 결국 통일은 민족 전체의 발전과 국가의 번영을 위해서 하는 것이다. 남북의 인적, 물적 자원을 모두 민족의 발전과 번영에 투입하면 지금보다 훨씬 더 발전되고 잘사는 민족사회를 이룩하게 될 것이 분명하다. 북한의 노동력, 관광자원과 지하자원을 활용하면 세계적인 경제대국이 될 수 있다. 통일 후 북한은 광업, 금속, 가공업 분야에서 더욱 좋아질 것이고, 북한의 낡은 채광 및 가공처리공장에 통일 이후 대규모투자가 이루어지면 고용기회 및 국내외시장이 보장될 수 있다. 북한의 값싼 노동력과 남한의 각종 노동집약적 기업이 결합된다면 성과가 더욱 높아질 것이다. 한반도횡단철도(TKR), 시베리아횡단철도

(TSR), 중국대륙횡단철도(TCR) 등 남북한이 협력만 한다면 엄청난 운송과 물류비용을 절감하고 통과비를 수익으로 얻을 수 있다. 집약적인 첨단 전기전자, 컴퓨터, 정보통신, 인터넷산업 등 소위 IT, BT, CT, ET, GT, NT, OT, ST 등의 글로벌한 벤처산업도 부담 없이 발전할 수 있을 것이다. 한때 김정일은 IT산업에 대하여 지대한 관심을 보이고 있었다. 짧은 시간에 고부가가치산업을 육성하겠다는 의지이다. 그러기 위해서는 북한은 핵개발과 미사일발사실험 등의 중단을 선언하고 남북한의 경제협력과 미국의 지원을 얻는 선략을 구사해야 할 것이다. 남북이 통일되면 세계 7위권에 들 수 있는 잠재력을 확보할 것이다.

2. 통일대비 학교교육

과거 아시안게임, 유니버시아드대회 등에서의 북한의 미녀군단이 한국에 와서 응원하면서 학생들을 혼란하게 하였다. N세대 통일교육이 중요히다. 지금의 N세대가 통인국가시대의 주역이 될 때 새로운 U세대가 천년만년 지속될 통일국가의 대업을 이어갈 것이다. 그렇기 때문에 지금의 N세대가 통일이야기에 적극적으로 동참해야 한다. 언젠가 N세대가 중심이 되어 통일국가를 이룩하면 U(Unification) - 세대가 탄생할 것이다. U세대는 통일세대를 말하는 것이다. 그래서 지금 N세대는 통일교육을 통하여 작문, 컴퓨터, 인터넷을 하면서 이 땅에 다시는 전쟁이 없어야 하고 평화적인 통일이 되어야 한다는 점을 배워야 한다. 6·25전쟁이 북침이라느니 한반도의 정통성이 북한에 있다느니, 우리의 주적은 미국이라느니 하는 왜곡된 터무니없는 교육이 사라져야 한다. 이것은 21세기 통일의 세계화와 화해의 물결에 함께하자는 글로벌한 보편적 세계사의 요청과 민족 내부의 발전에 기초한 것이다.

통일은 좋겠지만 과연 한국의 시민의식으로 통일국가의 많은 문제점을 극복할 수 있을지 걱정된다. 이산가족이 서로 왕래하고 편지도 주고받고, 기업들 간에 서로 교류하고, 협력하면서 군비축소도 점차 진행하면서, 통일의 그날을 준비해야 한다. 이것이 한민족의 저력이 되어야 하고 선진국 진입의 원동력이 되어야 한다. 초·중·고등학교 학생들은 미래를 대비하는 올바른 통일교육을 받아야 한다. 교육을 통하여 각자 통일 이후 있을 미래에 대하여 통일편지, 통일저금, 통일일기, 통일기도, 통일미술, 통일토론 등을 통하여 준비해야 한다. 그리고 남북한 당국은 정기적으로 학생교류를 통하여 남북한 산하에 대하여 사전에 익숙할 수 있도록 통일대비 토대를 마련해야 한다. 우리는 정말로 한국만이라도 정말 건강한 민주주의 국가, 탄탄한 경제대국이 되어야 하고 동시에 북한이 어느 정도 민주주의와 자본주의에 적응할 때쯤에서 통일을 해야 분단의 고통보다도 더 큰 통일의 후유증을 피할 수 있음을 인식해야 한다. 동서독 통일도 주변국가의 지원과 협력이 매우 중요한 역할을 하였다. 우리의 통일도 글로벌한 지원과 동북아 주변국가의 협력과 신뢰가 없으면 불가능하다. 그러한 점에서 한국은 강력하고도 유연한 외교를 통하여 주변국가로부터 통일에 대한 신뢰를 얻는 것이 중요하다. 이것이 바로 UN, ASEM, APEC, OECD, ASEAN + 3, G - 7, G - 20 등과 올림픽, 월드컵, 엑스포, INGO, FTA, ODA, FDI 등의 글로벌 거버넌스 외교이다. 적어도 통일만큼만은 한국이 주도권을 쥐고 주변국가가 필요한 경우 지원과 협력을 하는 상황으로 진행되도록 전 국민이 협력해야 할 것이다. 이것이 바로 동서독 통일에서 얻을 수 있는 교훈이다.

3. 통일국가의 특성

통일을 위한 지도자가 되기 위해서는 분단갈등, 이념갈등, 노사갈등, 도농갈등, 지역갈등, 빈부갈등, 성별갈등, 세대갈등, 그리고 좌와 우, 보수와 진보 등의 남남갈등을 극복하고 슬기롭게 통합할 줄 아는 고도의 지혜가 요망된다. 이러한 조건이 충족되지 않은 통일국가는 통일 이전보다도 훨씬 더 문제가 많을 것이고 오히려 3등 국가로 전락할 위험도 있다는 것을 8천만 모두가 알아야 한다. 남북통합 시 정치, 경제, 사회, 문화 등 여러 면에서 가능한 혼란을 최소화할 수 있는 능력과 구체적인 대안이 마련되지 않고는 통일해서는 안 된다. 통일은 우리의 내부의 건강성과 직결된다. 따라서 한반도의 어떠한 통일도 남한의 정치, 경제, 사회, 교육, 문화수준에 따라 좌우된다. 적어도 독일통일 전 서독만큼의 성숙한 시민사회와 경제력을 갖추지 않고는 결단코 통일해서도 안 되고 통일을 이룩할 수도 없다.

장차 있을 통일비용은 2,000억 달러에서 5,000억 달러 수준에 이르는 천문학적 숫자라고 분석하고 있다. 향후 북·미간관계는 ① 북한핵개발포기문제, ② 6자회담수용문제, ③ 남북공조문제, ④ 대북송금특검문제, ⑤ 북·일수교문제 등과 연관되어 진행될 것이다. 통일국가는 1민족-1국가-1체제-1정부의 조합이 될 때 의미가 있는 것이며, 자유, 민주, 평등, 복지, 인권 등의 이념과 가치를 기본바탕으로 하는 통일국가에서 단일정부하의 대통령과 의회를 중심으로 단합된 힘을 보여주는 것이 세계화 시대 글로벌한 통일국가의 효율적 운영에 부합되는 것이다. 6·15선언 중 낮은 단계의 연방제와 우리가 통일과정의 과도기로 말하는 국가연합은 차이가 있어 앞으로 통일논의에서 매우 신중해야 한다. 궁극적으로 북한이 1민족-1국가-2체제-2정부의 연방제 통일지향을 한다면 아마도 통일국가 형성은 멀어질 것이다. 미국, 독일, 스위스, 유고 등 전 세계 선진국들의 연방국가도 1국가-1체제-1정부로 구성되고 있음을 알아야 한다.

Ⅳ 결론: 통일을 위한 과제

남북한은 김정일 부자에게 놀아나지 말고 평화적으로 협력하여 대미관계에 대하여 공동으로 대처하는 지혜를 보여야 한다. 남북한 이 오히려 한·미, 북·미관계에서 지렛대역할을 해야 한다. 이는 남북한 간의 상호 신뢰를 증대해야 함을 의미한다. 예컨대 북한이 일방적으로 한반도에서 전쟁을 수행하려 하면 이를 한미동맹을 기 초로 반드시 저지해야 한다. 이제 한국은 한반도문제의 이중성과 북한의 이중전략에 유의하면서 대북정책을 선택하는 것이 필요하 다. 대북정책을 추진함에 있어 일방적으로 북한에 끌려 다니지 말 고 다른 나라와 외교관계를 갖는 것처럼 떳떳하게 일대일의 관계 를 가져야 한다. 한편 북한이 남한배제적 통미봉남정책이 북한에 유익하지 않음을 단호하게 설득해야 한다. 한국은 이산가족 확대추 진, 대북 경수로 지원사업, 민간경제교류, 북한경제특구 건설 등을 추진하면서 융통성 있게 남북한 간의 신뢰 구축과 평화 상태를 조 성해야 한다. 남북대화, 군사적 긴장 완화, 통일방안논의, 경제협력,

이산가족상봉문제, 인도적 대북지원문제, 민간교류협력 등에서 대북관계의 방향이 모색되어야 한다. 지속적으로 정부당국 간 대화창구를 상설 가동하여 남북한 간 다채널을 확보해야 한다. 한반도문제 해결은 한·미공조, 남·북공조, 북·미공조가 잘될 때 이상적일 것이다. 그러나 한·미공조는 잘되는데 남·북공조가 안 되거나 북·미공조가 안 되면 한반도문제는 고착되기 쉽고 바람직한 것은 아니다. 남·남공조가 잘되고 한·미공조가 잘되고 남·북공조가 잘되고 그리고 북·미공조가 잘되는 순으로 유도해 가는 것이 한반도문제 해결을 조성할 수 있다. 남·북·미 간의 공조체제 구축을 위해 남·북한이 주도적으로 한반도문제를 시도하는 것이 고려되어야 할 것이다. 이를 위해서는 남·북한 간의 신뢰 구축이 무엇보다도 중요하다. 이럴 때 미국은 북한을 신뢰할 수 있을 것이다. 그러나 북한의 핵개발 시인과 로켓발사 등으로 야기된 문제는 또 다른 남북미관계의 핵폭탄으로 대두되고 있다. 미국은 단호하게 북한의 핵개발포기선언을 강조하고 북한은 먼저 불가침조약 맺기를 주장하고 있다. 핵문제에 관한한 한미공조가 필수적이라고 본다. 우리는 북한에 대하여 핵개발포기를 선언하도록 북한에 대하여 지속적으로 촉구해야 한다. 북한의 외교정책은 미국과의 관계개선이 우선 목표이지만 여전히 독일, 영국, 이태리, 캐나다, 벨기에, 덴마크, 스웨덴 등 선진자본주의 국가와 교류를 지속적으로 전개하고 있고, 전통적인 우방국인 중국, 러시아와도 적극적인 관계를 유지하고 있다. 이러한 북한의 외교적 노력을 우리는 직간접으로 지원하고 협력할 필요가 있다. 평화와 민주주의를 사랑하는 서구 선진국들과의 접촉이 북한의 변화에 긍정적으로 작용할 것이기 때문이다. 한국에 의해서든 북한 스스로에 의해서든 북한을 이러한 방향으로 인도하여 공히 이렇게 나가야 함을 인식하도록 만드는 것이 중요하다. 그것이 바로 통일 대비의 핵심 논점이 되어야 한다. 우리의 통일은 단순히 남북한의 통일이 아니라 세계사 흐름과 국제사회에서 인정받는 객관적, 보편적, 평화적 통일이 되어야 하기 때문이다. 그 통일로 인해서 전 세계에 희망의 메시지를 전달하고 감동을 주고 우리 자신은 이를 통하여 선진국으로 가야 하는 통일이 되어야만 한다. 단순히 올림픽이나 유니버시아드대회에서 한반도기를 공동으로 들고 입장하는 것이 결단코 통일로 가는 길이 아니다. 북한은 이것의 진정한 의미를 모르고 항상 자기편의대로 쇼맨십처럼 일회성으로 활용하는 것이다. 그것은 사실 아무것도 아닌 것이다. 북한이 진정한 정상적인 국가로 변하지 않으면 아무 소용이 없는 것이다. 북한이 핵개발을 포기하고 중국, 미국, 러시아, 일본하고도 친하고 그리고 전 세계 모든 국가와도 예의를 갖추고 친구가 된다면 비로소 통일국가로 가는 준비가 되는 것이다. 북한이 변화하도록 그 치유 방법들을 하나씩 가르쳐 주어야 한다. 그 시기가 아마도 30여 년은 족히 걸릴 것이다. 이제 휴전선에 디밀리타리존(DMZ)이 좀 더 평화의 지대로 확대되어야 한다. 이산가족상봉이 자유롭게 확대되어야 한다. 사회적으로는 다양한 이익집단들이 활동해야 한다. 군사적으로는 군축을 가시화하고 공동으로 합동훈련도 해야 한다. 북한 내부의 투명성이 있어야 통일준비를 할 수 있는 것이다. 이러한 하나하나가 통일국가로 가는 하나의 시금석이 되는 것이다. 그리고 우리는 30여 년을 기다리면 되는 것이고 통일헌법은 민주주의 원칙에 입각한 정상국가의 원칙이 보장되면 되는 것이다. 전 세계 220여 개 국가 중에서 지금 과연 북한은 우리의 다정한 친구인가. 그렇지 않다면 그렇게 된 후에 통일을 해야 할 것이다.

우선 한반도의 평화적 통일은 동북아는 물론이고 세계의 평화와 안정에도 크게 기여하게 될 것이다. 반세기 이상 지속되어 온 냉전체제는 비로소 완전히 청산되고 동북아의 평화와 안정 그리고 세계평화에도 기여하게 될 것이다. 통일은 21세기에 아시아, 태평양시대의 주역으로 되는 데 필수조건이다. 북한의 노동력과 남한의 기술력과 유휴장비를 활용할 수 있을 것이다. 통일국가에서는 군축으로 남는 여유자원을 교육발전, 문화발전, 경제발전에 전환시킬 수 있다. 즉 통일이 되면 8천만 동포는 전쟁에 대한 불안에서 벗어날 수 있고, 불필요하게 낭비되는 군사 부문의 재원을 사회간접자본이나 복지에 돌릴 수 있다. 국력의 유지는 직간접으로 군사 부문과 직결되지 않은 것이 없다. 통일이 되면 이념대립혼란, 보안법문제나 간첩문제에 있어 혼란이 최소화될 것이다. 온전하게 하나의 통일된 민족으로서의 자유로운 사고와 일상생활이 가능할 것이다.

제10장

남북통합 이행의 중간적 단계

남북한 정치문화의 동질성 회복문제

이데올로기 대립으로 상징되던 미·소 양극체제가 무너지고 지구상의 모든 나라가 시장경제체제로 전환되는 과정에서 세계질서는 자국의 이익·복지를 앞세운 경제제일주의와 세계화를 통한 공존공영의 협력체제로 나가고 있다. 이념과 체제의 대결이 아닌 누가 더 잘살 수 있느냐를 놓고 평화적으로 경쟁하며 협력하는 글로벌시대이다. 이러한 변화에 따라 개방화·세계화의 물결을 타고 형성되는 국제간의 교류가 급격히 증대되고 있다. 국경을 초월하여보다 큰 지역공동체를 형성하려는 초국가적 현상도 일어나고 경쟁력을 갖춘 일류만이 살아남을 수 있는 적자생존의 경제논리도 존재한다. 그런가 하면 정치영역보다 비정치 분야에 대한 공간이 넓어져 비정치 집단 간의 교류·협력이 활발해지는 특징도 있다.

이처럼 세계가 하나의 공동생활권으로 좁혀져 가고 평화적인 경쟁과 협력을 통해 공존공영을 구가하고 있는데 우리는 아직도 분단극복의 결정적 계기를 찾지도 못한 채 핵문제니 로켓발사니 하여 분열과 갈등을 계속하여 민족적 소모를 가중시키고 있다.

실로 분단된 두 사회체제가 하나로 통합되기란 여간 어렵지 않다. 특히 우리처럼 외세에 의한 분단과 동족상잔의 전쟁을 겪어 불신감과 이질감이 극도로 노정된 경우에는 더욱 그렇다. 남북 사이에는 인적·물적 교류가 거의 없고 서신이나 언론매체 등의 어떠한 정보의 흐름도 단절된 상태이다. 게다가 냉전체제하에서 두 지역의 주민들은 서로 다른 정치 경제적 이데올로기에 의해 교조되어 왔다. 다른 가치관을 지녔고 다른 교육을 받아 두 지역 주민은 서로 다른 인성과 의식을 가질 수밖에 없는 총체적 단절이었다. 이런 두 지역의 주민이 새로운 사회적 합의를 창출해 더불어 살아가는 것이 통일이다.

통일된 사회체제는 하나의 혼, 하나의 정신적 원리로서의 민족의 공동성과 통일성을 지니게 된다. 그런데 남북한은 다 같이 하나의 민족·하나의 국가를 내세우고 있으면서도 실제로는 두 개의 민족·두 개의 국가의 결과를 빚어내고 있는 현실이라 민족의 단일성에 회의를 느낄 정도로 이질화가 심하디. 이제까지 우리나라에서 논의되어 온 통일론은 거의 모두가 정치·경제적인 문제와 정치적 이해가 앞선 것이었다. 민족의 화합과 대동단결·민족 전체의 공동이익과 인간다운 삶의 조건을 충족시키는 근본원리를 구현하려는 시도가 관심 내에 들게 된 것은 독일통일 이후의 일이다. 그러므로 이들에 대한 연구는 정치나 경제 차원의 제도적 통합에 비해 개념적 정리도 잘되어 있지 않은 상태다.

그러나 글로벌 협력시대에 무력에 의한 통일이나 흡수통일보다 다각적인 교류와 협력을 증대해 가면서 비정치적인 영역부터 기능적인 통합을 통한 남북한의 의식구조를 어떻게 동질화할 것인가를 고민해야 한다. 아울러 동질성을 극대화한 후 정치적 통합을 이루는 신기능론적 통합론이 상당히 설득력이 있다. 이기는 통일에서 함께 사는 통일로의 인식전환이 필요하다.

앞으로 이질성을 감소하고 동질성을 증대하기 위해서는 근대화·산업화에 의한 통합으로 동질성을 구하려 하기보다 역사적·문화적 민족전통의 동질성에 의한 통합을 모색해 사회·문화적으로 통합된 민족공동체를 형성해야 할 것이다. 통합이란 흩어져 있는 인간집단이 하나의 공동체를 만들어 가는 과정과 방법이다. 남북한이 진정한 통일을 달성키 위해서는 현실적으로 이질성을 전제로 한 통일 마련의 과정이 필요하다. 그 과정에서는 이질화된 남북한의 차이를 포용하고 왜곡된 이질성을 제거하고 이질화된 요소를 공유하려는 노력이 함께 뒤따라야 한다. 그러므로 같은 가운데 다른 것이 무엇이며 다른 가운데 같은 것이 무엇인가를 찾아주고 받으면서 재생산하는 게 중요하다. 체제가 서로 다른 남북한 간의 통일에는 이질성을 전제로 한 사회·문화적 통합의 조건을 고려하는 것이 현실적이며 건전한 사회적 통합을 준비하는 길이라 하겠다.

사회·문화적인 통합은 매우 어려운 작업으로 많은 시간을 요한다. 통일 이후에도 쌍방 간의 친화력을 이끌어 내어 민족의 일체감을 공유하기까지는 상당기간이 소요된다. 그러므로 이런 과정에서 발생될 수 있는 문제점을 검토해 보고 북한의 강성대국, 선군정치가 시장경제체제와 과연 절충해 갈 수 있는지 그리고 남북한의 사회·문화적 이질화가 통일문화로 변화해 갈 수 있는지를 연구해야 한다.

1. 중간적 단계의 목표와 성격규명

그간 남북한은 주체적으로, 능동적으로 통일을 이룩하려는 노력을 등한시하고 국제환경과 평화공존체제의 제도화 등의 통일기반 조성에 역점을 두어 왔기에 남북한의 이질화는 크게 문제되고 있으며 통일전망도 밝지 않았다. 다시 말해서, 남북 상호화해·교류협력을 촉진시키는 정책 등을 오랫동안 추구해 왔으면서도 이를 위한 전제조건인 이질화를 동질화로 변화시키는 쌍방의 민족적 공감대 형성을 위한 최대 공약수를 찾는 데는 소홀했다. 남북한 쌍방은 민족의 화합과 대동단결·민족 전체의 공동이익과 인간다운 삶의 조건을 충족시키는 근본원리를 구현하려는 시도보다는 각각의 상이한 이데올로기를 내세워 자기 체제 속에 일방적으로 흡수하는 통일을 지향해 왔다. 그러므로 어느 쪽도 쉽사리 자신의 기본입장이나 이익을 포기하려 들지 않았을 뿐 아니라, 사기 주도의 통일과정 이외의 통일방식을 수용하려는 태도가 매우 약해 번번이 아무런 결실 없이 오늘에 이르게 되었다.

많은 학자들이 공통적으로 지적하는 통합의 요건들을 남북한은 너무도 많이 공유하고 있다.[60] 지리적 인접성 외에도 종족·언어·

---

60) 박재영, 『국제정치 패러다임』(서울: 법문사, 2002), 윤인진, "남북한 사회 통합 모델의 새로운 모색", 아세아문제연구소(2001), 정해구, "남북한 정치 통합 연구 - 남북한 통일정책 및 통일방안의 정치통합 구상을 중심으로 - ", 아세아문제연구소(2002), 신형육, "남북통일정책 비교, 분석과 통일민주국가의 전망" 경기대 대학원(2001), 이영제, "북한의 사회상과 남북한 사회통합 방안 연구", 경희대 대학원(2003), 김수미, "통합이론이 남북관계에 주는 교훈", 경성대 대학원(2004), 김용우, "통합이론으로서 기능주의와 신기능주의의 국제적 적용상황에 대한 비교연구: 대북통합정책에 주는 정책적 함의", 『한국정책과학회보』 제8권 제3호. 서울: 한국정책과학회(2003), 박성철, "남북한 통일방안 조율 가능성에 관한 연구",

종교·문화적 유사성 등의 동질성·전통에 기초한 가족주의·가부장적 성향·권위주의·혈연·지연 등의 집단주의·민족주의적 성향 등. 그러나 이러한 동질적 요소는 많이 왜곡되어 있기 때문에 통합을 유도하는 친화력으로 작용하지 못하고 오히려 해체와 갈등을 유발하는 이질화된 동질성이 되었다.

따라서 앞으로 이질성을 감소하고 동질성을 증대하기 위해서는 근대화·산업화에 의한 통합으로 동질성을 구하려 하기보다는 역사적·문화적 민족전통의 동질성에 의한 통합을 모색해야 할 것이다. 그러기 위해서는 이질화된 남북한의 차이를 포용하고 왜곡된 이질성은 제거하고 이질화된 요소를 공유하려는 노력이 뒤따라야 한다. 또한 같은 가운데 다른 것이 무엇이며, 다른 가운데 같은 것이 무엇인가를 찾아주고 받으면서 재생산하는 것이 중요하다. 이기는 통일에서 더불어 사는 통일로의 인식의 전환이 이루어질 수 있다. 이러한 인식전환의 과정은 각기 사회와 문화에 대한 자기성찰에서 시작되며 심지어는 자기부정도 불사하는 자기성찰이 있어야 한다. 이런 성찰의 시간이 곧 통일에의 중간적 단계가 될 것이다.

중간적 단계에서는 한국이 주도적으로 통일을 한다고 해도 북한의 이질화된 구조를 일방적으로 한국적 구조로 편입시키려 하기보다는 남북한이 공유할 온전한 통일로 유도해야 한다. 그러기 위해서는 남북관계를 현재의 적대적 관계에서 교류호혜의 단계로 그리고 상호 신뢰·협력의 단계로 진전시키고 그런 다음 협상통일의 단계로 발전시켜야 한다. 이런 전 과정을 이른바 중간적 단계라 할 수 있다. 이러한 노력과 함께 남북당국자 간에 대화를 통하여 상호 신뢰를 구축하면서 동시에 북한을 국제사회에 참여하도록 유도하

연세대 대학원(2002) 참조.

며 북한을 개혁·개방시키기 위해 체제변화에 따른 충격완화를 모색하는 등의 방법도 강구해야 한다. 그러나 북한은 한국의 이러한 노력을 흡수통일로 인식하고 평화연변전략[61]이라고 배척하면서 핵무기를 개발하는 등의 대결을 불사하고 있다. 북한은 지금까지도 체제방어적인 속성을 보이면서 대남 강경책을 내보이고 있다.

이러한 상황에서 남북한이 상생공영과 평화협력의 기조를 유지하기 위해서는 한편으로는 통일정책의 대상을 다원화할 필요가 있다. 최근 급속한 익시변화를 보이고 있는 탈북자나 북한주민을 겨냥한 정책이 보다 적극적으로 추진되어야 한다. 다른 하나는 이질성을 감소하고 동질성을 증대시킬 수 있는 방향으로 유도해 동질성을 확대하고 이를 민족적 통합으로 가꾸어 가도록 해야 할 것이다. 통일도 문제지만 통일 후 사회의 재사회화 방법에 따라 그 유지가 달라지므로 동질성 회복기간은 긴 것이 좋다. 또한 통일이 점진적으로 실현된 경우와 극적으로 실현된 것에 따라 재사회화의 과정도 달라지며 그 노선과 성격도 달라진다. 그러나 중간적 단계에서는 첫째, 민족이 통일의 주체가 되는 자주통일, 둘째, 민족의사가 고루 반영되는 민주적 통일, 셋째, 대화와 협상을 통한 평화적 통일이어야 한다. 복잡한 갈등문제들과 적응과정의 어려움으로 하여 혼란이 가중될 수 있다. 그러나 이것은 이질화된 만큼 동질화시키는 데 소요되는 시간과 인내가 필요한 것으로 인식하고 이질화된 실제를 과감하게 인정해야 한다.

---

61) 「和平演變」戰略이란 자본주의 사상과 경제력을 동원해 평화적인 방법으로 사회주의 세력을 굴복시키는 전략으로 중국이 개혁·개방화를 하면서 자본주의 정신오염의 전파에 따른 민주화 요구를 경계하여 사용했던 용어임.

2. 이질화의 현상과 사회·문화의 의식구조

독일이 정치적 통일을 이룩한 후 보다 본격적인 사회통합으로 나아가는 과정에서 겪고 있는 문제는 경제적 생활수준의 격차와 사회의식의 격차였다. 그러나 경제문제는 여러 나라가 우려했던 것보다는 빨리 극복될 수 있었다. 지난 1993년의 조사결과에 따르면 전체의 60%가 전반적인 상황이 나쁘다고 평가한 반면 14%만이 생활수준이 독일통일 전과 같이 나쁘다고 응답하였다. 이는 전체의 70~80% 정도가 통일에 찬성했고 12%의 사람들이 통일에 반대한 것과 일치하고 있었다.[62] 이처럼 경제적인 격차는 독일의 경우처럼 빨리 극복할 수 있지만 인성의 이질화와 사회의식의 격차문제, 즉 이질화 문제는 제대로 해결하는 데 보다 오랜 시일을 필요로 하게 된다. 특히 우리나라의 경우, 분단에서 비롯된 이질화의 정도가 독일의 경우보다 더 심각하다 하겠다. 때문에 경제적 발전과 정치발전의 격차에서 비롯되는 문제를 해결하는 일도 중요하지만 분단 이후 반세기 동안 아주 다른 이데올로기 환경 속에서 생활해 오면서 형성된 인성의 이질화 현상을 극복하는 방안을 강구하는 일은 보다 더 중요하다 하겠다.

오랫동안 서로 다른 환경에서 생활했다가 다시 합칠 때는 헤어져 있던 시간이 서로를 얼마나 달라지게 했는지 서로의 차이점을 서로가 긍정적으로 수용하는 마음자세를 갖고 분단의 현실에서 오는 서로의 차이점을 솔직하게 그리고 진솔하게 인정해야 한다. 서로 달라진 점을 긍정적으로 수용하면 같은 가운데 달라진 게 무엇

---

62) Karl-Sierbert Rehberg, "통일의 사회적·심리적 비용: 동독인들은 통일 5년후 어떻게 느끼고 있는가?", 「Networker」(서울: 연세대학교 동서문제연구원, 연구속보) 격월간, 1995년 10월(No.13), p.6.

이고 다른 가운데 같은 것이 무엇인지를 찾아내어야 한다.

그러므로 왜 그렇게 달라질 수밖에 없었는지를 살피면서 서로가 친화할 수 있는 방법을 모색해야 한다. 이질화를 무조건 자기중심적으로 생각하고 강제적으로 그리고 단순하게 동질화시키는 데 성급해서도 안 된다. 통일체제의 정당성이 유지될 수 있도록 제도적 통합의 과정이 쌍방 통합주체의 권력균형과 동반자적 관계가 견지될 수 있도록 노력하듯 심리적인 면에서도 파트너십이 필요하다.

남북한은 분단 이전까지만 해도 동일한 역사와 문화를 공유해 온 사회였다. 정치제도와 이데올로기가 사람과 사회에 얼마나 크게 영향을 미쳤는지 알 수 있다. 이질화 과정이 심해졌으나 남북한 차이는 어디까지나 동질화되어야 할 이질화에 불과했고 그 이질화의 제거는 곧 친화감을 갖게 함으로써 동질화될 수 있는 요소들이다. 중국 조선족과의 이질감 해소를 실험으로 북한의 가능성을 찾아보는 노력도 필요하다.

남북한의 정치의식의 갈등구조는 사상사적 논리적 구도를 갖고 있다. 즉 자본주의를 신봉하는 남한은 개인의 자유를 존중하고 개인의 권리를 보호하는 개인주의를 정치의 궁극적인 목표로 설정하고 있다. 아울러 개인의 창의성과 자발성을 강조한다. 그러나 북한에서는 주체사상, 강성대국, 선군정치 등 호전적인 가치 획일화 현상을 추구하면서 다른 입장을 수용치 않으며 자기와 다른 입장을 적으로 간주해 적과 동지로의 흑백논리로 이해하려 한다. 또한 개인은 반드시 전체를 위해 희생적이어야 함을 강조하고 있다.

칼 포퍼는 폐쇄사회를 불변적인 금기와 마술 속에 살아가는 원시적 종족사회로 이 사회의 구성원들은 혈족관계에 있고 공동으로 노력하는 기쁨과 고통을 공동으로 나누는 반생물학적 결속으로 함께 묶여 있는 사회이며 서로 만져보고 냄새 맡고 바라보고 하는 육체적 관계에 의해 맺어진 개인들의 구체적인 집단이라고 묘사하고 있다.[63] 이들은 국가가 시민생활 전체를 규제하기 때문에 개인은 독자적인 판단을 내릴 수 없고 국가나 당의 판단만 있게 되므로 사회 전체가 획일화를 보이게 되는데 북한의 경우가 이에 좋은 예가 되고 있다. 이처럼 남북한 쌍방은 사상적으로 갈등을 빚게 되는데 이는 어쩌면 당연한 현상이라 하겠다. 북한에서는 '국가가족주의' 혹은 '가족주의적 국가' 성향이 있다.[64] 따라서 가정은 국가에 의해 흡수되며 김일성은 생명의 근원인 아버지이고 북한주민은 그로부터 생명을 받는 한 형제이며 노동당은 이들 가족의 안식처인 집으로 묘사되고 있다.[65]

또한 인간은 실천적 노동을 통해 자기의 생활환경은 물론 자기 자신까지도 재창조할 수 있는 존재로 보고 있다. 공산주의의 이러한 인간관과 노동관은 정치관과 밀착되어 혁명사상으로 발전했다. 그리하여 북한은 인간의 기본적 욕구가 정치에 의해 비판 합리적으로 규제되면서 추구되어야 한다고 믿고 있다.

남북 쌍방이 공유하고 있는 가치관 도덕과 예의, 이웃 간의 정, 대동사회, 한(恨) 등 남북한주민들이 공감할 수 있는 가치 언어공동체 등을 찾을 수 있다. 또한 남·북한 간에는 긴장을 지속시키는 요인도 있지만 변화를 촉진시키는 요인들도 공존하고 있어 민족통

---

63) Karl R. Popper, *The open Society and it's Enemies*, Vol.1(Princeton Univ. press, 1971), p.173.
64) 이온죽, "가족제도", 고현욱 외, 「북한사회의 구조와 변화」(서울: 경남대학교, 극동문제연구소, 1990) p.279.
65) Thomas Hosuck Kang, "Changes in the North-Korean Personality from Confucian to Communist", Jae Kyu Park & Jung Gun Kim, *The politics of North Korea*(Seoul: Institute for Far Eastern studies, Kyungnam Unvi. press, 1979), p.94.

합의 가능성을 보이고 있다. 따라서 노력 여하에 따라 앞에서 비교해 본 쌍방의 차이도 동질화되어야 할 차이일 뿐 영원히 해소불가능한 이질성은 아니므로 희망적인 가능성을 심어 갈 수 있다.

3. 발생될 수 있는 문제점과 체제변화 통한 충격완화 모색

자본주의 사회에서는 자유와 인권을 중시하는 풍조와 경제적 차원에서의 소비지향적 상업광고 문화 그리고 쾌락주의적 행복관이 뒤섞여서 이기적 개인주의를 배태시켰다. 남한에서는 사유재산제도와 시장경제체제에 입각한 자본주의 경제체제를 취하고 있어 도덕주의적 사고와 가치보다는 경제 제일주의적 사고와 가치가 지배적이다. 그리고 이러한 분위기는 심한 경쟁사회를 야기해 과정보다는 결과가 중시되고 공동체적 도덕가치보다 돈과 권력을 지향하고 출세주의가 팽배했다. 그리고 개인주의적 가치가 지배적인 사회로 발전되어 치열한 경쟁에서 살아남을 수 있는 영악한 인간상을 유능한 인재로 생각하는 현실론이 팽배해 갔다. 그리하여 자본주의 경제체제에서는 부의 편재와 빈부의 격차·공정한 분배문제·실업자 문제·계층 간의 갈등·낭비 등 많은 문제를 안고 있다. 따라서 인격교육보다 기능교육을 양산시키는 등 병폐현상이 야기되었다.

그런가 하면 북한에서는 공산주의적 사상으로 무장된 인간, 경제발전을 위한 생산 기술적 인간 그리고 전쟁승리를 위한 민족전통적 인간상을 설정해 놓고 그런 인간으로 교육해 갈 것을 강조하고 있다.[66] 그 결과 북한은 전인민의 혁명화·노동계급화·인텔리화를 강조하면서 배타적인 집단주의를 키워 갔다.[67] 그뿐 아니라 북

---

66) 북한연구소, 「북쪽사회 어디에 와 있나」, pp.69-73.

한은 사유재산제를 부인하고 이를 모든 해악의 근원으로 규정하여 국유화·협동단체 소유화했다.[68] 그리하여 공산주의 경제는 노동자들의 노동의욕 저하·생산성 저하·공공재산에 대한 애착심 결여 등 어려운 문제점을 드러내고 있다.

이처럼 남북한 간에는 이데올로기와 정치·경제제도의 차이로 인해 그들이 추구하고 있는 인간관에서 엄청난 차이를 보이고 있어 의식의 동질화는 멀게만 느껴진다. 이 외에도 변증법적 유물론과 무신론을 신봉하는 북한에서는 신앙의 자유가 보장되어 있지 않으며 공산주의 도덕교양으로 정신무장을 시키기 위해 도덕을 공산주의 교양에 결부시켜 우리의 전통적인 도덕관과 본질적으로 다른 전통적인 도덕관을 지니고 있다. 구정·단오·추석을 없애고 그 대신 김일성 생일·김정일 생일이 이를 대신했다.[69]

남북한이 공유하고 있는 가치관으로는 사회주의 주체사상도 자본주의도 아닌 한국특유의 도덕·예의·사람됨·인간중심의 동양사상과 가족을 사회 혹은 국가의 차원으로 확대해석하는 가족중심주의의 충효사상 그리고 동포·민족과 같은 개념을 재발굴해야 한다.

60여 년간 각기 다른 체제로 살아오면서도 쌍방 주민들 사이에 아직도 상당 부분 남아 있는 동질성을 찾아내 쌍방 주민에게 거부감을 유발하지 않으면서 우리 모두의 가치를 관철시킬 수 있는 의식을 우리는 조합시켜 가야 한다.

남한의 이기적인 개인주의와 북한의 맹목적인 집단주의는 대립

---

67) 민족통일연구원, 「북한주민의 인성연구」, 1992 참고.

68) 북한헌법 제18조에는 "조선민주주의 인민공화국에서 생산수단은 국가 및 협동단체의 소유이다."고 명시하고 있다.

69) 북한의 명일은 김일성 생일(4. 15), 국제노동절(5. 1), 정권 창건기념일(9. 9), 당 창건기념일(10. 10), 그리고 김정일 생일(2. 16), 해방 기념일(8. 15), 헌법절(12. 27)로 한정된다. 국토통일원, 「남북한 비교총서」, 1981, pp.116 - 117.

적 가치관을 갖게 했는데 이것을 방치한 채 제도적인 통일만을 이룩했다면 더욱 심각한 사회갈등을 유발시켜 쌍방 모두가 커다란 상처만 받는 불행한 통일이 될 것이다. 서로가 서로를 필요한 존재로 인식하고 함께 살아가면 삶도 그만큼 풍요로워진다는 의식이 정립되어야 한다.

북한의 김정일 일인지배와 일당제를 중심으로 한 이중적인 거대한 관료조직의 부조리와 통제로부터 해방되어 개인의 자유의사와 개인이 보유하고 있는 생존권, 재산권을 보호하는 권리도 추구되어야 한다. 진정한 통일을 위해서는 먼저 쌍방이 각기 사회와 문화에 대한 자기성찰, 즉 자기에 대한 부정도 과감하게 시도할 수 있는 의식의 전환으로 통일논의가 시작되어야 한다.

Ⅲ 주체사상 폐기 논의

1. 사상노선과 실사구시 원칙이 이시개혁

지난 1994년 7월 8일 김일성의 사망과 함께 김정일 2기 지도체제가 출범하고 2009년 4월 9일 최고인민회의에서 3기 김정일 체제가 출범하면서 김정일 후계구도가 어떻게 변화할 것인가에 관심이 집중되었다. 그리고 한국과의 관계개선의 호기가 될 것이라고 성급한 기대를 갖던 많은 사람들은 그것이 아무런 위력을 보여주지 못한 것에 실망하고 있다.[70] 지난 6차 당대회에서는 조선노동당은 오직 김일성 동지의 주체사상과 혁명사상에 의해 지도된다고 전제하

---

70) 《중앙일보》, 1995년 5월 5일.

면서 김일성이 창시한 주체사상만을 당의 유일한 지도사상으로 설정한 바 있다.

그러나 지도이념의 창시자가 바뀌게 되면 그 사상에 대한 검증이 일어났던 공산주의 국가들의 경험을 볼 때 지도자의 갱신에서 오는 주체사상의 실사구시적 논의가 있을 것으로 기대해 왔다. 가까운 중국의 경우에도 모택동에서 등소평으로 이어지면서 그간의 지도이념에 대한 논의가 벌어졌으며 그것이 폐기되거나 수정·보완될 때에도 그것에 대한 검증이 있어 왔다. 그동안 북한의 경우 김일성에 의한 유일적 사상체계로 정식화되면서 북한의 사회주의 체제는 수령론이 대두하게 되었다. 즉 이는 김일성 1인 지배체제로의 전의를 의미한다. 따라서 수령론은 곧 주체사상의 방법론에 해당된다.[71] 더욱이 6차 당대회에서 김정일을 실질적인 후계자로 공식화하는 '김일성의 유일영도체제와 김정일의 유일적 관리제'가 강조된 이른바 부자공동지배구조가 형성되었던 것이다. 그리고 김정일은 김일성이 제시한 노선과 정책을 사상·이론적으로 뒷받침하여 왔다. 이는 논리적 모순이었다. 왜냐하면 유일적 사상체계에서의 우상은 오직 하나이어야 한다.

북한과 같은 사회주의 국가에 있어서는 국가의 정책에 앞서 보다 중요한 것은 사상노선이다. 김정일의 정책노선에 대한 개혁안이 실사구시원칙에 부합되도록 해야 할 것이며 아울러 김정일 체제 구축이 김일성 노선과 조합되어야 한다는 것이다. 다시 말해 주체사상=김일성 유일영도=김정일 유일관리체제였다. 주체사상과 한 사회를 건설하고 체제를 유지하려는 김정일의 관리 이데올로기 간

---

71) 1974년 2월 김정일이 「당의 유일사상체계 확립 10대원칙」을 발표하면서부터 수령의 지위·역할 등을 절대화하는 수령론으로 공식화했다. 김남식, "당·수령·대중조직", 「사회와 사상」(서울: 한길사, 1988), pp.168 - 169.

에 융통성 있는 조합이 있어야 할 것이다. 더욱이 북한 당국도 난관극복을 위해 경제정책의 전환을 모색하지 않을 수 없다. 특히 나진·선봉지구의 자유무역지대·금강산 중심의 관광특구, 개성공단 그리고 경제특구 건설을 통한 한국 및 외국인 투자유치 등의 정책 변화가 필요하다.

한국과의 인적·물적 교류가 활성화되면, 두 이데올로기의 상호 공존이 불가능하기 때문에 그 실행과정에서 오는 심각한 사회문제들이 야기될 수 있다 특히 여러 형태의 경제형대와 학실·판념 내지 사조가 공존하고 있음과 동시에 교조주의적 관념은 배재해야 하는 상황이라든가 정치정책으로 야기되었던 정치제도의 서구화 요구와 민주주의의 보편적인 가치에 대한 욕구 등이 있을 수 있다.

또한 김정일 사망 이후 후계구도에 대한 평가를 어떤 기준으로 하고 북한을 어떻게 유지해 나갈지도 고민해야 한다. 선군정치, 강성대국, 김정일 후계구도, 김일성의 자력갱생·평균주의·당의 유일적 지도체제·정치우선주의·계급투쟁 등의 논리가 어떻게 변화와 맞물려 평가될 것인지도 궁금하다.

북한 당국은 2009년 4월 5일 인공위성이라고 위장하여 발사한 광명성 2호의 실패를 그래도 3864km를 날려 보냄으로써 장거리 미사일의 실험을 성공적으로 수행했다고 자평하면서 행복과 기쁨으로 만족하여 북한주민에 대한 대대적인 체제옹호와 체제선동에 나서고 있다.[72] 결국 4월 9일 최고인민회의출범과 함께 김정일의 3기 새로운 리더십에 힘을 보태준 완전 체제 내적인 정치적 효과를 보고 있다. 다른 한편 미국과의 협상에서도 매우 유리한 입지를 선점했다고 인식하는 것 같으나 이는 미국이 어떻게 대응할지에 따라

---

72) 《중앙일보》, 2009. 4. 6~8, 《한겨레신문》, 2009. 4. 6~8.

그 수위가 달라질 것이다. 그들은 과거에도 "······위대한 수령 김일성 동지는 곧 위대한 령도자 김정일 동지이시며 위대한 김정일 동지는 곧 우리당이다."라는 구호로[73] 김정일은 곧 김일성이라고 역설함[74]으로써 이후에 닥칠 유일적 지도체제의 충격을 극소화시키려 했었다. 통일과정에서는 남북한 정치적 이데올로기의 차이를 극복해야 한다. 앞으로 실사구시적 입장에서 김일성과 김정일에 대한 공과를 논해야 한다. 그리고 정권이념 투쟁에 따른 이해득실로 희생된 지도자들은 통일 이후 남북한 모두가 공히 실사구시원칙에 따른 검증을 거쳐 명예회복시켜야 한다.

2. 남북한 상생공영을 위한 가치의 확대화

과거 김정일은 주체사상의 지도적 원칙을 다음과 같이 해설했다.[75] ① 자주적 입장의 견지 – 사상에서의 주체·정치에서의 자주·경제에서의 자립·국방에서의 자위 확립 ② 창조적 방법의 구현 – 인민 대중에 의거한 방법·실정에 맞게 하는 방법 ③ 사상을 기본으로 – 사상개조와 정치사업을 선행하는 등이 그것이다.

북한도 주체사상을 대신할 수 있는 사상노선을 만들어 가기 위해 우리 민족 모두가 납득할 수 있고 수용할 수 있는 것으로 그 기본원리를 삼아야 한다. 그래서 남북이 진정으로 통일을 원하고 남북 사회통합을 이루어 가기 위해서는 각기 자기성찰과 과감한 자기부정으로부터 시작되어야 한다. 각자가 갖고 있는 체제상의 허점을 수정·보완하는 이른바 자기부정적 시각에서 성찰되고 보완되

---

73) ≪로동신문≫, 1995. 5. 1.

74) ≪로동신문≫, 1995. 4. 15.

75) 김정일, 「주체사상에 대하여」(평양: 조선로동당출판사, 1982), pp.37 – 71.

어야 한다.[76]

　통합을 위해서는 북한은 사회주의 체제에서 무시되는 개인의 인
권·사상·신앙 행동 및 집회의 자유·창의성·어느 정도의 재산
권 소유·진정한 의미의 참여 등을 평등하게 존중하여 보완하고
남한에서는 자본주의 정신에서 경시되고 있는 경제적 분배의 평등
을 중시하여 계층 간의 균형 잡힌 분배방식을 존중하고 또 인간과
재산의 사회성을 존중하여 사회정책적으로 보완해야 한다. 사회주
의 국가가 혁명 직후에 평등화와 경제발전에 진칙이 크게 있었으
면서도 이후에 인류가 희망하는 복지사회·사회정의를 구현할 수
없었던 것은 정치·경제면에서의 진정한 의미의 민주적 참여가 봉
쇄되었기 때문이다.

　그동안 남·북은 의식으로든 무의식으로든 상대방을 적으로 인
식하고 대결 자세를 취해 온 것이 사실이다. 이제는 이를 지양하고
동반자적 관계로서 서로를 포용하고 신뢰할 수 있어야 한다. 이를
위해서는 먼저 남북한 간의 지도층의 사고체계나 행동양식에 상호
성의 원칙에 따른 자제와 다양성이 요소들이 작용해야 한다.[77] 북
한의 김정일과 측근들의 기득권을 유지하기 위하여 2천만 북한주
민을 볼모로 이중구조적인 야만적 착취를 하는 것은 언젠가는 반
드시 북한의 위기로 직면하게 될 것이다. 남북통합은 바로 북한의
위기를 기회로 바꿔 줄 수 있는 현명한 북한의 선택이 될 것이다.

---

76) 채수환, "체제융합의 기본정신의 탐구", 한민족철학자 대회보, 「현대한국에서의 철학의 제문
　　제」, 1991, p.12.
77) 신정현, "통일을 위한 민족화해", 도산아카데미연구회, 「한국사회의 과제와 발전방향」,
　　1990, p.71.

3. 주체사상 포기와 경쟁적 시장경제체제 학습

분단과 함께 각기 다른 이데올로기와 발전전략을 추구함으로써 한국은 자본주의 경제 북한은 사회주의 경제로 상호 상반된 경제구조로 이질화가 심화되기 시작했다.

계속적인 불균형적인 산업정책과 제한된 자원을 불필요하게 정치적 목표에 투자하는 낭비현상・생산설비의 낙후와 기술수준의 저하・사회구성원의 창의력 고갈 등의 요인으로 북한의 경제운용은 낙후성을 면치 못했다.[78] 정치・경제구조의 경직성과 상품경쟁력의 낙후성 그리고 소련・동구권의 붕괴에 따른 여파는 북한경제난을 가중시켰다. 그 결과 1990년부터는 연속적인 마이너스 경제성장을 기록하기까지 했다.[79] 김정일은 수정주의적 변질이나 교조주의적 침체를 경계하면서도 기성이론의 한계를 지적하고 새로운 이론체계의 모색이 필요하다고 강조했다. 그것은 사회주의가 사적소유와 자본주의적 시장경제는 양립될 수 없지만, 사회주의적 시장경제는 수용할 수 있음을 시사하고 있다.[80]

그 후 북한은 중국의 사회주의적 시장경제 모델에 관심을 갖고 김일성・김정일을 필두로 한 많은 북한지도자들이 중국을 방문, 중국의 개방화를 시찰했었다. 그러면서 과거 김일성은 1990년 신년사부터 "우리 식대로 살아가자."[81]고 강조했다.

---

78) 장공자, "북한 개방・개혁 전망과 남북한 경제협력", 1996년 10월 18일, 충북대학교 국제관계연구소, 「'96 통일국제학술회의-동북아지역의 협력과 남북통일」 발표논문 참고.

79) 내외통신 제934호. 북한은 90년 −3.7%, 91년 −5.2%, 92년 −7.6%, 93년 −4.3% 등 연속적인 마이너스 경제를 기록했다.

80) ≪로동신문≫, 1995년 6월 19일. 김정일, 「사상사업을 앞세우는 것은 사회주의 위업수행의 필수적 요구다」

81) ≪로동신문≫, 1990년 1월 1일. 김일성 신년사 참고.

일찍이 마르크스는 "사회주의에는 불변의 모델이 없다."고 했다.[82] 그리고 등소평은 "과학적 사회주의의 원리는 실제운영에서 당면한 역사조건에 따라 적절히 전이할 수 있다. 혁명이건 국가건 설이건 간에 반드시 그 나라의 현실을 바탕으로 시작하고 …… 외국의 경험을 배우고 참고하는 데 주의를 기울여야 하지만 외국의 경험과 모델을 그대로 받아들여서는 성공할 수 없다."고 했다.[83] 북한은 이러한 등소평의 개혁·개방노선에서 크게 고무된 듯하다.

중국의 등소평은 중국 실제에 맞는 사회주의를 강소하면서 몇 가지를 강조했다. 그것은 첫째, 사회생산력 발전에 소홀하지 말아야 하며 둘째, 문을 닫아걸고는 건설을 진행할 수도 발전할 수도 없으며 셋째, 중국 실제에 어울리는 경제체제를 실시해야 하며 넷째, 마르크스주의나 사회주의를 견지해야지 자본주의를 견지해서는 안 된다는 것이다.[84]

오늘날 중국이 G-2라고 할 정도로 경제가 발전한 것처럼 북한도 과거 78년 실용주의 노선과 문호개방정책을 수립했던 등소평이 밝힌 4가지 요소를 강조하여 세계무대에 등장해야 하고 중국과 같은 '경제특구', '자유경제 무역지대'를 만들어 가야 한다.[85] 그동안 북한은 조심스럽게 합영법과 합작법 등 무려 20여 개의 법령을 제정·발포하면서 탐색적 대외개방에 지대한 관심과 희망을 가졌다.

---

82) 「馬克思·恩格斯選集」, 第1冊(北京: 人民出版社, 1964), p.228.

83) 鄧小平, 「鄧小平選集 1975-1982」(北京: 人民出版社, 1983), p.372.

84) 張公子, "中國特色의 社會主義와 改革政治", 「국제정치논집」 제30집 2호(한국국제정치학회, 1995), pp.268-269. 장공자, "북한의 개방과 남·북협력", '96 통일국제학술회의 「동북아지역의 협력과 남북통일」 발표논문, p.29. 이행호(북한사회과학원, 세계경제 및 남남협력연구소 소장), "동북아지역경제협력과 두만강유역개발", 中國吉林大 주최(1994년 7월 18~24일, 中國 長春)「한반도 경제발전과 동북아지 역경제협력」 국제학술회의 발표논문.

85) 《중앙일보》, 2009. 4. 17. 미국과 중국의 양대 강대국을 G-7 대신 G-2라고 표현하고 있다.

중국학자들에 의하면 북한은 풍부한 인적자원과 강한 군사공업을 갖추고 있고 전투력과 작전경험이 풍부하다고 했다. 경제는 비록 빈곤하지만 정령정치가 고도로 잘 통합되어 있어 경제정책과 대외정책을 적절히만 조정한다면 '2010년까지 자구형 재해경제'에서 벗어나 '회복형의 반시장 경제형태'로 발전할 수 있는 가능성은 얼마든지 있다. 이렇게 되려면 북한이 정치와 경제의 양 측면에 개혁의 보조를 같이해야 하는데 이것이 앞으로의 관건이라고 했다.[86)

또 일부 학자들은 한국과 북한의 가장 유리한 경제파트너로 북한과의 경제교류에서 이익을 고려하지 않고도 거래할 수 있는 용의를 갖고 있어 북한에 체면을 살려주면서 개방할 수 있게 하는 등 북한을 위해 경제개혁ㆍ개방의 가장 좋은 환경과 조건을 갖추고 있다고 했다.[87) 그뿐만 아니라 남북한 쌍방은 모두 어느 누구도 상대방을 흡수할 수 없으며 한민족통일이라는 최고의 이상 아래 평화공존과 경제발전만이 쌍방에게 유리함을 잘 깨닫고 있다.

서독의 자유롭고 안정된 민주주의가 동독을 변화시켰듯 한국이 먼저 북한을 변화시킬 수 있는 자유로운 민주주의와 번영된 시장경제체제의 강한 흡인력을 갖추는 것은 기본이다. 우리가 북한을 변화시킬 수 있을 만큼의 체제의 강한 흡인력을 가질 수 있도록 글로벌시대에 선진국진입을 위하여 통일거버넌스를 활용하고, 글로벌 외교를 성공적으로 수행하면서 IT, BT, NT, CT, ET, GT, OT, ST 등의 저탄소 녹색성장의 가치를 창출해야 할 것이다.[88)

---

86) 李有春, "東北亞地域經濟合作幾個問題的再思考", 奉洪祥, "東北亞經濟合作的模式與前景", 包永江, "亞太地域的經濟合作與中國", 1996년 8월 22~30일 중국 길림대 주최 국제학술회의 「한반도 경제발전과 동북아지역 경제협력」 발표논문 참고 바람.

87) 趙子祥, "아시아 다자간 경제협력에서의 북한의 지위와 그 개혁전망에 대한 예측", 한양대 중소연구소 주최 국제학술회의(1995년 8월 12일) 발표논문.

88) 통일연구원, 「이명박 정부 대북정책: 비전 및 추진방향」(2008), pp.146-147.

Ⅳ 정치·문화적 이질성 극복과 동질성 회복을 위한 방안

1. 가족제도의 특성과 민족존엄 유지

남북한은 동족이라는 귀한 자산을 공유하고 있기 때문에 민족을 통일의 주요한 구심점으로 삼아 한민족 정체성 찾기에 기반을 둔 민족통일에 지혜를 모아야 한다. 남북한이 분단된 이래 정치이념이나 사회경제체제 등에서 매우 상이한 노선을 지탱해 왔기 때문에 남북한주민들의 인성과 사고방식·가치지향은 물론 행위유형·생활양식 등 사회 전반에 걸친 문화에서 이질화가 심화되었다. 이질화의 양상은 여러 각도에서 심도 있게 분석 검토하여 통일과정은 물론, 통일 이후 사회·문화적 통합을 이루는 데도 큰 역할을 하도록 해야 한다.

우리는 강제적인 동질성을 강행했으나 그 목적 달성이 어려웠었던 과거의 역사적 교훈을 알고 있다. 동질성 회복은 어느 한 체제에만 절대적인 가치를 부여하고 다른 체제는 전면 부정하는 입장이나 방식으로는 불가능하므로 같은 가운데 다름과 다른 가운데 같은 것을 상호 인정하는 데서부터 출발해야 한다. 국토통일이라기보다 민족화합의 민족통일이 되어야 한다. 전통사상의 재발굴과 재평가는 남북한이 공유하고 있는 언어와 가치관의 재발굴을 뜻하는 것이며 남북한 간의 정치·사회·문화의식의 동질화의 바탕으로 제공하여 줄 수 있을 것이다.[89]

특히 우리 사회의 전통적 요소 가운데 두드러진 몇 가지 요소를

---

89) 이영선·전병재·함재봉, "통일을 위한 남북한주민의식 동질화의 과제", 「성곡논총」 제26집 하권 경제·사회·역사학, 1995, p.1258.

지적해 보면, 인간관계나 사회유대에서 발견되는 인정주의·연고주의 등이 그것이라 하겠다.[90] 혈연을 중심으로 빚어지는 지연·학연 등의 연줄과 인간관계에서 맺어진 관계인연 등은 사회적 유대를 공고히 하려는 성향이 강하다. 그래서 사회구성원 모두의 인간존엄성을 보장하는 의식을 포함시켜 인간적 삶의 방향으로 지향해 갈 수 있도록 주민들 간의 내적 통합을 도출해야 한다.

그동안 가족제도 때문에 조상숭배도 발달되었다. 한 가족에서 조상숭배의 대상은 보통 자신과 후손들에게 살 터전을 마련해 준 시조였다. 그리하여 시조는 가족 단합의 상징이 되었으며 그러한 상징은 복잡한 대규모 조직체를 위해 필요 불가결한 것이 되었다. 이러한 집단주의의 사회적 특징으로 말미암아 우리는 전통 특유의 가치 – 정신을 중요시하는 전통이 형성 발전하였던 것이다. 따라서 나라는 개체보다 우리라는 전체를 강조함으로써 우리 집단 속에서의 내가 조화되는 집단 정체감의 특성을 강하게 함축하고 있다. 따라서 남북한이 우리라는 개념을 민족으로 승화시켜 간다면 융화의 성공은 그만큼 커질 수도 있다. 남북한의 정서적 융합은 긍정적으로 역할 할 수 있으나 그렇지 못할 때는 오히려 남북을 편 가르는 사회적 부작용으로 심각한 역기능적 작용도 뒤따르게 된다. 더 나아가서는 배타적인 민족주의를 잉태시켜 세계화에 역행할 수도 있다. 그러므로 우리는 가족주의를 승화시켜 가족 중심주의의 역기능을 최소화하면서 우리 민족의 존엄을 유지시키는 민족통일을 성공적으로 실천해야 한다.

---

90) 이온죽, "북한주민의 의식구조와 남북관계의 전망", 「북한 사회의 체제와 생활」(서울: 법문사, 1993), p.299.

2. 한(恨) 많은 민족 공동의 정서의 확대

한민족은 한(恨) 많은 민족이라고 한다. 한은 우리 민족에게 있어서 많은 원한이나 복수에 얽힌 한이 아니라 정감 있는 비전을 의미한다. 반면 정은 남이 아닌 가족으로 느끼는 데서 나온다. 한 가족으로 함께 하는 데서 느껴지는 정서가 정이므로 너와 내가 우리라는 하나로 밀착되었다는 공통의 인간관계로 인식될 때 쓰인다.

한국인에게는 정의 정서를 배제하고는 인간화의 문제를 논할 수 없을 만큼 정은 인간적 교류의 끈을 이어 준다. 따라서 한이나 정은 나의 존재가 귀한 만큼 타인의 존재도 중요하다고 인식하는 이른바 상대방의 존재를 나의 존재만큼 인정하고 공존·공영·공생을 수용할 때 이루어지는 것이다. 그동안 가정의 도덕화, 사회의 인간화, 국가의 민주화로 확대되도록 강조되어 왔다. 즉 효를 직접적인 혈연관계로부터 간접적인 혈연관계로 확충시킨 다음 다시 그것을 전 인류에게 보급시키려 할 때 충은 성립된다. 따라서 '충'과 '효'는 인류가 결합하게 되는 근본요소로서 효를 윤리 행위의 초보적 실천으로 인식했던 것이다.[91] 이렇게 태어난 공통의 사회적 동질성은 민족적 동질성과 함께 민족적 일체감을 이룰 것이다. 그리고 이것은 또한 공동체 의식을 함양해 가는 과정으로서 미래지향적인 재사회를 의미하므로 민주주의를 발전시키는 근본이 될 수 있다. 남과 북의 더불어 사는 삶에서 더 나아가 세계와 우리가 잘 어울리고 타민족과 우리 민족이 잘 어울리는 정신으로 의식이 확대되어 가도록 해야 한다. 한과 정은 우리 민족 모두가 갖고 있는

---

91) 장공자, "동양인의 생활과 충효", 「동양사회와 정신세계」(청주: 충북대 출판부, 1995), p.31.

공통의 정서이므로 이를 현대적으로 풀이하고 해석하여 남북한이 심리적으로 동질감을 갖고 통합하는 데 기여하도록 해야 한다.

Ⅴ 통합 중간적 단계: 상호 신뢰·협력단계

1. 문제제기

남북한은 그동안 돌발적인 사건에 의한 긴장과 갈등을 겪기도 했지만 화해와 협력 그리고 평화와 통일을 위해서도 끊임없는 노력을 경주해 왔다. 자주, 평화, 민주(민족대단결)의 평화통일 대원칙, 유엔 동시가입·남북 기본합의서 채택 그리고 핵위기를 해결하기 위한 6자회담 등이 그것이다. 또한 남북한의 교류와 협력 등은 비록 끊어지고 이어지는 과정을 반복하기는 했지만 화해와 협력 그리고 평화통일을 향한 지속된 노력의 표시였다 하겠다. 이처럼 남북한관계는 한편으로는 갈등과 대립을 노정하면서도 다른 한편으로는 화해와 협력을 모색하는 이른바 '갈등과 대립 속의 공존관계' 혹은 '적대적 상호 의존관계'를 반복적으로 보여 왔다.[92]

여기서 얘기하는 중간적 단계는 완전한 통일국가를 완성하기 전까지의 통합논의 과정, 즉 과도기로 '통일하자'는 데서부터 통합논의 완성까지의 기간을 말한다. 이 단계는 민족적 공감대 형성과 민간 차원에서의 통합을 위한 친화력을 확대시키는 단계로 통일후유증을 최소화하는 데 기여할 것이다. 사회문화적 정체성을 확보하지 못하면 통일은 또 다른 대립과 갈등을 증폭시킬 뿐이다. 통일과정

---

92) 최장집 교수는 1950~1980년 말의 남북한관계를 일러 '적대적 상호 의존관계'로 특징지었다. 그리고 이상우 교수도 이를 '적대적 공존' 상태라 했다.

에서 가장 어려운 것은 정치나 경제통합이라기보다 사회 내지 심리적인 통합임을 알 수 있다.

따라서 이 단계는 시간이 다소 걸리더라도 쌍방의 체제와 생활방식의 동질화를 유도하는 것이어야 한다. 체제와 생활방식의 동질화를 유도하기 위해서는 첫째, 쌍방이 각기 동등한 양보를 하는 방법과 둘째, 어느 일방이 자기들의 체제와 생활방식을 포기하고 상대방의 것을 택하는 방법, 셋째, 쌍방이 모두 기존의 것을 포기하고 세3의 것을 택하는 방법이 있겠다. 그러나 첫째와 셋째 방법은 실행가능성이 없다. 왜냐하면 보통·비밀·자유·평등의 원칙에 입각한 선택적 선거제도와 그렇지 않은 선거제도 간에는 절충점이 없을 뿐만 아니라 복수정당의 경쟁적 정당체제와 일당 지배체제 간에는 절충이 불가능하기 때문이다. 이 단계의 정신적 기저는 물론 지난 1992년 남북기본 합의서에 의거하지만 통치체제는 자유민주주의 체제로의 통합이어야 한다. 따라서 그것은 한국의 정치이념에 따르는 통합이 될 수밖에 없다.

본 장에서는 이 단계에서 통일논의를 완성시키고 실질적인 통합을 모색하기 위해 통합과정에서 예상되는 문제점을 분석해 보고 성공적인 통합을 위해 무엇을 먼저 어떤 방법으로 어떻게 선택해야 쌍방 간의 공감대를 이루어 갈 수 있는지 살펴보고자 한다. 그리고 쌍방 간의 실제적인 문제의 논의를 위해 임시통합기구를 발족하고 가동시켜 가되 정부만의 주도보다 시민단체들과 연계한 반관반민의 성격을 지닌 제도적 장치로 어느 부분을 발전시켜 갈 수 있는지 규명해 보고자 한다. 상호 신뢰·협력단계의 법적 토대가 된 남북기본합의서는 남북관계를 정상화시켜 주는 기본 관계조약이라 할 수 있으므로 남북한은 이에 상응하는 국내법의 정비가 우선 이루어져야 할 것이다. 그러나 법 제 정비는 본 장에서는 다루지 않기로 한다. 본 장은 북한의 붕괴에 따른 새로운 통치집단의 등장을 염두에 두고 작성한 것이므로 논리의 비약이 있음을 부정할 수 없으나 통일 휴유증을 최소화시키기 위한 다각적인 준비의 일환임을 미리 밝혀 두고자 한다.

2. 공동 통치를 위한 과정에서 예상되는 제 문제

(1) 남북한 체제의 이질성과 통치구조의 차이

화합적 통일방안에 의해 통일논의가 쌍방 간에 전개될 때 가장 먼저 걸림돌이 되는 것은 체제의 이질성에서 생성된 기존의 통치구조에 대한 차이와 그것에 의해 체질화된 이데올로기적 가치관이 어떻게 표출될까 하는 문제이다. 쌍방의 상반된 이데올로기적 성향을 얼마나 축소시키고 얼마나 빨리 동질화를 찾아 적응 또는 수용하느냐에 따라 통일한국의 통치구조와 가치체계는 다르게 결정되기 때문이다. 남북한의 체제와 통치구조는 너무도 상반되어 기존의 방법을 고수하는 한 양측 간의 공통의 생활양식을 공유하기란 사실상 불가능하다. 그러기 위해서는 먼저 북한의 대폭적인 변화가 전제되어야 하지만 이에 못지않게 남한도 발전적 변화를 함께 이루어 가야 한다.

그들은 또한 민주주의와 경제발전이 함께 이루어지면 국내적으로나 국제적으로 평화가 확립될 수 있으며, 민주주의를 제대로 운용하면 경제발전이 오고 이들이 제대로 되어갈 때 평화가 오고 평화가 뿌리내려야 민주주의가 번영하고 경제가 발전한다는 확신을 갖고 있다. 그러므로 민주주의와 경제발전 그리고 평화는 통일을 준비하는 새로운 국가경영철학이 되고 있다.[93] 또한 남한의 체제는 환경에 적응능력이 강한 개방체제를 갖추고 있는 장점이 있다. 물론 한국은 산업화의 결과로 세속적인 경제적 부를 존중하며 그러한 가치 체계는 불평등 구조 심화, 사회양극화와 도덕성의 상실 등 사회적 병리와 갈등을 노정시켜 노사관계·성차별·빈부격차 등이 발생하는 약점도 있다.

자유민주주의하에서의 의회민주주의 통치구조를 형성하고 있는 한국은 아래와 같은 특징을 지니고 있다. 첫째, 주권재민주의의 특징을 갖고 있다. 헌법(1조 2항)에 의하면 대한민국의 주권은 국민에게 있고, 모든 권력은 국민으로부터 나온다고 명시되어 있다. 둘째, 삼권분립의 권력분립주의의 특징을 갖고 있다. 집행권은 대통령을 수반으로 하는 행정부에 있고, 입법권은 국회에, 그리고 사법권은 법원에 있으며 이 3권은 공히 견제와 균형을 이루도록 보장하고 있다. 또한 지방자치제도를 활성화하여 중앙과 지방정부 간에도 통치권력을 분립하도록 하고 있다. 셋째, 자유경쟁을 보장하는 원리를 지니고 있다. 헌법에 의하면(8조 및 1, 2항) 정당의 설립은 자유며 복수정당제를 보장하고 있고 정당들 간의 대외적 경쟁을 보장하고 있다. 넷째, 독재의 창출을 철저하게 금하고 있다. 개인에 의해서건 정당에 의해서건 혹은 국가기관에 의해서건 간에 독재를 창출하지 못하도록 보장하고 있고 집권자가 형벌권을 남용해 독재자로 변신할 수 없도록 헌법으로 보장하고 있다(12조 1항).

반면에 북한체제는 근 반세기 동안 정치 및 이념교육의 강요로 북한 시민들은 획일주의와 흑백론적 사고의 원리로 일변도의 폐쇄성을 고수함으로써 민주주의는 물론, 세상의 변화에 적응하는 능력

---

93) 김학준, 전게서, p.12.

의 결여와 치열한 경쟁의식의 부재에 따른 정체성 등이 그들의 정신생활에 습성화되어 있다. 더욱이 김일성 주체사상과 노동당 유일사상체계가 모든 가치를 지배하는 경직화된 사회에서 습관화된 타율적 행동양식과 동조적 의식은 자아가 상실된 비인격적인 인간형으로 전형화시켰다.

그러므로 북한은, 첫째, 노동당 일당・수령 일인의 프롤레타리아 독재로 집중화되어 있다. 북한 헌법(10조)에는 "조선민주주의 인민공화국은 프롤레타리아 독재를 실시하며 계급로선과 군중로선을 관철한다."고 명시되어 있다. "조선로동당은 위대한 수령 김일성 동지의 혁명사상・주체사상을 유일한 지도적 지침으로 삼는다."는 노동당 규약은 수령의 독재로 운영되고 있음을 밝히고 있다. 둘째, 주권은 국민 가운데 일부에게만 있다. "조선민주주의 인민공화국의 주권은 노동자・농민・병사・근로인텔리에게 있다."(7조)고 천명함으로써 계급주권주의를 강조하고 있다. 셋째, 철저한 권력집중과 집단주의의 특징이 있다. 국가기관들은 민주주의 중앙집권제 원칙에 의해 조직・운영되는 이른바 권력집중주의를 강조할 뿐만 아니라, 공민의 권리와 의무는 "하나는 전체를 위하여, 전체는 하나를 위하여"라는 구호에 걸맞게 철저한 집단주의에 기초하고 있다.

이처럼 상반된 양측의 이질화는 한국의 발전적 변화와 북한 통치구조의 민주화와 인민들의 삶의 질 향상을 통해서만 가능하다. 따라서 쌍방 주민들은 함께 바람직한 방향으로의 변화를 모색하지 않으면 안 된다는 의식상의 전환이 전제되어야만 한다. 그 바람직한 방향은 곧 철저한 정치교육을 통해 자유민주주의 체제로의 신념의 글로벌한 시각을 전달해야 한다. 자본주의 체제가 사회주의 체제보다 우월하다는 것이 지난 90년 전후 소련을 위시한 동구사회주의권이 붕괴됨으로써 입증되었기 때문이다.[94] 따라서 남북한의 통합은 남한의 자유민주주의 정치이념에 따르는 통합일 수밖에 없다. 북한주민들로 하여금 자유민주주의 정치이념을 학습할 수 있게 하는 배려와 인내가 요구된다.

(2) 통일을 향한 목표 설정과 북한의 변수

남북한이 화합하여 이룩하는 통일 방법이 있다. 이것은 쌍방이 우호적 정신에 입각해 상호 존중과 호혜 평등이라는 조건에서 통일에 합의하여 이룩하는 방법이다. 본 장에서는 첫째, 독일의 평화적인 흡수 통일 방식을 발전적으로 채택하되 합의 유도에 중점을 두면서 남한 주도로 통합을 이루는 일종의 절충식 흡수통일방식을 채택하며 둘째, 남북한은 과도기를 갖고 통일을 준비한다는 두 개의 전제로부터 시작한다.

북한의 경제적 위기상황과 이에 따른 사회통제의 이완이 결국 북한을 붕괴로 몰고 갈 것이라는 시나리오가 나오고 있다. 일반적으로 체제변화는, 첫째, 정책변화로, 이는 경제·보건·교육정책 등 비정치적 부문의 정책이 사회계층에 영향을 미쳐 생기는 변화를 의미한다. 둘째, 체제 내의 변화로, 이는 정치과정의 변화를 유발하는 통치구조, 정치적 신념체제 및 주요 정책의 처리과정은 비교적 안정되어 있으나 정치적 리더십의 교체나 공공정책의 내용이 변화하는 경우를 말한다. 그리고 셋째, 체제 간의 변화로, 이는 통치구조, 정치적 신념체제뿐 아니라 정책결정과정과 정책집행 그리고 환류작용에 의해 새로운 정책 형성에 영향을 미치는 일련의 정책처리 과정상의 변화를 포괄하는 본질적 변화를 의미한다.[95] 1990

---

94) 안성호, 『범세계민주화비교론』(서울: 교육과학사, 1994), pp.153 – 154.

년 구소련 및 동구 사회주의 국가의 체제변화와 붕괴과정이 장기적인 경기침체와 사회적 통제력의 이완으로 정치적 위기가 조성되고 그것이 구체제를 옹호하던 정권의 붕괴로 연결되면서 가속화되었다.[96] 그런데 북한도 그와 같은 많은 유사점을 안고 있어 붕괴에 대한 설득력을 더해 주고 있다.

김일성 사망해인 1994년 이후 김정일 시대에 들어와 체제위기는 더욱 심화되었으며 그가 노동당 총비서에 추대되었음에도 치유가능성은 불투명했다. 이를 키워 준 것이 바로 햇볕정책이고 포용정책이었다. 우리식 사회주의라는 이데올로기의 경직성은 사회주의 이념의 정체성에 대한 회의는 물론, 사회주의 체제의 우월성에 대한 신념체계도 붕괴시켰다. 또한 정치체제의 비민주성에 따른 정치적 억압과 기본 권리의 박탈 그리고 사회체제 내의 계층 및 계급현상과 그에 따른 불평도 심화되고 있다. 그뿐 아니라, 상대적 가치박탈로 북한주민들의 불만과 탈북 및 망명자의 증가 등 사회모순과 일탈현상이 고조되고 있어 이것이 김정일 체제 저항세력으로 발전될 수도 있다.[97]

다만 북한은 김정일이 당·정·군의 권력핵심부를 장악함으로써 정권안정이 보장돼 있고, 주변 4강이 북한의 붕괴를 원치 않아 지원을 계속하고 있으며 굶주려 망한 나라는 없듯이 북한 인민들은 이미 가난과 통제에 익숙해 있기 때문에 집단적 반란은 기대키 어렵다는 것이다. 그러나 북한 체제에 영향을 미치는 변수들이 많고 인위적으로는 변수 통제가 불가능하기 때문에 붕괴할 것이냐, 아니

---

95) 박영호, 전게서, p.9.
96) 안성호, 『중동구발칸의 글로벌 정치경제』(파주: 한국학술정보, 2009), pp.379 - 380.
97) 유종렬, 전게서, pp.118 - 140.

냐에 대해 속단하기는 어렵다. 그럼에도 불구하고 경제적 위기상황과 이에 따른 사회통제의 이완이 결국 북한을 붕괴로 몰아갈 것이라는 관측이 지배적이다. 북한이 체제변화 과정에서 발생될 수 있는 부작용으로는 다음과 같은 요소들을 상정해 볼 수 있다.

① 극심한 식량난에 의한 대규모 폭동과 탈북사태, ② 반김정일 세력에 의한 내란 쿠데타 발생, ③ 김정일 실각에 따른 총체적 무질서 초래 등의 위기를 생각해 볼 수도 있다.

이 경우 북한 체제 내의 개혁 성향의 관료, 소외된 인텔리 계층, 권력승계에 불만 있는 일부 군부 세력으로 조직적 저항이 이어질 수 있다. 이들 조직적 저항세력과 남한은 성공적인 통일을 달성하기 위한 임시통합기구를 구성하고 중간단계관리를 위한 실질적인 문제를 논의해 갈 수 있을 것이다.

그러나 남북한은 모두 기존의 통치구조의 이질성으로 인해 통합과정에서 많은 이견이 노정될 수 있다. 그러므로 남북한이 분단된 상황하에서라도 하나의 민족공동체(민족사회통합)를 이룩해 나가는 바탕 위에서 마침내 완전한 통일국가를 이룩히지는 쌍빙 간의 약속으로 통일을 향한 목표 설정과 원칙을 세워야 한다. 그 원칙으로는 자유민주주의와 시장경제원리가 그 기반이 되어야 한다.

남북한 통합은 민족자주적 원칙에 입각해 추진하고 그 최종 목표는 첫째, 민주적 시민사회가 되어야 한다. 민주적 시민사회는 정치적으로는 개인의 자유와 인권을 존중하는 자유민주주의이며 경제적으로는 개인의 이윤추구와 잘살아 보겠다는 성취동기를 앞세운 자본주의적 시장경제의 원리이며, 사회·문화적으로는 다원주의에 기초한 가치관을 갖는 사회를 말한다. 민주적 시민사회에서는 체제나 국가가 흥했고 시민적 활력을 억누른 체제와 국가는 쇠퇴했다는 역사적 사실에 근거해 통일 후 지향해야 할 남북한의 통합 목표이다. 둘째, 시민적 복지사회가 되어야 한다. 남북한 구성원들은 기회균등과 정의로운 분배를 통해 사회보장과 사회복지를 실현시켜 사회적 불평등을 해소해 가야 한다. 셋째, 인간적 공동체 사회 ― 더불어 사는 사회 ― 를 만들어야 한다. 남한은 자본주의 체제하의 개별화된 인간관은 전통적으로 신성시되어 왔던 도덕성이나 정신적인 것보다 세속적인 개념으로서의 경제적 부를 중시한 결과 이기적인 인간, 비인간화가 문제된 반면, 북한은 획일화되고 조직화된 기계적 인간관으로 변모했다. 앞으로는 이들을 모두 다 지양하고 더불어 사는 사회로 인간통합을 일구어 내야 한다. 넷째, 남북한 구성원들의 사회적 유대와 인간관계는 생산적인 공동체로 변화해야 한다.

(3) 통합과정에서 예상되는 문제점

남북한의 통합과정에서 예상되는 문제점들은 곧 이를 기초로 통합방식이 도출될 수 있어 의미 있다. 이미 앞에서 지적한 것처럼 남북한체제의 이질성에 따른 가치관과 통치구조에서 오는 갈등 외에도 대략적으로 다음과 같은 문제점을 예상해 볼 수 있다. 그것은

첫째, 지역갈등을 들 수 있다. 분단 이후 남북한주민들 사이에 축적된 심리적 적대감과 남한 주도에 따른 남측의 우월의식과 북측의 열등감에 따른 지역갈등이 나타날 수 있다. 독일의 경우에도 베시는 서독지역을, 오시는 동독으로 지역갈등을 표출하였다. 정치적 장벽이 걷히자 이것은 마음속의 장벽으로 등장하여 인간통합을 저해했던 독일의 경험을 우리는 잘 기억하고 있다. 남북한의 지역갈등은 통일과정에서 정체감 위기로 나타날 가능성도 있다.

둘째, 경제적 불균형에 따른 문제점을 들 수 있다.남북한 통합과정에서 남북한주민들의 경제적 생활수준의 격차와 이에 따른 통합후 나타날 수 있는 빈익빈, 부익부 현상과 경제적 혼란, 대규모의 실업률 증가 등이 큰 문제로 대두될 수 있다. 아울러 이와 맞물린 사회보장, 복지수준의 퇴조, 적응능력이 떨어지는 북한주민들의 빈민계층화로 사회혼란을 야기할 수 있다. 통합과정에서 어느 정도의 경제적 혼란은 불가피하다고 인정하겠으나 심각한 지경에 이르면 이로 인한 사회변혁이 일어날 수도 있다.

셋째, 체제의 이질성에서 오는 문화 및 가치관의 상이함과 그로 인한 교육제도의 이질화에서 오는 문제점을 들 수 있다. 계층 간의 갈등·세대 간의 갈등 그리고 사고체계·가치체계의 이질화는 상당기간 사회화합에 부정적 영향을 미치게 될 것이다. 그리고 특히 통일한국의 미래의 주역인 청소년들에게 심각한 영향을 미칠 것이다.

넷째, 통일에 대한 일반적인 기대의 급상승과 그것을 충족시킬 수 있는 현실적 여건 간의 괴리에서 오는 문제점을 들 수 있다. 남북한 사람들은 모두 통일이 이루어지면 동시에 모든 문제가 해결될 것이라는 일반적 기대가 급상승하고 있고 또 얼마간은 정부가 이러한 방향으로 유도하기도 했다. 통일만능에 거는 기대가 통일 후 충족되지 않을 때 오히려 사회 불안정을 야기할 수 있다.

다섯째, 성에 대한 불평등이 사회갈등을 야기할 수 있다. 북한은 일찍이 노동력 동원을 위해 남녀평등과 여성고용의 확대를 추진해 왔다. 때문에 통일과정에서 여성들의 사회참여문제는 확산되지 않을 수 없다. 그러나 독일의 경우처럼 통일 후 소외계층으로 가장 큰 희생을 당한 것은 여성들이었다. 통일 후 이와 같은 성적 불평등을 변수로 한 사회갈등이 크게 나타날 개연성도 없지 않다.

여섯째, 이 외에도 예견되지 않은 문제점들이 발생될 수도 있고 또한 추가될 개연성도 얼마든지 있다. 남북한 통합은 인구·자본·노동력의 급격한 사회이동을 촉진할 것인바 이것이 사회적 안정과 통합을 가로막을 수도 있다(전상인 1996, 248–249).

이상에서 나열한 것처럼 통합과정에서 예상될 수 있는 문제점 등은 다양하고 복잡하며 해결이 어렵기 때문에 이로 인해 심각한 심리적 갈등을 겪거나 내전을 불러 재분열되는 경우도 우리는 이미 통일을 이룬 나라의 경우에서 보아 왔다.

그러므로 이러한 갈등을 최소화하기 위해서는 시간을 갖고 계획적으로 준비해 가지 않으면 안 된다. 이에 대한 대응책으로는 첫째, 민족공동체로써 동질화될 수 있는 것은 곧 추진하고 견해가 일치되지 못하는 것은 천천히 접근하도록 시간을 갖고 해결해 나가면 된다. 아울러 통일지향적으로 남북한이 모두 함께 개혁과 변화를 추구하면서 같은 점은 구하고 다른 점은 시간을 두고 해결하려는 여유로움이 서로 있어야 한다. 통일로 가는 중간적 단계에서는 먼저 남북한의 서로 다른 두 체제가 반세기 동안 존재했다는 사실을 바탕으로 서로가 서로의 입장을 이해하기 위해서는 장기간의 인내가 필요하다는 인식을 함께 하면서 민족 사회의 동질화와 통합을 촉진해 나가겠다는 의식을 지녀야 한다. 둘째, 서로 겸용성을 발휘하여 자기의 우세를 너무 내세우지 말고 상대방의 약점을 들어 비방하고 와해하려 하지 말아야 하며 실사구시적 사고를 함께 견지해야 한다. 셋째, 통합논의는 상호 호혜적 이익의 원칙과 상생·공영과 함께 민족의 새로운 가능성과 연결시키는 민족정신의 일체감을 전제해야 한다. 어느 일방이 이익을 보고 타 일방이 손해를 보게 한다든지 또는 어느 일방이 타 일방의 힘의 논리에 의해 흡수당할 수 있다는 무력적 위기의식을 느끼게 해서는 안 된다. 정확한 역사인식과 현실적 통찰력 그리고 미래지향의식이 전제된 민족정신의 일체감으로 통일한국 건설을 이룩해야 한다.

3. 실제적인 문제의 논의를 위한 임시통합기구의 구성과 운영

(1) 공통의 가치치향을 위한 합리적인 가치관의 육성

북한의 사회는 당성과 출신성분에 따른 계급구조가 이루어졌고 개인의 사회적 이동성이 정치적으로 제한되는 경직성을 지니고 있다. 또한 북한사회 전체가 어버이 수령 아래 묶인 하나의 가족국가 형태로 폐쇄성과 경직성 그리고 집단주의를 지니고 있다. 이러한 남북한의 이질화는 시간이 경과함에 따라 더욱 심화되어 통일에 걸림돌이 될 것으로 우려하는 소리도 있다. 그러나 그것은 이념적 체제의 상이성과 경제발전의 격차에서 오는 구조적 이질화와 이에 따른 사회, 심리, 문화적 의식의 괴리에서 나타나는 현상에 불과할 뿐이다. 우리 민족은 민족문화적 배경의 동질성과 민족구성원으로 서의 일체감을 갖고 있다.

장기간의 이념적 대립을 지속시켜 온 두 체제의 관계변화가 본 격화되기 위해서는 비록 이념, 체제의 근본적인 전환은 불가능하더 라도 최소한 상대방에 대한 정책결정과정에서 이념적 요인보다 대 내의 환경변화와 관련된 현실적 요인을 중시하는 인식상의 변화가 필요하다. 그러기 위해서는 다음과 같은 민족 공동의 가치를 지향 하는 가치관의 육성이 필요하다. 첫째, 정치적으로는 자유민주주의 체제로 동일화하여야 한다. 자유・평등・인권・복지의 가치를 제 도적으로 보장하고 다당제를 도입하여 자유경선의 자율에 의한 권력구조를 결정하는 보통선거 제도의 실시와 함께 삼권분립을 근간으로 하는 참여적 민주주의 원칙을 따르고 둘째, 경제적으로는 자유시장경제원리로 이윤추구에 중점을 두며, 셋째, 사회적으로는 정의사회가 실현될 수 있도록 공평과 인권에 치중하는 시민사회가 형성되어야 하며 넷째, 군대는 단일지휘명령체계로 국가화해야 한다. 이러한 원칙을 토대로 공동통치를 담당할 임시통합기구를 구성해야 한다. 사실상 한국을 체제통합의 모델로 만들어 가야 함을 의미한다.

(2) 통일한국을 향한 '임시통합기구' 및 위원회의 구성과 과제

통합과정에서 야기될 제 문제를 해결하기 위한 구체적인 과제들을 임시통합기구를 구성해 처리해 가지 않을 수 없다. 첫째, 자유민주주의 체제의 적응을 위한 기구(가칭 통일정치교육위원회)의 구성이 필요하다. 이는 민족공동체의 정치성 확립에도 기여할 것이다. 통일이 북한체제 중심으로 실현되지 않을 때 북한은 큰 변화를 초래할 것이다. 북한주민들의 정체성 혼란이 예상된다. 남한의 국가공동체를 유지시키는 가치체계와 공동체적 정체성이 장차 통일에 의해 비로소 완성될 민족공동체의 구심력으로 적합한지 분석해볼 필요가 있다. 아울러 이 기구는 정치교육을 통해 주체사상의 사회통합적 기능을 어떻게 자유민주주의로 동일화하느냐 하는 작업을 맡아 논의하게 될 것이다. 민주사회의 다원주의적·민주적 가치를 내면화하는 민주시민 교육과 시장경제원리를 습득하는 다양한 프로그램 개발과 정책방안 등이 이 위원회에서 마련되어야 할 것이다. 개개인의 생명 자체를 중시하는 인격교육과 인권을 제일 우선하는 인권주의 가치관 함양을 그 이념으로 삼아야 한다.

둘째, 북한소재 국유재산의 관리 및 처분과 소유·사유화 및 민영화를 위한 기구(가칭 신탁청)의 구성이 요구된다. 완전고용사회에서 시장경쟁사회로 사적투자를 촉진하여 지역경제구조를 증진시키는 등 국가의 재원과 노동행정을 통한 고용프로그램의 개발이 필요하다. 그리고 북한지역 토지 및 주택 등 국유재산의 사유화 작업을 담당할 신탁청이 필요하다. 이 부서에서는 북한의 국유재산이 국유화되기 이전에 원소유주에게 소유권을 반환하는 문제 등을 다루게 된다. 사실 북한의 경우 원소유주는 일본인이거나 월남자가 많고 북한 사회주의 정권 수립 후 강제로 국유화되어 원소유주에게 전면 소유권을 인정할 수 없는 경우가 많다. 따라서 재산권 문제에 따른 전담처리기구가 필요하다.

셋째, 북한 혼란에 대한 통제수단의 개발을 위한 전담 기구(가칭 위기관리위원회)의 구성이 요구된다. 북한의 혼란상황은 몇 가지로 상정해 볼 수 있다. ① 극심한 식량난으로 기아상태가 속출할 때 주민대중의 불만이 체제불만으로 증폭될 경우와 탈북사태 ② 이런 상황이 조성되면 북한체제 내 개혁성향의 관료·소외된 인텔리 계층·권력 승계에 불만을 가진 일부 군부세력들이 이에 호응하는 조직적 저항이 이루어질 경우 ③ 북한 내 반체제 반김정일 성향의 정치세력과 체제수호고수 세력과의 반목에 따른 무력충돌 ④ 북한 내부의 난국의 평정과 정권안정을 위해 대남 국지전을 도발할 경우 등을 생각해 볼 수 있다. 이럴 경우 통합과정은 난항을 거듭할 것이다. 따라서 이 기구는 북한의 극좌세력을 무력화시키고 수습할 수 있는 대책반을 구성하는 일, 그리고 북한지역 치안유지·질서유지 관리와 북한민생 편의 생활을 돌보는 일 등을 담당케 한다.

넷째, 쌍방 민주화의 정착을 위한 기구(가칭 국가통일준비위원회)

의 구성이 필요하다. 남북자유 총선거를 위해서는 우선 북한이 자유화와 민주화 과정을 거쳐서 다원주의 사회로 변화가 시급하다. 다만 북한지역에도 기본적 인권·표현의 자유·사상의 자유·정치 참여의 자유가 보장되어야 한다. 사회단체의 결성·집단행동의 자유·정치적 경쟁의 허용 등 민주화가 진행되어야 한다. 진정한 통일은 잡다한 통일방안을 통일하는 데서부터 시작되어야 한다.

다섯째, 남북한에 문화적 동질성으로 남아 있는 전통적 민족문화와 의식주의 주민생활 문화가 지속 전수될 수 있도록 민간공동체로의 기구(가칭 전통문화 교육센터)를 설립할 필요가 있다. 올바른 역사관을 정립하고 상호 이해를 구하기 위한 프로그램과 시민문화 정착을 위한 기구 등의 구성도 필요하다. 그 밖에도 통일을 위해 남북한은 앞으로도 공동체 의식에서 공통점을 찾아가는 노력을 계속해야 하며 이들을 논의할 수 있는 기구의 구성도 요구된다.

(3) 민족공동의 생활양식의 공유를 위한 민간교류 확대

우리 민족은 공통의 문화적 배경 속에서 비슷한 사회화 과정을 거쳐 왔기 때문에 공통의 심리적 특성 및 동질적인 의식구조를 지니고 있다. 이와 더불어 우리 민족은 민족의 생활감정을 지속시킬 수 있는 공통의 언어구조와 축적된 역사적 전통을 지니고 있기 때문에 민족의 이질화된 생활공간을 재통합시킬 수 있는 상징적인 메커니즘도 지니고 있는 것이다.

남북한 간의 이념과 체제의 불신감은 자연히 남북주민들의 가치관이나 생활방식의 차이에 따른 정서 및 심리상의 상호 불신을 수반하였다. 그리고 정서 및 심리상의 불신은 남북구성원 간의 상호 적대감으로 이어져 갔다. 통일문제란 열정만으로 해결될 수 있는 것이 아니라, '나눔'을 통해서만이 분단을 극복할 수 있다는 교훈을 얻었다. 그러므로 공동의 생활양식을 공유하기 위해서는 인적·물적 교류의 확대가 지속되어야 한다. 특히 종교계·학계·노동계 그리고 여성계의 활발한 민간교류는 상호 적대감 해소에 크게 기여할 것이다.

학계는 남북한이 함께 공유할 수 있는 통일가치관의 정립과 공동의 생활양식을 공유할 수 있도록 시민교육을 통해 새로운 환경에 적응교육을 도모해 가야 한다. 남북한 학자들의 교류를 통해 서로를 잘 알 수 있으며 이를 통해 서로가 원하는 것이 무엇이며 어떻게 하는 것이 공동체 의식을 찾는 것인지 모색하는 것이 빠른 통일을 이룩하는 것이다. 한국의 국제교류재단이나 민주평화통일자문회의와 북한의 교류협회나 조평통산하기구들이 서로 대표성을 지닌 기구로서 학자교류의 창구가 될 수 있을 것이다. 뿐만 아니라, 관념상의 검증과 용어상의 통일을 위해 학술정보자료 교환센터 같은 공동기구의 설치가 필요하다.

김일성-김정일이 획책하는 북한이 태양족과 김일성족이 사리잡는다 해도 이는 오래가지는 못할 것이다. 인식 차원에서 남과 북은 한민족으로, 우리 국민은 북한동포를 외국인으로 생각하지 않으며 북한주민도 마찬가지로 우리를 외국인으로 생각하지 않는다. 따라서 우리 모두는 민족통일과정에서 방관자가 되어서는 안 되며 능동적인 주체로 통일과업에 기여하도록 남북한 여성들은 각기 생활문화의 공동체 형성의 필요성에 대한 인식을 확산시켜 가야 한다. 통일과제는 더 이상 정치적 군사적 방법으로 해결하기보다는 끊임없는 민간교류를 통해 문화적 동질성을 회복하는 일을 먼저해야 한다. 학술교류·문화교류·서신왕래·상호방문 등 민간교류

를 활성화시켜 문화활동을 통한 동질성을 회복하고 시민의식 개혁
운동과 통일을 대비한 자녀교육 등 남북한여성이 통일과정에서 민
족의 동질성 회복을 위한 공통성을 찾아내는 노력을 함께해야 한
다. 여성에게 맡겨진 통일의 분업화 작업을 통해 여성은 더 많은
잠재역량을 발휘해 민족의 고통을 해소함은 물론, 민족의 동질성
회복에 힘써야 한다. 인구의 절반을 차지하는 여성들의 역할이 통
일과정에서 배제되거나 소홀히 되지 않도록 남북한 여성은 함께
연대해 통일의 원동력으로 응집시켜 가도록 해야 한다.

Ⅵ 중간적 단계 관리를 위한 제 문제

1. 중간적 단계의 관리를 위한 원칙

중간적 단계의 통합과정에서 만일의 사태에 대비해 대비책을 강
구하여야 하며 이를 관리할 지도자들의 선발기준과 원칙도 마련되
어야 한다. 중간적 단계에서는 기본적인 몇 가지의 원칙을 정해 놓
고 기타는 재사회화를 통해 점차 수용해 가는 노력이 있어야 한다.
따라서 다음 몇 가지를 고려해 볼 수 있다.

첫째, 북한의 중앙집권적인 국가권력이 분권화되고 시민사회의
자율성이 확보될 때는 민주적 절차에 의한 공동 통치의 통일논의가
가능할 것이지만, 북한이 붕괴국면을 보이면서 인민이 기아상태에
빠져 곳곳에서 집단시위나 봉기로 자체질서의 유지가 어려울 때는
남한에 의한 일방적인 관리계획이 적용되어야 한다. 그러므로 중간
적 단계에서는 북한을 당분간 남한과 분리하여 별도로 관리하는 계

획을 세우고 점차 남북한을 네트워크화하는 방안을 모색해야 한다.

둘째, 북한에 대한 지원은 소모적인 비용으로만 생각하거나 해석해서는 안 된다. 북한 스스로가 자구책을 강구하고 소생할 수 있도록 북한 지도층에게 개혁의지를 심어 주고 전반에 걸친 지원을 아끼지 말아야 한다. 통일로 인해 계량화할 수 없는 인도적, 정치적, 문화적 편익도 무시해서는 안 된다. 이는 국방비 지출, 병력규모의 축소에서 발생하는 편익만큼이나 그 자체의 소중함을 알아야 하기 때문이다.

우리의 경우 대규모의 북한지원을 피할 수 없을 것이다. 북한은 서울의 평균수준에도 크게 밑도는 생활수준에다 극도로 권위주의적 폐쇄사회에서만 익숙해진 2천3백만 주민들을 일정수준 자유의식으로 전환하는 데 필요한 통일비용은 서독을 훨씬 상회하리라 생각된다. 특히 북한의 노동가치를 학자들은 동독과는 비교가 되지 않는 남한의 10% 정도로 보고 있기 때문에 더욱 그러하다.

그러나 지원창구는 정부가 일원화하고 북한 내 민주화 과정을 밟도록 인내를 갖고 지원하되 북한 내 질서가 파괴될 때는 북한지역 곳곳에 철저하게 경찰 인원을 배치하고 질서와 민생편의를 관장하도록 해야 한다. 그리고 필요에 따라서는 전략적으로 군경을 주둔시키고 정보요원을 파견하여 폭동이나 무질서 등을 사전에 방지하는 등 북한의 혼란 통제를 위한 대비책도 아울러 철저하게 마련해야 한다.

셋째, 북한 관리를 위한 학교교육의 전면적인 개혁이 있어야 한다. 북한의 학교교육은 폐쇄적이고 토속적인 교육방법만을 고집함으로써 객관성과 합리성이 결여된 이론과 실천, 비경제적이고 비능률적인 결과를 초래했다. 그러나 비교적 문화차이를 극복하는 보편성을 지닌 이론들은 남북한 동시에 많이 연구되고 개발되어 있어 상호 보완과 긍정적으로 작용해야 한다. 통일한국이 자유민주주의와 시장경제체제를 국가이념으로 수용함으로써 북한의 전 인민은 재교육을 받아야 한다. 교육의 파급효과는 지대하므로 가장 중시해야 할 사항인 동시에 이에 따른 철저한 개혁이 수반되어야 한다. 따라서 독일처럼 대학교수의 절대다수와 교장·교감급 인사는 해임시키고 초·중·고 교사들은 교육내용, 방법, 평가를 재훈련 받아 적절하게 임용 배치하되 교육의 목표는 지(知)·정(情)·의(意)가 유기적으로 교호되는 인성교육과 지식 추구를 잘 배합시켜야 한다. 남북한 학교교육의 이질화가 통일 후 동질화하기 위해서는 통합과정에서 지역별로 시범학교를 설치·운영해 보는 방법도 고려해 보아야 한다.

넷째, 남북한 모두에게 공동체적 의식과 구조를 활성화시키는 프로그램을 개발하여야 한다. 남북한의 사회적 동질화와 재사회화를 통한 의식의 동질화를 추구함으로써 초보적인 남북한 사회·문화 공동체를 보완·발전시키고 남북한 가치 및 제도의 통합기반을 마련해야 한다. 남북한 사회는 아직도 공동체 중심적 생활양식을 상당 부분 유지하고 있어 사회의 다원화와 개체화에도 불구하고 공동체적 생활양식은 미래사회에 긍정적으로 작용할 것이다. 또한 전통적 양속으로서 남북한 간에 공존하는 가족제도의 특성을 수정·발전시킴으로써 통일사회의 기본적 사회제도를 강화시키는 모형을 구상해야 한다. 가족은 체제변화의 충격을 완화시키는 데 큰 역할을 할 수 있다.

민간 주도의 다양한 사회교육기관을 설립하여 시장경제체제와 사회보장제도에 관련된 교육과 홍보를 실시하며 정부 차원에서 재사회화를 위한 기관을 설립해 전문가들을 양성해야 한다. 또한 북한 노동자들의 적응훈련과 전문훈련 및 재교육을 실시하고 북한지역에 사회·문화 간접자본을 확충해 가야 한다. 이러한 사업을 이끌어 나갈 책임 있는 지도자들의 선발원칙도 철저하게 마련하지 않으면 안 된다. 우선 공산주의 엘리트들, 예를 들면 조선노동당간부·국가보위부·사회안전부 등의 고급관리와 군부의 영관급 이상의 지도자들 그리고 자유민주주의 체제를 부정해 왔던 각계각층의 지도급 인사는 북한지역을 이끌어 나가는 지도자선발에서 배제시켜야 한다. 북한지역 관리는 북한에서 자유경선에 의해 선발된 새 지도층과 북한 출신의 남한정치지도자가 인구비례에 의해 공동 통치하되, 그 아래 통일이 될 때까지 한시적으로 남북한 그리고 해외교포가 같은 비율로 구성된 남북한 공동의 고문 및 자문단을 두는 방안도 모색해 볼 수 있다. 이들 고문 및 자문단은 정치문제뿐만 아니라, 교통·환경·복지 등의 문제에 있어서도 여론을 유도할 수 있을 것이다.

2. 중간적 단계 관리를 위한 재원조달방안

독일은 통일 이후 막대한 통일비용의 소요로 세계에서 가장 튼튼한 경제 중 하나였던 구소독 경제가 많은 어려움을 겪는 것을 보면서 통일은 아무런 비용 없이 이루어지는 것이 아님을 깨닫게 되었다. 통일에 수반되는 각종 경제적 비용을 무리 없이 조달하기 위해 혹은 통일비용의 규모를 줄이기 위해 중간적 단계에서는 재원조달에 대한 논의가 있어야 한다. 중간적 단계를 관리하기 위해서는 막대한 재원이 필요하게 된다. 특히 구서독에 비해 경제력이 작고 미약한 우리의 경우는 구동독보다 더 열악한 경제상황을 지니고 있는 북한과의 공동통치를 모색해야 하기 때문에 독일의 통일비용을 훨씬 상회하는 막대한 규모가 될 것으로 크게 우려하고 있다.

따라서 가장 바람직한 재원조달방안을 도출하기란 쉽지 않다. 통일비용 조달방안으로는 국채발행·세율인상 혹은 세목신설·통화증발·예산절감·해외차입 등 여러 방안을 생각해 볼 수 있다. 중간적 단계에서는 통일비용에 있어서 남북한이 진지하게 부담능력과 부담의사에 대해서도 논의를 해야 한다. 통일에는 비용이 수반되지만 여러 가지 경제적·비경제적 편익도 발생하게 됨을 알아야 한다. 예를 들면, 분단지출의 해소 남북경제의 통합으로 인한 규모의 경제실현 산업 및 생산요소의 보완성 증대 등과 같은 경제적 편익이 있는 반면, 이산가족문제의 해결, 국제사회에서의 위상 제고, 전쟁위험의 해소 등과 같은 비경제적 편익도 존재한다.

남북한지역의 경제 및 비경제적 통일비용을 나열해 보면 다음과 같다.

남한지역의 경제적 비용은, ① 북한지역 지원에 따른 비용으로 - 경기침체, 실업증가, 재정적자 심화, 인플레이션 발생, 국제수지 악화 ② 외부비경제 - 이질적 체제와의 통합으로 인한 경제적 효율하락 ③ 인구이동에 따른 비용 - 주거, 교통, 교육 부문 등에서의 혼잡비용 등이 있다. 남한지역의 경제적 통일비용 중 북한지역지원에 따른 비용은 북한지역이 부담하여야 할 경제적 통일비용 중 경제통합 및 체제전환에 따른 비용을 대신 부담하는 것이라 하겠다.

한국에서는 지난 1990년 8월 남북협력기금법을 만들어 남북교류협력을 증진하는 데 필요한 자금을 확보 공급하기도 했다. 그때의 기금 조성은 주로 정부출연금과 국책관리기금으로부터 예수금 등으로 조성하였다. 그러나 중간적 단계에서는 남북한 간에 교류가 증대되고 이에 따른 법 충돌 등의 문제해결을 위해 유관법률의 적용을 위한 법규범을 공동으로 제정하지 않으면 안 된다. 북한지역의 경우 북한의 부동산과 국유기업을 민영화 사유화함으로써 사유화의 판매액 증가뿐 아니라, 국영기업의 주식회사화를 통한 공공경매 등의 방법에서 재원을 확보해 볼 수도 있다. 그리고 남북한이 경제공동체를 형성하고 자유무역협정, 관세동맹 등을 맺어 얻어지는 이익도 생각해 볼 수 있다. 또한 북한의 산업구조 조성 통해 남북한이 유망산업의 선정과 지원, 사양산업의 퇴출 유도, 업종전환지원 등으로 절약될 수 있는 경비, 국제적으로 경쟁할 수 있는 상품을 공동 생산함으로써 얻을 수 있는 경제적 이익을 통일과정의 중간적 단계의 관리자금으로 조달하여 활용할 수도 있다고 본다.

Ⅶ 결 론

지금 국제사회는 냉전의 종식과 함께 협력과 번영 그리고 평화 추구라는 새로운 세기를 향해 큰 도약을 하고 있다. 남북한도 상생발전과 윈윈전략을 만들어 내야 한다. 이 같은 추구는 궁극적으로 인간다운 삶, 평화로운 삶을 영위하려는 것으로 그것은 이 시대가 요구하는 우선 가치인 동시에 새로운 국제질서의 성격과 구성을 말해주고 있다. 따라서 많은 나라들은 이념과 체제에 상관없이 교류와 협력을 통해 번영을 행해 매진하고 있다. 남북한도 그동안 북한에 의한 돌발적인 사건들에 의해 갈등을 겪어 왔으나 화해와 협력 그리고 평화와 통일을 위해 끊임없는 노력을 해야 한다. 이 단계는 쌍방의 체제와 생활방식의 동질화를 유도하여 통일후유증을 최소화하는 데 목적이 있다.

공동통치를 위한 과정에서는 다양환 문제들이 일어날 수 있는데 그것들은 남북한 체제의 이질성과 통치구조의 차이에서 비롯된다. 상반된 양측의 이질화는 남한의 발전적인 변화와 북한 통치구조의 민주화와 인민들의 삶의 질 향상을 통해서만 가능하다. 따라서 쌍방주민들은 함께 바람직한 방향으로의 변화를 모색하지 않으면 안 된다는 의식상의 전환이 전제되어야만 한다. 그 바람직한 방향은 곧 철저한 정치교육을 통해 자유민주주의 체제로의 신념과 동일화를 이루어 내는 것이다. 북한주민들로 하여금 자유민주주의 정치이념을 학습할 수 있게 하는 배려와 인내가 요구된다.

중간단계에서는 자유민주주의 체제의 적응을 위한 기구, 북한 소재의 국유재산의 관리와 처분 그리고 소유 및 사유 민영화를 위한 기구, 북한이 혼란에 빠졌을 때에 대한 통재수단의 개발을 위한 기구, 쌍방의 민주화의 정착을 위한 기구, 남북한의 전통문화와 의식의 동일화를 이루기 위한 기구 등의 구성과 그에 따른 운영을 협의해야 할 것이다. 그 외에도 민족공동의 생활양식의 공유를 위한 민간교류 확대의 필요성을 강조해 가야 한다. 특히 종교계, 학술계, 여성계 노동계 등의 비정부기관들의 교류와 활약이 강화되어야 한다.

통일논의를 위한 중간적 단계의 관리는 북한을 잠정적으로 별도 관리하는 방안을 모색해 볼 수 있다. 북한에 대한 지원은 소모적인 비용으로 생각하지 말고 적극 지원해야 하며 지원은 정부가 일원화하고 북한 내 민주화 과정을 밟도록 지원한다. 그리고 북한 관리를 위한 학교교육의 전면적인 개혁이 뒤따라야 한다. 아울러 남북한 모두에게 공동체적 의식과 구조를 활성화시키는 프로그램을 개발하여야 한다.

아울러 이러한 사업을 이끌어 나갈 책임 있는 지도자들의 선발 원칙도 철저하게 마련하지 않으면 안 된다. 우선 공산주의 엘리트들, 예를 들면 조선노동당간부·국가보위부·사회안전부 등의 고급관리와 군부의 영관급 이상의 지도자들 그리고 자유민주주의 체제를 부정해 왔던 각계각층의 지도급 인사는 북한지역을 이끌어 나가는 지도자선발에서 배제시켜야 한다. 그리고 상급관리자가 아닌 행정 분야의 관리자 가운데 절반 이상은 능력 위주의 재교육을 통해 재임용 적합 여부 판정을 받아야 한다.

앞에서도 언급했지만 중간적 단계 관리를 위한 재원조달방안은 국책발행·세율인상 혹은 세목신설·통화증발·예산절감·해외차입 등 여러 방안을 생각해 볼 수 있다. 그리고 북한지역의 경우 북한의 부동산과 국유기업을 민영화·사유화함으로써 사유화의 판매액증가뿐 아니라, 국영기업의 주식회사화를 통한 공공경매 등의 방법에서 재원을 확보해 볼 수도 있다. 무엇보다도 남북한이 경제공동체를 형성하고 자유무역협정, 관세동맹 등을 맺어 일어지는 이익을 고려해 볼 수 있다.

제11장

갈등극복을 위한 중간적 단계에서의 프로그램

I 문제제기

새천년을 향한 국제질서는 협력과 번영 그리고 평화 추구라는 기치 아래 공존공영의 다원적인 협력체제로 나가고 있다. 다원적인 협력체제에서는 무엇보다도 번영과 평화가 추구되고 있는데, 이는 '인간다운 삶'을 영위하기 위한 것으로 이 시대가 요구하는 우선가치인 동시에 목표일 뿐 아니라 새로운 국제질서의 성격과 구성을 말해주고 있다.

이러한 변화에 따라 개방화·세계화의 물결을 타고 형성되는 국제간의 교류도 급격히 증대하게 되었다. 또한 국경을 초월하여 보다 큰 지역공동체를 형성하려는 초국가적 현상과 함께 경쟁력을 갖춘 일류만이 살아남을 수 있는 적자생존의 경제논리도 도래하게 되었다. 이러한 다극체제하의 국제질서에서는 과거 양극체제와는 달리 군사적 헤게모니를 가진 절대적 지배력이 약화되고 경제적 헤게모니가 보다 중심적인 변수로 등장하게 된다. 그러한 현상은 지난 1990년을 전후해서 발생한 변화들, 즉 소련을 위시한 동구권

국가들의 민주화, 중국의 개방 개혁 그리고 동서독의 통일 등 일련의 정세에서 보여주고 있다. 이러한 변화는 GATT체제의 해체와 WTO체제를 작동시키고 2008년 미국의 글로벌금융위기 발발로 G－7에서 G－20로의 글로벌 이슈가 전환하는 등 지구촌화를 국제관계의 규범적 경기규칙으로 상정하고 있는 데서도 알 수 있다.[98] 또한 시장, 경쟁, 사적소유를 대거 수용하는 시장경제지향의 사회주의 개혁의 필연성을 초래해 사회주의 국가가 자본주의 체제로 불가피하게 통합하게 되었다. 북한의 경우도 예외가 될 수 없었다.

그러한 변화는 남북한 유엔 동시가입과 남북 사이의 '화해와 불가침 및 교류협력에 관한 기본 합의서' 등의 체결로 나타났다. 한때는 북미기본합의서가 체결되고 경수로 제공을 둘러싼 마찰이 타결되는 등 평화 정착에 따른 위협요소가 어느 정도 해소되기도 했다. 2009년에는 4월 5일 로켓발사를 하고 세계를 놀라게 하고는 성공했다고 자축하더니 며칠 후 일방적으로 4월 18일 남북대화를 제의하는 등 제멋대로 하는 것이 북한이다.[99] 국제질서에서 국가경쟁력을 갖고 있는 한국이 유연성과 타협을 선도하는 주도적 시노력을 형성하는 수밖에 없다. 따라서 한국형태로의 통합이 자연스럽게 이루어질 수밖에 없다. 일찍이 갈브레이드는 두 이데올로기는 작용, 반작용 과정에서 수렴되어 가며 부단히 새로운 패턴이 창출되는 과정에서 현실적응 능력을 키워 간다고 했다. 외적인 통일은 내적 통합으로 이루어져야 한다. 그러나 남북한의 경우에는 오랜 세월 동안 적지 않은 접촉과 교류가 이루어졌음에도 불구하고 결과적으로 현실적응 능력을 키워 가지 못했기 때문에 상호 신뢰할

---

98) ≪중앙일보≫, 2009. 4. 2~4.
99) 2009년 4월 18일 북한은 대화제의를 하였다.

만한 관계개선이 이루어질 수 없었다. 우리처럼 외세에 의한 분단과 동족상잔의 전쟁을 겪어 불신감과 이질감이 극도로 노정된 경우는 통합이 어렵다.

남북한 쌍방은 냉전 보수주의의 헤게모니가 강력하기 때문에 이를 일시에 변화시키기는 어렵다. 왜냐하면 이데올로기적 성향이 강하면 할수록 통일의지나 통일을 위한 접근방법도 군사적 대결과 같은 강경 수단에 의존하게 되기 때문이다. 통일한국의 사회통합은 두 개의 상이한 정치문화의 존재인식에서부터 출발되어야 한다. 사회문화적 통합 없는 통일은 서로에 대한 적대감을 그대로 지니게 되며 사회문화적 정체성을 확보하지 못하면 통일은 대립과 갈등을 증폭시킬 뿐이다. 이념의 차를 극복할 수 있는 사회문화적 통합방안의 모색이 필요하다. 이는 통일과정이 통일 이후의 문제에 직결되어 있기 때문에 그 사이의 중간단계의 역할이 중요하게 된다. 이른바 이질성 감소와 동질성 증대를 위한 중간적 단계 — 통일 협상의 단계 — 는 정치적 통합을 모색하고, 근대적 시민의식을 형성하기 위한 시민사회의 활성화를 고취하여 통일 이후의 후유증을 최소화하는 데 역점을 두는 단계이기도 하다. 따라서 본 장은 먼저 남북한 간의 강한 이데올로기적 성향을 완화시키고 동질성을 극대화하는 사회통합의 노력으로서 통일한국의 새 체제를 위한 갈등 해소방안을 제시해 보았다.

통합체제를 위한 갈등 해소방안

1. 민족동질성 회복과 공동번영을 위한 재사회화

통일한국은 과거의 어떤 심리상태로의 회복이나 복귀가 아닌, 민족의 새로운 출발이며, 이 새로운 민족을 형성키 위해서는 새로운 민족적 정체를 필요로 한다. 그리고 미래지향적인 민족적 정체를 형성한다 함은 민족의 새구성을 의미한다. 즉 정치적인 민족으로 민족이 새로이 형성됨을 뜻한다. 정치적인 민족이란, '시민'으로 형성되는 공동체를 일컬으며 이러한 민족의 재구성을 통일한국의 사회통합으로 이해한다.[100] 그리고 민족동질성은 민족공동체를 형성하는 데 필수조건이다. 민족공동체를 형성하려면 남북한이 하나의 민족으로서 공유하고 있는 동질적 요소를 발굴하고 계발해야 한다.

동질성의 원천을 찾는다면 역사적으로 볼 때 과거, 현재, 미래의 동질적인 요소로 구분하여 살펴볼 수 있다.[101] 과거에서는 민족의 전통문화에서 찾을 수 있을 것이며, 현재에서는 현실적으로 존재하는 남북한의 사회문화적 동질성에서 그리고 미래에서는 민족의 미래에 대한 이상적인 사회상을 상정함으로써 찾을 수 있을 것이다. 남북한은 이데올로기에 의한 이질성이 많음에도 불구하고 언어의 동질성, 가족문화의 동질성, 동질적인 유교문화, 민족주의, 인간 중심적 사상 및 정신적 가치를 존중하는 의식 등에서 민족의 동질성

---

100) 권세기, "통일한국의 사회통합과 정치교육", 『통일한국의 새로운 이념과 질서의 모색』, 한국정치학회, 1993, p.92.

101) 한만길, "민족교육의 동질성 회복을 위한 과제", 『제5차 조선학 국제학술토론회 발표논문요지』, 대판 경제법과대학 아세아 연구소·북경대학 조선문화연구소·국제고려학회 공동주최(일본 오사카: 1994), p.207.

이 존재하고 있다.[102] 민족의 공통적인 이념적 지향으로서 민족주의와 민주주의, 평등주의, 복지주의가 가미된 민족의 정신세계를 통일국가의 이상적인 가치관으로 만들어 가야 한다. 이는 통일 후 재사회화를 촉진시키는 데 기여하게 된다.

민족공동체 구성은 남북한이 분단되어 있는 동안 이질화가 심화되었기 때문에 통일국가가 되는 경우 동질화가 필요하며 재사회화를 촉진시키기 위해서는 통일 이전부터의 준비가 필요하다는 점에 기초하고 있다. 진정한 통일은 제도적 통일뿐 아니라, 내면적인 정신적 통일을 의미하기 때문이다. 이른바 사회통합은 통일에 이르는 과정에서 거쳐야 하는 하나의 단계뿐 아니라, 분단 종식 후 통일된 사회 내에서 남북한주민들이 더불어 살아가는 삶의 방식을 정착시켜 가는 과정을 말한다.

이 단계에서는 대립이데올로기에서 비롯된 이상적 인간상에 대한 극복의 프로그램을 개발하여 통일된 한국의 이상적인 인간상을 마련해 가는 등 재사회화를 위한 정책이 필요하다. 그러기 위해서는 다음 몇 가지의 방안을 고려해 볼 수 있다. ① 기존의 남북한 문화를 인정하는 전제하에서 문화 전반에 대한 시정 프로그램을 수립, 실행해 간다. 남북한 문화에는 분단체제를 유지하고 분단의식을 고취하는 내용들이 포함되어 있는데 이들에 대한 국가적 차원에서의 과감한 청산이 있어야 한다. 왜곡된 가치관과 전통문화를 개선하고 남북한주민들 간의 심리적 격차를 해소하여 공동체의식을 증대시켜야 한다. ② 통일 이후 재사회화에 있어서 교육은 핵심적인 역할을 할 수 있다. 교육을 통해 분단체제에 익숙해 있는 쌍방 주민들에게 통일한국의 이념과 가치를 확산시킴으로써 공동체

---

102) 윤덕희, 김도태, 『남북한 사회문화공동체 형성 방안』, 민족통일연구원, 1992.

의식을 함양하게 할 수 있기 때문이다. 통일된 이상적인 인간상을 교과과정에 반영시켜야 하고, 통일국가의 주인은 이데올로기와 돈이 아니라, 성숙된 인격체로서 민족이어야 한다. 그리고 자유와 평등을 조화시킨 민주, 복지, 평화의 세계시민주의에 입각해 교육과정이 재편성되어야 한다. ③ 통일한국에서 재사회화를 위해 사회교육이 중요한 비중을 차지할 것이다. 이러한 사회교육체제를 남북한 공동의 민간 주도의 다원화 체제로 대폭 전환함으로써 민간 주도의 자생적 사회교육이 균형적으로 발전되도록 해야 한다. ④ 남북한주민들의 재사회화에 있어 정치교육이 요구된다. 갈등 속에서 서로의 이해를 표출하고 관철시키도록 노력하되 궁극적으로 타협해 나가는 민주적인 논쟁문화가 정착되도록 함으로써 새로운 다원주의적 정치문화에 익숙해지도록 한다.[103]

2. 민주시민사회 적응을 위한 교육프로그램 개발

민족동질성 회복과 공동번영을 위한 재사회화를 위해 학교교육, 사회교육 그리고 시민교육이 연계된 교육프로그램의 개발이 필요하다.[104] 그 내용에 있어서는 ① 과거의 역사 속에 내재된 의식과 남북한의 주민을 보는 시각이 바뀌어야 하며 상대방을 적대시하였던 과거를 청산하여 적색혐오증과 백색증오심을 해소하는 동시에 이데올로기에 의해 정립된 기형적인 민주화를 더불어 교정해 가야한다. ② 경제적 적응교육에서는 시장경제체제의 원리에 대한 이해

103) 최현호, "남북사회통합을 위한 통일교육 방향", 북한연구학회, 1999. 6. 25, 발표논문집 3, pp.36 - 37.
104) 김용호, 홍용표, "통일 전후 사회환경 변화에 따른 통일교육 방향설정 연구", 『통일과 북한사회문화』, 상, 민족통일연구원, 1992, pp.270 - 271.

와 대처능력을 키워야 하며 ③ 획일적 정보전달에 익숙한 북한주민에게 정보수용능력과 선별능력을 키워 주고 사회문화적 충격을 극소화시킬 수 있는 교육프로그램을 마련하고 ④ 통일에 따른 정신적 혼란과 심리적 부담감을 최소화하고 사회에서 자아정체성을 확립하도록 교육하여 건전한 가치관과 자아관을 성립하도록 한다. ⑤ 정보화 활용이 생활의 일부가 되도록 교육한다.

이를 위해서는 이상적인 언어, 가치관의 재발굴이 모색되어야 하며 통일된 이상적인 인간상이 정립되어야 한다. 자유와 평등의 조화, 상부상조에 기초한 삶의 연대적 의미와 증진, 합리적인 삶의 게임규칙의 마련과 공정한 적용 등 세계시민주의의 구현 등의 내용을 교과과정에 반영해야 한다.[105] 이와 함께 국제환경의 변화와 국가의 미래에 대한 비전을 염두에 둔 2세 교육과정에서는 어떤 사람이 되도록 가르쳐야 하는지를 심각하게 생각하여야 한다. 시민의식에 대한 공동인식의 확대를 통한 민족적 연대감 강화와 변화에 대한 적응노력에 힘써 새로운 체제에 대한 갈등이 최소화되도록 해야 한다.

3. 민주주의 가치관의 정립과 민족적 연대감 강화

통일한국이 어떤 절차와 방법에 의해 이루어지든 간에 정치체제로서의 민주주의가 기본질서로 전제되지 않으면 안 된다. 민주주의는 사회통합이 요구되는 사회구성원들의 실질적인 합의를 의식적이고 자발적인 방법으로 획득게 해 주는 최선의 방법이다. 뿐만 아

---

105) 김민석, "민족공동체 윤리체계의 재정립을 위한 통일교육의 접근 방향", 『공주대학교 논문집』, 제9집, 1993, 교육부, 1993 장학자료 제89호.

니라, 통일한국의 민주 형성에 필수적인 정치적 소속감이 민주주의를 가능케 하며 실현된 민주주의 국가의 사회구성원을 '민주시민'이라 부르며 그 시민은 민주적인 가치관을 갖고 민주적인 태도를 보인다.[106] 그러므로 민주시민교육을 통해 새로운 인간을 창출하고 다양성과 개인의 창의력과 경쟁, 동기유발을 공존할 수 있는 발상의 전환을 요구해 가야 한다. 왜냐하면 분단이 길어지면서 서로 달라진 점이 부각될 수 있고 서로 달라질 수밖에 없었던 당위에 대해서는 이해하려 하지 않음으로써 서로 헤어져 있을 때보다 더 심각한 갈등을 유발할 소지도 있기 때문이다.

달라진 점 속에서 상대방의 장점을 찾아낼 수 있는 배려가 우선되어야 배척이나 거부감에 앞서 서로 달라진 사람들끼리 함께 살아야 하는 일, 서로 배워야 하는 일, 등 서로 다름은 새로운 관계를 더 돈독하게 할 수 있는 요소로서 작용을 할 수 있게 된다. 그러므로 한민족을 정신적으로 통합하는 데 적합한 한민족 교육을 실현해야 한다.

대체적으로 동질적 가치관이 공유와 자발적 협동에 의한 기능적 상호 의존의 관계가 이루어지게 되면 공동체를 이루어 갈 수 있다. 따라서 남북한도 민족생존권, 민족자주권, 민족역량 강화, 전 민족의 이익 증대, 민족의 일체감, 공존공영 등 민족중심의 가치관을 공유하면서 자발적인 협동에 의한 기능적 상호 의존의 관계를 확충하면서 인류사의 보편적 지향과 궤를 같이한다면, 민족공동체를 쉽게 형성할 수 있다. 왜냐하면 사회적 정체란 모든 사회구성원들과의 직접적인 접촉이 없이도 개인들이 스스로를 사회공동체의 구성원으로 간주하는 것으로 사회적 정체를 형성하도록 도와주는 것

---

106) 최현호, 전게서, p.107.

이 바로 민족주의이기 때문이다.[107]

이는 다시 말해 남북한이 하나 됨을 의미하는 민족공동체가 최소한의 전제조건임을 의미한다. 전체 민족의 이해관계가 결부된 사업을 남북한이 공동으로 전개하는 것도 좋은 방안이다. 정신대 배상문제, 해외동포에 대한 민족문화 전파의 문제, 황해바다의 오염문제, 발해유적 발굴문제, 민속음식의 공동개발 내지 상품화 등을 시도해 볼 수 있다. 이를 통해 민족적 일체감, 민족동질성 회복, 공동체 증진 등을 유도할 수 있다.

남북한주민들의 인성의 이질화 현상에 대한 연구와 더불어 상대방으로부터 배울 것은 배운다는 새로운 사고와 의식의 변화를 가치관 정립의 계기로 삼아야 한다. 민족적 연대감 강화와 변화에 대한 적응능력을 배양하기 위해서는 민족에 대한 새로운 시각을 가져야 한다.[108] 동시에 자유주의적 중도우파에 의한 통치권의 흡수, 동화되게 하는 의회정치를 실시해 가야 하며 이를 숙지할 수 있도록 충분하게 오리엔테이션하는 작업이 필요하다.

Ⅲ 지역적 대립 극복을 위한 정책대안

1. 건전한 지역주의 실현과 사회선도계층 형성

세계사의 흐름은 점차 대립에서 공존으로, 전쟁에서 평화로 그리고 대결에서 화해의 방향으로 변화되고 있는 글로벌한 상황에 있

---

107) 권세기, pp.99 - 100.
108) 한흥수, "민족주의와 민족공동체 형성", 『민족의식 탐구』, 한국정신문화연구원, 1985, p.217.

다. 뿐만 아니라, 세계의 질서는 자국의 이익과 국민 복리를 앞세운 경제제일주의와 세계화를 통한 공존공영의 협력체제로 나가고 있다. 따라서 이제는 누가 더 인간다운 삶을 영위하느냐를 놓고 평화적으로 경쟁하며 협력하는 시대가 된 것이다. 그리하여 서방 선진국은 물론이고 개발도상국들까지도 경제개혁을 과감히 서둘면서 국민의 삶의 질 향상과 민주화의 정착을 위한 시민적 활력을 고취하고 있다.[109]

시민적 활력을 북돋는다는 것은 정치적으로는 개인의 자유와 인권을 존중하는 자유민주주의이며, 경제적으로는 시장경제의 원리이고 사회문화적으로는 다원주의에 기초한 가치관을 키워 주는 창의적인 정신이다. 시민적 활력을 고취시켜 간 체제나 국가는 흥했지만, 반대로 억누르고 탄압한 체제나 국가는 쇠퇴했다. 뿐만 아니라, 민주주의와 경제발전이 함께 이루어지면 국내적으로나 국제적으로 평화가 확립된다. 민주주의를 제대로 운영하면 경제발전이 오고 경제가 발전되면 평화가 오게 되고 평화가 뿌리내리면 민주주의가 번영되고 경제가 발전한다. 그러므로 민주주의 · 시장경제 그리고 평화는 새천년을 준비하는 국가들의 새로운 국가경영철학이 되고 있다.

그러나 근 반세기 동안 정치 및 이념교육의 강요로 북한 시민들은 획일주의와 흑백논적 사고의 원리로 일변도의 폐쇄성을 고수함으로써 민주주의는 물론 국제정세의의 변화에 적응하는 능력이 결핍되어 있고 치열한 경쟁의식의 부재에 따른 정체성이 그들의 정

---

109) 외교안보연구원, 『2009 국제정세전망』(2008), p.130. 2009년 4월 2~4일까지 런던에서의 글로벌 경제위기를 극복하려는 G-20 정상회담은 의미가 있다. G-20은 G-7국가에 러시아, 중국, 인도, 브라질, 멕시코, 남아공, 한국, 터키, 인도네시아, 호주, 사우디아라비아, 아르헨티나, EU 등이 참가하고 있다.

신생활에 습성화되어 있다. 이처럼 획일화된 사회에서 습관화된 타율적인 행동양식과 동조적 의식은 자아가 상실된 비인격적인 인간형으로 전형화했다.

그러므로 장기간의 이념적 대립을 지속해 온 두 체제의 관계변화가 본격화되기 위해서는 이념과 체제의 근본적인 전환은 불가능하더라도 최소한의 상대방에 대한 정책결정과정에서 이념적 요인보다 대내의 환경변화와 관련된 현실적 요인을 중시하는 인식상의 변화가 필요하다. 아울러 그것을 계도해 갈 수 있는 이른바 사회선도 계몽 부르주아계층의 형성이 요구된다. 이들을 통해 제도개혁을 유도하고, 통일교육을 향한 프로그램개발의 실시 및 경제지원을 담당하게 한다. 사회를 선도해 가는 중산층은 사회가 지나치게 보수화할 때는 혁신을 유도하고 사회가 지나칠 정도로 혁신적 요소를 고수하는 경우는 보수적 성향을 강조함으로써 자유주의적 중도우파에 의한 통치권의 발언권을 강화시켜 주는 역할을 하게 된다.

이렇게 함으로써 지역적 대립과 이념의 후유증에서 오는 갈등을 극복하는 데 기여할 수 있다. 그리고 이질성 극복을 위해 지역공동체를 구성하고 건전한 지역주의를 실현시켜 가야 한다. 어느 한편에 경사되어 이익을 도모하기보다 민족화합을 위한 동반자로서의 지역공동체를 형성함으로써 지역사회의 다양한 의견을 수렴하여 바람직한 공동번영의 방법을 모색해 갈 수 있다. 지역공동체의 형성을 통해 상호 불신의 벽을 헐 수 있고 신뢰 구축을 위한 교량적 역할을 수행할 수 있다. 그러기 위해서는 ① 이데올로기에 의해 이질화된 구조를 각자의 틀 속에 무리하게 편입시키려 해서는 안 된다. 그것보다는 이질화될 수밖에 없었던 상황과 이질화된 구조 자체를 서로 인정하면서 이질화된 부분을 어떻게 공유할 수 있는지에 대한 방법을 모색해 가야 한다. 다시 말해 서로 같은 가운데 다른 점이 무엇이며 다른 가운데 같은 것을 찾아 함께 공유할 수 있는 방법을 찾아내는 노력이 뒤따라야 한다. ② 서로가 분단된 현실을 인식하고 상대방의 실체를 있는 그대로 인정하고 존중해야 한다. 한국이 세계의 모범국가로 이루어 온 번영의 결실들을 쌍방은 무시해서는 안 된다. ③ 쌍방은 통일지향적으로 함께 개혁과 변화를 추진해야 한다. 또한 쌍방은 지역의 특성을 상호 이해하고 지역적 특성을 창출하여야 한다. 특히 남북 간은 물론, 동서 간의 지역차별을 극복하여 사회통합을 위해 지역 간의 협력방안도 모색해야 한다.

2. 사회통합을 위한 지역차별 의식의 극복과 지역의 특성 창출

남북통일과 관련한 다면적 통합 중에서 사회통합은 정치통합이나 경제통합과는 다르게 실질적인 의미를 가진다. 그 이유는 정치통합이나 경제통합은 상이한 정치경제체제의 구조적 통합에 관한 것이지만, 사회통합은 이질화된 두 체제에서 오랫동안 살아온 사람들 간에 이념과 가치의 벽을 뛰어넘는 '의식과 사고방식'의 통합이며 지역 간, 계층 간, 계급 간 불평등 등 다양한 사회균열의 치유를 통한 사회적 관계의 통합이기 때문이다.[110] 사회통합이 제대로 성취되지 않으면 이미 구조적으로 두 체제가 봉합하여 정치경제통합을 이뤘다 해도 쉽게 와해될 수도 있기 때문에 사회통합은 훨씬 더 어렵고 많은 시간을 요하게 된다. 그러므로 사회통합은 보다

---

110) 성경륭, "통일한국의 사회통합을 위한 사회복지정책의 방향", 『통일한국의 새로운 이념과 질서의 모색』, 한국정치학회, 1993, p.265.

깊은 관심과 사려 깊은 정책적 대비를 요하게 된다.

북한은 이미 1990년부터 지금까지 마이너스 경제성장률을 연속적으로 기록함으로써 경제적 파탄상태에 있다. 식량난을 위시하여 에너지, 외환, 원자재, 생필품 등의 부족으로 경제문제 타개가 어려운 상태이다. 그래서 가공할 비용이 드는 북한의 2006년 핵실험과 2009년 로켓발사실험을 국제사회가 비난하는 것이다.[111] 그러므로 남한에 의한 북한경제의 지원책에 많은 비중을 두고 연구해 왔었다. 그러나 통일과정에서 예견되는 남북한 간의 지역격차의 문제는 경제적인 수준에서뿐만 아니라, 정치·사회·문화 등 여러 차원에서 진행되는 매우 복잡한 문제이다. 동시에 제반 사회 현상의 지리적 공간배치의 문제와도 연관되어 있다. 그러므로 지역격차의 문제는 흔히 정치적 수준에서 첨예하게 나타나지만, 정치적 수준으로 비화된 지역격차문제는 지속될수록 지역이나 시민사회에 갈등으로 나타나기 쉽다.[112]

전략적 선택을 하기 위해 각 지역의 특성을 면밀하게 파악하여 어느 지역에 어떤 산업을 활성화시키고, 지역격차를 해소하기 위해 남북교류가 어떻게 연계성을 가져야 하는지를 구체적이고도 계획적으로 분석하여야 한다. 아울러 남북한의 지역격차뿐만 아니라, 남한 내와 북한 내의 지역격차문제도 함께 해소할 수 있는 방법을 모색해야 한다. 또한 세상변화에 적응하는 능력을 고취하기 위해 인적, 물적 교류를 조직적으로 면밀히 연계해 가는 작업과 함께 기간사업(연락망)의 확충이 요구된다. 지역 간의 커뮤니케이션의 확대를 꾀할 수도 있다. 그리고 농촌의 피폐화 문제·인구의 급격한 도

---

111) ≪중앙일보≫, 「한게레신문」, 2009. 4. 6~10.
112) 강명구. "선거와 지역갈등", 한국정치학회 1993년 3월 월례발표논문.

시집중화·수도권의 과밀화에 따른 주택난과 부동산투기로 인한 지가상승 등 각종 도시문제를 발생시킬 수 있다.

이에 대한 고려로는 ① 북한지역 내의 균형적 발전은 비록 성장의 속도를 상대적으로 완화시키는 부작용이 동반될 수 있지만, 장 균형적 발전을 전제로 점진적으로 추진해 가야 한다. 각종 사회비용을 줄일 수 있을 뿐만 아니라, 남한의 경제적 부담도 덜게 할 수 있다. ② 북한 내 지역사회의 파괴를 미연에 방지할 수 있는 방법을 강구해야 한다. 남북한이 통합될 때 예상되는 남한으로의 대규모 인구유입과 투기성 토지매입 등을 막는 완충역할을 상정해 볼 수 있다. ③ 북한주민들의 급격한 남한사회로의 편입은 점진적인 방향으로 편입해 가야 한다. 독일통일에서 본 것처럼 동독의 급격한 서독체제로의 유입은 엄청난 사회적 혼란을 유발하였다. 통일과정은 남한 내의 지역격차를 증폭시킬 수 있다. 잘 훈련된 저임금의 노동력을 찾아 많은 저부가가치 산업이 북한으로 이동하는 이른바 산업의 이동으로 기존의 산업화된 남한지역의 침체가 가속화될 수 있다. 또한 북한지역이 개발을 위해 소외된 저개빌 지역의 투사할 수 있는 가용지원이 부족함으로써 저개발의 가속화가 야기되는 등 과중한 비용부담이 증가될 수 있다. 그리고 북한과 지리적으로 인접한 특정지역 특히 경기북부지역 등이 급격하게 발전하게 됨으로써 과대 밀집될 수 있고 이로 인해 많은 사회문제가 야기될 수도 있다.[113]

남북한 경제협력을 촉진키 위한 기구설치를 제도화하는 방안을 강구해 볼 수 있다. 이를 통해 에너지, 식량, 자본재 등으로 남북한

---

113) 강명구, "통일 한국의 지역격차문제", 『통일한국의 새로운 이념과 질서의 모색』, 한국정치학회, 1993, p244.

간의 협력사업을 촉진하고 민족공동체 이익을 향유케 하며 환거래 결제수단을 강구하는 등 건전한 지역주의를 실현함과 함께 남북한 간의 지역특성을 창출하여 상호 이익을 극대화할 수 있게 한다.

그러나 북한지도부는 여전히 핵개발이나 미사일발사실험 등 정치·군사적 이념적 요인에 집착하고 있다. 그러므로 남북관계의 효율적인 발전을 위해서는 북한지도부의 대내외 정책의 현실적 전환(개혁·개방)을 적극 유도하는 것이 선결과제이다. 자본주의권과의 교류·협력과정에서도 자본주의 체제에 대한 적응력을 배양하도록 도와야 하며 다양한 지역에서의 폭넓은 인적 교류가 이루어지도록 북한을 지원해 가야 한다.

아울러 대화와 교류협력을 강화하는 다양한 방법을 모색해 가야 한다. 의식상의 갈등 해소와 지역적 특성을 창출하여 사회통합을 위한 지역 간의 협력을 모색해야 한다. 또한 철도·도로·항만·통신·통항 등과 인적, 물적 교류의 확대를 통한 국토개발 차원에서 한반도의 광역화의 추진을 강구해야 한다.

문화 및 인적 동질성의 회복은 이데올로기 교육을 통해 극복하고 남북한 간의 경제적 생활수준의 격차, 사회의식의 격차 등은 현실을 인정하는 것으로부터 출발되어야 한다. 그리고 지역공동체를 활성화하기 위해서는 다음 몇 가지를 고려해야 한다. ① 주어진 조건을 최대한 이용해야 한다. 한국의 정치 경제적 역량이 혁명적 변화를 감당할 수 있지 못한 상황에서는 더욱 그러하다. ② 남북 지역의 격차는 단기적인 처방으로는 불가능하다는 인식을 갖고 장기적인 안목에서 해소방법을 모색해야 한다. 남북한의 뿌리 깊은 단절로 인해 생성된 지역 특성이 단시간 내에 통합될 수는 없는 것이다. ③ 지역격차의 생성과 해소는 인간행위에 의해 만들어진 면이 강하기 때문에 이에 대한 심각한 인식이 있어야 한다. 상호 보완적 공생력을 높일 수 있는 방안과 지역의 특성을 긍정적인 측면에서 창출되도록 유도하기 위한 상호간의 장점 접목의 시도가 통일 협상과정에서는 진지하게 논의되고 실현되어야 한다. 의식상의 갈등을 해소하고 지역의 공동체를 형성해 가기 위한 민간 차원에서 재원확보를 위한 프로그램의 개발도 준비해야 한다.

Ⅳ 이질감 감소를 위한 남북한 여성들의 역할

남북통일을 위해서는 남북한 여성들이 역사와 문화를 같이한 민족공동체에 대한 인식과 이해를 증진시키는 데 동참하지 않으면 안 될 것이다. 통일과제는 다만 정치적 군사적 방법으로 해결하려 하기보다는 끊임없는 민간교류를 통해 사회문화적 동질성을 회복하는 일의 선행이 무엇보다 중요하다. 이를 위해 남북한 여성들은 학술교류, 문화교류, 친족상호방문과 같은 인적 교류를 활성화시켜 그 동질성을 회복하는 일이나, 자녀들에 대한 통일교육 등을 스스로의 몫으로 인식하고 적극적으로 참여하고 실천해야 할 것이다.

그러기 위해 남북한 여성들은 적어도 다음과 같은 공통된 인식을 같이하지 않으면 안 된다. 첫째, 우리 한민족은 단군의 후예로 동일한 언어와 풍속 그리고 습관과 전통을 같이한 동포라는 사실을 우리 자녀들에게 인식시킴과 동시에 전시회 등으로 그것을 확산시켜야만 한다. 둘째, 남북한 여성들은 우리 모두가 고도의 문화민족으로서의 높은 창의력을 지니고 있었음을 확신함과 동시에 군자지국이라 하리만큼 이웃민족들로부터 그 도덕성을 인정받았다는 사실에 대해 긍지와 자부심을 갖고 이를 유지 발전시켜가야 한다. 셋째, 남북한 여성들은 이상과 같은 사실의 확산을 위해 어떤 노력을 어떻게 해야 할 것인가를 함께 논의한다. 따라서 우리 여성들은 이를 위해 지혜와 역량을 동원하여 역사와 문화를 함께한 민족공동체임을 재확인하고 재구성하는 데 이해와 협력을 같이해야 할 것이다. 제도적인 통일이 이루어졌다 해도 실질적인 남북한 간의 교류를 활성화하는 데는 많은 시간과 노력이 요구될 것이다. 서로 이해와 신뢰를 구축하기 위해서는 실체를 인정하고 서로를 믿으려는 노력이 우선되어야 한다. 정치적 갈등과 군사적 대결에서 오는 경직성을 여성들은 그 본래의 부드러움과 섬세한 감각으로 완화시킬 수 있다는 믿음을 가지고 남북한 여성들이 만나서 그 해결 방안을 모색하는 데 같이 고민하고 노력한다면 그 효과는 크다.

남북한 쌍방은 상호간의 화해와 협력은 강조하고 있었으나 이를 위한 구체적인 제안이나 실제적인 노력이 없었는가 하면, 동질성 회복을 위한 실질적인 노력은 거의 전무했다. 이(異)와 동(同)을 찾아 결합시킬 것은 결합시키고 버릴 것은 버리는 가운데 다른 것과 다른 가운데 같은 것을 찾아서 그 차이점을 줄이고 그 동질성은 확대 재생산시키는 일이 필요하다.[114] 상대방의 이질화된 성격과 구조를 일방적으로 소멸시키거나 흡수하려 하기보다는 그것을 인정하고 수용하려는 공존과 공용의 정신과 태도를 지녀야 할 것이다. 이를 위해 남북한은 나만이 옳고 내 것만이 받아들여져야 한다는 정권적 차원에서의 일방적인 태도와 주장을 버려야 하겠지만, 남북한 여성들은 민족의 차원에서 그 이해득실의 문제를 세심하게 따

---

114) 장공자, "민족동질성 회복을 위한 남북한 여성의 역할", 『제5차 조선학 국제학술토론회 발표논문』, 제3집 사회편, 일본 오사카 경제법과대학 아세아연구소, 북경대학 조선문화연구소 및 국제고려학회 공동출판, 1998, 참고.

지고 수용하려는 섬세함과 유연함을 보여야 한다. 남북한 여성들은 체제와 이념의 상이성과 경제발전의 격차에서 오는 구조적인 이질화뿐만 아니라, 사회심리, 인구구조, 가족제도, 문화의식 등 여러 면에서 큰 차이가 있겠으나 가족구성원 간의 인간관계와 명절·족보 그리고 효도를 소중히 여기는 전통적인 가족제도의 특성을 발전시켜 체제변화에서 오는 충격을 완화시킬 수 있는 아이디어를 구상해 볼 수 있다.

인간적인 고통을 함께 괴로워히지 않는 한 동실성을 회복해야 하는 이유는 존재하지 않는다. 과거 아시아 평화와 여성의 역할이라는 주제로 남북한 여성들이 서울과 평양을 오가며 개최한 회의는 민족통일은 위해 비록 만족할 만한 결실을 거두지는 못했지만, 민족통일을 위해 여성의 역할은 다른 어느 때보다 중요하다. 민족동질성 회복을 위한 구체적인 방안으로는 다음 몇 가지를 지적할 수 있다.

첫째, 이산가족의 재회와 재결합에 남북한 여성들은 적극적으로 참여하고 기여하여야 한다. '기본 합의서' 제18조에는 "남과 북은 흩어진 가족, 친척들의 자유로운 왕래와 상봉 및 방문을 실시하고 자유의사에 의한 재결합을 실현하며 인도적으로 해결할 문제에 대해 대책을 강구한다."고 규정하고 있다. 남북한 여성들은 이산가족의 재회를 위한 방송매체의 이용과 이산가족 간의 서신교환을 적십자사나 이미 앞에서 지적한 바 있는 남북통합기구를 통해 성사시킬 수도 있다.

둘째, 공동관심사에 대한 학술정보와 자료교환 및 활용을 시도할 필요가 있다. 남북한은 상이한 이론과 문제를 교환하고 그것을 검증함과 동시에 용어상의 통일을 기하는 일도 시급하고 중요하다.

남북한 학자들의 학문연구에 필요한 정보를 제공함으로써 학술상의 관심과 이해를 같이하도록 하는 일도 중요하다. 여성 관련의 법제, 정치, 경제. 가족, 문화, 예술, 언론 등 분야의 정보교환 및 학술, 문화행사를 통해 통일 후 여성정책과 법제수립 등을 준비해야 한다.

셋째, 남북한 여성의 인적 교류와 학술정보를 교환하는 공동의 장소를 설치할 필요가 있다. 뿐만 아니라, 문화적인 인식을 제고할 수 있도록 전통한복과 음악 및 전통음식 등을 교류하고 전시하는 장소로 그리고 민속명절에 전통놀이를 함께할 수 있는 공간으로도 활용한다. 남북한은 문화예술단을 공동으로 조직하여 예술제를 개최하거나 민속예술단의 해외공연을 실시함으로써 문화홍보는 물론 문화적인 인식과 이해를 증진시킨다.

넷째, 남북한 여성들은 여성공동위원회와 같은 기구를 만들어 공통적인 관심사를 다룸으로써 남북한 여성들의 이해를 증진시킴과 동시에 통일 후의 가족법, 노동법과 같은 여성의 지위와 관련된 법제문제까지 심층적으로 다룬다. 더불어 사는 공동체를 이루기 위해서는 일반적으로 여성의 지위가 향상되지 않으면 안 된다. 불행하게도 남북한 여성들은 정치, 경제, 사회, 문화 등 여러 방면에서 별 차이 없이 소외되어 왔으면서도 주부로서의 책임과 공민으로서의 의무를 동시에 수행해야 하는 이중적 부담을 감내해야만 했다. 통일 후 바람직한 사회건설을 위해서는 여성 스스로가 모순된 현상을 타개하는 정치, 사회적 배려와 보장이 제도화되어야 한다.

남북한 간의 역사적인 적대관계를 해소하고 평화관계를 공고화함에 있어서는 자유민주주의가 그 기반이 되어야 한다. 따라서 남북한 사회통합의 목표는 민주적 시민 사회가 되어야 한다. 민주적 시민사회는 정치적으로는 개인의 자유와 인권을 존중하고 자유민주주의이며 경제적으로는 개인의 이윤추구와 잘살아 보겠다는 성취동기를 앞세운 자본주의적 시장경제의 원리이고 사회·문화적으로는 다원주의와 자유주의에 기초한 가치관을 갖는 사회를 말한다. 민주적 시민사회에서는 체제와 국가는 역사적으로 쇠퇴했다. 따라서 통일 후 지향해야 할 남북한의 사회통합의 목표는 곧 민주적 시민사회여야 한다.

이데올로기적 성향을 완화하는 작업과 함께 사회통합을 위한 재사회화가 필요하다. 더불어 사는 삶의 방식이 정착되도록 사회문화적 정체성을 확보해 가야 한다. 그리고 상대방을 공존공영의 대상자로 인식히는 바탕에서 시작하여야 하며 이렇게 함으로써 정치적 통합에 따른 충격을 완화할 수 있고 변화에 대한 적응력을 키워 갈 수 있다. 자본주의 체제에 대한 적응력을 배양하여야 한다. 장기간의 이념적 대립을 지속시켜 온 두 체제의 관계변화가 본격화되기 위해서는 이념과 체제의 근본적인 전환은 불가능하더라도 최소한의 상대방에 대한 정책결정과정에서 이념적 요소보다 대내의 환경변화와 관련된 현실적 요인을 중시하는 인식상의 전환이 필요하다. 그리고 이를 이끌어 갈 수 있는 사회를 선도할 중산층이 형성되어야 한다.

그리고 통일 협상의 중간단계시기에서는 지역 간의 균형발전과 시민사회 형성을 위해 지역공동체를 형성해 가야 한다. 또한 사회 통합을 위해 지역격차의식을 극복하고 남북지역 간의 균형발전을 위한 특성 창출과 프로그램을 개발 모색해 가야 한다. 그리고 이를 달성하기 위해서는 시민사회의 육성과 함께 중산층을 형성해 합리적인 여론 형성을 도모하고 이성적인 사고방식을 고취해 가야 한다.

글로벌한 추세는 정치, 경제 분야에서의 여성들의 참여와 활동이 두드러지고 있지만 남북한 여성들의 경우는 공히 아직도 후진국 수준을 크게 벗어나지 못하고 있는 실정이다. 사실상 여성의 이상과 같은 참여와 활동은 여성들의 지위를 향상시키고 삶의 질을 개선하는 것이지만, 동시에 그것은 국가경쟁력을 제고시키는 일이기도 하다. 그러므로 남북한 여성들의 잠재적인 역량을 통일문제와 국가발전에 동원하는 것은 21세기를 대비하기 위해서도 불가피하다고 하겠다. 이를 위해서는 가족들로 하여금 윤리, 도덕적인 태도와 민주적인 사고와 행위양식을 지니도록 하는 일이 중요하다. 또한 자아실현을 통해 스스로의 삶의 질을 유감없이 향상시키지 않으면 안 된다. 이를 위해 남북한 여성들은 나라와 민족 그리고 인류의 행복과 번영을 위해 공헌할 수 있다는 확신과 자부심을 가지지 않으면 안 된다.

여성들이 교류를 통해 그 같은 저해성을 어느 정도 완화시킴으로써 상호 이해와 협력을 증진시킬 수 있다면 그것은 상생·공영이란 점에서 가치 있고 소망스러운 일이다. 지금처럼 남북한 당국이 정치적인 견해의 차이로 인하여 이해와 협력을 이루지 못한다면, 남북한의 두 정권이 져야 할 부담의 증가는 물론, 전체 주민들의 고통과 불행도 가면 갈수록 가중될 것으로 사료된다.

4부

통합을 위한 신제도의 개발

제12장

통일권력구조 창출을 위한 탐색

Ⅰ 문제제기

　통일한국의 이념, 경제체제, 사회복지정책 등 통일을 대비한 여러 분야의 준비가 대개 그러하겠지만, 특히 통일한국의 권력구조에 대한 준비는 통일의 방법과 시기에 많은 영향을 받을 것이다. 즉 90년대나 2009년에 있어서도 항상 반복되는 문제로 통일이 수년 내에 되느냐 혹은 수십 년 후에 되느냐에 따라서, 통일의 방식이 흡수통일이냐 혹은 합의에 의한 통일이냐에 따라서, 흡수통일 중에서도 평화적인 흡수통일이냐 혹은 무력에 의한 흡수통일이냐에 따라서 통일 이후의 권력구조는 달라질 수 있을 것이다.

　그러나 통일의 방법과 시기가 반드시 권력구조의 절대적 기준이 되는 것은 아니다. 즉 합의에 의한 통일과 남한 주도의 통일이 반드시 이분법적으로 두 개의 다른 권력구조를 의미하는 것은 아니다. 합의에 의한 통일을 선택한다 하더라도 통일한국의 권력구조를 창출함에 있어서 자유민주주의의 이념이나 이에 바탕을 둔 권력구조라는 큰 틀은 우리가 결코 양보할 수 없는 부분인 것이다. 한편 남한 주도의 통일이라 하더라도 통일 이후의 갈등구조를 해소할 수 있는 화합적 정치체제를 만들기 위해서 우리는 북한에 대한 지역적 배려를 결코 소홀히 할 수 없으며, 효율적인 정치체제가 되기 위해서는 북한 출신 인사에 대한 무조건적인 배제도 어려운 것이다.

이와 같이 통일의 방법과 시기가 절대적 기준이 되는 것은 아님에도 불구하고, 통일한국의 권력구조를 구상함에 있어서 통일의 방법과 시기에 대한 논의가 선행되어야 함은 불가피하다. 본 저서에서 가정하는 통일의 방법은 남북한 합의에 의한 통일이지만, 현 북한체제와의 합의란 현실적으로 거의 불가능하게 보이는 것이 사실이다. 남북한 합의에 의한 통일은 현재의 북한체제를 대체한 새로운 체제가 등장할 때 비로소 가능할 것이다. 다시 말해서 김정일 후계구도와 연관되어 3대 부자세습이든 민중봉기에 의해서든 쿠데타에 의해서든 혹은 현 북한정권 내부의 주도적 변화에 의해서든 현 북한체제에 근본적 변화가 있어야 합의 통일이라는 것을 생각해 볼 수 있다. 그러나 새로운 북한체제는 주체사상, 선군정치, 강성대국, 김일성 민족에 입각한 노동당이 지배하는 전체주의 체제가 아니라 다원주의와 시장경제를 지향하는 체제가 되어야 할 것이다. 이는 북한이 주체사상을 포기하고 노동당이 북한의 지배세력으로서 위치를 상실한다는 것을 의미한다. 북한이라는 국가의 붕괴는 아닐지라도 우리식 사회주의 체제가 붕괴된 상태를 의미하는 것이며, 물론 김정일 정권의 붕괴를 포함하는 것이 될 것이다. 이는 북한의 위기가 되고 결국 남북한 평화적 통합은 오히려 북한의 기회가 되는 것이다. 따라서 북한은 이러한 좋은 제의를 선택해야 한다. 본 저서는 이와 같은 북한체제의 붕괴가 향후 수년 내에 있을 것으로 가정하며, 체제 붕괴 후 다시 수년간의 과도기를 거쳐 통일이 될 것이라는 가정하에 출발한다.

본 저서는 2030년대를 바라보며 통일한국의 권력구조 구상에 대한 예비작업으로서 남북한 권력구조의 변화를 전망하고, 통합체제에서 통치기구의 구성원리를 분석하였다. 앞으로 통일한국의 권력구조를 창출하는 데 필수불가결의 선결작업이다. 통일한국의 권력구조는 통일 이후 남북한의 권력구조 재편과정에서 발생할 것으로 예견되는 갈등요인과 통일한국이 당면하게 될 문제에 대한 분석을 해야 한다.

II 남북한 권력구조의 변화전망

통일한국의 권력구조는 통일시점의 남북한 권력구조에 많은 영향을 받을 것이다. 따라서 현행 남북한 권력구조와 통일시점까지 남북한 권력구조의 변화전망에 대한 분석은 통일한국의 권력구조를 구상함에 있어서 유용한 시사점을 제공할 수 있을 것이다. 즉 통일시점에 있어서 남북한의 권력구조에 대하여 전망해 본 후 통일 이후의 정치적 상황을 분석해 봄으로써 통일시점의 권력구조가 통일 이후의 정치적 상황에 얼마나 적합한지를 밝힐 수 있을 것이다.

1. 한국의 권력구조

자유민주주의 체제를 현재뿐만 아니라 통일 이후의 이념으로까지 천명하고 있는 남한에서 통치기구의 구성원리로서 자유민주주의 체제가 변화할 가능성은 없다. 그러나 권력구조에 있어서는 변화의 가능성을 배제할 수 없다. 특히 정부형태의 경우 현 대통령중심제의 여러 가지 문제점이 지적되고 있다.[1] 우선 대통령선거방법에 있어서 양당제가 정착되지 못한 현실에서 다수대표제를 채택하고 있기 때문에 대통령이 과반수에 훨씬 못 미치는 득표로 당선되는 문제점이 있다.[2] 이는 정권 자체의 정통성과도 연결되는 문제로서 향후 이에 대한 개선책으로 과반수를 획득한 후보가 없을 경우 상위 두 후보 간에 결선투표방식을 도입할 수 있을 것이다.

대통령의 임기를 5년 단임으로 규정하고 있는 현행 헌법은 국민으로 하여금 국민이 선출한 정부의 업적에 대하여 다음 선거를 통하여 정치적 심판을 할 수 있는 기회를 박탈하고 있으며, 권력루수현상이 너무 빨리 오기 때문에 제대로 일할 수 있는 기간이 별로 되지 않는다. 대통령 궐위 시 승계문제에 있어서도 국민에 의해서 선출되지 않은 국무총리가 대통령직을 승계한다는 것은 민주적 정당성의 문제점으로 지적되고 있다. 향후 이에 대한 개선책으로 부통령제의 신설을 고려해 볼 수 있을 것이다. 또한 국무총리의 권한 한계가 붊부명하여 이로 인한 대통령괴 국무총리의 바찰 가능성이 상존하고 있다는 점도 현행 권력구조의 문제점이라고 할 수 있다.

무엇보다 큰 문제는 대통령제가 지역 간 갈등을 심화시키고 있으며, 우리의 현 정치상황을 볼 때 유효투표의 반수 이상을 득표하는 대통령을 기대하기는 매우 힘들다는 것이다. 이는 정권의 정통성을 약화시키는 요인이 될 수 있다. 더욱이 현재와 같이 지역구도

---

1) 허영, 「한국헌법론」, pp.721 - 722.
2) 1997년은 DJP연대로, 2002년도에도 과반수를 넘지 못했고 2007년도에도 이명박 후보가 48.9%로 과반수를 넘지 못했다. 물론 1992년 14대 대통령선거에서 김영삼 후보는 42%의 득표로 대통령에 당선되었으며, 1987년 13대 대통령선거에서 노태우 후보는 불과 36.6%의 득표로 대통령이 되었다.

가 심화된 상황에서는 지역당 구도가 지속될 것이며 어느 정당도 국회의 과반수를 획득하기는 어려울 것이다. 이미 경험한 바 있는 여소야대 상황이 대통령제의 장점인 정국의 안정과 정부의 효율성을 얼마나 손상시키는지 알 수 있으며, 여소야대 상황의 인위적 극복노력이 정국의 경색을 초래하고 선거의 의미마저 퇴색시키는 결과를 초래하였음을 목격한 바 있다. 6공화국 초기 여소야대를 극복하기 위한 3당 합당이나 지난 15대 총선 이후 여당의 야당과 무소속 당선자에 대한 영입작업은 앞으로도 얼마든지 재현될 가능성이 높다.

한편 대통령의 소속당이 의회의 다수를 차지할 경우 대통령은 막강한 권한을 행사할 수 있다. 비록 권력의 삼권분립의 원칙이 있다 하더라도 대통령은 다수당의 총재로서 국회의장을 포함한 국회직에 대한 실질적 임명권을 행사함으로써 국회에 대한 영향력을 행사할 수 있다.

또한 사법부에 대해서도 대통령은 대법원장 및 대법관에 대한 임명권을 갖고 있다. 헌법재판소와 중앙선거관리위원회는 대통령이 임명하는 3인, 국회에서 선출되는 3인, 대법원장이 지명하는 3인으로 구성되나, 대통령은 대통령으로서의 3인에 대한 임명권뿐만 아니라 국회에서 선출된 3석에 대해서도 다수당의 총재로서 실질적인 임명권을 행사할 수 있다. 더욱이 대통령은 군의 최고통수권자로서의 지위를 갖고 있다. 이와 같이 대통령에게 부여된 막강한 권한은 항상 권력남용과 부패의 가능성을 내포하고 있다고 할 수 있다.

이러한 문제점들을 감안할 때, 향후 정부형태는 국회의 다수당이나 다수를 구성하는 연립세력이 정부를 구성할 수 있는 의원내각제로의 개편이 가능하다. 의원내각제개헌은 정치권에 항상 잠복해 있는 이슈로서 일정한 계기가 오면 표출될 가능성이 있다.

권력의 지역적 배분문제는 권력구조에 있어서 가장 변화의 가능성이 많은 부분이다. 지난 90년대 중반 지방선거 이후 중앙정부와 지방자치단체 간의 갈등이 빈번히 노출되고 있으며, 특히 야당이 지배하는 지방자치단체의 경우 정치권의 갈등으로 비화되고 있다. 기초단체장과 기초의회의원의 정당공천배제문제 등은 여야 간 논란거리로 계속 남아 있다.

또한 현 지방자치제가 규정한 분권화의 정도에 대한 지방자치단체의 불만이 높아 가고 있다. 현행 자치제에서 중앙과 지방의 업무 분담을 보면 전체의 75%가 중앙의 업무에 속하는 데 반해서, 25%만이 자치단체의 업무로 분류되어 있다. 그나마 자치단체의 업무 중 약 50%는 기관위임사무로서 중앙정부가 필요시 언제라도 회수할 수 있는 업무이며, 나머지 50%만이 비교적 자치단체의 자율성이 보장되는 단체위임사무이다.[3] 즉 자치단체에 실질적으로 주어진 업무는 전체 국가업무의 약 12~13%에 불과한 것이다.

현 지방자치법은 중앙정부의 자치단체에 대한 광범위한 지도·감독권을 인정하여 중앙과 지방 간의 엄격한 상하관계를 규정함으로써 지방자치단체의 자율성을 상당히 제한하고 있다. 균형발전이나 수도권과 비수도권의 대립도 문제이다. 예를 들면 지방자치법 제9장은 국가의 지도·감독에 관한 규정들로서 제155조는 중앙행정기관의 장 또는 시·도지사는 지방자치단체의 사무에 관하여 조언 또는 권고하거나 지도할 수 있도록 규정하고 있다. 나아가 제156조는 지방자치단체의 사무에 관한 그 장의 명령이나 처분이 법령에 위반되거나 현저히 부당하여 공익을 해한다고 인정될 때에는

---

3) 총무처, 『중앙-지방 사무총람』(서울: 총무처, 1994. 1), 참조.

시·도에 대하여는 주무부장관이, 시·군 및 자치구에 대하여는 시·도지사가 기간을 정하여 서면으로 시정을 명하고 그 기간 내에 이를 시행하지 아니할 때에는 이를 취소하거나 정지할 수 있도록 하고 있다. 이 밖에 제158조는 지방자치단체의 사무에 대한 중앙정부의 업무 및 회계감사를 인정하고 있으며, 제159조는 지방의회의 의결에 대한 제의와 제소를 규정하고 있다. 이와 같은 규정들은 지방분권의 활성화를 저해하는 것으로서 향후 이러한 규정들의 개정을 포함한 분권화의 활성화노력이 전개될 전망이다.

자치단체의 계층구조는 단층보다는 현재의 2층 구조가 유지될 가능성이 높으나, 계층 간의 관계는 현재의 엄격한 수직적 상하관계가 점진적으로 완화될 것이다. 또한 현행 자치구역은 거의 백 년 동안 유지되어 왔기 때문에 생활권과 행정권의 괴리현상이 나타나고 있고, 도시화와 산업화로 인하여 농촌형 자치단체와 도시형 자치단체 간의 불균형 현상이 나타나고 있다.[4] 이러한 문제들로 인해서 자치구역의 개편논의가 끊이지 않고 있다. 예를 들면 현재 서울분할론, 직할시 폐지론, 도농통합론 등이 꾸준히 제기되고 있으며, 정치·경제적인 이해관계까지 얽혀서 경기도분할론 등도 등장하였다. 이 중에서 도농통합론은 도시형자치단체와 농촌형자치단체의 지역 간 균형발전을 도모하고, 농촌지역의 여유 토지를 이용할 수 있으며 생활권과 행정권의 일치라는 측면에서 긍정적으로 검토되고 있다.[5]

---

4) 김병준, 「한국지방자치론: 지방자치, 자치행정, 자치경영」(서울: 법문사, 1994), p.67.
5) 위의 책.

2. 북한의 권력구조

북한체제의 장래에 대한 전망은 북한이 곧 붕괴할 것이라는 견해와 북한이 상당히 존속할 것이라는 견해가 팽팽히 대립되고 있다. 붕괴론에 의하면 사회주의권의 몰락 이후 경제적 위기를 포함한 총체적 위기를 맞고 있는 북한이 조만간 붕괴할 수밖에 없다고 주장하고 있다.[6] 한편 생존론에 의하면 북한이 현재 여러 가지 위기에 직면해 있는 것은 사실이나 북한체제의 특수성상 북한은 '우리식 사회주의'를 유지하면서 지속될 것이라는 주장이다. 즉 북한은 정예화된 백만의 군, 전체 국민의 17%에 달하는 노동당, 남한과 미국에 대한 적대감을 이용한 내부결속, 반체제 인사 내지 조직의 부재, 강력한 사회통제력, 지리적 고립, 중국의 지원 등으로 생존 자체에 어려움이 크지 않다는 것이다.

북한체제의 장래에 대한 전망은 김일성 사후에도 여전히 논쟁거리로 남아 있으나, 북한이 적어도 현재의 상태를 계속 유지하지는 못할 것이며 어떠한 형태이든지 변화할 가능성은 매우 높다.[7] 북한이 변화한다면 북한의 변화유형은 다음의 4가지 가운데 하나가 될 것이다.[8] ① 폴란드, 헝가리, 체코슬로바키아 등과 같이 다원주의 체제로의 전환, ② 루마니아식의 급격한 체제 붕괴, ③ 소련식의 위로부터의 개혁에 의한 체제전환, ④ 중국, 베트남 등과 같이 정

---

6) 포스터 - 카터(Aidan Foster - Carter)는 하버마스(Jurgen Habermas)의 '위기이론'을 북한에 적용하여 북한은 경제적 위기뿐만 아니라 정당성의 위기, 합리성의 위기, 동기유발의 위기 등으로 1995년까지 붕괴할 것이라고 단언한다. 에이든 포스터 - 카터, "북한사회 변화를 어떻게 볼 것인가? 하버마스 위기이론의 적용", 민족통일연구원 편, 「북한체제의 변화: 현황과 전망」(서울: 민족통일연구원, 1991).

7) 양성철, 「북한정치연구」, pp.370 - 371.

8) 박영호 · 박종철, 「남북한 정치공동체 형성방안 연구」(서울: 민족통일연구원, 1993), p.117.

치적 권위주의 체제는 유지하면서 경제 부문에서의 제한적인 개혁·개방 등이 가능하다. 이 중에서 북한은 중국이나 베트남과 같이 정치체제는 사회주의 체제를 유지하면서 경제적인 개혁만을 추진할 가능성이 가장 높을 것으로 전망된다. 특히 북한이 겪고 있는 심각한 식량부족을 비롯한 경제난 등을 감안할 때, 북한의 개방·개혁에 관한 의문은 개방 여부보다는 개방의 정도가 될 것이다. 이는 최근 북한의 대미·일관계 개선 노력 등에 잘 나타나 있다.

북한은 당면하고 있는 경제난 타개와 외교적 고립탈피를 위한 노력의 일환으로 이미 80년대 후반부터 미국, 일본과의 관계개선에 착수한 바 있다. 북한은 지난 1988년 12월 6일 북경에서 미국과 참사관급 접촉을 시작한 이래 2009년까지 60여 회에 걸쳐서 대미접촉을 지속해 왔다. 북한의 대미전략은 과거 주한미군철수, 한미상호방위조약폐기, 한미관계의 이간 등 대남혁명의 여건조성에 중점을 두었으나, 이 시기 들어서 경제협력촉구, 국제적 고립탈피, 체제존중보장, 생존위협물(팀스피리트 훈련, 미국의 핵우산) 제거 등 생존유지전략에 중점을 두고 있다. 또한 북한은 1990년 9월 일본에 수교교섭을 제의하였고 일본이 이를 받아들임으로써, 1991년 1월 일·북한 국교정상화교섭이 시작되어 2009년까지 10여 차례에 걸친 수교회담이 추진되었다.

북한은 1993년부터 핵문제를 갖고 2009년에 이르기까지 미국과의 관계개선을 위한 일대 외교전을 시작하였다. 북한의 생존을 위한 개방전략은 핵문제의 발생과 해결과정, 그리고 제네바합의 등 일련의 과정 속에서 보다 분명히 나타나고 있다. 북한의 핵문제가 처음부터 무모한 모험주의나 고립주의라기보다는 보다 적극적인 대미접근전략의 일환이라고 볼 수 있는 것은 NPT를 탈퇴하면서 내세운 NPT 복귀조건에 잘 나타나 있다. 북한이 내세운 NPT 복귀조건은 ① 팀스피리트 훈련의 영구중지, ② 남한 내 미군 핵무기와 핵기지의 완전공개, ③ 북한에 대한 핵위협 해소, ④ IAEA의 공정성과 중립성 회복 등이며, 아울러 북한은 핵문제 해결을 위하여 미국과의 직접협상을 요구하였다.

핵카드를 체제유지의 수단으로 사용하려는 북한의 의도는 북한 핵문제 해결을 위한 대미협상과정에서도 재확인된다. 북한은 북미회담에서 팀스피리트 훈련의 영구중단, 주한미군기지 사찰허용, 북한에 대한 핵무기 공격금지 확약, 한국에 대한 핵우산제공 포기, 북한의 사회주의 체제 존중, 북한해외자금동결 해제, 원자로건설 및 중유공급, 주한미군철수 등을 주장함으로써, 대미협상에 임하는 북한의 계략을 알 수 있었다. 과거 제1차 핵위기 시에도 1993년 7월 14일부터 19일까지 제네바에서 열린 북미 제2단계 회담에서도 북한은 1단계회담의 요구사항 이외에 흑연감속로를 경수로로 전환하는 문제를 제기함으로써 미국과 경제협력의 통로를 개설하여 북한의 경제적 위기를 모면하려는 이도를 나디냈다. 즉 북한은 장기적인 체제유지의 수단으로서 경제재건이 필수적임을 파악하고, 이를 위하여 미국과 경제협력의 중요성을 인식하였던 것이다. 지난 2006년 제2핵위기 시에도 북한은 생존을 위한 기본적인 요건들을 미국으로부터 보장받았다. 즉 북한은 핵동결을 조건으로 미국과 정치적, 경제적 관계의 완전한 정상화 및 미국의 북한에 대한 핵 불위협과 불사용을 얻어냄으로써 외교적 고립탈피, 경제회생, 군사적 위협제거 등을 위한 토대를 마련한 것이다.[9]

그러나 북한은 개방을 어디까지나 체제유지에 도움이 되는 선에

---

9) ≪중앙일보≫, 2006. 10. 15.

서 추진하는 것이며, 따라서 북한의 개방·개혁은 매우 제한적일 수밖에 없을 것이다. 북한은 체제수호를 위해 가장 중요한 일은 '주체사상의 순결성을 유지하고 외부사조의 침습'을 철저히 막는 것이라고 믿고 있으며, 이는 성급한 개혁·개방이 체제 붕괴로 연결된 소련이나 동구의 예에서 이미 충분한 교훈을 배웠기 때문이다. 이러한 점을 염두에 두고 북한은 경제특구와 같이 특정지역만을 개방의 대상으로 하는 등 외부의 영향이 유입되는 것을 최대한 저지하려는 노력을 하고 있는 것이다.[10]

그럼에도 불구하고 북한의 제한적인 개혁·개방은 궁극적으로 체제변화의 중요한 요인으로 작용할 것이다. 다만 2009년 로켓발사 이후 지속적으로 2012년 강성대국을 목표로 북한은 전체주의 체제와 노동당 일당제 체제를 거쳐 3대째 부자세습체제를 획책하고 있어 걸림돌이 되고 있다. 이 과정에서 북한은 이데올로기의 퇴조현상, 노동당의 역할감소와 다당제의 도입, 사회 부문의 자율성 증가 등이 반드시 점진적으로 채택되어야 할 것이다.[11]

Ⅲ 권력구조에 대한 이론적 고찰

1. 정부형태

통일한국의 권력구조를 제시하기 위한 준비작업으로 권력구조에 대한 여러 시각을 고찰할 필요가 있다. 즉 정부형태, 의회제도, 지

---

10) 온만금. "북한 체제의 변화전망과 이에 따른 대응책 모색"(민족통일연구원 주최 워크숍 발표논문, 1994. 10. 20).

11) 박영호·박종철, 「남북한 정치공동체 형성방안 연구」, pp.119－124.

역적 권력배분문제에 대한 이론적 장단점을 비교·분석한다. 정부형태로서 대통령제, 의원내각제, 이원정부제를 검토하고, 의회제도의 단원제와 양원제에 대한 이론적 검토를 한다. 마지막으로 중앙집권과 지방분권에 대하여 살펴볼 것이다. 먼저 정부형태는 의미하는 바에 따라서 최광의설, 광의설, 협의설, 최협의설 등 여러 가지로 사용된다.12) 오늘날 모든 정부는 권력분립의 이론에 따라서 국가권력을 입법부, 행정부, 사법부에 기능적으로 배분하고 있는데, 최광의의 정부형태는 이들 3부가 국가권력을 어떻게 행사하며 이들 상호간의 관계가 어떠한가 하는 것을 말한다. 즉 최광의의 정부형태란 국가권력구조를 의미하는 것으로 국가권력이 '견제와 균형'의 원칙에 따라 분립되어 있는 경우 민주주의 정부형태라고 말하고, '견제와 균형'이 깨진 상태에서 국가권력이 집중된 경우 전제주의라고 말한다.13)

한편 광의의 정부형태는 3부 중 사법부를 제외한 입법부와 행정부 간의 권력배분과 상호 관계를 의미하는 것으로 광의의 정부형태는 대통령책임제, 의원내각제, 혼합정정부 등으로 나뉜다.14) 협의의 정부형태는 행정부 또는 집행부만을 의미하며, 최협의의 정부형태는 대통령을 제외한 순수한 행정부의 형태만을 의미한다. 이 글에서 사용되는 정부형태는 광의의 정부형태로, 여기서는 대통령제, 의원내각제, 혼합형정부제의 일반적 특징과 장단점을 살펴본다. 한 가지 주의할 것은 여기서 언급되는 각 정부형태의 장단점은 제도적으로 그러한 속성을 갖고 있다는 것을 의미할 뿐, 실제 운영 면

---

12) 김철수, 「헌법학신론」(서울: 박영사, 1993), p.447.
13) 위의 책, p.448, 구병록 외, 「정치학 개론」(서울: 박영사, 1992), p.120.
14) 권영성, 「비교헌법학」(서울: 법문사, 1981), p.100.

에서는 여러 가지 변수에 의해서 다른 상황이 일어날 수 있으며, 심지어 반대현상도 얼마든지 일어날 수 있다.

의원내각제는 영국에서 그 유래를 찾을 수 있으며, 다음과 같은 일반적 특징을 갖고 있다.[15] 첫째, 행정부는 입법부에 의해서 구성되며 입법부의 신임을 그 존립의 요건으로 한다. 내각은 일정한 임기를 보장받지 못하며, 내각이 제출한 신임투표가 의회에 의해서 부결되거나 의회가 제안한 불신임안이 가결될 경우 내각은 총사퇴하게 된다. 둘째, 수상은 내각의 각료를 언제나 경질할 권한을 갖고 있으나, 기본적으로 내각은 의회에 대해서 연대책임을 진다. 셋째, 내각은 의회의 임기와 관계없이 언제라도 의회를 해산할 수 있다. 넷째, 각 원은 의원에 한정된다. 다섯째, 수상은 국민에 의한 직접선거에 의해서가 아니라 의회에서 간접적으로 선출된다. 여섯째, 국가원수와 행정의 수반이 구분되며, 국가원수는 의례적 권력만을 갖고 임기를 보장받는 데 반해서, 행정의 수반인 수상은 실질적인 권력을 행사하나 임기는 보장받지 못한다.

의원내각제의 성패는 입법부와 행정부 간의 균형이 얼마나 잘 이루어져 있느냐에 달려 있다. 따라서 의회의 내각불신임에 대한 방지책과 함께 내각의 의회해산에 대한 방지책도 아울러 중요하다. 즉 내각의 잦은 의회해산으로부터 의회를 보호하기 위한 방책으로 의회해산의 횟수를 연 1~2회로 제한하든지 의회 임기 시작 후 몇 개월과 종료 몇 달 전에는 해산할 수 없다는 규정 등을 두고 있다.[16] 의회해산권과 내각불신임권 중 어느 하나만 보장된다면 입법부와 행정부 간의 균형은 깨질 것이다. 즉 의회해산권만이 보장되

---

15) 구영록 외, 『정치학 개론』(서울: 박영사, 1992), pp.121 - 124.

16) 위의 책, p.123.

면 강한 정부와 약한 의회를 초래하고, 내각불신임권만 보장된다면 강한 의회와 약한 정부를 만들 것이다.

의원내각제의 장점은 의회와 행정부가 일체적이기 때문에 상호협조하에 신속하고 능률적인 국정운영이 가능하며, 행정부의 입법부에 대한 책임으로 책임정치가 용이하다.[17] 한편 의원내각제의 단점은 한 정당이 의회의 절대다수를 차지하여 행정부와 입법부를 독점할 경우 권력집중현상을 견제할 수단이 없으며, 정당이 난립하게 될 경우는 내각의 잦은 교체로 정국이 불안정해질 우려가 있다.[18]

그러나 정당난립의 문제점은 정책부재, 이념부재, 당리당략추구, 빈번한 이합집산 등 정당정치의 난맥상이 의원내각제 도입의 문제점으로 점으로 지적되고 있으나, 이러한 문제점은 의원내각제에 기인하는 것이 아닐 뿐만 아니라 대통령제가 오히려 정당정치의 정착을 저해하는 요인으로 지적될 수 있다.[19] 대통령선거에서 패한 정당은 정국운영에 아무런 책임도 없으며, 이들은 오로지 정부의 실정을 비난하며 당파적 이익과 지지세력의 지엽적 이익에 몰두할 뿐이다. 정국의 운영과 안정은 오로지 대통령의 몫이 되는 것이다.

한편 의원내각제에서는 의회가 정부불신임권을 행사하기 때문에 모든 정당들이 국정운영에 일정 부분 책임감을 갖게 되며, 정부 역시 책임정치가 가능하다. 더욱이 의원내각제에서는 혼란 없이 지도부의 교체가 용이하여 안정적인 정국의 운영이라는 면에서 대통령제보다 유리한 측면이 있다. 대통령제는 18세기 말 미국이 영국으

---

17) 김철수, 『헌법학 신론』(서울: 박영사, 1993), p.454.
18) 위의 책.
19) Juan Linz, "Presidential or Parliamentary Democracy: Does It Make a Difference", Juan Linz and Arturo Valezuela eds. The Failure of Presidential Democracy: Comparative Perspectives(Baltimore: John's Hopkins University, 1994), p.63.

로부터 독립하면서 최초로 시작된 정부형태로서 다음과 같은 일반적 특징을 갖고 있다.[20) 첫째, 의원내각제에서 대통령이나 군주는 국가원수로서의 의례적이고 형식적인 존재인 데 반해서 대통령제에서 대통령은 국가의 원수인 동시에 행정부의 수반으로서 국가를 대표함과 동시에 혼자의 의사대로 내각을 임면한다.

둘째, 입법부와 행정부는 분리되며 의원과 각 원은 상호간에 겸직하지 않는다. 의원내각제에서는 국민의 위임을 받은 의회에 의해서 행정부가 구성되는 데 반해서, 대통령제에서는 대통령과 의회가 국민으로부터 개별적으로 권력을 위임받는다. 따라서 대통령은 국민의 직접 투표에 의하여 선출되든 의회나 선거인단에 의해 간접적으로 선출되든 국민에 대하여 직접 책임을 지며 일정한 임기를 보장받으며, 행정부 역시 대통령의 임기 내에서 일관성을 갖고 일할 수 있다.

셋째, 내각은 대통령에 대해서 개별적으로 책임을 지나 의회에 대해서 연대책임을 지지 않는다. 의회는 불신임투표에 의해 내각 전체에 대한 책임을 물을 수 없으며, 각료들은 대통령을 통해서만 국민에게 책임을 진다.

넷째, 대통령의 소속당이 원내 소수당이거나, 대통령이 소속당의 신임을 잃거나, 심지어 대통령의 소속당이 없을지라도 대통령은 일정한 임기를 보장받는다.

대통령제의 장점은 대통령이 의회의 신임 여부와 관계없이 임기가 보장되므로 임기 동안 행정부가 안정되어 정책의 계속성이 유지될 수 있으며, 의회가 다수파의 횡포로 졸속입법을 할 경우 대통령이 법률거부권을 행사하여 이를 방지할 수 있다.[21) 대통령제의

---

20) 구영록, 「정치학 개론」, pp.124 - 126.

단점으로는 대통령에게 권력이 집중되어 있고 국회에 대하여 책임을 지지 않기 때문에 정부가 독재화할 가능성이 있고, 대통령의 소속당이 의회의 다수를 점하고 있지 못할 경우 국정의 통일적 수행이 어려우며 행정부와 의회의 대립을 조정할 방법이 없다.[22] 대통령제가 독재화한 경우는 제2차 세계대전 이후 많은 신생국에서 그 예를 찾아볼 수 있다. 나세르의 이집트, 이승만의 한국, 장계석의 대만과 '대통령제'를 택한 중남미 국가들에서는 대통령이 국가의 다른 기관보다 우월한 정치권력을 바탕으로 독재정치를 하였다.[23]

대통령제가 의원내각제와 가장 두드러진 차이점은 대통령과 의회가 국민으로부터 각각 정통성을 부여받는다는 점과, 대통령의 임기가 의회의 신임과 무관하게 보장된다는 것이다. 이러한 대통령제의 특징은 일반적으로 장점으로 평가되지만, 오히려 약점으로 작용하기도 할 수 있다. 즉 대통령과 의회는 국민으로부터 각각 독립적으로 권위를 부여받기 때문에 대통령과 의회의 갈등이 늘 잠재해 있고, 갈등이 표면화 되었을 때 누가 국민의 의사를 더 정확히 반영하고 있는지 판단할 수 있는 민주적인 해결원칙이 없다.[24] 또한 대통령의 임기가 의회의 신임과 관계없이 고정되어 있다는 것이 정책의 일관성을 보장해 주는 장점이 되는 반면, 정권과 정권 간에는 정책의 차이가 더 커질 수 있으며 대통령의 급작스러운 유고시에 이러한 문제는 더욱 두드러질 수 있다.[25]

---

21) 김철수, 「헌법학 신론」, p.451.

22) 위의 책, p.452.

23) 뢰벤슈타인은 이들 나라의 정치체제를 신대통령제(neo-presidentialism)라고 불렀다. Karl Loewenstein, *Political Power and the Governmental Process*(Chicago: University of Chicago Press, 1957), 구영록, 「정치학개론」, p.126에서 재인용.

24) Linz, "Presidential or Parliamentary Democracy", p.7.

25) 위의 글, p.9.

린츠는 대통령제의 장점으로 인식되는 특징 중에서 오히려 오늘날 현실적으로는 단점으로 작용하는 점들을 지적하고 있다.[26] 첫째, 대통령후보가 반드시 직업 정치인일 필요가 없기 때문에 정치권 밖에서 영입되어 잘 알려지지 않았고 검증되지 않은 인사가 대통령이 될 가능성이 있다.

둘째, 대통령의 임기가 보장되어 정책의 일관성이 보장되는 측면이 있는 반면, 대부분 대통령의 임기가 제한되어 있기 때문에 임기 내에 정책의 입안과 완성에 대한 지나친 집착으로 정책이 졸속집행될 우려가 있다.[27] 더욱이 임기 말이 다가오면서 레임 덕 현상이 발생하여 대통령의 지도력이 저하되며, 대통령은 이의 방지를 위하여 가장 능력 있고 적합한 후계자보다는 자신의 뜻에 가장 충실하며 자신의 임기 후를 가장 잘 보장해 줄 수 있는 사람을 중용하는 경향이 있다.[28]

셋째, 대통령선거 시 후보가 난립하면 과반수에 훨씬 못 미치는 후보가 대통령에 당선될 수도 있고 이의 개선책으로 상위 두 후보 간의 결선투표제가 사용되기도 하지만 이것 역시 동질적인 표의 결집이라고 볼 수 없다.

넷째, 대통령은 그를 당선시켜 준 정파의 수장이며 정부의 수반인 동시에 국가의 수반이 된다. 그럼에도 불구하고 대통령은 종종 정파의 수장으로서 행동함으로써 반대파를 소외시키는 경향이 있다.

다섯째, 직업정치인이 아닌 인사가 강력한 정당의 지지 없이 국

---

26) 위의 글, pp.10-87.

27) 의원내각제의 경우는 수상이 물러나더라도 그가 소속한 당이 계속 집권한다면 정책을 일관성 있게 추진해 나갈 수 있다.

28) 의원내각제에서는 수상에서 퇴임하더라도 의원직을 유지하면서 일정한 영향력을 행사할 수 있고, 다시 수상이 될 수 있는 가능성도 충분히 있기 때문에 퇴임 후에 대한 염려가 대통령제만큼 크지는 않다.

민적 인기에 의존하여 대통령이 될 수 있으며, 이 경우 대통령의 국정수행능력은 미지수일 수밖에 없다. 이러한 현상은 정당체제가 불안정한 경우에 그 가능성이 더욱 증대된다.

여섯째, 대통령의 유고시 부통령의 승계에 문제점이 있다. 종종 부통령은 대통령과 다른 지역, 다른 세대, 다른 이익을 대표하는 경우가 많이 있으며, 이 경우 대통령을 선출한 사람들이 부통령을 대통령으로 받아들이는 데 어려움이 있다.

일곱째, 대통령제에서는 일반적으로 대통령에게 막강한 권한이 부여되지만 대통령의 강력한 권한도 의회에 의해 적절히 견제될 수 있기 때문에 대통령이 의회의 다수파를 확보하고 있지 못할 경우 대통령의 지도력은 기대하기 어렵다. 따라서 대통령은 가급적 정당의 약화에 관심이 있으며 종종 정당은 개인주의 경향을 띠는 경우가 많다. 또한 대통령제에서는 보통 몇 명의 강력한 대통령후보를 제외하고는 폭넓은 지도자군이 형성되어 있지 않다.

여덟째, 대통령제의 장점으로 국가통합의 상징으로서 대통령의 존재가 거론되고 있다. 그러나 인종적, 종교적, 지역적으로 매우 이질적인 사회의 경우 어느 특정지역이나 집단의 절대적 지지하에 대통령이 될 수 있으며, 이는 일부지역이나 집단을 상대적으로 소외시키는 결과를 초래할 수 있다.[29]

단정적이라기보다는 확률적이지만 대통령제의 장점으로 인식되고 있는 점들이 미국 이외의 나라에서는 제대로 그 기능을 발휘하고 있지 않다는 사실에 유의할 필요가 있다. 이상에서 본 바와 같이 권력분립의 원리가 국가권력구조에 어떻게 적용되는가에 따라

---

[29] 대통령이 전국적인 지지를 확보해야 한다는 취지에서 나이지리아는 적어도 2/3의 주에서 25%의 득표를 대통령당선의 조건으로 하고 있다.

서 정부형태는 대통령제와 의원내각제로 분리된다. 대통령제의 경우 입법부와 행정부 간의 권력분립이 엄격한 경성적 분립을 기초로 하고 있고, 의원내각제의 경우 권력의 공화를 내용으로 한 연성적 분립을 바탕으로 하고 있다.[30] 그러나 대통령제의 요소와 의원내각제의 요소가 혼합되어 엄격한 의미에서 대통령제나 의원내각제로 분류되기 어려운 정부형태가 많이 있다.

대통령제와 의원내각제의 요소가 혼합된 여러 가지 정부형태 중 이원정부제가 있는데, 그 대표적인 예가 프랑스 제5공화국의 정부형태이다. 이원정부제에서 대통령은 국민의 직접선거에 의해서 선출되며 의회로부터 독립되어 의회에 대하여 책임을 지지 않는다.[31] 대통령은 수상을 임명하고 의회를 해산하는 권력을 갖고 있으며, 국가 긴급 시에는 직접 행정권을 행사한다. 그러나 대통령은 법률거부권을 갖고 있지 못하며 의회는 내각불신임권과 수상인준권을 갖고 있다. 또한 내각은 의회에 대하여 연대책임을 지나, 의회에 대한 법률거부권을 갖고 있지 못하다.

이원정부제의 장점은 평시에는 의원내각제로 운영되어 의회와 행정부 간의 협조로 국정의 운영이 원활할 수 있고, 비상시에는 대통령의 직접통치로 위기에 효과적으로 대처할 수 있다. 이원정부제의 단점으로는 대통령의 소속당이 의회의 다수당이 아닐 경우 대통령과 수상이 다른 당의 소속이 됨으로써 정부 내 마찰의 가능성이 있다. 또한 국가위기를 빙자한 대통령의 비상권한 남용으로 정부가 독재화할 우려가 있다.

---

30) 한태연, 「헌법과 정치체제」(서울: 법문사, 1987), p.116.
31) 김철수, 「헌법학 신론」, p.455.

2. 의회제도

의회제도에는 양원제와 단원제가 있다. 모든 제도가 그렇지만 의회제도는 특히 역사적 배경과 정치적 상황에 큰 영향을 받는다. 즉 양원제를 택할 것인가, 단원제를 택할 것인가의 문제는 제도의 이론적 장단점보다는 그 나라의 특수한 상황이 중요한 역할을 한다.

영국의회는 초기에 군주의 권한에 대항하여 귀족계급의 이익을 보호하기 위한 조직으로 시작되었으나 참정권이 점차 확대되어 민주적 대의제의 성격이 강화됨에 따라 상하원으로 구분되어 귀족의 이익을 대표하는 상원과 민의를 대변하는 하원으로 정착하게 되었다.[32]

의회제가 영국에서 양원제로서 처음 시작되어 전 세계적으로 수출되었으나, 그 형태는 영국의 양원제와 반드시 일치하지 않는다. 영국의 양원제는 귀족의 이익에 대한 고려가 중요시된 반면, 미국이나 독일과 같은 연방국가의 양원제는 지방을 대표하는 상원과 국민을 대표하는 하원으로 구성되었으며 미국의 경우 상원(Senate)이 하원(House of Representatives)에 비해 강력한 권한을 행사한다. 일본은 계급적 전통에 대한 고려나 연방제가 아닌 상황에서, 상하 양원 모두 민선의원으로 구성되는데, 이는 단지 민주적 절차에 대한 고려가 중요시된 것이다. 또한 독일 바이에른(Bayrne) 지방의 경우 상원은 지역대표가 아닌 직능대표로 구성된다.[33]

양원제라고 하더라도 나라마다 양원의 선거방법, 의원 수, 의원의 임기 등과 같은 구성원칙이나 양원의 권한문제에 있어서 차이

---

32) 18세기 영국에서 시작된 최초의 근대적 의회제는 양원제로서, 상원(House of Lords)은 특권계급을 대표하는 세습제 혹은 임명제의 의원으로 구성되고, 하원(House of Commons)은 민선의원으로 구성되었다. 영국이 양원제를 오늘날까지 유지하게 된 가장 큰 이유는 영국사회의 계급적 전통에 기인한다고 할 수 있다.

33) 위의 책, p.480.

가 있다. 하원은 대부분 민선의원으로 구성되나, 상원의 경우 특권계층, 지방, 국민 혹은 직능을 대표한다. 양원의 권한문제에 있어서도 의원내각제를 채택하고 있는 대부분의 국가에서는 예산의결권과 내각구성권 및 내각불신임권을 갖는 하원이 상원에 대해 우월적 지위를 차지하는 반면, 미국의 경우는 상원이 하원에 비해서 우월적 지위를 갖고, 스위스의 경우 상하원은 동등한 권한을 갖는다.

그러나 일반적으로 양원제에서는 상하원의 조직이 독립되어 있고 양원은 각기 독자적인 의사결정을 하나 필요한 경우 양원의 합동회의에서 의사결정이 이루어진다. 양원제의 이와 같은 원칙을 '조직독립의 원칙', '의결독립의 원칙', '의사병행의 원칙'이라고 한다.

양원제의 장점은 국민을 대표하는 하원과 함께 상원이 연방국가에서 지방의 이익을 옹호하거나, 직능적 이익을 대표할 수 있다. 또한 상원은 하원의 경솔한 의사결정 및 급진적 개혁을 방지하고 하원과 정부의 충돌을 조정하는 역할을 통하여 국정의 안정을 도모할 수 있다. 한편 양원제의 단점으로는 의회의 의사결정이 지연되거나, 국가예산에 부담이 되고, 상원의 견제작용으로 하원의 대정부 견제기능이 약화될 수 있다.[34] 오늘날에는 양원제를 택하는 나라가 감소하는 추세인데, 이는 정당제의 강화로 인하여 상원의원의 정당기속성이 증대함으로써 하원과의 차이가 감소하였고, 행정부의 비대화로 인한 의회제도의 전반적인 약화에 그 원인이 있다고 할 수 있다.

한편 단원제는 일반적으로 민선의원들로 구성되는 하나의 합의체기구로 된 의회제를 말하는데, 그 기원은 프랑스 혁명 이후 의회

---

34) 위의 책, p.479. 연방제의 경우 상원의 지방이익 옹호기능이 자칫 국민의 의사에 반하게 작용함으로써 의회의 대의기능을 손상시킬 수 있다

구성 시 쉬에즈(Sieyes)의 양원제에 대한 비판에서 시작한다. 쉬에즈는 양원제에서 "제2원이 제1원과 같은 결정을 한다면 제2원은 무용한 존재이고, 반대로 제2원이 제1원과 다른 결정을 한다면 제2원은 유해한 존재이다."라고 지적하면서 의회는 단원으로 구성할 것을 주장하였다.[35] 쉬에즈 사상의 영향으로 프랑스는 단원제 의회를 구성하였고, 이것이 최초의 단원제 의회가 되었다. 또한 국민주권의 원리에 비추어 볼 때, 국민의 단일·불가분한 주권은 이원적으로 대표될 수 없다는 주장도 제기될 수 있다.[36] 단원제는 국정의 신속한 처리가 가능하며 의회의 경비를 절감할 수 있다는 장점이 있는 반면, 국정심의가 경솔할 수 있고 하원의 정부에 대한 횡포를 방지할 수 없다는 단점이 있다.[37]

3. 지역적 권력배분문제

통일한국의 권력구조를 구상함에 있어서 본 연구는 연방제를 배제하고 단일국가를 전제하고 있지만, 우리는 여전히 권력의 지역적 문제의 또 다른 측면인 중앙집권과 지방분권의 문제에 직면하게 된다. 행정조직의 계층구조에 있어서 의사결정권이 상부에 집중되어 있으면 집권이라고 하고 하부에 분산되어 있으면 분권이라고 한다. 즉 집권과 분권은 정부안의 상하 행정기관 사이 혹은 같은 기관 내의 상하계층 사이 등 권력배분이 있는 곳에서는 모두 사용될 수 있는 개념이며, 권력배분관계가 중앙기관과 지방기관 간의

---

35) 허영, 「한국헌법론」(서울: 박영사, 1994), p.842.
36) 권력분립의 이론과 마찬가지로 양원제가 국민주권원리의 단일 불가분성을 침해하지 않는다는 주장도 있다.
37) 김철수, 전게서, p.485.

지역적 차원으로 나타날 때 중앙집권과 지방분권이라고 부른다.

중앙집권은 의사결정권이 중앙기관에 집중되어 있는 것을 의미하며 지방분권은 지방정부에 의사결정권이 분산되어 자주성이 높은 경우를 의미한다. 그러나 중앙집권과 지방분권은 절대적인 개념이 아니라 상대적인 개념으로서, 의사결정권이 완전히 중앙에 집중되어 있다든지 완전히 지방에 분산되어 있는 것은 아니다. 상대적으로 어느 편에 권력이 집중 혹은 분산되어 있는가에 따라서 중앙집권과 지방분권으로 나뉜다.[38]

중앙집권은 국가의 통치권과 행정권이 중앙정부에 집중되어 있는 경우로서, 중앙정부의 계층적 하부기관인 지방행정기관을 통하여 중앙정부가 직접 지방의 행정사무를 처리한다. 지방행정기관은 중앙정부에 의해서 구성되며 지방주민에 대하여 책임을 지는 것이 아니라, 중앙정부에 대하여 책임을 진다.

중앙집권이 바람직하다는 주장에 의하면 ① 오늘날 교통·통신의 발달 등으로 생활권이 확대되어 주민의 전통적인 향토애가 약화되어 지방분권의 정신적 기초가 무너졌고, ② 행정사무가 양적인 팽창과 질적인 복잡성을 띠고 있을 뿐만 아니라 노동보건환경문제 등 지방의 차원을 넘는 전국적인 문제가 증가하였으며, ③ 부의 불균형적 배분, 공황, 지역 간 불균형 등 국가 전체의 입장에서 기획·조정을 필요로 하는 문제들이 대두되었고, ④ 국가안전보장의 목적상 군사력 증강뿐만 아니라 인적·물적 자원을 효과적으로 동원할 수 있는 필요성이 증가하였다.[39]

---

38) 안병만, 「한국정부론」 제2판(서울: 다산출판사, 1992), p.233, 최창호, 「지방자치제도론」 (서울: 삼영사, 1994), pp.40-41.

39) 안병만, 전게서, pp.247-49.

이러한 이유 때문에 중앙집권의 필요성이 있으며, 중앙집권제하에서는 다음과 같은 장점이 있다. 첫째, 중앙집권에서는 전국을 하나의 대상으로 한 행정이 계획되고 집행될 수 있기 때문에 행정의 통일성이 보장되며 일단 계획된 사업을 일관되게 추진할 수 있다.[40)]

둘째, 중앙집권은 지방에서 있을 수 있는 소수 혹은 다수의 전제를 방지할 수 있다. 지방의 사회경제적 권력이 계층적으로 형성되어 있는 지방에서는 지방권력이 기득권층에 의해 독점되어 있어서 지방주민의 참여와 요구가 제대로 받아들여지지 않을 위험이 높다. 특히 주민의 참여와 관심이 부족한 지방에서는 비민주성이 더 커질 수 있으며 주민의 자유와 권리가 안전하게 보호받지 못하는 경우가 있다. 또한 중앙집권제는 지방에서 발생 가능한 다수 집단의 횡포로부터 소수 소외계층을 보호할 수 있다.[41)]

셋째, 중앙집권제에서는 규모의 법칙, 수급의 탄력성, 행정의 전문성 등의 이점을 살려 효율성을 높일 수 있다.[42)] 중앙집권이 중앙정부의 방침을 지방 말단에까지 획일적으로 침투시킴으로써 능률적으로 행정사무를 실행해 나가는 데 효과적인 방법이라면, 지방분권은 주민의 생활과 관계가 있는 문제를 주민의 참여 속에서 주민의 욕망과 지방의 실정에 따라 처리해 나감으로써 궁극적으로 자유를 희구하는 인간의 본성을 충족시키고 주민참정이라는 민주주의 정신을 구현시키는 것이라 할 수 있다.[43)]

---

40) 최창호, 전게서, p.45.

41) 안병만, 전게서, pp.236-237.

42) 최창호, 「지방자치제도론」, p.46. 효율적인 행정은 정치적 요구로부터 자유로운 훈련된 관료조직으로부터 나오는 것이 용이하고, 주민의 참여확대는 자칫 이익집단 간의 마찰이나 정치적 이해관계로 소신 있는 행정에 장애가 될 수 있다.

43) 구병삭, 「지방자치법」(서울: 박영사, 1991), p.6.

지방분권은 지방의 주민이 독자적인 자치기구를 설치하여 지방의 정치와 행정을 중앙정부로부터 독립하여 처리함으로써 구현될 수 있는 것이며, 이를 우리는 지방자치라고 한다.

그러나 국가의 의사로부터 완전히 독립한 지방자치라는 것은 있을 수 없고, 지방자치단체의 자치권은 국가적 법질서의 테두리 안에서만 인정되며 이는 지방행정의 수행과정에 항상 중앙정부의 감시와 통제가 수반됨을 의미한다.44) 중앙과 지방 간 권력의 배분문제에 있어서 완전한 중앙집권과 완전한 지방분권은 있을 수 없으나, 지방자치제는 중앙과 지방의 권력배분에 있어서 중앙집권보다는 지방분권을 전제로 한 제도라고 할 수 있다.

지방자치의 필요성은 다음 몇 가지로 정리해 볼 수 있다. 첫째, 권력의 부패를 방지하고 인간의 자유와 권리를 보호하기 위하여 권력의 분립이 필요하듯이, 행정권이 비대해짐에 따라 수평적 삼권분립뿐만 아니라 수직적인 지방분권도 필요한 것이다. 주민의 지지를 받는 지방자치단체가 중앙정부를 견제함으로써 중앙정부가 국민의 의사에 위배되는 정책을 수행하는 것을 방지할 수 있다.45)

둘째, 민주주의는 국민의 적극적인 정치참여가 있어야만 제대로 작동되는 체제로서 국민의 정치참여는 중앙정치에서뿐만 아니라 지방정치에서도 실현되어야 하며, 이를 위해서 지방자치제가 필요하다.46)

---

44) 지방자치의 본질을 이와 같이 보는 것을 자치위임설이라고 하며, 이는 지방자치를 국가성립 이전부터의 지역주민의 고유한 권능이라고 보는 자치고유권설과 대립하고 있다. 권영성, 「헌법학원론」(서울: 법문사, 1992), p.212, 구병삭, 전게서, pp.15 – 22.

45) 조창현, 「지방자치론」(서울: 박영사, 1993), p.9.

46) 구병삭, 전게서, p.10. 중앙정치에 비하여 지방정치는 가깝고 이해하기 쉽기 때문에 일반국민은 중앙정치보다는 지방정치에 참여하기가 용이하다. 또한 정치참여를 통해 국민은 민주시민으로서의 자질을 향상시키게 된다.

셋째, 지방자치제는 행정의 공정성을 위하여도 필요하다. 지방자치행정은 직접적인 이해관계로 인해 주민들의 관심이 높고, 중앙의 행정에 비하여 지방의회, 언론, 주민 등의 감시가 많기 때문에 행정의 집행이 공정하게 이루어진다.[47]

넷째, 지방자치제가 중앙집권적 행정처리에 비하여 반드시 비능률적인 것은 아니다. 능률을 최소의 노력으로 최대의 효과를 얻는 것이라는 기계적 효율의 측면으로 이해할 경우 지방자치행정은 중앙집권적 처리에 비하면 비능률적인 면이 있다는 주장이 있을 수 있으나, 행정은 기업과 달리 이윤만이 최고의 목적은 아니며 다원적 가치의 충족을 실현시켜야 한다.[48] 더욱이 중앙집권제하에서는 문제의 발생지와 정책결정지점 간의 행정거리가 멀기 때문에 행정의 현지성이 무시된 채 정부의 획일적이고 경직된 정책결정으로 행정수요를 시의적절하게 수용할 수 없다. 반면에 지방자치는 그 지역사회에 사는 주민의 대표들에 의해서 지역정책을 결정하기 때문에 제한된 자원을 가장 효율적으로 배분할 수 있다.[49]

그 밖에 지방자치제는 독재의 방지, 정부의 악정이 전국적으로 확산되는 것을 방지하는 기능도 있을 수 있고, 사회가 고도로 발달됨에 따라 정치와 행정에 전문적 지식과 경험이 요구되고 있는 상황에서 미래의 정치가들을 지방자치를 통해서 사전에 양성할 수 있다.[50]

이상에서 지방자치의 장점으로 열거한 권력분립, 정치참여의 확대, 민주적 시민교육, 행정의 공정성 및 효율성 등은 정치발전의 주요한 지표들로서 지방자치는 정치발전에 필수적이라고 할 수 있다.

---

47) 위의 책, p.11.
48) 위의 책, p.11.
49) 조창현, 「지방자치론」(1995), p.74.
50) 위의 책, p.11.

Ⅳ 결 론

통일한국의 권력구조는 국민적 합의에 바탕을 둔 민주적이고 정통성 있는 권력구조가 되어야 할 것이다. 또한 통일한국은 국민의 정치적 참여가 보장되고 확대될 수 있는 권력구조를 창출하여야 하며, 다원주의적 사회를 지향하여야 할 것이다.

따라서 통일한국의 통치기구의 조직원리로서 다원주의를 배격하는 사회주의의 민주적 중앙집권제나 일당제는 배제되어야 할 것이며, 자유민주주의 통치기구의 조직원리인 국민주권의 원리, 대의제의 원리, 권력분립의 원리 등이 통일한국의 통치기구의 조직원리가 되어야 할 것이다. 또한 국민의 기본권 보장을 위한 법치주의 등이 통일한국의 권력구조의 기본 바탕이 되어야 할 것이다. 아울러 통일한국의 권력구조는 통일한국의 이념에 부합되어야 할 것이다. 우리는 자유민주주의가 통일의 기본철학임과, 통일국가의 미래상은 자유, 복지, 인간존엄성이 보장되는 민족공동체임을 명백히 하고 있다.[51]

통일한국의 권력구조는 자유민주주의의 원칙에 입각해서 현재 서구민주주의 체제에서 운영되고 있는 제도 중에서 고려될 수밖에 없을 것이다. 구체적으로 통일 후 어떤 제도를 택할 것인가 하는 문제는 제도에 대한 조건들의 성숙도에 좌우될 것이다. 즉 통일시점에서 특정제도에 대한 한국 내 토양과 북한지역에서 특정한 정치체제에 대한 선택의 판단기준이 될 것이다.

---

51) 통일원, 「8 · 15 대통령 경축사 해설자료」(서울: 통일원, 1994).

제13장

통합체제에서 원칙과 기구의 구성

I 자유민주주의

1. 국민주권

　자유민주주의에서 통치기구의 조직원리로는 국민주권의 원리, 대의제의 원리, 권력분립의 원리를 들 수 있다. 국민주권의 원리는 자유민주주의 통치의 근간으로서 국가의사를 최종저으로 결정할 수 있는 최고권력의 담당자가 국민임을 의미한다. 즉 국민주권의 원리는 국가권력의 원천이 국민이며, 모든 국가권력은 국민으로부터 나온다는 것을 말한다.[52] 국민주권의 원리에 있어서 주권의 주체는 그 인격이 의제된 '전체 국민'을 의미하고, 전체 국민이라는 추상성으로 말미암아 그 주권은 대표에 의해서 행사될 수밖에 없으며 그 대표는 그를 선출한 국민의 지시나 명령을 따르지 아니하는 무기속위임의 대의제를 본질로 한다.[53] 이러한 이유로 국민주권의 원리에

---

[52] 권영성, 「헌법학원론」(서울: 법문사, 1992), p.581.

[53] 위의 책, p.583.

서는 권력의 남용을 방지하기 위한 권력분립이 필수적이다.

즉 국민주권의 원리는 국민이 직접 '국가기관'으로서 통치권을 행사한다는 것을 의미하는 것은 아니고, 단지 국가의 주권이 국민에게 있으며 모든 권력이 국민으로부터 나온다는 것을 의미한다. 국민주권의 원리는 '주권의 소재'와 '통치권의 담당자'가 동일할 것을 요구하는 것이 아니라, '통치권의 담당자'가 국민의 의사에 의해서 결정되어야 하고 그를 통한 국가권력의 행사가 궁극적으로 국민의 의사에 의해 정당화될 것을 요구하는 것이다.[54] 예를 들면 주권자로서의 국민은 선거권을 통해서 국가권력을 창조하고, 국민투표 등을 통해서 국가의 의사결정에 참가함으로써 국가정책에 민주적 정당성을 부여한다.[55] 즉 국민은 대의기관의 통치권행사를 여론 내지 주기적인 선거를 통하여 통제·감시함으로써 정당성을 부여하고 이를 통하여 국민주권이 실현되는 것이다.

2. 대의제

주권의 주체인 전체 국민의 추상성으로 말미암아 대의제도는 치자와 피치자의 구별을 그 전제조건으로 한다. 즉 주권의 주체인 국민이 직접 주권을 행사하는 것이 아니라, 주권을 행사할 대의기관을 선거하여 대의기관으로 하여금 통치권을 행사하게 하는 것을 의미한다. 대의제도는 모든 국민이 정치적인 자결력을 갖추지 못하고, 넓은 국토와 다양한 기능의 수행으로 직접 민주주의가 불가능한 현대국가에서 현실상 불가피한 제도이다.[56]

---

54) 허영, 「한국헌법론」(서울: 박영사, 1994), p.617.

55) 위의 책, p.617.

56) 위의 책, p.619.

또한 대의기관에 의해서 내려지는 여러 가지 의사결정이 국민 전체를 기속한다는 대의제의 이념적 기초는 대의기관의 의사결정과 국민의사가 반드시 일치한다는 것을 전제로 하는 것은 아니다. 국민의사와 다른 국가의사는 항상 존재할 수 있고, 이러한 국가의사라 하더라도 국민에 대한 기속력은 갖고 있다. 즉 대의기관은 국민의 위임사항만을 집행하는 명령적 위임관계가 아닌 자유위임관계를 그 본질로 하며, 대의기관의 구성원은 국민의 의사를 대변하는 대리자가 아니라 국민으로부터 부여받은 민주적 성당성에 입각해서 독자적인 의사결정을 하는 것이다. 다만 국민은 국민의 의사와 일치하지 않는 국가의사에 대해서 선거를 통하여 책임을 물을 수 있지만, 그때까지 국가의사는 국민을 기속하고 국민의 추정적인 동의가 있는 것으로 간주되는 것이다. 대의기관이 국민으로부터 완전히 독립하여 정책을 결정한다는 대의제의 자유위임관계로 인해 주권자인 국민은 선거 시에만 주권자이고 선거 후에는 국사의 결정에서 완전히 소외되는 극단적인 대의제도가 등장할 수 있다.[57]

3. 권력분립

무기속위임을 본질로 하는 대의제도는 권력의 남용을 방지하기 위하여 정치권력의 상호 견제와 균형이 필수적이다. 권력분립의 원칙은 국가권력을 여러 국가기관에 분산시킴으로써 권력 상호간의 견제와 균형을 통하여 권력의 집중과 자의적 권력행사를 방지하고 대의제를 통한 국민주권의 올바른 실천을 보장하며 궁극적으로 국

---

57) 이러한 대의제의 극단적인 예로는 쉬에즈의 영향을 받은 프랑스 대혁명 이후의 국민회의를 들 수 있다. 위의 책, p.630.

민의 자유와 권리를 보호하기 위한 통치의 원리이다.

국민주권은 단일불가분의 권력으로서 그 위임은 불가능하나, 헌법상의 권력은 입법, 행정, 사법의 각 기관에 기능적으로 위임이 가능한 가분의 권력이다. 즉 권력분립의 원칙이 국민주권의 원칙과 조화되기 위해서는 권력의 분립이 권력 그 자체의 분립이 아닌 기능의 분립만을 의미하지 않을 수 없다.[58] 또한 권력분립은 권력의 마비로 인한 전제화를 초래할 우려가 있는 '권력의 고립(isolation)'을 의미하는 것이 아니라, 기능의 분할과 국가적 기관의 분립만을 의미할 뿐이다.[59] 즉 권력분립의 원리는 '권력의 공화(collaboration)'를 의미하는 것으로서 권력의 각 기관은 독립성을 유지하나 그 기능에 있어서 상호 협조한다는 것을 의미한다.[60]

오늘날 현대국가에서 권력분립의 원리는 몽테스키외(Montesquieu)의 고전적인 삼권분립뿐만 아니라 복수정당제도, 직업공무원제도, 지방자치제도, 헌법재판제도, 선거관리제도 등 권력의 통제를 통하여도 실현되고 있다.[61]

---

58) 한태연, 「헌법과 정치체제」(서울: 법문사, 1987), pp.20 - 21.
59) 뢰벤슈타인(K. Loewenstein)은 국가권력의 분립이란 것은 국가기능의 분배를 의미하는 것이므로 권력분립보다는 기능분리라는 개념을 사용하여야 할 것이라고 주장한다. 권영성, 「헌법학 원론」, p.604.
60) 한태연, 전게서, p.22.
61) 허영, 전게서, p.672.

1. 문제제기

독일, 예멘, 베트남 등의 통일사례가 우리에게 주는 가장 큰 교훈은 이들이 통일 이후 겪고 있는 여러 가지 후유증이라고 할 수 있다. 이 나라들의 문제점은 대부분 오랜 세월 분단상태에 있으면서 심화된 이질화로 인하여 제노석·물질적 통일은 이루었으나 진정한 정신적·심리적·내적통합을 이루는 데 있어서의 어려움이라고 할 수 있다. 이들 나라보다 이질화가 더 심화된 한국이 통일 이후 겪게 될 문제점은 결코 적지 않을 것이다. 통일 후유증을 최소화시키면서 우리가 추구하는 통일한국을 조속히 정착시키는 방법을 강구하는 것이 통일연구의 가장 중요한 과제가 되고 있다.

독일이나 베트남의 경우와 같이 일방이 주도하는 통일의 경우 그것이 평화적인 방법이든 무력에 의한 방법이든 통일 이후의 권력구조는 주도권을 가진 일방의 권력구소가 그대로 유지될 수밖에 없다는 주장도 있으나,[62] 베트남이나 독일은 전쟁과 급작스러운 통일, 통일 이후에 대한 지나친 낙관론 등으로 인하여 통일 이후에 대해 거의 준비 없이 일방의 제도를 그대로 이식하게 된 것이다. 결과적으로 이들 나라는 엄청난 통일후유증을 겪고 있으며, 이러한 경험은 통일 이후의 권력구조가 새로운 상황에 맞추어 변화될 필요가 있다는 점을 시사해 주고 있다.

남북통일에 있어서 실질적으로 가장 큰 장애요인 중의 하나이며

---

62) 양동안, "통일한국의 권력구조와 정치과정", 한국정신문화연구원 편, 「통일한국의 미래상과 삶의 양식」(성남: 한국정신문화연구원, 1991), p.63.

통일 후에 있어서도 논쟁의 가능성이 가장 큰 것은 권력구조의 문제일 것이다. 권력분립의 원칙을 조직적·구조적으로 실현시킨 정부형태가 권력구조의 가장 중심적인 좌표를 차지하나, 한 나라의 권력구조란 정부형태뿐만 아니라 대의제도, 선거제도, 공직제도, 지방자치제도 등 모든 통치기관의 구성원리를 복합적이고 종합적으로 실현시킨 통치권행사의 제도적인 틀이라고 할 수 있다.[63] 특히 정부형태와 의회제도 및 중앙과 지방의 권력배분문제는 통일 이후 권력구조의 가장 중요한 부분들로서 통일을 대비하여 이에 대한 구체적인 방안을 마련해 둘 필요가 있다.

통일 이후 남북한의 권력구조 재편과정에서 발생할 것으로 예견되는 갈등요인과 통일한국이 당면하게 될 문제를 분석하여, 통일 이후의 정치적 상황에 가장 적합한 권력구조에 대한 구체적인 방안을 제시하고 이에 대비한 우리의 개선방안을 준비하는 것이 본 연구의 목적이다. 본 저서에서 다루는 권력구조는 입법부, 사법부, 행정부에 관한 헌법상의 규정보다는 현실적인 권력관계에 관한 것이다. 즉 통일한국의 정부형태로 의원내각제를 택할 것인가 대통령제를 택할 것인가, 의회제도는 양원제와 단원제 중 어느 것이 적합한가, 중앙과 지방의 권력배분은 어떻게 조정할 것인가 등 권력의 현실적 관계에 관한 분석이 되겠다.

통일한국의 권력구조에 대한 연구는 여타 통일 분야 연구에 비해 매우 부진한 상태이다. 통일한국의 권력구조에 대한 연구는 1990년대 들어서 비로소 시작되었는데, 주로 헌법학자들에 의해서 주도되었다. 이들 연구는 방법론상에 있어서 주로 법적·제도적 측면에 치중하였고, 남북한의 현 권력구조에 대한 비교·분석을 바탕

---

63) 허영, 「한국헌법론」(서울: 박영사, 1994), pp.674-675.

으로 통일한국의 권력구조를 제시하였다.[64] 또한 이 시기 들어 몇 개의 통일한국 헌법(초안)이 제시되기도 하였고,[65] 설문조사를 통해 국민이 원하는 통일한국의 권력구조가 무엇인지를 밝히려는 시도도 있었다.[66] 이들 기존 연구들의 특징은 통일한국의 권력구조에 대한 연구가 주관적일 수밖에 없음을 들어 특정한 방법론을 제시하지 않은 채 권력구조를 제시하고 있다.[67]

2. 정치통합의 원칙

통일한국의 정치적 상황은 독일의 예에서 볼 수 있듯이 대단히 혼란스럽고 여러 가지 문제가 발생할 것이다. 이는 무엇보다 오랜 기간 분단의 결과 이질화된 두 체제가 통합됨으로써 발생하는 불가피한 현상일 것이다. 우선 예상할 수 있는 문제는 지역갈등문제이다. 남북한 간의 갈등은 두 지역의 경제적 격차에 따른 불균형과 계층 간의 갈등으로 나타날 것이며, 오랜 기간 폐쇄체제에 살았던 북한주민들은 급작스러운 개방으로 심리적 동요를 겪게 될 것이다. 또한 남한의 기존 엘리트가 통일 이후에도 계속 기득권을 유지

---

64) 이러한 종류의 연구로는 최용기, "통일헌법상의 권력구조에 관한 연구", 통일원 학술용역보고서(1992), 김동한, "통일한국의 법과 권력구조", 「포럼21」, 제6집(1993) 등이 있다.

65) 대표적인 통일헌법연구로는 향린교회, 「통일공화국헌법(초안)」(서울: 향린교회, 1993)이 있으며, 최용기, "통일헌법상의 권력구조에 관한 연구" 역시 통일헌법을 만들기 위한 연구에 포함될 수 있다.

66) 여론조사를 통한 통일한국의 권력구조연구로는 한백연구실, "통일한국이 풀어야 할 숙제: 정치", 「포럼21」(1993, 여름)이 있다.

67) 권영성, "남북통합과 국가형태·국가체제문제", 「공법연구」, 제21집(1993), 변해철, "남북한 통합과 통치구조문제", 「공법연구」, 제21집(1993), 박원순, "통일공화국헌법초안에 대한 몇 가지 논평: 기본권과 통치구조부분을 중심으로", 「통일헌법심포지움 자료집」(서울: 향린교회, 1993), 김철수, "한국통일과 통일헌법제정문제", 「헌법논총」, 제3집(1993), 이봉철, "통일헌법의 이념적 기초와 통치구조", 「북한·통일연구논문집: (1)정치분야」(서울: 통일원, 1990).

할 가능성과 북한 엘리트들은 대부분 정치적으로 소외될 가능성이 높기 때문에, 통일 이후 물적·인적 배분에 있어서 남북한 간의 갈등이 심화될 것이다. 더욱이 북한주민들의 대량 실직사태와 낮은 생활수준, 그리고 북한에 대한 부정적 인식 등으로 인하여 남한주민들이 북한주민에 대한 우월감을 갖고 북한주민들을 이등시민으로 대할 가능성도 있다.[68] 즉 통일한국에서는 남북한 간의 이질성으로 인하여 경제·사회·심리적인 다양한 갈등구조가 발생될 것이다.

또한 통일한국은 막대한 통일비용으로 경제적 어려움을 겪을 수도 있으며 북한주민들의 대량남하와 대량실업사태 등으로 사회적 혼란이 증대되어, 체제능력이 순간적이나마 약화될 가능성도 있다. 특히 통일 이후 국민들은 통일이 가져다줄 혜택에 대한 높은 기대로 여러 가지 통일후유증에 대해서 매우 비판적일 것이며 통일 이후에는 국민의 참여욕구가 더욱 커질 것이다. 특히 남한 내에서 통일과정이 국민적 합의 없이 이루어지거나 국민이 배제된 상태에서 기득권세력의 독점하에 이루어진다면, 기득권세력과 국민들 간의 기존의 갈등은 통일 이후에 더욱 증폭될 것이다.[69]

이러한 점들을 고려할 때 통일한국의 권력구조는 남북한 간의 지역적 갈등을 해소할 수 있는 화합적 권력구조가 되어야 할 것이다. 지역적 갈등 해소를 위해서는 통일 후 남북의 균형적 발전과 북한주민들의 정치참여가 적극적으로 장려되어야 할 것이다. 베트남의 경우는 통일 이후 북베트남에 의한 지나친 권력독점이 통합

---

68) 박광주, "통일한국의 정치적 갈등구조", 한국정치학회 편, 「통일한국의 새로운 이념과 질서
 의 모색」(서울: 한국정치학회, 1993), p.48.
69) 위의 글, pp.45 - 47.

에 저해요인이 된 좋은 예라고 할 수 있다. 베트남은 통일 후 남부의 민족해방전선과 당조직을 흡수하여 통치기반을 확보하고 남북총선거를 통해 전국적인 대표성을 갖는 최고인민회의를 구성하여 통일을 선포함으로써 통일의 정당성을 확보하였으나, 통일베트남의 권력구조는 북베트남의 권력구조의 연장선상에 있었으며 북베트남의 정치엘리트들은 그들의 지위를 통일 후에도 유지·강화시킬 수 있었다.

결국 1982년 제5차 당대회에서 이들의 무능과 무경험을 이유로 현직관료의 1/3이 문책사퇴당하게 되었다.[70]

물론 국민통합의 정신에 입각하여 북한엘리트들의 정치참여를 허용할지라도 통일 이전 북한체제를 유지하는 데 핵심적 역할을 했던 인물들과 자유민주주의 체제를 부정하는 자는 공직에서 제외되어야 할 것이다. 독일의 경우 통일 이전 구동독에서 근무했던 공무원 중 인도주의와 법치국가적 기본 원칙에 위배된 행정행위 집행에 종사한 자, 비밀경찰(Stasi) 등 국가보위기구에 종사한 자, 구동독 공산당과 대중 외곽기구에서 체제수호를 위하여 적극적으로 봉사한 자 등은 통일 이후 재임용 과정에서 우선적으로 탈락되었다.[71]

북한의 경우 조선노동당, 국가안전보위부, 사회안전부, 군부 등의 핵심부서에서 근무한 인물들이 우선 탈락대상이 되겠지만, 탈락대상을 선별하는 작업은 신중하게 이루어져야 할 것이다. 예컨대 조선노동당의 경우 조직지도부나 선전선동부의 인물들이 다른 부서

---

70) 김도태, 「베트남 통합사례 연구」(서울: 민족통일연구원, 1993), p.57. 남부의 당조직은 대부분 북부에서 파견된 당요원들에 의해서 관리되어, 지역사정에 어둡고 전문성도 결여된 북부 출신 간부들은 남북 간 사회·문화적 통합을 효과적으로 수행할 수 있는 당조직 구축에 실패하였다. 더욱이 이들은 남부지역에 대한 통제강화를 이유로 강경정책을 일삼아 갈등을 심화시켰다.

71) 통일원, 「통독이후 분야별 실태」(서울: 통일원, 1991), p.5.

에 비해 더욱 핵심적인 인물이라고 볼 수 있으며, 조선노동당이 자체적으로 당원들을 평가한 '평정서'는 보다 객관적인 선별자료가 될 수 있을 것이다.

통일한국의 권력구조가 화합적 권력구조가 되는 것 못지않게 중요한 것이 효율적 권력구조가 되어야 한다는 것이다. 통일 후 직면하게 될 산적한 문제를 효율적으로 해결하고 정치·사회적 안정을 이룩할 수 있는 권력구조가 되어야 할 것이다. 체제능력을 제고하기 위해서는 관료조직에 있어서 북한 출신들에 의한 지역안배식 인사나 무조건적인 배제보다는 능력 위주의 인사와 관료조직의 지휘체계가 유지될 수 있는 범위 내에서 화합적인 조직이 이루어지도록 하여야 할 것이다.[72] 특히 현지실정에 대한 이해가 필수적인 자리에는 가급적 현지인을 채용하도록 하여야 할 것이다. 그러나 군·경찰과 같은 물리적 기구는 철저한 지휘계통하에 유지되어야 한다.

독일통일과 예멘통일을 각각 성공과 실패로 갈라놓았던 중요한 요인도 바로 군에 대한 처리에 있었다. 통일 이후 독일정부는 군 통합작업에 착수하여 구동독군에서 근무하였던 대부분을 사임시키고 나머지는 재교육결과에 따라 재임용을 결정하였다. 독일정부는 1990년 8월 25일 구동독지역에 서독연방군 동부사령부를 창설하여, 통일직후부터 9개월간 구동독인민군의 지휘권 인수를 비롯하여 구동독지역 군행정관할, 구동독인민군 해체 및 개편, 인민군 장비 및 시설 관리, 주독 소련군 철수 지원 등을 담당하게 하였다.[73]

---

72) 독일의 경우 공산당원들이 대부분 차지하고 있던 국장급 이상 전원을 포함하여 구동독 전체 공무원 200만 명 중 140만 명이 해임되었고, 잔류한 60만 명도 再敎育을 거쳐 재임용 여부를 판정받도록 하였다. 통일원, 「통독2주년 보고서」(서울: 통일원, 1992), p.3.

73) 주독대사관, "독일의 군사통합", 「통독관련 연구자료」 군사분야(번역) 200 - 6(주독대사관,

통일 당시 약 495,000명의 서독연방군은 구동독인민군을 흡수한 후 약 550,000에 달하였다. 그러나 1990년 8월 31일 통합조약에서 콜 수상과 브레즈네프 사이에 1994년 말까지 소련군이 철수를 완료하고 통일독일군의 병력을 37만으로 감축할 것에 합의함으로써 독일군의 대규모 감원이 불가피하며, 이 과정에서 구동독 인민군 출신이 대거 전역조치될 가능성이 높다.

한편 예멘의 경우는 지나친 지역안배식 권력구조로 인하여 합의에 의한 통일이 실패하고 내전을 겪게 된 에이나. 남북예멘은 1990년 5월 22일 통일을 선언하고 30개월의 한시적 과도정부를 출범시켰다. 남북예멘이 통일에 합의할 수 있었던 것은 여러 가지 이유가 있었지만,[74] 남북예멘 간 균등한 권력배분을 보장하는 권력구조에 합의할 수 있었던 것이 통일의 주요한 촉진요인이라고 할 수 있다. 북예멘은 남예멘과 비교해서 여러 면에서 우위를 보이고 있었으나, 권력배분 시 남예멘의 균등한 권력배분요구에 응함으로써 통일을

1991), 통일원, 「통독 2주년 보고서」, p.22.
동독인민군은 1988년까지 120,000의 육군, 16,000의 해군, 37,000의 공군과 47,000의 국경수비대 등을 합하여 210,000의 병력을 보유하고 있었으나, 베를린 장벽 붕괴 이후 軍紀解弛로 인한 사병들의 병역기피 현상과 통독조약에 따른 모든 장교와 제독, 정치장교, 55세 이상의 병사에 대한 강제퇴역조치, 대다수 하사관의 자진퇴역, 통일과 함께 국경수비대의 해체 등으로 와해위기를 맞으면서 통일 당시 90,000명으로 감소되었다. 또한 동독은 통일 이전 정규군 이외에 400,000의 민병대와 450,000의 민방위대를 보유하고 있었다. 이 중 구동독 인민군의 지휘권 접수를 위하여 서독에서 2,500명의 장교가 파견배치되었다. 동부사령부는 구동독 인민군 9만 명 중 4만 명을 전역조치시키고, 나머지 5만 명은 일단 독일연방군에 편입시켰으나 재교육과 2년간의 시보기간을 거친 후 재임용 여부를 판정받게 하였다.

74) 예멘이 통일을 달성할 수 있었던 것은 고르바초프의 개혁·개방정책에 영향을 받아 남예멘이 개혁·개방정책을 추진하였고, 남북예멘 국경지역에서 석유가 개발됨으로써 통일이 가져올 막대한 경제적 이익에 대한 기대가 높았으며, 남북예멘 주민들 간의 이질화와 적대감이 비교적 심하지 않았고, 남북예멘의 군사력이 소규모로 유지된 채 일방이 타방을 압도할 만큼 우세하지 않았으며, 사우디아라비아와 소련의 개입이 줄어들어 예멘인들의 통일논의에 대한 외세의 반대가 없었기 때문이다. 김국신, 「예멘 통합 사례연구」(서울: 민족통일연구원, 1993), pp.85-90.

이룰 수 있었던 것이다.[75]

남북예멘의 일대일 통합원칙은 최고 권력기관인 대통령평의회부터 의회, 내각 그리고 각 행정부처에 이르기까지 철저히 적용되었다. 즉 통일예멘의 권력구조는 대통령, 대통령평의회, 각료평의회 등으로 구성되는데, 최고의사결정기구인 대통령평의회는 5인으로 구성되어 통치권을 행사하였다. 지휘체계가 엄격해야 할 군마저 이런 원칙에서 벗어나지 못하고 국방장관은 남예멘 출신, 참모총장은 북예멘 출신이었다. 더욱이 형식적 통합에도 불구하고 군은 여전히 통일 이전의 지휘체계하에 있었다.[76]

이와 같이 철저히 남북예멘 정치엘리트와 관료들의 기득권을 침해하지 않는 권력안배가 통일을 촉진시킨 결정적 요인이었음을 부인할 수 없으나, 결과적으로 기계적이고 형식적인 통합은 중앙정부의 행정조직을 사실상 이원화시킴으로써 행정의 비대화와 비효율성을 초래하였다.[77] 또한 정치적 통합은 중앙행정조직에 국한되었을 뿐 부족사회와 지방행정조직은 여전히 통일 이전의 상태에 머물러 있었다.[78] 특히 통일정부가 군, 경찰 등 물리력을 통일적으로

---

75) 인구에 있어서 북예멘은 950만으로 남예멘의 250만에 비해 4배, 무역량은 19억 달러로 남예멘의 7억 달러에 비해 2.7배, 일인당 GNP는 682달러로 남예멘의 420달러에 비해 1.5배에 달하였다. 통일원, 「예멘 통일과정과 부문별 통합실태」(서울: 통일원, 1991), p.3.

76) 대통령평의회의 의장은 대통령으로서 북예멘의 대통령인 알리 압둘라 살레(Ali Abdullah Saleh)가 맡았고, 부의장인 부통령은 남예멘의 예멘사회당 서기장인 알베드(Ali Salim al-Baydh)가 맡았다. 대통령평의회의 나머지 3인 중 2인은 북예멘의 국회의장인 알아라시(Quadi Abdul Karim al-Arashi)와 총리인 가니(Abdul Aziz Ghani)가 임명되었고 1인은 예멘사회당 부서기장인 모하메드(Salem Saleh Mohamed)가 임명되었다. 내각(Council Minister)의 경우 총리(首相)는 남예멘 출신이 맡았고 부수상 4명은 남북에 각각 2명씩 분배되었으며, 각료는 18명이 북예멘 출신이고 16명이 남예멘 출신이었다. 의회는 북예멘의원 159명과 남예멘의원 111명을 모두 포함하였고 추가로 대통령이 임명하는 31명의 부족대표를 포함하여 모두 301명으로 구성되었다. 의장직은 남예멘의 총리가 맡았고, 부의장직 3석은 북예멘의원들에게 돌아갔다. 각 행정부처에도 장관이 북출신이면, 차관은 남출신, 국장은 북출신, 과장은 남출신으로 보임되었다.

77) 김국신, 전게서, p.124.

장악하지 못한 채 이들 조직이 여전히 과거 남북예멘의 지휘체계하에서 각기 움직이고 있었기 때문에 남북예멘 간의 물리적 충돌 가능성은 항상 존재하고 있었다.[79]

북예멘과 남예멘을 각기 대표하는 국민회의와 예멘사회당이 지속적으로 협조할 수 있다면 통합은 지속될 수 있지만, 양측이 갈등관계에 들어간다면 이를 해결할 수 있는 방법이 없으며, 통합상태에서의 갈등이란 통합 이전과는 달리 양측 지도자들에게는 제로-섬 게임(zero-sum game)이 됨으로써 더욱 지열한 권력투쟁을 불가피하게 만들 수밖에 없다.

과도기가 종료되면서 북예멘이 주도한 새로운 권력구조가 남예멘의 기득권을 크게 위축시키는 방향으로 나아가자 남예멘은 새로운 권력구조에 참여하기를 거부하고 분단상태로 복귀하기를 희망하게 되었다.[80] 북예멘은 남예멘의 통일국가로부터의 탈퇴를 인정하지 않고 남예멘을 무력으로 굴복시킴으로써 예멘통일은 결국 합의에 실패하고 내전으로 결말을 맺고 말았다.

---

78) 유지호, "예멘통일이후 문제점", 민족통일연구원, 「예멘통일의 문제점」(서울: 민족통일연구원, 1994), p.3.

79) 김국신, 전게서, p.110.

80) 통일예멘은 1993년 4월 27일 과도기를 청산하고 신정부를 출범시키기 위한 총선거를 실시하였다. 선거결과 의회의 총 301석 중 북예멘의 국민회의당은 121석을 차지한 반면, 예멘사회당은 56석에 머물러 62석을 차지한 이슬람 개혁당에 이어 3당으로 전락하고 말았다. 과도정부에서 '일대일' 통합원칙에 따라 국민회의당과 함께 권력을 양분했던 예멘사회당은 총선 후 정치적 위기를 맞게 되었다. 우선 2당으로 부상한 이슬람 개혁당이 각료직을 요구함에 따라 신정부는 각료직을 정당의 세력별로 배분하여 총 29개의 각료직 중 국민회의당 11, 예멘사회당 9, 이슬람 개혁당이 6자리를 차지하였다. 또한 국민회의당은 집단지도체제인 대통령평의회를 대신하여 대통령중심제로 개헌을 원하였으며, 예멘사회당은 현 대통령평의회하에서 과거와 동등한 권리를 유지하길 원하였다. 우여곡절 끝에 3당은 대통령 평의회를 유지한 채 국민회의당이 위원장을 포함한 2석, 예멘사회당이 부위원장을 포함한 2석, 그리고 이슬람 개혁당이 1석을 차지하는 것으로 결론을 맺었다. 그러나 예멘사회당은 이슬람 개혁당의 대통령평의회 참여에 강력히 반발하였으며, 무엇보다 국민회의당의 군통합 추진에 대하여 예멘사회당은 결사반대하였다.

예멘사례를 통해서 얻을 수 있는 교훈은 엘리트 간의 기계적인 권력배분과 성급한 통합이 능사가 아니라는 것이다. 권력안배를 고려한 권력구조는 통일의 촉진제가 될 수는 있지만, 장기적으로 보아서 산적한 문제를 효율적으로 해결할 행정개편 문제, 권력구조의 제도화 문제 등이 제기될 경우 첨예한 이해의 대립이 야기되고 이를 해결할 방법이 없으므로 정치적 혼란을 초래할 가능성이 높다. 더욱이 물리력에 대한 통일된 지휘체계가 없다면 정치적 이해갈등이 내전으로 발전되는 것을 방지할 수 없는 것이다.

통일한국의 권력구조는 남북한을 통해 전국적인 지지를 받을 수 있는 정통성을 확보해야 한다는 것이며, '민주적 성숙성'을 반영하는 것이어야 하겠다. 장기적인 측면에서 민주적 체제의 정착이야말로 정부의 효율성을 높이고 남북한 간의 이질성을 극복하여 화합적인 통일국가를 이루는 길일 것이다.

Ⅲ 분야별 통합체제

1. 정부형태

앞에서 살펴본 바와 같이 통일한국의 권력구조를 구상하는 데 있어서 핵심적인 고려사항은 자유민주주의 체제라는 기본 틀 안에서 효율성과 화합성을 어떻게 조화시키느냐는 것이다. 효율성과 화합성 중 어느 것을 더 고려하여야 할 것인가 하는 문제는 통일한국의 정치적 상황에 따라 좌우될 것이며, 효율성과 화합성의 고려 정도에 따라서 상이한 권력구조가 나올 것이다. 즉 통일과정에서 북한 내부에 극심한 혼란사태가 초래된다든지, 통일비용이 통일국가에 과도한 부담이 된다든지, 통일을 대비하여 남한 내부의 체제정비가 충분치 않다든지 할 경우는 화합적인 권력구조보다는 당면한 문제를 시급히 해결하기 위하여 효율적인 권력구조가 요구된다고 할 수 있다.

한편 화합적인 권력구조를 통하여 통일 이후 여러 가지 갈등구조가 점차 부각되어 정치적 안정성과 효율성을 침해할 정도로 발전되는 것을 방지하고, 궁극적으로 국민통합이라는 진정한 통일의 의미를 찾을 수 있을 것이다. 통일한국의 정부형태로서 대통령제를 택할 경우, 대통령제의 일반적인 장점대로 의회의 신임 여부와 관계없이 대통령의 임기가 보장되어 정국의 안정을 도모할 수 있을 뿐만 아니라, 대통령이 강력한 리더십을 발휘하여 통일 이후의 여러 가지 갈등 해소에도 효과적으로 대처할 수 있다. 이 제도는 남한에서 오랜 경험을 통해서 우리에게 익숙해져 있고, 평화적 정권교체도 경험했던 터라 어느 정도 정착단계에 와 있다고 할 수 있다. 또한 대통령이 남북한통합의 상징으로서 공정하면서도 강력한 지도력을 발휘한다면 의원내각제 못지않게 화합에 긍정적일 수도 있다.

그러나 대통령제가 통일한국의 권력구조로서 채택될 경우, 남한에 의한 권력의 독점현상과 북한의 소외감이 우려된다. 이와 같은 문제점을 방지하기 위해서 4~5명으로 구성되는 대통령위원회를 설치하여 집단적으로 국가수반이자 정부수반을 담당하고 이 중 한 명의 의장을 선출하는 방법이 있다. 즉 집단지도체제를 통해서 최고지도부에 북한 출신 인사의 진출을 허용함으로써 정치권력에 대한 지역적 갈등을 해소할 수 있다. 또 다른 방법으로는 부통령제를 두어 대통령과 부통령이 남북한에 지역적으로 배분될 수 있는 기회를 제공함으로써 지역적 소외감을 해소할 수도 있다. 그러나 이경우 대통령과 부통령의 권한 배분문제가 대두되며, 이러한 문제를 사전에 예방하기 위해서 부통령의 권한을 명목상의 위치로 축소시킬 경우 과연 부통령직이 지역적 정서를 얼마나 대변할 수 있느냐하는 의문이 제기된다.

또한 대통령이 의회 다수파의 지지를 획득하지 못하는 소위 '여소야대'의 상황이 되면 정국이 매우 불안정해질 수도 있다.[81] 또한 국민이 국가의 수반이자 정부의 수반인 대통령을 직접 선출한다는 장점이 우리의 경험에서는 지역감정을 유발시키는 단점으로 작용하기도 했다. 무엇보다 대통령제를 택할 경우 일방에 의한 권력독점으로 남북화합을 저해할 수 있으며, 자칫 독재화할 위험성도 내포하고 있다. 또한 대통령 선거 시 후보가 전국적인 유세를 하는 데 있어서 어려움이 있을 수 있으며, 국민의 의사를 반영하는 데도 미흡하다.[82]

한편 의원내각제를 통일한국의 정부형태로 택할 경우 우선 의원내각제 정부형태의 장점대로 의회의 다수당에 의해 정부가 구성되고 다수당은 국민의 신임을 확보하기 위하여 노력함으로써 책임정치와 민주정치가 체질화될 수 있다.[83] 즉 의원내각제는 선거결과에 따라 국민의 의사가 정확히 반영되고 책임정치가 가능하기 때문에 국민에 의한 통치라는 이념에 부합되는 것이다.

의원내각제에서는 권력을 획득하기 위하여 정당 간, 파벌 간의

---

81) 우리나라 노태우 정부 초기와 현재의 김대중 정부가 바로 이러한 문제를 겪었다.

82) 장명봉, "통일국가의 권력구조(정부형태)에 관한 구상"(민족통일연구원 주최 워크숍 발표논문, 1994. 6. 21).

83) 김헌, 「의원내각제: 이론과 실제」(서울: 은하출판사, 1994), pp.105 - 106.

화합이 자연스러운 현상으로서, 대통령제의 제로-섬 게임과 같은 극한 투쟁양상이 나타나지 않는다. 즉 의회에서 다수파와 소수파의 정치적 타협이 가능하여 이질적 요소의 융화에 기여할 수 있으며,[84] 여러 정파에 의한 화합적 정부가 구성될 수 있다는 장점이 있다. 또한 입법부와 행정부 간에 상호 공화적 관계가 형성되기 때문에 정치세력 간의 공존공생이 가능하며, 대통령선거에서와 같이 지역감정 유발의 가능성이 적기 때문에 통일 후의 화합적 정부형태로서 적합하다. 그 밖에 현재의 다원화된 사회에서 다양한 욕구를 수렴하는 경우에도 의원내각제는 정부와 의회 간의 긴밀한 협조관계를 통해 이에 신속히 대처할 수 있다.[85]

의원내각제는 정부와 의회의 협력관계가 원활하여 국정의 효율성 면에서도 대통령제에 비해 결코 뒤떨어진다고 할 수 없지만,[86] 정당이 난립할 경우 의원내각제의 단점인 정국의 불안정이 초래될 위험성이 있다. 그러나 정당난립으로 인한 정국의 불안문제는 소선거구제나 다수대표제와 같은 선거법이나 정당법 등을 통한 제도적 장치로서 어느 정도 방지할 수 있다.

통일한국의 정부형태로서 대통령제와 의원내각제가 고려될 수 있는데, 이 중 어떠한 제도를 선택하느냐의 문제는 통일한국의 정치적 상황에 의존한다. 대통령제는 통일한국의 정치적 상황이 화합성보다는 효율성이 중시될 때 보다 더 고려될 수 있는 정부형태이

---

84) 장명봉, "통일국가의 권력구조(정부형태)에 관한 구상"

85) 김헌, 전게서, p.106.

86) 영국의 처칠정부나 대처정부, 독일의 콜정부 등은 의원내각제로서 강력하고 효율적인 정부를 이끌었다. 또한 의회의 내각불신임으로 인한 빈번한 정권교체를 방지하고 정부의 안전성을 도모하기 위해서 독일식 혹은 불란서식 안전책을 고려해 볼 수 있다. 즉 독일의 경우 의회에서 후임수상을 과반수로 선출할 때까지 전임수상을 해임시킬 수 없으며, 불란서의 경우 불신임 동의안을 발의한 후 5일이 경과된 후에야 불신임안을 표결에 부치게 함으로써 정치적 갈등을 냉각시키는 효과를 노리고 있다.

며, 이 경우 현행 남한의 대통령제보다는 화합적인 측면을 다소 고려할 수 있도록 부통령제를 두는 미국식의 대통령제를 채택하는 것이 바람직할 것이다. 강력한 리더십으로 중국이나 일본을 상대로 동북아외교를 수행하여야 하고 내부갈등을 최소화하고 내부단합을 위해서는 미국식 대통령제가 필요하다고 본다. 어쨌든 정부형태의 선택은 통일한국의 정치적 성숙도와 밀접하게 관련된다고 할 수 있다. 통일한국의 정부형태로서 이원정부제는 가급적 고려 대상에서 제외하는 것이 바람직하다. 이는 이원정부제(준대통령제)가 내포하고 있는 문제점이 그동안 많이 지적되었을 뿐만 아니라, 혼합형 정부형태의 경우 불분명한 권한배분문제로 인하여 문제의 소지가 있기 때문이다.[87] 통일한국의 권력구조는 복잡한 이해관계의 산물일 것이기 때문에 해석상 오해의 소지가 있는 복잡한 제도보다는 단순하고도 분명한 제도가 바람직하다고 보인다.

2. 의회제도

일방이 주도하는 통일방식하에서 통일 후 양원제가 아닌 단원제를 택하는 것은 합리적일 수도 있다. 단원제 의회를 택함으로써 양원제에서 올 수 있는 상하원 간 갈등이나 국정의 지연 등을 방지할 수 있으며, 의회운영경비의 감축과 의사일정의 신속성 및 효율성 등의 장점이 있다. 특히 통일한국이 연방제가 아닌 단방제의 형태를 가정하고 있으며, 영토가 협소하고 민족적 단일성을 유지하고 있는 한국의 사정에 비추어 볼 때 효율성 면에서 유리한 단원제가 합리적일 수 있다.[88]

---

87) 최한수, 『대통령, 수상, 준대통령제』(서울, 인간사랑, 2007), pp.95 – 99.

그러나 단원제 의회는 인구비례에 의한 원 구성으로 인하여 의회에서 남한지역을 과다대표(overrepresent)하고 북한지역을 과소대표함으로써 남북한 간의 지역적 불균형을 해소시키는 데 어려움이 있다. 불균등한 권력배분은 사회적·정치적 불안정을 초래할 수 있으며, 단원제 의회는 민주발전이라는 측면에서도 부족한 점이 있다.

양원제를 택할 경우 인구비례에 의한 하원과 지역 대표성을 갖는 상원으로 구성되는 의회를 통해서 남북한 화합을 추구할 수 있다는 장점이 있다. 즉 남북 동수의 대표로 구성되는 상원을 통하여 인구비례에 의한 하원이 남한을 과다대표하는 것을 완화시키고, 상원의 기능을 지역적 문제에 초점을 맞추도록 하여 통일 이후의 남북한 간 갈등구조를 완화시키는 노력을 기울일 수 있다. 상원에서의 균등한 권력배분은 남북한 간의 이질성에서 비롯되는 갈등을 조정하는 역할을 하고 정치적 안정에도 기여할 것이다. 또한 행정부와 하원의 충돌 시 상원이 이를 조정하는 역할을 담당할 수 있다. 지역을 대표하는 상원의 선출방법은 남북한을 각기 하나의 광역 선거구로 하여 각 선거구로부터 동수의 의원을 선출하는 방법과, 남북한으로부터 동수의 의원을 선출하되 남북한을 보다 세분화된 선거구(예컨대 도 단위)로 나누어 각 선거구에서 동수의 의원을 선출하는 방법이 고려될 수 있다.

그러나 양원제를 택할 경우 상하원의 권한배분문제 등이 대두될 수도 있다. 상원의 권한을 하원과 동등 혹은 우월하게 한다면 민의의 대변을 최고의 목적으로 하는 의회의 원리에 위배될 수 있고, 상원의 권한을 하원보다 제한한다면 양원제의 의미가 희석된 채 예산남용과 의사지연 등의 부작용만 나타날 수도 있다.

---

88) 한백연구실, "통일한국이 풀어야 할 숙제: 정치", 「포럼21」(1993, 여름), p.30.

통일한국의 의회제도로서 작고 효율적인 정부를 구성한다는 점에 있어서는 단원제도 나름대로의 장점이 있으나, 화합이라는 차원에서 양원제가 바람직하다. 양원제를 택함으로써 안정성에 대한 심각한 위협 없이 화합성에 기여할 수 있다.

3. 중앙 · 지방관계

통일한국의 권력구조로서 중앙집권제는 전국을 하나의 대상지역으로 하여 통일적이고 강력한 행정이 가능하고, 부처별로 전문인력을 통한 행정의 전문화와 효율화를 기할 수 있으며, 특히 여러 지역에 걸쳐서 이루어지는 대규모 사업에 적합하다.[89]

통일 이후 사회혼란과 경제침체 등 통일후유증이 심각하게 대두될 경우는 이에 대처하는 데 있어서 중앙정부의 적극적인 역할이 기대되며, 남북한 간의 이질성을 조속히 극복하는 데 있어서도 전국을 하나의 단위로 하는 행정체계가 긍정적인 면도 있다. 또한 북한지역의 재정자립도나 정치의식 수준 등을 고려할 때 지방자치제가 통일 이후 곧바로 실시되는 데는 어려움이 있을 수 있다.

그러나 남북한의 이질성을 고려할 경우 중앙집권제는 지역적 특성을 감안한 행정을 수행하는 데에는 부적절하다고 할 수 있다. 정치체제 내에서 이질적 요소를 등한시하지 않고 행정의 효율성을 증대시키기 위해서는 각 지역의 특수성에 맞는 행정이 필요하고, 이를 위해서는 중앙정부에 의한 통일적 · 획일적 관료행정보다는 지방정부에 의한 개별적 행정이 필요하다. 한국에서도 그동안 중앙집권제로 인한 지역의 불균형적인 발전을 경험하였고, 통일을 이루

---

89) 최창호, 「지방자치제도론」(서울: 삼영사, 1994), pp.45 - 46.

는 데 있어서도 북한지역의 자치권을 인정하지 않을 경우 통일 자체가 어려워질 수도 있다.

한편 통일한국이 지방분권제를 채택한다면 한국 주도의 통일이 가져올 북한주민의 충격을 완화할 수 있고 북한주민들의 민주주의 교육과 새로운 체제에의 적응에도 도움이 될 것이다.[90] 지방자치는 오랜 기간 동안 북한의 정치·행정제도와 문화에 익숙해 있는 북한주민이 새로운 환경에 적응할 수 있는 완충적 작용을 수행할 수 있다는 점에서도 필요할 것이다.[91] 지방자치제는 통일 이후 북한지역에서 일어나게 될 각종 이해관계의 충돌을 자치정부가 일차적으로 담당하게 함으로써 중앙정부를 보호할 수 있을 것이다.[92] 특히 자치제를 함으로써 중앙에서의 정치변동이 지방에 미치는 파급효과가 작기 때문에 통일 후 급변하는 정치상황 속에서 지방정치의 안정성을 유지하는 데 적합할 것이다. 또한 북한지역 출신 엘리트가 지방행정에 참여할 수 있는 기회를 제공함으로써 지역실정에 적합한 행정의 구현과 함께 지역엘리트의 체제참여에도 기여할 수 있다.

베트남의 경우는 지방분권이 아닌 중앙집권제를 추진한 결과 정권의 안정성과 효율성, 나아가서 정통성마저 손상을 입은 바 있다. 무력에 의해 통일을 이룬 북베트남 당국은 통일 후 새로운 정치체제의 구축에 있어서 남부주민들의 저항에 대비하여 통제체제의 강화에 집착한 나머지 정부의 중앙집권적 성격이 강화되었다. 결국

---

90) 한백연구실, "통일한국이 풀어야 할 숙제: 정치", pp.27 - 28.

91) 경우에 따라서는 자치법상의 특례를 두어 북한지역에 남한지역보다 더 큰 자치권을 부여하는 것을 고려해 볼 수도 있을 것이다. 김병준, "통일한국의 바람직한 중앙·지방관계"(민족통일연구원 주최 워크숍 발표논문, 1994. 10. 18).

92) 상게논문.

형식적인 제도통합에 머무른 채 실질적인 국민통합을 달성하는 데 어려움을 겪었다.[93]

북부 출신에 의한 정치와 행정의 독점으로 남부에서는 엘리트와 주민 간의 괴리감이 컸고 남부주민의 의사는 제대로 대표될 수 없었으며, 남부주민은 단지 통제의 대상으로만 인식될 뿐 정치참여가 극히 제한적이었다. 남부주민들의 의사가 정치과정에 적절히 수렴되지 못함으로써 정치체제의 동맥경화 현상이 나타났고, 형식적인 제도통합은 이루어졌으나 사회통합은 지연될 수밖에 없었다. 이는 결과적으로 정부의 효율성도 얻지 못한 채 민주성과 정통성만을 침해하였으며, 나아가 정권의 안정을 저해하는 요인이 되었다. 베트남의 경우 무력에 의한 통일이었기에 정권의 독점이 초기에는 어느 정도 불가피하였을지 모르지만 이것이 장기화됨으로써 결과적으로 남북 간 통합이 지연되게 되었다. 일반적으로 집권화의 경향이 커지면 효율성과 안정성은 높아지고, 분권화의 경향이 커지면 화합성의 측면에 유리할 것이다. 통일한국의 지역적 권력배분에 관한 문제는 정부형태가 결정되고 난 후 신축성 있게 조절할 수 있으며, 통일 이후 초기에는 중앙정부의 개입이 필요한 부문이 많을 것이나 점차 분권화의 방향으로 나가야 한다. 통일한국의 안정성을 침해하지 않는 한도 내에서 남북한 간의 지역갈등을 해소할 수 있는 화합성과 민주발전 양 측면에서 볼 때 지방분권제를 실시함이 타당할 것이다. 다만 지방자치제가 실시되어도 국가 차원의 통일행정이 요구되는 외교·안보·환경·복지 등과 같은 분야는 중앙정

---

93) 사이공의 경우 주민의 1/3이 북베트남에서 파견된 통제요원 및 그 가족들이었다. 북베트남은 남부지역에 대한 지배강화와 효율적인 통제를 목적으로 남부지역의 행정조직을 독점하였으나, 남부사정에 어둡고 비전문적인 북베트남 출신의 관리들은 무능과 무경험으로 통일 이후 사회통합을 효과적으로 수행하지 못하였다.

부가 더 많이 관여하는 것이 바람직할 것이다.

IV 결론

통일에 대한 준비는 어느 분야보다도 중요한 국가적 과제다. 준비 없이 맞은 통일이 정치·경제·사회적으로 후유증을 남겼는지는 이미 독일, 베트남의 예에서 보았다. 통일준비는 재정의 확충이나 행정요원의 교육 등과 같이 시간이 필요한 과제이다. 한국은 지속적으로 북한의 급작스러운 붕괴 가능성에 대한 막연한 기대로 통일에 대한 기대를 높이기도 하였으나, 통일에 대한 구체적이고 실질적인 준비가 이루어지지 못하였다. 한때 과거에는 북한붕괴에 대한 지나친 기대가 무너진 데 대한 반작용으로 오히려 지난 10여 년간 북한의 장기 생존가능성을 믿는 경향이 늘어났고, 통일 이후 논의도 그 열기가 급격히 식고 말았다. 그러나 행정통합은 통일 이후 발생할 북한지역의 행정관리를 위해 행정기구를 조식하고 행정요원을 육성하며, 재원을 확보해야 하는 등의 장기적 과제이므로 지속적인 대비가 있어야 할 것이다.

다만 북한행정체계의 구조, 기능, 행태를 분석하고, 통일 이후 활용 가능한 조직과 통폐합해야 할 기구를 가려내야 한다. 행정구역의 특성, 산업시설의 편성, 생활권역의 특성 등을 파악하여 행정구역과 행정계층의 조정에도 대비해야 한다. 둘째, 통일 이후의 정치·경제·사회적 상황에 대한 예측을 바탕으로 행정수요와 기구개편 등을 분석한 후, 적정수의 행정요원을 산정하고, 이에 맞는 교육·훈련체계를 수립해야 한다. 통일 대비 행정요원에 대해서는 지속적으로 유관업무에 종사하도록 배려해야 한다. 독일·베트남의 행정통합사례에 대한 구체적인 분석을 통해, 많은 시사점을 얻을 수 있다. 셋째, 동의 폐지, 5 + 2 광역화, 행정단계 간소화 등 현재 남한에서 진행 중인 다양한 행정개혁논의를 통일 이후와 연관시켜 볼 수 있다.이러한 점을 고려해서 통일한국에서의 유용성 문제를 함께 검토해 보는 것이 바람직하다. 행정통합뿐만 아니라 통합연구는 한 차례 유행처럼 지나갈 연구가 아니라, 항상 준비하고 꾸준히 발전시켜야 할 주제이다.

제14장
남과 북 정당통합 − 경쟁적, 다원적 정치체제

I 서 론

본 책의 관심은 남과 북 정치통합 중 실질적인 부분인 통합 이후 정치활동에 대한 문제를 어떻게 혼란을 최소화하면서 전개할 것이냐에 집중되어 있다. 우선 여기서는 통일국가에서 경쟁적 다원적 정치활동을 가능케 하는 기본적인 것으로 정당활동과 자유총선기 실시의 두 부분으로 나누어 생각해야 한다고 본다. 처음으로 경쟁적 다당제가 도입되는 북한에서의 출현 가능한 정당유형, 남북통합을 전제로 한 남한에서의 정당체계의 변화, 정당통합논의문제, 정당난립방지문제, 김일성 − 김정일 핵심추종세력 정리문제, 잔존 주체사상고수파의 변화유도와 그 반응, 남한의 정치조직의 북한정치조직 연계지원논의, 경쟁적 다당제 도입 관련 문제, 북한지역 대표성 보장 여부문제 등이 분석되어야 할 것이다. 그리고 북한지역 출현 정당은 그 노선이 통일국가의 노선과 합치되거나 허용되는 범위 내에서 자유롭게 창당되어야 할 것이다.

자유총선에서는 자유총선 도입과 선거관리조직, 통일한국의 선거제도의 기본 원칙, 북한지역총선지원문제 – 선거감시단파견문제, 북한총선과정에서의 경선문제 등 자유총선을 위한 예상되는 문제점 등이 분석되어야 하고 선거를 실시하기 위한 일정기간의 준비기간이 필요할 것이다. 통일국가의 국가적 이념이 민주주의를 지향하기 위해서는 민주적, 경쟁적, 다원적 정치체제를 도입해야 하고 이를 이행하기 위해서는 우선경쟁적 다당제도를 도입해야 한다. 그것은 민주주의하의 모든 주권자는 각각 자유로운 이념과 정당을 선택할 수 있는 자유가 주어져 있기 때문이다. 따라서 다양성과 경쟁성을 기초로 각 정파가 가급적 자유롭게 이념을 선택하여 정당을 조직하여 활동할 수 있도록 해야 할 것이다.[94]

노동당 대신 개혁적 사회주의 정당 출현의 경우, 노동당 대신 민족적 성격을 띤 정당의 출현 경우, 노동당 대신 극우 보수적 성격을 띤 정당의 출현 경우 등 다각적으로 대비해서 준비해야 한다. 물론 북한지역에도 남한정당 진출 및 제휴가 잘 진행될 수 있도록 건강한 정당이 만들어져야 한다. 북한은 50여 년 동안 노동당을 중심으로 하는 일당체제와 당국가체제를 경험해 왔기 때문에 자유민주주의 체제하에서의 경쟁적 다당제와 복수정당제에 전혀 익숙하지 않다. 따라서 다양한 이념의 경쟁적 존재와 국민적 선택, 각 정당의 지구당조직과 창당의 법적 문제, 남과 북의 각각 상대방지역에 대한 지구당결성문제가 논의되어야 한다.

한편 완전 통일국가 이전 단계인 통합과정의 중간단계에서는 협상창구를 정부로 일원화하고 그 창구에 북한인 출신도 일정수를 선출하여 활용한다. 이러한 남북통합의 과도기가 가급적 짧기를 소망하지만 상당기간이 요하게 될 것이기 때문에 이 기간 동안에 행

---

94) 김도태, 「통일과정에서의 정당역할연구」(민족통일연구원, 1996. 12), pp.65 – 81.

정인력, 식량, 사회간접자본, 기술인력, 교육인력 등이 지원되어야 한다.[95]

이때 남한은 북한을 통제하고 관리할 수 있는 능력이 있어야 하고, 남한은 내적으로 단합되고 자유화, 민주화가 공고하고 성숙한 시민의식과 시민사회가 형성되어 있어야 할 것이다.

Ⅱ 북한지역의 가능한 정당 출현

1. 소수이지만 노동당 골수분자들의 노동당류의 정당

통합과정에서 북한체제 고수파에 의한 소위 서구 자유민주주의 국가에서 존재하는 소수의 골수분자들 중심의 공산당이나, 적군파와 같은 테러리스트류의 정당조직이 가능할 수 있다. 특히 그동안 기득권세력의 중심이 되어 왔던 소수인물들 중심으로 주체사상중심의 정당이 만들어질 수 있다. 이 경우 물론 러시아의 옐친이 공산당을 불법이라고 선언한 것처럼 탄생부터 법적으로 제재를 가하여 만들어지지 못하게 하는 방법도 있을 수 있다.[96] 그러나 러시아에서 오히려 구공산당이 총선에서 많은 지지를 얻은 것을 상기한다면 오히려 역효과가 발생할지도 모른다. 이 경우 오히려 민의에

---

95) 모든 면에서 최소한 현재요원의 과반수가 더 필요하다. 예컨대 남한 인구의 100만 명(1명 당 북한주민 25명)은 북한을 접수할 수 있는 요원으로 양성하기 위한 교육을 실시해야 한다. 군대는 일단 늘었다 줄이는 것이 필요하다. 현재 대략 공무원의 숫자는 92만 명인데 통일국가에서 북한지역까지 포함하면 100~120만의 공무원이 필요할 것이고 30~40여 만 명의 공무원 증원이 필요하게 될 것이다. 선거관리요원도 현재 20만 명이라면 30만 명으로 증원해야 한다.

96) 고재남, "전환기 러시아 정치경제의 이해", 안성호, 『세계화, 지방화, 그리고 민주화』(서울: 교육과학사, 1996), pp.132-133.

심판받게 한 동구권에서처럼 자연스럽게 국민이 외면하도록 하여 국민의 지지를 얻지 못하여 소수정당으로 전락하거나 소멸된 것과 같은 효과를 보는 것이 바람직할 수도 있다. 또한 이 경우 남한지역에서 구노동당이나 공산당에 맹목적으로 지지를 보낼 수 있는 세력이 있음을 배제할 수 없다면 오히려 이를 법적으로 제한할 경우 음성적으로 활동하여 통일국가에서 걸림돌로 작용할 수도 있다고 본다.

국내외 정세에 비추어 볼 때 한반도 통일은 자유민주주의 체제로 될 가능성이 크다. 그러면 북한 조선노동당의 세력은 급속도로 축소될 가능성이 크다고 본다. 특히 통합을 위한 총선에서 조선노동당은 남한 유권자들로부터는 외면을 당하고 북한지역에서도 2～3위로 밀려날 가능성이 크다. 그러므로 조선노동당은 통일국가를 이끌어 갈 정당이 되지 못한다. 다만 북한지역 주민들을 지나치게 차별하거나 소외시킬 때 의외로 북한주민들이 결속되는 경우가 생길 수 있다는 것을 고려해야 한다.[97] 그러나 현재의 노동당이 가지고 있는 이념과 정책은 북한 자체를 유지하는 데도 한계를 보이고 있다. 따라서 소수의 지지에 의해 노동당이 존속한다 하더라도 유로코뮤니즘의 폭력혁명배제의 공산당과 같은 유형으로 전환되도록 해야 할 것이다.

2. 사회주의 개혁당 또는 사회민주당

동구권에서와 같은 구공산당의 변신으로서 개혁사회주의 또는 사회민주주의 정당을 의미한다. 이 부분에 대해서도 상당한 논란이

---

97) 정용길, "통일국가의 정치제도", 국가정보연수원, 『바람직한 통일국가 모형』(1997. 8), p.14.

예상된다. 그것은 그동안 남한에서는 사회민주주의란 말만 들어가도 레드 콤플렉스에 의하여 공식, 비공식적으로 제한되었기 때문이다. 한때 정부의 대외관계를 고려하여 김철의 사회민주당을 정부가 보호한 적이 있기는 하나 원칙적으로 사회민주주의에 대하여 부정적 시각으로 본 것이 사실이다.

그러나 서구 선진유럽의 대부분의 국가에서 사민주의는 상당한 지지를 받고 있고 혁명적 - 폭력적 마르크스레닌주의 전통과는 전혀 다르다는 것이 역사적으로 검증되었기 때문에 통일국가에서 사회민주주의 노선을 제한한다면 여러모로 논리적 정당성을 얻기 힘들다고 본다. 그것은 사회민주주의를 분단상황하에서는 북한과 공조관계로 남한의 자유민주주의 진영을 공략할 것이라는 인민전선 전략에서 일정 부분 이해되었으나 이제 북한이 없어진 마당에서 사민주의를 거부할 논리적 이유가 없기 때문이다. 따라서 오히려 구공산당 세력이 자체적으로 스스로 반성하고 서구 민주주의 국가에서처럼 이념의 선택을 자신감 있게 국민의 지지로 결정한다는 의미에서 정당의 이념적 스펙트럼의 폭을 어느 정노 넓히는 것이 바람직하다고 본다. 이 경우 이러한 사민주의 이념에 대한 지지율은 많을 것으로 보인다. 해외유학세력, 외무부해외근무경력자, 개방세력 등이 아마도 채택할 수 있는 정당노선이 될 수 있다. 또한 이들과 대화를 통해 남한 측의 정당과 통합하도록 적극적 시도를 할 필요가 있다.

3. 민족주의적인 정당 및 종교정당

북한도 싫고 남한도 싫다 식의 민족주의 및 종교적 정당의 출현이다. 이 경우는 러시아와 동구권에서 상당히 설득력 있게 제기되었다. 러시아의 지리노프스키의 자유민주당과 같은 극우의 슬라브즘이 총선에서 상당한 지지를 얻은 것이 그것이다.[98] 또 세르비아나 보스니아 등 동구권에서 민족주의를 총선에 교묘히 이용한 경우가 있다.[99] 어쨌든 남북이 통일된 마당에서는 북한의 김일성 체제에 신물이 났거나 남쪽의 부정부패의 본거지였던 보수적 정당에 신물이 난 많은 국민들이 하나가 된 민족, 하나가 된 통일국가를 명분으로 민족주의 정당에 상당한 지지를 보낼 수 있다고 본다. 문제는 이 경우 남쪽에서 이러한 유사정당이나 세력이 조직화되어 있지 않은 경우 북한에서 만든 정당에 동조하거나 지지를 보낼 수밖에 없어 그 기득권을 북한지역에 빼앗길 수도 있다는 점이다.

북한의 조선사회민주당, 천도교청우당 등의 지위는 현재 매우 취약하고 이들 정당들은 사회주의 혁명에 동조하는 한에서만 존재할수 있고 주체사상과 배치되지 않는 범위에서만 정당활동을 수행하고 있다. 그러나 노동당이 통일을 전후해서 세력이 급속도로 축소되면 노동당의 들러리정당인 천도교청우당도 독자노선을 선언하고 경쟁성이 있는 정당으로 변신할 수 있다.

4. 자유민주주의와 시장자본주의 수용 정당

이 경우 남한의 기존 정당이 갖고 있었던 이념을 바탕으로 한 정당과 유사한 정당이 될 것인데 이 경우에는 아마도 남쪽의 유사한 이념을 갖고 있는 규모가 큰 정당과 제휴하거나 연합할 가능성

---

98) 고재남. 앞의 논문. pp.132 - 133.
99) 안성호. "민주화와 민족문제 상관관계연구: 동구CASE". 한국정치학회보. 제29집 1호 (1995). pp.355 - 259.

이 높다. 문제는 이러한 북한에서의 발생 가능성이 있는 정당들의 이념적 특성이 정당정치에 변화를 초래할 수 있으며 남한의 정치적 기존의 틀을 변경시킬 수도 있다는 점이다. 앞에서도 지적했듯이 유학세력, 외무부근무경력자, 개방세력들 중 일부가 채택할 수 있는 정당노선 중 하나라고 본다. 이들을 거점으로 남한 측의 보수정당등과 통합하도록 유도할 필요가 있다. 북한의 기득권층 처리에 있어 통합에 동조자는 활용해야 한다. 현재는 김정일의 강압 때문에 겉으로는 비판을 하지 않으나 북한제제에 반대하는 공산당간부나 엘리트들은 통합과정에서 선별적으로 활용해야 한다.

Ⅲ 남한에서 예상되는 정당체계 변화

1. 보수 대연합

앞에서도 지적했듯이 통일국가는 다원적 자유민주주의와 시장자본주의가 기조가 되어야 한다. 따라서 통합과정논의는 단계별, 시기별로 매우 복잡하기 때문에 더욱더 남한정당이 건강해야 한다. 이미 남한에서는 복수정당제를 실행하고 있기 때문에 북한과는 달리 정치통합과정에서 개별정당 차원보다는 경쟁적 정당체계구도가 확립될 수 있는지가 문제가 된다. 동서독통일과정에선 기민당과 사민당이라는 건강한 정당이 건전하게 경쟁을 통하여 통합과정에서 활동하였기 때문에 아무런 문제없이 정치적 통합을 달성할 수 있었다. 통합과정에서 가장 큰 변수는 사실상 남한 내의 정치세력의 판도변화라고 본다. 그것은 사실상 북한이 남한에 통합되거나 흡수에 가까운 상황이 되는 것이기 때문에 이 떡을 남쪽의 정치세력이 결코 놓치지 않을 것이기 때문이다. 특히 개혁적 정당이 요망되며 이는 현재의 지역정당구도 탈피(호남정당, 영남정당)와 관계된다. 북한 특수를 통한 정치권의 이전투구가 예상되는데 이러한 현상이 증대되면 될수록 첫 번째 통합선거에서 오히려 북한지역 출현정당에 제1당을 빼앗길 우려가 있다. 실제 북한이 경제적으로는 남한에 흡수되었으나 반대로 정치적으로는 북한 쪽에 흡수될 수도 있다는 말이다.

여러 이유로 한국은 통합 이전 보수대연합정당 출현이 바람직하다. 북한지역에서 좌파나 진보정당 가능성이 높기 때문에 이에 대응하고 통일한국을 책임지고 안정되게 이끌어 갈 강력한 정치집단이 필요하기 때문이다. 예컨대 서독의 기민당은 독립적인 집권당도 아닌 연립정당인데도 불구하고 통일을 성사시키고 굳건한 정치세력으로 자리 잡았다. 이는 국가를 독일시민의 뛰어난 정치의식수준, 기민당의 정치력과 콜 수상의 지도력의 결과인 것이다. 문제는 통합과정에서 그만큼의 정치력을 가진 정당이 존재하고 있어야 한다는 점이며 이 정당이 내부적으로 분열되지 않고 강력한 리더십으로 굳건하게 자리 잡힌 정당이 아니면 통합과정에서 매우 어려운 혼란상황에 직면할 수 있다는 점이다.

물론 통일하자고 합의가 될 경우 그 당시의 집권당이 큰일을 해낸 것이기 때문에 집권당에 무게를 더욱 실어주겠지만 지금과 같은 정치판 구조로는 사실상 강력한 지지기반을 둔 집권당이라고 보기 어렵기 때문에 통합과정에서 정치력을 기대하기가 어려워진다는 점이다. 더욱이 서독처럼 기본적으로 이념을 기초로 한 경쟁적 정당체계인 경우는 결국 헤쳐 모여 봤자 색깔이 다른 정당지지자가 쉽게 기민당지지로 변하지 않는 구조이기 때문에 정치권의 헤쳐 모여를 하지 않으나 우리는 이념에 기초한 정당관계가 아니고 소수의 인물중심의 정당이거나 지역중심의 정당이기 때문에 언제든지 당을 해체하고 새로운 정치지형을 만들 수 있는 정당정치 풍토이기 때문에 가능하다는 점이다. 물론 통일국가에서도 지속적으로 인물중심정당이나 지역중심정당이 계속될 것이냐 하는 것은 정치지도층의 의식변화는 물론 성숙한 시민의식이 가능하냐와 연결될 것이다.

2. 보수정당 간의 경쟁관계

정당통합에 앞서 가장 중요한 문제는 남한의 내적 통합과 건전한 정당정치문화가 확립되어야 한다는 점이다. 그러기 위해서는 한국정치의 이중성이 극복되어야 한다. 남한사회의 문제점들을 갖고서 남북정치통합은 사실상 어렵다. 존경받지 못하는 지도층, 부정부패, 총체적 부실, 글로벌 경제위기, 지역연고, 국회에서의 햄머정치, 한탕주의 등의 유사한 정치문화가 만연해서는 오히려 남북통합에 혼란만 가중시킬 것이다. 남한 내 정치통합이 선행되어야 하고 정당정치, 선거, 시민사회풍토가 달라져야 한다.

현재 남한의 여당이건 또는 야당이 통일 후 한반도에서 주도적인 정당으로 자리 잡기 위해서는 정당 및 정당체계개혁이 절대 필요하다. 즉 지역구의원의 공천은 지구당대의원들에 의해 투표로 결정되는 등 정당 내 민주화가 이루어져야 하고 정당의 운영은 당원의 당비와 정부보조금이 추가되어 불순한 정치자금이 유입되지 않도록 하는 등 정당운영이 민주화되어야 한다.[100] 건전한 보수정당끼리의 경쟁적 관계가 확보되면 일단은 보수대통합의 정당이 만들어지지 않더라도 정책사안별로 협력관계를 유지할 수 있기 때문이다. 또한 지역구도의 지역이기적 정당관계도 극복될 수 있기 때문이다.

사실상 해방 이후 지금까지 한국정당의 변천사는 집권당보다는 야당의 이합집산의 역사라 해도 과언이 아니었다. 다만 야권의 변천이 집권당 변천과 다른 것은 강력한 집권여당에 대항하면서 비록 당명은 바뀌었으나 투쟁내용은 한결같이 민주화－반독재투쟁이었다는 점이다. 그러나 여전히 진보정당, 혁신정당은 취약한데, 영국의 노동당, 독일사민당, 프랑스사회당, 스칸디나비아 3국의 사민당들이 국민선택을 통하여 정권획득과 교체를 제도적으로 보장받으며 경쟁적 정당체제를 운영하고 있는 수준 높은 정당정치를 배워야 한다. 이와 같은 한국정당 변천을 보면서 지적되는 문제점을 중심으로 정당정치가 해야 할 일이 무엇이고 기존의 정치가 국민에게 외면당하고 있는 근거가 어디에 있는가를 분석하여 통합 이전 정치권과 시민 모두는 보다 성숙되고 수준 높은 고급의 정당정치를 제도화시켜야만 할 것이다.

3. 보수－개혁정당 간 경쟁구도

개혁정당은 새로운 통일국가가 이념적 대립구도하에서 건전한 정치의 장으로 나가는 데 주도적 역할을 할 수 있기 때문에 바람직하다고 본다.

국내외 정세에 비추어 볼 때 한반도 통일은 자유민주주의 체제

---

100) 정용길, 앞의 논문, p.17.

로 될 가능성이 크다. 그러면 북한 조선노동당의 세력은 동구권처럼 붕괴되거나 급속도로 축소될 가능성이 크다. 특히 통일 후 총선을 치르면 조선노동당은 남한 유권자들로부터는 외면을 당하고 북한지역에서도 2~3위로 밀려날 가능성이 크다. 그러므로 조선노동당은 통일한국을 이끌어 갈 정당이 되지 못한다. 다만 북한지역 주민들을 지나치게 차별하거나 소외시킬 때 의외로 북한주민들이 결속되면서 러시아처럼 반발심리로 구공산당지지로 돌변하는 경우가 생길 수 있다는 것을 고려해야 한다.[101] 이를 위해서는 노동자, 농민, 진보세력 등을 기초로 한 제도권 내에 혁신적 정당이 보장받을 필요가 있다. 60년대 이후부터 한국경제는 급성장을 거듭하면서 절대적 가치박탈 그리고 불균형과 분배문제로 80년대 이후 심각한 위기상황이 분출되었고 90년대에는 지속적인 대형사고가 발생하고, IMF구제금융체제를 경험했고, 2000년대에는 정치참여과잉으로 오히려 문제가 되었다.

노동계급은 한국의 산업화 과정에서 중요한 역할을 담당했으나 해마다 저임금으로 고통을 받았으며 게다가 노동활동은 권위주의체제에 의해서 강하게 억압 및 통제되어 왔던 것이 사실이다. 따라서 한국에 있어서 계층에 기반을 둔 이념정당 또는 혁신정당의 필요성은 정당의 제도화 정당체제의 경쟁화 및 다양한 정치참여라는 입장에서 볼 때 중요한 정당정치발전에 영양을 주는 요소가 되는 것이다. 다만 선진국처럼 평화적이고 입법적이고 합법적인 노동운동을 하지 않고 강성노조, 노조의 부정부패, 거리에서의 전투적인 집단행동, 시도 때도 없는 파업투쟁 등은 지양해야 한다.

통일국가 이후 이러한 혁신정당이 제도권 내에 존재하게 되면

---

101) 위의 논문, p.14.

제도권 밖에서 요구하는 이들의 요구들이 보다 더 제도권 내로 질서 있게 수렴될 것이고 폭력과 시위 등의 정치적 불안정을 극소화할 수 있으며 이러한 제반 사회적 갈등은 국민의 선택에 의해서 결정될 수 있게 되므로 합의에 의한 권력의 정당성을 보장받을 수 있는 것이다.

북한주민은 물론 도시영세민, 무주택근로자, 무허가주택자, 공단 여직공, 영세농어민, 산동네, 달동네주민 등의 하부계층의 이익과 인권을 대변해서 제도적으로 보장될 수 있도록 해야 한다. 이렇게 될 때 이들의 상대적, 절대적 박탈감에서 파생되는 욕구좌절의 공격적 성향이 완화되고 혁명발생 위험률이 감소될 수 있을 것이다. 이렇게 함으로써 통일국가 내에서 모든 국민이 소외되지 않고 정당이 민초에 자리 잡음으로써 명실상부한 선진국형의 민주적 정당체계가 가능할 것이다.

4. 지역정당 간 구도

한국의 고질적 지역정당인 영남당, 호남당 등의 출현은 남쪽의 정치세력분열로 통일국가를 주도하는 데 역효과를 주기 때문에 차단해야 한다. 그리고 실향민 및 이산가족을 중심으로 한 정당은 통합과정에서 북쪽 지역 주민을 대상으로 당원을 규합할 수 있어 정치통합과정에서 일정한 역할을 할 수 있다고 본다. 그동안 영호남 대결로 인한 지역을 연고로 하는 지역당구도가 심화되어 한국의 정당정치는 정상적으로 운영되지 못했고 이는 민주화와 통합에 저해가 되는 중요 요인이 되었다.[102]

---

102) Eun Sung Chung, "Political Regionalism and its implications for Democratization

총선에서 오히려 북한지역 출현의 정당이 제1당이 되고 남한의 정당이 제2당이 될 수도 있기 때문에 지역을 초월하여 남한의 정당이 북한지역으로 진출하는 것이 최상의 방안이다.[103] 제휴를 하든, 연합을 하든 남한지역 정당이 북한지역에 조직적으로 침투할 필요가 있다. 통일 후 국민적 단합을 위해 지역연합구도가 타파되고 각 정당은 전국적 정당으로의 전환이 요망된다.

Ⅳ 정당통합문제

1. 정당해체와 창당문제

(1) 문제제기

본서의 관심은 남과 북 정치통합 중 실질적인 부분인 통합 이후 정치활동에 대한 문제를 어떻게 혼란을 최소화하면서 전개할 것이냐에 집중되어 있다. 우선 여기서는 통일국가에서 경쟁적, 다원적 정치활동을 가능하게 하는 기본적인 것으로 정당활동과 자유총선거 실시의 두 부분으로 나누어 생각해야 한다고 본다. 처음으로 경쟁적 다당제가 도입되는 북한에서의 출현 가능한 정당유형, 남북통합을 전제로 한 남한에서의 정당체계의 변화, 정당통합논의문제, 정당난립방지문제, 김일성-김정일 핵심추종세력 정리문제, 잔존 주체사상고수파의 변화유도와 그 반응, 남한의 정치조직의 북한정

---

in Korea", in International Political Science Association, *Nastional Security and Globalization Selected papers*(1996, July), pp.5 - 9.

103) 그러나 사실상 북한에도 평양-지방 간, 동·서 간의 지역대립이 있기 때문에 통합과정에서 전략적으로 경계해야 할 부분이 있다고 본다.

치조직 연계지원논의, 경쟁적 다당제 도입 관련 문제, 북한지역 대표성 보장 여부 문제 등이 분석되어야 할 것이다. 그리고 북한지역 출현 정당은 그 노선이 통일국가의 노선과 합치되거나 허용되는 범위 내에서 자유롭게 창당되어야 할 것이다.

자유총선에서는 자유총선도입과 선거관리조직, 통일한국의 선거제도의 기본 원칙, 북한지역총선지원문제 - 선거감시단파견문제, 북한 총선과정에서의 경선문제 등 자유총선을 위한 예상되는 문제점 등이 분석되어야 하고 선거를 실시하기 위한 일정기간의 준비기간이 필요할 것이다. 통일국가의 국가적 이념이 민주주의를 지향하기 위해서는 민주적, 경쟁적, 다원적 정치체제를 도입해야 하고 이를 이행하기 위해서는 우선 경쟁적 다당제도를 도입해야 한다. 그것은 민주주의하의 모든 주권자는 각각 자유로운 이념과 정당을 선택할 수 있는 자유가 주어져 있기 때문이다. 따라서 다양성과 경쟁성을 기초로 각 정파가 가급적 자유롭게 이념을 선택하여 정당을 조직하여 활동할 수 있도록 해야 할 것이다.[104]

물론 여기에는 공산당에 대해서도 예외가 될 수는 없을 것이다. 그것은 자유민주주의 원칙하의 국민의 지지에 의하여 결정될 것이기 때문이다. 그러나 폭력적, 호전적, 혁명성을 중심으로 한 극도의 전체주의적 체제를 유지하기 위해 권력을 행사했던 일당체제에서 노동당 핵심세력 300만 명을 선별적으로 정리하여 통합과정에서 정치참여의 여부를 결정한다든지 또는 동구권 민주화 변혁에서처럼 노동당은 해체되어야 하나 지지축소를 통해서 자연 소멸되도록 하여 잠재적 지지세력을 고사시킨다든지 하는 일들도 수행되어야 한다.

---

* 이 연구는 1997년도 교육부 인문 · 사회과학 분야 중점영역연구비 지원에 의한 것임.
104) 김도태, 「통일과정에서의 정당역할연구」(민족통일연구원, 1996. 12), pp.65 - 81.

노동당 대신 개혁적 사회주의 정당 출현의 경우, 노동당 대신 민족적 성격을 띤 정당의 출현 경우, 노동당 대신 극우 보수적 성격을 띤 정당의 출현 경우 등 다각적으로 대비해서 준비해야 한다. 물론 북한지역에도 남한정당 진출 및 제휴가 잘 진행될 수 있도록 건강한 정당이 만들어져야 한다. 북한은 50여 년 동안 노동당을 중심으로 하는 일당체제와 당국가체제를 경험해 왔기 때문에 자유민주주의 체제하에서의 경쟁적 다당제와 복수정당제에 전혀 익숙하지 않다.

따라서 다양한 이념의 경쟁적 존재와 국민적 선택, 각 정당의 지구당조직과 창당의 법적 문제, 남과 북의 각각 상대방지역에 대한 지구당결성문제가 논의되어야 한다. 이때 남한은 북한을 통제하고 관리할 수 있는 능력이 있어야 하고, 남한은 내적으로 단합되고 자유화, 민주화가 공고하고 성숙한 시민의식과 시민사회가 형성되어 있어야 할 것이다.

한편 완전 통일국가 이전 단계인 통합과정의 중간단계에서는 협상창구를 정부로 일원화하고 그 창구에 북한인 출신도 일정수를 선출하여 활용한다. 이러한 남북통합의 과도기가 가급적 짧기를 소망하지만 상당기간이 요하게 될 것이기 때문에 이 기간 동안에 행정인력, 식량, 사회간접자본, 기술인력, 교육인력 등이 지원되어야 한다.[105]

물론 통합국가 확정을 위한 남북자유총선거를 위해서는 짧은 기

---

105) 모든 면에서 최소한 현재요원의 과반수가 더 필요하다. 예컨대 남한 인구의 100만 명(1명당 북한주민 25명)은 북한을 접수할 수 있는 요원으로 양성하기 위한 교육을 실시해야 한다. 군대는 일단 늘었다 줄이는 것이 필요하다. 현재 대략 공무원의 숫자는 92만 명인데 통일국가에서 북한지역까지 포함하면 100~120만의 공무원이 필요할 것이고 30~40여만 명의 공무원 증원이 필요하게 될 것이다. 선거관리요원도 현재 20만 명이라면 30만 명으로 증원해야 한다.

간이지만 우선 북한지역이 자유화와 민주화 과정의 훈련을 거쳐서 다원주의 사회로의 변화가 요망된다. 또한 통일 전후과정에서 북한 자체의 변화징후에 대해서도 정치통합을 원만이 진행시키기 위하여 대비책을 마련할 필요가 있다. 다만 통합과정 중 북한지역에도 기본적 인권, 표현의 자유, 사상의 자유, 정치참여의 자유가 보장되어야 하며 사회단체의 결성, 집단행동의 자유, 정치적 경쟁의 허용 등 민주화가 진행되도록 남한에서 다각적인 지원이 절대적으로 필요하다.

(2) 정당창당과 관련된 문제

정당통합에서는 자유민주주의와 복수정당제, 경쟁적 정당체계를 기초로 하는 정당법이 만들어져야 할 것이다. 여기서는 공산당허용여부문제, 구공산당 세력의 향방에 대한 대비문제, 북한의 자생정당대비문제 등이 언급되어야 한다. 남북한 간의 이를 기초로 한 통합정당법이 제정되어야 할 것이다.

통일국가에서는 각종의 정치단체 및 조직 등이 등장할 것이다. 따라서 폭력적-혁명적 공산당은 불허하고 제한적으로 온건 좌파는 허용하며 골수 주체사상파는 해체시켜야 한다. 이는 남북한 간 북한 내의 주민 간 갈등 및 내전위험을 방지하기 위해서이다. 북한 노동당원은 잔류파, 개혁공산당이나 우파로의 전향, 정치무관심, 테러리스트(폭력조직연계) 등 다양한 변신이 예상된다. 정당정치의 기초는 다원적 자유민주주의와 시장자본주의를 건강하게 하는 전제에서 설정되어야 한다. 해방 3년의 공간처럼 각종의 정치단체 및 조직 등장이 예상되기 때문에, 주체사상 해체를 전제로 제한적 좌파는 허용하되 일정기간 동안 혁명적 공산당은 불허해야 한다. 그리고 총선 이전 대규모 주거 이전에 대한 제한과 통제가 필요하며 민주정치훈련을 위하여 주민자치 경선유도 등이 고려되어야 한다. 북한지역 출신으로 통합에 따른 새 변화에 적응할 수 있는 의지 있는 새로운 인물과 참신한 인물의 후보등록을 유도해야 한다.

또한 독일의 정당통합에서 ① 독일분단과정, ② 독일통합의 역사적 배경, ③ 독일통합 전후의 문제점을 통하여 독일통일이 우리에게 주는 교훈을 면밀히 분석해야 한다.[106] 민주적 정치활동, 민주시민사회의 활성화가 남북한 공히 균형 있게 형성되기 위한 방안도 연구되어야 할 것으로 보았다. 통합 이후에는 제반 갈등을 해결하는 기준과 원칙을 만드는 작업과 연구가 이어져야 한다. 북한지역에서 스스로 만들어진 정당과 남한에서 북한으로 가서 조직화한 정당 간의 선의의 경쟁이 있어야 한다.

민주적, 경쟁적, 다원적 정치체제로 이행하기 위해서는 먼저 다당제도를 도입해야 한다. 그것은 민주주의하의 모든 주권자는 각각 자유로운 이념과 정당을 선택할 수 있는 자유가 주어져 있기 때문이다. 따라서 나양성과 성생성을 기조로 각 정파가 자유롭게 이념을 선택하여 정당을 조직하여 활동할 수 있도록 해야 할 것이다.

노동당이 통일과정에서 다당제나 의회민주주의를 받아들이고 경제개혁을 하면 통일 이후에도 정치세력으로서 정당 간의 경쟁, 연합, 통합의 대상이 될 가능성이 있다고 본다. 그러나 북한 핵심노동당원들 예컨대 사로청, 붉은청년근위대, 사회안전부, 국가보위부

---

106) Bleiker, Roland, "Global Systemic Change, Spatial Mediation, and Unification Dynamics in Korea and Germany", *Asian Perspective*, Vol.16, No.2, Fall - Winter 1992, 김학성, 「동·서독 인적 교류실태연구」(민족통일연구원, 1996), pp.115 - 123, 황병덕, 「독일의 정치교육연구」(민족통일연구원, 1995), pp.88 - 111, pp.98 - 117, 하인리히 A. 빙클러, "독일통일이후 민족의 재건", 「백천통일논총」, 통권1호(1996), pp.97 - 118.

등 골수 공산당원 변신에 주목해야 한다. 이들이 그냥 앉아서 당할지, 아니면 남한 유력 인사들과 접촉하여 자리를 굳힐지 신중한 관찰이 요망된다.[107]

지금 독일, 프랑스, 호주, 일본도 다 공산당이 허용되고 있다. 그런데 우리는 분단되어 있기 때문에 공산당이 허용되고 있지 않지만 통합 이후에도 그들은 우리와 같이 존재할 수 없다고 이야기한다면 통일을 논할 수 없지 않겠느냐는 것이다. 우리 체제가 분명하게 자유민주주의 체제이며 정말 훌륭한 체제라는 것을 아는 사람이 더 많아지면 많아질수록 소수파 공산당의 주장이 통일한국의 정치를 좌지우지할 수 없는 건강한 사회가 될 수 있다. 독일, 일본, 호주, 프랑스, 스페인, 이태리 등에 공산당이 있지만 집권하지는 못하는 사례를 보면서 만약 남북한 통일 후에 크게 제기될 수 있는 좌파, 진보적인 사람들의 정당 결성이 안 된다고 한다면 그것은 오히려 통일국가체제 자체가 상당한 문제가 있는 것으로 간주될 것이다.[108] 물론 사회주의 동독의 계급정당과 자본주의 서독 대중정당 간의 통합은 엄격한 의미에서의 정당통합이 아니라 대부분 서독 정당들이 자체의 당조직과 행동영역을 동독지역으로 확대한 것으로 볼 수 있다. 정당은 시민정치교육을 담당하며, 정치사회화 기능을 담당하는 정치기구란 점에서 동서독 정당통합을 통한 정치통합전략은 매우 효과적인 방안이다.

---

107) 물론 여기에는 공산당에 대해서도 예외가 될 수는 없을 것이다. 그것은 자유민주주의 원칙하의 국민의 지지에 의하여 결정될 것이기 때문이다. 그러나 폭력적, 호전적, 혁명성을 중심으로 한 극도의 전체주의적 체제를 유지하기 위해 권력을 행사했던 일당체제에서 노동당 핵심세력 300만 명을 선별적으로 정리하여 통합과정에서 정치참여의 여부를 결정한다든지 또는 동구권 민주화 변혁에서처럼 노동당은 해체되어야 하나 지지축소를 통해서 자연 소멸되도록 하여 잠재적 지지세력을 고사시킨다든지 하는 일들도 수행되어야 한다.

108) 정용길, 앞의 논문, pp.104 - 105.

결국 남한의 정당체계가 보다 다원화될 때 북한을 보다 자연스럽게 통합할 수 있는 상황을 맞이할 수 있다는 점이다. 물론 통일 직후 북한지역에 조선노동당을 대체할 새로운 정당이 나타날 수도 있다. 이는 또 다른 남북대립을 유도할 수도 있다는 점에서 기존의 남한 정당들이 북한주민들을 포섭하고 통합할 수 있는 정당체계를 구축하는 것이 무엇보다도 긴요한 일임에 틀림없다. 통일국가 건립을 위한 정당통합과정에서 시시각각으로 많은 변화가 올 때 안정 - 불안정, 질서 - 무질서 등이 교치될 수 있으며 이때 유연한 탄력성을 발휘하여 대처할 수 있는 인력과 능력을 확보해야 한다. 권력구조 통합원칙에는 절약성, 민주성, 효율성, 능률성 등이 종합적으로 반영되어야 한다.[109]

앞에서도 지적했지만 호전성, 전투성, 폭력성, 혁명성을 강조하는 북한의 상당수 노동당 당료와 권력엘리트들은 정치활동에서 일단 배제해야 할 것이다. 그것은 엘리트와 지식인의 북한변화에 대한 적응과정에 있어 역할과 향방이 북한변화에 영향을 줄 수 있기 때문이다.[110]

물론 국민통합의 정신에 입각하여 북한엘리트들의 정치참여를 허용할지라도 통일 이전 북한체제를 유지하는 데 핵심적 역할을 했던 인물들과 자유민주주의 체제를 부정하는 자는 공직참여에서 제외시켜야 할 것이다. 독일의 경우 통일 이전 구동독에서 근무했던 공무원 중 인도주의와 법치국가적 기본 원칙에 위배된 행정행위 집행에 종사한 자, 비밀경찰(Stasi) 등 국가보위기구에 종사한

---

109) 박대식, "남북한의 행정체제통합의 문제점과 전망", 충남대통일문제 국제학술대회(1997. 9), pp.54 - 55.

110) 이교덕, 북한체제의 변화주도세력연구(민족통일연구원, 1996. 12), pp.41 - 71. 여기서 전문기술관료에 의한 위로부터의 변화, 지식인 중심의 아래로부터의 변화를 제시하고 있다.

자, 구동독 공산당과 대중 외곽기구에서 체제수호를 위하여 적극적으로 봉사한 자 등은 통일 이후 재임용 과정에서 우선적으로 탈락되었다.[111]

북한의 경우 조선노동당, 국가안전보위부, 사회안전부, 군부 등의 핵심부서에서 근무한 인물들이 우선 탈락대상이 되겠지만, 탈락대상을 선별하는 작업은 신중하게 이루어져야 할 것이다. 예컨대 조선노동당의 경우 조직지도부나 선전선동부의 인물들이 다른 부서에 비해 더욱 핵심적인 인물이라고 볼 수 있으며, 조선노동당이 자체적으로 당원들을 평가한 '평정서'는 보다 객관적인 선별자료가 될 수 있을 것이다.

주지하듯이 일부 부류에 의한 북한의 오만, 북한의 우월성, 북한의 극단적 생각, 북한의 특수성 등은 군대로부터 온다고 할 수 있다. 북한 내 김정일 체제 붕괴로 인한 북한의 새로운 지도체제 또는 집단지도체제의 강온 대립 등도 정치통합 성패에 영향을 줄 수 있다.[112]

이는 그동안 북한체제가 첫째, 김일성 민족, 김일성 신화 교육이 철저하게 이루어져 이를 믿을 수밖에 없고, 둘째, 철저한 숙청과 사상통제정책으로 일체의 비판, 반대세력이 근절되어 일반대중이 반항할 수단과 능력이 부재하며, 셋째, 외부정보폐쇄가 철저하여 북한의 인민들은 주변상황을 타 지역과 비교할 수 없고 국제동향도 알 지 못하며, 넷째, 김정일은 특수집단을 형성하여 출세지향의 간부들의 충성이 자리 잡고 있기 때문에 야기되는 대립과 갈등인 것이다.

---

111) 통일원, 「통독이후 분야별 실태」(서울: 통일원, 1991), p.5.
112) 민족통일연구원, 「김정일 정권의 향방」(1995. 11), pp.40 - 44.

예컨대 개방세력 - 폐쇄세력, 주체사상고수파 - 주체사상해체파, 집단지도체제파 - 단일지도체제파(새로운 인물), 북한의 집단지도체제(강성) - 북한의 집단지도체제(약성), 김정일추종파 - 김정일타도파, 주체군대고수파 - 주체군대조직와해파, 남한체제지지파 - 북한체제고수파 - 북한체제고수이나 김정일 타도파 간의 갈등에 대한 대비책도 준비해야 한다.113)

특히 평양에 대한 예우문제 등도 문제점으로 등장할 수 있고 북한주민이 정당통합 이후 변화에 어떻게 적응하며 남한 주민과 정당선택에 있어 어떤 이념적 대화를 교환할 것인지도 대비해야 한다. 물론 북한의 노동당관리들은 핵심우두머리를 제외하고는 재교육 - 재기용 - 파면 - 면직이냐에 따라 실업자, 이직, 장사꾼 등으로의 변화가 예상된다.

이러한 북한변화에 따른 남북 통합과정에서는 다음과 같은 대비책이 강구되어야 한다.

① 붕괴 시 식량보급문제, 북한주민 집단기아문제(식량배급소, 구호품보급소), 북한의 과도기상태에 대한 관리 및 시원문제, 군대 동요에 대한 억제책을 마련해야 한다. 이는 통일 이후 정치통합에 중요한 영향을 줄 수 있기 때문이다. 일정기간 식량도 1인 - 1일 할 당량을 정하여 철저한 배분을 해 준다. ② 북한주민의 평양 등 대도시로의 집중문제도 대비해야 한다. 북한주민의 도시집중화로 인한 도시빈민화를 방지해야 한다. ③ 북한에 대한 인권문제, 북한의

---

113) 김연철, "북한식 발전모델: 역사적 형성과 구조적 한계", 한국정치연구회 심포지엄(1995. 12), pp.20 - 21, 최성, "김정일 정권의 대남정책분석 및 올바른 대북정책의 방향", 한국 동북아학회 창립 학술세미나(1996. 2), pp.25 - 27, 윤병익, "김정일 체제하에서의 대외 대남관계", 세종대 통일문제연구소, 5차학술심포지엄(1996. 5), pp.9 - 16, 이교덕, 임순희, 『김일성 사후 2년: 북한정세 동향 및 전망』(민족통일연구원, 1996. 7), pp.13 - 19, 민족통일연구원, 『북한의 대외관계변화와 남북한관계전망』(1996. 11), pp.124 - 132.

반통합군부세력들의 탈출 시 발포문제(전범처리)는 국제문제화도 가능하다. 반대로 과도기 중 대량탈북사태로 만약 1,500만 명 탈출 등을 은연중 추진할 때 오히려 남한이 문제가 될 수 있음도 고려해야 한다. ④ 북한주민들의 북한지역 내부에서의 곳곳에서의 집단시위 및 봉기문제도 대비해야 한다. ⑤ 북한주민의 서울로의 집중문제 - 빈민촌, 천막촌, 달동네문제(현재 외국인근로자와 유사) - 북한주민에 대한 보호문제, 따라서 휴전선조정문제 및 휴전선통과문제 - 비무장지대 관리문제에 대한 대비도 필요하다. ⑥ 공산당, 군부관료 등 악의적인 북한 마피아의 국제암시장과의 연계를 통한 마약, 위조지폐, 무기밀매 등을 방지할 수 있는 대비책을 만들어야 한다. 북한군대의 중동지역 국가들과의 연계도 조기에 차단해야 한다.

무력통일세력, 무장투쟁, 쿠데타, 폭력, 내전, 빨치산투쟁, 집단시위 등 다양한 양태의 폭력갈등사태에 대한 방지책이 필요하다. 특히 우리 체제에 동조하지 않는 북한군대의 반란방지책이 필요하다. 그동안 북한에서는 전 인민의 혁명화·노동계급화·인텔리화를 강조하면서 배타적인 집단주의를 키워 갔다.[114] 그뿐 아니라 북한은 사유재산제를 부인하고 이를 모든 해악의 근원으로 규정하여 국유화·협동단체 소유화했다.[115] 이러한 군사 훈련적 상황에서 익숙한 폭력갈등을 최소화하고 북한체제고수 잔존세력을 무력화시키는 데 주력해야 한다.

독일통일의 경우처럼 동독의 정치엘리트들의 의사와는 아무 관계없이 동독 기층민들의 주권적 선택과 그 선택이 서독에 의하여

---

114) 민족통일연구원, 「북한주민의 인성연구」, 1992 참고.

115) 북한헌법 제18조에는 "조선민주주의 인민공화국에서 생산수단은 국가 및 협동단체의 소유이다."라고 명시하고 있다.

받아들여졌음을 재인식해야 한다. 성숙한 시민사회를 보장하고 있는 서독의 체제는 국민들에게 정치적 자유, 사회·경제적인 풍요, 문화적 다원성 등을 보장했기 때문에 동독체제를 이길 수 있었다고 본다.

(3) 정당통합과정에서 예상되는 문제점

민주적, 경쟁적, 다원적 정치체제로 이행하기 위해서는 먼저 다당제도를 도입해야 한다. 그것은 민주주의하의 모든 주권자는 각각 자유로운 이념과 정당을 선택할 수 있는 자유가 주어져 있기 때문이다. 따라서 다양성과 경쟁성을 기초로 각 정파가 자유롭게 이념을 선택하여 정당을 조직하여 활동할 수 있도록 해야 할 것이다.

앞에서도 지적되었듯이 물론 여기에는 공산당에 대해서도 예외가 될 수는 없을 것이다. 공산당핵심세력에 대한 정리 이후 총선에서 국민의 지지에 의하여 결정될 성질의 것이기 때문이다. 우선 통일국가 초기에는 다당제이지만 양당제에 가까운 다당제가 바람직하다. 국제질서에서 선진국이 되기 때문에 자유민주주의 체제하에서의 다양한 이념이 존재하고 여전히 사회주의를 고수하는 중국입장이 곤란하지 않게 완화된 다당제를 실시한다. 다만 국가보안법을 수정할 필요가 있을 것이다.

통일 후 노동당은 힘없는 야당이 될 것이다. 만약에 이처럼 되지 않기 위해서는 동구권처럼 노동당도 개방과 개혁이 필요하다고 본다. 노동당이 통일과정에서 다당제나 의회민주주의를 받아들이고 경제개혁을 하면 통일 이후에도 정치세력으로서 정당 간의 경쟁, 연합, 통합의 대상이 될 가능성이 있다고 본다. 그러나 북한 핵심 노동당원들 예컨대 사로청, 붉은청년근위대, 사회안전부, 국가보위부 등 골수 공산당원 변신에 주목해야 한다. 이들이 그냥 앉아서 당할지, 아니면 남한 유력 인사들과 접촉하여 자리를 굳힐지 신중한 관찰이 요망된다.

다만 북한의 노동당은 통일을 전후해서 세력이 급속도로 축소될 것이다. 북한에서도 통일을 전후로 해서 새로운 민주정치세력이 등장할 가능성이 있고 남한의 정치세력들 중에서도 통일을 주도적으로 치러낸 정당이 이후 통일시대에서도 주도권을 잡을 것 같기 때문이다.

지금 독일, 프랑스, 호주, 일본도 다 공산당이 허용되고 있다. 그런데 우리는 분단되어 있기 때문에 공산당이 허용되고 있지 않지만 통합 이후에도 그들은 우리와 같이 존재할 수 없다고 이야기한다면 통일을 논할 수 없지 않겠느냐는 것이다. 우리 체제가 분명하게 자유민주주의 체제이며 정말 훌륭한 체제라는 것을 아는 사람이 더 많아지면 많아질수록 소수파 공산당의 주장이 통일한국의 정치를 좌지우지할 수 없는 건강한 사회가 될 수 있다. 독일, 일본, 호주, 프랑스, 스페인, 이태리 등에 공산당이 있지만 집권하지는 못하는 사례를 보면서 만약 남북한 통일 후에 크게 제기될 수 있는 좌파, 진보적인 사람들의 정당 결성이 안 된다고 한다면 그것은 오히려 통일국가체제 자체가 상당한 문제가 있는 것으로 간주될 것이다.[116] 물론 사회주의 동독의 계급정당과 자본주의 서독 대중정당 간의 통합은 엄격한 의미에서의 정당통합이 아니라 대부분 서독 정당들이 자체의 당조직과 행동영역을 동독지역으로 확대한 것으로 볼 수 있다. 그러나 동서독지역 간 기존의 정당이 통합됨에 따라 통독 후 다원적 시민사회의 구조 위에서 계층 간 공통적인 정

---

116) 정용길, 앞의 논문, pp.104 - 105.

치·경제·사회적 이해관계를 반영하는 정치체제를 형성할 수 있게 되었다. 그것은 이미 시민사회를 형성한 서독에 의한 동독의 흡수통일이기 때문에 너무나 당연한 귀결이다. 정당은 시민정치교육을 담당하며, 정치사회화 기능을 담당하는 정치기구란 점에서 동서독 정당통합을 통한 정치통합전략은 매우 효과적인 방안이다.

우리는 베트남식 공산화 통일은 결코 용납할 수 없다. 적어도 여러 다양한 방법이 동원되겠지만 독일의 경우와 유사한 통일형태가 가능할 것이다. 그러기 위해서는 정신력과 경제력에 있어서의 절대적인 힘이 필요하다. 그래야 내부의 적을 이기고, 통일비용도 기꺼이 부담할 수 있을 것이기 때문이다. 그것은 또한 통독의 경우에 있어서 동독주민이 그랬듯이 북한주민들이 우리 체제를 택할 수 있도록 유도하는 첩경이기도 하기 때문이다. 그래야 남한 주도의 정치통합이 가능하게 될 것이다.

결국 남한의 정당체계가 보다 다원화될 때 북한을 보다 자연스럽게 통합할 수 있는 상황을 맞이할 수 있다는 점이다. 물론 통일 직후 북한지역에 '조선노동당'을 대체할 새로운 정낭이 나타날 수도 있다. 이는 또 다른 남북대립을 유도할 수도 있다는 점에서 기존의 남한 정당들이 북한주민들을 포섭하고 통합할 수 있는 정당체계를 구축하는 것이 무엇보다도 긴요한 일임에 틀림없다.

남북한 정당 간의 연합-통합이 요망되며 [117] 각 정당조직은 각각 정당에서 알아서 북한지역에 침투하도록 한다. 또한 온건다당제의 확립을 위한 정책방안 중 하나로 통일 후 혁명적 극좌세력의 영향력을 약화시키는 조치를 취해야 하며, 북한지역에서 노동당 이외의 위성정당이나 새로 창당된 정당들을 남한지역의 이념성향이 같

---

117) 이경훈·이용숙, 『통일, 그날이후』(서울: 길벗, 1994), pp.82-85.

은 정당이 지원해야 하며, 북한의 민주화와 민주적 선거문화 정착을 위한 일반주민의 시민교육을 실시하고, 소수정당의 난립방지를 위해 정당설립조건을 강화하는 것 등이 필요하다.[118]

통일시대에 총선에 효과적으로 대비하는 방법 중 하나로 남북한의 여러 정당이 서로의 정치적 영향력과 정치의 나아갈 길을 고려하여 연합하는 것도 한 방법이라 본다. 이는 전국적인 영향력을 가질 수 있고 총선에도 효과적으로 대비할 수 있기 때문이다.

2. 남북한 정당통합과 관련된 문제

(1) 문제제기

정당통합에서는 자유민주주의와 복수정당제, 경쟁적 정당체계를 기초로 하는 정당법이 만들어져야 할 것이다. 여기서는 공산당허용 여부문제, 구공산당세력의 향방에 대한 대비문제, 북한의 자생정당 대비문제 등이 언급되어야 한다. 남북한 간의 이를 기초로 한 통합 정당법이 제정되어야 할 것이다.

우선 통일국가 초기에는 다당제이지만 양당제에 가까운 다당제가 바람직하다. 국제질서에서 선진국이 되기 때문에 자유민주주의 체제하에서의 다양한 이념이 존재하고 여전히 사회주의를 고수하는 중국입장이 곤란하지 않게 완화된 다당제를 실시한다. 다만 국가보안법을 수정할 필요가 있을 것이다. 또한 남북한 정당 간의 연합 – 통합이 요망되며 각 정당조직은 각각 정당에서 알아서 북한지역에 침투하도록 한다.[119] 온건다당제의 확립을 위한 정책방안 중

---

118) 김용욱, 임광현, 한종수, "통일한국의 이념과 체제", 원광대, 『통일문제논집』, 제16집 (1996), pp.175 – 176.

119) 이경훈·이용숙, 『통일, 그날이후』(서울: 길벗, 1994), pp.82 – 85.

하나로 통일 후 혁명적 극좌세력의 영향력을 약화시키는 조치를 취해야 하며, 북한지역에서 노동당 이외의 위성정당이나 새로 창당된 정당들을 남한지역의 이념성향이 같은 정당이 지원해야 하며, 북한의 민주화와 민주적 선거문화 정착을 위한 일반주민의 시민교육을 실시하고, 소수정당의 난립방지를 위해 정당설립조건을 강화하는 것 등이 필요하다.[120]

경쟁적 다당제 도입에 관련해서는 일정한 이념적 스펙트럼을 좌에서 우까지 지평을 설정해야 한다. 그 결정은 총선을 통해 자연스럽게 국민의 지지를 바탕으로 정리하는 것이 바람직하다고 본다. 즉 정당조직 확산은 남북한주민에게 자연스럽게 자발적으로 발생하도록 진행되어야 한다. 북한지역에도 북한 출신 전국적 인물이 등장될 수 있다고 본다. 만약 자유민주주의와 시장자본주의를 거부하지 않으면 존중해 주어야 한다.

예컨대 동구권에서와 같은 구공산세력의 개혁적 변화가 허용되면 남한의 지지자들도 발생할 수 있기 때문이다. 남북한 정당통합 과정에서는 남북한 간 유사한 이념끼리 정치조직화 빛 정치활동 활성화가 있을 것이다. 그들이 승인했던 구동독지역과의 연대협정의 효과들은 오히려 1994년 초에 어려웠던 여당으로 하여금 권력연장을 도와주는 구실을 한다. 당내 갈등으로 서서히 쇠약해진 SPD는 1995년 여론조사에서 그 지지도가 30%까지 내려가는 사태에 직면했다. 이러한 상황은 1995년 당대회에서 당수를 경질하게 하는 요인으로 작용했다.

그때 과연 전국적인 정당의 지도적 인물은 누가 될 수 있을까.

---

120) 김용욱, 임광현, 한종수, "통일한국의 이념과 체제", 원광대, 『통일문제논집』, 제16집 (1996), pp.175 - 176.

과연 남한 정당들이 북한지역에서의 지지를 제대로 확보할까. 과열 경쟁, 지역감정, 유언비어, 사이비정당 등이 혼란스럽게 하지 않을까 등에 대한 우려에 대비하여야 한다. 여기서는 동서독 정당통합의 사례를 참고할 필요가 있다. 1990년 1월 12일 동독정부는 동독의 정당들이 서독 정당들에 의해 재정지원을 받는 것을 허용함으로써 동서독 정당 간 통합이 더욱 가속화되었다.

독일은 독자화 단계 - 다양화 단계 - 동화 단계 - 통합 단계로 진행되어 통일에 영향을 주었다.[121] 독일의 정당통합에서 ① 독일분단과정, ② 독일통합의 역사적 배경, ③ 독일통합 전후의 문제점을 통하여 독일통일이 우리에게 주는 교훈을 면밀히 분석해야 한다.[122] 독일은 급격한 흡수통일을 했음에도 불구하고 민주적 정치문화의 토대 위에서 정치사회적 갈등을 수렴해 나갈 수 있는 제도적 장치를 갖추었으며 경제적으로 사회적 시장경제의 틀 아래서 동독지역경제를 재건할 수 있는 고도로 발달된 생산력을 갖추었음도 인식해야 한다.[123] 앞으로 독일 통합방식의 장단점과 이에 대한 남북한 통합에의 적용에 대한 가능성과 그 문제점을 분석하는 것도 하나의 과제이다.[124]

---

121) 고상두, "독일연방공화국과 독일민주공화국간의 정당통합의 실태분석", 충남대 통일문제 국제학술대회(97. 9), pp.7 - 12.

122) Bleiker, Roland, "Global Systemic Change, Spatial Mediation, and Unification Dynamics in Korea and Germany", *Asian Perspective*, Vol.16, No.2, Fall - Winter 1992, 김학성, 「동·서독 인적 교류실태연구」(민족통일연구원, 1996), pp.115 - 123. 황병덕, 「독일의 정치교육연구」(민족통일연구원, 1995), pp.88 - 111, pp.98 - 117, 하인리히 A. 빙클러, "독일통일이후 민족의 재건", 「백천통일논총」, 통권1호(1996), pp.97 - 118.

123) 황병덕, 앞의 책, pp.98 - 117.

124) 다니엘 굳카인드, "베트남통일 이후 남녀불평등 문제", 「백천통일논총」, 통권1호(1996), pp.119 - 142. 민족통일연구원, 「예멘통일의문제점」(1994), p.56, 김국신, 「예멘통합사례연구」(민족통일연구원,1993), pp.113 - 129, 찰스 던바, 예멘통일의 과정과 전망, 「백천통일논총」, 통권 제1호(1996), pp.164 - 171. 이우영, 통일과정에서 매스미디어의 역

흡수통일을 한 독일통일의 사례가 시사하는 바는 분단체제의 발전격차가 크면 클수록 통일의 정치경제 사회적 후유증은 심각하게 대두되는 반면 한 체제의 높은 발전 정도는 통일후유증을 최소화시킬 수 있다는 점이다. 서독은 급격한 흡수통일을 했음에도 불구하고 민주적 정치문화의 토대 위에서 정치사회적 갈등을 수렴해 나갈 수 있는 제도적 장치를 갖추었으며 경제적으로 사회적 시장경제의 틀 아래서 동독지역경제를 재건할 수 있는 고도로 발달된 생산력을 갖추었다.[125]

끝으로 독일은 흡수통일로 베트남을 내전을 통하여 그리고 예멘은 협상과 내전을 통한 통일을 하는 등 각기 상이한 통합방식을 취하였는데 이러한 통합방식의 장단점과 이에 대한 남북한 통합에의 적용에 대한 가능성과 그 문제점을 분석해야 한다.[126]

(2) 정치참여 과열방지문제

해방공간에서 좌우대결, 1948년 5·10선거에서 230여 개의 정치단체의 총선참여 등 정치과열에 따른 혼란을 최소화해야 할 것이다.[127] 일정 수준의 의미 있는 정치단체가 참여하도록 정치권이 스스로 정리해야 할 것이다. 정치안정과 이에 대한 관리조직이 잘될

할(민족통일연구원, 1996. 10), pp.103 - 112. 통독과정에서 동서독의 언론 관련 주요 협정, 법규 선언 참조.

125) 황병덕, 앞의 책, pp.98 - 117.

126) 김도태, 「베트남 통합사례연구」(민족통일연구원, 1993. 11), pp.145 - 163, 다니엘 굳카인드, "베트남통일이후 남녀불평등문제", 「백천통일논총」, 통권1호(1996), pp.119 - 142. 민족통일연구원, 「예멘통일의문제점」(1994), p.56, 김국신, 「예멘통합사례연구」(민족통일연구원, 1993), pp.113 - 129, 찰스 던바, 예멘통일의 과정과 전망, 「백천통일논총」, 통권 제1호(1996), pp.164 - 171, 이우영, 통일과정에서 매스미디어의 역할(민족통일연구원, 1996. 10), pp.103 - 112. 통독과정에서 동서독의 언론 관련 주요 협정, 법규 선언 참조.

127) 중앙선거관리위원회, 『대한민국정당사』, 1973, 대한민국국회 편, 『국회사』(1948 - 1961) 참조.

수 있도록 사전 정지작업이 어느 정도 정치권에서 되어야 할 것이다.

정당정치의 기조는 다원적 자유민주주의와 시장자본주의를 건강하게 하는 전제에서 설정되어야 한다. 해방 3년의 공간처럼 각종의 정치단체 및 조직 등장이 예상되기 때문에, 주체사상해체를 전제로 제한적 좌파는 허용하되 일정기간 동안 혁명적 공산당은 불허해야 한다. 그리고 총선 이전 대규모 주거 이전에 대한 제한과 통제가 필요하며 민주정치훈련을 위하여 주민자치 경선유도 등이 고려되어야 한다. 북한지역 출신으로 통합에 따른 새 변화에 적응할 수 있는 의지 있는 새로운 인물과 참신한 인물의 후보등록을 유도해야 한다. 민주적 정치활동, 민주시민사회의 활성화가 남북한 공히 균형 있게 형성되기 위한 방안도 연구되어야 할 것으로 보았다. 통합 이후에는 제반 갈등을 해결하는 기준과 원칙을 만드는 작업과 연구가 이어져야 한다. 특히 심의민주주의(Deliberative Democracy)가 제도화되어야 할 것이다.[128] 북한지역에서 스스로 만들어진 정당과 남한에서 북한으로 가서 조직화한 정당 간의 선의의 경쟁이 있어야 한다. 경쟁적 다당제 도입에 관련해서는 일정한 이념적 스펙트럼을 좌에서 우까지 지평을 설정해야 한다. 그 결정은 총선을 통해 자연스럽게 국민의 지지를 바탕으로 정리하는 것이 바람직하다고 본다. 즉 정당조직 확산은 남북한주민에게 자연스럽게 자발적으로 발생하도록 진행되어야 한다. 북한지역에도 북한 출신 전국적 인물이 등장될 수 있다고 본다. 만약 자유민주주의와 시장자본주의를 거부하지 않으면 존중해 주어야 한다. 남북한 정당통합과정에서는 남북한 간 유사한 이념끼리 정치조직화 및 정치활동 활성화가

---

128) J. S. Dryzek, *Deliberative Democracy and Beyond*(Oxford University press, 2000), 안성호, "한국민주주의위기와 마을공동체민주주의 활성화방안", 충북대, 사회과학연구, 제24권 제2호(2007. 12), pp.111 - 112.

있을 것이다.

(3) 원구성 문제

통일국가에서는 대의제 도입과 이에 따른 원구성 방법도 논의되어야 할 것이다. 이 점에 있어 양원제가 바람직하다고 본다. 이는 우선 통일한국의 과정에서 활동했던 원로와 정치에서 소외되었던 북한인사의 배려가 필요하기 때문이다. 7천만 인구의 거대한 국가 규모에 맞는 의회제도가 요망되기 때문이다. 분단기간 동안 남북한 간의 불균형발전은 말할 것도 없고 그동안 남한 내에서조차 영호남 간 지역 간의 문제와 북한 내에서의 함경도 - 평안도의 지역갈등은 통일 후에도 나타날 가능성이 커서 양원제 실시에 관심을 보이게 된다.[129]

양원제는 많은 인구, 사회의 다원성, 연방주의 등과 관련이 있는데 이 제도를 시행하기 위해서는 상하원의 상대적 규모, 양원의 권한배분, 양원 의원의 선출방법, 선거구의 조정문제 등이 논의의 대상이 된다.[130] 의회제가 영국에서 양원제로서 처음 시작되어 전 세계적으로 수출되었으나, 그 형태는 영국의 양원제와 반드시 일치하지 않는다. 영국의 양원제는 귀족의 이익에 대한 고려가 중요시된 반면, 미국이나 독일과 같은 연방국가의 양원제는 지방을 대표하는 상원과 국민을 대표하는 하원으로 구성되었으며 미국의 경우 상원이 하원에 비해 강력한 권한을 행사한다.[131]

영국처럼 하원우월주의를 입각해서 입법절차에서는 어디까지나

---

129) 박광주, "통일한국의 정치적 갈등구조", 한국정치학회 편, 『통일한국의 새로운 질서와 이념모색』(서울: 한국정치학회, 1993), pp.46 - 50, 정용길, 앞의 논문, p.14.

130) 정용길, 앞의 논문, p.17.

131) 최진욱, "통일시대를 대비한 새로운 권력구조의 모색", 『한국정치학회보』, 제29집 2호 (1995), p.480.

자문과 통과의례로 하고 하원에서 법을 제정하는 절차를 제도화하자는 것이다. 7천만에 준한 선거구 수를 조정한다면 민의원(가칭: 하원) 350명 정도가 바람직하다고 본다. 민의원(가칭: 하원)은 450석으로 남한 300석 북한 150석, 이 중에서 남한의석에서는 60석을 북한의석에서는 30석을 비례대표제로 해서 90석을 확보한다. 그리고 참의원(가칭: 상원)은 100명 정도가 요망된다. 참의원은 민의원보다 실권을 적게 하고 법안은 민의원에서 통과하는 것을 원칙으로 하는 영국식 양원제를 전제로 하는 것이 좋을 것 같다.

임기 4년 연임가능하고 분단체제 때보다는 통일국가에서 여성의 석률을 높이기 위해 여성할당제를 잠정적으로 제도화하는 것이 좋다고 본다. 상원의원 선출방법은 상원의원 추천위원회에서 북한 출신 50석과 남한 출신 50석을 1 : 1로 선정한다. 이는 북한지역이 인구비례를 수용했다는 북한지역에 대한 정치적 예우 차원에서이다. 과거 북한은 정치협상에서 인구비례가 아니라 1 : 1의 관계로 국회의석수나 모든 정치권력관계를 강조하였다. 그런데 이제 북한이 양보하고 남한중심의 통일국가를 만드는 과정에서 인구비례의 원리로 의석수를 정한다면 2 : 1의 수적인 열세에 있게 된다. 따라서 상원만이라도 1 : 1의 실체로 구성하여 북한에 대한 정치적 배려를 하자는 것이다. 상원은 분단기간 동안 통일을 위하여 노력하거나 김일성 – 김정일 체제 아래서 인권유린을 당했거나 반체제인사로 정치수용소에서 오랜 고초를 당했던 북한의 정신적인 지도급 인사를 선별하여 50명을 추천하는 것으로 한다. 이후 상당기간 후 통일국가가 정치적으로 안정되면 상원도 지역에서 주민이 선출하도록 점차적으로 전환할 필요가 있다고 본다. 통일국가가 민주주의에 걸맞은 여성참여를 높이기 위하여 잠정적으로 여성할당제를 도입해야 한다고 본다.

(4) 국민투표 실시

통일국가를 위한 통일헌법의 정통성을 얻는 절차로서 국민투표를 순조롭게 실시하도록 대비해야 한다. 모든 국가적 문제의 결정은 국민투표제로 결정되어야 할 것이며 이에 따른 구체적 실시방안이 분석되어야 한다. 일반적으로 70% 이상의 높은 지지율로 통일한국의 통일헌법이 통과되어야 한다. 끝으로 모든 국가저 문제의 결정은 국민투표제로 결정되어야 할 것이며 이에 따른 구체적 실시방안이 분석될 것이다.

Ⅴ 결 론

정치통합에서는 무엇보다도 한국의 성숙한 준비와 한국사회의 건강성이 제일 중요하다. 선진국진입 과도기 증후군으로 나타나고 있는 자유민주주의 인식에 대한 아이러니한 이중성, 동서양문화의 혼돈적 결합, 과열된 정치참여, 집단이기주의, 의회에서의 폭력성, 한국사회 여러 부분에서 보이는 극단적 장단점의 혼합상태의 역사성과 이중성 등이 극복되어야 한다. 그렇지 않으면 앞에서도 지적했듯이 통합과정에서 남한지역 정당이 제2당으로 전락할 수도 있다.

통일논의에 있어서는 통일을 보는 시각이나 통일을 해야만 하는 당위성에 대해서는 통일된 시각을 지녀야 할 것이다. 통일에 대한 방법론 역시 성숙된 시민의식에서부터 나오고, 그것이 하나의 이론이 아닌 현실로서 다가올 때 이러한 원인을 제공한 미국이나 소련,

일본 등에 대해서도 제대로 된 시각에서 직시할 수 있어야 한다. 분단의 원인을 제공한 열강들에 의해 통일이 지연되고 통일논의에 있어서 자주적이지 못한다면 그렇게 통일이 되더라도 식민지와 같은 하류국가로 전락할 수밖에 없다. 통일은 반드시 남과 북이 함께 그리고 민주화에 의한 방법으로 시민사회를 건설해 나가면서 서로가 흡수하려는 방법이 아닌 포용하려는 입장에서 시작하고 특히 통일문제에 관해서는 주체적 입장을 지켜야 할 것이다.[132] 정치통합을 대비하면서 다른 한편에서는 무력도발방지문제 – 평화체제, 군대 포기 – 전직 – 취업알선 – 국방군에 예속 – 군사적통합의 기본 원칙, 안보에 대한 새로운 시각, 통일한국과 4강과의 관계, 동북아지역의 집단안보체제 구축 등도 고려되어야 한다.[133]

통일 이후 혼란방지의 최소화를 위해서는 우리의 인내심과 통일의지, 남한의 부정부패비리 방지, 경제발전, 정치단합, 내적 민주화 등이 절실히 요망된다.[134]

정치통합과정에서 나타날 수 있는 여러 정파 간의 이해관계와 폭력사태, 지역 간의 이해관계, 가진 자와 못 가진 자의 갈등 등도 예견된다. 이를 슬기롭게 해결하고 남북한의 여러 면에서의 이질감을 최단 시일 내에 최소화하는 작업을 남한이 주도하여 어떻게 진행시킬 것인가 하는 다양한 대비책을 마련해야 할 것이다.

본인이 가장 우려하는 것은 45년 해방 이후 3년간의 해방공간에

---

132) 대외정책연구원, 동북아 정세와 한반도통일: 헬무트 슈미트 전 서독 수상과의 현지대담 (1995. 8), pp.36 – 37.

133) 서준원, "독일연방공화국과 독일민주공화국간의 군통합과정과 남북한 군통합에의 적용가능성", 충남대 통일문제 국제학술대회(1997. 9), pp.51 – 66.

134) 김만흠, 『한국정치의재인식: 민주주의, 지역주의, 지방자치』(서울: 풀빛, 1997), 한국정치학회 편, 『한국정치의 재성찰』(서울: 한울, 1997), pp.110 – 139. 한국정치연구회, 『정치비평』(서울: 아세아문화사, 1997).

서 발생했던 좌우대립과 정치과열 그리고 신탁통치결정, 분단 등의 악몽과 50년 한국전쟁 발발, 3년간의 빨치산투쟁 등 남북유혈대립의 악몽이 재현될까 하는 점이다. 만에 하나 통합과정에서 북쪽에서의 백두산, 묘향산, 구월산, 칠보산, 금강산, 지리산, 설악산, 오대산 등을 거점으로 한 노동당골수파의 준동 등이 있게 되면 이는 분단상태에서의 적과 동지가 쉽게 구분되는 진지전이 아니라 적과 동지가 혼재되어 있는 게릴라전의 양상을 띠기 때문에 그동안 분단상태에서 남한만의 발전마저도 보스니아내전처럼 파괴의 퇴행을 경험할지 모른다는 점이다.

본 연구를 통해서 정치통합 중 당양하고 경쟁적인 정치구도를 위해서는 다음과 같은 점들이 고려되어야 한다고 인식하였다. 첫째, 정당체계는 다양한 이념이 존재하는 경쟁적 정당체계가 바람직하며 폭력적 - 혁명적 공산당은 불허한다. 둘째, 자유총선을 대비하여 선거제도를 완비하고 북한주민에게 사전 교육을 철저하게 시킨다. 셋째, 남한의 선진적인 정당, 정당체계 등 정치통합이 선행되어야 한다. 넷째, 남북한에 존재히고 있는 지역갈등을 완해해야 한다. 또한 세대 간의 갈등도 새로운 시민사회 형성을 저해하는 요인으로 작용할 수 있다. 다섯째, 건전한 시민사회의 형성을 위해서는 경제적 불평등 구조도 완해해야 한다. 진정한 국민적 화합과 사회정의를 실현하기 위해서는 산업사회의 각계각층, 특히 중산층, 농민, 노동자, 교원 등의 요구가 체제 내에 수렴될 수 있도록 그들의 결사와 정치적 자유를 폭넓게 허용해야 한다. 여성문제를 중심으로 한 갈등의 소지도 완화시켜야 한다. 여섯째, 건전한 민주적 시민의식의 활성화는 시민사회운동에 적극적인 참여를 통해 달성된다는 점을 인식하는 것이 중요하다.

이를 위한 정치통합의 제도적 체계의 확립은 물론 그 내용을 미리 준비해 놓을 때라야 우리는 통일국가를 보다 순조로이 맞이함은 물론 그 후유증을 최소화할 수 있을 것이다. 여기서 중요한 것은 정치통합의 내용을 개발하는 일인데 역사적 진실에 대한 중요성과, 민주적 자본주의 경쟁과 평화적 복지를 기본으로 만들어져야 하리라 본다.

제15장
민주적 남북통합선거 실시

I 서 론

우선 북한지역에서의 정치활동참여에 대한 제외인물이 선정되어야 할 것이다. 이를 위한 한시적 법적 심사기구를 운영할 필요가 있다. 예컨대 히틀러, 스탈린, 차우세스크 등과 같이 김일성 – 김정일 전체주의 세력에 추종했던 핵심들은 제거해야 한다. 상당수의 김일성 – 김정일 전체주의 체제 핵심추종세력 중 전범자, 주체사상 골수분자, 인권탄압자는 법의 심판을 받도록 하고 정치활동에 대한 규제를 가해야 할 것이다. 물론 북한노동당 골수분자 중에서도 확실히 전향하거나 실용적인 지식인은 활용해야 한다. 그것은 러시아, 동구에서도 주로 공산당간부가 자본주의 체제변환과정에서도 주도권을 쥐고 있기 때문에 활용할 가치가 있다고 본다.

앞에서도 지적했듯이 혼란스럽지 않고 효율적인 통일국가의 첫 번째 총선을 위해서는 다음과 같은 사항에 대해서는 사전 대비책이 제시되어야 한다. ① 정당창당 및 활동지원 – 정당난립방지, ② 노동당잔존세력 저항, ③ 잔존주체사상고수파의 반응 – 김정일 추종세력 정리문제, ④ 자유총선을 위한 준비 유예기간의 필요성, ⑤ 북한지역 총선지원문제, ⑥ 국제적 선거감시단 파견문제 등이 준비되어야 한다.

물론 질서유지 – 치안유지지원, 선거비용지원, 선거교육지원, 선거운동방법교육지원, 북한지역정리문제, 북한총선과정에서의 경선문제가 나타날 수 있어 자유총선을 위한 준비 유예기간이 필요할 것이다. 선거관리위원회를 각 지방에 조직하고 교육요원은 남한에서 파견한다.

1년 정도 참정권, 경선제, 자유총선거, 선거구, 비례대표제에 대한 교육을 실시해야 한다. 북한지역 TV시설 낙후 극복과 채널 확보가 시급하다. 매체를 통한 홍보, 선전, 교육을 강화한다. 그러나 가장 중요한 것은 남한의 공정 공명한 선거문화를 정착시키는 일이다. 현행과 같은 정치풍토에서는 남북한이 통합과정에서 선거에서 더욱 심각한 문제가 발생할 수 있다.

후술하겠지만 제도적인 면보다는 시민사회 형성과 정치문화, 정치사회화, 정치교육 등을 중심으로 통일 이후의 정치통합에 관하여 논의가 있어야 한다. 시민사회를 위한 정치사회화의 다양하고도 활기찬 역할에 대해서 논의되어야 한다. 이를 위해서는 남과 북의 시민사회의 균형적 발전을 위하여 새 체제를 위한 사회교육이 강화되어야 할 것이며 민주시민교육이 활성화되어야 하며, 지성인 집단인 대학역할이 강조될 것이다. 예컨대 ① 북한주민에 대한 시민교육 – 지역별, 직업별교육, ② 자유민주주의 강의, ③ 자본주의 학습, ④ 새 통합체제를 위한 사회교육의 활성화, 시민단체를 통한 민주시민교육, ⑤ 북한지역에서 기업설립 및 투자방법, ⑥ 남한주민 북한으로 이주사업, ⑦ 남북한 도시 간 자매결연, ⑧ 지역사회재조직

과 활성화 등이 고려될 수 있다.[135]

통일한국이 가져야 할 참모습은 그간에 있었던 남북 간의 격차·갈등을 극복하고 북한의 폐쇄성과 유일성을 개방성과 다원성으로 전환하는 데서 비로소 성취될 수 있다. 이를 위해서는 정치통합의 제도적 체계를 확립함은 물론 국가-경제-사회 간의 균형적 발전과 더불어 근대적 시민사회 형성이 무엇보다 중요하다.

Ⅱ 자유총선거 실시

1. 사전 선거준비

진정한 정치통합의 성패는 형식적인 정치제도의 통합에서보다는 그 국민이 가지고 있는 고유한 정치문화적 요인에 달려 있다.

궁극적으로 민주시민사회의 활성화가 남북한 공히 균형 있게 이룩되어야 할 것이다. 따라서 통일한국의 정치통합문제는 제도적 측면의 체제개혁에 못지않게 비제도적 측면에서 시민사회의 참모습을 정립, 이를 성숙시키는 일이 중요하다.

통합을 위한 선거법논의문제와 통일한국의 선거제도의 기본 원칙에 대한 합의가 만들어져야 한다. 통일이 되면 당연히 남북한 총선이 있게 된다. 통일한국의 선거제도로는 후보자 개인에 대한 평가를 선호하는 유권자의 투표성향에 따라 지역구 다수대표제와 정치적 안정을 고려하여 비례대표제를 병행 실시하는 것이 바람직하다고 보는 사람들이 많다. 정당발전과 정치과정의 민주화를 위해서

---

135) 손기웅, 「남북한 환경분야 교류협력방안: 다자적 양자적 접근」(민족통일연구원, 1996. 9), pp.122-126.

1인 2투표제에 의한 지역구와 비례대표제를 분리 실시하는 방안이 모색될 수 있다.[136]

관권, 금권 선거행태도 고치고 남북한 간 선거 관련 법규를 정비하여 선거법 위반사항에 대해서는 강력한 처벌을 할 수 있도록 법적, 제도적 차원의 대책을 마련하여 입후보자와 투표권자 모두 의식을 전환할 수 있도록 하여야 한다.[137]

남북한 통합을 위한 선거법에는 ① 남북한 통합선거법, 통합선거제도가 만들어져야 한다. ② 각종 대통령선거, 국회의원선거, 지방자치선거 실시시기와 방법에 대해서는 통일한국에서 행해지는 선거는 동시선거로 치를 수도 있고 분리해서 선거를 실시할 수도 있는데 북한지역주민을 고려해서 분리선거를 하는 것이 바람직하다고 본다. ③ 통일한국의 선거제도의 기본 원칙은 보통, 직접, 비밀, 평등, 자유선거를 기초로 하여 정립되어야 한다. ④ 선거구조정문제, 선거구 수, 지역구와 비례대표제의 배분 정도가 결정되어야 할 것이다. 선거관리조직과 기구가 만들어져야 할 것이다.[138]

통일 후의 선거제도에서는 총 국회의원 의석수, 지역구의원과 비례대제의원의 비율, 선거구의 조정, 선거방식 등이 종합적으로 연구 검토되어야 한다. ⑤ 자유총선에 대비하여 남한의 선거관리조직에 이를 북한지역으로 확대전개하고 북한지역은 교육요원을 남한에서 파견한다. 선거관리조직과 기구가 만들어져야 할 것이다. 북한주민과 북한 출신선거요원을 교육시키기 위한 1만 명 정도의 교육요원 양성이 요망된다.

---

136) 정용길, 앞의 논문, p.18.
137) 위의 논문, p.19.
138) 박종철, 『통일한국의 정당제도와 선거제도』(민족통일연구원, 1994. 11), pp.55-84.

남과 북 정치통합연구에 있어 마지막 부문인 자유총선에서는 자유총선도입과 선거관리조직, 통일국가의 선거제도의 기본 원칙, 북한총선과정에서의 경선문제 등 남·북한 통합선거에 대한 예상되는 문제점 등이 분석되어야 하고 이에 따라 선거 실시를 위한 준비기간이 필요하다. 통일국가를 위한 자유총선은 남한에서 볼 때는 일상적인 선거이지만 그동안 일당제 비경선제에 익숙한 북한지역에서 볼 때는 89년 말 90년대 초 동구권에서와 같은 자유총선이 될 것이다.

　또한 정치통합을 위한 중간단계로서의 선거준비기간 중의 치안유지와 혼란스럽지 않고 효율적인 통일국가의 첫 번째 총선을 위해서는 다음과 같은 사항에 대한 사전 대비책이 제시되어야 한다. ① 정당창당 및 활동지원 - 정당난립방지, ② 노동당잔존세력 저항, ③ 잔존 주체사상고수파의 반응 - 김정일 추종세력 정리문제, ④ 자유총선을 위한 준비기간의 관리, ⑤ 북한지역 총선지원문제, ⑥ 국제적 선거감시단 파견문제 등이 그것이다.[139]

　통일이 되면 당연히 새로운 통일국가를 이끌어 갈 정치세력과 정치조직들을 국민이 선택하는 통일을 위한 선거법논의문제와 통일국가의 선거제도의 기본 원칙들을 통한 남북한 총선이 있게 된다. 통일 후의 민주적 선거제도를 위해서는 국회의원 의석수, 득표율과 의석률의 일치, 선거율과 지역구의원과 비례대표의석 비율, 선거구의 조정, 선거방식 등이 종합적으로 연구 검토되어야 한다.[140] 관권, 금권 선거행태도 고치고 선거 관련 법규를 정비하여

139) 안성호, "남과북 정치통합연구 - 경쟁적, 다원적 정치체제 탐색", 북한연구학회, 북한연구학회보, 제2권 제1호(1998), pp.81 - 104.

140) Lijphart, Arend, *Democracies: Patterns of Majoritarian and consensus government in twenty - onecountries*(NewHaven: YaleUniv. Press, 1984), Dahl, RobertA.,

선거법 위반사항에 대해서는 강력한 처벌을 할 수 있도록 법적, 제도적 차원의 대책을 마련하여 입후보자와 투표권자 모두 통일국가 출범에 성숙하게 대처해야 한다. 예컨대 ① 자유총선도입과 선관위조직, ② 대통령선거, 국회의원선거, 지방자치선거의 시기, ③ 통일국가의 통합선거제도의 기본 원칙, ④ 통합선거법, ⑤ 선거구조정문제, ⑥ 지역구와 비례대표제의 배분 정도의 결정, ⑦ 대의제 도입과 양원제냐 단원제냐 등 원구성방법의 논의문제, ⑧ 입법부의 역할과 조직 등이 분석되어야 할 것이다.[141]

앞으로 있을 통일국가가 가져야 할 참모습은 그간에 있었던 남북 간의 격차·갈등을 극복하고 북한의 폐쇄성과 유일성을 개방성과 다원성으로 전환하는 데서 비로소 성취될 수 있다. 이를 위해서는 정치통합의 제도적 체계를 확립함은 물론 국가-경제-사회 간의 균형적 발전과 더불어 근대적 시민사회 형성이 무엇보다 중요하다. 특히 민주시민사회의 활성화가 남북한 공히 균형 있게 형성되기 위한 방안을 위해서는 무엇보다도 먼저 통일국가의 출범인 통합선거인 자유총선이 남·북한 간 갈등 없이 성숙하게 끝나야 하는 것이 필수적이라고 사료된다.

2. 통합선거협상

통합을 위한 선거법논의문제와 통일한국의 선거제도의 기본 원칙에 대한 합의가 만들어져야 한다. 통일이 되면 당연히 남북한 총

Poliarchy: Participation and Opposition(New Haven: Yale Univ. Press, 1978), Sartori, Giovanni, *The Theory of Democracy Revisited: Part two*(N.J.: Chatham Mouse Publishers, Inc., 1987) 참조.

141) 안성호, "남북한 정치통합연구: 정치통합연구방법론", 북한연구학회, 『북한연구학회보』, 창간호(1997).

선이 있게 된다. 통일한국의 선거제도로는 후보자 개인에 대한 평가를 선호하는 유권자의 투표성향에 따라 지역구 다수대표제와 정치적 안정을 고려하여 비례대표제를 병행 실시하는 것이 바람직하다고 보는 사람들이 많다. 정당발전과 정치과정의 민주화를 위해서 1인 2투표제에 의한 지역구와 비례대표제를 분리 실시하는 방안이 모색될 수 있다.142)

관권, 금권 선거행태도 고치고 남북한 간 선거 관련 법규를 정비하여 선거법 위반사항에 대해서는 강력한 저벌을 할 수 있도록 법적, 제도적 차원의 대책을 마련하여 입후보자와 투표권자 모두 의식을 전환할 수 있도록 하여야 한다.143)

남북한 통합을 위한 선거법에는 ① 남북한 통합선거법, 통합선거제도가 만들어져야 한다. ② 각종 대통령선거, 국회의원선거, 지방자치선거 실시시기와 방법에 대해서는 통일한국에서 행해지는 선거는 동시선거로 치를 수도 있고 분리해서 선거를 실시할 수도 있는데 북한지역주민을 고려해서 분리선거를 하는 것이 바람직하다고 본다. ③ 통일한국의 서거제도이 기본 원칙은 보통, 직접, 비밀, 평등, 자유선거를 기초로 하여 정립되어야 한다. ④ 선거구조정문제, 선거구 수, 지역구와 비례대표제의 배분 정도가 결정되어야 할 것이다. 선거관리조직과 기구가 만들어져야 할 것이다.144) 통일 후의 선거제도에서는 총 국회의원 의석수, 지역구의원과 비례대제의원의 비율, 선거구의 조정, 선거방식 등이 종합적으로 연구 검토되어야 한다. ⑤ 자유총선에 대비하여 남한의 선거관리조직에 이를

---

142) 정용길, 앞의 논문, p.18.

143) 위의 논문, p.19.

144) 박종철, 『통일한국의 정당제도와 선거제도』(민족통일연구원, 1994. 11), pp.55 – 84.

북한지역으로 확대전개하고 북한지역은 교육요원을 남한에서 파견한다. 선거관리조직과 기구가 만들어져야 할 것이다.북한주민과 북한 출신선거요원을 교육시키기 위한 1만 명 정도의 교육요원 양성이 요망된다.

3. 선거운동

우선 선거기간 중 질서유지를 위한 치안 확보가 되어 있어야 한다. 그리고 북한지역에서는 남한과 같은 자유로운 선거운동의 경험이 전무하기 때문에 북한 출신 후보자 선거운동 특성과 남한 출신이 이북에 가서 선거운동 등의 특성을 대비하여 면밀히 대처해야 한다. 북한지역에서의 경선제에 대한 반응을 통해서 북한지역의 선거 후 관리능력 등을 분석해야 한다. 선거운동에 대한 불법사례를 최소화하기 위하여 남한의 시민단체와 자원봉사자들을 중심으로 한 선거관리감독체계의 강화도 필요하다. 선거운동방법에 대한 사전홍보와 교육을 위해 선거요원 양성 및 교육도 요망된다.

그러나 가장 중요한 것은 남한의 공정·공명한 선거문화를 정착시키는 일이다. 현행과 같은 정치풍토에서는 남북한이 통합과정에서 선거에서 더욱 심각한 문제가 발생할 수 있다.

북한지역총선지원문제 - 선거감시단파견문제 - 선거관리체계 - 선거기간 중 철저한 질서유지를 위한 요원배치가 완벽하게 준비되어야 한다. 북한을 관리하는 것이 아니라 감시하는 보조자로서 UN이나 국제기구, 선진국의 감시단 파견은 바람직하다고 본다.

4. 원구성 문제

정당과 선거활동과 관련하여 대의제 도입과 이에 따른 원구성 방법도 논의되어야 할 것이다. 즉 양원제냐 단원제냐의 문제이다. 의원정수의 문제, 입법부의 역할과 조직 등 의회구성의 기본 원칙이 분석될 것이다. 이 점에 있어 양원제가 바람직하다고 본다. 통일국가의 과정에서 활동했던 원로와 북한인사의 배려가 필요하다. 그리고 비례대표제를 활용해야 한다고 본다. 통일국가에서의 힘의 결집과 지역구도에 의한 분열을 방지하기 위하여 대·중선거구제 도입이 요망된다. 7천만에 준한 선거구 수를 조정한다면 민의원(가칭: 하원) 450명 정도가 바람직하다고 본다. 중·대선거구 예컨대 북한의 의석수는 120석 남한의 의석수는 240석 그리고 비례대표제는 90석 정도로 조정하여 민의원(가칭: 하원) 450명 정도이다. 즉 하원(우월주의)은 300석(240＋60)＋150(120＋30)석 등 450석으로 하고 임기 4년으로 한다. 예컨대 평양의 인구가 230만 명이라면 12석 정도, 서울인구가 1,000만이라면 48석의 의석이 되도록 인구비례에 의한 선거구를 책정한다. 참의원(가칭: 상원)은 100명 정도가 요망된다. 참의원은 민의원보다 실권을 적게 하고 법안은 민의원에서 통과하는 것을 원칙으로 하는 영국식 양원제를 전제로 한다.

III 통일국가 출범을 위한 통합선거 과정 중 예상되는 문제점

1. 치안유지문제

우선 선거기간 중 질서유지를 위한 치안확보가 되어 있어야 한다. 사회안전, 질서유지, 집단시위조기진압을 위한 경찰력의 배치, 북쪽지역 선거관리 요원 양성에 대한 교육지원업무, 북쪽파견 경찰 요원교육 및 양성 등이 사전에 마련되어야 한다. 통합준비과정 중 민주시민사회의 활성화가 남북한 공히 균형 있게 형성되기 위한 방안도 연구되어야 할 것으로 본다. 여기서는 보스니아내전 이후 총선과정에서의 갈등, 러시아 등에서의 정치혼란 등과 같은 교훈을 활용해야 한다.[145]

북한변화에 따른 남북 통합과정에서는 다음과 같은 대비책이 강구되어야 한다.

① 남한주민의 고향방문 및 토지문제조정 등에서 발생될 수 있는 혼란에 대한 대비책이 간구되어야 한다. 붕괴 시 식량배급지원 체계의 완벽한 조직, 북한주민 집단기아문제(식량배급소, 구호품보급소) 대비, 북한의 과도기상태에 대한 관리 및 지원문제 등이다. 일정기간 식량배급도 남북한 공동관리하에 1인 - 1일 할당량을 정하여 철저한 배분을 해 준다. 이는 통일 이후 정치통합에 중요한 영향을 줄 수 있기 때문이다. ② 북한주민의 평양 등 대도시로의 집중문제도 대비해야 한다. 북한주민의 도시집중화로 인한 도시빈민화를 방지해야 한다. 이는 선거인명부작성에 혼란을 가중시킬 수 있기 때문에 철저히 대비해야 한다. ③ 북한에 대한 인권문제, 북한의 통합반대 일부군부세력들의 있을 수 있는 민간인사살문제는 국제문제화도 가능하다. 대량탈북사태 등으로 오히려 남한이 문제가 될 수 있음도 고려해야 한다. ④ 북한주민들의 북한지역 내부에서의 곳곳에서의 집단시위 및 봉기문제도 대비해야 한다. ⑤ 북한

---

145) *ICRC:* Annual Report 1996 - 1998, by International Committee of The Red Cross, "Implementing the civilian tasks of the Bosnian Peace Agreement", *NATO REViEW,* Sep. 1996.

주민의 서울로의 탈출문제 - 빈민촌, 천막촌, 달동네문제(현재 외국인근로자와 유사), 북한주민에 대한 보호문제 등에 대비해야 한다. ⑥ 공산당, 군부관료 등 악의적인 북한 마피아의 국제암시장과의 연계를 통한 마약, 위조지폐, 무기밀매 등을 방지할 수 있는 대비책을 만들어야 한다. 군대동요에 대한 억제책이 병행되어야 할 것이다. 북한군대의 중동지역국가들과의 연계도 조기에 차단해야 한다.

이처럼 일단 남·북한 상호 협력으로 통합의 과정으로 들어가긴 했어도 그러나 무장투쟁, 쿠데타, 폭력, 내전, 빨치산투쟁, 집단시위 등 다양한 양태의 통합 찬·반세력 간의 갈등사태에 대한 방지책이 필요하다. 특히 우리 체제에 동조하지 않는 북한군대의 반란방지책이 필요하다. 그동안 북한에서는 전 인민의 혁명화·노동계급화·인텔리화를 강조하면서 배타적인 집단주의를 키워 갔기 때문이다.146) 통일국가를 위한 선거는 ① 대통령선거, ② 국회의원선거, ③ 지방자치선거의 세 종류가 있을 것이다. 이를 동시거나 분리해서 실시해야 하는데 통일국가 출범의 일관된 실천과 치안유지를 위해 동시선거를 하는 것이 바람직하다고 본다.

2. 북한지역 인사에 대한 정치참여규제 여부

우선 북한지역에서의 통일국가에서의 정치활동참여에 대한 제외인물이 선정되어야 할 것이다. 이를 위해서는 한시적, 법적 심사기구를 운영할 필요가 있다. 예컨대 히틀러, 스탈린, 차우세스크, 밀로셰비치 등과 같이 김일성 - 김정일 전체주의 세력에 추종했던 핵심들은 제거해야 한다. 북한엘리트 중 그동안 거론된 1,000여 명

---

146) 민족통일연구원, 「북한주민의 인성연구」, 1992 참고.

등 상당수의 김일성 – 김정일 전체주의 체제핵심 추종세력 중 전범자, 주체사상골수분자, 인권탄압자는 국제법 또는 남북통합 특별법 등의 심판을 받도록 하고 정치활동에 대한 규제를 가해야 할 것이다. 물론 북한노동당 골수분자 중에서도 확실히 전향하거나 실용적인 지식인은 활용해야 한다. 그것은 러시아, 동구권에서도 주로 공산당간부가 자본주의 체제 변환과정에서 선도적 역할과 주도권을 쥐고 있었기 때문에 남북한 체제동질성 증대를 위하여 일정한 역할을 기대할 수 있다고 보기 때문이다.

3. 통합선거협상문제

남·북한 통합선거의 대원칙으로는 경쟁적 정당제 도입 등 모든 이념이 자유롭게 표방할 수 있도록 하고,[147] 남북한 인구비례기준으로 의석수를 배정하고, 국민대표성을 최대한 반영하기 위하여 의석률과 득표율이 일치하도록 하여 사표방지의 최선을 다하고, 부정선거와 탈법선거방지책을 강구하고, 북한지역의 특성을 고려하여 선거공영제를 기초로 하여 남북한 대표자회의에서 통합선거제도와 원칙이 만들어져야 한다.

통합을 위한 선거법논의문제와 통일국가의 선거제도의 기본 원칙에 대한 합의가 만들어지고 1~2년 이후 남·북한 총선을 실시해야 할 것이다. 그동안은 남북한이 각각 중간단계의 관리원칙에 의해 상호 협력하에 준비기간을 가져야 할 것이다.

통일한국의 선거제도로는 후보자 개인에 대한 평가를 선호하는 유권자의 투표성향에 따라 지역구 다수대표제와 정치적 안정을 고

---

147) 안성호, 앞의 논문, pp.81 – 104.

려하여 비례대표제를 병행 실시하는 것이 바람직하다고 본다. 즉 정당발전과 정치과정의 민주화를 위해서 1인 2투표제에 의한 지역구와 비례대표제를 분리 실시하는 방안이 모색될 수 있다.[148]

그동안 북한에서 행해졌던 획일적 선거행태와 남한에서의 관권, 금권선거 행태도 고치고 남북한 간 선거 관련 법규를 정비하여 선거법 위반사항에 대해서는 강력한 처벌을 할 수 있도록 법적, 제도적 차원의 대책을 마련하여 입후보자와 투표권자 모두 의식을 전환할 수 있도록 하여야 한다.[149] 남·북한 통합을 위한 선거법에서는 그동안 자유민주주의하에서 실행해 온 것으로 통일한국의 선거제도의 기본 원칙은 보통, 직접, 비밀, 평등, 자유선거를 기초로 하여 정립되어야 한다.[150]

4. 북한지역 선거교육 실시문제

(1) 자유총선과 관련된 교육

통합선거를 위하여 1～2년 정도 민주적 참정권, 겸선제, 자유총선거, 선거구, 선거운동, 선거비용, 비례대표제 등에 대한 교육을 실시해야 한다. 사전 선거교육지원과 북한주민과 북한 출신 선거요원을 교육시키기 위한 1만 명 정도의 선거교육 요원 양성이 요망된다. 북한지역 TV방송 낙후에 대하여 채널 확보 및 TV 보급을 실시해야 할 것이다. 언론매체를 통한 홍보, 선전, 교육을 지속적으로 실시하고 강화한다.

---

148) 정용길, "통일국가의 정치제도", 국가정보연수원, 『바람직한 통일국가모형』(1997. 8), p.18.
149) 위의 논문, p.19.
150) 박종철, 『통일한국의 정당제도와 선거제도』(민족통일연구원, 1994. 11), pp.55 – 84.

(2) 선거관리조직과 기구가 조정・확대되어야 한다.

선거관리위원회를 각 지방에 조직하고 선거교육요원은 남한에서 파견한다. 자유총선에 대비하여 남한의 선거관리조직을 북한지역으로 확대 전개한다. 북한지역 관리와 주민에 대한 선거교육을 위하여 통합 대비 공무원 파견, 남한 내 북한학과 학생 자원봉사 차원에서 파견한다. 통합선거를 위한 선거와 관련된 요원은 별도로 20만 명 정도로 사전에 교육되어야 한다. 이는 남한요원이든 아니면 북한 출신 요원이든 남북한 전체를 관리하는 요원이 된다.

(3) 북한총선과정에서의 경선문제

그동안 북한은 김일성 - 김정일 체제에서 공산당 일당독재에 의한 1인 후보투표제를 실시하여 경선제와 경쟁적 정당제에 대한 적응이 쉽지 않을 것이다. 북한지역에 대한 경선지원문제, 북한지역 선거운동에 대한 사전준비가 있어야 한다. 메스컴활용방안, 선전포스터작성, 연설문작성, 방송토론회참여 준비 등이 될 것이다. 북한 출신 후보자 선거운동과 남한 출신이 이북에 가서 선거운동을 할 경우 염두에 두어야 할 부분 등이 준비되어야 한다.

(4) 북한지역 총선지원문제 - 선거감시단파견 문제

선거기간 중 철저한 질서유지를 위한 요원배치가 완벽하게 준비되어야 함은 물론이고 북한을 관리하는 것이 아니라 감시하는 보조자로서 UN이나 선진국의 감시단의 참여가 있어야 할 것이다. 국제기구의 파견요원이 선거운동과정, 투표과정, 개표과정, 선거결과에 대한 각 정파의 승복 등을 객관적으로 지켜볼 것이다.

(5) 무엇보다도 시민사회의 활기찬 역할에 대해서 논의되어야 한다.

이를 위해서는 선거 전 1~2년 동안 남과 북의 시민사회의 균형적 발전을 위하여 새 체제를 위한 민주적 사회교육이 강화되어야 할 것이며 민주시민교육이 활성화되어야 하며, 대학교수, 대학생 등 대학역할이 강조될 것이다. 특히 남한시민들의 적극적이고도 자발적인 자원봉사를 위하여 시민사회 형성과 정치문화, 정치사회화, 정치교육 등을 중심으로 통일 이후의 정치통합에 관하여 논의가 있어야 한다. 예컨대 ① 북한주민에 대한 시민교육－지역별, 직업별교육, ② 자유민주주의 강의, ③ 자본주의 학습, ④ 새 통합체제를 위한 사회교육의 활성화, 시민단체를 통한 민주시민교육, ⑤ 후보자등록방법, ⑥ 공명한 투개표방법, ⑦ 선거를 위한 자원봉사참여, ⑧ 자기 지역을 위한 아이디어개발과 선거캠페인 및 구호개발 등이 고려될 수 있다.[151]

5. 선거운동에서의 문제

무엇보다도 중요한 것은 남한의 공정·공명한 선거문화를 정착시키는 일이다. 현행과 같은 정치풍토에서는 남북한이 통합과정에서 선거에서 더욱 심각한 문제가 발생할 수 있다. 그리고 북한지역에서는 남한과 같은 자유로운 선거운동의 경험이 전무하기 때문에 북한 출신 후보자 선거운동 특성과 남한 출신의 선거운동 특성을 대비하여 면밀히 대처해야 한다. 북한지역에서의 경선제에 대한 반응을 통해서 북한지역의 선거 후 관리능력 등을 분석해야 한다. 선

---

151) 손기웅, 「남북한 환경분야 교류협력방안: 다자적 양자적 접근」(민족통일연구원, 1996. 9), pp.122－126.

거운동에 대한 불법사례를 최소화하기 위하여 남한의 시민단체와 자원봉사자들을 중심으로 한 선거관리감독체계의 강화도 필요하다.

그리고 다음과 같은 사항에 대해서는 사전 대비책이 제시되어야 한다. 북한지역 선거운동을 어떻게 통제·관리할 것인가. 북한의 후보자들의 다양한 요구 및 반응을 어떻게 극복할 것인가. 좌파의 빨치산식 투쟁-게릴라전법 등에 대한 대비, 주체사상고수파의 선거방해 및 테러행위, 북한의 후보자가 한국에서 출마할 경우 남한주민의 반대시위 대비, 한국의 후보자가 북한에서 출마할 경우 북한주민의 반대시위 경우 등에 대비해야 한다. 예컨대 청진시를 발전시키기 위해 개발지원금을 약속하는 등 한국 출신 갑부 및 졸부 입후보자의 발언 등을 과연 북한주민이 어떻게 받아들일 것이며, 또한 선거법위반에 어느 정도를 반영해야 할 것인지를 검토해야 한다. 통합선거구에 따른 소지역주의를 극복하기 위해서는 후보자의 지역개발이나 공약남발, 지역감정에 호소하는 선거전략에도 일정한 규제를 두어야 한다.

Ⅳ 남과 북 통합선거 실시 대비방안

1. 선거제도의 기본 원칙 확정

(1) 선거공영제 완전 실시

남북한 통합국가의 통합선거는 기본적으로 목표는 완전선거공영제로 가야 한다고 본다. 선거공영제를 실시하는 목적은 깨끗하고 돈 안 드는 선거풍토정착이라고 본다. 통일국가를 위한 선거법 합의의 핵심 내용은 금권선거를 제한하는 것과 선거의 공정성을 보장하는 장치를 강화하는 데 주안점을 두어야 한다. 북한지역을 고려하여 돈이 많이 드는 선거운동방법을 전면적으로 조정하고, 방송매체 등을 이용한 선거운동과 공영제를 확대해야 한다. 선거의 공정성을 보장하기 위해서는 선거 관련 비용의 투명성을 확보해야 하고, 선거법 위반행위에 대한 규제의 실효성을 확보해야 한다.152)

그러나 통일국가를 전제로 선거공영화는 많이 확대하나 가급적 국민의 세부담을 가중시키지 않도록 한다. 그리고 통일국가 대비 공영화 비율만큼 보조금을 하향하는 것이 돈 안 드는 선거를 구현하는 것이며 남한국민의 세부담을 경감시키는 것이라 본다.153)

특히 망국적 지역감정악용은 가장 손쉽게 득표할 수 있는 전략이 되어 선거막판에 오면 정책이나 의정활동은 후보자와 유권자 눈에 보이지 않게 된다. 이는 과거 군사정권시절에 조장했던 지역불균형구도가 전국적으로 확산되어 남북분단만큼이나 동서갈등이 고착된 것이다. 통일을 위한 통합선거법은 선거와 관련된 일상적인 정치활동에 소요되는 경비를 줄이는 한편, 돈이 많이 소요되며 비효율적인 선거운동방식은 축소함과 동시에 돈이 적게 들고 효율적인 선거운동방법을 확대하고, 법정선거운동비용은 물론 선거와 관련된 모든 비용에 대한 규제를 강화하는 데 중점을 두어야 한다. 그리고 정당활동과 선거운동활동을 구분해야 한다.

---

152) 안성호, 『신정치학원론』(서울, 교육과학사, 2005), pp.273 - 274. 해방 이후 그동안 남한에서는 수차에 걸친 선거를 통하여 우리는 빨갱이표, 피아노표, 고무신표, 막걸리표, 올빼미표, 돈봉투, 흑색루머, 매타도어, 인신공격, 언어폭력, 집단폭력, 검은돈, 물밑거래, 금품향응매표행위, 금권관권선거, 지·혈·학연의 지역감정 악용 등 온갖 부정한 수단과 방법이 목적을 정당화하려는 것을 목도하였다.

153) 상게서, p.273.

(2) 자원봉사자 참여확대

현행 남한의 자원봉사자제도는 사실상 유급으로 운영되어 각종 불법금권운동에 동원되고 있는데 자원봉사자를 무제한 허용하되 선관위 등록을 요건으로 하고 자원봉사자에 대한 금품수수행위를 고발 시 포상제도를 도입하도록 해야 한다.[154] 선관위는 정당, 후보자, 선거사무장 등이 유급선거사무원에게 법정수당, 실비 외의 대가를 지급하거나 자원봉사자에게 수당, 실비 기타 명목여하를 불문하고 선거운동의 대가로 금품 기타 이익을 제공하는 경우에는 제공한 금품의 합계액이 당해 후보자의 선거비용 제한액의 50분의 1을 초과하는 때에는 그 후보자의 당선을 무효로 하여 불법선거운동 대가 제공을 차단해야 한다.[155] 자원봉사에 대한 인식이 아직은 일천하나 통일국가 출범에서는 상당수의 남한 시민들이 통일을 위하여 참여할 것으로 보이며 자원봉사자의 공개모집을 허용하되 인원, 모집방법, 자격에 대해 철저하게 규제하고 매수행위를 철저히 처벌해야 한다. 현재의 남한 대학의 북한학과 학생들을 통일대비요원으로 활용하는 것도 고려해야 할 것이다.

(3) TV활용 증대

남북한 전 지역의 통일국가를 위한 선거유세는 대규모 합동유세를 폐지하는 대신 TV토론 활용을 하고 선거기간 중 대규모 합동연설회는 사실상 실시하지 않는 것이 좋을 것 같다.

과도한 청중동원, 장소설비 등으로 돈이 많이 드는 정당연설회는 폐지하고 개인연설회는 축소하며 공개장소에서의 연설, 대담을 활

---

154) 정수산·김중구, "선거법 개정방안 설문", 국민회의·자민련 정치관계법소위(1996), p.12.
155) 중앙선거관리위원회, 앞의 책, p.5.

용하도록 하는 것이 바람직하다고 본다.

간이유세도 마음만 먹으면 청중동원이 가능하므로 사용장비를 엄격히 제한해 청중동원의 가능성을 미리 차단해야 한다. 남북한주민이 함께 모일 수 있는 유세현장에서의 폭력사태와 갈등을 최소화하기 위하여 TV를 더욱 많이 활용해야 하고, 병행하여 북한지역에 TV보급을 저렴한 가격으로 제공할 수 있는 노력이 있어야 한다. 물론 통합과정에서는 남북한의 방송도 당연히 통합되어 남북한지역이 공히 자유롭게 방송이 송출되도록 해야 할 것이다. 그리고 텔레비전이나 신문 등 대중매체를 이용한 대담·토론 형태의 선거운동을 확대하면 문제는 없을 것이다.[156] 그리고 노상간이 개인연설회를 적절히 제한적으로 활용하는 것이다.[157] 그러나 대통령선거의 경우 신문광고 및 방송광고를 일정횟수를 정하여 제한하고 광고비용의 절반을 국가가 보전한다. 선거기간 중 선관위가 선정하는 언론기관이 다수패널과 함께 후보자 간의 대담 토론회를 의무적으로 3회 개최하도록 하고 그 비용은 국가가 보전한다. D - 30일, D - 20일, D - 10일 등으로 분산 방송한다. 대통령선서의 경우 남북한 출신후보 중 객관적으로 여론지지율이 10% 이상인 후보는 모두 참여가 바람직하다.

(4) 노조와 시민단체선거운동

통합선거에서 선거운동의 공정성 확보를 위해 노동조합과 시민·사회단체의 선거운동을 허용해야 한다. 이 문제는 정당만이 독점하는 정치의 무대를 시민사회에 개방함으로써 정치문화의 개혁

---

156) 상게논문, p.5.
157) 최한수, "한국정치의 개혁방향: 선거제도의 개혁방향", 정당연구회, 특별세미나(1997. 8), p.4.

을 꾀하는 과제와 직결되어 있다. 그동안 남한에서는 노동조합과 시민사회단체를 가릴 것 없이 정당을 제외한 다른 조직의 선거참 여를 원천봉쇄하고 있다.158)

선거의 공정성 확보를 위해 시민사회단체 선거운동을 허용하고 노동조합 등 특정단체의 후보자초청 토론회 금지를 폐지해야 한 다.159) 건전한 시민단체의 활동마저 위축시키는 것은 국민의 기본 권과 정치적 자유권을 침해하는 처사라 본다. 따라서 단체의 선거 운동은 원칙적으로 허용되어야 하며, 규제범위에 대한 구체적인 규 정이 따라야 할 것이다.

과거 한국의 야당세력은 노동조합에 대해 조합비 이외의 별도 기금을 조성하는 경우 정치자금 기부를 허용하고 있다. 이는 과거 에 비해 진일보한 것이지만, 기업은 기업돈을 정치자금으로 기부할 수 있는 반면 노조는 조합비를 정치자금으로 직접 기부할 수 없다 는 점에서 여전히 형평성의 문제가 남는다. 따라서 기업에 대해서 도 기업돈이 아닌 별도기금 조성 시에만 정치자금 기부를 허용하 도록 균등한 제한을 가할 필요가 있다. 통일 시에는 노조의 정치활 동을 허용하고 이에 따라 선거법과 정치자금법도 일관성을 가지도 록 해야 하며 통일국가에서는 기업과 노조 간의 불균형을 확대시 키지 말아야 할 것이다. 남북을 총괄하는 선관위는 분단시대의 레 드 콤플렉스에서 벗어나 노동조합의 정치자금기부를 허용하되 노 동조합이 정치자금을 기부하고자 하는 때에는 조합의 조합비와 별 도의 기금을 설치, 관리하도록 해야 한다고 본다.160) 즉 노동조합

158) 안성호, 전게서, pp.273 - 274.
159) 경실련 시민입법위원회, 앞의 책, p.14.
160) 중앙선거관리위원회, 『함께하는 공명선거』(1997. 6), p.8.

에도 정치자금 기부기회를 주는 것이 통일국가의 정당정치의 활성화를 위해 바람직하다고 본다.

(5) 선거법위반에 대한 처벌 강화

통일국가를 위한 선거 시에는 혼탁한 선거가 될 소지가 높다고 본다. 후보자의 자질검증을 위해 후보자의 수형사실 여부, 병역의무 이행 여부, 최종정규학력 등을 등록 시 보고하게 하고 조사하여 공개하고 후보자 학·경력 등 허위사실 공표에 대한 처벌을 강화한다. 특히 북한지역 출신의 신상에 엄정한 평가작업이 있어야 할 것이다. 선거비용초과지출과 선거사무장의 선거범죄로 당선무효 시 재선거 입후보도 못 하도록 한다. 형평의 원칙이 깨지는 당선무죄, 낙선유죄 식은 곤란하다.[161] 특히 북한지역에서 처음 실시하는 경선제 때문에 혼란이 있을 수 있는데 이 경우에는 최대한 신축적으로 법적용을 해야 한다고 본다. 정당, 후보자, 선거사무장, 회계책임자, 후보자직계책임자가족의 매수비용이 선거비용의 50분의 1을 초과할 때 당선을 무효시킨다. 그리고 선거사범 공소시효도 1년으로 연상해야 한다. 최근 상당한 PC 보급과 함께 무차별적으로 PC통신망을 통해 특정정당이나 후보를 공개적으로 비방하는 행위가 발생하고 있는데 이를 방지하기 위하여 후보자 비방죄로 처벌할 필요가 있다. 선관위는 개인용 컴퓨터통신의 게시판 자료실이나 대화방 토론실을 이용하여 선거운동을 할 수 있도록 제한했다. 또한 과거 남한에서 지역구국회의원의 경우 당선자는 당적 이탈 변경 시 퇴직(공직선거 및 선거부정방지법 제192조)과 같은 규정이 없어 총선결과 나타난 여소야대 구도를 파괴하는 국민의사 유린사태가

---

161) ≪중앙일보≫, 1998. 9. 2.

발생하고 국회 원구성에서의 파행을 겪게 되고 철새정치인들을 양산한 결과가 되어 국회 전체에 대한 이미지를 실추시켰다. 따라서 통일국가에서는 지역구 국회의원의 경우 임기 중 전반 2년간은 소속정당 당적 이탈 변경 시 퇴직되도록 하는 개선방안이 요망된다.[162] 그래서 당선 후 당적 변경도 지역주민의 의사를 묻는 절차를 가져야 하고 그렇지 않으면 제재를 해야 한다. 통일국가에서는 국민의 동의 없는 인위적 여대야소 등 비민주적인 정치활동이 없어야겠다.

관권, 금권 선거행태도 고치고 선거 관련 법규를 정비하여 선거법 위반사항에 대해서는 강력한 처벌을 할 수 있도록 법적, 제도적 차원의 대책을 마련하여 입후보자와 투표권자 모두 의식을 전환할 수 있도록 하여야 한다.[163]

(6) 정당명부식 비례대표제

통일국가에서는 정당발전과 정치과정의 민주화를 위해서 1인 2투표제에 의한 지역구와 비례대표제를 분리 실시하는 방안이 모색될 수 있다.[164] 선거구조정문제, 선거구 수, 지역구와 비례대표제의 배분 정도가 결정되어야 할 것이다.[165] 그동안 분단하에서 남한의 고질적 지역정당인 영남당, 호남당 등의 출현은 남쪽의 정치세력분열로 통일국가를 주도하는 데 역효과를 주기 때문에 차단해야 한다. 그리고 실향민 및 이산가족을 중심으로 한 정당은 통합과정에

---

162) 김소연·강신일, "국회법 개정방안 설문", 「국민회의·자민련 정치관계법 소위」(1996), p.22.

163) 위의 논문, p.19.

164) 정용길, 앞의 논문, p.18.

165) 박종철, 『통일한국의 정당제도와 선거제도』(민족통일연구원, 1994. 11), pp.55-84.

서 북쪽 지역 주민을 대상으로 당원을 규합할 수 있어 정치통합과 정에서 일정한 역할을 할 수 있다고 본다. 그동안 영호남대결로 인한 지역을 연고로 하는 지역당 구도가 심화되어 남한의 정당정치는 정상적으로 운영되지 못했고 이는 민주화와 통합에 저해가 되는 중요 요인이 되었다.[166] 정당명부식 비례대표제 도입과 동시에 도시에서는 중·대선거를 농촌에서는 소선거구제를 실시하는 혼합 선거구제가 바람직하다고 본다.

될 수 있는 한 인구비례에 따른 선거구조정으로 국민의 지지율 -정당득표율-의석률이 일치되도록 해야 한다.[167] 남북통일 때 총선에서 오히려 북한지역 출현의 정당이 제1당이 되고 남한의 정당이 제2당이 될 수도 있기 때문에 지역을 초월하여 남한의 정당이 북한지역으로 진출하는 것이 바람직하다고 본다.[168] 제휴를 하든, 연합을 하든 남한지역 정당이 북한지역에 조직적으로 침투할 필요가 있다. 통일 후 국민적 단합을 위해 지역연합구도가 타파되고 각 정당은 전국적 정당으로의 전환이 요망된다.

(7) 선거관리위원회 위상의 강화

통일국가 출범 시 선거법 위반행위에 대한 규제의 실효성을 확보하기 위해 선관위는 직무수행 중 선거법에 위반되는 범죄의 혐의가 인정되는 때에는 필요한 장소에 출입하여 질문·조사하거나

---

166) Eun Sung Chung, "Political Regionalism and its implications for Democratization in Korea", in International Political Science Association, *National Security and Globalization* Selected papers(1996, July), pp.5 - 9.

167) 국민회의 정치개혁특위는 3명 이상의 지역구의원을 배출하거나 전국 득표율 5% 이상인 정당에만 비례대표의석을 배분하여 소수정당난립을 방지키로 한다고 했다(≪중앙일보≫, 1998. 9. 5).

168) 그러나 사실상 북한에도 평양-지방 간, 동·서 간의 지역대립이 있기 때문에 통합과정에서 전략적으로 경계해야 할 부분이 있다고 본다.

필요한 서류의 제출을 요구할 수 있는 조사권한을 부여한다. 선거
비용 및 정당활동비의 과다지출 의혹이 있는 경우 증빙자료를 첨
부하여 요구하면 선관위는 이에 대해 선거기간 중에도 조사하는
조사권을 부여하는 것이 필요하며 이를 위해 남북 총괄 선관위 직
원의 수를 증대한다.[169] 엄정한 선거관리는 깨끗한 선거문화를 정
착시키기 위한 관건이다.

남한에서는 현재 선거계도, 선거법 위반행위에 대한 중지·경고
권, 수사기관에 고발의뢰권이 보장되고 있지만 이러한 미비한 권한
으로는 실질적인 권한행사를 할 수 없다. 따라서 선거관리위원회에
사법권 내지 준사법권을 부여함으로써 실질적인 감시·감독의 역
할을 수행하게 하는 것이 필요하다.[170] 특히 남북통합선거 시에는
예상외의 폭력사태가 가능하기 때문에 보다 더 선관위의 위상을
법적으로 강화시켜야 한다고 본다. 진정으로 선관위의 중립성을 보
장하기 위해서는 시민단체 등 중립적인 인사들이 선관위원에 추천
될 수 있도록 하는 것이 중요하다. 그리고 선관위의 실사권을 강화
하여 금융기관 및 국세청에 자료제출을 요구할 수 있게 해야 한다.

2. 선거유형별 대비책

(1) 대통령선거

북한지역대통령후보, 남한지역대통령후보를 따로 하지 말고 전국
을 하나로 후보를 등록시킨다. 예컨대 남북한 통합선거(후보자 난

---

169) 김소연, 강신일, 전게논문 1, p.7. 헌법기관별 공무원 수(95년 말) 903,823명 중 행정부
    888,755(98.33%), 사법부 9,973(1.1%), 입법부 3,020(0.33%), 선관위 1,898(0.21%),
    헌법재판소 177(0.02%).
170) 안성호, 전게서, pp.275-276.

립)에서 남북한후보 출마자 중 1명을 선출하는 경우,

북한은 북한대로 선거하여 1명 선출, 남한은 남한대로 1명 선출하고 통일국가 전체 수석대통령 1명을 따로 선출하여 3인의 대통령단으로 구성하는 경우, 통일국가초대 의회에서 대통령 1명을 간접선출하는 경우, 2원집정부제 형식으로 대통령과 수상을 분리하여 각각 1명 선출하는 등 다양한 방법이 있겠으나 통일국가는 주권재민과 민주주의와 경쟁성을 기초로 출범하고 통일국가의 단합을 위해 1인 대통령을 위한 자유로운 경쟁이 보장되는 경우가 적절하다고 본다. 그러나 남한의 현행과 같은 정치풍토에서는 남북한이 통합과정에서 선거에서 더욱 심각한 문제가 발생할 수 있다. 예컨대 양측에 의한 일대일식의 정치권력 배분형태의 예멘식 정치통합 방식은 통일에 대한 합의를 용이하게 하는 장점을 지니고 있지만, 통일정부의 비효율성과 정치적 혼란을 초래하는 문제점을 가지고 있다. 따라서 예멘통일은 남북한이 통일정부의 권력배분에 세심한 주의를 기울여야 한다는 교훈을 준다. 따라서 형식적인 평등원칙에 입각한 권력배분 방식은 철저히 배제해야 한다.

우리의 경우에 있어서 합의통일 방식으로 정치통합이 진행된다면 어떠한 경우에 있어서도 대통령선거에서 인구비례 원칙을 고수할 필요가 있다. 이는 또 다른 남북대립을 유도할 수도 있다는 점에서 기존의 남한 정당들이 북한주민들을 포섭하고 통합할 수 있는 정당체계를 구축하는 것이 무엇보다도 긴요한 일이라 본다.

(2) 국회의원선거

의회는 통일국가 통합의회 1개로 하는 방안, 통합의회를 북한의회와 남한의회로 구분하여 구성하는 방안, 그리고 통합의회는 별도로 설정하고, 동시에 북한지역은 북한의회와 남한지역에는 남한의회로 각각 만드는 등 여러 경우가 있을 수 있다. 그러나 통일국가는 단일국가로 당연히 전국적인 통합의회는 하나가 있어야 하고 나머지 문제는 자연스럽게 지방자치제도에 따르는 것이 바람직하다고 본다. 앞에서도 보았듯이 남북한 인구비례에 기초하여 예컨대 북한의 의석수는 120석 남한의 의석수는 240석 그리고 비례대표제는 90석 정도로 조정하여 민의원(가칭: 하원) 450명 정도가 바람직하다고 본다. 즉 하원(우월주의)은 300석(240 + 60) + 150(120 + 30)석 등 450석으로 하고 임기 4년으로 한다. 예컨대 평양의 인구가 230만 명이라면 12석 정도, 서울인구가 1,000만이라면 48석의 의석이 되도록 인구비례에 의한 선거구를 책정한다. 상원은 100석 정도로 조정한다.[171]

농촌에서는 소선거구제, 도시에서는 중·대선거구제를 병행하는 혼합선거구제를 도입한다. 이는 선거구가 인구비례에 의해 조정되어야 함을 의미한다. 15,000표로 당선되고 55,000표로 낙선되는 인구편차 및 불균형을 가급적 시정하고 정당의 의석률과 득표율이 거의 일치되도록 해서 민의가 사표로 버려져서는 안 된다. 즉 통일국가에서의 힘의 결집과 지역구도에 의한 분열을 방지하기 위하여 대·중선거구제 도입 등 혼합선거구제가 요망된다. 특히 북한지역의 인구가 적을 뿐만 아니라 농촌지역의 인구가 과소하기 때문에 지역구에서 1등 당선자표 외에는 사표가 되기 때문에 도시는 과밀하고 농촌은 과소하여 선거구별로 인구편차가 심하고 도시지역의 소선거구제는 사표가 너무 많이 발생한다. 또한 1인 2표제를 통하

---

171) 과거 IMF 시절 여당은 250석, 야당은 200석 정도의 의석수 감축을 제안했었음. 현재는 단원제이고 299석(245 + 54)임.

여 지역구표와 정당표를 구분하여 각 정당별로 획득한 득표율에 따라 정당명부식 비례대표를 선출해야 한다.[172] 지역안배를 고려한 전국적 인물 등 적절한 인사를 비례대표후보에 선정했는가를 국민이 심판할 수 있도록 함으로써 지역감정과 대립구도를 극복하는 보다 수준 높은 남북통합 의회를 기대할 수 있다고 본다. 도시에서는 선거구의 유권자가 과다하고 농촌에서는 유권자 수가 과소한데서 오는 국민대표성의 불균형을 가급적 적절하게 시정해야 한다. 즉 지역편차가 1/2 – 1/3 정도로 조정되어야 한다고 본다. 이는 망국적인 지역당 극복에도 기여한다고 본다. 국회의원선출방법에 있어 제도적으로 정당명부식비례대표제를 통하여 전문가 특히 이공계출신이나 과학자를 30~50% 정도의 비율로 의회에 진출할 수 있도록 해야 한다.

(3) 지방자치선거

북한지역의 행정구역은 인구분포를 기초로 인구비례에 의해 재조정되어야 할 것이다. 북한지역 광역시는 인구를 기준으로 정한다. 민주주의 체제하에서 당연히 존재하는 주민자치제가 남북한에도 공히 공통된 방식으로 도입되어야 할 것이다. 이는 현재 실시되고 있는 남한의 지방자치법에 준할 것이지만 이런 통합과정에서의 다양한 변수에 따라 지방자치에 대한 논의가 본격적으로 분석되어야 할 것이다. 도와 시의 경우 북한지역의 도를 가급적 그대로 수용하고 평양은 광역시로 그리고 직할시로 되어 있는 남포와 개성

---

172) 국민회의 정치개혁특위는 정당명부식 비례대표제를 도입하여 유권자가 지역구 후보와 지지정당에 각각 투표하는 1인 2표제로 한다. 비례대표선거구는 전국을 서울, 부산·울산·경남, 대구·경북, 인천·경기, 광주·전남북·제주, 대전·충남북·강원 등 6개 권역으로 나눈다. 다만 한 지역 내 특정정당의 독식을 막기 위해 득표율에 상관없이 권역 전체 의석의 3분의 2를 초과하지 못하도록 했다(≪중앙일보≫, 1998. 9. 5).

은 인구는 부족하더라도 준광역시로 조정하여 예우할 필요가 있다고 본다. 그래서 북한의 광역지방자치단체장선거와 광역의회선거는 현행 남한의 지방자치선거에 준하여 실시한다. 마찬가지로 시·군·구의 기초자치단체장과 기초의회도 남한의 지방자치선거에 준하여 실시한다. 다만 기초의원과 기초자치단체의 인구 20만 명 이하 시·군·구 단체장은 정당공천을 배제하는 것이 바람직하다.

Ⅴ 선거 이후 통일국가 정치전망

1. 통합선거결과 예상분석

통합선거결과에 따라 새로 출범하는 통일국가는 여러 다양한 정치적 상황이 전개될 수 있을 것이다. 예컨대 대통령에 남한지역후보가 당선하는 경우와 북한지역후보가 당선하는 경우, 국회의석수에 있어 남한지역 정당이 우세하는 경우와 북한지역에서 출현한 정당이 우세한 경우가 있을 수 있다. 또는 남한지역에서 의석수 1등 당이 나온다고 하더라도 의석수가 반수를 넘지 못하여 북한지역 정당이 남한의 큰 2개 정당의 중간에서 연립정당제로의 열쇠를 갖고 있을 경우도 고려할 수 있다고 본다. 어느 경우에도 통일국가가 이합집산과 정당체계구조변화로 정치적 불안정을 경험하지 않는 것이 바람직할 것이다.

통합과정에서 가장 큰 변수는 사실상 남한 내의 정치세력의 판도변화라고 본다. 그것은 사실상 북한이 남한에 흡수되거나 위탁하는 상황이기 때문에 이 떡을 남쪽의 정치세력이 결코 놓치지 않을

것이기 때문이다. 북한 특수를 통한 정치권의 이전투구가 예상되는
데 이러한 현상이 증대되면 될수록 총선에서 오히려 북한지역의
출현정당에 제1당을 빼앗길 우려가 있다. 실제 북한이 남한에 흡수
되었으나 정치적으로는 북한 쪽에 흡수될 수도 있다는 말이다. 예
컨대 서독의 기민당은 독립적인 집권당도 아닌 연립정당인데도 불
구하고 통일을 성사시키고 굳건한 정치세력으로 자리 잡은 데는
독일시민의 뛰어난 정치의식수준, 기민당의 정치력과 콜 수상의 지
도력의 결과인 것이다.

그런데 통합과정에서 과연 그만큼의 정치력을 가진 정당이 존재
하고 있어야 하고 이 정당이 내부적으로 분열되지 않고 강력한 리
더십으로 굳건하게 자리 잡힌 정당이 아니면 통합과정에서 매우
어려운 혼란상황에 직면할 수 있다는 점이다. 물론 남한 중심으로
통일하자고 합의가 된 경우에는 그 당시의 집권당이 큰일을 해낸
것이기 때문에 무게를 더욱 실어주겠지만 지금과 같은 지역적 정
치판 구조로는 사실상 강력한 지지기반을 둔 집권당이라고 보기
어렵기 때문에 통합과정에서 정치력을 기내하기가 어려워진다는
점이다.[173] 어쨌든 북한이 남한 중심의 통일을 선언할 당시의 남한
의 집권당은 지금과는 다른 튼튼한 지지기반과 정치력, 지도력이
있다는 전제에서 통일의 일등 공신인 집권당 중심의 보수대연합이
기대된다는 점이다. 이것은 통일한국의 정치적 주도권을 잡고 일신
된 모습으로 변화된 정당의 이미지를 창출하고 그리고 북한주민의
지지를 얻어내야 하기 때문에 필요한 정치적 일정이라고 보기 때
문이다. 더욱이 서독처럼 기본적으로 정당체계가 이념을 기초로 한

---

173) 안성호, "남과북 정치통합연구: 경쟁적, 다원적 정치체제 탐색", 북한연구학회, 『북한연구
학회보』, 2권 1호(1998), pp.84-101.

경쟁적 정당체계인 경우는 결국 헤쳐 모여 봤자 색깔이 다른 정당
이나 지지자가 쉽게 기민당으로 오지 않는 구조를 이미 알기 때문
에 정치권의 헤쳐 모여를 하지 않으나 우리는 이념에 기초한 정당
간 관계가 아니고 소수의 인물중심의 정당이거나 지역중심의 정당
이기 때문에 결국은 언제든지 당을 해체하고 새로운 정치지형을
만들 수 있는 조악한 정당정치풍토이기 때문에 가능하다는 점이다.
물론 통일국가에서도 지속적으로 인물중심정당이나 지역중심정당
이 계속될 것이냐 하는 것은 정치지도층의 의식변화는 물론 성숙
한 시민의식의 출현이 가능하냐와 연결될 것이다.

2. 개혁적 신당 출현

통일국가 수립과정에서 개혁적 신당은 새로운 통일국가를 이념
적 대립구도하에서 건전한 정치판으로 이끌어 가는 데 주도적 역
할을 할 수 있기 때문에 바람직하다고 본다.

그동안 노동계급은 한국의 산업화 과정에서 중요한 역할을 담당
했으나 해마다 저임금으로 고통을 받았으며 게다가 노동활동은 권
위주의 체제에 의해서 강하게 억압 및 통제되어 왔던 것이 사실이
다. 따라서 한국에 있어서 계층에 기반을 둔 이념정당 또는 혁신정
당의 필요성은 정당의 제도화 정당체제의 경쟁화 및 다양한 정치
참여라는 입장에서 볼 때 매우 중요한 정당정치 발전에 영양을 주
는 요소가 되는 것이다. 이러한 혁신정당이 제도권 내에 존재하게
되면 제도권 밖에서 요구하는 이들의 요구들이 보다 더 제도권 내
로 질서 있게 수령될 것이고 폭력과 시위 등의 정치적 불안정을 극
소화할 수 있으며 이러한 제반 사회적 갈등은 국민의 선택에 의해

서 결정할 수 있게 되므로 합의에 의한 권력의 정당성을 보장받을 수 있는 것이다. 즉 약자와 하부계층을 대변하는 정당의 존재가 필요하며 이들이 정치적으로 소외되지 않도록 해야 할 것이다. 도시영세민, 무주택근로자, 무허가주택자, 공단여직공, 영세농어민, 산동네, 달동네주민 등의 하부계층의 이익과 인권을 대변해서 제도적으로 보장될 수 있도록 해야 한다. 이렇게 될 때 이들의 상대적, 절대적 박탈감에서 파생되는 욕구좌절의 공격적 성향이 완화되고 혁명발생위험률이 감소될 수 있을 것이다. 이는 자유민주주의 체제의 성숙을 기하고 그 체제 내의 보수세력이 건전한 활동을 할 수 있도록 사회민주주의 세력의 견제가 요망되는 것이다.

진정한 자유민주주의라면 어떤 특정 정치철학이나 이념에 절대적 헌신이나 맹종이 아니고 그 방법이 비폭력이라면 다양한 신념과 가치가 서로 자유롭고 평화적으로 경쟁할 수 있어야 할 것이다. 이렇게 함으로써 모든 국민이 소외되지 않고 정당이 민초에 자리잡음으로써 명실상부한 민주적 정당체계가 가능할 것이다. 또한 보수대연합의 정당, 개혁적 정당, 지역정당 - 호당정당, 영남정당, 노동자 관련 정당 등 남한에서 경험했던 것과는 다른 정당정치의 지형이 만들어질 수도 있다.[174] 영국의 노동당, 독일사민당, 프랑스사회당, 스칸디나비아 3국의 사민당들이 국민선택을 통하여 정권획득과 교체를 제도적으로 보장받으며 경쟁적 정당체제를 운영하고 있는 수준 높은 정당정치를 통일국가는 배워야 한다.

---

174) 위의 논문, pp.81 - 104.

3. 지방자치와 중앙정치의 관계

통일국가 수립 이후 지방자치와 중앙정치의 관계가 분석될 수 있을 것이다. 민주주의 체제하에서 당연히 존재하는 주민자치제가 남·북한에도 공히 공통된 방식으로 도입되어야 할 것이다. 이는 현재 실시되고 있는 남한의 지방자치법에 준할 것이지만 통합과정에서의 다양한 변수에 따라 지방자치에 대한 논의가 본격적으로 분석되어야 할 것이다. 기존의 북한 행정구역을 존중하되 다만 인구비례에 의하여 통폐합을 통하여 조정한다. 차제에 남한의 행정구역도 인구편차에 준하여 조정한다. 지방자치단체 수는 남북한의 인구비례에 의하여 2 : 1 정도 수준에서 정하는 것이 바람직하다. 독일의 예를 염두에 둘 때 특히 한반도의 통일이 흡수통일이란 방식으로 귀결될 경우 북한의 행정구역은 원래대로 환원될 가능성이 높다.[175] 북한지역지방자치의 원칙은 그 지역 지도자에게 그 지역을 맡기자는 것이다.

그리고 지원과 관리만 북한지역에 대한 행정구역 재조정에 따른 지방자치 관련 제반 문제를 완비해야 한다. 다만 북한 현지엘리트와 남한 파견 엘리트의 관계가 보완과 협력이 되어 통일국가가 효율적으로 운영될 수 있도록 해야 한다. 북한지역은 북한지역 엘리트와 주민을 중심으로 가급적 그들 스스로 이끌어 가도록 갈등최소화가 요망된다. 다만 파견엘리트의 잠정적인 관리 및 지원은 당연히 필요하며 이 과정에서 자연스럽게 파견엘리트가 북한주민에게 정치적으로 인기를 얻을 수도 있을 것이다.

중앙정치 - 지방정치 등의 과정에서는 평양특별시장, 나진 - 선봉

---

175) 이경훈·이용숙, 『통일 그날이후』, p.61.

직할시장, 청진직할시장, 개성직할시장, 평안남도도지사선출 등 광역단체장 선거에 대한 대비책이 마련되어야 한다.

북한의 기존 지방자치단체의 특성과 적응에서 벗어나면서도 효과적으로 통제하고 자율적으로 활동할 수 있도록 남한에서 인적자원이 파견되어야 한다. 아니면 다수의 북한 공무원을 그대로 두되 철저한 교육을 통하여 통일한국의 행정에 적응할 수 있도록 해야 할 것이다. 이 경우 독일처럼 단체장을 제거하고 나머지는 그대로 두는 것이 실업률을 줄이는 방법이 될 것이나.

지방분권은 주민의 생활과 관계가 있는 문제를 주민의 참여 속에서 주민의 욕망과 지방의 실정에 따라 처리해 나감으로써 궁극적으로 자유를 희구하는 인간의 본성을 충족시키고 주민참정이라는 민주주의 정신을 구현시키는 것이라 할 수 있다.[176] 중앙과 지방 간 권력의 배분문제에 있어서 완전한 중앙집권과 완전한 지방분권은 있을 수 없으나, 통일국가에 있어서 지방자치제는 중앙과 지방의 권력배분에 있어서 중앙집권보다는 지방분권을 전제로 해야 할 것이다. 권력분립, 정치참여이 확대, 민주적 시민교육, 행정의 공정성 및 효율성 등은 통일구가를 위한 정치발전의 주요한 지표들로서 지방자치는 통일국가의 정치통합의 안정적 진행에 있어 필수적이라고 할 수 있다.[177] 이에 따라 북한지역에 대한 행정구역 재조정에 따른 지방자치 관련 제반 문제에 대하여 대비해야 할 것이다.

---

176) 구병삭, 「지방자치법」(서울: 박영사, 1991), p.6.
177) 위의 책, p.6.

　남·북한 정치통합을 대비하면서 다른 한편에서는 무력도발방지문제 – 평화체제, 군대 포기 – 전직 – 취업알선 – 국방군에 예속 – 군사적통합의 기본 원칙, 안보에 대한 새로운 시각, 통일한국과 4강과의 관계, 동북아지역의 집단안보체제 구축 등도 고려되어야 한다.[178] 정치통합과정에서 나타날 수 있는 여러 정파 간의 이해관계와 폭력사태, 지역 간의 이해관계, 가진 자와 못 가진 자의 갈등 등이 예견된다. 이를 슬기롭게 해결하고 남북한의 여러 면에서의 이질감을 최단 시일 내에 최소화하는 작업을 남한이 주도하여 어떻게 진행시킬 것인가 하는 다양한 대비책을 마련해야 할 것이다.

　본 장은 무엇보다도 분단종식 이후 있을 정치통합과정에서의 ① 갈등방지/내전방지/전쟁방지, ② 통일과정에서의 희생을 최소화하고, ③ 이질성 축소와 동질성 확대, ④ 급격한 변화보다는 점진적 통일방식, ⑤ 안정적, 평화적 방법의 통일, ⑥ 긴장 완화 내지 긴장을 감소시키며 통합, ⑦ 민주복지국가, 자유, 인간의 존엄성, 평화적·국제적 민주주의 확산을 위해서는 북한사회의 이질성을 예측하면서 국가적 대비정책이 밀도 있게 준비되어야 함을 지적하였다. 집필을 통하여 인명과 민족적 희생을 최소화하고 희망적, 낙관적, 평화적, 미래지향적 정치통합이 이룩되기 위해서는 일정시점에서의 정치통합논의에서 예상되는 문제점을 검토하여 이에 대비하는 연구가 더욱 많이 시도되어야 함을 인식하였다. 여기서 중요한 것은 정치통합의 내용을 개발하는 일인데 이는 민주적 선거와 공정한

---

178) 서준원, "독일연방공화국과 독일민주공화국간의 군통합과정과 남북한 군통합에의 적용가능성", 충남대 통일문제 국제학술대회(1997. 9), pp.51 – 66.

경쟁원리를 기본으로 만드는 데서 비롯된다고 인식하였다.

우리는 언젠가 있을 조국통일을 내다보면서 우리는 한 걸음 한 걸음 진정성 있게, 그리고 유연하게 그러면서 일관되게 통일을 준비해 나가야 한다. 지금처럼 북한이 철저하게 김일성 민족을 고수하고 선군정치와 강성대국을 외치고 전 세계에서 가장 빈곤한 국가 중 하나인 실패국가가 핵이나 미사일을 개발하는 한에는 결코 우리가 바라는 바의 통일은 불가능하다. 남한의 최고지도자가 방북할 때 북한주민들이 나와 가두에 연도하여 조화를 흔들며 '통일', '통일' 하는 한에는 통일은 없다. 남북정상과 남북지도급들이 만나기만 하면 헤어질 때 손에 손 잡고 부르는 '우리의 소원은 통일'은 이제 '우리의 소원은 평화', '우리의 소원은 교류', '우리의 소원은 우정', '우리의 소원은 신뢰' 등으로 바뀌어야 한다. 우리의 남북관계는 적어도 미국과 쿠바 관계보다는 미국과 캐나다 관계처럼 매우 평화롭고 일상적이고 우호적이면서 상호 유익하고, 협력적이고 신뢰적이어야 한다. 김정일 후계가 누가 되건 간에 북한정권이 어떤 성격을 갖던 간에 상관없이 이렇게 남북관계가 미국과 캐나다 관계처럼만 된다면(물론 상당히 오랜 시간이 걸리겠지만) 저절로 남북 간 동질성은 회복되고 통일에 대한 소통이 가능하여 아주 매우 자연스럽게 분야별로 통일에 대한 합의를 도출하여 진정으로 우리가 바라는 소원인 자랑스러운 통일국가를 이룩할 것이다.

제16장

마 무 리

ⅠI 남북관계 현 상황

2009년 4월 2일 글로벌 경제위기 극복을 위하여 G-20 정상회의가 열리고 있는 런던을 전 세계 국가가 지켜보는 가운데 이명박 대통령은 공동의장으로 활발한 활동을 전개하였다. 그러나 4월 5일 북한 김정일 위원장은 로켓발사(와 5월25일 핵실험과 미사일발사로) 동북아는 물론 전 세계 평화에 찬물을 끼얹었다. 이것이 글로벌시대 한국과 북한의 평화와 전쟁의 극명한 대조적 모습이다.

전 세계 모든 국가가 글로벌 경제위기를 극복하기 위해 한목소리로 협력과 국제공조를 보여주는데 지금 북한은 무엇을 하고 있는가. 북한의 선택은 지혜로운 것인가.

그동안 북한은 김일성 민족, 태양민족을 중심으로 선군정치와 핵실험으로 비대칭적 군사강국이 됐으며, 핵을 무기로 하여 통미봉남 술수를 통하여 대미관계를 개선하는 한편, 퍼주기식 한국 및 일본으로부터 경제지원을 획득할 경우 정치·군사·경제적 강성대국이 완성된다는 어린아이 같은 환상을 가지고 있다. 김대중 정권과 노무현 정권하에서 퍼주기식 햇볕정책이 북한의 환상을 실현하는 데 일조했으나 이명박 정부가 들어서면서 그 환상이 깨지기 시작하자 북한은 남북관계를 경색시켰고, 금강산관광객과 개성공단을 볼모로 남남갈등을 조장하는 등 이명박 정부를 압박하고 있다.[179]

지난 10년간의 남북관계를 통해 북한의 호전적인 대남정책을 살펴보면, 첫째, 무력도발 및 위협 등으로 남북관계에서 긴장 조성, 둘째, 급박하게 대화 제의 또는 부분 개방 등으로 타협 모색, 셋째, 인도적 차원하에서 한국과 국제사회로부터 경제지원 획득, 넷째, 북한의 변화에 대한 한국과 한국인의 기대 상승 유도, 다섯째, 일정 기간 지원받은 후 또다시 남북대화 중단, 여섯째, 반미분위기 조성과 대남비방을 통하여 교류협력 차단, 일곱째, 북한인민대중에게 공포감을 조성하면서 체제 단속 등의 지속적으로 반복되는 정해진 수순에 의한 음흉하고 교묘한 술수를 보였다. 이때마다 한국 정부는 일정 부문 아는 척 모르는 척 속아 넘어가면서 북한에 이리저리 질질 끌려 다녔다.

남북한을 비교해 보면 북한은 60여 년간 해 온 것이 결국 국제 사회에서 실패국가 13위이고 한국은 경제규모 13위이다. 이는 바로 북한의 위기이다. 남북관계의 일대전환이 요망된다.

2008~2009년의 남북관계는 북한의 일방적 대화 중단과 대남 비난 등으로 그 어느 때보다 어려운 시기를 보냈다. 이명박 정부의 '비핵·개방·3000' 약속에도 불구하고, 북한은 남북대화를 거부하고 금강산관광객을 저격함으로써 남북관계를 경색시켰다.

또한 후반기에는 김정일의 건강 이상설과 미국 대선 등으로 핵 문제 해결은 지지부진했고, 북한의 일방적인 개성관광 중단 조치로

---

179) 외교안보연구원, 『2009국제정세전망』(2008), pp.84-88.

남북관계는 최악의 상태로 치달았다. 키리졸브 한미군사합동훈련을 내세워 2009년 3월에는 개성공단 남측관계자들을 볼모로 남북관계를 경색시켰다.

결국 북한은 2009년 4월 5일 오전 11시 30분에 로켓(인공위성 또는 탄도미사일)을 발사하였다. 전 세계의 평화의 바람과 우려는 아랑곳하지 않고 핵이나 장거리 탄도미사일발사를 위한 로켓발사 실험이고 4월 9일의 최고인민회의를 앞두고 김정일의 제3기 리더십에 힘을 실어주기 위한 발사였다. 우리 정부는 국가위기관리위원회를 소집하였고 미국은 긴급 유엔안보리를 소집하였는데 1718유엔결의안에 입각한 제재결의안이 채택되지는 않았으나 안보리 의장성명서가 만장일치로 채택되었다.[180]

남북관계에 대해서는 이명박 정부를 '사대매국적 파쇼 통치' 등 강경한 어조로 비난했고, 한국국민의 반정부 투쟁과 남남갈등을 선동했다. 북한주민들에 대해서는 경제적 고난이 지속될 것이기 때문에 사상무장 및 내부 결속이 필요하다고 강조하면서 김일성의 100회 생일이 되는 2012년에 강성대국이 완성되는 새로운 역사를 창조하자고 역설했다.

사실상 국제사회에서 더 비난받을 사람이 누구겠는가. 김정일인가 이명박 대통령인가. 무역수지규모나, 국력에서 볼 때도 상위 13위와 하위 13위는 다르다. 그리고 5월 25일 핵실험과 미사일발사로 유엔 안보리는 만장일치로 유엔결의안수정을 채택하였다. 또한 한국정부는 5월 26일 대량살상무기확산방지구상(PSI: Proliferation Security Initiative)전면 참여를 선언하였다.[181]

---

180) 《중앙일보》, 2009. 4. 6~17, 《한겨레신문》, 2009. 4. 6~17.
181) 안성호, "북한위기에 따른 국가위기관리방안연구", 한국정치학회, 한국국제정치학회, 한국

90년대 경제위기와 식량위기를 거치며 국가와 지도부에 대한 주민의 의존과 충성심이 낮아졌고, 국가 통치 이념도 경제적 생존 논리와 충돌하면서 신뢰도가 낮아졌기 때문에 이러한 체제 방어적인 조치가 큰 성과를 거둘 가능성은 높지 않다. 다만 김일성 민족을 강조하고 북한 체제의 정치군사적 상부구조가 안정적으로 가동되고 있어 단기간 내 체제 변혁이 발생할 가능성은 낮다. 경제면에서도 세계적 경제위기 속에서 대북 지원의 축소, 광물 수출가 하락 등으로 북한도 큰 타격을 받을 전망이다. 북한에 식량위기 가능성이 항상 잠재되어 있는 만큼 올해도 정치 상황의 변동에 따라 식량위기가 재발할 가능성은 여전히 남아 있다. 참으로 북한주민이 불행할 뿐이다. 북한의 위기는 북한 당국 스스로가 제 무덤을 파듯이 만들어 가고 있다. 이러한 북한의 위기를 방지하는 방안은 한국의 제의를 수용하는 것이고 이것이 당면한 북한의 위기를 기회로 만들어 줄 것이다.

Ⅱ 북한의 위기와 기회

   미국의 오바마 대통령의 등장으로 북한의 통미봉남은 아주 작은 국지적인 측면에서 효과를 보겠지만 궁극적으로는 효력이 없다. 왜냐하면 한국의 경제력과 잠재력이 북한보다는 수십 배에 달하기 때문에 한국을 제외하고 동북아의 문제를 해결할 수 없기 때문이다. 게다가 북한 김정일보다는 한국의 이명박 대통령이 더 국제적

세계지역학회, 『2008건국60주년 기념 공동학술회의: 기획패널Ⅱ』(2008. 8. 22), pp.36 -37. ≪중앙일보≫ 2009. 5. 27.

인 능력과 외교적 발판이 많기 때문에 국제사회에서의 인지도와 압박으로 북한이 견디어 낼 수가 없기 때문이다.

글로벌 경제위기로 우리가 힘들면 북한은 더욱 힘들 것이다. 오히려 떳떳하게 자신감 있게 국제사회와 공조하면서 북한에 대하여 설득하고 달래 가면서 형님 나라로서의 체통과 명예를 지켜 가면 될 것이다.

지난 2009년 1월 1일 발표된 북한의 신년 공동사설에서 '조선반도의 비핵화'를 언급한 것은 북한이 미국과의 대화에 관심을 표명한 것이며, 미국의 대북 적대시 정책의 철폐를 요구하는 보다 적극적인 외교 공세다. 북·미 적대관계의 책임이 미국에 있음을 암시한다. 당시 주한미군 연합훈련언급을 자제하였다. 이를 대미 협상에서 활용하려는 의도로 보였다. 그러나 2009년 3월에는 느닷없이 미국의 식량 원조를 거부하였다. 아마도 내부적으로 결과론적인 것이지만 로켓발사준비 중이었던 점이 작용한 것 같고, 다른 한편 이런저런 움직임 속에서 속보였고 자존심이 매우 상한 것 같다.

그동안 북한이 남북대화를 단절시킨 이유는 지난 10년간의 각종 교류협력사업 등으로 흐트러진 북한 사회의 이념무장을 재강화하고, 한국사회 내의 남남갈등을 부추기면서 북한이 원하는 방향으로 이 정부의 대북정책을 조종하며, 미국 오바마 차기 정부와의 협상에 대비해 북한의 입장을 강화하려는 전략 등으로 판단된다. 북한은 오바마 정부 출범을 계기로 남북관계의 악화가 이명박 정부의 비타협적 강경노선에 있다는 식으로 몰아가 남남갈등을 부추겨 이명박 정부의 국내적 입지를 약화시킬 의도가 있었던 것이다. 소위 '우리 민족끼리' 전략이 안 먹히고 있는 것이다. 이는 늘 있는 꼼수에 상투적인 수법이다. 사실상 김정일은 한미관계를 이간시키면서 미국에 접근하고 남남갈등을 부추기는 비열하게 반민족적 남북대결이나 통미봉남전략을 구사할 수 있다.

북한은 단계적으로 개성과 금강산카드로 대남압박조치들을 강화시켜 갈 것이다. 이명박 정부는 이러한 시나리오를 오바마 정부에 사전에 잘 전달하고 전략적으로 한미공조체제로 협력적 관계로 나가도록 해야 할 것이다.

그러나 오히려 김정일이 이를 중단하고, 핵을 포기하고 교류협력하여 남북이 win-win할 수 있는 상생공영의 실을 택하는 것이 보다 현명한 대안이라고 본다.[182] 우리 정부도 지속적으로 이러한 입장을 표명하면서 대화를 촉구해야 할 것이다.

Ⅲ 북한의 향후전망

1. 북한 문제 해결을 위한 한미 간 협력에 대해서는 대화와 협상을 주장해 온 오바마 행정부의 대북정책은 외면적·형식적으로는 유연하나, 내면적·내용적으로는 꼼꼼함과 치밀함을 보일 것이다. 한미 양국간에는 북핵문제를 넘어선 포괄적이고 장기적인 차원에서 북한이 제기하는 다양한 도전을 어떠한 순서와 형식으로 처리할 것인지 긴밀한 협의와 조율·조정이 있어야 한다.

미국 전문가들은 이를 강인하고 직접적인 외교를 통한 북핵문제 해결을 추구한다고도 본다. 민주당 정부는 부시 정부와는 달리 인내의 한계점(red line)과 함께 협상이 통하지 않으면 강력한 압력을

---

182) 서재진, 『남북상생공영을 위한 비핵개방3000정책의 이론적 체계연구』(서울, 통일연구원, 2008. 7), p.8.

가하는 행동계획(plan B)도 고려할 수 있다. 오바마 정부의 대부정책은 진지한 직접협상을 전개할 강력한 의지를 갖지만 비핵화의 원칙에 대해서는 매우 엄격할 것이다.[183]

어떤 면에서는 오바마 정부는 기존의 대북 핵정책이 제재와 유인의 반복, 북한 핵무기 개발 등의 악순환으로 보고, 기존 6자회담을 통한 대북 압박 정책을 강화할 수도 있다. 물론 북한핵 상황이 악화되더라도 군사적 수단의 사용이 현실적으로 용이한 것이 아니므로, 중국의 역할을 통한 문제 해결을 시도할 것이다. 다만 오바마 정부의 대북정책방향은 6자회담 틀 내에서 직접협상을 전개했던 2기 부시 정부의 외교팀 틀과 유사할 것이다. 미북관계 개선 과정을 통해 핵문제 해결을 유도해 갈 것으로 본다.

복잡해지는 북핵 및 북한 문제를 다루는 데 있어 양국간의 견해차가 날 가능성도 있다. 최근 6자회담에서의 북한 핵 검증 합의 도출 실패, 미국 오바마 당선자의 대북 인식, 일본 내 부정적 대북 여론, 김정일 위원장의 건강문제, 김정일 후계구도문제 등을 고려해 보면 당분간 북일 양측이 납치 문제 해결을 위한 본격적 승부에 나설 가능성은 기대하기 어렵다.

북한 측의 태도 변화가 없는 한 일본 정부가 북한과의 수교를 추진할 여지는 크지 않으며, 북한 역시 일본 정국이 불투명한 상황에서 북일 수교를 서두르기보다는 대일 수교 교섭의 최종적 카드로서 납치문제를 남겨두면서 미국 오바마 신정부와의 직접대화를 우선할 가능성이 크다.

그러나 북핵문제나 북한정권 안정에 있어서는 현 상황의 안정적 관리에 중점을 두면서 새로운 상황 전개에 따라 대응적인 태도를

---

183) 외교안보연구원. 전게서. p.8.

취할 것이다. 북한정권의 생존에 필수적인 경제적 지원은 계속될 것이다. 북한이 핵을 빌미로 역내 국제관계를 악화시키지 않도록 노력할 것이다. 중국과 일본은 2008년 상호 이견을 전제하면서도 이익에 기초한 전략적 협력이 가능하다는 전략적 호혜관계를 채택하였다. 다른 한편 미·중·일관계에서 한국의 소외 가능성 등이 있다.

2. 그동안 북한의 금강산관광객피격사건, 개성공단 출입차단사건, 로켓발사실험, 뒤통수 때리기 등 이런 전략에 우리 국민은 속았고, 우리 정부는 북한에 끌려 다녔다. 그랬기 때문에 햇볕정책이 핵문제를 해결하지 못했고, 북한의 개혁·개방을 유도하지도 못했다. 북한은 6·15선언과 10·4선언 이행이 대화의 전제조건이라고 하지만, 이를 수락할 경우 이명박 정부는 시행착오의 늪에 빠질 수 있기 때문에 좀 더 멀리 보면서 글로벌외교를 다각적으로 하는 것이 바람직하다. 최근 북한 당국은 김정일 위원장의 건강 이상설을 불식. 지금의 활동상이 사실이라면 뇌졸중 증상이 가벼운 것으로 보인다. 특히 의식, 언어, 보행 활동에 큰 지장이 없는 것으로 보여 2009년 김정일 위원장은 통치 전선에 재등장하고 있다. 2009년 4월 5일 로켓발사도 자체 내에서는 성공이라고 선전선동하면서 대대적인 축제를 열고 4월 9일의 최고인민회의 출범과 함께 김정일 3기 체제 출범을 축하하고 있다.[184] 후반 들어 6자회담의 진전과 북미관계 개선이 각종 장애물에 부딪혀 정체되고, 식량 부족이 심화돼 경제난이 지속되는 상황에서 이를 타개하기 위해 남북대화를 응할 수도 있다.

다만 미국의 중재와 조정이 남북한을 적대관계로 만들기보다는 협력적 관계로 만들어 갈 가능성이 높다. 왜냐하면 오바마는 국제

---

184) ≪중앙일보≫, 2009. 4. 6~10, ≪한겨레신문≫, 2009. 4. 6~10.

협력과 약자국가에 대한 지원의 입장을 취하고 있기 때문이다.

부시 대통령과는 달리 오바마는 모험적으로 험상궂게 북한을 대하지 않을 것이다. 이 점에서 북한은 미국을 역이용하지 말고 순수하게 미국의 도움을 받아들이고 북한주민을 위한 민생 살리기 그리고 인권존중을 해야 한다. 그렇지 않으면 계속해서 만약에 미국이 북한과 수교한다면 수교 이후에도 대사관을 통해서 얼마든지 압력을 행사할 것이다. 이때는 미국이 북한 내에 많이 진출해서 북한이 빼도 박도 못하는 처지가 될 수 있다. 결국 미국의 설득과 압력에 굴복해야 할 것이다.

그러나 북한의 과거 행태를 볼 때 오바마 신정부와 핵협상 과정에서 길들이기, 기선 제압 등을 목표로 한국에서서의 NLL침범, 비핵화 조치 중단, 6자회담 거부, 또 다른 미사일발사 또는 핵실험 등으로 협박하거나, 실행에 옮길 가능성도 배제할 수 없다. 북한은 이것을 또 다른 위협과 공갈을 통한 대미 협상카드라고 생각할 것이다. 더 이상 꼼수를 통하여 대미협상이나 남북대화를 이끌어 가면서 유리한 입지를 만든다고 생각하는 데 대하여 한미 양국은 공조체제를 확고히 하고 북한에 대한 엄중한 경고가 요망된다. 이것이 북한의 위기를 방지하는 하나의 기회를 제공할 것이다.

Ⅳ 한국의 지혜와 북한의 선택

1. 이명박 정부는 햇볕정책의 실패를 거울삼아 북한의 비핵화와 변화를 유도하는 일관성 있는 대북정책을 추진해야 한다. 그런 점에서 남북관계를 근시안적으로 판단하지 않고 장기적 관점에서 풀

어갈 것이라고 한 이 대통령의 언급은 매우 적절하다. 지난 10년간의 비정상적 남북관계를 정상화하기 위해서는 인내심과 의연하고 유연한 대응이 필요하다. 남북관계를 풀기 위해서는 소처럼 우직하게 한 걸음 한 걸음 나아가는 인내심과 의연함이 필요하다.

2. 한마디로 남북문제 말고도 글로벌시대에 할 일 너무 많다. 모든 외교총력을 금방 풀리지 않는 남북문제에만 매달리게 할 수는 없는 노릇이다. 그렇다고 햇볕정책처럼 그저 마냥 북한 하라는 대로 따라갈 수만도 없는 것이다. 그래서 얻은 것이 핵이고 미사일 아니었는가. 지금 북한과는 비교할 수 없을 만큼 글로벌시대에 잘 나가고 있다. 모든 문제에 자신감을 갖자.

3. 북한 말 한마디에 일희일비해서는 안 된다. 남북관계에 꼬투리는 많다. 북한이 꼬투리 잡으려면 뭘 못 잡겠는가. 이제 우리는 의연하게 세계사의 큰 흐름 속에서 성숙한 외교를 해야 한다. 국가 브랜드를 높이고, 글로벌 경제위기를 주도적으로 해결해 나가고, 후진국들에 한국의 기적을 전파하는 등 결국 글로벌외교도 성공하고 남북관계도 성공하는 원원전략을 위해서 의연하게 글로벌외교를 확대하면서 유연하게 대북문제를 대처해야 한다.

일관성 없이 약속이나 규칙을 제멋대로 위반하는 북한의 태도에 일희일비할 필요가 없다. 남북관계는 의연하면서도 유연하게 풀어 나가야 한다. 분단 60년을 넘기고 있다. 이제 남북한은 대립과 갈등에서 상생과 공영의 새 시대를 열어 가야 한다.

4. 남북관계는 조급해선 안 된다. 한국이 10여 년간 길들이려다 오히려 북한에 길들임을 당했다. 김대중, 노무현 대통령 방문 시 북한주민들이 거리에 나와 꽃 들고 '통일, 통일' 외치지만 그런다고 통일되는 것은 아니다. 지금 싸늘하게 식어 버렸다. 이런 말을

하면 자꾸 반통일세력이라고 운운하는데 정말 통일은 냉정하게 해야 한다. 김정일 체제가 안정되도록 봐 주고 있는 것 아닌가. 북한도 이젠 알 것 다 안다. 남한 내부를 자꾸 이간질하려는데 여기에 말려들면 안 된다. 과거의 베트콩과 월맹의 월남협공을 생각해 보자.

5. 상호 호혜적 관계로 따질 것은 따지고 핵문제는 핵문제로, 군사문제는 군사문제로 민간문제는 민간문제로 정부문제는 정부문제로 사안별로 우리의 입장을 분명하고도 단호하게 보여주면서 나가면 되는 것이다. 전 세계 외교목표가 핵전쟁은 아니지 않겠는가. 한반도의 비핵화와 평화가 목표이고 더욱이 중국과 미국 등 주변국 때문에 함부로 핵을 사용할 수는 없을 것이다. 게다가 핵 외에도 수많은 외교과제가 산적되어 있다.

6. 핵 폐기에 대한 북한 당국의 의지가 국내외적으로 명명백백하게 확인 실천되기 전에는 대북인도적 지원은 아사를 막기 위한 최소한의 식량지원에 그쳐야 한다. 그리고 본격적인 대규모 지원은 북핵 폐기 일정표와 북한 이권개선 일정표와 연동되어야 한다. 식량지원도 김정일 체제를 강화시키는 방식이 아니라 필요로 하는 북한주민에게 반드시 전달될 수 있도록 분배확인과 모니터링이 이루어져야 한다. 모니터링이 불가능하다면 WFP(세계식량계획)를 통해 보내고 UN직원이 모니터링하게 해야 한다. 만약에 UN모니터링도 북한 당국의 속임수를 막아낼 수 없다면 모니터링을 필요로 하지 않는 옥수수가루를 보내주는 것도 한 방법이다.

7. 바로 글로벌외교가 다 남북관계를 잘 이끌어 가기 위한 선투자이다.

북한의 못된 버릇을 어떤 식으로든 고쳐주어야 한다. 이명박 대통령 국정연설 중에 "북한도 이제 시대 변화를 읽고 우리와 함께 새로운 미래를 향해 나아가기를 바란다. 저는 언제라도 북한과 대화하고 동반자로서 협력할 준비가 되어 있다. 북한은 이제 더 이상 남남갈등을 부추기는 구태를 벗고 협력의 자세로 나와야 한다."고 강조하였다.[185]

북한과 국제사회는 우크라이나방식이나 리비아방식이 필요하다. 우크라이나 핵을 미국이 사 주고 경제지원과 협력을 하였다. 리비아의 가다피처럼 핵을 포기하고 미국의 지원을 받는 발상의 대전환이 필요하다. 물론 6자회담에서 정해진 핵포기의 수순을 신뢰 있게 밟아 가는 것이 중요하다. 2007년 2·13합의를 존중하여 ▶ 핵시설동결(Freeze) ▶ 핵시설폐쇄(Shut down) ▶ 핵시설불능화(Disablement) ▶ 핵물질폐기 ▶ 핵무기해체 ▶ 한반도비핵화로 가야 한다. 그리고 국제공조를 통해 북한을 설득하고 핵문제는 6자회담에 맡겨야 한다.

8. 북한이 혼자 독불장군처럼 언제까지 버틸 것인가. 그럴수록 더욱 자신을 스스로 위기상태로 고립되고 폐쇄적으로 몰고 갈 수밖에 없다. 결국 내부적인 빈곤, 굶주림, 폭동과 분열에 직면할 수도 있다. UN, UNDP, FAO, EU, ASEM, IAEA 등의 국세기구나 국제사회의 인도와 지도를 받는 것이 필요하다. 북한도 마음을 열고 세계사에 동참하면서 다른 나라가 이해할 수 있는 상식선으로 국제사회에 동참하면서 자신의 정체성을 스스로 인정하고 반성하면서 진정성 있게 우호적으로 나서고 국제사회의 호의를 선의로 받아들이고 왜곡하지 않는 유연함이 요망된다.

9. 햇볕정책은 물론 장점도 있지만 수동적이고 소극적이다. 마치 포용적인 것 같지만 사실상은 한계가 많다. 북한이 무슨 짓을 해도 무조건 베풀어야 한다. 북한이 먼저 핵문제로 모든 의제를 선점하

185) 이명박 대통령 시정연설(2009. 1. 3.)

고 있는 상황이다. 핵은 마지막 단계의 전략이다. 인권, 교류, 협력, 개발, 이산가족, 환경 등(핸드폰, 인터넷, 자동차) 서로 주고받도록 준비되어야 한다. 고기를 주는 것보다 낚시하는 법을 가르쳐야 한다. 핵무기개발이나 핵전쟁이 세계사 흐름이 아니다. 이에 집중하느라고 국력과 외교력이 허비되어선 안 된다. 역발상이지만 오죽하면 APEC, ASEM, G-20 등에서 미국발금융위기에 전 세계가 공동 대처하는데 북한이 참여할 자리가 없지 않은가.

10. 남북한관계는 사실상 신뢰로부터 출발한다. 구성주의 시각에서 한번 보자. 미국과 캐나다와 미국과 쿠바 간에 어디가 신뢰관계가 더 큰가. 신뢰, 통일도 미국 캐나다 관계처럼 그렇게 해야 한다. 상호 신뢰와 교류를 통해 동질성을 점점 확대하는 것이다. 점진적으로 신뢰를 구축하여 통일로 가는 것이 가장 바람직하다. 그런데 북한은 당국이 다르다. 남한정부-북한 당국, 남한민간-북한 당국이다. 그러니 민간교류의 자율성이 극히 제한된다. 당국에서 정치나 비정치 분야도 한마디면 모든 것이 다 중단된다. 이런 식으로는 북한이 글로벌시대에 적응할 수 없다. 북한이 한국으로부터 잘 배워야 한다. 배우는 자세가 없어서는 힘들다. 연락사무소, 통상사무실, 대표부, 영사관, 대사관 등 점진적으로 서울과 평양에 진출해야 한다. 그러나 금강산이나 개성공단처럼 금단의 철조망하에서의 거래는 곤란하다. 좀 더 자연스런 접촉이 허용되어야 한다. 차라리 과감하게 북한에 특구를 조성하는 것이 좋을 것이다. 적어도 중국-대만관계 정도라도 관계가 증대되면 좋겠다.

11. 북핵문제에 있어서도 북한은 우리 정부에 6·10선언과 10·4선언의 이행을 문제시하면서, 미국과의 직접 대화를 요구하고 있어, 우리 정부가 처신하기 어려운 부분이 있다. 이명박 정부는 미

국을 앞세워서 북한의 위험요소들을 속히 제거하도록 하는 전략을 취할 필요가 있다. 사전에 위기를 예방하는 전략을 구사해야 한다. 오바마가 나서서 북한을 좋은 나라로 만드는 것은 한국으로서는 매우 희소식이 될 것이다. 오바마 당선자는 인권과 국제협력을 강조할 것이다. 그래서 북한 김정일과 만나는 일은 좋은 것이라고 생각한다. 왜냐하면 북한의 인권개선과 국제사회로의 참여를 유도할 수 있기 때문이다. 아무리 미국이 생각 없다 하기로서 북한과의 정상의 만남이 마치 미·중 정상이나, 미·영 정상이 만나는 것으로 인식하지는 않을 것이기 때문이다. 그러나 미국이 북한과 친해지면 당연히 미국은 북한에 한국이 매우 믿을 수 있는 국가라고 홍보할 것이다. 그래야 한·미관계도 원만히 굴러갈 것이기 때문이다. 비용도 적게 들고 미국의 등에 타서 자연스럽게 한반도 긴장 완화를 도모할 수 있다. 결국 한미동맹은 사실상 우리에게 외교비용을 절감시켜 준다. 그리고 미국이 북한핵을 사 주는 것도 고려해야 한다 (우크라이나 방식).

미국이 한국을 동맹으로 신뢰한다면 미국과 북한이 수교해도 궁극적으로는 한국과 북한이 수교관계로 갈 수밖에 없다. 미국이 한국을 소외(왕따)시키면서 얻는 이익은 거의 없기 때문이다.

12. 북한의 인권이 잘못되었으면 잘못되었다고 지적할 수 있어야 한다. 북한 김정일이 문제가 있으면 문제가 있다고 지적하는 것이 자연스러운 것이다. 한국사회에서 미국의 부시 대통령은 비판하면서 북한의 김정일을 비판할 수 없는 것은 참으로 해괴한 일인 것이다. 북한은 시도 때도 없이 이명박 대통령을 비난하지 않던가. 물론 전략적으로 해야 할 것이다.

13. 한마디로 외교는 국제사회에서 친구를 잘 사귀는 거다. 국제

사회도 반드시 좋은 친구와 나쁜 친구가 있기 마련이다. 신뢰가 친구 사귀는 데 첫 번째 자산이다. 북한은 지독히 독특한 국가이다. 이를 길들이는 것은 매우 쉽거나 매우 어렵거나이다. 남북관계는 정부 - 정부, 민간 - 정부다. 채찍과 당근으로 적절하게 북한 길들이기를 해야 한다. 글로벌시대 그렇게 변화하지 않은 나라가 북한 말고 또 있는가. 이젠 북한이 바뀌어야 한다. 오히려 북한도 좀 미국을 도와줘야 한다. 그래야 친구가 되는 것 아닌가. 미국과 협력하면 북한이 더 얻을 것이 많다고 본다. 글로벌위기가 미국이 만들었다고 비난만 하면 친구가 아니다. 서로 도와줘야 서로 생존하지 않겠는가. 북한은 이젠 좀 한국에 대해 인정할 것은 인정해야 하는 것 아닌가. 차라리 잘못하면 페널티(원조중단)를 줘야 한다.

햇볕정책은 지렛대가 너무 없다. 미사일이 나와도 핵이 나와도 대처를 못 한다. 중단하면 햇볕정책이 아니기 때문이다. 우리 지렛대가 너무 없었다. 여러 비장의 카드를 많이 갖고 있어야 한다. 그것이 글로벌외교다. 동북아, 4강, 국제기구, 지역 간 외교 = 글로벌외교다.

14. 남남공조가 필요하다. 최근 국회가 햄머정치로 글로벌외교점수를 다 갉아먹었다. 지금 위기다. 전 세계가 국가경쟁력 강화를 위해 난리들이다. 이와 같은 일을 위해서는 외교에 있어 여야가 없고 좌우가 없고 보수와 진보가 없어야 한다. 우리끼리 쌈질하면서 대외적으로 칭찬받을 수 없는 것이다. 남남갈등을 극복하고 내부단합을 이루어야 한다. 그리고 중국과 대만관계 정도라도 남북한관계가 되도록 미국을 앞세워서 북한을 길들이는 것이 중요하다. 김정일이 사망하든 안 하든 중요하지 않다. 김정일 후계구도가 누가 되든 사실 문제가 아니다. 김정일이 사망하더라도 통일 이전에는 엄

연히 북한은 하나의 국가로 남는다. 망해 가는 국가에도 당연히 국가를 상징하는 대표자가 있게 마련이다. 그 대표자가 강성리더십을 보이는지 유연한 리더십을 보이는지는 그 다음 문제이다.

15. 문제는 어떤 경우에도 북한이 미국과 친해지는 것이 한만도 문제의 해결을 위해 바람직하다는 점이다. 용미하자. 이 점에서 오바마의 등장은 부시 정권 때보다는 훨씬 더 남북한관계가 더욱 좋아질 수 있는 계기가 될 것이다. 우리는 과거에도 그렇지만 미래에도 미국과의 관계를 매우 합리적으로 지혜롭게 우방으로서 친할 필요가 있는 것이다. 미국은 글로벌 금융위기에도 불구하고 이를 극복하고 여전히 잠재력이 세계 1위의 국가를 유지할 것이기 때문이다.

16. 국제공조도 함께 해야 할 때는 주저 없이 해 주어야 한다. 북한인권문제 등이 그것이다. 국제사회에서 계속적으로 여론화와 압박을 가해야 하다. UN, OECD, ASEM, APEC, EU, IMF, WEF 등의 국제기구나 단체를 대북설득과 압박전략에 잘 활용해야 한다. 우리가 북한보다 한 수 위인 글로벌 국제사회 약속과 지원을 얻어내야 한다. 지나치게 모든 외교를 북한핵문제에 매달리지 말고 남북관계 외에도 많은 글로벌외교관계의 과제가 많다. 안보뿐 아니라 경제, 자원, 에너지, 환경, 기후 등의 외교가 많다. 이를 의연하게 실천하면서 국익을 극대화해 나가는 유연함이 필요하다. 지역별외교도 강화해야 한다. 많은 국가와 국제사회로부터 남북관계에 있어 한국의 신뢰를 많이 얻어내야 한다.

17. 외교와 안보에도 목표가 있다면 G - 10 진입 목표를 선정하여 노력하는 것이 필요하다. PKO, ODA, FDI(Foreign Direct Investment) 등에서 우리의 국제사회 내에서의 입지를 강화하고, 북한에 대한

저자세를 지양함으로써 향후 한반도 통일 이후 신탁통치를 우리가 책임질 수 있도록 ODA를 통한 국제적 여건 조성이 필요하다. G-10 진입 목표 선정에는 허실이 있으나, 다자외교를 통해 우리의 지원세력을 확보가 필요하며, 우선 동북아공동체 등 지역통합을 통한 안정 정치를 구축할 필요가 있다. 특히 IT · BT 강국으로서 후진국에 대한 전자정부 구축사업을 ODA를 통해 지원한다. 2009년 7월 나로 우주센터에서의 인공위성발사 등 ST(Space Technology) 강국으로 나가야 하다. 한강의 기적과 디지털마인드 등을 정신적인 운동으로 승화시켜 북한이나 후진국에 지원과 수출을 할 필요가 있다. UN안보리는 1718결의안에 의한 북한제재의 결의안을 준비하지는 못했지만 안보리 의장 성명서를 만장일치로 채택하였다. 이는 한국이 G-20, 한미동맹 등 국제공조를 통하여 국제사회에서 신뢰를 쌓은 결과라 본다. 이러한 한국의 국제사회에서의 선진국진입의 모범국가의 사례를 본받아 북한이 한국의 제의와 지원을 겸손하게 선택해야 할 것이다. 이것이 북한의 위기(Crisis)를 기회(Chance)로 바꾸고 동북아의 평화와 세계평화에 기여할 수 있는 유일한 선택(Choice)이다.

참고문헌

Ⅰ 국내자료

1. 국문단행본

강영안, 『주체는 죽었는가』(서울: 문예, 1997).

강원택, 『한국의 정치개혁과 민주주의』(서울: 인간사랑, 2005).

강치원 편, 『미국은 우리에게 무엇인가』(서울: 백의, 2001).

김병로, 『북한사회의 종교성: 주체사상과 기독교의 종교양식 비교』(서
울: 통일 연구원, 2000).

고태우, 『통일. 미리가본 묵녘땅』(우아당, 1992).

공성진 외, 『미리가본 통일한국』(서울: 동화출판사, 1994).

구종서 외, 『남북한 통일시나리오』(삼성경제연구소, 1996).

김계동 · 김광식, 『북한의 개방 · 개혁 추진 방향 및 붕괴 가능성 연구』,
한국국방연구원 연구보고서, 정94 – 929, 1994년 12월.

김도태, 『통일과정에서의 정당역할연구』(서울: 민족통일연구원, 1996).

김만흠, 『한국정치의 재인식』(서울: 풀빛, 1997).

김명기, 『한반도평화조약의 체결』(서울: 국제법출판사, 1994).

김석준, 『거버넌스의 이해』(서울: 대영문화사, 2002).

김유남, 『두개의 한국과 주변국들』(서울: 훈민정음, 1996).

김학성, 『동 · 서독 인적 교류실태연구』(서울: 민족통일연구원, 1996).

김욱 외, 『통일이후의 사회와 생활』(미래인력연구센터, 1996).

문정인, 『한반도통일핸드북』(서울: 국가정보원, 2003).

박재영, 『국제정치 패러다임』(서울: 법문사, 2002).

박종철, 『통일한국의 정당제도와 선거제도』(서울: 민족통일연구원, 1995).

박태규 외 『유럽의 정치와 경제』(서울: 나남출판, 2002).

박태우, 『진정한 동북아의 균형자란』(서울: 연인, 2005).

배기찬, 『코리아: 다시 생존의 기로에 서다』(서울: 위즈덤하우스, 2005).

서재진, 『남북상생공영을 위한 비핵개방3000정책의 이론적 체계연구』(서울, 통일연구원, 2008. 7).

송호근, 『한국 무슨일이 일어나고 있나』(서울: 삼성경제연구소, 2003).

안성호, 『중동구발칸의 글로벌 정치경제』(파주: 한국학술정보, 2009).

안성호, 『김정일과 악수못한 안교수의 글로벌 통일이야기』(서울: 교육과학사, 2002).

안성호, 『범세계민주화비교론』(서울: 교육과학사, 1994).

이교덕, 『북한체제의 변화주도세력연구』(민족통일연구원, 1996).

이경훈·이용숙, 『통일 그날이후』(서울: 길벗, 1995).

이동훈, 『위기관리의 사회학』(서울: 집문당, 1999).

이봉철, 『통일과 통일논의』(서울: 인간사랑, 1993).

이우태, 『남북한 평화레짐론』(서울: 푸른길, 2001).

정규섭, 『김정일 정권의 대외정책변화전망』(서울: 민족통일연구원, 1995).

조민, 『통일과정에서의 민간단체의 역할』(서울: 민족통일연구원, 1996).

최장집, 『민주화이후의 민주주의』(서울: 휴마니타스, 2002).

최진욱 공저, 『1995년도 통일문제 국민여론조사결과』(민족통일연구원, 1995).

홍익표, 진시원, 『남북한통합의 새로운 이해』(서울: 오름, 2004).

황병덕, 『동서독간 정치통합연구』(연구보고서 96-4)(서울: 민족통일연구원, 1996. 10).

2. 국내논문

고상두, "독일연방공화국과 독일민주공화국간의 정당통합의 실태분석", 충남대 통일문제 국제학술대회(1997).

고유환, "소강상태의 남북관계, 그 원인과 해법", 『통일한국』(2001년 9월).

고재남, "대량살상무기(WMD) 비확산을 위한 국제체제의 현황과 전망", 북방학회포럼(2002. 10. 7).

구본학, "동북아지역 군사적 위기 예방 및 관리방안 연구", 국방연구원 보고서(1998).

길병옥, "북한의 핵보유국 지위 획득전략과 한국의 정책대응방안", 한국동북아학회, 『한국동북아논총』, 제12권 제4호(2007).

길병옥·허태회, "국가위기관리체계확립방안 및 프로그램개발에 관한 연구", 제43집 1호(2003).

김경호, "한반도평화를 위한 히니의 대인직 모색: 다자안보협력체를 중심으로", 『국제정치논총』, 제42집 2호(2002).

김구섭, "북한실태와 우리의 대북정책", 민주평통, 『남북관계전문가 초청연찬회』(2009. 3. 13).

김계동, "북한의 대외개방정책: 여건조성과 정책방향", 『국방논집』, 제30호(1995).

김계동, "북한의 외교정책", 북방학회포럼(2002. 10. 7).

김동한, "6·15 남북공동선언 이후의 남북관련법제의 동향과 전망", 북한연구학회 하계학술대회(2001. 7).

김태환, "탈사회주의경제개혁에 대한 재산권이론적 접근: 소련, 러시아, 중국의 개혁과 북한의 경로", 한국정치학회추계학술대회(2002. 9).

김광동, "북한체제 강화에만 골몰하는 진보파의 평화통일", 『한국발전리뷰』 2002. 11. 1.

김동규, "4가지 통일 시나리오에 따르는 위기관리 프로그램의 개발연구", 『북한학연구』, 제1집(2000).

김명기, "정전체제의 평화체제로의 전환에 따른 문제점과 과제", 국가안전보장회의, 『한국안전보장논총』, 제23집(1996).

김수미, "통합이론이 남북관계에 주는 교훈", 경성대 대학원(2004).

김연철, "북한식 발전모델", 한국정치연구회 심포지엄(1995. 12).

김열수, "국가위기관리체계의 발전방향", 한국위기관리연구소, 「국가위기관리의 현실과 발전방향」, 2008년도 위기관리 정책세미나 2008. 10. 22.

김열수, "차기 행정부의 위기관리체제 발전방향, 안보문제연구소", 『국방연구』, 제50권 제2호, 2007. 12.

김열수, "한국의 위기관리체제: 평가와 대책", 세종연구소, 『정세와 정책』, 2005 – 10.

김용우, "통합이론으로서 기능주의와 신기능주의의 국제적 적용상황에 대한 비교연구: 대북통합정책에 주는 정책적 함의", 『한국정책과학회보』 제8권 제3호, 서울: 한국정책과학회(2003).

김용욱, 임광현, 한종수, "통일한국의 이념과 체제", 원광대, 『통일문제논집』, 제16집(1996).

김용현, "김정일후계체제와 북한의 지도인맥", 한국정치연구회 심포지엄(1995).

김인혁, "동북아 안보화경과 한미동맹 50주년", 한국통일전략학회, 『통일전략』, 제3권 제2호(2003).

김일수, "북한의 대미정책과 핵협상: 김정일의 인식을 중심으로", 한국동북아학회, 『한국동북아논총』, 제13권 제3호(2008)

김재철, "전시작전권전환에 따른 한국의 대비방향", 한국동북아학회, 『한국동북아논총』, 제12권 제3호(2007).

김태효, "한반도 유사시 일본의 역할: 미일 신방위협력지침을 중심으로", 『전략논총』, 2001년 제2호.

김현기, "위기관리 개념과 한반도", 『군사논단』, 제31집(2002).

김혁, "한반도 통일에 대한 이론적 접근", 한국정치학회 연례학술대회(1996).

김호준, "중국의 위기관리정책", 『대한정치학회보』, 2000.

김창희, "2・13합의이후 북한의 핵협상과 정책변화", 한국동북아학회, 『한국동북아논총』, 제13권 제4호(2008).

남성욱, "중국, 북한, 러시아와의 통상증대방안과 전망", 한국북방학회 하계학술대회(2004).

노경수, "통일시대의 국가안보전략", 국가안전보장회의, 『한국안전보장논총』, 제23집(1996).

도흥열, "통일후유증 극복방안연구", 한국정신문화연구원보고서(1994).

라미경, 신진, "북한 붕괴시의 중국의 위기관리 외교정책", 충남대학교, 『사회과학연구소 논문집』, 1999.

박대식, "남북한의 행정체제통합의 문제점과 전망", 충남대 통일문제 국제학술대회(1997. 9).

박선원, "북핵위기 해결을 위한 신정부의 전략: 다각적·중층적 해법의 추진", 세종연구소, 『국가전략』, 9권 1호 2003년 봄.

박성철, "남북한 통일방안 조율 가능성에 관한 연구", 연세대 대학원 (2002).

박준용, "전략적 위기관리와 실천적 과제", 『북악경영연구』, 11호(2005).

박용수, "1990년대 이후 남북한 민족주의의 특성: 국가적 위기에 대한 대응을 중심으로", 한국정치학회, 『한국정치학회보』, 41집 1호 (2007 봄).

박홍서, "북핵위기시 중국의 대북 동맹안보딜레마 관리 연구: 대미관계 변화를 주요 동인으로", 한국국제정치학회, 『국제정치논총』, 제46집 1호(2006년 4월).

백광일, "부시 행정부의 대 한반도 안보정책과 한국의 대응전략", 한국공공정책학회, 『공공정책연구』, 통권 제8호(2000. 12).

서보혁, "북한과 미국의 관계정상화에 관한 비교연구", 『국제정치논총』, 제48집 2호(2008).

서준원, "독일연방공화국과 독일민주공화국간의 군통합과정과 남북한 군통합에의 적용가능성", 충남대 통일문제 국제학술대회(1997).

송은희, "북핵을 둘러싼 미·북한관계에 관한 연구", 한국동북아학회, 『한국동북아논총』, 제13권 제4호(2008).

신은희, "북한에 대한이해", 한국북방학회 하계학술대회(2004).

신형육, "남북통일정책 비교, 분석과 통일민주국가의 전망", 경기대 대학원(2001).

안성호, "북한위기에 따른 국가위기관리방안연구", 한국정치학회, 한국국제정치학회, 한국세계지역학회, 『2008건국60주년 기념 공동학술회의: 기획패널 Ⅱ』(2008. 8. 22).

안성호, "한국민주주의위기와 마을공동체민주주의 활성화방안", 충북대, 사회과학연구, 제24권 제2호(2007. 12).

안성호, "보수적 시각의 북한이중성에 대한 이해와 극복방안", 서경대 통일문제연구소, 『통일연구』, 제12권 2호(2007. 12).

안성호, "남북한 협력과 한미공조체제", 서경대 통일문제연구소, 『통일연구』, 제11권 1호(2006).

안성호, "한중일협력과 동북아 평화공동체 확립방안", 『충북대사회과학연구』, 제22권 1호(2005. 6).

안성호, "동북아민주공동체형성의 과제와 전망", 북한연구학회, 『북한연구학회보』, 제9권 1호(2005).

안성호, "동북아민주공동체 형성의 과제와 전망", 북한연구학회, 『북한연구학회보』, 제9권 1호(2005).

안성호, "글로벌민주주의를 통한 동북아 정체성확립에 대한 연구", 한국동북아학회, 『한국동북아논총』, 제10권 제3호(2005).

안성호, "한중일협력과 동북아평화공동체확립 방안", 『충북대사회과학연구』, 제22권 1호(2005. 6).

안성호, "지방자치단체간 갈등관리", 한국자치발전연구원, 월간자치발전, 12월호(2005).

안성호, "로컬거버넌스와 지역경쟁력확보", 한국자치발전연구원, 월간자치발전, 9월호(2004).

안성호, "한반도통일을 위한 과제", 한국북방학회, 『한국북방학회논집』, 제12호(2004).

안성호, "대학신문으로 본 남북통일문제", 민주평통, 전국국공립신문방송사주간교수협의회, 『공동학술세미나』(2003).

안성호, "남북관계에 대한 대학신문의 시각", 한국동북아학회, 『동북아평화번영과 재외한인학술행사』(2003).

안성호, "한반도통일과 NGO역할", 북한연구학회, 『북한연구학회보』, 제6권 2호(2002).

안성호, "남북공조와 북한의 변화전망", 한국동북아학회, 『한국동북아학보』(2002. 12).

안성호, "미국의 부시 신행정부의 대북정책변화와 한북미관계", 한국북방학회, 한국북방학회보(2002) 제9집.

안성호, "남북정상회담이후의 통일문제", 한국북방학회, 『한국북방학회보』(2001) 제8집.

안성호, "이질성 감소와 동질성 증대를 위한 중간적 단계", 『남과북 정치통합연구: 한국학술진흥재단 인문사회과학 분야 중점영역지원 과제보고서』(1999. 11).

안성호, "북한개방화에 대한 연구", 국방대학, 『안보학술논집』, 제6집 1호(1995. 10).

안성호, "민주화와 민족문제 상관관계 연구: 동구 CASE", 『한국정치학회보』, 제29집 1호(1995).

안성호, "북한식 사회주의 변화모델에 대한 연구", 통일원 연구논문(1991).

안성호·이해평, "안보위기극복을 위한 안보거버넌스활용방안", 서경대 통일문제연구소, 『통일연구』, 제12권 1호(2007. 6).

안성호, 장보인, "중국에서 본 남북관계", 『국제관계연구』, 제8집(1995).

유영옥, "남북지방행정체제의 비교연구와 통합방안", 북한연구소, 『북한학보』, 제119집(1995).

유호열, "대북정책 추진의 국내적 기반연구", 북한연구학회 하계학술대회(2001. 7).

윤영미, "전략적 미래 한미동맹과 주한미군 평택재배치의 함의", 한국동북아학회, 『한국동북아논총』, 제13권 제4호(2008).

윤태영, "한미동맹의 대북한 예방외교: 북학문제를 중심으로", 『세계지역연구논총』, 제22집 제1호(2004).

윤태영, "연평해전과 한국의 대북한 위기관리", 『해양전략』, 109호(2000).

윤덕희, "시민사회적 통일문화이념의 체계화 연구", [통일과 북한사회문화(상)](민족통일연, 1995).

윤인진, "남북한 사회 통합 모델의 새로운 모색", 아세아문제연구소(2001).

윤진표, "남북한 군사적 긴장상태의 해소를 위한 방안 연구", 성신여자대학교 사회과학연구소, 『사회과학논총』, 제8집, 1995년.

오일환, "통일을 전후한 독일의 정치교육에 관한 연구", 『한국정치학회보』, 제29권 2호.

이경희, "민족공동체 형성을 위한 사회통일교육방안의 모색", 『신세대논문집96 - Ⅱ』(통일원, 1996).

이내영, 정한울, "동맹의 변환(Transformation)과 한국인의 대미인식: 한미동맹위기론과 대미인식 다원화 현상을 중심으로", 한국국제정치학회, 『국제정치논총』, 제45집 3호(2005).

이미경, "미국의 대북정책변화속에 남북관계전망", 한국정치학회 추계학술대회(2001. 10. 26 - 27).

이영제, "북한의 사회상과 남북한 사회통합 방안 연구", 경희대 대학원(2003).

이상철, "국가위기관리 법령의 문제점과 개선방안", 『육사논문집』, 제55

호(1999).

이상현, "북핵위기와 대북전략: 봉쇄 vs. 포용, 세종연구소", 『국가전략』, 10권 1호 2004년 봄.

이수석, "대북정책과 남북관계분야", 민주평통, 『남북관계전문가 초청연찬회: 대북정책과남북관계』(2009. 3. 13).

이신화, "비전통안보와 동북아지역협력", 한국정치학회, 『한국정치학회보』, 제42집 제2호(2008).

이영재, "위기관리시스템", 『경제경영연구』, 제25집 1호(2001).

이영선·전병재·함재봉, "통일을 위한 남북한주민의식 동질화의 과제", 『성곡논총』 제26집 하권 경제·사회·역사학, 1995.

이온죽, "북한주민의 의식구조와 남북관계의 전망", 『북한 사회의 체제와 생활』(서울: 법문사, 1993).

이우태, 『남북한 평화레짐론』(서울: 푸른길, 2001).

이은득, "위기관리 측면에서 본 서해교전", 안보문제연구소, 『국방연구』, 제45권 제2호, 2002. 12.

이종석·이상현, 『국가위기관리지침작성개요』(서울: 세종연구소, 2002).

이선호, "군, 경찰: 군사, 안보위기관리 엉망", 『한국논단』, 제87집 1호 (1996).

이종열·이영철, "참여정부의 위기관리성과에 대한 평가", 충북대 국가위기관리연구소·인천대 위기관리연구센터 학술세미나, 『국가위기관리체계의 성과와 발전방향』(2007. 6. 14).

이필중·김용휘, "주한미군의 군사력 변화와 한국의 군사력 건설: 한국의 국방예산 증가율 및 그 추이를 중심으로", 『국제정치논총』, 제47집 1호(2007).

이창헌, "북미 베를린 협상타결 및 페리보고서 이후의 과제와 남북한관계전망", 한국정치·정치정보학회, 『정치·정보연구』, 제3권 1호 (2000).

이헌경, "남북연합형성과정에서 미국의 역할과 대미전략", 한국통일전략학회, 『통일전략』, 제2권 제1호(2002. 7).

임채완·전형권, "6.15 남북정상회담이 남북한 및 국제사회에 미친 영향", 한국동북아학회, 『한국 동북아논총』, 제17집(2000).

장윤수, "동북아평화체제를 위한 북한위기관리", 『한국동북아논총』, 제

16집(2000).

장지량, "국가안보와 위기관리", 『군사논단』, 제33집(2002).

장의관, "미국 MD외교의 명암", 아태평화포럼, 통권 제52호(2001년 8월).

정규섭, "남북정상회담 이후 새로운 통일외교정책의 구상", 북한연구학
　　　회 하계학술대회(2001. 7).

정세진, "미국의 MD추진과 한국 정부의 대응", 『북한연구학회보』, 제5
　　　권 1호(2001).

정욱식, "북한핵파문과 2003년 한반도위기", 충북연대, 『통일아카데미』
　　　(2003).

정옥임, "한반도안보위기 방지를 위한 주변국외교", 국회위기관리포럼,
　　　『위기관리포럼창립세미나』(2008. 6. 17).

정용길, "통일국가의 정치제도", 국가정보연수원, 『바람직한 통일국가
　　　모형』(1997. 8).

정찬권, "국가위기관리체계 변화의 결정요인에 관한 연구", 『군사논단』,
　　　제53집(2008).

정춘일, "국가 위기관리체계 정비 방안 연구", 국방연구원, 보고서(1998).

정해구, "남북한 정치 통합 연구 - 남북한 통일정책 및 통일방안의 정치
　　　통합 구상을 중심으로 - ", 아세아문제연구소(2002).

정희태, "북핵위기 사례를 통해 본 북한의 위기관리연구: 제1, 2차 북핵위
　　　기를 중심으로", 한국정치정보학회, 『정치정부연구』, 제10긴 1호
　　　(2007).

조순구, "핵무기해체사례와 북한핵의 평화적 관리방안", 『국제정치논총』,
　　　제45집 3호(2005).

조성렬, "북한체제의 전환가능성과 한국의 대응방향", 평화재단, 『국제
　　　심포지엄발표문』(2007).

진영재, 이동윤, "정통성 위기의 다차원성과 정치변동", 한국국제정치학
　　　회, 『국제정치논총』, 제42집 1호(2002).

최성, "김정일 정권의 대남정책분석 및 올바른 대북정책의 방향", 한국
　　　동북아학회 창립 세미나(1996).

최진욱, "통일시대를 대비한 새로운 권력구조의 모색", 『한국정치학회
　　　보』 제29집 2호(1995).

최관규, "북핵문제와 한 - 미 관계", 『한국북방학회논집』 한국북방학회,

제11호(2004년).

최운도, "일본의 위기관리와 미, 일 위기관리체제 - 신가이드라인과 유
    사법제를 중심으로 - ",『동서연구』, 2005.

최한수,『대통령, 수상, 준대통령제』(서울, 인간사랑, 2007).

한용섭, "한반도 위기사태 유형과 효과적 위기관리",『전략논총』, 1999
    년 제3호(통권 제17호).

허남성, "북한급변사태와 대비방안", 국회위기관리 포럼,「위기관리포럼
    창립세미나」(2008. 6. 17).

허문영, "북핵문제본질과 국제공조론 보완방안", 국가안보전략연구소,『국
    제문제연구』, 제8권 2호(2008 여름).

허태회 · 윤황, "동북아 평화협력체제의 조건 · 과제와 방향 · 전망: 6자
    회담의 합의근거를 중심으로", 한국동북아학회,『한국동북아논총』,
    제12권 제4호(2007).

홍규덕, "국가위기관리체계의 평가와 발전방향",『군사논단』, 제40집
    (2004).

홍성후, "게임이론을 통해본 북핵6자회담연구", 한국동북아학회,『한국
    동북아논총』, 제14권 제1호(2009)

황진환, "전망이론을 통해 본 북한의 핵정책 변화: 제1, 2차 북한 핵위
    기의 분석", 한국국제정치학회,『국제정치논총』, 제46집 1호
    (2006년 4월).

황진환, "북한의 대량살상무기 개발과 한국의 위기관리 대책", 한국국
    제정치학회,『국제정치논총』, 제39집 2호(1999).

3. 번역자료

Baylis, John, 남북체제통합 남북체제 남북체제통합방안 통일방안 통일
    정책/하영선 역. 2『세계정치론』(서울: 을유출판사, 2003).

Chomsky, Noam, *Rouge States: The Rule of Force in World Affairs*(Cambridge:
    Pluto Press, 2000), 장영준 역,『불량국가』(서울: 두레, 2001).

David Albright and Kevin O'Neill(Editors), Solving the North Korean
    Nuclear Puzzle, 한국어 번역본(박긍식 외 옮김),『북한의 핵 수
    수께끼 풀기』(서울: 동양문화, 2003).

IAEA, The Evolution of IAEA Safeguards, International Nuclear Verification Series No.2, 한국어 번역본 "IAEA 안전조치의 발전"(1995. 2), 한국원자력연구, KAERI/TS - 80/99.

Peter J. Hayes, 『핵딜레마: 한반도 핵정책의 뿌리와 전개과정』, 고대승/고경은 옮김(서울: 한울, 1993).

Selig S. Harrison, Korean Endgame: A strategy for reunification and U.S. disengagement, 한국어 번역본(이홍동 외 옮김), 『코리안 엔드게임』(서울: 삼인, 2003).

Zbigniew Brzezinski, 『거대한 체스판 - 21세기 미국의 세계전략과 유라시아』, 김명섭 옮김(서울: 삼인, 2000).

IAEA, The Evolution of IAEA Safeguards, International Nuclear Verification Series No.2, 한국어 번역본 "IAEA 안전조치의 발전"(1995. 2), 한국원자력연구, KAERI/TS - 80/99.

OECD통계연보(2005. 3. 15).

아시오 나오히로 엮음: 이계황 외 역, 『새로쓴 일본사』(서울: 창비, 2003).

중앙일보, 『두 개의 코리아: 북한국과 남조선』, Oberdorfer, Don(1998). The Two Koreas: A Contemporary History.

한국원자력연구소(KAERI, TCNC), 『북한 핵 문제와 경수로 사업』, 북핵기술총서 I(1999), II(2000), III(2002) KAERI/AR - 552/99.

4. 기타자료

국가정보원, 『각국의 통일체제전환사례집』(2003).

국가정보원, 『북한법령집』(2003).

국방부, 『국방백서2008』(2009).

대외경제정책연구원, "동북아 정세와 한반도통일"(1995. 8).

민족통일연구원, "남북한 정치공동체 형성방안연구"(1993).

민족통일연구원, "통일한국의 정당제도와 선거제도"(1994).

민족통일연구원, "통일이후 국민통합방안연구"(1994).

민족통일연구원, 『김정일 정권의 향방』(1995).

민족통일연구원, 『통일과정에서 민간단체의 역할』(1996. 10).

외교안보연구원, 『2009 국제정세전망』(2008).

외교통상부, 『2009외교백서』(2009)

체제통합연구회, 『한반도의평화통일』(2005).

통일원, 『남북 학술교류 발표논문집』(서울, 1994).

통일원, 『통독2주년 보고서』(서울, 1992).

통일교육원, 『통일문답』(2006).

통일교육원, 『21c 국제질서의 변화와 한반도』(2005).

통일교육원, 『남북관계발전의 법적이해』(2006).

통일교육원, 『통일문답』(2006).

통일문제연구협의회, 『통문협동향과논단』(2003 - 2005).

통일부 통일교육원, 『북한이해2008』(2008).

통일부, 『통일백서』(서울: 통일부, 2007).

통일부, 『통일속보』, 1999 - 2003.

통일부, 『통일문제이해』(통일교육원, 2006).

통일부, 『북한이해』(통일교육원, 2006).

통일부, 『통일문답』(2005).

통일부, "남북정상회담 1주년 해설자료: 평화와 협력의 시대로"(2001. 5).

통일부, 『통일문제』(통일교육원, 2006).

통일부, "통일시 남북한 토지문제의 전망과 정책과제", 『'94 북한 통일 연구논문집, 3』(1994).

통일연구원, 『이명박 정부 대북정책 비전 및 추진방향』(2008).

통일연구원, 『북한인권백서』(2006).

통일연구원, 『통일정책연구』(2003 - 2008).

통일연구원, 『북한인권백서』(2006).

한국원자력연구소(KAERI, TCNC), 『북한 핵 문제와 경수로 사업』, 북 핵기술총서 1 - 3(2002).

한림과학원 편, 『남북한통합 그 접근방법과 영역』(서울: 소화, 1995).

한백연구실, "통일한국이 풀어야 할 숙제: 정치", 『포럼21』(1993).

한국국방연구원, 『국방백서95 - 96』(1995).

한국정치연구회, 『정치비평』(서울: 아세아문화사, 1997).

한국정치학회 편, 『한국정치의 재성찰』(서울: 한울, 1997).

한국정치학회, 『통일국가의 비전』(1994).

≪중앙일보≫, 2005.1.1 - 2009.5.25
≪조선일보≫, 2005.3.1 - 2009.5.25
≪한겨레신문≫, 2005.3.19 - 2009.5.25
≪경향신문≫, ≪동아일보≫, ≪한국일보≫, ≪문화일보≫,
≪한국경제신문≫, ≪매일경제신문≫

II 국외자료

1. 영문단행본

Armingeon, Klaus, Michelle Beyeler(ed.), *The OECD and European Welfare States*(Cheltenham, UK: Edward Elgar, 2004).

Bhagwati, Jagdish, *In defense of Globalization*(Oxford University press, 2004).

Bohle, Dorothee, "The EU and Eastern Europe: Failing the Test as a Better World Power", in Leo Panitch and Colin Leys(ed.), *Socialist Register 2005: the Empire Reloaded*(London: The Merlin press, 2004).

Baker, Gideon and David Chandler(ed.), *Global civil Society: Contested Futures*. London: Roulcdge, 2005.

Chandler, David, "Constructing global civil society", in Gideon Baker and David Chandler(ed.) *Global civil society: Contested Futures*(London: Routledge, 2005).

Cline, Ray, *World Power Assessment*(2001), George Thomas Kurian(ed.), *The Illustrated Book of World Rankings*(N.Y.: M.E. Sharpe, 2001).

Diamond, Larry, *Developing Democracy: Toward Consolidation*. Baltimore: The Johns hopkins Univ. press, 1999.

Dinan, Desmond, *Europe Recast: A History of European Union*(London: Lynne Rienner Publishers, 2004).

Dryzek, J. S., *Deliberative Democracy and Beyond*(Oxford University press, 2000).

Edmundson, William A., *An Introduction to Rights*(N.Y.: cambridge Univ.

press, 2004).

Etzioni, Amitai. *New Communitarian Thinking: Persons, virtues, Institutions, and Communities(Charlottesville: University of Press of virginia, 1995).*

Goss, Sue. *Making Local Governance Work(N.Y.:* Palgrave, 2001).

Goodwin, M & Painter, J(1996). Local Governance: the Crises of Fordism and the Changing Geographies of Regulation. *Transactions of the Institute British Geographers.* 21: 635 – 48.

Goodin, Robert E., "Input democracy", in Fredrik Engelstad and Øyvind Østerud(ed.), *Power and Democracy: Critical Interventions*(Hants, U.K.: Ashgate publishing, 2004).

Goddard, C. Roe, Patrick Cronin, Kishore C. Dash(eds.), *International Political Economy: State – market relations in a changing global order*(Boulder, Colo.: Lynne Rienner, 2003).

Guibernau, Montserrat, *Nations without States: Political Communities in a Global Age*(Cambridge: Polity Press, 1999).

Harrison, Graham, Introduction: Globalisation, Governance and Development, in *New Political Economy, Vol.9, No.2,* June 2004.

Held, David, *Global Covenant: The Social Democratic Alternative to the Washington Consensus*(Cambridge, UK: Polity, 2004).

Heartfield, James, "Contextualising the anti – capitalism movement in global civil society", in Gideon baker and David Chandler(ed.), *Global Civil Society: Contested futures*(London: Routledge, 2005).

Huntington, S., *The Third wave: Democratization in the Late Twentieth century*(University of Oklahomapress, 1991).

Hutchings, Kimberly, "Global civil society: thinking politics and progress", in Gideon baker and David Chandler(ed.), *Global civil society: Contested Futures*(London: Routledge, 2005).

John, Peter(2001), *Local Governance in Western Europe.* SAGE Publications: London.

Kooiman, Jan(1993a). *Social – Political Governance: Introduction, in Jan Kooiman(ed.). Modern Governance: New Government – Society Interactions,* London: Sage Publications: 1 – 6.

Kooiman, Jan(1993b). Governance and Governability: Using Complexity, Dynamics and Diversity, in Jan Kooiman(ed.). *Modern Governance: New Government — Society Interactions,* London: Sage Publications: 35 − 48.

Koolman, J(ed)(1994). *Modern Governance: New Government — Society Interactions.* London: Sage.

Katada, Saori N., Hanns W. Maull, Takashi Inoguchi(ed.), *Global Governance: Germany and Japan in the International System*(hants, U.K.: Ashgate Publishing Limited, 2004).

Keane, John, "Cosmocracy and global civil society", in Gideon baker and David Chandler(ed.), *Global civil society: Contested Futures*(London: Routledge, 2005).

King, Roger& Gavin Kendall, *The State, Democracy and Globalization*(N.Y.: Palgrave Macmillan, 2004).

Kim, Samuel S. & Tai Hwan Lee, "Chines — North Korean Relations: managing Asymmetrical Interdependence", in Samuel S. Kim and Tai Hwan Lee, eds., North Korean and Northeast Asia(N.Y.: Rowman & Little field Publishers, Inc., 2002).

Knoke, David, *Changing organizations: Business networks in the new Political Economy*(Boulder, Colo.: Westview press, 2001).

Kurian, George Thomas(ed.), *The Illustrated Book of World Rankings*(N.Y.: M.E. Sharpe, 2001).

Jacob, Philip E. and James V. Toscano(eds.), *The Integration of Political Communities*(Philadelphia: Lippincott, 1964).

Larner, Wendy, William Walters(ed.), *Global Governmentality*(N.Y.: Routledge, 2004).

Lasker, R. D., Weiss, E. S. and Miller, R.(2001). Partnership Synergy: A Practical framework for studying and strengthening the collaborative advantage. *The Milbank Quarterly.* 79(2).

Leach, Robert & Janie Percy — Smith, *Local Governance in Britain(N.Y.: Palgrave, 2001).*

Leach, S., J. Stewart & Kieron Walsh(1994). *The Changing Organization and Management of Local Government.* London: Macmillan.

Lindlberg, Leon N. and Stuart A. Scheingold(eds.), *Regional Integration: Theory and Research*(Harvard Univ. Press, 1971).

Lijphart, Arend, *Democracy in Plural Societies*(Yale Univ. Press, 1977).

Lipset, Seymour Martin, The democratic century(The Univ. of Oklahoma press, 2004).

McFarland, Andrew S., *Neopluralism: The Evolution of Political Process theory*(Univ. Press of Kansas, 2004).

Michael J. Mazarr, North Korea and The Bomb(Scranton: Macmillian, 1995).

Michie, Jonathanand John Grieve Smith, *Global instability: the political economy of world economic governance*(london: Routledge, 1999).

Owen, John, "Human Rights, Peace, and Power", in Robert Fatton Jr. & R. K. Ramazani(ed.), *The Future of Liberal Democracy*(N.Y.: Palgrave macmillan, 2004).

Østerud, Øyvind, "Democracy beyond Borders?: The European Case", in Fredrik Engelstad and Øyvind Østerud(ed.), *Power and Democracy: Critical Interventions*(Hants, U.K.: Ashgate publishing, 2004).

Pedersen, Roy N., *One Europe: 100 Nations*(UK: channel view books, 1992).

Perry, William J., *Review of United States policy toward North Korea: Findings and Recommendations*(Oct. 12, 1999).

Piano, Ailiand Arch Puddington(ed.), *freedom in the world 2004: the Annual Survey of Political Rights & Civil Liberties*(N.Y.: Freedom House, 2004).

Rapley, John, *Globalization and Inequality: Neoliberalism's Downward Spiral*(London: Lynne Rienner Publishers, 2004).

Rein, Martin and Winfried Schmähl, *Rethinking the welfare state: the political economy of pension reform*(Cheltenham, U.K., Northampton, MA: Edward Elgar, 2004).

Sindzingre, Alice, "Truth, Efficiency and Multilateral institutions: A Political Economy of development Economics", in *New Political*

Economy, Vol.9, No.2, June 2004.

Sigal, Leon., Disarming Strangers: Nuclear Diplomacy with North Korea(Princeton, New Jersey: Princeton University Press, 1999).

Stoker, Gerry, Public — Private Partnership and Urban Governance in J. Pierre(ed). *Partners in Governance: European and American Experience-*(London: Macmillan, 1998).

Thompson, Michael, "Technology and Democracy: A Cultural Theory Approach", in Fredrik Engelstad and Øyvind Østerud(ed.), *Power and Democracy: Critical Interventions*(Hants, U.K.: Ashgate publishing, 2004).

Tilly, Charles, "Regimes and Contention", in Fredrik Engelstad and Øyvind Østerud(ed.), *Power and Democracy: Critical Interventions-*(Hants, U.K.: Ashgate publishing, 2004).

Valverde, Marianaand Michael Mopas, "Insecurity and the dream of targeted governance", in Wendy larner, William Walters(ed.), *Global governmentality: Governing international spaces*(London: Routledge, 2004).

Weingast, Barry R., "Constructing Self — Enforcing Democracy in Spain", in Joe A. Oppenheimer, Karol Edward Soltan(ed.), *Politics from Anarchy to democracy: rational Choice in Political Science*(Stanford Univ. press, 2004).

Williamson, John(ed.), *The Political economy of Policy reform*(Washington, D.C.: Institute for internationaleconomics, 1994).

Wolf, Charles Jr. and Norman Levin, *Modernizing the North Korean System: objectives, methods, and Application*(Rand, Center for Asia pacific Policy, 2008).

Woodward, Richard, "the Organisation for Economic Cooperation and Development", in *New Political Economy*, Vol.9, No.1, March 2004.

Womack, Brantly, "The United States, Human Rights, and Moral Autonomy the Post — Cold War World", in Robert Fatton Jr. & R. K. Ramazani(ed.), *The Future of Liberal Democracy*(N.Y.: Palgrave macmillan, 2004).

Woodward, Richard, "The Organisation for economic Cooperation and Development", in *New Political Economy, Vol.9, No.1*, March 2004.

World Bank, *World Development Report 1999/2000: Entering the 21st Century*(New York: Oxford Univ, Press, 2000).

2. 영문논문

Ahn Sungho, "A Study on Rthnicity in the Baltics after EU membership", 한국동유럽발칸학회, 『동유럽발칸학』, 제6권 2호(2004).

Ahn Sungho, "A Study on EU Integration and Ethnicity in the Baltics", The 4th international Academic Conference of KACEES, The Korean Association of Central & East European Studies/Tartu Univ., Estonia(2004).

Bellin, Eva, "Contingent Democrats: Industrialists, Labor, and Demo-cratization in Late – Developing Countries", *World Politics*, Vol.52, No.2(Jan. 2000).

Beardsley, Kyle C., David M. Quinn, Bidisha Biswas, & Jonathan Wilkenfeld, "Mediation Style and Crisis Outcomes", *Journal of Conflict Resolution,* vol.50, 2006.

Bluth, Christoph, "Between a Rock and an Incomprehensible Place: The United States and the Second North Korean Nuclear Crisis", KIDA, Vol. ⅩⅦ No.2(4), 2005 Fall.

Bleiker, Roland, "Global Systemic Change, Spatial Mediation, and Unification Dynamics in Korea and Germany", *Asian Perspective,* Vol.16, No.2, Fall – Winter 1992.

Boettcher, William A., "Military Intervention Decisions Regarding Humanitarian Crises: Framing Induced Risk Behavior", *Journal of Conflict Resolution,* vol.48, 2004.

Brown, Michael E., Cote Owen R. Jr., Sean M. Lynn – Jones, and Steven E. miller, *Going Nuclear: Nuclear proliferation and International*

Security in the 21st Century(cambridge. MA: The MIT Press, 2007).

Burns, Peter(2002). The Intergovernmental Regime and Public Policy in Hartford, Connecticut. *Journal of Urban Affairs*. 24(1).

Caprioli, Mary & Mark A. Boyer, "Gender, violence, and International Crisis, *Journal of Conflict Resolution*" vol.45, 2001.

Carment, David & Patrick James, "Internal Constraints and Interstate Ethnic Conflict: Toward a Crisis — Based Assessment of Irredentism", *Journal of Conflict Resolution,* vol.39, 1995.

Caroline Glendinnning, Martin Powel and Kirstein Rummery edited.(2002). *Partnerships, New Labour and the Governance of Welfare*, The Policy Press.

Carpenter, Ted Galen, "Great Expectations: Washington, Beijing and the North Korean Nuclear Crisis", KIDA, Vol. ⅩⅧ, No.4(1), 2006 Winter.

Chan, Steve & Davis B. Bobrow, "Horse Races, Security Markets, and Foreign Relations: Some Implications and Evidence for Crisis Prediction", *Journal of Conflict Resolution,* vol.25, 1981.

Chandler, David. "Constructing global civil society", in Gideon Baker and David Chandler(ed.) *Global civil society: Contested Futures.* London: Routledge, 2005, pp.148 161.

Cloke, Paul, Milbourne, Paul and Widdowfield, Rebekah(2000). Partnership and Policy Networks in Rural Local Governanc. *Public Administration.* 78(1).

Cossa, Ralph A., "US — DPRK Nuclear Stand — off: Anatomy of a Crisis", KIDA, Vol. ⅩⅤ, No.1(1), 2003 Spring.

DeHoog, Ruth Hoogland, David Lowery, William E. Lyons(1990). Citizen Satisfaction with Local Governance: A Test of Individual, Jurisdictional, and City — Specific Explanations. *Journal of Politics.* 52(3). August.

Deutsch, Karl, *Nationalism and Social Communication*(Cambridge, Mass.: Harvard Univ. Press, 1996).

Dujarric, Robert, "North Korea: Risks and Rewards of Engagement",

Journal of International Affairs, No.2, Vol.54(2001 Spring).

Etzioni, Amitai. "The Responsive Community: A Communitarian Perspective", American Sociological Review, vol.61, no.1(Feb 1996).

Engelstad, Fredrik, "Democracy at Work?" in Fredrik Engelstad and Øyvind Østerud(ed.), *Power and Democracy: Critical Interventions*(Hants, U.K.: Ashgate publishing, 2004).

Falk, Richard, "The changing role of global civil society", in Gideon baker and David Chandler(ed.), *Global civil society: Contested Futures*- (London: Routledge, 2005).

Gilbert, Arthur N. & Paul Gordon Lauren, "Crisis Management: An Assessment and Critique", *Journal of Conflict Resolution,* vol.24, 1980.

Green, Michael, "Asia's Forgotten Crisis", *Foreign Affairs,* Vol.86, No.6, 2007.

Guisinger, Alexandra & Alastair Smith, "Honest Threats: The Interaction of Reputation and Political Institutions in International Crises", *Journal of Conflict Resolution,* vol.46, 2002.

Hewitt, J. Joseph, "Dyadic Processes and International Crises", *Journal of Conflict Resolution,* vol.47, 2003.

Hirst, Paul, "What is Globalization?" in Fredrik Engelstad and Øyvind Østerud(ed.), *Power and Democracy: Critical Interventions*(Hants, U.K.: Ashgate publishing, 2004).

Johns, Leslie, "Knowing the Unknown: Executive Evaluation and International Crisis Outcomes", *Journal of Conflict Resolution,* vol.50, 2006.

Kagan, Frederick W., "The U.S. Military's Manpower Crisis", *Foreign Affairs,* Vol.85, No.4, 2006.

Kim, Jungsup, "The Security Dilemma: Nuclear and Missile Crisis on the Korean Peninsula", KIDA, Vol. X Ⅷ, No.3(4), 2006 Fall.

Lai, Brian, "The Effects of Different Types of Military Mobilization on the Outcome of International Crises", *Journal of Conflict Resolution,* vol.48, 2004.

Marc Lanteigne, "Shadow dancing: Seeking Cooperation on the North Korean Problem", *Pacific Focus,* Vol. X Ⅳ, No.1(Spring 1999).

Moller, Bjorn, "Non‒Offensive Defence and the Korean Peninsula", *The Korean Journal of International Studies*, vol.26, No.1(Summer, 1995).

Peters, B. G. and J. Pierre(2000). *Governance, Politics and the State*. NY: St. Martin's Press.

Peters, B. G.(2000). "Governance and Public Administration", in John Pierre(ed.). *Debating Governance*. Oxford: Oxford University Press.

Potter, Philip B. K., "Does Experience Matter?: American Presidential Experience, Age, and International Conflict", *Journal of Conflict Resolution*, vol.51, 2007.

Rhodes, R. A. W.(1997). *Understanding Governance: Policy Networks, Governance and Accountability*. Buckingham: Open University Press.

Rhodes, R. A. W.(2000), "Governance and Public Administration", in John Pierre(ed.), *Debating Governance*, Oxford: Oxford University Press.

Rieff, David, "Humanitarianism in Crisis", *Foreign Affairs*, Vol.81, No.6, 2002.

Rosenau, James, "Strong Demand, Huge Supply: Governance in an Emergent Epoch", In Paper of Conference entitled *Multi‒Level Governance: Interdisiplinary Perspectives*(The University of Sheffield, 2001).

Rothstein, Bo, "Social capital in a Working democracy: The Causal Mechanisms", in Fredrik Engelstad and Øyvind Østerud(ed.), *Power and Democracy: Critical Interventions*(Hants, U.K.: Ashgate publishing, 2004).

Seong, Chaiki, "A Decade of Economics Crisis in North Korea: Impacts on the Military", KIDA PRESS(3), 2003.

Steiner, Jurg, "The Consociationalism and Byond", *Comparative Politics*, vol.13(April 1981).

The Research Institute for National Unification, "Prospects for Change in North Korea", *The Korean Journal of National Unification*, 3(1994).

Taylor, Charles. "*The Dynamics of Democratic Exclusion*", *Journal of Democracy*, *vol.9, no.4(Oct, 1998)*.

Taylor, Charles. *"Two Theories of Modernity"*, *Hastings Center Report*, *vol.25, no.2(March — April 1995)*.

Teisman, Geert, R. & Klijn, Eric — Hans, Partnership Arrangements: Governmental Rhetoric or Governance Scheme? *Public Administration Review*. 62(2), 2002.

Wang, Kevin H., "Presidential Responses to Foreign Policy Crises: Rational Choice and Domestic Politics", *Journal of Conflict Resolution* vol.40, 1996.

Weingast, Barry R., "Constructing Self — Enforcing Democracy in Spain", in Joe A. Oppenheimer, Karol Edward Soltan(ed.), *Politics from Anarchy to democracy: rational Choice in Political Science*(Stanford Univ. press, 2004).

Welch, David A., "Crisis Decision Making Reconsidered", *Journal of Conflict Resolution,* vol.33, 1989.

Wilkenfeld, Jonathan, Kathleen Young, victor Asal & David Quinn, "International Crises: Cross — National and Experimental Perspectives", *Journal of Conflict Resolution,* vol.47, 2003.

Womack, Brantly, "The United States, Human Rights, and Moral Autonomy the Post — Cold War World", in Robert Fatton Jr. & R. K. Ramazani(ed.), *The Future of Liberal Democracy*(N.Y.: Palgrave macmillan, 2004).

Woodward, Richard, "The Organisation for economic Cooperation and Development", in *New Political Economy*, *Vol.9, No.1*, March 2004.

3. 기타자료

Arms Control Today, "FactFile", 2001 — 2004.

Asian Wall Street Journal, 2004.

Chicago Tribunne, January 21, 2005, p.1 & 5.

Global Corruption Report 2006.

A. T. Kearney/Foreign Policy magazine Globalization Index 2006.

Department of Public Information, *UN2006*.

CIA. *The WorldFactbook*(2008. 2).

Department of Public Information, *UN2007.*

IBM, Institute of Business Value 조사자료(2005. 4. 6. 발표).

IMD, *The World Competitiveness yearbook*(2007).

IMD, World Competitiveness center – ranking 2006.

International Defense Review, 2001 – 2003.

International Institute for Stratigic Studies, *The Military Balance*, 1997 – 2002(London: I.I.S.S.)

Julia Ching, Chinese Religions. Orbis. 1993.

OECD/DAC(Development Assistance Committee) *Development Report*, various issues.

The Wall Street Journal, 2006 – 2009.

Transparency International Annual Report 2007 – 2009

The New York Times, 2003 – 2009.

The Washington Post, 2003 – 2009.

中國共産靑年團, 「中國靑年報」, 2005년 3월 17일.

讀賣, "北朝鮮が核計劃の申告書提出, 米はテロ指定解除に着手(북한이 핵계획 신고서 제출, 미국은 테러지정해제에 착수)", 2008년 6월 26일(전자판).

4. 북한자료

김일성, 『김일성 저작 선집』, 제5권, 평양 출판사, 1967.

김정일, "주체사상교양에서 제기되는 몇가지 문제에 대하여"(당중앙위 책임일군들과 한 담화, 1986년 7월 15일).

김정일, 『친애하는 지도자 김정일 동지의 문헌집』, 평양: 조선로동당 출판사, 1992.

김혜연, 『민족, 민족주의론의 주체적 전개』, 평양 출판사, 2002.

≪노동신문≫, 2005. 1. 1 – 2009. 5. 25

리상철, 『철학론문집』, 과학백과사전종합 출판사, 1992.

조선로동당, 『혁명의 주체』, 평양: 조선로동당 출판사, 1998.

조선로동당, 『사회정치 생명체』, 평양: 조선로동당 출판사, 1994.

≪조선신보≫, 2005. 1. 2.
≪조선신보≫, 2005. 1. 2 - 2009. 5. 25.

Ⅲ 인터넷자료

http://www.usinfo.state.gov
Boucher, Richard, *US State Department Noon Briefing*
http://enews.mcot.net/view
http://100.naver.com
http://ed.sjtu.edu.cn/rank/2004 Academic Ranking of world Universities2004
http://www.atkearney.com
http://www.asiafoundation.org
http://www.apec.org/apec.html
http://www.asem3.go.kr/english
http://www.chosun.com
http://www.cjcity.net
http://www.cd2007.go.kr
http://www.commoncause.org
http://www.cpib.gov.sg
http://www.eu.org
http://www.europarl.eu.int
http://www.Foreignpolicy.com/story
http://www.fordemocracy.net/timeline.shtml
http://www.defenselink.mil/news 미국방부 웹사이트
http://www.fao.org/UNFAO
http://www.hani.co.kr
http://www.kotra.or.kr
http://www.mofat.go.kr
http://www.nato.org
http://www.santiago2005.org

http://www.transparency.org/activities
http://www.lwv.org/join/global
http://www.org/aboutun
http://www.oecd.org/statsportal
http://www.wfp.org
http://www.unfccc.int
http://www.wto.org
http://www.reuters.com
http://www.yonhapnews.co.kr

색 인

안성호 安成灠 ─────

▌약력

1954년 2월 27일 서울 생

▸ 학력

1974. 2.   서울 중앙고등학교 졸업
1979. 2.   한양대학교 정치외교학과(정치학사)
1983. 2.   한양대학교 정치외교학과 대학원(정치학석사)
1988. 2.   한양대학교 정치외교학과 대학원(정치학박사)

▸ 연구경력

1985. 9 - 89. 2.   한양대학교 강사
1986. 3 - 89. 2.   전북대학교, 숭실대학교 강사
1987. 3 - 89. 2.   서울교육대학교 강사
1989. 3 - 93. 2.   충북대학교 정치외교학과 조교수
1993. 3 - 98. 3.   충북대학교 정치외교학과 부교수
1998. 4 - 현재   충북대학교 정치외교학과 정교수
1994. 3 - 1996. 2.   충북대학교 정외과 학과장
1995. 3 - 1997. 2.   충북대학교 국제관계연구소 소장
1997. 3 - 1999. 2.   행정대학원 선임교수 주임
2002. 4 - 2004. 4.   충북대 신문사 주간
1993. 6 - 8.   미국 Univ. of California at Irvine 교환교수
1996 - 1998   중국길림대학 조선한국연구소 객좌교수
1999. 12 - 2000. 12.   미국 Univ. of Missouri at Columbia 교환교수

▸ 사회활동

한국방송협회 충청권 15대 대통령선거후보 초청
                 토론회 패널 토론자 참가(1997. 10. 20 - 11. 3.)
국가정보대학원 강사(1998. 3 - 2004.)
전국 국공립대학 신문방송주간협의회 회장(2002. 8 - 2003. 8.)
KBS 라디오 통일광장 출연교수(2002. 4 - 9.)
청주MBC 17대 총선 후보자 토론회 사회(2004. 3 - 4.)
17대 총선 충북선거관리위원회 후보자토론회 사회(2004. 4.)
2030청주시장기발전계획 연구책임자(2005 - 6)
531지방선거 한나라당 충북지역 공천심사위원(2006)
제32대 충북지사 직무인수위원회 행정분과 간사(2006. 6.)
뉴라이트안보연합연구소장(2007 - 현재)
충북자치연수원 논문지도교수(2006 - 현재)
청주시시민공약평가단단장(2006 - 현재)
제17대 대통령선거 한나라당 이명박 예비후보 대외 협력 특별보좌역(2007. 6.)
제17대 대통령선거 한나라당 충북도당 정책자문교수단 상임대표(2007. 10.)

제17대 대통령선거 한나라당 일류국가비전위원회 국제과학기업도시교수자문위원(2007. 10.)
제17대 대통령선거 한나라당 국방정책자문 특별위원회 안보위원(2007. 11.)
제17대 대통령직 인수위원회 정무위 상임자문위원(2008)
충북 오창차세대가속기센터건립추진위원회 공동위원장(2008)
외교통상부 정책자문위원 위촉(2008. 8 - 현재)
민주화운동심의위원회 위원 임명(2008. 10. 27 - 현재)
행정안전부 지방자치단체합동평가단평가위원 위촉(2009. 3 - 현재)
국가보훈처 정책자문위원 위촉(2009. 5 - 현재)

▶ 상훈
1996.   충북대 우수학술상
2005.   충북대 우수교원상

▶ 학회활동
한국정치학회(평생회원) 이사(1987 - 현재)
한국 세계지역연구협의회(1988 - 현재)
한국국민윤리학회(1989 - 현재)
한국국제정치학회(평생회원) 이사(1990 - 현재)
한국정치외교사학회(1994 - 현재)
한국 동북아학회(평생회원) 이사(1996 - 현재)
세계정치학회(IPSA) 정회원(1996 - 현재)
한국 동아시아연구회(1995 - 현재)
한국북한연구학회 이사(1997 - 2005)
한국 미래정치연구회(1997 - 현재)
한국지방자치학회(1996 - 현재)
유럽학회(평생회원)(1997 - 현재)
동구발칸학회(평생회원) 부회장(2005 - 2006)
미국정치학회(APSA) 정회원(2000 - 2004)
한국북방학회 회장(2004 - 2005)

주요논문 및 저서

▸ 저서

『중동구발칸의 글로벌 정치경제연구』(파주: 한국학술정보(주), 2009).
『범세계민주화비교론』(서울: 교육과학사, 1994).
『세계화, 지방화, 그리고 민주화』 편저(서울: 교육과학사, 1996).
『신북한학개론』 공저(서울: 을유문화사, 1999).
『안교수의 통일이야기』(서울: 교육과학사, 2001).
『동유럽민족문제연구』 편저(청주: 충북대출판사, 2002).
『신정치학원론』(서울: 교육과학사, 2005).
『지역경쟁력강화와 로컬거버넌스』 공저(서울: 대영문화사, 2006).

▸ 보고서

청주시, 『2030청주시 장기발전계획』 연구책임자(2006).
한국학술진흥재단, 『지역경쟁력강화와 로칼거버넌스연구』 공동연구(2005).
한국학술진흥재단, 『남북한통합』 연구책임자(1996 - 1998).
한국학술진흥재단, 『남북한교류』 연구책임자(1998 - 1999).
한국학술진흥재단, 『동유럽민족문제연구』 연구책임자(1997 - 1998).

▸ 논문

1. "독립국가연합의 민주화과정에 대한 비교연구: 중앙아시아 5개국을 중심으로", 한국동북아학회, 『한국동북아논총』, 제13권 제3호(2008).
2. "한국민주주의 위기와 마을공동체 민주주의 활성화 방안", 충북대 사회과학연구소, 『사회과학연구』 제24권 제2호(2007).
3. "531지방자치선거: 충북광역자치단체장 선거분석", 충북대 사회과학연구소, 『사회과학연구』 제24권 제1호(2007).
4. "루마니아와 불가리아의 EU가입 이후의 변화에 대한 정치경제학적인 비교연구", 한국외국어대 동유럽발칸연구소, 『동유럽연구』 제19권(2007).
5. "안보위기극복을 위한 안보거버넌스 활용방안(공저)", 서경대 통일문제연구소, 『통일연구』, 제12권 제1호(2007).
6. "남북한 협력과 한민공조체제", 서경대, 『통일연구』 제11권 제1호(2006).
7. "지역경쟁력강화를 위한 로칼거버넌스모델형성", 한국비교정부학회, 『한국비교정부학보』(2006).
8. "A Study on Ukraine President Election and Deliberative Democracy", The 5th international Academic Conference of KACEES, The Korean Association of Central & East European Studies/Irkutsk State Linguistic University, Russia(2005).
9. "우크라이나 대통령선거와 글로벌민주주의와의 관계에 대한 연구", 한국동유럽발칸학회, 『동유럽발칸학』, 제7권 제2호(2005).
10. "동북아민주공동체형성의 과제와 전망", 북한연구학회, 『북한연구학회보』(2005년 여름).
11. "동북아정체성과 글로벌민주주의의 관계에 대한 연구", 한국정치학회 춘계학술대회(2005).
12. "한·중·일 협력과 동북아공동체구축방안", 한국북방학회국제학술대회(2005).
13. "17대총선의 쟁점과 선거결과에 대한 담론", 충북대, 『사회과학연구』 제21권(2004).

14. "공명선거와 부정부패방지", 한국여성유권자연맹충북지부(2003).
15. "민주화변혁 이후 동구권국가의 세계화전략과 대외관계", 한국동유럽발칸학회, 『동유럽발칸학』 제4권 제2호(2002).

▸ 연락처

Tel: 043 - 238 - 950   Mobile Phone: 010 - 2946 - 8009
E - Mail: hosungho@hanmail.net
직장: 충북 청주시 흥덕구 개신동 산41 충북대학교 360 - 740
        Tel: 043 - 261 - 2211

북한의 위기, 기회 그리고 선택

초판인쇄 | 2000년 0월 30일
초판발행 | 2009년 6월 30일

지은이 | 안성호
펴낸이 | 채종준
펴낸곳 | 한국학술정보(주)
주 소 | 경기도 파주시 교하읍 문발리 파주출판문화정보산업단지 513-5
전 화 | 031) 908-3181(대표)
팩 스 | 031) 908-3189
홈페이지 | http://www.kstudy.com
E-mail | 출판사업부 publish@kstudy.com

등 록 | 제일산-115호(2000. 6. 19)
가 격 | 46,000원

ISBN 9. (Paper Book)
        978-89-268-0122-2 98340 (e-Book)